독학사 1단계 합격을 결정하는
필수 암기 키워드

국사

01 | 원시 사회와 고조선

(1) 정치
① **정치제도**: 군장 중에서 왕이 추대됨 → 왕의 권력 취약
② **지방행정**
  군장 세력이 각기 자기 부족 통치: 군장의 관료 명칭이 왕의 관료와 동일한 명칭으로 사용됨 → 왕의 권위가 약함
③ **군사제도**: 군장 세력이 독자적으로 지휘

(2) 사회
① **신분제**
  ㉠ 구석기: 무리 생활, 평등사회(이동 생활)
  ㉡ 신석기: 부족사회, 평등사회(정착 생활 시작)
  ㉢ 청동기: 사유재산제, 계급 발생(고인돌), 군장국가(농경 보편화)
  ㉣ 초기 철기: 연맹왕국 형성
② **사회조직**
  ㉠ 구석기: 가족 단위의 무리 생활
  ㉡ 신석기: 씨족이 족외혼을 통해 부족 형성
  ㉢ 청동기: 부족 간의 정복활동, 군장사회
  ㉣ 초기 철기: 군장이 부족을 지배하면서 국왕 선출

(3) 경제
① **구석기** 22
  ㉠ 빙하기: 고기잡이와 사냥, 채집 생활 → 무리 생활 → 이동 생활 → 동굴과 막집 생활(뗀석기, 골각기)
  ㉡ 주먹도끼: 연천군 전곡리 출토 → 서구 우월주의 비판
② **신석기** 24
  ㉠ 농경의 시작 → 정착 생활 → 강가나 해안가(물고기 잡이 병행): 움집 생활, 씨족 공동체사회(부족, 평등사회)
  ㉡ 빗살무늬 토기, 간석기 사용, 원시 신앙 발달

③ **청동기** 23 25
  ㉠ 청동기 사용 → 전반적인 기술의 급격한 발달 → 부와 권력에 의한 계급 발생 → 국가 등장: 고조선(선민사상)
  ㉡ 비파형 동검과 미송리식 토기(고조선의 세력 범위와 일치)
  ㉢ 벼농사의 시작과 농경의 보편화 → 구릉지대 생활

[동이족과 고조선의 세력 범위]

④ **철기** 23 25
  ㉠ 세형 동검, 명도전과 거푸집, 암각화
  ㉡ 연맹왕국이 나타나기 시작함
  ㉢ 배산임수의 취락 구조 정착, 장방형 움집, 지상가옥화

(4) 문화
① **신석기**: 애니미즘, 샤머니즘, 토테미즘, 영혼숭배와 조상숭배 (원시 신앙)
② **청동기**: 선민사상(정치이념)

(5) 고조선 21
① 청동기 문화를 바탕으로 기원전 2333년에 건국

ⓒ 1930년대(1931~1945): 민족 말살 통치 21
    ※ 병참 기지화 정책, 내선일체, 황국 신민화, 일본식 성명 강요 등
② 3·1 운동(1919) 22 24 25
  ㉠ 배경: 미국 윌슨 대통령의 '민족자결주의'와 2·8 독립선언
  ㉡ 대한민국 임시정부가 세워진 계기가 됨
  ㉢ 정부의 수립: 대한국민의회(연해주), 한성정부(국내), 대한민국 임시정부(상하이)
③ 대한민국 임시정부(1919. 9, 상하이) 24 25
  ㉠ 한성정부의 법통 계승
  ㉡ 연통제, 교통국, 외교활동(구미위원부)
④ 국내외 항일 민족 운동
  ㉠ 국내 항일 운동
    • 신간회(1927): 비타협적 민족주의자와 사회주의 세력 연합 → 노동·소작쟁의, 동맹 휴학 등을 지원 21 24
    • 학생운동: 6·10 만세 운동(1926), 광주 학생 항일 운동(1929) 24
  ㉡ 국외 항일 운동: 간도와 연해주 중심
    • 대표적 전과: 봉오동 전투, 청산리 전투(1920) 24
    • 간도 참변(1920): 봉오동·청산리 전투에 대한 일제의 보복
    • 자유시 참변(1921): 러시아 적군에 의한 피해
    • 3부의 성립(1920년대): 정의부, 참의부, 신민부
    • 중국군과 연합하여 항일전 전개(1930년대)
    • 한국광복군(1940. 충칭): 임시정부 산하 군대, 국내 진공 작전 준비 21 24
  ㉢ 사회주의 세력: 중국 공산당과 연계 – 화북 조선독립동맹 결성, 조선 의용군 조직

(2) 경제·사회
① 토지제도
  ㉠ 동학 농민 운동에서 토지의 평균분작 요구
  ㉡ 대한제국: 지계 발급
  ㉢ 일제의 수탈
    • 토지 조사 사업(1910~1918): 조선의 토지약탈을 목적으로 실시
    • 산미 증식 계획(1920~1934): 농지개량, 수리시설확충 비용 소작농이 부담 22 25
    • 병참 기지화 정책(1930~1945): 중화학공업, 광업 생산에 주력(기형적 산업구조) – 군사적 목적
② 신분제(평등 사회로의 이행)
  ㉠ 갑신정변(1884): 문벌 폐지, 인민평등권
  ㉡ 동학 농민 운동(1894): 노비제 폐지, 여성 지위 상승
  ㉢ 갑오개혁(1894): 신분제 폐지, 봉건폐습 타파
  ㉣ 독립협회(1896): 민중의식 변화, 민중과 연대
  ㉤ 애국 계몽 운동(1905): 민족 교육 운동, 실력양성

(3) 문화
① 동도서기(東道西器): 우리의 정신문화는 지키고 서양의 과학 기술을 받아들이자는 주장(중체서용, 구본신참) → 양무운동, 대한제국
② 불교 유신론: 미신적 요소를 배격하고 불교의 쇄신을 주장
③ 민족사학의 발전: 신채호(낭가), 박은식(혼)
④ 기독교계는 애국 계몽 운동에 힘씀

Ⅲ. 대한민국의 성립과 발전

(1) 정치
① 광복 직후의 국내 정세
  ㉠ 조선건국준비위원회: 여운형 주도, 좌·우익 합작형태로 조직
  ㉡ 모스크바 삼국 외상 회의: 한반도 신탁통치 결정(미·영·소) 21 25
  ㉢ 미·소 공동위원회: 남북한 공동 정부 수립 논의 → 결렬
② 대한민국 정부의 수립: 5·10 총선거 → 제헌국회 → 대통령 선출 → 정부 수립(1948. 8. 15)

(2) 분단 체제의 고착화와 4월 혁명
① 1950년 한국전쟁
  ㉠ 전개과정: 북한의 전면 남침 → 인천상륙작전 → 중국군의 참전 → 서울 재수복 → 38도선 전선 교착 24 25
  ㉡ 한국전쟁의 영향: 인명피해, 경제적 손실, 반공 이데올로기의 도구화
② 이승만 정권의 독재 강화 23 25
  ㉠ 발췌 개헌, 사사오입 개헌, 3·15 부정선거 21
  ㉡ 4·19 혁명: 독재정권 타도한 민주주의 혁명

(3) 군부정권과 산업 근대화
① 5·16 군사정변과 박정희 권력 강화 23
  ㉠ 박정희 군사정부의 시대: 한·일 국교 정상화, 베트남 파병, 3선 개헌 22
  ㉡ 경제개발정책: 경제발전, 외국자본 의존, 국제수지 악화
  ㉢ 유신체제: 7·4 남북 공동 성명 21
② 민주화 운동과 유신체제의 붕괴

(4) 새로운 국제 질서와 민주주의 발전
① 세계 자본주의 체제의 변화: 우루과이 라운드
② 5·18 민주화 운동: 민주화 운동 기폭제, 유네스코 세계 기록유산 등재 22 23 24
③ 6월 민주 항쟁: 6·29 선언, 대통령 직선제

- ⓒ 위정척사 운동: 반외세적 자주 운동의 성격, 항일의병으로 이어짐
- ⓒ 임오군란: 구식 군인과 신식 군인의 반발, 청의 내정 간섭
④ **갑신정변(1884)**: 최초의 근대화 운동(정치적 – 입헌군주제, 사회적 – 신분제 폐지 주장) 22
  - ㉠ 전개: 급진개화파(개화당) 주도
  - ㉡ 실패원인: 민중의 지지 부족, 개혁 주체의 세력 기반 미약, 외세 의존, 청의 무력 간섭
  - ㉢ 결과: 청의 내정 간섭 심화
  - ㉣ 1880년대 중반 조선을 둘러싼 열강의 대립 심화
⑤ **동학 농민 운동의 전개** 21 22 25
  - ㉠ 배경
    - 대외적: 열강의 침략 경쟁에 효과적으로 대응하지 못함
    - 대내적: 농민 수탈, 일본의 경제적 침투
    - 농민층의 상황: 불안과 불만 팽배 → 농촌 지식인들과 농민들 사이에서 사회 변화 움직임 고조
  - ㉡ 전개 과정
    - 고부 봉기: 전봉준 중심으로 봉기
    - 1차 봉기: 보국안민과 제폭구민을 내세움 → 정읍 황토현 전투의 승리 → 전주 점령
    - 전주 화약기: 폐정개혁 12개조 건의, 집강소 설치
    - 2차 봉기: 항일 구국 봉기 → 공주 우금치 전투에서 패배

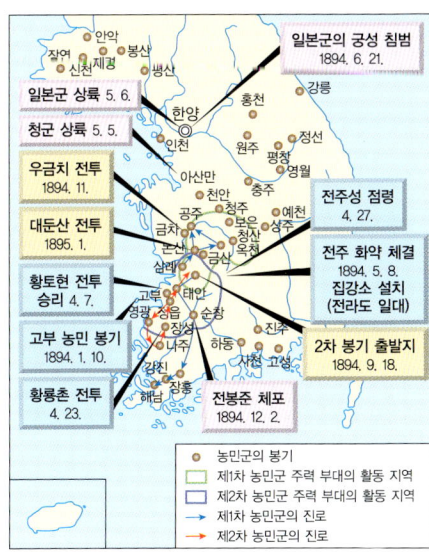

[동학 농민 운동의 전개]

⑥ 갑오개혁과 을미개혁
  - ㉠ 갑오개혁(1894)
    - 군국기무처 설치: 초정부적 회의 기관으로 개혁 추진
    - 내용: 내각의 권한 강화, 왕권 제한, 신분제 철폐
    - 과정: 홍범 14조 반포
    - 한계: 군사적 측면에서의 개혁이나 농민들의 요구에 소홀

- ㉡ 을미개혁(1895)
  - 과정: 일본의 명성 황후 시해 → 친일 내각을 통해 개혁 추진
  - 내용: 단발령, 태양력 사용 등
⑦ **독립협회와 대한제국**
  - ㉠ 독립협회(1896~1898) 21 22 23
    - 배경: 아관파천으로 인한 국가 위신 추락
    - 활동: 국권·이권 수호 운동, 민중 계몽 운동, 입헌군주제 주장
    - 만민 공동회(1898): 최초의 근대식 민중대회
    - 관민 공동회: 헌의 6조 결의
  - ㉡ 대한제국 성립(1897)
    - 배경: 고종의 환궁 여론 고조
    - 자주 국가 선포: 국호 – 대한제국, 연호 – 광무 24
    - 성격: 구본신참의 복고주의, 전제 황권 강화
⑧ **일제의 국권 강탈**
  - ㉠ 러·일 전쟁: 일본의 승리(한반도에 대한 일본의 독점적 지배권)
  - ㉡ 러·일 전쟁(1904) 전·후: 일본의 토지 약탈, 재정정리 사업, 화폐 정리 사업
  - ㉢ 을사늑약(1905, 제2차 한·일 협약) 21
  - ㉣ 헤이그 만국 평화 회의에 이준, 이상설 파견: 을사늑약 무효 알림 시도 → 고종 강제 퇴위
⑨ **항일 의병 운동과 애국 계몽 운동**
  - ㉠ 항일 의병 운동 21
    - 을미의병(1895): 한말 최초의 의병봉기(을미사변과 단발령이 원인)
    - 을사의병(1905): 평민의병장 신돌석의 활약
    - 정미의병(1907): 고종의 강제퇴위, 군대 해산, 13도 창의군 조직, 서울진공작전
  - ㉡ 애국 계몽 운동(교육과 산업)
    - 신민회(1907): 비밀결사 조직, 문화적·경제적 실력 양성 운동, 105인 사건으로 해산
    - 보안회(1904): 일제의 황무지 개간권 요구 철회
    - 국채 보상 운동(1907): 거족적인 경제적 구국 운동 22
    - 동양척식주식회사: 일제가 조선의 토지·자원 수탈을 목적으로 설립

Ⅱ. 민족의 수난과 항일 민족 운동

(1) 정치

① **일제의 식민정책** 23
  - ㉠ 1910년대(1910~1919): 무단통치(헌병경찰제 – 즉결처분권 부여) → 토지 조사 사업 25
  - ㉡ 1920년대(1919~1931): 문화통치 → 산미 증식 계획

② 만주의 요령 지방과 한반도 서북 지방의 여러 부족을 통합
③ 홍익인간(널리 인간을 이롭게 한다): 민족의 자긍심을 일깨워줌
④ 변천과정: 건국 → 중국의 연과 대립으로 쇠퇴 → 철기 도입 → 위만조선 건국(기원전 194년) → 철기와 중계 무역으로 성장 → 한의 침입으로 멸망
⑤ 의의: 민족사의 유구성과 독자성
⑥ 사회 모습
  ㉠ 선민사상: 환인과 환웅의 후손
  ㉡ 농경사회: 농사에 필요한 비, 바람, 구름을 주관
  ㉢ 토테미즘: 곰과 호랑이 숭배
  ㉣ 제정일치 사회
  ㉤ 사유재산제 사회
⑦ 단군 건국 신화의 수록 문헌: 『한서지리지』, 『삼국유사』(일연), 『제왕운기』(이승휴), 『응제시주』(권남), 『세종실록지리지』(춘추관), 『동국여지승람』(노사신)
⑧ 멸망: 기원전 109년 한무제가 공격했을 때 대승을 거두었지만 기원전 108년 왕검성이 함락되어 멸망

(6) 여러 나라의 성장
① 고조선이 멸망할 무렵 철기 문화를 바탕으로 성립 → 각 부족의 연합 또는 전쟁을 통해 국가 형성
② 만주지방: 부여, 고구려
③ 한반도 북부 동해안: 옥저, 동예
④ 한반도 남부: 마한, 변한, 진한
  ㉠ 마한: 54개의 소국, 목지국의 지배자가 마한의 왕으로 행세
  ㉡ 진한과 변한: 각각 12개의 소국으로 구성

02 | 삼국 시대와 남북국 시대 (통일신라와 발해)

(1) 정치
① 삼국 시대(민족 문화의 동질적 기반 확립)
  ㉠ 정치제도(왕권 강화와 중앙 집권화) 25
    • 왕위세습, 율령반포, 관등제
    • 귀족합의제도: 제가, 정사암, 화백 회의는 국가 중대사 결정 → 왕권 중심의 귀족국가 정치 22
  ㉡ 지방행정
    • 군사적 성격, 부족적 전통
    • 고구려: 5부(욕살)
    • 백제: 5방(방령)
    • 신라: 5주(군주)
  ㉢ 군사제도: 군사조직은 지방제도와 관련, 국왕이 직접 군사를 지휘함
② 남북국 시대
  ㉠ 정치제도(왕권의 전제화 – 신라 중대)
    • 집사부 시중의 권한 강화
    • 국학 설치: 유교정치이념 수용
    ※ 발해: 왕위의 장자상속, 독자적 연호 사용 23
  ㉡ 지방행정(지방 제도 정비) 25
    • 신라: 9주(도독) – 행정 중심, 5소경 – 지방세력 통제
    • 발해: 5경·15부·62주 23 24
  ㉢ 군사제도
    • 신라: 9서당(왕권 강화, 민족 융합), 10정(지방군)
    • 발해: 8위(10위라는 견해도 있음)

(2) 경제
① 토지제도
  ㉠ 왕토사상: 토지 공유
  ㉡ 통일신라의 토지 분급, 녹읍(귀족의 농민 징발도 가능) → 관료전 지급(신문왕, 왕권 강화) → 녹읍의 부활(신라 하대, 왕권 약화)
  ㉢ 농민에게 정전 분급
② 조세제도
  ㉠ 조세: 생산량의 1/10
  ㉡ 역: 군역과 요역
  ㉢ 공물: 토산물세
③ 산업
  ㉠ 신석기: 농경 시작
  ㉡ 청동기: 벼농사 시작, 농경의 보편화
  ㉢ 철기: 철제농기구 사용 → 경작지 확대
  ㉣ 지증왕: 우경 시작 24
  ㉤ 신라 통일 후 상업 발달, 아라비아 상인 출입(울산항) 21

(3) 사회
① 신분제(신분제도 성립)
  ㉠ 지배층 특권을 유지하기 위해 율령제도, 신분제도 마련
  ㉡ 신분은 친족의 사회적 위치에 따라 결정됨
    • 귀족: 권력과 경제력 독점
    • 평민: 생산 활동에 참여, 조세 부담
    • 천민: 노비, 부곡민
  ㉢ 신라 골품제
    • 골품은 개인의 신분과 정치활동 제한
    • 관등조직은 골품제와 연계 편성, 복색은 관등에 따라 지정
② 사회조직 23
  ㉠ 골품제도: 중앙 집권 국가 성립시기에 군장세력 재편
  ㉡ 귀족합의기구: 화백, 정사암, 제가회의 → 왕권 견제

ⓒ 화랑제도: 교육의 기능, 계급갈등을 조절
  ※ 신라 하대에 골품제도의 모순 노출
ⓓ 진골 귀족의 왕위 쟁탈전
ⓔ 반신라 세력: 호족, 6두품, 도당유학생, 선종, 풍수지리설 25
ⓕ 전국적 농민 봉기

(4) 문화
① 삼국 시대 21
  ㉠ 불교 23
    • 수용: 중앙 집권 체제 확립과 통합
    • 발전: 왕실불교, 귀족불교
  ㉡ 유교
    • 고구려: 태학, 경당(모든 계층 망라) 24
    • 백제: 5경 박사
    • 신라: 임신서기석
  ㉢ 전통사상 및 도교
    • 시조신 숭배: 지배층
    • 샤머니즘, 점술: 민중
    • 도교: 사신도, 산수무늬 벽돌, 사택지적비, 백제봉래산 향로
② 남북국 시대
  ㉠ 불교
    • 원효의 정토종: 불교의 대중화, 화쟁사상(불교 통합)
    • 의상의 화엄종: 전제왕권 지지
    • 교종: 경전, 귀족 – 신라 중대
    • 선종: 참선, 호족 – 신라 하대(반신라), 개인의 정신 중시 → 신라 중대에 탄압
    • 발해: 고구려 불교 계승(모줄임 구조), 고구려 문화(토대) + 당 문화(흡수)
  ㉡ 유교
    • 유교이념 수용: 국학, 독서삼품과(귀족의 반대로 실패)
    • 강수: 외교 문서
    • 설총: 이두 정리
    • 김대문: 주체적
    • 최치원: 사회개혁 22
  ㉢ 전통사상 및 도교
    • 도교: 최치원의 난랑비, 정효공주 묘비
    • 풍수지리설: 중국서 전래, 국토 재편론(호족 지지) → 신라 왕권의 권위 약화

03 | 고려 시대

(1) 정치
① 정치제도
  ㉠ 고려 건국 세력: 태조 왕건, 지방 호족 23
  ㉡ 최승로의 시무28조: 중앙 집권적, 귀족정치, 유교정치이념 채택 23
  ㉢ 광종의 노비안검법: 국가 재정 기반 확보, 왕권 안정, 호족·공신의 경제적 기반 약화 22 24
  ㉣ 귀족제: 공음전과 음서제
  ㉤ 합좌기구: 도병마사 → 도평의사사(귀족연합체제)
  ㉥ 지배계급 변천: 호족 → 문벌귀족 → 무신 → 권문세족 → 신진사대부 25
  ㉦ 무신정권기: 정중부(중방) → 경대승(도방) → 이의민 → 최충헌(교정도감) → 최우(정방, 삼별초) 25
  ㉧ 서경제: 관리임명 동의, 법률개폐 동의
② 지방행정 25
  ㉠ 지방제도의 불완전성(5도 양계: 이원화)
  ㉡ 중앙 집권의 취약성(속군, 속현)
    ※ 속군과 속현: 지방관이 파견되지 않은 곳으로 향리가 실제 행정을 담당. 이들 향리가 후에 신진사대부로 성장
  ㉢ 중간행정기구의 미숙성(임기 6개월, 장관품계의 모순)
  ㉣ 지방의 향리세력이 강함
③ 군사제도
  ㉠ 중앙: 2군 6위(직업군인)
  ㉡ 지방: 주현군, 주진군(국방 담당)
  ㉢ 특수군: 광군, 별무반, 삼별초
  ㉣ 합의기구: 중방
④ 대몽항쟁과 공민왕의 개혁 정치
  ㉠ 대몽항쟁: 삼별초(처인성, 용장산성, 항파두리성), 팔만대장경 조판 25
  ㉡ 공민왕의 개혁 정치: 친원 세력 숙청, 정동행성 폐지, 쌍성총관부 공략 등 24 25

(2) 경제
① 토지제도(전시과 체제 정비)
  ㉠ 역분전(공신)
  ㉡ 전시과 제도: 수조권만 지급, 시정전시과 → 개정전시과(직, 산관) → 경정전시과(직관)
  ㉢ 귀족의 경제 기반: 공음전
  ㉣ 고려 후기: 농장 발달(권문세족)
② 조세제도
  ㉠ 전세: 민전은 1/10세
  ㉡ 공납: 상공, 별공
  ㉢ 역: 정남(16~60세), 강제노동
  ㉣ 잡세: 어세, 염세, 상세

(3) 사회
① 신분제(신분제도의 재편성)
  ㉠ 골품제도의 붕괴: 호족 중심의 중세 사회 형성
  ㉡ 호족의 문벌 귀족화
  ㉢ 중간계층의 대두
    • 귀족: 왕족, 문무 고위 관리
    • 중간계층: 남반, 서리, 향리, 군인
    • 양인: 농, 상, 공 – 조세부담, 신량역천 – 천역 담당
    • 천민: 노비, 향·소·부곡민(향·소·부곡민은 법적으로는 양인)
  ㉣ 여성의 지위가 조선 시대보다 높았음
② 사회조직
  ㉠ 법률: 대가족 제도를 운영하는 관습법 중심
  ㉡ 지배층의 성격 비교
    • 문벌귀족(고려 중기): 과거나 음서를 통해 권력 장악, 경원 이씨·파평 윤씨
    • 권문세족(몽골간섭기): 친원파로 권력 독점, 농장 소유
    • 사대부(무신집권기부터): 성리학자, 지방향리 출신, 중소지주
  ㉢ 사회시설
    • 제위보·의창: 빈민구제
    • 상평창: 물가 조절
③ 고려의 난: 조위총의 난(1174), 망이·망소이의 난(1176), 죽동의 난(1182), 만적의 난(1198)

(4) 문화
① 불교
  ㉠ 숭불정책(훈요10조: 연등회, 팔관회)
  ㉡ 연등회, 팔관회: 왕실 권위 강화
  ㉢ 불교의 통합운동(원효 화쟁론의 영향)
    • 의천의 천태종: 교종 중심, 귀족적(중기)
    • 지눌의 조계종: 선종(돈오점수, 정혜쌍수) 중심, 무신정권기 22 24 25
    • 혜심의 유불일치설: 성리학 수용 토대 마련
② 유교
  ㉠ 유교 정치이념 채택(최승로의 시무28조) 23
  ㉡ 유학성격 변화: 자주적(최승로) → 보수적(김부식) → 쇠퇴(무신)
  ㉢ 성리학의 수용(몽골간섭기): 사대부의 정치사상으로 수용, 사회개혁 촉구
  ㉣ 이제현의 사략(성리학적 사관)
  ㉤ 교육기관: 중앙(국자감), 지방(향교)
③ 전통사상 및 도교 23
  ㉠ 도교행사 빈번: 장례
  ㉡ 풍수지리설: 서경길지설(북진정책 기반 – 묘청의 서경 천도) 24
  ㉢ 묘청의 서경 천도 운동: 귀족사회의 구조적 모순에서 비롯됨 24 25
④ 역사서 편찬 23
  ㉠ 초기: 왕조실록, 7대 실록
  ㉡ 중기: 「삼국사기」(김부식) – 현존하는 최고(最古)의 역사서 25
  ㉢ 후기: 「해동고승전」(각훈), 「동명왕편」(이규보), 「삼국유사」(일연) 24
⑤ 인쇄술 발달
  ㉠ 상정고금예문: 강화도 피난 시 인쇄
  ㉡ 직지심체요절(1377): 청주 흥덕사에서 간행, 현존하는 세계 최고의 금속활자본 22
⑥ 예술
  ㉠ 패관문학 유행: 이규보의 백운소설, 이제현의 역옹패설, 이규보의 국선생전
  ㉡ 건축: 주심포식(봉정사 극락전, 부석사 무량수전), 다포식(성불사 응진전)
  ㉢ 고려 청자: 강진·부안 유명, 상감 청자, 서긍의 「고려도경」에서 극찬 25
⑦ 교육기관: 국자감(국학), 향교, 예종의 7재, 문헌공도(최충), 국학을 성균관으로 개칭

04 | 조선 시대(전기)

(1) 정치
① 정치제도(15C: 훈구파 주도, 16C: 사림파의 성장과 주도) 25
  ㉠ 왕권과 신권의 균형(성리학을 바탕으로 한 왕도정치)
  ㉡ 의정부: 합의기구, 왕권 강화
  ㉢ 6조: 행정분담
  ㉣ 3사: 왕권 견제 21 22
  ㉤ 승정원·의금부: 왕권 강화
② 지방행정(중앙 집권과 지방자치의 조화)
  ㉠ 8도(일원화): 부, 목, 군, 현 – 면, 리, 통
  ㉡ 모든 군현에 지방관 파견
  ㉢ 향리의 지위 격하(왕권 강화)
  ㉣ 향·소·부곡 소멸: 양인 수 증가
  ㉤ 유향소·경재소 운영: 향촌자치를 인정하면서도 중앙 집권 강화
  ㉥ 사림은 향약과 서원을 통해 향촌 지배

③ 사림의 대두와 붕당 정치 23
  ㉠ 훈구 세력과 사림 세력: 훈구 관학파 계승, 사림 온건파 계승
  ㉡ 사림의 성장: 성리학(학문), 중소 지주(경제)
  ㉢ 사화의 발생: 사림과 훈구 세력 간의 정치적·학문적 대립 (무오사화 → 갑자사화 → 기묘사화 → 을사사화) 22
  ㉣ 조광조의 혁신 정치: 현량과 실시, 불교·도교 행사 폐지, 향약 전국적 시행 등 24
  ㉤ 붕당의 출현: 이조전랑직을 둘러싸고 동인과 서인으로 양분 25
④ 왜란과 호란
  ㉠ 임진왜란(1592): 이순신 승리 → 인구·농토 격감, 공명첩 대량 발급, 문화재 소실 등
  ㉡ 광해군의 중립 외교: 명과 후금 사이의 중립
  ㉢ 호란의 발발: 정묘호란(1627, 화의), 병자호란(1636, 청과의 굴욕적 강화 체결) 25

(2) 경제 23
① 토지제도(과전법 체제)
  ㉠ 과전법: 사대부의 경제기반 마련 22 25
  ㉡ 직전법(세조, 직관): 농장의 출현
  ㉢ 관수관급제(성종): 국가의 토지 지배 강화, 양반의 농장 보편화 촉진
  ㉣ 녹봉제(명종): 과전법 체제의 붕괴, 지주 전호제 강화, 농민 토지 이탈 → 부역제와 수취제의 붕괴(임란과 병란이 이를 촉진시킴)
② 조세제도 25
  ㉠ 전세: 수확의 1/10세, 연분 9등법, 전분 6등법
  ㉡ 공납: 호구세, 상공과 별공
  ㉢ 군역: 양인개병제, 농병일치제

(3) 사회
① 신분제(양반 관료제 사회) 25
  ㉠ 양인 수 증가: 향·소·부곡의 해체, 다수의 노비 해방
  ㉡ 양천제 실시(양인과 천민)
  ㉢ 과거를 통한 능력 중심의 관료 선발
  ㉣ 16C 이후 양반, 중인, 상민, 천민으로 구별
② 사회조직
  ㉠ 법률: 경국대전 체제(성리학적 명분질서의 법전화) 25
  ㉡ 종법적 가족제도 발달: 유교적 가족제도로 가부장의 권한 강화, 적서차별
  ㉢ 사회시설
    • 환곡: 의창 → 상평창(1/10)
    • 사창: 양반지주층 중심의 자치적인 구제기구
  ㉣ 사회통제책: 오가작통법, 호패법

(4) 문화
① 불교
  ㉠ 불교의 정비: 유교주의적 국가기초확립
  ㉡ 재정확보책: 도첩제, 사원전 몰수, 종파의 통합
  ※ 고대: 불교, 중세: 유·불교, 근세: 유교
② 유교
  ㉠ 훈구파(15C): 중앙 집권, 부국강병, 사장중시, 과학기술 수용, 단군숭배
  ㉡ 사림파(16C): 향촌자치, 왕도정치, 경학중시, 과학기술 천시, 기자숭배
  ㉢ 주리론: 이황(영남학파, 남인, 도덕중시)
  ㉣ 주기론: 이이(기호학파, 서인, 현실중시)
③ 전통사상 및 도교
  ㉠ 도교 행사 정비: 소격서(중종 때 조광조에 의해 폐지) 24
  ㉡ 풍수지리설: 한양 천도(왕권 강화), 풍수·도참사상 – 관상감에서 관리
  ㉢ 민간신앙의 국가신앙화
  ※ 기타 종교와 사상에 대한 국가 관리는 유교사회를 확립하려는 의도
④ 교육기관: 성균관(국립교육기관), 사학(중앙에 설치), 향교(지방에 설치), 서원(사립교육기관, 백운동 서원), 서당(초등교육기관) 24
⑤ 사서 편찬: 한글 창제, 역사서(고려국사, 고려사), 지리서(혼일강리역대국도지도, 팔도도), 지리지(동국여지승람), 윤리서(삼강행실도), 법전(조선경국전, 경국대전), 농서(농사직설) 23 24

05 | 조선 시대 (후기)

(1) 정치
① 정치제도
  ㉠ 임란을 계기로 비변사 강화 → 왕권 약화(상설기구 전환)
  ㉡ 정쟁의 심화 → 서인의 일당 독재화, 영·정조의 탕평책 실패 → 세도정치의 등장 → 대원군의 개혁(왕권 강화, 농민 안정책) 23 25
② 군사제도
  ㉠ 중앙: 5군영(용병제), 임란과 병란으로 인한 부역제의 해이로 실시
  ㉡ 지방: 속오군(향촌 자체 방위, 모든 계층)
  ㉢ 조선 초기(진관체제) → 임란(제승방략체제) → 조선 후기(진관체제, 속오군 편성)

(2) 경제
① 토지제도: 실학자의 토지제 개혁론 – "농민의 토지 이탈과 부역제의 붕괴를 막는 것은 체제의 안정을 유지하는 것"
  ㉠ 유형원: 균전제(계급 차등분배)
  ㉡ 이익: 한전제(영업전 지급)
  ㉢ 정약용: 여전제(급진적 내용, 공동생산과 공동분배) 22 24
② 조세제도: 농민의 불만 해소와 재정 확보를 위해, 궁극적으로는 양반 지배체제의 유지를 위하여 수취제도를 개편 23
  ㉠ 영정법(전세): 1결 4두 → 지주 유리
  ㉡ 대동법(공납): 공납의 전세화, 토지 결수로 징수 24
  ㉢ 균역법: 2필 → 1필, 선무군관포, 결작 22 25
  ※ 조세의 전세화, 금납화 → 화폐경제, 도시와 시장발달 → 수요 증대 → 상품경제와 상공업 발달
  ➜ 자본주의 맹아
③ 산업: 서민경제의 성장 → 서민의식의 향상 23
  ㉠ 농업: 이앙법, 견종법의 보급 → 광작 → 농촌사회 농민의 계층 분화
  ㉡ 상업: 사상, 도고의 성장 → 상인의 계층 분화, 장시의 발달 → 도시의 발달, 금난전권 폐지 22
  ㉢ 민영수공업 발달: 납포장, 선대제
  ㉣ 광업
    • 17C: 사채의 허용과 은광 개발이 활발(대청 무역)
    • 18C: 상업 자본의 광산 경영 참여로 잠채 성행(금·은광)
    • 자본과 경영의 분리: 덕대가 채굴 노동자 고용

(3) 사회
① 신분제(신분제도의 동요) 24
  ㉠ 양반수의 증가: 납속책, 공명첩, 족보 위조
  ㉡ 중인층의 지위 향상: 서얼의 규장각 등용, 역관
  ㉢ 평민의 분화: 농민(경영형 부농, 임노동자), 상인(도고상인, 영세상인)
  ㉣ 노비 수의 감소: 공노비 해방(순조), 양인 확보
② 사회조직(사회 불안의 고조)
  ㉠ 신분제 동요: 몰락양반의 사회개혁 요구
  ㉡ 삼정(전정, 군정, 환곡)의 문란: 서민의식의 향상(비판의식) 21 24
  ㉢ 위기의식의 고조: 정감록 유행, 도적의 출현, 이양선의 출몰

(4) 문화
① 불교: 불교의 민간 신앙화
② 유교
  ㉠ 양명학의 수용: 정제두의 강화학파
  ㉡ 실학: 통치 질서의 붕괴와 성리학의 한계, 서학의 전래, 고증학의 영향으로 등장
    • 중농학파: 토지제도 개혁
    • 중상학파: 상공업 진흥책, 박제가(소비론), 박지원(화폐유통론, 『열하일기』)
    ㉢ 국학: 『동사강목』(한국사의 정통론), 『해동역사』(다양한 자료 이용), 『동사』,『발해고』(반도 사관 극복), 『연려실기술』(실증적 연구) 23
③ 전통사상 및 도교(사회의 동요)
  천주교 수용, 동학의 발전, 정감록 등 비기도참 사상, 미륵신앙 유행 → 현실 비판(서민문화의 발달)
④ 국학 연구와 그림
  ㉠ 국학 연구
    • 역사: 이익, 안정복(『동사강목』), 이긍익(『연려실기술』), 유득공『발해고』, 김정희『금석과안록』
    • 지리서: 한백겸『동국지리지』, 정약용『아방강역고』, 이중환『택리지』
    • 지도: 김정호(대동여지도), 정상기(동국지도)
  ㉡ 그림
    • 진경산수화: 정선(인왕제색도, 금강전도)
    • 풍속화: 김홍도(서민적), 신윤복(양반, 남녀 간의 애정)

06 | 근·현대 시대

I. 개항과 근대 변혁 운동

① 흥선대원군의 정책 23 25
  ㉠ 19세기 중엽의 상황: 세도정치의 폐단, 민중 세력의 성장, 열강의 침략적 접근
  ㉡ 흥선대원군의 집권(1863∼1873)
    • 왕권 강화 정책: 서원 철폐, 삼정의 문란 시정, 비변사 폐지, 의정부와 삼군부의 기능 회복, 『대전회통』 편찬
    • 통상수교 거부 정책: 병인양요, 신미양요, 척화비 건립
② 개항과 개화정책
  ㉠ 개항 이전의 정세
    • 개화 세력의 형성
    • 흥선대원군의 하야와 민씨 세력의 집권(1873)
    • 운요호 사건(1875)
  ㉡ 문호개방
    • 강화도 조약(1876): 최초의 근대적 조약, 불평등 조약
    • 조·미 수호통상조약(1882): 서양과의 최초 수교, 불평등 조약, 보빙사 파견
③ 개화 정책의 추진과 반발
  ㉠ 개화 정책 추진: 통리기무아문 설치, 별기군 창설, 조사시찰단과 영선사 파견

2026 시대에듀 독학사 1단계 교양과정

— **학위 취득**을 위한 가장 **빠른** 선택! —

왜? 독학사인가?

| 고등학교 졸업 이상이면 **누구나** 도전 가능 | × | 4년제 대학과 비교 시 **효율적** 시간&비용 | × | 1년 만에 **빠른** 학점 취득 | × | 60점 이상이면 합격하는 **높은** 합격률 |

회원가입 이벤트!

시대에듀 독학사 회원가입 수험생을 위한 **3대 특전** 이벤트!

독학사 1단계
국어 / 영어 / 국사

기출문제 & 핵심자료집 & 온라인 모의고사 제공!

※ 경로 : www.sdedu.co.kr → 독학사 → 학습자료실 → 강의자료실

※ 일부 PDF 자료는 수강회원에게만 제공될 수 있습니다.

무료특강 이벤트!

시대에듀 내 독학사 페이지 접속 시 **116강**의 무료특강 제공!

- 1단계 키워드 특강 **총 18강**
- 1단계 기출문제 특강 **총 48강**
- 경영 2단계 키워드 특강 **총 15강**
- 경영 2단계 기출문제 특강 **총 10강**
- 심리 2단계 키워드 특강 **총 13강**
- 심리 2단계 기출문제 특강 **총 12강**

※ 경로 : www.sdedu.co.kr → 독학사 → 학습자료실 → 무료특강

※ 무료제공 강좌는 변동될 수 있습니다.

시대에듀 홈페이지 **www.sdedu.co.kr** | 상담문의 **1600-3600** 평일 9~18시 / 토요일·공휴일 휴무

시대에듀

끝까지 책임진다! 시대에듀!

QR코드를 통해 도서 출간 이후 발견된 오류나 개정법령, 변경된 시험 정보, 최신기출문제, 도서 업데이트 자료 등이 있는지 확인해 보세요! **시대에듀 합격 스마트 앱**을 통해서도 알려 드리고 있으니 구글 플레이나 앱 스토어에서 다운받아 사용하세요.
또한, 파본 도서인 경우에는 구입하신 곳에서 교환해 드립니다.

편집진행 천다솜 · 김다련 | **표지디자인** 박종우 | **본문디자인** 차성미 · 고현준

이 책의 구성과 특징 STRUCTURES

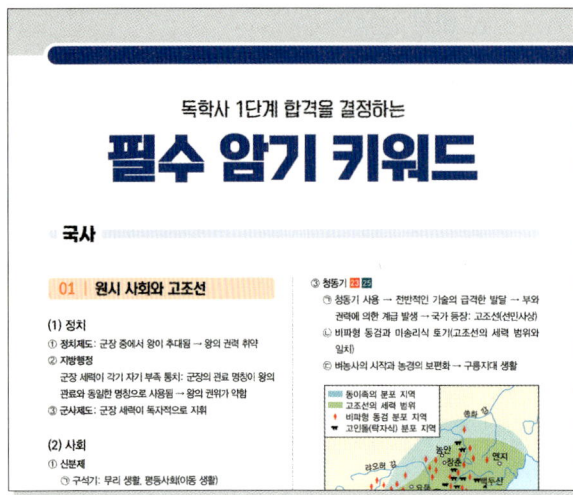

01 필수 암기 키워드

핵심이론 중 반드시 알아야 할 중요 내용을 요약한 '필수 암기 키워드'로 개념을 정리해 보세요.

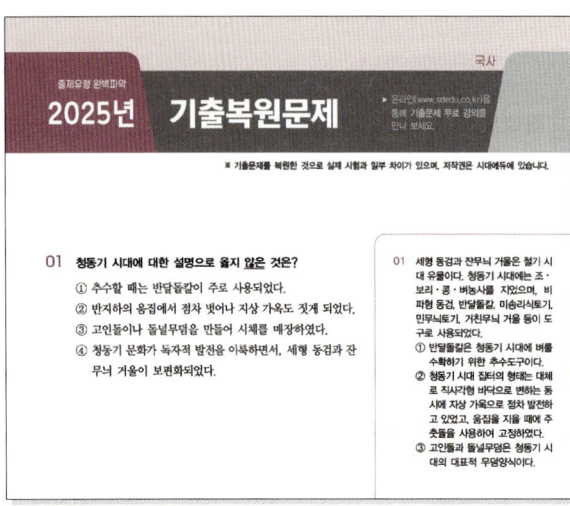

02 최신기출문제

'2025~2023년 기출복원문제'를 풀어 보며 출제 경향을 파악해 보세요.

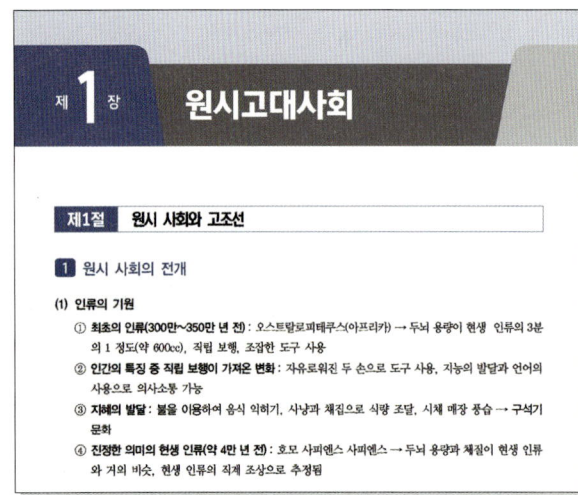

03 핵심이론

시행처의 평가영역을 반영하여 꼼꼼하게 정리된 '핵심이론'을 학습하며 기초를 탄탄하게 쌓아 보세요.

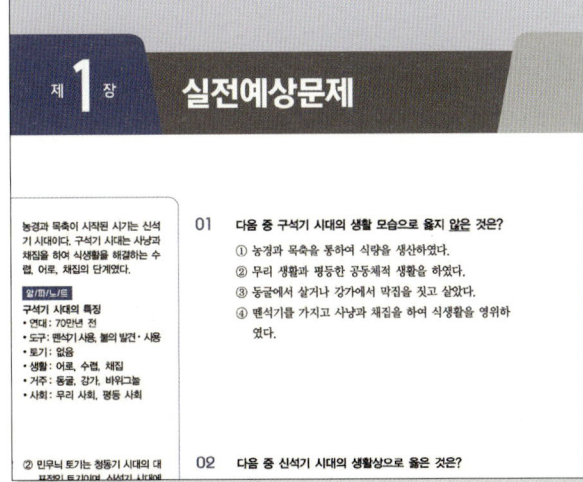

04 실전예상문제

'핵심이론'에서 공부한 내용을 바탕으로 '실전예상문제'를 풀어 보며 문제를 해결하는 능력을 길러 보세요.

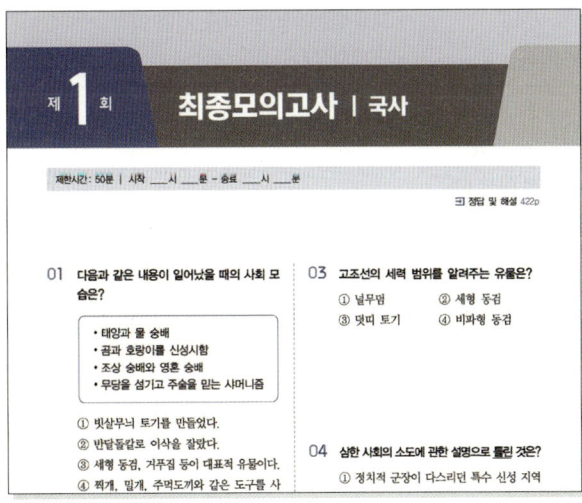

05 최종모의고사

'최종모의고사'를 실제 시험처럼 풀어 보며 실력을 점검해 보세요.

+P/L/U/S+

1단계 시험을 핵심자료로 보강하자!

국어/영어/국사 <핵심자료집 PDF> 제공

1단계 시험을 준비하는 수험생을 위해 교양과정 필수 과목인 국어/영어/국사 핵심자료집을 PDF로 제공하고 있어요. 국어는 고전문학/현대문학, 영어는 중요 영단어/숙어/동의어, 국사는 표/사료로 정리했어요.

※ 경로 : www.sdedu.co.kr ➡ 독학사 ➡ 학습자료실 ➡ 강의자료실

독학학위제 소개 INFORMATION

독학학위제란?

「독학에 의한 학위취득에 관한 법률」에 의거하여 국가에서 시행하는 시험에 합격한 사람에게 학사 학위를 수여하는 제도

과정별 응시자격

4개의 과정(교양, 전공기초, 전공심화, 학위취득 종합시험)을 모두 거쳐 합격하면 학사 학위 취득 가능

단계	과정	응시자격	과정(과목) 시험 면제 요건
1	교양	고등학교 졸업 이상 학력 소지자	• 대학(교)에서 각 학년 수료 및 일정 학점 취득 • 학점은행제 일정 학점 인정 • 국가기술자격법에 따른 자격 취득 • 교육부령에 따른 각종 시험 합격 • 면제지정기관 이수 등
2	전공기초		
3	전공심화		
4	학위취득	• 1~3단계 합격 및 면제 • 대학에서 동일 전공으로 3년 이상 수료 (3년제의 경우 졸업) 또는 105학점 이상 취득 • 학점은행제 동일 전공 105학점 이상 인정 (전공 28학점 포함) • 외국에서 15년 이상의 학교교육과정 수료	없음(반드시 응시)

※ 시험 일정 : 1단계-2월 중/2단계-5월 중/3단계-8월 중/4단계-10월 중
※ 접수 방법 : 온라인으로만 가능
※ 자세한 일정 및 제출 서류 등은 독학학위제 홈페이지(bdes.nile.or.kr) 참조

합격 기준

❶ 1~3단계 : 각 과목을 100점 만점으로 하여 전(全) 과목 60점 이상 득점(합격 여부만 결정)
  ▶ 1단계 : 5과목 합격
  ▶ 2~3단계 : 6과목 합격
❷ 4단계 : 총점 합격제 또는 과목별 합격제 선택

구분	합격 기준	유의사항
총점 합격제	• 총점(600점)의 60% 이상 득점(360점) • 과목 낙제 없음	• 6과목 모두 신규 응시 • 기존 합격 과목 불인정
과목별 합격제	• 각 과목 100점 만점으로 하여 전 과목 (교양 2, 전공 4) 60점 이상 득점	• 기존 합격 과목 재응시 불가 • 1과목이라도 60점 미만 득점하면 불합격

문항 수 및 배점

❶ 1~2단계 : 일반 과목과 예외 과목 구분 없이 객관식으로 40문항 출제(40문항×2.5점 = 100점)
❷ 3~4단계
  ▶ 일반 과목[총 28문항(100점)] : 객관식(24문항×2.5점 = 60점)+주관식(4문항×10점 = 40점)
  ▶ 예외 과목[총 20문항(100점)] : 객관식(15문항×4점 = 60점)+주관식(5문항×8점 = 40점)
  ※ 시험 범위 : 독학학위제 홈페이지(bdes.nile.or.kr) ➡ 학습정보 ➡ 과목별 평가영역에서 확인

독학학위제 전공 분야 (11개 전공)

※ 간호학 : 4단계만 개설
※ 유아교육학 : 3, 4단계만 개설
※ 정보통신학 : 4단계만 2026년까지 응시 가능하며 이후 전공 폐지
※ 시대에듀는 현재 6개 전공(국어국문학, 영어영문학, 심리학, 경영학, 컴퓨터공학, 간호학) 개설 완료

1단계 시험 과목 및 시간표

교시	시간	시험 과목명
1교시(필수)	09:00~10:40(100분)	국어, 국사
2교시(필수)	11:10~12:00(50분)	외국어 : 영어, 독일어, 프랑스어, 중국어, 일본어 중 택 1과목
중식 12:00~12:50(50분)		
3교시	13:10~14:50(100분)	현대사회와 윤리, 문학개론, 철학의 이해, 문화사, 한문, 법학개론, 경제학개론, 경영학개론, 사회학개론, 심리학개론, 교육학개론, 자연과학의 이해, 일반수학, 기초통계학, 컴퓨터의 이해 중 택 2과목

※ 시험 일정 및 세부사항은 반드시 독학학위제 홈페이지(bdes.nile.or.kr)를 통해 확인
※ 시대에듀에서 개설된 과목은 빨간색으로 표시

2025년 기출 경향 분석 ANALYSIS

🔶 총평

문제 비율상으로는 전근대사 26문항, 근현대사 14문항이 출제되어 작년과 비슷한 분포를 보이지만, 삼국 시대의 문항 수가 작년보다 많이 줄어든 점이 특징입니다. 문제 유형상으로는 전년도에 비해 단답형 문항의 비중이 증가한 것이 특징입니다. 작년에는 단답형 문제가 8문항에 불과했던 반면, 올해는 22문항이 출제되어 단답형이 절반 이상을 차지할 정도로 그 비중이 늘어났습니다. 추가로, 올해 자료형 문제는 낯선 내용의 자료들이 다수 등장하였습니다. 이런 이유들로 인해 올해 독학사 국사 체감 난이도는 다소 높았을 것으로 보입니다. 그러나 문항의 구조, 출제 방식 등 기본 틀에서 크게 벗어나는 문제는 많지 않았기 때문에, 기본 개념을 충실히 준비했다면 합격은 가능했을 것으로 보입니다.

🔶 학습 방법

삼국 시대와 통일신라, 발해 파트에서는 기본 개념 중심으로 출제되었기 때문에 해당 시기의 핵심 개념을 충실하게 익히는 것이 중요합니다.

고려 시대 파트에서는 '몽골에서 전래된 것'을 묻는 생소한 문제가 출제된 만큼, 원 간섭기의 외래문화와 고려 사회에 미친 영향을 학습할 필요가 있습니다. 조선 시대의 경우 토지제도와 수취체제 중 과전법과 공법의 차이를 구별하는 문제가 인상 깊었으므로, 이와 관련하여 기본적인 개념을 충분히 학습해야 합니다.

근대사 파트에서는 러시아 및 독도 관련 문제가 속칭 '킬러문항'이라 할 수 있을 정도로 어렵게 출제되었습니다. 따라서 국권피탈 과정을 심도 있게 학습해야 합니다. 특히 독도는 올해 시험에서 가장 난도 높은 주제 중 하나이며, 향후 반복 출제될 가능성이 높기 때문에 집중적으로 학습할 필요가 있습니다. 추가로, 일제 강점기 파트에서는 조선의용대 관련 문항처럼 비교적 어렵게 느껴지는 문제가 나온 경우도 있었으나, 내용을 차분하게 읽어보면 풀 수 있는 수준이었습니다. 따라서 문제를 풀 때 평정심을 유지하고 자료를 정확하게 읽어내는 연습을 하면 도움이 될 것입니다.

🔶 출제 영역 분석

출제 영역		문항 수		
		2023년	2024년	2025년
원시고대사회	원시 사회와 고조선	1	3	1
	삼국	4	5	3
중세사회	통일신라와 발해	4	4	3
	고려 시대	6	6	6
	조선 시대	11	10	13
근대사회	개항기	3	2	4
	일제 강점기	4	6	6
현대사회	-	7	4	4
합계		40	40	40

합격수기 COMMENT

작성자:
ma***
★★★★★

시대에듀의 문을 두드리시는 많은 학습자분들처럼, 저 또한 직장생활과 육아를 병행하며 공부에 대한 열정을 놓지 않았습니다. 학력에 대한 미련이 있었기에 독학사에 자연스레 관심이 생겼고, 시대에듀 교재로 공부를 해서 합격했습니다. 처음 독학학위제 공식 홈페이지에서 평가영역을 봤을 때, 많은 범위들을 보고 막막했습니다. 하지만 시대에듀의 교재는 이를 일목요연하게 정리해주어 방대한 학습량을 쪼개어 이해할 수 있도록 도와주는 길잡이 역할을 해주었습니다. 또한 예상문제 수록으로 회독이 지루하지 않게 도와주었습니다.

작성자:
ar***
★★★★★

시대에듀 덕분에 많은 불안감을 뒤로하고 시험에 합격할 수 있었습니다. 제가 시대에듀를 선택한 이유는 무엇보다 교재의 내용이 매우 훌륭했기 때문입니다. 중요한 개념은 보기 좋게 표시되어 있었고, 예상문제도 질적·양적으로 모두 만족스러웠습니다. 시험이 얼마 남지 않은 기간에는 최종모의고사로 마무리 정리할 수 있어서 큰 도움이 되었습니다. 저는 사실 공부란 책 한 권으로 혼자 열심히 이뤄내는 과정이라고 생각했습니다. 하지만 시대에듀를 통해 양질의 책과 강의로 공부하는 것이 효율적이고 중요하다는 것을 깨달았습니다.

작성자:
ss***
★★★★★

시대에듀 독학사 패키지를 통해 10개월 만에 학위를 취득한 직장인입니다. 직장생활을 하면서 전문성을 키우고 싶었으나, 정규 대학은 시간도 금액도 부담이 되었습니다. 그러던 중 독학사 제도를 알게 되었고, 시대에듀의 효율적인 온라인 강의에 매력을 느껴 선택하게 되었습니다. 2~3단계를 학습할 때는 배운 내용을 실제 일상과 업무에 적용하며 이해도를 높이려 노력했고, 마지막 학위취득 과정인 4단계에서는 모의고사 등 문제풀이를 통해 학습한 내용을 총정리하였습니다.
일과 학업을 병행하는 과정이 쉽지는 않았습니다. 하지만 목표를 상기하며 꾸준히 노력한 덕에 합격할 수 있었습니다. 이 과정에서 시대에듀가 큰 도움이 되었습니다!

작성자:
wl***
★★★★★

타 업체 도서로 먼저 공부하다가 시대에듀 도서를 봤는데, 이론이 체계적으로 한눈에 들어오게 구성되어 있고, 중요 표시도 잘 되어 있어서 좋았습니다. 풍부하게 수록된 단원별 문제를 통해 충분한 연습이 가능했고, 해설이 바로 옆에 있어서 공부 시간도 크게 줄일 수 있어 공부하기 딱 좋은 책이었습니다. 강의도 같이 들었는데, 이전에 들었던 업체보다 훨씬 상세하고 쉽게 설명해주셔서 돈이 아깝지 않을 정도로 큰 도움이 되었습니다.
직장생활과 병행하며 공부하는 게 정말 쉽지 않았지만, 자기계발을 위한 시험으로는 독학사만한 게 없다고 생각합니다. 처음부터 시대에듀로 했더라면 정말 좋았을 것 같아요 ㅠㅠ

목차 CONTENTS

PART 1 필수 암기 키워드

PART 2 최신기출문제

2025년 기출복원문제 · 3
2024년 기출복원문제 · 25
2023년 기출복원문제 · 48

PART 3 핵심이론 & 실전예상문제

제1장 원시고대사회
제1절 원시 사회와 고조선 · 3
    핵심예제문제 · 20
제2절 삼국 · 22
    핵심예제문제 · 43
실전예상문제 · 44

제2장 중세사회
제1절 통일신라와 발해 · 79
    핵심예제문제 · 91
제2절 고려 사회의 성립과 발전 · 93
    핵심예제문제 · 122
제3절 고려 후기의 사회 변화 · 124
    핵심예제문제 · 136
제4절 조선 사회의 성립과 발전 · 138
    핵심예제문제 · 160
제5절 조선 전기 사회 변화와 외세 침략 · · · · · · · · · · · · · · · · · · · 162
    핵심예제문제 · 179
제6절 조선 후기 경제 발전과 사회 동향 · · · · · · · · · · · · · · · · · · · 181
    핵심예제문제 · 201
제7절 사회 모순의 심화와 농민 항쟁 · 203
    핵심예제문제 · 214
실전예상문제 · 215

제3장 근대사회

제1절 개항과 근대 변혁 운동 · 287
      핵심예제문제 · 300

제2절 대한제국기 열강의 경제침탈과 개혁운동 · · · · · · · · · 302
      핵심예제문제 · 310

제3절 '보호조약'의 체결과 국권 회복 운동 · · · · · · · · · · · · 311
      핵심예제문제 · 318

제4절 일제의 무단통치와 3·1 운동 · · · · · · · · · · · · · · · · · 319
      핵심예제문제 · 326

제5절 일제의 기만적 문화정치와 민족 해방 운동 · · · · · · · 327
      핵심예제문제 · 333

제6절 전시하 일제의 수탈과 항일 무장투쟁 · · · · · · · · · · · 334
      핵심예제문제 · 340

실전예상문제 · 341

제4장 현대사회

제1절 해방과 민족의 분단 · 363
      핵심예제문제 · 371

제2절 분단 체제의 고착화와 4·19 혁명 · · · · · · · · · · · · · · 372
      핵심예제문제 · 377

제3절 군부정권과 산업 근대화 · 378
      핵심예제문제 · 383

제4절 새로운 국제 질서와 민주주의의 발전 · · · · · · · · · · · 384
      핵심예제문제 · 388

제5절 북한 사회주의 체제의 형성과 변화 · · · · · · · · · · · · · 389
      핵심예제문제 · 394

실전예상문제 · 395

PART 4 최종모의고사

최종모의고사 제1회 · 407
최종모의고사 제2회 · 414
최종모의고사 제1회 정답 및 해설 · 422
최종모의고사 제2회 정답 및 해설 · 427

기록의 힘

나만의 학습 플래너

D -

공부 시작일 (YEAR/MONTH/DAY) / /

2026 독학학위제 시험 일정 / /

WEEK 1	WEEK 2	WEEK 3
WEEK 4	**WEEK 5**	**WEEK 6**
WEEK 7	**WEEK 8**	**< MEMO >**

학습 진행률 확인

	20%	40%	60%	80%	100%

기출복원문제 및 최종모의고사 점수 변화

점수 / 과목

기록의 힘

나만의 키워드 정리

과 목

키워드	설명	비고

※ 공부하면서 어려웠거나 헷갈렸던 개념, 중요한 개념 등을 한 번 더 정리해 보세요!

기록의 힘

나만의 키워드 정리

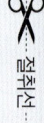

과 목

키워드	설명	비고

※ 공부하면서 어려웠거나 헷갈렸던 개념, 중요한 개념 등을 한 번 더 정리해 보세요!

국사

최신기출문제

- **2025년** 기출복원문제
- **2024년** 기출복원문제
- **2023년** 기출복원문제

출/제/유/형/완/벽/파/악/

훌륭한 가정만한 학교가 없고, 덕이 있는 부모만한 스승은 없다.

— 마하트마 간디 —

2025년 기출복원문제

※ 기출문제를 복원한 것으로 실제 시험과 일부 차이가 있으며, 저작권은 시대에듀에 있습니다.

01 청동기 시대에 대한 설명으로 옳지 <u>않은</u> 것은?

① 추수할 때는 반달돌칼이 주로 사용되었다.
② 반지하의 움집에서 점차 벗어나 지상 가옥도 짓게 되었다.
③ 고인돌이나 돌널무덤을 만들어 시체를 매장하였다.
④ 청동기 문화가 독자적 발전을 이룩하면서, 세형 동검과 잔무늬 거울이 보편화되었다.

02 다음 내용에서 괄호 안에 들어갈 나라 이름을 순서대로 바르게 나열한 것은?

> 신라는 본래 작은 나라로, 위로는 (㉠)와(과) 옆으로는 (㉡) 사이에 끼어 강한 이웃 나라들의 지배를 받아 스스로 독립할 수 없었다. … 그러나 (㉠)와(과) (㉡)이(가) 한창 강성하여 서로 공격하니, 신라는 항상 그 폐해를 입었다. … 무열왕이 사신을 보내 (㉢)에 군사를 요청하니, (㉢) 태종이 크게 기뻐하며 군대를 보냈다.
> - 『삼국사기』

	㉠	㉡	㉢
①	고구려	백제	당
②	고구려	당	백제
③	당	백제	고구려
④	백제	당	고구려

---

01 세형 동검과 잔무늬 거울은 철기 시대 유물이다. 청동기 시대에는 조·보리·콩·벼농사를 지었으며, 비파형 동검, 반달돌칼, 미송리식토기, 민무늬토기, 거친무늬 거울 등이 도구로 사용되었다.
① 반달돌칼은 청동기 시대에 벼를 수확하기 위한 추수 도구이다.
② 청동기 시대 집터의 형태는 대체로 직사각형 바닥으로 변하는 동시에 지상 가옥으로 점차 발전하고 있었고, 움집을 지을 때에 주춧돌을 사용하여 고정하였다.
③ 고인돌과 돌널무덤은 청동기 시대의 대표적 무덤양식이다.

02 제시된 자료는 『삼국사기』「신라본기」 '태종무열왕조'의 일부분으로, 나당 연합의 모습을 나타낸 것이다. 신라가 고구려(㉠)와 백제(㉡) 사이에서 어려움을 겪었으며, 결국 태종 무열왕(김춘추)이 당나라(㉢)에 군사 지원을 요청했다는 사실을 기록한 부분이다.

정답 01 ④ 02 ①

03 신라는 처음부터 당을 끌어들여 삼국통일 전쟁을 시작하였고, 삼국통일 이후에 당을 한반도에서 몰아내었다.
신라 진덕여왕 때 김춘추는 나당 연합을 결성하였고(648), 나당 연합군이 고구려를 공격하여 고구려의 수도인 평양성을 함락시키면서 고구려는 멸망하였다(668).
① 나당 연합군이 백제를 공격하여 멸망시켰고(660), 곧이어 고구려를 공격하여 멸망시켰다(668).
② 당은 웅진도독부(공주), 안동도호부(평양), 계림도독부(경주)를 설치하고 한반도 전체를 지배하려는 야욕을 보이자 신라는 당과의 전쟁을 시작하게 되었다.
④ 통일신라의 영토는 대동강에서 원산만까지를 경계로 한 이남의 지역으로 설정되었다.

03 다음 중 신라의 삼국통일에 대한 설명으로 옳지 않은 것은?
① 신라는 백제와 고구려를 차례로 멸망시켰다.
② 고구려 멸망 후 신라는 당의 한반도 지배 야욕에 맞서 나당 전쟁을 벌였다.
③ 신라는 처음부터 단독으로 삼국을 통일하였다.
④ 삼국을 통일한 신라는 대동강에서 원산만 이남 지역을 영토로 확보하였다.

04 신라 민정(촌락) 문서는 통일신라 서원경(청주)의 4개 촌의 장적(帳籍) 문서로, 당시 촌락의 경제 상황과 국가의 세무 행정을 알 수 있는 자료이다. 신라 민정 문서에 토지의 비옥도와 풍흉의 정도는 기록되지 않았다.
① 1933년 일본 도다이사 쇼소인에서 통일신라 때 서원경(청주)의 4개 촌의 장적이 발견되었다.
② 사람은 남녀별로 구분되었고, 16세에서 60세의 남자의 연령을 기준으로 나이에 따라 6등급으로 구분하여 기록하였다.
③ 민정 문서는 그 지역 촌주가 매년 변동 사항을 조사하였고, 3년마다 작성하였다.

04 신라 민정 문서에 대한 설명으로 옳지 않은 것은?
① 1933년 일본 도다이사[東大寺] 쇼소인[正倉院]에서 발견되었다.
② 사람은 남녀별로 구분하고, 나이에 따라 6등급으로 구분하여 기록하였다.
③ 토착 세력인 촌주가 변동 사항을 조사하여 3년마다 작성하였다.
④ 비옥도와 풍흉의 정도에 따라 토지의 종류와 면적을 기록하였다.

정답 03 ③   04 ④

05 다음 내용과 관련된 설명으로 옳은 것은?

- 고이왕은 품계에 따라 옷의 색을 구별하여 입도록 하였다.
- 소수림왕은 율령을 반포하였다.
- 법흥왕은 율령을 반포하고, 백관의 공복을 제정하였다.

① 민생 안정을 위한 정책이 추진되었다.
② 국가의 사상을 통합하기 위하여 불교를 공인하였다.
③ 유학 교육을 위한 정책이 추진되었다.
④ 중앙 집권 체제가 강화되기 시작하였다.

05 고대 국가는 중앙 집권 체제를 위해 율령을 반포하였고, 불교를 공인하여 사상적 기반을 다졌다. 또한 관복제를 도입하여 위계질서를 확립하였다. 자료는 모두 왕권 강화의 목적을 가진 정책들이다.
① 제시된 정책들은 민생 안정보다는 왕권 강화를 위한 것에 가깝다.
② 고구려는 소수림왕, 백제는 침류왕, 신라는 법흥왕 때에 각각 불교를 공인하였다.
③ 유학 교육을 위해 고구려는 태학, 신라는 국학과 같은 교육기관을 설치하였다.

06 다음 중 발해에 대한 설명으로 옳지 않은 것은?

① 9주 5소경 제도를 실시하였다.
② 천통, 건흥 등의 연호를 사용하였다.
③ 중국으로부터 해동성국이라 칭송받았다.
④ 국립대학인 주자감을 수도에 설치하였다.

06 7세기 통일신라 신문왕은 전국을 9주 5소경으로 나누어 지방 행정구역을 정비하였다.
② '천통'은 발해 고왕(대조영) 때, '건흥'은 발해 선왕 때 사용한 연호이다. 무왕 때는 '인안'을 사용하였다.
③ 전성기인 선왕 때, 발해는 중국으로부터 해동성국이라 칭송받았다.
④ 발해 문왕 때 최고 교육기관인 주자감을 설치하였다.

정답 05 ④ 06 ①

07 대부분 지방 향리의 자제들로, 과거를 통하여 중앙 관리로 진출하였던 세력은 고려 말 신진 사대부이다. 과거제가 시작된 것은 고려 광종(958) 이후이며, 진골은 혈연(골품제)을 통해 관직에 진출하였다.
② 신라 말 성주나 장군을 자칭하는 세력들이 나타났는데, 이를 지방 호족이라 하였다.
③ 실천적인 경향을 가지고 있던 선종은 신라 말 진골과 대립하고 있던 호족 세력의 환영을 받게 되어 널리 확산되었고, 각 지방에 9개의 선종 사원인 9산 선문을 성립하게 되었다.
④ 신라 말 최치원, 최승우, 최언위(최신지) 등은 당에 유학하여 빈공과(賓貢科)에 급제하였던 6두품 출신의 유학생이었다.

07 신라 하대에 대두된 정치 세력에 대한 설명으로 옳지 않은 것은?
① 진골은 과거를 통하여 중앙 관리로 진출하였다.
② 지방 호족은 스스로 성주 또는 장군이라고 칭하였다.
③ 실천적인 경향을 가지고 있던 선종 세력이 성장하였다.
④ 6두품은 당나라에 유학하여 빈공과에 급제하였다.

08 고려 현종은 1018년에 전국을 크게 5도 양계와 경기로 나누고, 그 안에 3경, 4도호부, 8목을 비롯하여 군·현·진 등을 재정비하였다. 여기서 8목은 기존 성종 대에 설치(983)된 12목이 현종 대의 행정구역 재정비로 인해 8목으로 개편된 것이다.
① 고려 성종은 최승로의 건의를 받아들여 전국에 12목을 설치하여 처음으로 지방관을 파견하였다(983).
② 성종은 지방의 12목에 목사와 경학박사·의학박사를 파견하여 중앙 집권화와 유교 교육을 진흥시켰다(987).
④ 고려 성종 때에는 상업 활동이 활발해짐에 따라 화폐인 건원중보를 발행하여 경제를 육성시키려 하였다.

08 고려 성종 시기의 정치 변화에 대한 설명으로 옳지 않은 것은?
① 12목을 설치하고 지방관을 파견하였다.
② 지방 교육을 위해 경학박사를 파견하였다.
③ 5도 양계의 지방제도를 확립하였다.
④ 철전인 건원중보를 사용하였다.

정답 07 ① 08 ③

09 다음 〈보기〉에서 옳은 것을 모두 고르면?

보기

ㄱ. 광종은 호족을 견제하기 위해 사심관과 기인 제도를 마련하였다.
ㄴ. 묘청은 서경에 대화궁을 짓고 황제를 칭하였다.
ㄷ. 경대승은 자기 집에 정방을 설치하여 인사권을 장악하였다.
ㄹ. 공민왕은 고려의 내정을 간섭하던 정동행성 이문소를 폐지하였다.

① ㄱ, ㄴ
② ㄱ, ㄷ
③ ㄴ, ㄷ
④ ㄴ, ㄹ

09
ㄴ. 인종 때 묘청은 풍수지리설을 내세워 서경으로 천도하여 서경에 궁(대화궁)을 짓고, 황제를 칭하며 연호를 사용하는 등 자주적인 개혁과 금을 정벌할 것을 주장하였다(1135).
ㄹ. 공민왕은 즉위 후 기철을 비롯한 친원 세력을 숙청하고, 내정 간섭 기구인 정동행성 이문소의 폐지, 원의 간섭으로 격하된 관제의 복구, 몽골 풍속 금지 등을 실시하였다.
ㄱ. 고려 태조 왕건은 사심관과 기인 제도를 활용하여 지방 호족을 견제하고 지방 통치를 보완하려 하였다.
ㄷ. 독자적인 인사기구인 정방을 설치한 인물은 최우로, 모든 관직에 대한 인사권을 장악하였다.

10 고려의 문신 서희가 외교적인 성과를 통해 되찾은 땅은 무엇인가?

① 위화도
② 동북 9성
③ 강동 6주
④ 4군 6진

10
서희가 거란과의 외교 담판(993, 성종)으로 획득한 압록강 동쪽의 강동 6주는 흥화진(의주), 용주(용천), 통주(선주), 철주(철산), 귀주(구성), 곽주(곽산) 등이다.
① 이성계는 위화도에서 회군하여 (1388) 최영을 제거한 뒤, 군사적 실권을 장악하여 본격적인 개혁의 계기를 마련하였다.
② 예종 때 윤관은 별무반을 이끌고 여진을 정벌하여 동북 9성을 쌓았다(1107).
④ 세종은 김종서와 최윤덕을 보내 여진을 토벌하고 4군과 6진을 설치하여 압록강과 두만강을 경계로 하는 오늘날과 같은 국경선을 확정하였다.

정답 09 ④ 10 ③

11 12세기 중엽에 고려의 독창적 기법인 상감법이 개발되어 자기에 활용되었다. 상감청자는 강화도로 천도한 13세기 중엽까지 주류를 이루었고, 원 간섭기 이후에는 원으로부터 북방 가마의 기술이 도입되어 청자의 빛깔은 점차 퇴조해 갔다.
① 보조국사 지눌은 선종 중심으로 교종을 포용하려 하였다. 지눌은 선과 교학이 근본에 있어 둘이 아니라는 사상 체계인 정혜쌍수를 사상적 바탕으로 삼아 철저한 수행을 선도하였다.
② 인종 때 김부식이 왕명에 의해 편찬한 『삼국사기』(1145)는 기전체 서술방법으로 쓰인 역사서로, 현존하는 우리나라 최고(最古)의 역사서이다. 『삼국사기』는 합리적 유교 사관에 입각하여 서술된 서적으로 신라 계승 의식이 반영되어 있다.
④ 팔만대장경(재조대장경)은 몽골의 침입을 부처의 힘으로 막아내고자 고려 고종 23년(1236) 강화에서 조판에 착수하여 고종 38년(1251) 완성한 대장경이다.

11 고려 시대 사상과 문화에 대한 설명으로 옳지 <u>않은</u> 것은?
① 지눌은 선종을 중심으로 교와 선의 대립을 극복하려 하였다.
② 김부식은 유교적 합리주의 사관에 기초하여 『삼국사기』를 편찬하였다.
③ 상감청자는 분청사기와 함께 조선 전기까지 유행하였다.
④ 전쟁 중에 부처님의 힘으로 국난을 극복하고자 재조대장경을 간행하였다.

12 최우는 문무백관의 인사 행정을 담당하는 정방을 통하여 인사권을 장악하였고, 문신을 등용하기 위한 서방을 설치하였다.
① 정중부는 무신정변 이후 중방을 중심으로 권력을 행사하였다.
② 최충헌은 무신 정권 최고의 권력 기구인 교정도감을 설치하여 도방·정방·서방 등의 기구를 총괄하였다.
③ 최충헌은 자신의 신변을 보호하기 위해 도방을 설치하였다.

12 무신 정권기의 정치기구에 대한 설명으로 옳지 <u>않은</u> 것은?
① 정중부는 정변을 일으켜 중방을 중심으로 권력을 행사하였다.
② 최충헌은 국정을 총괄하는 교정도감을 처음 설치하였다.
③ 최충헌은 도방을 확대하여 군사적 기반을 확립하였다.
④ 최우는 문무백관의 인사 행정을 담당하는 서방을 설치하였다.

정답 11 ③ 12 ④

13 다음 중 고려 후기 때 몽골에서 전래된 것은?

① 목화
② 담배
③ 불교
④ 고구마

14 다음 내용에 해당하는 왕에 대한 설명으로 옳은 것은?

> 지난번에 좌정승이 말하기를 "중국에도 승상부가 없으니 의정부를 폐지해야 한다."라고 하였다. 내가 골똘히 생각해 보니 모든 일이 내 한 몸에 모이면 결재하기가 힘은 들겠지만, 임금인 내가 어찌 고생스러움을 피하겠는가. … 처음으로 의정부의 일을 여섯 조(曹)로 나누어, 직접 왕에게 아뢰게 하였다.
>
> – 『태종실록』

① 만권당에서 원의 학자와 교류하였다.
② 언론기관인 사간원을 독립시켜 대신을 견제하게 하였다.
③ 공법을 실시하여 전세를 낮추고 공평하게 부과하였다.
④ 기본법전인 『경국대전』의 편찬을 완료하여 반포하였다.

---

13 고려 말 공민왕 때 문익점이 원나라로부터 목화씨를 가져와 목화 재배에 성공하였다(1363).
② 담배는 조선 후기 일본으로부터 유입되어 상품작물로 재배되었다.
③ 삼국의 불교는 중국으로부터 전래되었다. 고구려는 소수림왕, 백제는 침류왕, 신라는 법흥왕 때에 각각 불교를 공인하였다.
④ 조선 후기인 18세기 영조 때 일본에서 구황작물인 고구마가 유입되어 재배되기 시작하였다.

14 제시문은 태종 때 시행한 6조 직계제에 대한 내용이다. 6조 직계제는 6조에서 의정부를 거치지 않고 곧바로 사안을 국왕에게 올려 재가를 받아 시행하는 제도로서, 태종은 6조 직계제를 실시하여 국왕 중심의 정치를 추구하였다. 조선 태종은 언론 기관인 사간원을 독립시켜 대신들을 견제하였다.
① 만권당은 충숙왕 때 충선왕이 연경에 설치하였고, 이제현은 만권당에서 성리학을 연구하였다.
③ 세종은 민생과 관련된 정책을 결정할 때에는 민의를 물었는데, 공법을 제정할 경우에는 조정의 신하와 지방의 촌민에 이르기까지 18만 명의 의견을 묻고, 10여 년의 시험기간을 거친 뒤에 시행하였다.
④ 성종은 건국 이후의 문물제도 정비를 완비하였으며, 『경국대전』의 편찬을 마무리하여 반포함으로써 조선 왕조의 통치 체제를 확립하였다.

정답 13 ① 14 ②

15 다음 내용에서 괄호 안에 들어갈 말이 순서대로 옳게 나열된 것은?

> - 풍흉과 토지의 비옥도와 결수에 따라 4두에서 20두까지 부과하는 (㉠)을 시행했다.
> - (㉡)은 각 지방의 토산물을 중앙 정부에 바치는 제도로, 특산물을 기준으로 부과되었다.
> - (㉢)은 16세 이상의 양인 남자를 징발하여 군역과 요역으로 동원한 제도이다.

	㉠	㉡	㉢
①	과전법	역	공납
②	과전법	공납	역
③	공법	공납	역
④	공법	역	공납

15 ㉠ 공법(貢法) : 세종은 조세 제도를 좀 더 체계적으로 운영하기 위하여 토지 비옥도에 따라 조세를 부과하는 전분 6등법과 풍흉의 정도에 따라 조세를 부과하는 연분 9등법으로 바꾸고, 조세 액수를 1결당 최고 20두에서 최하 4두를 차등 있게 내도록 하였다.
㉡ 공납(貢納) : 지방에서 생산되는 특산물을 국가에 납부하는 제도로 각 지역에서 자주 생산되는 특산물을 세금으로 바쳤다.
㉢ 역(役) : 군역과 요역으로 나누어 군사적 의무와 공공사업을 위한 강제 노동을 부과하였다. 16세 이상의 양인 남자에게 부과되었다.

16 조선의 과거제도에 대한 설명으로 옳은 것은?

① 일반적으로 식년시는 해마다 실시되었다.
② 문과는 무관을 선발하는 시험으로, 고려 시대부터 널리 시행되었다.
③ 생원시의 합격만으로는 관리가 될 수 없었다.
④ 재가한 여성의 자손은 문과에 응시할 수 없었다.

16 문과의 경우 수공업자, 상인, 탐관오리의 아들, 재가한 여성의 자손, 서얼에게는 응시를 제한하였다.
① 식년시는 3년마다 실시하는 정기 시험이었다.
② 문과는 무관이 아닌 문관을 선발하는 시험이다. 또한 고려 시대의 과거제에서는 무관을 선발하는 무과를 시행하지 않았다.
③ 생원시, 진사시 등의 소과에 합격하면 하급 관리가 될 수 있었다.

정답 15 ③ 16 ④

17 조선 전기 사회에 대한 설명으로 옳지 <u>않은</u> 것은?

① 지위가 높은 문무관원의 자손에게는 음서의 혜택이 주어졌다.
② 서얼은 중서라고도 불리었으며, 이들은 문과 응시에 제한이 없었다.
③ 중앙과 지방에 있는 관청의 서리와 향리 및 기술관은 직역을 세습하였다.
④ 『경국대전』과 『대명률』로 대표되는 법전에 의해 형벌과 민사에 관한 사항을 규율하였다.

17 서얼은 중인과 같은 신분적 처우를 받았으므로 중서라고도 불리었다. 서얼들은 『경국대전』에서 차별을 법제화한 이후 문과에 응시하는 것이 금지되었는데, 간혹 무반직에 등용되기도 하였다.
① 조선 시대 2품 이상 고관의 자제는 음서로 관직에 진출할 수 있었다.
③ 중앙과 지방에 있는 관청의 서리와 향리 및 기술관은 직역을 세습하고, 같은 신분 안에서 혼인하였으며, 관청에서 가까운 곳에 거주하였다.
④ 조선 시대는 『경국대전』과 『대명률』로 대표되는 법전에 의해 형벌과 민사에 관한 사항을 규율하였다. 이 중에서 형벌에 관한 사항은 대부분 『대명률』의 적용을 받았다.

정답 17 ②

18 15세기 조선은 사회 신분을 양인과 천민으로 구분하는 양천 제도를 법제화하여 신분제도의 기본을 만들었다. 양인은 과거에 응시하고 벼슬길에 오를 수 있는 자유민으로 조세, 국역 등의 의무를 지녔고, 천민은 비자유민으로 개인이나 국가에 소속되어 천역을 담당하였다.
②『경국대전』에서 차별을 법제화한 이후 서얼들은 문과에 응시하는 것이 금지되었고, 간혹 무반으로 등용되기도 하였다.
③ 고려 시대 양민은 농사에 종사하는 농민층이 주류를 이루었다. 농민들은 농업 이외에 국가에서 지정한 특수 임무를 수행하지 않았으므로 '별도의 의무가 없는 사람'의 의미로 백정이라 하였다. 조선 시대 또한 농민층이 양민의 다수를 이룬 것은 마찬가지이나, '백정'이라는 용어는 조선 후기로 갈수록 도축업에 종사하는 천민 계층을 의미하는 말로 변화하였다.
④ 엄격한 신분제도로 인해 신분 이동이 불가능한 것은 고대 국가의 특징이다. 조선 시대 역시 엄격한 신분제 사회였던 것은 맞으나, 과거제, 공신 포상 등 일정 범위 내에서 신분 상승의 기회는 존재하였다.

18 조선 시대의 신분제에 대한 설명으로 옳은 것은?

① 법제상 양인과 천민으로 구분되었다.
② 서얼은 『경국대전』에 의하여 문과 응시가 가능했다.
③ 조선 양민의 대다수는 농민으로 백정이라고 불렸다.
④ 신분제도가 엄격하게 운영되었기 때문에 신분 이동이 불가능하였다.

정답 18 ①

19 조선 전기의 과학과 기술에 대한 설명으로 옳지 <u>않은</u> 것은?

① 동양 의학에 관한 서적과 이론을 바탕으로 『의방유취』가 편찬되었다.
② 중국의 수시력과 아라비아의 회회력을 참고하여 『칠정산』을 편찬하였다.
③ 신무기인 신기전을 제작하여 국방력을 강화하였다.
④ 『기기도설』을 참고하여 거중기를 만들었다.

20 『조선왕조실록』에 대한 설명으로 옳지 <u>않은</u> 것은?

① 왕이 죽은 후에 실록을 편찬하는 것이 관례였다.
② 태조 왕대부터의 기록이 남아 있다.
③ 실록청에서 기전체 형식으로 편찬하였다.
④ 사초와 시정기 등을 근거로 편찬되었다.

---

19 조선 후기 정약용은 서양 선교사가 중국에서 펴낸 『기기도설』을 참고하여 거중기를 만들었다.
① 『의방유취』는 동양 의학을 집대성한 조선 시대 최대 규모의 의학 백과사전으로 세종 때 편찬되었다(1445).
② 세종 때 7개의 운동하는 천체(해, 달, 화성, 수성, 목성, 금성, 토성)의 위치를 계산하는 방법을 서술한 역법서인 『칠정산』을 편찬하였다. 이는 중국의 수시력(내편)과 아라비아의 회회력(외편)을 참고하여 제작된 역법서로, 조선의 실정에 맞는 역법서를 제작했다는 점에서 의의가 있다.
③ 신기전은 화살대의 윗부분에 화약통을 부착하여 제작된 로켓 추진 방식의 무기로, 세종 때 제작되었다(1448). 크기와 사정거리에 따라 대신기전·산화신기전·중신기전·소신기전 등으로 구분된다.

20 『조선왕조실록』은 기전체가 아닌 한 왕의 재위 기간 동안의 사건들을 날짜순으로 서술한 편년체 서술방법으로 편찬되었다. 인물 중심의 기전체 형식으로 서술된 대표적인 서적으로는 『삼국사기』가 있다.
① 실록은 한 국왕이 죽으면 다음 국왕 때 춘추관을 중심으로 실록청을 설치하여 편찬하였다.
② 『조선왕조실록』은 태조에서 철종 때까지의 실록을 편찬하였다.
④ 사관이 국왕 앞에서 기록한 사초와 각 관청의 문서를 모아 만든 시정기를 중심으로, 『승정원일기』, 『의정부등록』, 『비변사등록』, 『일성록』(정조 이후) 등을 보조 자료로 하여 종합, 정리하여 편년체로 편찬하였다.

정답 19 ④ 20 ③

21 전랑직은 정5품 정랑과 정6품 좌랑을 통칭하는 직위로, 이조의 전랑은 자대권(자천권, 후임자 천거권), 통청권(3사의 당하관 이하 추천권), 낭청권(재야 사림 추천권)의 막강한 권한을 소유하고 있었다.
① 고려의 최고 관서인 중서문하성은 재신과 낭사로 구성되었는데, 문하시중은 중서문하성의 장관으로 국정의 전반을 총괄하였다.
③ 도병마사는 재신과 추밀이 모여 고려의 국방 문제를 담당하는 국가 최고의 회의기구로, 처음에는 임시적 성격을 갖고 있었으나 고려 후기 충렬왕 때 도평의사사(도당)로 개편되면서 구성원이 확대되고 국정 전반에 걸친 주요사항을 담당하는 최고 정무 기관으로 발전하게 되었다.
④ 최충헌은 최씨 정권의 반대 세력을 제거하고 국정을 총괄하는 최고의 정치 기구인 교정도감을 설치하여 권력 기구를 총괄하였으며, 교정도감의 장관인 교정별감은 최씨 가문이 세습하였다.

22 제시된 사료는 병자호란 당시 김상헌이 인조에게 항복을 반대하며 끝까지 싸울 것을 주장하는 내용이다. 조선 후기, 후금은 국호를 '청'으로 바꾸고 조선에 군신 관계를 요구하였다. 그러나 조선에서 별다른 반응을 보이지 않자 청 태종은 12만 대군을 이끌고 조선을 침입하여 병자호란(1636)이 일어났다.
② 후금의 위협을 받은 명이 조선에 원병을 요구하였고 광해군은 어쩔 수 없이 강홍립을 도원수로 삼아 원병을 파병하였다.
③ 조선 효종 때 청이 러시아 정벌을 요청하였고 변급(1654), 신유(1658) 등 조총부대를 두 차례 출병시켜 승리하였다(나선정벌).
④ 임진왜란(1592)이 발발하자 선조는 의주로 피난하여 명에 원군을 요청하였다.

정답 21 ② 22 ①

---

21 다음 내용에 해당하는 관직으로 옳은 것은?

- 3사 관원을 선발하는 권한을 가지고 있어, 언론 활동에 영향을 미쳤다.
- 관원의 후임자를 추천할 수 있는 권한을 가지고 있었다.
- 인사권을 둘러싸고 동인과 서인이 대립하면서 붕당 정치가 심화되었다.

① 문하시중
② 이조 전랑
③ 도병마사
④ 교정별감

22 다음 사건에 대한 설명으로 옳은 것은?

김상헌이 아뢰기를, "우리나라가 멸망 직전에 있다고 해서 항복하라고 요구하는데, 항복을 하면 세상에 무어라 말하겠습니까? 그러면 조선의 명예는 땅에 떨어지고, 후손들이 어떻게 살겠습니까? 항복은 절대 용납할 수 없습니다. 나라를 지키기 위해 죽는 것이 오히려 명예로운 일이라 생각합니다."

- 『승정원일기』

① 청이 조선에 군신 관계를 요구하였다.
② 강홍립이 이끄는 부대가 명의 요청으로 파병되었다.
③ 청이 나선 정벌을 위하여 군대 파견을 요청하였다.
④ 일본의 침략으로 선조가 의주로 피난하였다.

23 다음 내용에 해당하는 사건으로 옳은 것은?

- 허목 : 유교적인 전통을 강조하여 장남과 같은 3년복 주장
- 송시열 : 효율적인 국가 운영과 정치적 필요를 고려하여 차남의 예로 1년복 주장

① 예송논쟁
② 탕평책
③ 기묘사화
④ 기사환국

23 제시문은 기해예송에 대한 설명이다. 현종 재위 시기인 1659년 효종이 사망하자 인조의 계비인 자의대비가 적장자에 준하는 상복을 입을 것인지를 둘러싸고 벌어졌던 논쟁이다. 서인은 1년, 남인은 3년설을 주장하였다.
② 영조와 정조는 탕평책을 시행하여 정국을 안정시키려 하였다.
③ 중종 때 위훈 삭제 문제(조광조의 개혁정치)로 기묘사화가 발생하였다(1519).
④ 숙종 때 장희빈의 소생인 윤(경종)의 세자 책봉을 둘러싸고 서인인 송시열 등이 반대하다 사사되었고, 인현왕후가 폐출되면서(민씨폐출) 남인이 집권하였다(1689).

24 다음 중 세도 정치에 대한 설명으로 옳은 것은?

① 무신들이 정변을 일으켜 정권을 장악하였다.
② 대신들이 동인과 서인으로 나뉘어 국정을 운영하였다.
③ 왕의 후견인인 왕대비가 왕을 대신하여 국정을 운영하였다.
④ 유력한 가문 출신의 몇몇이 실제 권력을 행사하였다.

24 세도 정치는 60여 년 동안 안동 김씨나 풍양 조씨 등 왕의 외척 세력이 권력을 독점하였던 정치 형태이다. 세도 정치 시기에는 관직이 매매되는 등 비리가 만연하였으며 탐관오리들의 부당한 조세 수탈이 심각한 문제로 대두하였다.
① 고려 무신들의 불만이 극에 달하자 이의방과 정중부와 같은 무신들이 정변을 일으켜 의종을 폐하고 명종을 옹립하여 정권을 장악하였다(1170).
② 붕당 정치는 복수의 붕당이 상호 견제와 협력을 통하여 정치를 운영하는 것이다. 이러한 붕당 정치의 시작은 16세기 이후 왕권이 약화되어 사림 중심의 정치가 전개되면서부터 형성되어 전개되었다.
③ 수렴청정은 왕이 미성년자이거나 권력을 행사할 수 없을 때, 왕실 인물이나 왕의 후견인이 대신하여 국정을 운영하는 정치 형태이다.

정답 23 ① 24 ④

25 제시문은 영조가 1750년에 시행한 균역법에 대한 내용이다. 영조는 군포를 기존 2필에서 1필로 줄여 백성의 부담을 덜고자 하였고, 이로 인해 줄어든 재정은 지주에게 결작미를 부담시키는 방식으로 보완하였다.
① 인조는 농민들의 전세 경감을 위하여 영정법을 시행하여 풍년이건 흉년이건 관계없이 전세를 토지 1결당 미곡 4두로 고정시켰다(1635).
③ 조선 후기 방납의 폐단을 시정하기 위한 제도로 대동법이 시행되었는데, 공납을 현물 대신 쌀, 포, 돈으로 대납하는 대동법은 광해군 때 경기도에 시험적으로 시행되었다가 숙종 때 전국적으로 확대되었다.
④ 고종 때 흥선대원군은 종래 상민에게만 징수하던 군포를 양반에게도 징수하는 호포제를 실시하여 군정을 바로잡고 조세 부담을 공평히 하여 민생을 안정시키고자 노력하였다.

25 다음 내용에 해당하는 제도에 대한 설명으로 옳은 것은?

> 영의정 조현명(趙顯命), 좌의정 김약로(金若魯), 우의정 정우량(鄭羽良)이 연명 차자를 올려 '양역이 편중됨이 실로 양민의 뼈를 깎아 지탱하지 못하는 폐단이 됩니다. 우리 성상께서 불쌍하게 여기시어 마음속으로 결단하시어 2필의 역을 특별히 1필로 감하였으니, 이는 천지와 같은 큰 은덕이요, 죽은 사람을 살려 주는 은혜입니다.' …
> – 『영조실록』

① 토지 1결당 미곡 4두로 납부액을 고정하였다.
② 군역의 부담을 줄이고자 균역법을 제정하였다.
③ 특산물 대신 쌀, 베, 동전 등으로 납부하게 하였다.
④ 양반에게도 군포를 부과하였다.

26 조선통보는 1423년 세종 때 발행되었는데, 실제 유통은 제한적이었다. 전국적으로 유통된 동전은 조선 숙종 때(1678)의 상평통보이며, 18세기에는 세금과 소작료도 동전으로 대납할 수 있을 정도로 유통이 활발하였다.
① 18세기 말 장시가 번성하여 전국 1,000여 개소의 장시가 열렸다.
② 조선 시대 한양을 근거지로 하는 경강 상인은 운송업 및 도매업에 종사하면서 조선 후기 거상으로 성장하였다.
④ 조선 후기 개성에서 활동하던 송상 및 의주에서 활동하던 만상 등이 활발하게 상행위를 하였다.

26 조선 후기의 상공업 발달에 대한 설명으로 옳지 않은 것은?
① 장시는 18세기 중엽에 이르러 1,000여 개소로 늘어났다.
② 경강 상인들은 운송업에 종사하면서, 선박 건조 분야에 진출하기도 하였다.
③ 조선통보와 같은 동전이 자연스럽게 전국적으로 유통되었다.
④ 개성의 송상, 의주의 만상 등이 무역을 통해 재화를 많이 축적하였다.

정답 25 ② 26 ③

27 흥선대원군의 내정 개혁에 대한 설명으로 옳은 것은?

① 속대전을 편찬하여 통치 체제를 정비하였다.
② 호포제를 시행하여 국가 재정을 확충하였다.
③ 집현전을 설치하여 학문 연구를 장려하였다.
④ 신해통공으로 시전 상인의 특권을 축소하였다.

27 고종 대 흥선대원군은 상민에게만 징수하던 군포를 양반에게도 징수하는 호포제를 시행하여, 군정을 바로잡고 국가 재정을 확충하고자 하였다. 이는 조세 부담을 공평히 하여 민생을 안정시키려는 조치였다.
① 영조는 속대전을 편찬하고 법전 체계를 정리하여 제도와 권력 구조 개편에 힘썼다.
③ 세종은 궁중 안에 정책 연구 기관으로 집현전을 설치하여 유교 정치를 실현하려 하였다.
④ 정조는 6의전을 제외한 나머지 시전 상인(관상)들의 금난전권을 철폐하여 사상들의 자유로운 상업 활동을 허용하였다(신해통공, 1791).

28 다음 내용에 해당하는 사건으로 옳은 것은?

- 관련 인물 : 조병갑, 전봉준, 최시형, 손화중, 김개남
- 관련 지역 : 고부, 백산, 전주, 공주
- 주제어 : 집강소, 황토현 전투, 우금치 전투

① 임오군란
② 운요호 사건
③ 동학 농민 운동
④ 갑신정변

28 제시된 자료는 동학 농민 운동과 관련된 설명이다. 전봉준이 이끄는 동학농민군은 '보국안민, 제폭구민'의 기치 아래 고부와 태인에서 봉기하여 황토현에서 관군을 물리치고, 장성 황룡촌 전투에서 승리하여 전주를 점령하였다(진주성 점령, 1894. 4.). 이후 정부와 전주 화약을 맺고 농민 자치 기구인 집강소를 설치하였으나, 공주 우금치 전투(1894. 11.)에서 조일연합군에게 패배하였고, 이로 인해 전봉준, 손화중, 김개남 등의 지도부와 농민군들이 체포되었다(1894. 12.).
① 임오군란은 민씨 정권이 일본인 군사 고문을 초빙하여 훈련과 교육을 시킨 별기군(신식 군대)을 우대하고, 구식 군대를 차별 대우한 데 대한 불만에서 폭발한 것이다(1882).
② 일본은 군함 운요호를 조선 연해에 파견하였고, 강화도의 초지진 포대는 운요호에 경고 사격을 하였다(운요호 사건, 1875).
④ 1884년 갑신정변의 주도 세력이었던 급진 개화파는 정변을 통해 근대 국가를 수립하려 하였다. 개화당 세력은 우정국 개국 축하연을 이용하여 정변을 일으키고 14개조의 정강을 발표하였다.

정답 27 ② 28 ③

29 1903년 4월, 러시아는 삼림 벌채권 보호를 명분으로 용암포와 압록강 일대에 군대를 배치하고, 용암포 조차를 강요하여 획득하였다(용암포 사건). 이 사건을 계기로 한반도 내에서 러시아와 일본은 더 첨예하게 대립하였고, 이는 러일 전쟁으로 이어졌다.

29 다음 내용에서 괄호 안에 공통으로 들어갈 나라는?

> 1903년 4월 ( )은(는) 압록강 유역의 삼림 벌채권과 자국민 보호를 명목으로 용암포를 불법 점령하였다. 이를 계기로 한반도 내에서 ( )와(과) 일본은 더 첨예하게 대립하였다. 결국, 이 사건은 1904년 전쟁으로 이어지며 한반도의 운명을 결정짓는 중요한 사건이 되었다.

① 청
② 러시아
③ 영국
④ 미국

30 ㄱ. 「은주시청합기」(1667, 현종 8) : 사이토 호센이 간행한 독도에 관한 일본 최초의 문헌으로, '일본의 서북쪽 경계를 오키섬으로 한다.'라고 기록되어 있다. 이는 당시 일본이 독도를 일본 땅으로 인식하지 않았음을 보여주는 중요한 증거다.
ㄴ. 「삼국접양지도」(1785) : 일본의 학자 하야시 시헤이가 만든 지도로, 울릉도와 독도가 우리나라 영토라고 표시되어 있다.
ㄷ. 「태정관 지령문」(1877) : 메이지 정부의 최고 행정기관인 태정관이 내린 공식 문서로, '울릉도(죽도)와 독도(송도)는 일본과는 관계가 없는 곳'이라고 명시하였다. 이는 일본 정부가 울릉도와 독도를 조선 영토로 명확하게 인식하고 있었음을 보여주는 대표적인 근거 자료이다.
ㄹ. 「시마네현 고시」제40호(1905) : 일본 시마네현이 독도를 일방적으로 일본 영토에 편입한다고 발표한 문서로, 영토 인정 근거가 아닌 침탈 시도의 문서이다.

30 독도가 우리의 영토임을 나타내는 일본 측 자료만을 모두 고르면?

> ㄱ. 「은주시청합기」
> ㄴ. 「삼국접양지도」
> ㄷ. 「태정관 지령문」
> ㄹ. 「시마네현 고시」

① ㄱ, ㄴ, ㄷ
② ㄱ, ㄴ, ㄹ
③ ㄱ, ㄷ, ㄹ
④ ㄴ, ㄷ, ㄹ

정답 29 ② 30 ①

31 다음 중 항일의거활동에 대한 설명으로 옳은 것은?

① 나석주가 동양척식주식회사에 폭탄을 투척하였다.
② 김익상은 종로경찰서에 폭탄 투척 후 일경과 교전하였다.
③ 이봉창은 중국 상하이 홍커우 식장에서 의거를 일으켰다.
④ 장인환은 이완용을 습격해 중상을 입혔다.

31
① 1926년, 의열단원 나석주는 동양척식주식회사와 조선식산은행에 폭탄을 투척한 후 다수의 일본인을 처단하였다.
② 1921년, 의열단원 김익상은 조선총독부에 폭탄을 투척하였다. 1923년 종로 경찰서에 폭탄을 투척한 인물은 김상옥이다.
③ 1932년 4월, 상하이 사변에서 승리한 일본이 상하이 홍커우 공원에서 전승축하식을 거행하자 한인애국단 소속의 윤봉길은 식장을 폭파하였고, 많은 일본군 장성과 고관들을 처단하였다. 이봉창은 같은 해 1월, 도쿄에서 일본 국왕에게 폭탄을 투척하였다.
④ 1908년, 장인환 의사와 전명운 의사는 통감부의 한국 통치를 찬양한 미국인 외교 고문 스티븐스를 샌프란시스코에서 처단하였다. 1909년에는 이재명이 명동성당에서 벨기에 황제 레오폴트 2세 추도식을 마치고 나오는 이완용을 찔러 복부와 어깨에 중상을 입히고 체포되었다.

정답 31 ①

32 일제는 1912년 조선태형령을 제정하여, 갑오개혁 때 폐지된 태형 제도를 다시 부활시켜 조선인에게만 적용하였다. 이는 조선인을 억압하고 통제하기 위한 수단으로, 정식 재판 없이 즉결심판과 비공개 집행이 가능하였다. 이 시기는 일제의 강압적인 헌병무단통치가 시행된 시기로, 조선태형령은 1920년대 문화통치로 전환되면서 폐지되었다.

32 다음 내용에 해당하는 일제의 식민지배정책은?

[조선태형령]
제1조 태형은 죄인이 일정한 법령에 의거하여 범죄를 저질렀을 경우, 그 처벌로 적용된다. 태형의 횟수와 강도는 해당 범죄의 중대성에 따라 결정된다.
제13조 태형은 반드시 법원에서 판결을 받은 후 시행되어야 하며, … 태형이 필요한 경우에는 예외적으로 강압적인 방식이 될 수 있다.

[조선태형령 시행규칙]
제1조 태형은 범죄자에 대한 처벌로서 법원이 정당하게 선고한 후 시행되며, 집행 시 안전한 환경과 적절한 절차에 의해 집행되어야 한다.

① 무단통치
② 문화통치
③ 신탁통치
④ 간접통치

33 3·1 운동은 1919년, 대도시에서 학생과 지식인이 중심이 되어 시작되었다. 이후 시간이 지나면서 일제의 경제 수탈을 가장 많이 고통 받은 농민과 상공업자가 시위에 적극 가담하면서 전국적으로 확산되었다.
①·④ 대한민국 임시정부와 구미위원부는 3·1 운동 이후 수립되었다.
③ 신간회는 1927년 창립된 민족유일당 운동의 결실로, 3·1 운동 당시에는 존재하지 않았다.

33 다음 중 3·1 운동에 대한 설명으로 옳은 것은?

① 대한민국 임시정부가 만세 시위를 적극 지원하였다.
② 일제의 수탈에 타격을 받은 농민들이 시위에 적극 가담하였다.
③ 신간회 등의 애국 계몽 운동 단체가 연합하여 시위를 확산시켰다.
④ 미국의 구미위원부가 적극적으로 지원하였다.

정답 32 ① 33 ②

34 대한민국 임시정부에 대한 설명으로 옳지 않은 것은?

① 이륭양행에 연통국을 설치하여 국내와 연락을 취하였다.
② 구미위원부를 설치하여 외교 활동을 추진하였다.
③ 임시 사료 편찬회를 두어 한일 관계 사료집을 간행하였다.
④ 「교육입국조서」를 반포하고 사범학교를 세웠다.

34 1895년, 고종은 근대적 학제를 도입하여 「교육입국조서」를 반포하고, 한성사범학교를 설립하였다. 이는 조선 정부가 주도한 정책으로, 대한민국 임시정부와는 무관하다.
① 영국인 조지 루이스 쇼는 중국의 단둥에서 이륭양행이라는 무역회사를 운영하면서 군자금을 모집하여 대한민국 임시정부를 지원하기도 하였다.
② 이승만은 미국 워싱턴에 구미위원부를 설치하여 대한민국 임시정부의 외교 사무소로써 미국이나 유럽을 중심으로 한국의 독립 문제를 국제 여론화하고자 노력하였다(1919).
③ 임시정부는 상하이에서 기관지로 『독립신문』을 간행하여 배포하고, 사료편찬소를 두어 한일 관계 사료집을 간행하였다.

35 다음 내용에서 괄호 안에 들어갈 단어로 옳은 것은?

> 일본의 쌀 소비량 증가에 따라 외국에서 지급받는 쌀의 양이 점차 늘어나고 있으며, 이는 일본 제국의 식량 부족 문제를 해결하기 위한 필수적인 조건이 되었다.
> 현재 대책으로는 조선에서의 쌀 생산량 증대가 핵심이 되며, 이 계획이 일본 제국의 식량 문제 해결의 밑거름이 될 것으로 예상된다.
> — 조선 (   ) 요강

① 방곡령
② 산미 증식 계획
③ 토지 조사 사업
④ 회사령

35 제시문은 1920년대 산미 증식 계획(1920~1934)과 관련이 있다. 산미 증식 계획은 1차 세계대전 이후 일본 내의 이촌향도 현상으로 인해 쌀값이 폭등하면서 부족한 식량을 한반도에서 착취하려 시작되었다.
① 방곡령은 일본 상인의 농촌 시장 침투와 지나친 곡물의 반출을 막기 위해 내린 조치였다(1889).
③ 일제는 1910년대에 토지 조사령(1912)을 발표하여 토지 조사 사업을 실시하였다.
④ 일제는 한국인의 회사 설립을 억제하고 민족 자본의 성장을 저지하기 위하여 회사 설립 시 총독부의 허가를 받도록 하는 회사령(1910~1920)을 공포하였다.

정답 34 ④ 35 ②

36 조선의용대는 1938년, 조선민족혁명당의 김원봉이 한커우에서 결성하였다. 중일 전쟁 직후 중국 국민당 정부의 도움을 받아 정보 수립·교란·선전 등의 다양한 활동을 전개하였고, 중국군과 함께 항일 전쟁에 참가하는 등 활발한 활동을 전개하였다.
① 김좌진이 이끌던 북로군정서군을 중심으로 여러 독립군의 연합 부대는 청산리 일대에서 6일간 10여 차례의 전투를 통해 일본군을 대파하였다(1920).
③ 한국광복군은 대한민국 임시정부가 지청천을 총사령관으로 하여 충칭에서 창설하였다(1940).
④ 양세봉을 총사령관으로 조직한 조선혁명군(1929)은 국민부 산하 부대로 남만주 일대에서 중국의용군과 연합 작전을 전개하여 영릉가 전투(1932) 및 흥경성 전투(1933) 등에서 승리하였다.

36 다음 내용에서 괄호 안에 공통으로 들어갈 단체로 옳은 것은?

> 우리는 오늘 (   )을(를) 결성하고, 조선 민족의 독립과 자주권 회복을 위해 싸울 것을 선언한다. 우리의 목표는 단 하나, 조선의 독립이다. 이를 위해 우리는 무장투쟁을 시작하며, 중국의 항일 전선과 협력하여 일본의 침략과 억압에 맞서 싸운다. … 오늘 이 순간, 우리는 (   )의 결성 선언을 통해 조선 독립을 위한 대열에 나설 것을 다짐하며, 반드시 일본 제국을 물리치고, 조선 민족의 자유와 자주권을 회복할 것이다.
> – (   ) 창립 선언(1938)

① 북로군정서
② 조선의용대
③ 한국광복군
④ 조선혁명군

37 제시문은 모스크바 삼국 외상 회의 결정서다. 1945년 12월 모스크바에서 미국, 영국, 소련의 외상들이 모인 '모스크바 삼국 외상 회의'에서 임시정부 수립, 신탁 통치 실시 등이 결정되었다.
① 1943년 카이로에서 열렸던 회담으로 '적절한 시기에 한국을 독립시킬 것'을 결의하였다.
② 1946년에는 이승만의 정읍발언에 반대하여 김규식(중도우파)과 여운형(중도좌파)은 좌우합작위원회를 결성하여 합작 운동을 추진하였고, 좌우합작 7원칙을 발표하였다(1946. 10.).
③ 조선건국동맹(1944)은 여운형 등이 중심이 되어 좌·우익을 망라하여 조직한 단체로, 광복 직후 조선건국준비위원회를 조직하고 본격적인 건국 작업에 착수하였다.

37 다음 내용에 해당하는 사건으로 옳은 것은?

> 1. 조선을 독립 국가로 재건설하며, … 조선 인민의 민족문화 발전에 필요한 모두 시설을 취할 임시 조선민주주의 정부를 수립할 것이다.
> 2. 조선 임시정부 구성을 위해 남조선 미합중국 관할구와 북조선 소련 관할구의 대표들이 공동 위원회를 설치한다.
> 3. 공동 위원회의 역할은 … 공동 위원회는 미, 영, 중, 소 4개국 정부가 최고 5년 기한의 4개국 통치 협약을 작성하는 데 공동으로 참작할 수 있는 제안을 조선 임시정부와 협의하여 제출해야 한다.

① 카이로 회담
② 좌우합작위원회
③ 조선건국준비위원회
④ 모스크바 삼국 외상 회의

정답 36 ② 37 ④

38 다음 내용과 관련된 인물에 대한 설명으로 옳은 것은?

> 우리가 기다리던 해방은 우리 국토를 양분하였으며, … 마음속의 38도선이 무너지고야 땅 위의 38도선도 철폐될 수 있다. 내가 어리석고 못났으나 일생을 독립운동에 희생하였다. … 현실에 있어서 나의 유일한 염원은 3천만 동포와 손을 잡고 통일된 조국의 달성을 위하여 공동 분투하는 것이다. … 나는 통일된 조국을 세우려다가 38도선을 베고 쓰러질지언정 일신의 구차한 안일을 취하여 단독정부를 세우는 데는 협력하지 않겠다.

① 의열단을 조직하였다.
② 한인애국단을 결성하였다.
③ 조선혁명선언을 작성하였다.
④ 대조선국민군단을 조직하였다.

38 제시된 자료는 김구의 「삼천만 동포에 읍고함」(1948. 2.)이다. 김구는 남한만의 선거로 인해 단독정부가 수립되면 남북의 분단이 계속될 것을 우려하여, 남북한이 협상을 통해서 총선거를 통한 통일 정부를 수립하자고 주장하였다(1948. 3.). 또한 김구는 일제 강점기에도 대한민국 임시정부 활동의 침체를 극복하기 위해 1931년 상하이에서 한인애국단을 조직한 바 있다.
① 의열단은 김원봉이 만주 길림에서 비밀 결사로 조직(1919)하였고 활발한 활동을 전개하였다.
③ 신채호는 김원봉의 요청을 받아 의열단 행동 강령인 조선혁명선언을 작성하였다(1923).
④ 박용만은 1914년 하와이에 대조선국민군단을 조직하였다.

39 다음 사건을 순서대로 바르게 나열한 것은?

> ㄱ. 인천 상륙 작전
> ㄴ. 휴전협정 체결
> ㄷ. 북한국의 기습 남침
> ㄹ. 중국군의 개입

① ㄱ - ㄴ - ㄷ - ㄹ
② ㄱ - ㄷ - ㄹ - ㄴ
③ ㄷ - ㄱ - ㄴ - ㄹ
④ ㄷ - ㄱ - ㄹ - ㄴ

39 제시문은 6·25 전쟁(한국전쟁)의 진행 상황 및 대표 사건을 무작위로 나열한 것이다.
ㄷ. 1950년 6월 25일, 김일성은 38도선 전역에서 무력으로 불법 남침을 감행하였다. 이는 6·25 전쟁의 발발로 이어진다.
ㄱ. 1950년 9월 15일, 국군과 유엔군은 맥아더 유엔군 총사령관의 인천 상륙 작전으로 전세를 반전시켰다.
ㄹ. 1950년 10월 25일, 약 30만 명의 중공군이 한국전쟁에 참전하였다.
ㄴ. 1953년 7월 27일, 판문점에서 유엔군, 북한, 중공 대표가 서명한 휴전협정이 체결되며 정전 상태에 들어갔다.

정답 38 ② 39 ④

40 다음 설명에 해당하는 사건으로 옳은 것은?

- 자유당이 정권연장을 위해 시도하려는 부정선거가 직접적인 계기가 되었다.
- 학생과 시민이 중심이 된 대규모의 전국적 시위로 독재정권을 무너뜨렸다.
- 내각책임제와 양원제를 핵심으로 하는 헌법이 개정되었다.

① 5·18 민주화 운동
② 4·19 혁명
③ 5·16 군사 정변
④ 6월 민주 항쟁

40 제시문은 1960년 4·19 혁명에 대한 설명이다. 이승만 정부는 이기붕을 부통령으로 당선시키고자 1960년 3월 15일 대대적인 부정선거를 자행하였고, 이에 대항하여 학생과 시민들이 중심이 되어 민주화 운동이 전개되었다. 이로 인하여 내각책임제와 양원제(민의원, 참의원)를 골자로 하는 헌법 개정이 이루어졌고, 총선거를 통해 새로운 정부가 구성되었다.
① 1980년 전두환의 신군부는 비상계엄을 전국으로 확대하였고(5. 17.), 광주 지역에서는 비상계엄 철회 및 민주화를 열망하는 시민들의 요구가 5·18 민주화 운동으로 이어졌다.
③ 1961년 5월 16일 박정희를 중심으로 한 일부 군부 세력이 사회적 무질서와 혼란을 구실로 군사정변을 일으켰다(5·16 군사 정변).
④ 박종철 고문치사 사건을 계기로 1987년 6월 민주 항쟁이 전개되었는데, 이로 인하여 5년 단임의 대통령 직선제를 골자로 한 개헌이 이루어졌다(1987. 10.).

정답 40 ②

2024년 기출복원문제

※ 기출문제를 복원한 것으로 실제 시험과 일부 차이가 있으며, 저작권은 시대에듀에 있습니다.

01 다음 내용과 관련된 시기에 해당하는 물건은?

> • 집터는 대개 움집 자리로, 바닥은 원형이나 모서리가 둥근 사각형이다.
> • 농경 생활이 시작되었고, 돌괭이, 돌삽, 돌보습, 돌낫 등의 농기구를 사용하였다.

① 주먹도끼
② 고인돌
③ 빗살무늬 토기
④ 비파형 동검

02 다음 내용과 관련 있는 국가에 대한 설명으로 옳은 것은?

> 백성들에게 금하는 법 8조가 있었다. 그것은 대개 사람을 죽인 자는 즉시 죽이고, 남에게 상처를 입힌 자는 곡식으로 갚는다. 도둑질을 한 자는 노비로 삼는다. 용서받고자 하는 자는 한 사람마다 50만 전을 내야 한다. … 백성은 도둑질을 하지 않아 대문을 닫고 사는 일이 없었다. 여자는 모두 정조를 지키고 신용이 있어 음란하고 편벽된 짓을 하지 않았다.
> — 『한서』

① 상, 대부, 장군의 직위를 두고 있었다.
② 천군이 제사를 주관하는 소도가 있었다.
③ 동맹이라는 제천 행사가 행해졌다.
④ 다른 부족의 영역을 침범하면 노비나 소, 말 등으로 변상하였다.

---

01 제시된 자료는 신석기 시대의 특징이다. 신석기 시대의 움집은 반지하 형태로, 바닥은 원형 또는 모서리가 둥근 네모 형태로 되어 있으며, 중앙에는 화덕을 설치하여 취사와 난방을 하였다. 또한 이른 민무늬 토기, 덧무늬 토기, 눌러찍기무늬 토기, 빗살무늬 토기 등이 제작되었다.
① 구석기 시대에는 주먹도끼, 찍개, 팔매돌, 긁개, 밀개, 슴베찌르개 등의 뗀석기와 뼈도구를 사용하였다.
② 청동기 시대에는 정치권력과 경제력을 가진 군장이 등장하였으며, 이들의 무덤인 고인돌을 통해 당시 부족장의 권력을 가늠할 수 있었다.
④ 청동기 시대에는 비파형 동검과 거친무늬 거울 등이 사용되었다.

02 제시된 자료는 고조선의 8조법에 대한 설명이다. 고조선 건국 시에는 계급의 형성이 존재했는데, 단군조선은 기원전 3세기경 부왕, 준왕과 같은 왕이 등장하여 왕위를 세습하였으며, 그 밑에 상, 대부, 장군 등의 관직도 두었다.
② 삼한의 소도는 군장세력이 미치지 못하는 신성 지역으로 천군이 따로 지배하였고, 종교의식을 주관하였다.
③ 고구려는 매년 10월에 국동대혈(수혈)에서 동맹이라는 제천 행사를 지냈다.
④ 동예는 부족적 성격이 강했기 때문에 부족의 영역을 침범하지 못하게 하는 책화라는 제도가 있었는데, 만약 다른 부족을 침범하게 되면 노비 또는 소나 말로 변상하게 하였다.

정답 01 ③ 02 ①

03 다음 내용과 관련 있는 국가는 무엇인가?

> - 다른 부족과의 족외혼이 성행하였다.
> - 산과 하천을 경계로 구역을 정하여 함부로 들어갈 수 없었고, 읍락이 서로 침범하면 노비나 소, 말을 내도록 하였다.

① 부여
② 옥저
③ 동예
④ 고구려

03 제시된 자료는 동예에 대한 설명이다. 동예는 부족의 영역을 침범하지 못하게 하는 책화라는 제도가 있었는데, 만약 다른 부족의 영역을 침범하게 되면 노비 또는 소나 말로 변상하게 하였다.
① 부여는 왕 아래에 가축의 이름을 딴 마가, 우가, 저가, 구가를 두었다. 각 가들은 저마다의 행정 구획인 사출도를 다스리고 있었는데(5부족 연맹체), 왕권이 미약하여 수해나 한해로 흉년이 들면 왕에게 책임을 묻기도 하였다.
② 옥저는 어물과 소금 등 해산물이 풍부하였고, 가족 공동 묘와 민며느리제가 있었다.
④ 고구려는 매년 10월에 국동대혈(수혈)에서 동맹이라는 제천 행사를 지냈는데, 고구려의 시조인 주몽과 그의 어머니 유화부인을 제사지냈다.

04 다음 사건들을 먼저 일어난 순서대로 옳게 나열한 것은?

> ㉠ '영락'이라는 독자적인 연호를 사용하였다.
> ㉡ 불교를 공인하고 태학을 설립하여 인재를 양성하였다.
> ㉢ 한성을 함락시키고 한강 유역을 차지하였다.

① ㉠ → ㉡ → ㉢
② ㉡ → ㉠ → ㉢
③ ㉠ → ㉢ → ㉡
④ ㉢ → ㉠ → ㉡

04 ㉡ 태학은 4세기 고구려 소수림왕(371~384)이 유교 경전과 역사 교육을 위해 수도에 설치한 교육 기관이었다.
㉠ 4세기 후반~5세기 초반 광개토대왕(391~413)은 영락이라는 연호와 태왕의 호칭을 사용하는 등 대외적으로 강국으로서의 면모를 보여 국가의 위신을 높였다.
㉢ 5세기 장수왕(413~491)은 백제의 개로왕을 전사시킴으로써 백제의 수도인 한성을 함락(475)시켰다.

정답 03 ③ 04 ②

05 다음 내용과 관련 있는 왕은 누구인가?

- 대외 진출이 수월한 사비로 천도하고, 국호를 남부여로 개칭하였다.
- 신라와 연합하여 고구려를 공격하였으며, 한강 유역을 일시적으로 수복하였다.

① 무령왕
② 소수림왕
③ 근초고왕
④ 성왕

06 다음 내용과 관련 있는 왕은 누구인가?

- 재위 3년에 순장을 금지하는 명령을 내렸다.
- 철제 농기구를 일반 농민에게 보급하고, 우경을 장려하였다.

① 지증왕
② 진흥왕
③ 법흥왕
④ 고국천왕

05 제시된 자료는 6세기 백제의 성왕에 대한 설명이다. 성왕은 대외 진출이 수월한 사비(부여)로 천도하고 국호를 남부여로 개칭하였으며(538), 백제의 중흥을 꾀하였다. 고구려의 내정이 불안한 틈을 타서 신라와 연합하여 공격하였으며, 한강 유역을 일시적으로 수복하였으나(551), 곧 신라 진흥왕에 빼앗기게 되고, 결국 신라와의 관산성 전투에서 성왕은 전사하였다(554).
① 6세기 백제 무령왕은 지방에 대한 통제를 강화하기 위하여 22담로를 설치하여 왕족을 파견하는 등 통치 체제를 정비하였다.
② 4세기 고구려 소수림왕은 불교를 공인하여 사상을 통합하였고(372), 중앙에 태학을 설립하여 학문 진흥에 힘썼으며(372), 율령을 반포하여 국가 통치의 기본질서를 확립하였다(373).
③ 백제는 4세기 근초고왕 때에 크게 발전하였는데, 마한 세력을 완전히 정복(369)하여 영역이 전라도 남해안까지 이르렀으며, 낙동강 유역의 가야에 대해서도 지배권을 행사하였다.

06 제시된 내용은 6세기 신라 지증왕에 대한 설명이다. 지증왕은 국호를 신라로 바꾸고, 왕의 칭호도 마립간에서 왕으로 고쳤으며, 노동력의 확보를 위하여 순장을 금지(502)하였다. 우경을 실시하였으며, 이사부를 보내 우산국(울릉도)을 복속(512)시켜 세력을 확장하였다. 또한, 무역의 발달로 시장을 감독하는 관청인 동시전을 설치하였다.
② 6세기 신라 진흥왕은 562년 고구려 지배하에 있었던 한강 유역을 장악하고, 남으로는 고령의 대가야를 정복하여 낙동강 서쪽을 장악하는 등 영토를 확장하였다.
③ 6세기 신라 법흥왕은 병부 설치, 율령 반포, 17관등 및 공복 제정 등을 통해 통치 질서를 확립하였다.
④ 2세기 고구려 고국천왕은 을파소를 국상으로 채용(191)하여 진대법을 실시(194)하였다.

정답 05 ④ 06 ①

07 4세기 신라 내물왕 때 김씨가 왕위를 독점하면서 왕위 계승권을 확립하였고, 왕의 칭호도 이사금에서 대군장을 뜻하는 마립간으로 바꾸어 사용하였다.
① 6세기 신라 지증왕은 국호를 신라로 바꾸고, 왕의 칭호도 마립간에서 왕으로 고쳤으며, 이사부를 보내 우산국(울릉도)을 512년 복속시켜 세력을 확장하였다.
② 6세기 신라 진흥왕은 인재를 양성하기 위하여 청소년 집단이었던 화랑도를 국가적인 조직으로 개편하였다.
③ 6세기 신라 법흥왕 때였던 536년, 건원이라는 신라 최초의 연호를 사용하였다.

07 6세기 신라의 상황에 대한 설명으로 옳지 <u>않은</u> 것은?

① 우산국을 복속시켜 영토로 편입하였다.
② 화랑도를 국가적인 조직으로 개편하였다.
③ 건원이란 연호를 사용하였다.
④ 왕호를 이사금에서 마립간으로 바꾸었다.

08 고구려 멸망 이후 검모잠, 고연무 등은 보장왕의 서자인 안승을 왕으로 추대하여 한성(황해도 재령)과 오골성을 근거지로 군사를 일으켰다(670~674, 고구려 부흥 운동).
①・② 백제 멸망 이후 흑치상지(임존성), 복신・도침(주류성) 등은 군사를 일으켜 백제의 왕자 풍을 왕으로 추대하여 백제 부흥 운동(660~663)을 전개하였다. 이들은 200여 개의 성을 회복하였고, 사비성과 웅진성의 나당 연합군을 공격하며 저항했으나, 결국 부흥 운동은 실패로 돌아간다.
③ 왜의 수군이 백제 부흥 운동을 지원하여 백강 입구까지 왔으나 나・당 연합군에게 패하였다(663, 백강 전투).

08 백제 부흥 운동에 대한 설명으로 옳지 <u>않은</u> 것은?

① 임존성에서 제2의 활로를 모색하려 하였다.
② 주류성에서 나・당 연합군을 공격하였다.
③ 부흥세력이 열세였으므로, 왜의 지원을 받았다.
④ 검모잠과 고연무가 안승을 왕으로 추대하고, 한성과 오골성을 중심으로 일으킨 운동이다.

정답 07 ④ 08 ④

09 다음 내용에서 괄호 안에 들어갈 적절한 용어는?

> 고구려의 사람들은 학문을 좋아하여 마을 궁벽한 곳의 보잘것없는 집에 이르기까지 또한 학문에 부지런히 힘써서 거리 모서리마다 큰 집을 짓고 (　　)(이)라고 부르는데, 자제로 미혼인 자를 무리 지어 살도록 하고, 경전을 읽으며 활쏘기를 연습한다.
> — 『신당서』

① 경당
② 서원
③ 향교
④ 국자감

09 5세기 고구려 장수왕은 지방에 경당을 건립하여 청소년을 대상으로 무예와 한학을 교육하였다.
② 조선 시대 서원은 선현을 제사지내고, 향촌에서의 교육을 통해 후진을 양성하던 기구이다. 이를 통해 향촌에서의 사림의 지위를 강화시켜 주었다.
③ 조선의 향교는 중등 교육을 담당하였던 관립 교육기관이다. 성현에 대한 제사, 유생 교육, 지방민 교화를 위해 부·목·군·현에 각각 하나씩 설립되었다.
④ 고려의 국자감에는 국자학, 태학, 사문학 등을 가르치는 유학부와 율학, 서학, 산학 등을 가르치는 기술학부가 있었다.

10 다음 내용에서 괄호 안에 들어갈 적절한 말은?

> 백제와 고구려가 멸망한 후, 당은 (　　) 이남의 땅을 신라에게 준다는 약속을 어기고 한반도 전체를 지배하려는 야심을 드러냈다. 백제와 고구려의 옛 땅에 군대를 주둔시키고, 신라에도 계림도독부를 설치하여 지배하려고 하였다.

① 두만강
② 청천강
③ 대동강
④ 낙동강

10 당이 대동강 이남을 넘어서 한반도 전체를 지배하려는 야욕을 보이자, 신라는 고구려와 백제의 유민과 연합하여 당과 정면으로 대결하게 되었다(나당 전쟁). 신라는 676년 문무왕 때 금강 하구의 기벌포 전투에서 설인귀가 이끌었던 당의 수군을 섬멸하면서 실질적인 삼국 통일을 이룩하였다.
① 세종 때, 김종서와 최윤덕을 보내 여진을 토벌하고 4군과 6진을 설치하여 압록강과 두만강을 경계로 하는 오늘날과 같은 국경선을 확정하였다.
② 612년, 청천강에서는 살수 대첩이 있었다. 수나라의 양제는 대군을 이끌고 고구려를 침략하였으나 을지문덕이 살수에서 대항하여 대승리를 이루어냈다.
④ 6세기, 신라의 진흥왕은 562년 고령의 대가야를 정복하여 낙동강 서쪽을 장악하는 등 영토를 확장하였다.

정답 09 ① 10 ③

11 제시문의 '상경', '주작대로'를 통하여 해당 국가가 발해임을 도출할 수 있다. 발해의 선왕은 지방 행정 구역을 5경 15부 62주로 정비하였다. 전략적 요충지에 5경을 두었고, 각 지방 행정 업무의 중심에는 도독이 다스리는 15부를 두었으며, 그 밑의 62주는 자사가 다스리게 하였다.
① 고려 성종은 2성 6부 제도를 만들어 중앙 관제를 정비하였다.
② 통일신라의 신문왕은 682년 국학을 설치하여 유교 이념을 확립하려 하였다.
③ 벽란도는 고려의 국제 무역항으로, 이슬람 상인이 왕래하였던 교통로와 산업의 중심지였다.

11 다음 내용과 관련된 국가에 대한 설명으로 가장 적절한 것은?

- 수도인 상경 용천부 등 도시와 교통의 요충지에서는 상업이 발달하였다. 상품 매매가 활발하였고, 현물 화폐가 중심이 되었으나 외국 화폐도 통용되었다.
- 당나라의 장안성을 모방한 궁궐터는 외성을 쌓고, 남북으로 넓은 주작대로를 내어 그 안에 궁궐과 사원을 세웠다. 또한, 사찰은 높은 단 위에 금당을 짓고 그 좌우에 건물을 배치하였는데, 이 건물들을 회랑으로 연결하였다.

① 중앙의 정치 조직으로 2성 6부를 두었다.
② 최고 교육 기관으로 국학을 두었다.
③ 벽란도를 통하여 아라비아 상인이 왕래하였다.
④ 5경 15부 62주의 지방 행정 체계를 완비하였다.

12 제시된 내용은 견훤에 대한 설명이다. 견훤은 전라도 지방의 군사력과 호족 세력을 통합하여 완산주(전주)에 도읍을 정하고 900년에 후백제를 건국하였다. 927년 견훤은 신라의 수도인 경주를 침공하여 경애왕을 살해하는 등 반신라 정책을 내세우며 후백제를 발전시켰다. 또한 중국과의 외교 관계를 수립하였고, 각국에 외교 사절을 파견하였으며, 오월(吳越), 거란, 후당(後唐)과 외교활동을 전개하였다.
① 궁예는 계속되는 전쟁을 치르면서 지나치게 조세를 수취하였고, 미륵신앙을 이용하여 전제 정치를 추구하였으며, 실정이 계속 되어감에 따라 민심을 잃게 되어 결국 신하들에 의해 축출되었다(918).
② 궁예는 영토가 확장됨에 따라 도읍을 철원으로 옮기면서 국호를 '마진'으로 바꾸었다가 다시 '태봉(泰封)'으로 바꾸었고, 연호는 '무태(武泰)'로 하였다.
③ 왕건은 그 지역의 출신자를 지방관으로 임명하는 사심관 제도를 시행하였다.

12 다음 내용과 관련된 인물에 해당하는 설명은?

927년 신라 왕도에 난입하여 경애왕을 살해한 후 경순왕을 새 왕으로 올렸다. 또한 신라 왕실의 사람들과 고관들을 포로로 삼고, 창고를 약탈하여 진귀한 보물과 병장기들을 빼앗았다. 이에 신라의 구원 요청을 받은 왕건은 기병 5,000명을 이끌고 급히 신라에 당도하였으나, 이미 늦은 것을 깨닫고 공산 아래에서 대기하였다.

① 미륵불을 자처하면서 백성들을 현혹하였다.
② 국호를 마진에서 태봉으로 바꾸었다.
③ 지방 출신 관리를 사심관으로 임명하였다.
④ 후당(後唐) 및 오월(吳越)과 외교활동을 전개하였다.

정답 11 ④ 12 ④

13 다음 내용과 관련 있는 왕이 시행한 정책으로 옳은 것은?

- 관리의 공복 제도 시행
- 노비안검법의 시행

① 2성 6부제를 중심으로 하는 중앙 관제를 마련하였다.
② 쌍기의 건의로 과거제를 실시하였다.
③ 국정을 총괄하는 정치 기구인 교정도감을 설치하였다.
④ 호족을 견제하기 위해 사심관과 기인 제도를 마련하였다.

14 다음 내용에서 괄호 안에 들어갈 나라에 대한 고려의 대응으로 가장 적절한 것은?

( )의 병사들이 귀주를 지나가자 강감찬 등이 동쪽 교외에서 마주하여 싸웠으나 양쪽 진영이 서로 대치하며 승패가 나지 않았다. … ( )군이 북쪽으로 달아나자 아군이 그 뒤를 쫓아가서 공격하였는데, 석천을 건너 반령에 이르기까지 쓰러진 시체가 들을 가득 채우고, 노획한 포로·말·낙타·갑옷·투구·병장기는 이루 다 셀 수가 없었으며, 살아서 돌아간 적군은 겨우 수천인에 불과하였다.
– 『고려사절요』 권3

① 별무반을 편성하여 동북 9성을 개척하였다.
② 개경에 나성을 축조하여 침입에 대비하였다.
③ 도읍을 강화도로 옮겨 장기 항쟁을 준비하였다.
④ 이종무로 하여금 근거지를 정벌하게 하였다.

13 제시된 내용은 고려 광종에 대한 설명이다. 광종은 노비안검법을 시행하여 호족 세력을 약화시켰고, 관리의 공복 제도를 시행하여 위계질서를 확립하였다. 또한, 황제의 칭호 및 광덕·준풍과 같은 독자적인 연호를 사용하였다. 이 외에도 후주에서 귀화한 쌍기의 건의를 수용하여 유교 경전 시험을 통해 문반관리를 선발하는 과거제를 시행하였다(958).
① 고려 성종은 당의 3성 6부 제도를 수용하여, 2성 6부제를 중심으로 하는 중앙 관제를 마련하였다.
③ 최충헌은 무신 정권 최고의 권력 기구인 교정도감을 설치하여, 도방·정방·서방 등의 기구를 총괄하였다.
④ 고려 태조 왕건은 사심관과 기인 제도를 활용하여 지방 호족을 견제하고 지방 통치를 보완하려 하였다.

14 제시된 자료는 강감찬의 귀주 대첩에 대한 설명으로, 괄호 안에 들어갈 나라는 거란이다. 거란은 고려 현종의 입조약속 불이행과 강동 6주 반환 거부에 대하여 불만을 품었다. 이에 거란의 소배압이 10만 대군을 끌고 고려를 재차 침략하였으나(1018, 거란 3차 침입), 귀주에서 강감찬이 지휘하는 고려군에게 섬멸되었다(1019, 귀주 대첩). 거란의 3차 침입 이후 고려는 1029년 개경에 나성을 쌓아 도성의 수비를 강화하였다.
① 예종 때 윤관은 1107년 별무반을 이끌고 여진을 정벌하여 동북 9성을 쌓았다.
③ 고종 때 최우는 몽골과의 장기 항전을 대비하기 위하여 1232년 강화도로 천도하였다.
④ 1419년 세종 때, 이종무는 병선 227척, 병사 1만 7,000명을 이끌고 대마도를 토벌하여 왜구의 근절을 약속받고 돌아왔다.

정답 13 ② 14 ②

15 다음 내용에 해당하는 인물에 대한 설명으로 가장 적절한 것은?

> 신(臣)들이 서경의 임원역 지세를 관찰하니, 이곳이 곧 음양가들이 말하는 매우 좋은 터입니다. 만약 궁궐을 지어서 거처하면 천하를 병합할 수 있고, 금나라가 폐백을 가지고 와 스스로 항복할 것이며, 36국이 모두 신하가 될 것입니다.

① 여진을 축출하고 동북 9성을 쌓았다.
② 최초의 서원인 백운동 서원을 건립하였다.
③ 칭제건원과 금국 정벌을 주장하였다.
④ 사회개혁안인 봉사 10조를 제시하였다.

15 제시된 자료는 묘청의 서경 천도 운동에 대한 설명이다. 고려가 윤관이 쌓은 9성의 반환 이후 금의 군신 관계 요구를 수락(1125, 이자겸)하는 등 그 집권세력이 보수화되자, 묘청은 풍수지리설을 내세워 서경으로 천도하여 서경에 궁(대화궁)을 짓고, 황제를 칭하며 연호를 사용하는 등의 자주적인 개혁과 금국을 정벌할 것을 주장하였다(1135, 고려 인종).
① 예종 때 윤관은 별무반을 이끌고 여진을 정벌하여 동북 9성을 쌓았다(1107).
② 최초의 서원인 백운동 서원은 조선 중종 때이던 1543년, 풍기군수 주세붕에 의해 세워졌다.
④ 고려 시대, 최충헌은 집권 당시의 혼란을 극복하기 위하여 조세제도의 개혁, 토지겸병의 금지, 승려들의 고리대업 금지 등을 내용으로 하는 봉사 10조와 같은 개혁 도서를 제시하였으나, 실질적인 개혁은 미비하였다.

16 다음 내용에 해당하는 왕에 대한 설명으로 가장 적절한 것은?

> 성균관을 다시 짓고 이색을 판개성 부사 겸 성균관 대사성으로 삼았다. … 이색이 다시 학칙을 정비하고 매일 명륜당에 앉아 경을 나누어 수업하고, 강의를 마치면 서로 더불어 논란하여 권태를 잊게 하였다.
> － 『고려사』

① 천리장성을 쌓아 외적의 침략에 대비하였다.
② 12목을 설치하고 지방관을 파견하였다.
③ 경기 지방에 한하여 과전법을 시행하였다.
④ 인사 행정을 담당하던 정방을 폐지하였다.

16 성균관을 다시 짓고, 이색을 판개성 부사 겸 성균관 대사성으로 삼아 성리학을 부흥시킨 왕은 공민왕이다. 공민왕은 성균관을 순수한 유교 교육 기관으로 개편하고 유교 교육을 강화하였다. 또한 왕권을 제약하고 신진 사대부의 등용을 억제하고 있던 정방을 폐지하여 인사권을 회복하였다.
① 거란의 침입 이후 북쪽 국경 일대인 압록강에서 도련포까지의 천리장성[덕종(1033)~정종(1044)]을 쌓아 거란과 여진의 침략을 대비하였다.
② 성종은 최승로의 건의를 받아들여 전국에 12목을 설치하여 처음으로 지방관을 파견하였다(983).
③ 공양왕 때 권문세족의 토지를 몰수·재분배하여, 신진 사대부의 경제적 기반을 마련하기 위하여 과전법을 실시하였다(1391).

정답 15 ③ 16 ④

17 다음 내용에 해당하는 인물은?

- 수선사 결사를 제창하였다.
- 선종과 교종의 통합을 주장하였다.
- 돈오점수와 정혜쌍수를 주장하였다.

① 의상
② 의천
③ 지눌
④ 요세

18 다음 설명에 해당하는 역사서는?

충렬왕 때, 불교사를 중심으로 고대의 민간 설화나 전래 기록을 수록 및 편찬하였다. 우리 고유의 문화와 전통을 중시하여 자주 의식을 높였으며, 단군을 우리 민족의 시조로 여겨 단군의 건국 이야기를 수록하였다.

① 『동명왕편』
② 『삼국유사』
③ 『삼국사기』
④ 『제왕운기』

---

17 제시된 내용은 12세기에 활동한 지눌에 대한 설명이다. 지눌의 사상적 바탕은 '정혜쌍수'로, 이는 선과 교학이 근본에 있어 둘이 아니라는 사상 체계이다. 지눌은 이를 바탕으로 철저한 수행을 선도하였고, 선종을 중심으로 교종을 통합하려 수선사 결사 운동을 전개하기도 하였다.
① 7세기 의상은 모든 존재가 상호 의존적인 관계(一卽多 多卽一)에 있음과 동시에 서로 조화를 이루고 있다는 화엄 사상을 정립하였고, 『화엄일승법계도』를 남겼으며, 부석사 등의 많은 사찰을 건립하였다.
② 11세기에 활동한 의천은 교종 중심에서 선종을 통합하려 노력하였고, 이를 뒷받침할 사상적 바탕으로 이론의 연마와 실천 모두를 강조하는 교관겸수를 제창하였다.
④ 13세기에 활동한 요세는 자신의 행동에 대한 진정한 참회를 강요하는 법화 신앙에 중점을 둔 백련 결사를 제창하였다.

18 제시된 내용은 『삼국유사』(1281)에 대한 설명이다. 『삼국유사』는 충렬왕 때에 일연이 편찬한 역사서로, 불교사를 중심으로 고대의 민간 설화나 전래 기록을 수록하는 등 우리 고유의 문화와 전통을 중시하였다.
① 고려 무신 집권기 이규보의 『동명왕편』(1193)은 고구려의 시조이자 영웅인 동명왕의 업적을 칭송한 일종의 영웅 서사시로서, 고구려의 계승 의식을 반영하고 고구려의 전통을 노래하였다.
③ 인종 때 김부식이 왕명에 의해 편찬한 『삼국사기』(1145)는 기전체 서술방법으로 쓰인 역사서로, 현존하는 우리나라 최고(最古)의 역사서이다.
④ 이승휴가 편찬한 『제왕운기』(1287)는 우리나라의 역사를 단군에서부터 서술하였는데, 이를 통해 우리 역사를 중국사와 대등하게 파악하려는 자주성을 드러냈다.

정답 17 ③ 18 ②

19 다음 내용에 해당하는 인물에 대한 설명으로 가장 적절한 것은?

> 친원 정책에 반대하다가 전라도 나주에 유배되었는데, 유배가 끝나고 이성계를 찾아가 그의 세력으로 들어가게 되었다. 이성계를 추대하여 조선 왕조를 개창한 공으로 개국 1등 공신이 되었으며, 의정부를 중심으로 하는 재상 중심의 관료정치를 주창하였다. 그리고 『불씨잡변』을 저술하여 불교의 사회적 폐단을 비판하였다.

① 만권당에서 원의 학자들과 교류하였다.
② 계유정난을 통해 권력을 장악하였다.
③ 소격서 폐지를 주장하였다.
④ 요동 정벌 계획을 추진하였다.

19 해설

제시된 내용은 정도전에 대한 설명이다. 정도전은 『조선경국전』과 『경제문감』을 저술하여 민본적 통치 규범을 마련하였고, 성리학을 국가의 통치 이념으로 확립시켜 재상 중심의 정치를 주장하였다. 또한 요동 정벌을 추진하기 위하여 진법서를 편찬하였다.
① 만권당은 충숙왕 때 충선왕이 연경에 설치하였고, 이제현은 만권당에서 성리학을 연구하였다.
② 단종 때 수양대군은 계유정난을 일으켜 실권을 장악한 이후 왕으로 즉위하였다.
③ 소격서는 도교 행사를 담당하는 기관으로, 조광조가 개혁 정치를 추진하면서 폐지를 주장하였다. 이후 사림이 집권하면서 소격서는 폐지되었다.

20 다음 내용에 해당하는 왕은 누구인가?

- 『경국대전』의 편찬을 마무리하여 반포하였다.
- 고조선부터 고려 말까지의 역사를 정리하여 『동국통감』을 편찬하였다.
- 국가의 여러 행사에 필요한 의례를 정비하여 의례서인 『국조오례의』를 편찬하였다.

① 세조
② 현종
③ 성종
④ 태종

20 해설

제시된 내용은 조선 성종에 대한 설명이다. 성종은 세조 때에 편찬하기 시작한 『경국대전』을 완성하여 반포함으로써 이후 조선 사회의 기본 통치 방향과 이념을 제시하였다.
① 세조는 강력한 왕권을 위해 통치 체제를 6조 직계제로 되돌려놨으며, 왕의 활동을 견제하는 집현전을 없앴다. 또한, 국가의 통치 체제를 확립하기 위하여 역대 법전을 종합하여 『경국대전』을 편찬하기 시작하였다.
② 현종 때 효종의 왕위 계승 정통성에 대한 두 차례의 예송이 발생하였고, 이로 인해 서인과 남인 사이의 대립이 심해졌다.
④ 태종은 왕권을 강화하고 국왕 중심의 통치 체제를 강화하기 위하여 6조 직계제를 실시하였으며, 사간원을 독립시켜 대신들을 견제하였다.

정답 19 ④ 20 ③

21 다음 표에서 괄호 안에 들어갈 내용으로 가장 적절한 것은?

기구	담당업무
사헌부	( )
사간원	임금에게 간언하고, 정사의 잘못을 논박하는 직무를 관장한다.
홍문관	궁궐 안에 있는 경적을 관리하고, 문서를 처리하며, 왕의 자문에 대비한다.

① 화폐와 곡식의 출납을 담당하였다.
② 관리의 비리를 감찰하거나 중대한 사건을 재판하였다.
③ 실록의 편찬을 담당하였다.
④ 국방에 관한 중요 정책을 결정하였다.

21 제시된 표는 조선 시대의 삼사에 대한 설명이다. 조선 시대 삼사 중 하나였던 사헌부는 관리의 비리를 감찰하고 풍속을 교정하였으며, 중대한 사건을 재판하였던 기관이다.
① 고려의 삼사는 화폐와 곡식의 출납에 대한 회계를 담당하였다.
③ 춘추관은 왕조실록 등의 역사서 편찬과 보관을 담당하였다.
④ 고려의 도병마사와 병부, 조선의 의정부와 병조 및 비변사는 국방 및 군사 관련 문제를 담당하였다.

정답 21 ②

22 임진왜란 때 경복궁이 소실된 이후 창덕궁이 약 300여 년간 조선의 본궁 역할을 하였다. 창덕궁의 정전인 인정전은 정령을 반포하였던 곳이다. 이 외에도 편전인 선정전, 침전인 희정당, 대조전 등이 있다.

① 덕수궁은 조선 초 성종의 형이었던 월산대군의 집이다. 임란 후에는 의주에서 귀궁한 선조의 임시 거처로 사용되었고, 광해군 때에는 인목대비의 유폐장소였으며, 고종이 아관파천 후 환궁한 곳이기도 하다. 근·현대 시기에는 1909년 르네상스 양식인 석조전이 건축되었고, 1946년에는 미소 공동 위원회 개최장소로 사용되었으며, 이후 1986년까지는 국립현대미술관으로 운영되었다.

② 조선의 본궁 역할을 한 경복궁은 이성계가 왕이 되어 곧 도읍을 옮기기로 하고, 즉위 3년째인 1394년에 창건하기 시작하여 그 이듬해인 1395년에 완성된 궁이다. 그중 조선 왕실을 상징하는 근정전은 1395년 태조 때 지어진 건물로, 역대 국왕의 즉위식이나 대례 등이 거행되었다.

③ 창경궁은 성종 때 건축되어 세조·덕종·예종의 왕후가 거처하던 곳으로써, 임진왜란 때 소실된 뒤 광해군 때 재건된다. 1909년 일제에 의해 동물원과 식물원으로 운영되었고, 1911년 일제에 의해 창경원으로 격하되었다.

22 다음 내용에 해당하는 문화유산은?

- 유네스코 세계문화유산으로 지정되었다.
- 조선 시대에 지어진 궁궐로, 인정전, 선정전, 희정당, 대조전 등의 중요 전각이 있다.
- 북쪽에 있는 후원은 왕들의 휴식처로 사용되었던 왕실 정원이다.

① 덕수궁
② 경복궁
③ 창경궁
④ 창덕궁

정답 22 ④

23 다음 내용에 해당하는 기관에 대한 설명으로 가장 적절한 것은?

> 풍기군수 주세붕이 고려 말의 성리학 도입에 공헌한 안향을 배향하기 위하여 건립하였다. 지방 유학자들의 사기를 높이기 위하여 사림의 모범이 될 수 있는 옛 선현을 제사지냈고, 유학 교육을 시행하여 후학을 양성하였다. 이황의 요청으로 국가의 공인과 지원을 얻게 되었다.

① 평민의 자제들이 주로 다니는 교육기관이었다.
② 국왕으로부터 편액과 함께 서적 등을 받기도 하였다.
③ 유학부와 기술을 가르치는 기술학부가 있었다.
④ 입학자격은 생원, 진사를 원칙으로 하였다.

24 다음 내용에 해당하는 인물은?

> • 소격서 폐지를 주장하였다.
> • 위훈 삭제를 주장하였다.
> • 현량과 실시를 건의하였다.

① 김종직
② 조광조
③ 정제두
④ 정여립

---

23 서원의 시점은 1543년(중종 38) 풍기군수 주세붕이 세운 백운동 서원이다. 백운동 서원은 이후 이황의 건의로 소수서원으로 사액되었고, 국가로부터 토지와 노비 등을 받았으며, 면세의 특권까지 누렸다. 서원은 선현에 대해 제사를 지내고, 향촌에서의 교육을 통해 후진을 양성하던 기구로써 향촌에서의 사림의 지위를 강화시켜 주었다.
① 조선의 서당은 초등 교육을 담당하는 사립 교육 기관으로서, 4부 학당(4학)이나 향교에 입학하지 못한 선비와 평민의 자제가 교육을 받았다.
③ 고려 성종은 유학 교육의 진흥을 위하여 국자감을 설립(992)하였다. 국자감은 크게 유학부, 기술학부로 나눌 수 있었다.
④ 성균관의 입학은 소과(생원시, 진사시) 합격자를 원칙으로 하였다.

24 제시된 자료는 중종 때 조광조의 개혁정치에 대한 내용이다. 조광조는 중종 때 중용된 사림파로, 왕도 정치의 실현을 위해 경연과 언론 기능의 강화, 현량과 실시, 성리학 이외의 사상과 학문 배척 등 개혁을 추진하였다. 하지만 위훈 삭제 문제로 인한 공신들의 반발로 조광조를 비롯한 대부분의 사림 세력은 정계에서 밀려나게 되었다(1519, 기묘사화).
① 연산군 때 김종직의 「조의제문」을 김일손이 사초에 포함시켜 사림들이 화를 입었다(1498, 무오사화).
③ 18세기 초 정제두는 양명학을 체계적으로 연구하여 학파로 발전시켰다.
④ 선조 때 정여립은 대동계를 조직하여 평등 사상을 주장하였고, 정계에 의해 모반 사건의 구실로 이용되었다.

정답 23 ② 24 ②

25 제시된 자료는 대동법에 대한 설명이다. 조선 후기 방납의 폐해가 나타나자 이를 방지하기 위한 제도로 대동법이 시행되었다. 공납을 현물 대신 쌀, 포, 돈으로 대납하는 대동법은 광해군 때 선혜청을 설치하고 1608년 처음으로 경기도에서 시행되었다가 1708년 숙종 때 전국으로 확대 실시되었다.

② 고종 때 흥선대원군은 상민에게만 징수하던 군포를 양반에게도 징수하는 호포제를 실시하여, 군정을 바로잡고 조세 부담을 공평히 하여 민생 안정을 도모했다.

③ 영조는 1년에 군포 1필만 부담하는 균역법을 시행하였는데, 감소된 재정은 지주에게 결작미를 부담시켜 충당하였다(1750).

④ 인조는 농민들의 전세 경감을 위하여 영정법을 시행하여 풍년이든 흉년이든 관계없이 전세를 토지 1결당 미곡 4두로 고정시켰다(1635).

25 다음 내용에 해당하는 제도는?

- 선혜청에서 주관하였다.
- 토지의 결수를 기준으로 공납을 부과하였다.
- 특산물 대신 쌀, 베, 동전을 납부하였다.

① 대동법
② 호포법
③ 균역법
④ 영정법

정답 25 ①

26 조선 후기의 신분 변화에 대한 설명으로 가장 적절한 것은?

① 양반의 수는 더욱 줄어들고, 상민과 노비의 수는 갈수록 늘었다.
② 광작이 성행하면서 부농과 빈농의 계급분화가 촉진되었다.
③ 백성의 다수를 차지하는 농민을 백정이라 불렀다.
④ 향, 부곡의 주민은 군현의 주민에 비해 여러 가지 차별 대우를 받았다.

26 조선 후기 일부 농부들은 광작 농업으로 이전보다 넓은 농토를 경작할 수 있게 되었고, 이를 통해 소득이 늘어나 부농이 될 수 있었다. 반면, 소작 농민들은 소작지를 잃거나 노동력이 절감되면서 새로운 소작지를 얻기가 더욱 어려워졌다.

① 임진왜란 이후에는 납속책과 공명첩의 발급으로 양반의 수는 더욱 늘어나고, 상민과 노비의 수는 갈수록 줄어들었다. 다수의 양반은 이 과정에서 몰락하였다.
③ 고려 시대 양민은 농사에 종사하는 농민층이 주류를 이루었다. 농민들은 농업 이외에 국가에서 지정한 특수 임무를 수행하지 않았으므로 '별도의 의무가 없는 사람'의 의미로 백정이라 불렸다. 여기서 고려 시대의 백정은 일반 농민을 말하는 것이며, 조선 시대의 백정은 도축업자를 뜻하는 천민을 말하는 것이었다.
④ 고려 시대 특수 행정 구역의 향·부곡민은 농업, 소민은 수공업에 종사하였는데, 이들은 일반 양민에 비해 **무거운 세금 부담**을 지고 있었고, 원칙적으로 거주 이전의 자유가 없었다.

정답 26 ②

27 제시된 자료는 정약용에 대한 설명이다. 정약용은 정조 때 벼슬을 지낸 학자로, 중농주의 실학을 집대성한 인물이다. 그러나 신유박해 때 연루되어 강진에서 유배 생활을 하게 되며, 이 시기에 500여 권의 『여유당전서』를 남겼다. 이 외에도 정약용은 서양 선교사가 중국에서 펴낸 『기기도설』을 참고하여 거중기를 만들었다. 또한, 마을 단위의 공동 농장제도인 여전론을 주장하였고, 지방관(목민)의 정치적 도리를 내용으로 하는 『목민심서』를 저술하였다.
[문제 하단의 표 참조]
① 유수원은 『우서』를 저술하여 상공업의 진흥과 기술의 혁신을 강조하고, 사농공상의 직업 평등 및 전문화를 주장하였다.
② 중상학파 박제가는 청에 다녀온 후 『북학의』를 저술하여 청의 문물을 적극적으로 수용할 것을 제창하였다.
④ 홍대용은 지구가 우주의 중심이 아니라는 무한우주론을 주장하였다.

27 다음 내용에 해당하는 인물은?

- 조선 후기의 대표적인 실학자이다.
- 거중기를 제작하였다.
- 여전론을 주장하였다.
- 『목민심서』를 저술하였다.

① 유수원
② 박제가
③ 정약용
④ 홍대용

[정약용, 『여유당전서』]

구성	내용
「목민심서」	지방관(목민)의 정치적 도리를 저술하였다.
「경세유표」	중앙 정치제도의 폐단을 지적하고 개혁의 내용을 저술하였다.
「기예론」	인간이 동물과 다른 것은 기술임을 주장, 과학 기술의 혁신을 저술하였다.
「마과회통」	종두법 연구, 천연두 치료법 등이 수록되어 있다.

정답 27 ③

28 다음 사건들의 직접적인 원인으로 가장 적절한 것은?

> ㄱ. 홍경래의 지휘 하에 영세 농민, 중소 상인, 광산 노동자 등이 합세하여 일으킨 봉기이다. 이들은 처음 가산에서 난을 일으켜 선천, 정주 등을 별다른 저항 없이 점거하였다. 한때는 청천강 이북 지역을 거의 장악하기도 하였으나 5개월 만에 평정되었다.
> ㄴ. 진주의 유계춘을 중심으로 농민들이 봉기하였다. 농민들은 탐관오리와 토호의 탐학에 저항하여 한때 진주성을 점령하기도 하였다. 이를 계기로 농민의 항거는 삼남 지역을 거쳐 북쪽의 함흥 지역에까지 전국으로 확대되었다.

① 사화
② 임진왜란
③ 삼정의 문란
④ 예송논쟁

28 제시된 자료 중 ㄱ은 홍경래의 난(1811), ㄴ은 임술 농민 봉기(1862)이다. 세도 정치 시기, 지방 수령의 부정과 백골징포, 황구첨정 등 삼정의 문란은 극도에 달하여 농민들의 생활은 피폐해져 갔지만, 오히려 농민의 사회의식은 더욱 강해져 봉기로 이어졌다.
① 15세기 후반부터 16세기 전반까지 일어난 사화는 훈구와 사림의 대립·갈등이었고, 이때 많은 사림들이 피해를 입었다.
② 선조 때 일본의 도요토미 히데요시는 16만 대군을 이끌고 조선을 침략하였다(1592, 임진왜란).
④ 현종 때 효종의 왕위 계승에 대한 정통성 문제를 두고 두 차례의 예송이 발생하면서, 서인과 남인 간의 대립이 격화되었다.

29 광무개혁에 대한 설명으로 가장 적절하지 않은 것은?

① 은 본위의 화폐제도와 조세의 금납제를 시행하였다.
② 원수부를 설치하여 황제가 직접 육·해군을 통솔하였다.
③ 황제 직속의 입법 기구인 교정소를 설치하여 운영하였다.
④ 지계아문을 통해 최초의 토지 소유권 증명서인 지계를 발급하였다.

29 고종은 1897년 국호를 대한제국으로, 연호를 광무로 정하여 자주 국가임을 내외에 선포하였다. 대한제국의 개혁인 광무개혁을 시행하였고, 금본위제의 화폐제도를 추진하였다. 은본위제 채택 등의 조치가 있었던 것은 제1차 갑오개혁(1894. 7. ~ 1894. 12.) 때이다.
② 대한제국 황제는 군권 장악을 위해 1899년 원수부를 설치하여 황제가 육·해군을 통솔하였고, 서울의 시위대와 지방의 진위대 군사 수를 대폭 증강하였다.
③ 대한제국은 법률과 칙령의 개정안을 마련하기 위하여 1899년 황제 직속의 입법 기구인 교정소를 설치하였다.
④ 대한제국은 광무개혁의 일환으로 1901년 지계아문을 통해 양전사업을 실시하여 최초의 토지 소유권 증명서인 지계(地契)를 발급하였다.

정답 28 ③ 29 ①

30 다음 내용에 해당하는 종교는 무엇인가?

- 동학을 계승하였다.
- 『개벽』, 『어린이』, 『신여성』 등의 잡지를 발간하였다.
- 손병희가 동학 교단을 정비하여 근대 종교로 발전시킨 것이다.

① 원불교
② 천도교
③ 대종교
④ 천주교

31 다음 사건을 먼저 일어난 순서대로 옳게 나열한 것은?

ㄱ. 광주 학생 항일 운동
ㄴ. 3 · 1 운동
ㄷ. 신간회 조직
ㄹ. 봉오동 전투

① ㄱ → ㄴ → ㄷ → ㄹ
② ㄴ → ㄱ → ㄹ → ㄷ
③ ㄴ → ㄹ → ㄷ → ㄱ
④ ㄹ → ㄴ → ㄱ → ㄷ

---

30 제시된 자료는 천도교에 대한 설명이다. 민족 종교인 동학의 제3대 교주인 손병희는 1905년 동학을 천도교로 개칭하여 근대 종교로 발전시켰다. 또한 인쇄소인 보성사를 경영하면서 『만세보』라는 민족 신문을 발간하였다. 3 · 1 운동 이후 제2의 3 · 1 운동을 계획하여 자주독립선언문을 발표하였고, 『개벽』, 『어린이』, 『학생』, 『신여성』 등의 잡지를 간행하여 민중의 자각과 근대 문물의 보급에 기여하였다.

① 박중빈이 1916년 창시한 원불교는 불교의 현대화를 주장하였고, 새생활운동을 전개하였다.
③ 나철, 오기호 등이 1909년 창시한 대종교는 단군숭배 사상을 통하여 민족의식을 높였다.
④ 방우룡, 김연군 등의 천주교도들은 1919년 만주에서 항일 운동 단체인 의민단을 조직하여 무력 투쟁에 나서기도 하였다.

31 ㄴ. 3 · 1 운동(1919) : 우리 민족은 고종의 인산일을 기하여 1919년 3월 1일 평화적인 만세 운동을 시작하였다. 3 · 1 운동은 처음에 대도시를 중심으로 학생과 지식인이 중심이 되어 비폭력 운동으로 진행되었는데, 일제는 제암리 학살 등을 저지르며 가혹하게 탄압하였다.
ㄹ. 봉오동 전투(1920. 6.) : 독립군의 본거지인 봉오동까지 기습해 온 일본군을 홍범도의 대한독립군, 안무의 대한국민회군, 최진동의 군무도독부군의 연합부대가 공격하여 대승을 거두었다.
ㄷ. 신간회 조직(1927) : 1920년대 민족유일당 운동을 전개하여 그 결실로 신간회가 창립되게 되었다.
ㄱ. 광주 학생 항일 운동(1929) : 나주에서 광주까지의 통학 열차 안에서 일본 남학생들이 한국 여학생을 희롱하는 사건을 계기로 시작되었다.

정답 30 ② 31 ③

32 다음 중 한인애국단에 참여하지 않은 인물은?

① 김구
② 김원봉
③ 윤봉길
④ 이봉창

33 한국광복군에 대한 설명으로 가장 적절하지 않은 것은?

① 함경남도 갑산의 보천보에서 식민기관을 파괴하였다.
② 조선의용대 병력을 일부 흡수하여 조직을 강화하였다.
③ 총사령관에는 지청천, 참모장에는 이범석이 임명되었다.
④ 중국 주둔 미국전략정보국(OSS)과 합작하여 국내 진공 작전을 계획하였다.

32 김원봉은 1919년 만주 길림에서 비밀결사로 의열단을 조직하였고, 활발한 독립 활동을 전개하였다.
① 김구는 대한민국 임시정부 활동의 침체를 극복하기 위하여 1931년 상하이에서 한인애국단을 조직하였다.
③ 한인애국단 소속의 윤봉길은 1932년 훙커우 공원에서 많은 일본군 장성과 고관들을 처단하였다.
④ 1932년 1월, 한인애국단 소속의 이봉창은 도쿄에서 일본 국왕에게 폭탄을 투척하였다. 일본 국왕 폭살 의거는 비록 실패로 끝났지만 항일 민족 운동의 활력소가 되었다. 이 사건의 보복으로 일제는 이른바 상하이 사변을 일으켰다.

33 1937년, 동북 항일연군 내의 한인 항일유격대가 함경남도 갑산의 보천보에 들어와 경찰 주재소, 면사무소 등을 파괴하여 국내 신문에 크게 보도되었다.
② 한국광복군은 1942년 김원봉의 조선의용대를 흡수하여 군사력을 보강하였다.
③ 대한민국 임시정부는 충칭에서 한국광복군을 창립하였고, 총사령관에는 지청천, 참모장에는 이범석을 임명하였다.
④ 한국광복군은 미군의 OSS부대와 연합하여 국내 진공 작전을 계획하였으나 일본의 패망으로 실행에 옮기지 못하였다.

정답 32 ② 33 ①

34 제시된 자료는 대한민국 임시정부에 대한 설명이다. 3·1 운동 직후 독립운동의 구심점 역할을 수행할 지도부의 필요성을 절감하였기에 상하이에 대한민국 임시정부를 수립하였다. 대한민국 임시정부는 기관지로 『독립신문』을 간행하여 배포하고, 사료편찬소를 두어 한일 관계 사료집을 간행함으로써 안으로는 민족의 독립 의식을 고취시키고, 밖으로는 한국의 자주성과 민족 문화의 우월성을 인식시켰다.

① 민족 교육 추진을 위하여 신민회의 안창호는 1908년 평양에 대성학교, 이승훈은 1907년 정주에 오산학교 등을 설립하여 인재를 양성하였다.
③ 일본의 황무지 개간권 요구에 대항하기 위해 송수만, 원세성 등은 1904년 서울에서 항일 운동 단체인 보안회를 조직하여 활동하였고, 일본의 요구를 철회시키는 데 성공하였다.
④ 신간회의 광주지회에서는 1929년 광주 학생 항일 운동 당시 진상조사단을 파견하여 지원하였다.

34 다음 내용에 해당하는 단체에 대한 설명으로 가장 적절한 것은?

- 3·1 운동을 계기로 상하이에 수립하였다.
- 현재 청사로 사용되었던 건물 2층에 요인의 집무실을 복원하였다.

① 민족 교육을 위해 대성학교와 오산학교를 설립하였다.
② 기관지로 『독립신문』을 간행 및 배포하여 독립 의식을 고취시켰다.
③ 일본의 황무지 개간권 요구에 대한 반대운동을 전개하였다.
④ 광주 학생 항일 운동에 진상 조사단을 파견하였다.

정답 34 ②

35 다음 내용에 해당하는 사건은 무엇인가?

- 일제는 시라카와 요시노리 대장을 사령관으로 삼아 상하이를 습격하여 점령하였다.
- 중국의 장제스가 "중국의 100만 대군도 못한 일을 한국 용사가 단행하였다."고 감탄하였으며, 이후 중국군관학교에 한인 특별반을 설치하는 등 대한민국 임시정부에 대한 지원을 강화하였고, 그 결과 중국 국민당 정부가 중국 영토 내의 우리 민족의 무장 독립 투쟁을 승인하는 등 임시정부를 적극 지원하는 계기가 되었다.

① 이재명이 명동성당 앞에서 이완용을 습격하여 중상을 입혔다.
② 이봉창이 일본 국왕이 탄 마차 행렬에 폭탄을 던졌다.
③ 안중근이 한국 침략의 원흉인 이토 히로부미를 사살하였다.
④ 윤봉길이 훙커우 공원에서 폭탄을 투척하였다.

36 다음 내용에 해당하는 인물은 누구인가?

- 1868년에 출생하였다.
- 함경도 일대에서 포수들을 모아 산포대를 조직하였고, 의병 전쟁에 앞장섰다.
- 1920년 봉오동 전투와 청산리 전투에서 일본군을 격파하였다.
- 대한독립군단을 조직하고 부총재에 선임되었다.
- 1937년 스탈린의 한인강제이주정책에 의하여 카자흐스탄으로 강제 이주되었다.
- 1943년에 카자흐스탄에서 별세하였다.

① 김좌진
② 신돌석
③ 지청천
④ 홍범도

---

35 제시된 자료는 윤봉길 의거에 대한 설명이다. 한인애국단 소속의 윤봉길은 1932년 4월 29일 훙커우 공원에서 진행하는 이른바 천장절 겸 상하이 점령 전승축하 기념식에 참석하여 폭탄을 투척하였다. 이로 인해 파견군 사령관 시라카와, 일본거류민단장 가와바타 등이 즉사하였고, 많은 일본군 장성과 고관들이 처단되었다.

① 이재명은 1909년 명동성당에서 벨기에 황제 레오폴트 2세 추도식을 마치고 나오는 이완용을 찔러 복부와 어깨에 중상을 입히고 체포되었다.
② 이봉창은 1932년 1월 도쿄에서 일본 국왕에게 폭탄을 투척하였다. 이는 실패로 끝났지만 항일 민족 운동의 활력소가 되었다. 이 사건의 보복으로 일제는 상하이 사변을 일으켰다.
③ 간도와 연해주에서 의병으로 활약하던 안중근은 1909년 만주 하얼빈 역에서 한국 침략의 원흉인 초대 통감 이토 히로부미를 처단히였디.

36 제시된 내용은 홍범도 장군에 관한 설명이다. 홍범도의 대한독립군은 봉오동 전투(1920. 6.)에서 대승을 거두었다.

① 김좌진이 이끌던 북로군정서군을 중심으로 한 여러 독립군의 연합부대는 1920년 청산리 일대에서 6일간 10여 차례의 전투를 통해 일본군을 대파하였다.
② 을사의병 때 활동한 '태백산 호랑이' 신돌석은 평민 출신 의병장으로, 영해에 입성하여 무기를 탈취한 후 평해, 울진 등지에서 활동하였다. 정용기, 이현규 의병 부대 등과도 연계하는 등 의병의 수는 한때 3천여 명을 넘었다.
③ 지청천은 한국독립군 총사령관과 한국광복군 총사령관을 역임하였다.

정답 35 ④ 36 ④

37 다음 내용과 같은 말을 한 인물은 누구인가?

> 현재 나의 유일한 염원은 3천만 동포와 손잡고 통일된 조국을 위하여 공동 분투하는 것이다. 조국이 필요하다면 이 육신을 당장이라도 제단에 바치겠다. 나는 통일된 조국을 건설하려다 38도선을 베고 쓰러질지언정 일신에 구차한 안일을 취하여 단독정부를 세우는 데는 협력하지 아니하겠다.

① 여운형
② 김구
③ 이승만
④ 신채호

37 제시된 자료는 김구의 「삼천만 동포에 읍고함」이다. 김구, 김규식, 김일성, 김두봉 등은 남한만의 선거로 단독 정부가 수립되면 남북의 분단이 계속될 것을 우려하여 남북한이 협상을 통해서 통일 정부를 수립하자고 주장하였다.
① 여운형은 건국준비위원회를 운영하였으며, 1946년 좌우합작위원회의 활동을 전개하였다.
③ 이승만은 독립촉성중앙협의회를 기반으로 본격적인 정치활동을 전개하였다.
④ 신채호는 김원봉의 요청을 받아 1923년 의열단의 행동강령인 「조선혁명선언」을 작성하였다.

38 다음 노래의 직접적인 배경이 된 사건은?

> 눈보라가 휘날리는 바람 찬 흥남부두에
> 목을 놓아 불러봤다 찾아를 봤다
> 금순아 어디로 가고 길을 잃고 헤매었더냐
> 피눈물을 흘리면서 일사 이후 나 홀로 왔다

① 인천상륙작전
② 애치슨 선언
③ 중국군의 참전
④ 휴전협정 체결

38 제시된 자료는 1953년 발표된 대중가요인 '굳세어라 금순아'이다. 6・25 한국전쟁 중인 1950년 10월 25일, 약 30만의 중공군이 한국전쟁에 참전하였다. 이로 인하여 미군 제10군단과 국군 제1군단이 1950년 12월 15일부터 23일까지 흥남항구를 통한 해상 철수 작전을 진행하게 되었다.
① 1950년 9월 15일, 국군과 유엔군은 맥아더 유엔군 총사령관의 인천상륙작전으로 전세를 반전시켰다.
② 1950년 1월, 미국은 한반도를 미국의 극동 방위선에서 제외한다는 애치슨 선언을 발표하였는데, 이는 한국전쟁의 배경이 되었다.
④ 1953년 7월 27일, 판문점에서 국제연합군 총사령관 클라크와 북한군 최고 사령관 김일성, 중공인민지원군 사령관 펑더화이가 최종적으로 서명함으로써 휴전협정이 체결되었다.

정답 37 ② 38 ③

39 다음 중 5·18 민주화 운동에 직접적인 영향을 미친 사건은?

① 한·일 국교 정상화
② 계엄령 전국 확대
③ 4·13 호헌 조치
④ 3·15 부정 선거

40 다음 중 박정희 정부 때의 사건으로 가장 적절한 것은?

① 6월 민주 항쟁
② YH무역 사건
③ 금융실명제
④ 한미 상호 방위 조약

39 1980년 5월 17일 전두환의 신군부는 비상계엄을 전국으로 확대하였고, 광주 지역에서 비상계엄 철회 및 민주화를 열망하는 시민들의 요구가 1980년 5·18 민주화 운동으로 이어졌다.
① 박정희 정부의 대일 굴욕 외교 반대 항쟁인 6·3 시위는 1964년에 있었다. 정부는 계엄령을 선포한 후 1965년 한·일 협정을 체결하였다.
③ 전두환 정부의 4·13 호헌 조치에 반대하여 1987년 6월 민주항쟁이 전개되었다.
④ 1960년 3·15 부정선거에 항의하는 시위가 확대되어 4·19 혁명이 전개되었다.

40 1970년대 후반 전개되었던 YH무역 노동운동의 과잉 진압을 비판하던 신민당 총재인 김영삼이 국회에서 제명되었고, 이를 계기로 부마항쟁이 전개되었다(1979, 박정희 정부).
① 전두환 정부의 4·13 호헌 조치에 반대하여 1987년 6월 민주 항쟁이 전개되었다.
③ 김영삼 정부는 투명한 금융거래를 위해 1993년 금융실명제를 시행하였다.
④ 이승만 정부는 6·25 전쟁 직후 우리 민족의 휴전 반대 입장을 외면하는 미국에 대해 보장책을 요구하였고, 어떠한 외부의 침략에도 상호 협조하고 대항한다는 내용의 한미 상호 방위 조약을 1953년 10월에 체결하였다.

정답 39 ② 40 ②

2023년 기출복원문제

※ 기출문제를 복원한 것으로 실제 시험과 일부 차이가 있으며, 저작권은 시대에듀에 있습니다.

01 다음 설명에 해당하는 시기의 유물이 <u>아닌</u> 것은?

- 부족장이 죽으면 고인돌을 만들어 장례를 치렀다.
- 읍락공동체인 읍락국가나 정치적 지배자가 등장한 성읍 국가도 등장하였다.

① 반달돌칼
② 민무늬 토기
③ 철제 갑옷
④ 거친무늬 거울

---

01 해당 제시문은 청동기 시대를 나타내고 있다. 청동기 시대에는 계급이 분화되어 부족을 지배하는 족장(군장)이 등장하였으며, 군장이 죽으면 고인돌을 만들어 장례를 치렀다. 삼국사기의 기록에 의하면, 성읍국가란 도읍에 성곽을 쌓은 구조로 되어있는 국가 형태로, 국가의 초기 형태를 지칭하고 있다.

③ 철제 갑옷은 철기 시대 이후에 출현하였다.
① 반달돌칼은 청동기 시대에 벼를 수확하기 위한 추수도구이다.
② 청동기 시대에는 미송리식 토기와 민무늬 토기를 만들어 사용하였다.
④ 청동기 시대에는 거친무늬 거울 등을 만들어 사용하였다.

정답 01 ③

02 다음 설명과 관련된 왕은 누구인가?

- 불교를 공인하여 사상을 통합하였다.
- 수도에 태학을 설립하여 귀족 자제에게 유교 경전과 역사서를 교육하였다.
- 율령을 반포하여 국가의 통치 질서를 확립하였다.

① 개로왕
② 소수림왕
③ 수로왕
④ 고국천왕

---

02 해당 제시문은 고구려 4세기 소수림왕에 대한 설명이다. 소수림왕은 전진의 승려 순도가 가져온 불상과 경문을 받아들여 불교를 공인하여 사상을 통합하였고(372), 중앙에 태학을 설립하여 유학의 보급과 학문 진흥에 힘썼으며(372), 율령을 반포하여 국가 통치의 기본질서를 확립하였다(373).
① 백제의 개로왕은 고구려의 남진 정책을 견제하기 위해 중국 북조의 북위에 국서를 보내 원병을 요청하기도 하였으나(472), 장수왕의 공격으로 아차산성에서 전사하였다(475).
③ 수로왕은 금관가야를 건국하였는데(42), 세력 범위는 낙동강 유역 일대에 걸쳐 발전하였다.
④ 2세기 고구려의 고국천왕(179~197)은 부족적 성격이었던 계루부, 소노부, 절노부, 순노부, 관노부의 5부를 행정적 성격인 동부, 서부, 남부, 북부, 중부의 5부 체제로 개편하고 형제 상속으로 되어 있었던 왕위 계승도 부자 상속으로 변경하며 왕권을 강화하려 노력하였다. 또한, 을파소를 국상으로 기용하여 빈민을 구제하기 위한 진대법을 실시하였다(194).

정답 02 ②

03 백제는 4세기 중반 근초고왕 때에 크게 발전하여 마한 세력을 완전히 정복(369)하고, 세력이 전라도 남해안에 이르렀으며, 낙동강 유역의 가야에 대해서도 지배권을 행사하였다. 북으로는 황해도 지역을 놓고 고구려와 대결하였는데 평양성까지 진격하여 고구려 고국원왕을 전사시켰다(371).
① 3세기 백제 고이왕은 6좌평 16관등의 관제를 정비하였으며 관복제를 도입하였다. 불교를 수용하여 공인한 왕은 침류왕이다.
③ 4세기 백제의 침류왕은 동진으로부터 불교를 수용한 후 공인하여 중앙 집권 체제를 사상적으로 뒷받침하였다(384). 수도를 사비로 옮기고 국호를 남부여라 한 것은 6세기 백제 성왕이다.
④ 7세기 백제의 의자왕은 신라 서쪽의 40여 성을 함락시켰으며, 고구려 군사와 연합해 신라의 교통 요충지인 당항성을 공격하였다. 이후 의자왕은 신라의 대야성을 공격하였고, 대야성의 도독이자 김춘추의 사위였던 김품석이 항복하자 그를 죽였다(642).

03 다음 중 백제의 왕과 그 업적이 옳게 연결된 것은?

① 고이왕 – 동진으로부터 불교를 수용하여 공인하였다.
② 근초고왕 – 마한을 멸하여 영역을 전라남도 해안까지 확보하였다.
③ 침류왕 – 수도를 사비로 옮기고 남부여라 하였다.
④ 성왕 – 신라의 교통 요충지인 당항성을 공격하였고, 신라의 대야성을 공격하였다.

정답 03 ②

04 다음 설명과 가장 관련 깊은 사건은?

> 수나라의 양제는 113만의 대규모 군대를 동원해 고구려를 공격하였다. 양제가 거느린 육군의 1개 부대는 고구려의 요동성을 포위하여 공격했으나 성공하지 못하게 되자, 수군은 별동대 30만 명을 압록강 서쪽에 집결시켜 평양성을 공격할 계획을 세웠다.

① 천리장성 축조
② 안시성 전투 승리
③ 살수 대첩
④ 서안평 공격

04 해당 제시문은 살수 대첩과 관련된 내용이다. 수나라의 문제에 이어 양제는 113만의 대군을 이끌고 침략하여 왔으나, 을지문덕이 살수(청천강)에서 수나라에 대항하여 대승을 거두었다(612, 살수 대첩). 이후 수나라는 계속된 고구려 원정과 패배로 인하여 국력이 크게 소모되었고, 결국 내란으로 멸망하였다(618).
① 고구려의 천리장성은 부여성에서 비사성까지 축조되었는데, 영류왕 때에 건립하기 시작하여 보장왕 때 완공되었다(631~647).
② 당 태종은 직접 대군을 이끌고 고구려를 침략하였다. 고구려는 요동성, 개모성, 비사성이 정복당하는 등 어려움을 겪었으나, 안시성에서의 전투를 승리로 이끌며(645) 당나라군을 물리쳤다.
④ 고구려 3세기 동천왕은 서안평을 공격하였으나 위나라의 침입을 받았고, 4세기 미천왕은 서안평을 점령하였다(311).

정답 04 ③

05 다음 중 신라가 당군을 크게 격파한 전투는?

① 매소성 전투
② 대야성 전투
③ 관산성 전투
④ 황산벌 전투

05 매소성 전투는 신라가 당군을 격퇴한 전투이다. 당은 웅진도독부(공주), 안동도호부(평양), 계림도독부(경주)를 설치하고 한반도 전체를 지배하려는 야욕을 보이자 신라는 당과의 전쟁을 시작하게 되었다. 신라는 남침해 오던 당의 20만 대군을 매소성에서 격파하여 전쟁의 승기를 잡았다(675).

② 대야성 전투는 백제가 신라를 격파한 전투이다. 7세기 백제 의자왕은 고구려 군사와 연합해 신라의 교통 요충지인 당항성을 공격하였고, 이후 대야성 등을 공격하여 40여 개의 성을 빼앗았다(642).

③ 관산성 전투는 신라가 백제를 격퇴한 전투이다. 신라 진흥왕은 일방적으로 나제 동맹을 결렬하고 백제를 공격하여 한강 유역을 장악하였다(553). 이에 백제는 일본 및 대가야와 연합하여 신라를 공격하였으나 패하였고, 관산성(충북 옥천) 전투에서 백제의 성왕은 전사하게 되었다(554).

④ 황산벌 전투는 신라가 백제를 격파한 전투이다. 7세기 백제 의자왕 때 계백의 결사대는 황산벌 전투에서 김유신에 맞서 싸웠으나 패배하였다(660).

정답 05 ①

06 다음 중 신분이 <u>다른</u> 인물은 누구인가?

① 강수
② 김대문
③ 설총
④ 최치원

06 김대문은 진골 출신이다. 통일 이후 신라의 김대문은 화랑들의 전기를 모아 『화랑세기』를 편찬하였고, 유명한 승려들의 전기를 모아 『고승전』을 편찬하였으며 한산주 지방의 지리지인 『한산기』도 저술하였다. 또한, 신라에 관한 이야기를 모아 『계림잡전』을 편찬하였다.
① 강수는 6두품에 해당하는 신분이었다. 강수는 「청방인문표」를 작성하였는데, 이는 당나라에 갇혀있던 김인문을 석방하여 줄 것을 요청한 외교문서이다.
③ 설총은 6두품 출신이다. 설총은 유교 경전에 조예가 깊어 유교적 도덕 정치를 강조하였는데, 「화왕계」를 저술하여 신문왕에게 바쳤으며 이두를 정리하여 한문 교육에 공헌하기도 하였다.
④ 최치원은 6두품 출신이다. 최치원은 당나라의 빈공과에 급제하여 활동하였으며 『계원필경』을 저술하였다. 귀국 후 진성여왕에게 유교 정치 이념과 과거 제도 등의 내용이 담긴 시무 10조를 건의하였으나 진골 귀족들의 반대로 시행되지 못하였다(894).

정답 06 ②

07 해당 제시문은 발해를 나타내고 있다. 발해 선왕은 전국을 5경 15부 62주로 정비하여 통치하였고, 중국인들은 발해를 보며 해동성국이라고 칭송하기도 하였다. ①의 임나일본부설은 '왜가 신묘년에 바다를 건너와 백제, 가야, 신라를 격파하고 신민으로 삼았다.'라는 내용으로 일본이 주장하는 한국사 왜곡이다.
② 발해는 외교 관계를 중시하여 일본 및 거란 등과의 여러 나라와 한 번에 수백 명이 오고 갈 정도로 활발한 교류를 하였다.
③ 발해의 문왕은 당과 친선 관계를 체결하면서 당의 3성 6부를 받아들여 통치 체제를 정비하였으나, 명칭과 구성은 독자적으로 편성하여 운영하였다.
④ 당의 장안성을 모방한 발해의 상경 궁궐터는 외성을 쌓고, 남북으로 넓은 주작대로를 내어 그 안에 궁궐과 사원을 세웠다.

08 신라 말에는 왕실과 귀족들의 사치와 타락으로 농민의 고통이 심해졌고, 지방에서는 호족이라는 새로운 반신라 세력이 성장하였으며, 반정부 봉기가 곳곳에서 일어났다. 하지만 중앙정부는 통제력을 상실하여 반란을 진압할 수 없었다.
② 신라 하대 중앙에서는 진골 귀족들이 경제기반을 확대하여 사병을 거느리고 권력 싸움을 벌이며 치열한 왕위 쟁탈전을 전개하였다.
③ 당에 유학하였다가 돌아온 6두품 출신의 유학생들은 골품제 사회를 비판하면서 새로운 정치 이념을 제시하였다. 이들은 진골 세력에 의하여 자신들의 뜻을 펴지 못하자, 선종 승려 및 지방의 호족 세력과 연계하여 사회 개혁에 앞장서게 된다.
④ 신라 말에는 자연 재해가 빈번히 발생하였고, 왕실과 귀족들은 사치와 향락에 빠져 있었으며, 농민에 대한 강압적인 수탈 등으로 인해 농민들은 살기가 어려워졌으며 귀족들의 대토지 소유가 증가하였다.

정답 07 ① 08 ①

07 다음 내용에 해당하는 나라에 대한 설명으로 옳지 않은 것은?

- 5경 15부 62주
- 정혜공주 묘, 정효공주 묘
- 해동성국, 정안국

① '임나일본부'가 통치하였다.
② 일본과 무역이 활발하였다.
③ 당의 문화를 수용하여 통치 체제를 정비하였다.
④ 수도 상경은 당의 수도인 장안을 모방하였다.

08 통일신라 말기에 대한 설명으로 옳지 않은 것은?

① 중앙정부의 지방통제력이 강화되었다.
② 진골 귀족 사이에 치열한 왕위 쟁탈전이 벌어졌다.
③ 골품제에 따른 차별로 6두품의 불만이 증가하였다.
④ 귀족의 사적인 대토지 소유가 증가하였다.

09 다음 내용에서 괄호 안에 들어갈 인물로 옳은 것은?

> 보육(寶育)이 곡령(鵠嶺)에서 소변을 보아 삼한을 덮는 꿈을 꾸고, 형 이제건(伊帝建)에게 이야기하였는데 형은 제왕을 낳을 꿈이라면서 딸 덕주(德周)를 아내로 삼아 주었다. 이어 두 딸을 두었는데 아우의 이름이 진의(辰義)였다. 진의는 언니가 오관산(五冠山)에서 다시 오줌이 천하를 잠기게 하는 꿈을 꾼 것을 비단 치마를 주고 샀다. 당나라의 황제가 잠저 시에 송악의 보육가에 와 묵게 되었다. 찢어진 옷을 깁는데 언니가 코피가 나자, 아우가 대신한 것이 인연이 되어 동침하고 (　　)의 할아버지인 작제건을 낳았다.
> – 「작제건 설화」, 한국민족문화대백과사전

① 궁예
② 왕건
③ 견훤
④ 장보고

---

09 해설

해당 자료는 작제건을 신성시하려는 의도로 구성한 작제건 설화로, 『삼국유사』에 실려 있는 김유신의 누이동생 문희와 보희의 매몽 설화에서 유래된 것이다. 작제건은 고려 태조 왕건의 할아버지이다.

① 궁예는 신라 왕족의 후예로서 북원(원주)의 도적 집단 양길의 수하로 있다가 독립하여 송악(개성)에 도읍을 정하고 후고구려를 건국하였다(901).
③ 견훤은 무진주(광주)를 점령하고(892) 완산주(전주)를 수도로 하여 후백제를 건국하였다(900).
④ 신라 말 9세기 흥덕왕 때 장보고는 완도에 청해진을 설치(828)하여 해적을 소탕하였고 남해와 황해의 해상 무역권을 장악하였다.

정답 09 ②

10 고려 시대의 과거 제도는 문과, 잡과, 승과로 구성되어 있었는데, 법적으로 양인 이상이면 응시 가능하였다. 따라서 향리도 과거 응시가 가능하였고, 귀족이나 향리의 자제는 문과에 응시하는 경우가 일반적이었다.
② 노비는 재산으로 간주되어 국가에서 엄격히 관리하였다. 매매, 증여, 상속의 방법을 통하여 주인에게 예속되어 인격적 대우를 받지 못하였다.
③ 고려 시대 중앙군은 직업 군인으로 군적에 등록되어 군인전을 지급받았으며 역은 자손에게 세습되었다. 또한, 군공을 세워 무신으로 신분 상승이 가능한 중류층이었다.
④ 농민들은 농업 이외에 국가에서 지정한 특수 임무를 수행하지 않았다. 따라서 '별도의 의무가 없는 사람'이라는 뜻의 '백정'이라 불렸다. 고려 시대의 백정은 일반 농민을 말하는 것으로, 도축업자를 뜻하는 조선 시대의 천민이었던 백정과는 구별된다.

10 고려 시대의 신분 제도에 대한 설명으로 옳지 않은 것은?

① 향리는 과거 응시가 금지되었다.
② 사노비는 매매, 증여, 상속의 대상이다.
③ 직업 군인은 군인전을 받고, 그 역을 세습할 수 있었다.
④ 특정한 직역 부담이 없는 양인 농민을 백정이라고 하였다.

11 해당 제시문은 서경(평양)을 나타내고 있다. 고려 정종은 개경 세력을 견제하기 위해 서경으로 천도를 계획하였으나 실패하였다. 묘청은 풍수지리설을 내세워 서경으로 천도하여 서경에 궁(대화궁)을 짓고, 국호를 '대위', 연호를 '천개'로 칭하여 자주적인 개혁과 금을 정벌할 것을 주장하였다(1135).
① 서북면 도순검사 강조는 군사를 일으켜 개경에서 김치양의 반란을 진압하였다(1009).
② 고려 인종 때 이자겸은 개경에서 난을 일으켜 권력을 장악하려 하였다(1126).
④ 명종 때 동북면 병마사 김보당이 무신 정권 타도와 의종 복위를 주장하며 동계에서 무신 정권에 반대하는 난을 일으켰다(1173).

11 다음 내용 중 괄호 안에 들어갈 지역에서 일어난 사건은?

> 정종은 지리도참설에 의해 ( )(으)로 천도할 것을 결의하고 궁궐을 짓는 공사를 착수하는 등 크게 토목을 일으켜 백성들을 노역하게 하였다. 개경에 살고 있던 부유한 계층들을 억지로 ( )(으)로 이주하게 하여 원성이 높아졌으나, 정종이 승하하여 실현을 보지 못하였다.

① 강조가 김치양 일파를 제거하였다.
② 이자겸이 난을 일으켰다.
③ 묘청이 난을 일으켰다.
④ 김보당이 반란을 일으켰다.

정답 10 ① 11 ③

12 고려 시대의 대외관계에 대한 설명으로 옳지 <u>않은</u> 것은?

① 윤관이 여진을 몰아내고 동북 9성을 축조하였다.
② 송과의 관계는 문화적 교류에 큰 목적이 있었다.
③ 서희는 거란과 교섭하고, 강동 6주를 확보하였다.
④ 일본과 정식 국교를 맺고, 정기적으로 무역을 하였다.

---

12 고려 목종 때 일본인 20호(戶)가 투항한 적이 있어 이천에 거주하게 한 일이 있었는데(890), 이 외에는 일본과 공적인 교류를 하지 않았다. 고려 상인이 일본을 대상으로 하는 정기적 상업 활동은 없었던 것으로 보인다. 또한, 고려의 국교 재개 노력에도 불구하고 일본은 비협조적인 태도로 일관하였으며, 고려 후기 2차에 걸친 일본 원정으로 인해 고려와 일본과의 관계는 급속도로 악화되었고, 고려 시대에는 일본과의 직접적인 교류는 찾아보기 힘들다.

① 고려 예종 때 윤관은 별무반을 이끌고 여진을 정벌하여 동북 9성을 쌓았다(1107).
② 10세기 송과 고려는 경제, 문화, 군사, 외교적으로 밀접한 관계를 맺고 있었는데 그중에서도 문화적 교류에 큰 목적이 있었다.
③ 고려 성종 때 서희는 외교 담판으로 거란과 교류를 약속하였고, 고려가 고구려의 후예임을 인정받음과 동시에 압록강 동쪽의 강동 6주를 획득하였다(994).

정답 12 ④

13 김부식이 왕명을 받아 만든 역사서에 대한 설명으로 옳은 것은?

① 기전체로 편찬하였다.
② 일기처럼 날짜순으로 기록하였다.
③ 고조선, 부여, 삼한의 역사까지 기록하였다.
④ 고구려 계승 의식과 북진 정책이 나타나 있다.

13 인종 때, 김부식 등이 왕명을 받아 『삼국사기』를 편찬하였다(1145). 『삼국사기』는 현존하는 우리나라 최고(最古)의 역사서이다. 고려 초에 쓰인 『구삼국사』를 바탕으로 하여 유교적 합리주의 사관에 따라 기전체로 작성되었는데, 우리 고유의 풍습과 명칭, 신라 고유의 왕명과 관직명이 기록되어 있다.
② 편년체는 연월(연도)을 중심으로 하여 시간 순으로 편찬한 서술 방법으로, 『고려사절요』, 『동국통감』, 『조선왕조실록』 등이 대표적인 서적이다. 『삼국사기』는 기전체로 편찬하였다.
③ 『삼국유사』는 삼국의 역사뿐만 아니라 고조선, 부여, 삼한, 가야 등의 역사까지 기록하였다.
④ 이규보의 「동명왕편」(1193)은 고구려의 시조인 동명왕의 업적을 칭송한 일종의 영웅 서사시로, 이를 통해 고구려의 계승 의식을 반영하고 고구려의 전통을 노래하였다.

14 다음 중 무신 정권기 상황에 대한 설명으로 옳은 것은?

① 향·소·부곡이 소멸되었다.
② 문벌 귀족 정치가 강화되었다.
③ 모든 지방에 수령을 파견하였다.
④ 각지에서 농민·천민이 봉기하였다.

14 무신 정변으로 인해 신분 제도가 흔들리면서 권력층으로 그 신분이 상승한 하층민이 많았다. 또한, 무신들끼리의 대립이 늘어나고 지배 체제가 붕괴되면서 통제력이 약화되었고, 수탈이 강화되었다. 이에 따라 전국 각지에서 하층민이 봉기하였다.
① 향·소·부곡은 무신 집권기에는 존재하고 있었다. 고려 시대까지 특수 행정 구역이었던 향·소·부곡은 조선 전기 일반 군현으로 승격되거나 포함되었다.
② 무신 집권기에는 문벌 귀족의 정치가 몰락하였다.
③ 조선은 전국의 주민을 국가가 직접 지배하기 위하여 모든 군현에 지방관을 파견하였다.

정답 13 ① 14 ④

15 다음 설명에 해당하는 사건이 일어난 시기에 활동하지 않은 인물은?

- 변발과 호복을 폐지하였다.
- 쌍성총관부를 공격하여 철령 이북의 땅을 수복하였다.
- 신돈을 등용하여 전민변정도감을 설치하였다.

① 이색
② 최승로
③ 정도전
④ 정몽주

16 다음 설명과 가장 관련 깊은 왕의 업적으로 옳은 것은?

- 6조가 각기 사무를 왕에게 직계하였다.
- 사간원을 독립시켜 대신들을 견제하였다.
- 억울한 일을 당한 백성의 억울함을 풀어주려 신문고를 설치하였다.
- 호구와 인구 파악을 위해 호패법을 실시하였다.

① 사병을 혁파하여 공신들의 세력을 약화시켰다.
② 『조선경국전』을 저술하여 통치규범을 마련하였다.
③ 언관의 활동을 억제하기 위하여 집현전을 없앴다.
④ 연분 9등법을 실시하여 세금을 낮추고 공평하게 부과하였다.

---

15 공민왕은 즉위 후 기철을 비롯한 친원 세력을 숙청하고, 내정 간섭 기구인 정동행성 이문소의 폐지, 원의 간섭으로 격하된 관제의 복구, 몽골 풍속 금지 등을 실시하였으며, 신돈을 등용하여 전민변정도감을 설치해 권문세족을 견제하였다. 성종 때 활동한 최승로는 시무 28조와 함께 상소문을 올렸고 고려의 체제 정비에 영향을 주었다.
① 공민왕은 성균관을 다시 짓고, 이색을 판개성 부사 겸 성균관 대사성으로 임명하여 성리학을 부흥시켰다.
③·④ 공민왕 때 활동한 이색(외형적 폐단 비판)은 정몽주, 권근, 정도전 등을 가르쳐 성리학을 더욱 확산시켰다.

16 해당 제시문은 조선 태종을 나타내고 있다. 태종은 왕권 및 국왕 중심의 통치 체제를 강화하기 위하여 6조 직계제를 실시하였다. 언론 기관인 사간원을 독립시켜 대신들을 견제하였고, 사병을 철폐하여 왕이 군사 지휘권을 장악하였고 친위 군사를 늘렸다. 양전 사업과 호구 파악에 노력을 기울였고, 호패법을 실시하였으며, 사원의 토지를 몰수하고, 억울한 노비를 조사하여 해방시켰다.
② 태조 때 정도전은 『조선경국전』과 『경제문감』을 저술하여 민본적 통치 규범을 마련하고, 재상 중심의 정치를 주장하였다(재상론).
③ 세조는 경연을 주관하던 집현전을 폐지하고 왕과 신하들의 학문 토론의 장이었던 경연도 열지 않으려 했다.
④ 세종은 좀 더 체계적인 조세 제도의 운영을 위해 풍흉의 정도에 따라 조세를 부과하는 연분 9등법으로 바꾸고, 조세 액수를 1결당 최고 20두에서 최하 4두까지 차등을 두어 내도록 하였다.

정답 15 ② 16 ①

17 홍문관은 경연을 담당하였는데, 정승을 비롯한 주요 관리도 다수 경연에 참여하였다. 이를 통해 경연은 단순한 왕의 학문 연마를 위한 것이 아닌, 왕과 신하가 함께 정책에 대해 토론하고 심의하는 중요한 자리로 발전하였다. 이때 '사서(四書)', '오경(五經)', 『자치통감』, 『자치통감강목』을 기본서로, 『성리대전』, 『소학』, 『심경』, 『대학연의』, 『국조보감』을 참고서로 학습하였다.
① 서연은 조선 시대 왕세자를 위한 교육제도로, 경사를 강론해 유교적인 소양을 쌓게 하는 교육의 장이었다.
② 사가독서는 조선 시대 때, 국가의 인재를 키우고 문운을 진작하기 위해서 독서에 전념할 수 있도록 젊은 문신들에게 휴가를 준 제도이다.
④ 수렴청정은 어린 왕이 즉위하였을 때, 왕실의 가장 큰 어른인 대비 또는 대왕대비가 국왕을 대신해 나랏일을 결정하는 정치 형태이다.

17 다음 설명과 가장 관련 깊은 제도는 무엇인가?

> 홍문관이 왕과 대신들이 참여하는 학술 세미나를 주최하였는데, 이 과정에서 정책 자문과 정책 협의를 통해 정책을 결정하기도 하였다.
> 또한, 왕과 신하들이 옛 선현들의 글에 대하여 토론하다가 왕의 잘못이 있으면 고칠 것을 권하는 등 왕권을 견제하는 역할도 하였다.

① 서연
② 사가독서
③ 경연
④ 수렴청정

정답 17 ③

18 다음 설명과 가장 관련 깊은 제도는 무엇인가?

> 1391년(공양왕 3)에 피폐해진 농민 생활을 안정시키고 부족한 국가 재정을 확보하기 위해 시행되었다. 전·현직 관리에게 경기 일대 토지에 대한 수조권 지급을 원칙으로 하였다. 관리가 죽거나 반역하면 국가에 반환하도록 하였으나 수신전, 휼양전 등의 이름으로 세습이 이루어지는 경우도 있었다.

① 전시과
② 과전법
③ 역분전
④ 관수 관급제

18 공양왕 때 권문세족의 토지를 몰수·재분배하여, 신진 사대부의 경제적 기반을 마련하기 위하여 과전법을 실시하였다(1391). 과전은 전·현직 관리에게 관등에 따라 경기 지역의 토지에 한하여 수조권을 지급하였고, 이를 받은 사람이 사망하거나 반역을 했을 시 국가에 다시 돌려주는 것이 원칙이었다.
① 고려 경종 때 시행한 전시과 체제하에서는 문무 관리로부터 군인, 한인에 이르기까지 18등급으로 나누어 전지와 시지를 지급하였다.
③ 고려 태조 때 지급한 역분전은 공신전으로, 후삼국을 통일하는 건국 과정에서 공을 세운 사람들에게 지급한 토지였다. 인품에 따라 경기에 한하여 지급하였다.
④ 성종 때에는 지방 관청에서 생산량을 조사한 뒤 거두어 다시 관리에게 분배하는 방식으로 변경했다. 그 결과 관료들이 수조권을 핑계 삼아 토지와 농민을 지배하는 일은 줄었고, 그 대신 국가의 토지 지배권이 강해졌다.

정답 18 ②

19 『조선왕조실록』(태조~철종)은 한 국왕이 죽으면 다음 국왕 때 춘추관을 중심으로 실록청을 설치하여 편찬하였는데, 사관이 국왕 앞에서 기록한 사초, 각 관청의 문서를 모아 만든 시정기를 중심으로 『승정원일기』, 『의정부등록』, 『비변사등록』, 『일성록』(정조 이후) 등을 보조 자료로 하여 종합·정리한 후 편년체로 편찬하였다.
① 『일성록』은 1760년(영조 36)부터 1910년(순종 4)까지 국왕의 동정과 국정을 매일 기록한 일기이다. 『일성록』은 국보 제153호로 지정되어 있으며 2011년 5월 유네스코 세계기록유산으로 등록되었다.
② 『승정원일기』(국보 제303호)는 승정원에서 기록한 왕과 신하 간의 문서와 국왕의 일과를 기록한 사서로 업무관련 기록이 일지 형식으로 작성되어 있다. 『승정원일기』는 임진왜란 때 소실되어 인조~고종까지의 일기만 현존하고 있다. 2001년 9월 유네스코 세계기록유산으로 등재됨으로써 그 가치를 확고히 인정받았다.
③ 『내각일력』은 1779년(정조 3) 1월부터 1883년(고종 20) 2월까지의 규장각의 일기를 말한다.

20 18세기 실학자 유득공은 『발해고』(1784)에서 최초로 남북국 시대를 주장하여 민족의 자주성을 높였다.
② 『삼강행실도』(1434)는 모범이 될 만한 충신, 효자, 열녀 등의 행적을 그림으로 그리고 설명을 붙인 윤리서로서 세종 때 편찬하였다.
③ 『경국대전』(1485)은 조선의 기본 법전으로 세조 때 편찬하기 시작하여 성종 때 완성·반포하였다. 육전체제를 유지하였고 통일성과 안정성 확보 작업을 실시하였다.
④ 성종 때 조선 최대의 인문 지리서인 『동국여지승람』(1481)을 편찬하였다.

정답 19 ④ 20 ①

---

19 현재까지 조선 전기의 기록이 남아 있는 것은?

① 『일성록』
② 『승정원일기』
③ 『내각일력』
④ 『조선왕조실록』

20 다음 중 조선 전기에 편찬된 서적이 아닌 것은?

① 『발해고』
② 『삼강행실도』
③ 『경국대전』
④ 『동국여지승람』

21 조선 전기 사림에 대한 설명으로 가장 옳지 않은 것은?

① 향사례, 향음주례 등의 실시를 주장하였다.
② 성리학 이외의 학문과 사상에 대해 관용적이었다.
③ 현량과를 통해 재야에서 인사들을 등용하였다.
④ 성종 때 훈구 대신들을 견제할 목적으로 중앙 관직에 등용되어 주로 3사와 전랑직에서 활동하였다.

22 다음 중 임진왜란 때 활동한 의병장이 아닌 인물은?

① 정인홍
② 정문부
③ 권율
④ 곽재우

---

21 15세기 중반 이후, 중소 지주적인 배경을 가지고 성리학에 투철한 지방 사족이 영남과 기호 지방을 중심으로 성장하였는데, 이들을 사림이라 부른다. 성리학 이외의 학문과 사상에 대해 비교적 관대하였던 것은 훈구파이다.
① 16세기 사림들은 서원 등을 설치하여 향사례·향음주례의 보급 등을 강조하였다.
③ 조선 중종 때 조광조가 훈구세력을 견제하기 위하여 현량과를 시행하여 사림을 대거 등용하였다.
④ 성종 때, 김종직과 그 문인이 중앙에 진출하면서 사림의 정치적 성장이 시작되었다.

22 권율은 의병이 아닌 관군이었다. 임진왜란 당시 전라 순찰사 권율이 서울 수복을 위해 북상하다가 행주산성에서 왜적을 크게 쳐부수어 승리하였고, 왜군의 연이은 북상을 막았다(1593, 행주 대첩).
① 정인홍은 1592년 임진왜란 때 합천에서 성주에 침입한 왜군을 격퇴하고, 10월 영남 의병장의 호를 받아 많은 전공을 세웠다. 이듬해 의병 3,000명을 모아 성주·합천·고령·함안 등지를 방어했으며, 의병 활동을 통해 강력한 기반을 구축하였다.
② 정문부는 임진왜란 때 활동한 의병장으로 길주 왜성을 포위하여 왜군과 대치하였고 이들을 지원하기 위해 진군해 온 왜적 2만을 상대로 매복전을 펼쳤다. 왜군은 패전하여 관북지방에서 완전히 철군하여 남하했다(장덕산 대첩).
④ 곽재우는 임진왜란 당시 경상도 의령에서 의병을 일으켰으며, 진주성 전투, 화왕 산성 전투에 참전한 의병장이다. 붉은 옷을 입고 의병을 지휘하여 홍의장군이라 불리었다.

정답 21 ② 22 ③

23 조선 후기 산업 발전에 대한 설명으로 옳지 않은 것은?

① 도고라 불리는 독점적 도매상인이 활동하였다.
② 금광·은광을 몰래 개발하는 잠채가 번성하였다.
③ 인삼, 담배 등의 상품작물이 널리 재배되었다.
④ 민영 수공업이 쇠퇴하고 관영 수공업이 발전하였다.

24 조선 후기 부세 제도의 변화에 대한 설명으로 옳지 않은 것은?

① 전세는 풍흉에 관계없이 토지 1결당 미곡 4두로 정해졌다.
② 대동법을 시행하여 전국의 농민이 공납을 현물로 납부하게 되었다.
③ 균역법을 시행하여 농민의 군포 부담을 1년에 1필로 줄여주었다.
④ 균역법의 시행으로 지주에게 토지 1결당 2두의 결작미를 징수하였다.

---

23 관영 수공업이 발전한 것은 조선 전기 상황이다. 조선은 16세기부터 상업이 발전하면서 관영 수공업은 점차 쇠퇴하기 시작하였고, 민영 수공업이 발달하였다.
① 조선 후기 대동법의 시행 이후 상품 수요가 증가하여 상품 화폐 경제가 발달하였고 공인이 성장하게 되었다. 또한 도고라고 불리는 독점적 도매상인이 활동하기도 하였다.
② 조선 후기 정부가 설점수세제를 폐지하자 정부에 신고하지 않고 몰래 광산을 개발하였던 잠채가 성행하였다.
③ 조선 후기에는 일부 농민은 인삼·담배·쌀·목화·채소·약재 등과 같은 상품 작물을 재배해 높은 수익을 올렸는데, 특히 쌀의 상품화가 활발하였다.

24 대동법은 기존에 현물(토산물)로 납부하던 방식을 토지의 결수에 따라 쌀·삼베·무명·동전 등으로 납부하게 하는 제도였다.
① 인조는 풍년·흉년 관계없이 전세를 토지 1결당 미곡 4두로 고정(양척동일법)시켰는데, 이를 영정법이라 한다(1635).
③ 군역의 부담을 시정하고자 영조 때 균역법을 시행하였는데, 이를 통해 농민은 1년에 군포를 1필만 부담하게 되었다(1750).
④ 영조는 균역법의 시행으로 감소된 재정부분에 대하여 지주에게 토지 1결당 미곡 2두를 부담시켜 보충하였는데, 이를 결작이라고 한다. 이 외에도 선무군관포 및 어장세, 선박세 등 잡세로 보충하게 하기도 하였다.

정답 23 ④ 24 ②

25 다음 제시어들과 가장 관련 깊은 도시는?

- 정조
- 장용영
- 행궁
- 만석거

① 강화
② 수원
③ 개성
④ 광주

25 해당 제시어들은 경기도 수원시를 나타내고 있다.
- 정조는 친위 부대인 장용영을 설치하여 왕권을 뒷받침하는 군사적 기반을 갖추었는데, 장용영의 내영은 한성에, 외영은 수원 화성에 설치하여 병권을 장악하였다.
- 화성 행궁은 수원 화성 안에 건축된 행궁으로, 정조가 현륭원(현재의 융건릉)에 능행할 목적으로 건축하였다.
- 만석거는 수원 화성 성역이 한창 진행되고 있던 1795년, 가뭄을 극복하기 위해 황무지 위에 조성하였다.
① 강화도는 삼별초의 항쟁, 강화도 조약 등의 유적지이다.
③ 개성은 고려의 수도이다.
④ 광주는 광주 학생 항일 운동, 5·18 민주화 운동 등의 유적지이다.

26 다음 중 세도 정치 시기에 대한 설명으로 옳지 않은 것은?

① 소수의 유력한 가문이 비변사를 장악하였다.
② 관직을 사고파는 일이 성행하였다.
③ 청에 대한 반감으로 북벌이 추진되었다.
④ 삼정의 문란으로 농민 봉기가 빈번하게 발생하였다.

26 호란 이후인 효종 때 소중화 사상이 팽배하면서, 명에 대한 의리를 지키고 청 사상을 배척하며 청을 벌해야 한다는 북벌 운동이 전개되었다.
① 세도 정치란 국왕의 위임을 받아 정권을 잡은 특정인과 그 추종 세력에 의하여 이루어지는 정치 형태를 지칭하는데, 세도 가문들이 비변사와 3사 등의 권력을 독점하여 행사하는 정치 형태가 출현하게 되었다.
② 세도 정치 시기에는 불법적인 매관매직이 성행하였다.
④ 세도 정치 시기에는 삼정의 문란이 극에 달하여 홍경래의 난과 임술 농민 봉기와 같은 농민 봉기가 잇따랐다.

정답 25 ② 26 ③

27 흥선대원군은 통치 체제의 정비를 목표로 국가의 기본 법전인 『대전회통』과 6조의 행정 법규인 『육전조례』 등의 새로운 법전을 정비하고 간행하였다. 『대전통편』은 정조 때 편찬되었다.
① 흥선대원군은 비변사를 폐지하고 의정부와 삼군부의 기능을 부활시켜 각각 정치와 군사의 최고 기관으로 삼아 왕권을 강화하려 하였다.
② 흥선대원군은 종래 상민에게만 징수하던 군포를 양반에게도 징수하는 호포제를 실시하여 군정을 바로잡고 조세 부담을 공평히 하여 민생을 안정시키고자 노력하였다.
③ 고종 때 흥선대원군은 임진왜란 때 불타버린 경복궁을 중건하여 실추된 왕권을 확립하고자 하였다. 경복궁 중건은 막대한 재정이 드는 공사였기 때문에 원납전을 강제로 징수하고 당백전을 남발하였는데, 이 때문에 인플레이션 발생 등 경제 혼란을 초래하기도 하였다.

27 흥선대원군의 개혁 정치에 대한 설명으로 옳지 않은 것은?
① 비변사를 폐지하고, 의정부와 삼군부의 기능을 부활시켰다.
② 군포를 양반에게도 징수하는 호포제를 실시하였다.
③ 임진왜란 때 불타버린 경복궁을 중건하였다.
④ 『대전통편』, 『육전조례』 등 새로운 법전을 편찬하였다.

28 국채 보상 운동은 서상돈, 김광제 등이 국채 보상금을 모금하기 위해 대구에서 개최한 국민 대회를 계기로 시작되었다(1907).
① 독립협회는 중추원관제를 반포하여 의회 설립 운동을 추진하였다(1898).
② 러시아가 절영도의 조차를 요구하자 독립협회는 만민공동회를 배경으로 구국 운동 상소 운동(1898)을 전개하여 러시아의 요구를 좌절시켰다.
④ 독립협회는 서울에서 만민공동회와 관민공동회를 개최하여 헌의 6조(1898)를 결의하였다.

28 독립협회의 활동에 대한 설명으로 옳지 않은 것은?
① 중추원 개편을 통한 의회 설립을 추진하였다.
② 러시아의 절영도 조차 요구를 저지하였다.
③ 일본에게 진 빚을 갚자는 국채 보상 운동을 주도하였다.
④ 만민공동회를 개최하여 민권 신장을 추구하였다.

정답 27 ④ 28 ③

29 다음 설명과 가장 관련 깊은 인물은?

> 1907년에 양기탁, 신채호 등과 함께 비밀결사인 신민회를 조직하였고, 평양에 대성학교를 설립하여 인재 양성에 힘썼다. 105인 사건으로 신민회가 해체되자, 1913년 샌프란시스코에서 흥사단을 창설하여 본국에서 이루지 못한 대성학교, 신민회의 뜻을 실현하기 위하여 노력하였다.

① 조소앙
② 안창호
③ 박용만
④ 안중근

[도산 안창호의 활동]

시기	활동
1907	양기탁 등과 함께 신민회를 창설
1908	평양에 대성학교 설립(계몽 운동, 실력 양성)
1913	미국에서 흥사단(기독교 중심) 조직, 군인 양성, 외교에 노력, 잡지(동광) 발간
1918	중국 길림에서 무오 독립 선언을 발표
1923	임시정부 국민대표회의(개조파 참여)에서 실력 양성·외교 활동 주장
1926	베이징·상하이 등지에서 활동, 북경촉성회 창립(한국 독립 유일당)
1938	서울에서 별세

29

해당 제시문은 도산 안창호에 대한 설명이다. 안창호의 활동은 해당 문제 하단의 표와 같이 정리할 수 있다.

① 대한민국 임시정부는 조소앙의 삼균주의에 바탕을 둔 건국 강령을 발표하였는데(1941), 보통선거·의무 교육·토지 국유화·토지 분배·생산 기관의 국유화 등의 건국 목표를 세웠다.
③ 박용만은 하와이에서 가장 큰 군사 조직인 대조선국민군단(1914)을 조직하여 독립투쟁에 앞장섰다.
④ 간도와 연해주에서 의병으로 활약하던 안중근은 만주 하얼빈역에서 한국 침략의 원흉인 초대 통감 이토 히로부미를 처단하였다(1909).

정답 29 ②

30 **다음 중 산미 증식 계획에 대한 설명으로 옳지 않은 것은?**

① 쌀 생산량의 증가보다 일본으로 수탈하는 양의 증가가 많았다.
② 수리조합비, 비료 대금 등 농민부담이 늘어났다.
③ 많은 수의 소작농이 산미 증식 계획을 통해 자작농으로 바뀌었다.
④ 만주로부터 조, 수수, 콩 등의 잡곡 수입이 증가하였다.

30 산미 증식 계획은 1차 세계대전 이후 일본에서 이촌향도 현상이 진행되면서 쌀값이 폭등하여 혼란이 있을 무렵 시작한 것으로, 일제는 이를 통해 부족한 식량을 한반도에서 착취하려 했다(1920~1934). 그 결과 많은 수의 농민들이 몰락하여 만주, 연해주 등의 해외로 이주하기도 하였다.
① 일제가 강제로 수탈해 간 미곡이 증산량보다 많아 식량 부족이 심화되었다.
② 수리조합비, 비료 대금 등 농민부담이 늘어나 농가의 부채가 증가되어 많은 수의 농민층은 몰락하게 되었고, 대다수의 농민은 화전민이 되었다.
④ 일제는 쌀 수탈로 인한 국내의 식량문제를 만회하기 위하여 만주에서 조, 콩 등의 잡곡을 수입하였다.

31 **다음 중 민족 말살 정책에 대한 설명으로 옳지 않은 것은?**

① 일본식 성과 이름으로 고치는 창씨개명을 시행하였다.
② 한글을 사용하는 신문과 잡지를 강제 폐간시켰다.
③ 토지 현황 파악을 위해 전국적으로 토지 소유권을 조사하였다.
④ 국민 징용령을 근거로 한국인이 공장에 강제 동원되었다.

31 일제는 1910년대에 토지 조사령(1912)을 발표하여 토지 조사 사업을 실시하였는데, 표면상 근대적 소유권이 인정되는 토지 제도를 확립한다고 선전하였으나, 실제로는 한국인 토지의 약탈, 토지세의 안정적인 확보, 그리고 지주층의 회유를 위한 것이었다.
① 창씨개명은 일제가 강제로 우리나라 사람의 성을 일본식으로 고치게 한 황국신민화의 일환으로, 일제는 1939년 조선민사령을 개정하여 창씨개명을 추진하였고 1940년부터 시행하였다.
② 일제는 1940년『조선일보』,『동아일보』등 민족 신문을 폐간시켰다.
④ 1939년 일제는 국민 징용령을 실시하여 100만여 명의 청년들을 강제 징용하여 탄광, 철도 건설, 군수 공장 등에 동원하였다.

정답 30 ③ 31 ③

32 다음 중 성격이 <u>다른</u> 하나는 무엇인가?

① 강제징용
② 신사참배 강요
③ 조선학 운동
④ 황국 신민화 정책

32 조선학 운동은 정인보, 문일평, 안재홍 등이 1934년 정약용의 『여유당전서』의 간행을 계기로 전개하였다. 1930년대 중반 조선학 운동은 일제와 극좌노선에 대응하려는 비타협적 민족주의 역사가들의 민족운동이었다. 조선학 운동은 기존의 민족주의 역사학이 국수적·낭만적이었다고 비판하고, 우리 학문의 주체성과 자주적인 근대 사상을 실학에서 찾으려고 하였다.
① 1939년 일제는 국민 징용령을 실시하여 100만여 명의 청년들을 강제 징용하여 탄광, 철도 건설, 군수 공장 등에 동원하였다.
② 일제는 곳곳에 신사를 세우고 한국인들로 하여금 강제로 참배하게 하였다.
④ 일제는 민족 말살 정책의 일환으로 황국 신민화를 강요하였고, 학교에서는 황국 신민의 서사를 암송시켰다.

33 다음 제시어와 관련된 인물은 누구인가?

- 무정부주의
- 의열단
- 광복군 부사령관
- 조선민족혁명당

① 신채호
② 김원봉
③ 이동휘
④ 윤봉길

33 김원봉은 만주 길림에서 의열단(1919)을 조직하였다. 이들은 신채호의 「조선혁명선언」(1923)을 행동강령으로 삼고, 조선총독부·경찰서·동양척식주식회사 등 식민지배 기구의 파괴 및 조선총독부 고위 관리와 친일파 처단을 목표로 1920년대 활발한 독립운동을 전개하였다. 이후 1937년 조선민족혁명당을 결성하고 산하에 조선의용대를 조직하였다.
김원봉은 자신이 이끌었던 조선의용대를 한국광복군에 편입시켰고, 한국광복군 부사령관으로 활동하였다.
① 신채호는 의열단의 행동 강령으로 김원봉의 요청을 받아 「조선혁명선언」을 작성(1923)하였다.
③ 이동휘는 신민회 조직에 참여하였고 대한민국 임시정부의 국무총리를 역임하였다.
④ 상하이 사변(1932)에서 승리한 일본이 상하이 홍커우 공원에서 전승 축하식을 거행하자 한인애국단 소속의 윤봉길은 식장을 폭파하였고, 많은 일본군 장성과 고관들을 처단하였다.

정답 32 ③ 33 ②

34 해당 제시문은 3·15 부정선거에 대한 설명이다. 이승만 정부는 부정과 부패, 장기 집권으로 민심을 잃은 상태에서 이승만과 이기붕을 각각 대통령, 부통령으로 당선시키고자 1960년 3월 15일 대대적인 부정선거를 자행하였다. 이에 대항하여 학생과 시민들이 중심이 되어 민주화 운동이 전개되었으며, 이승만 정부는 몰락하게 되었다(1960. 4. 19.).
② 1980년 신군부가 비상계엄을 전국으로 확대하였고 이에 반대하여 광주 민주화 운동이 전개되었다.
③ 전두환 정부의 4·13 호헌 조치에 반대하여 1987년 6월 민주 항쟁이 전개되었다.
④ 윤보선, 김대중, 문익환 등 재야 인사들이 명동성당에서 긴급조치의 철폐, 박정희 정권 퇴진, 민족 통일 운동을 추구할 것 등을 요구하는 3·1 민주 구국 선언을 발표하였다(1976).

34 다음 설명과 가장 관련 깊은 사건은?

> 정부는 사전 투표, 3인조·9인조 공개 투표, 투표소 앞 완장 부대 활용, 투표함 바꿔치기 등 대대적인 부정선거를 자행하였다.

① 4·19 대규모 시위 전개
② 5·18 민주화 운동
③ 6월 민주 항쟁
④ 3·1 민주 구국 선언

35 ㉡ 1960년 3·15 부정선거에 항의하는 시위가 확대되어 4·19 혁명이 전개되었다.
㉠ 1961년 5월 16일 박정희를 중심으로 하여 몇몇 군부 세력이 사회의 무질서와 혼란을 이유로 군사 정변을 일으켰다.
㉢ 1965년 한일 국교 정상화로 인하여 우리 정부는 일본 정부로부터 무상 3억 달러, 유상 3억 달러의 차관을 제공받았다(박정희 정부).
㉣ 1972년 7·4 남북 공동 성명을 발표한 직후 박정희 정부는 강력하고도 안정된 정부가 필요하다는 명분으로 비상계엄을 발령하고 10월 유신을 선포하였다.

35 다음 사건들을 시간 순서대로 옳게 나열한 것은?

> ㉠ 5·16 군사 정변
> ㉡ 4·19 혁명
> ㉢ 한일 협정
> ㉣ 10월 유신

① ㉠ → ㉡ → ㉢ → ㉣
② ㉡ → ㉠ → ㉢ → ㉣
③ ㉠ → ㉡ → ㉣ → ㉢
④ ㉡ → ㉠ → ㉣ → ㉢

정답 34 ① 35 ②

36 다음 중 1964년 6·3 시위의 원인이 된 사건은 무엇인가?

① YH무역 노동운동
② 남북 기본 합의서
③ 한일 협정
④ 7·4 남북 공동 성명

36 박정희 정부는 경제 개발에 필요한 자본을 확보하기 위하여 일본과의 국교 정상화를 추진하였다. 중앙정보부장 김종필과 일본 외상 오히라는 '무상 3억 달러, 정부 차관 2억 달러, 민간 상업 차관 1억 달러 이상' 등의 대일 청구권과 경제 협력 자금 공여에 합의하였으나 재일동포 문제와 문화재 반환 문제가 해결되지 않았고, 독도 문제는 언급하지도 않았다. 한일 회담의 추진은 시민과 대학생들의 대일 굴욕 외교 반대에 부딪혀 이른바 6·3 시위를 유발시켰다(1964). 그러나 정부는 계엄령을 선포한 후 한일 협정을 체결하였다(1965. 8. 15.).
① 1979년 YH무역 노동운동으로 인하여 신민당 당수인 김영삼 총재가 국회의원직에서 제명이 되어 부마항쟁이 전개되었으며, 곧바로 10·26 사태가 발생하였다.
② 1991년 노태우 정부는 남북 기본 합의서를 채택하여 남북한의 상호 화해와 불가침을 선언하였고 교류와 협력을 하기로 하였다.
④ 1972년 박정희 정부 때 남과 북은 자주 통일, 평화 통일, 민족적 대단결의 3대 통일 원칙을 발표하였다(7·4 남북 공동 성명).

정답 36 ③

37 '한강의 기적'이라고도 불리는 급속한 경제성장이 낳은 문제점이 아닌 것은?

① 소수 재벌에게 자본이 집중되어 정경유착이 심화되었다.
② 저임금과 저곡가 등으로 빈부의 격차가 심화되었다.
③ 미국과 일본에 대한 의존 심화와 외채가 급증하였다.
④ 경제가 발전함에 따라 민주주의도 한층 발전할 수 있었다.

37 한강의 기적이란 박정희 정부의 경제 개발 5개년 계획의 추진과 성공으로 1962~1981년 사이에 수출이 증대하는 등 아시아 신흥 공업국으로 발전을 이룩한 것을 의미한다. 박정희 정부의 경제성장 정책은 공업화의 급속한 추진으로 나타났고 일정 부분 성공했지만, 강력한 정부 주도의 경제성장은 민주주의를 억압하게 되는 계기가 되었다.
① 정부 주도로 인한 급속한 개발이었으므로 소수 재벌에게 자본이 집중되었고, 그에 따른 정경유착의 부패가 심화되었다.
② 급격한 개발로 인하여 빈부의 격차가 심화되었으며, 저임금과 저곡가, 선성장과 후분배 정책으로 노동 환경이 열악해지면서 노동 운동은 증가하였다.
③ 급속한 개발로 인한 불규칙적 경제 성장 때문에 미국과 일본에 대한 의존이 심화되었고 외채가 급증하였다.

38 다음 중 각 정부와 대표적 사건이 옳게 연결된 것은?

① 노태우 정부 – 남북 정상 회담 개최
② 김영삼 정부 – OECD 가입
③ 김대중 정부 – 금융실명제 전면 실시
④ 노무현 정부 – 국민교육헌장 제정

38 1996년 김영삼 정부는 경제협력개발기구(OECD)에 가입하였다.
① 제1차 남북 정상 회담은 2000년 김대중 정부에서 진행하였고, 제2차 남북 정상 회담은 2007년 노무현 정부에서 추진하였다. 또한, 2018년 문재인 정부의 판문점 회담이 있었다.
③ 김영삼 정부는 투명한 금융거래를 위해 금융실명제를 시행하였다(1993).
④ 민족주의적·국가주의적 교육 이념을 강조하기 위해 박정희 정부는 국민교육헌장을 선포하였다(1968).

정답 37 ④ 38 ②

39 다음 내용에 해당하는 것은 무엇인가?

> 제1조   남과 북은 서로 상대방의 체제를 인정하고 존중한다.
> 제9조   남과 북은 상대방에 대하여 무력을 사용하지 않으며 상대방을 무력으로 침략하지 아니한다.
> 제15조 남과 북은 민족 경제의 통일적이며 균형적인 발전과 민족 전체의 복리 향상을 도모하기 위하여 자원의 공동 개방, 민족 내부 교류로서의 물자 교류, 합작 투자 등 경제 교류와 협력을 실시한다.

① 6·23 평화 통일 선언
② 남북 기본 합의서
③ 한민족 공동체 통일 방안
④ 7·7 선언

---

39 해당 자료는 노태우 정부(1988~1993) 당시에 체결한 남북 기본 합의서이다(1991). 남북한은 상호 화해와 불가침을 선언하고 교류와 협력을 합의하였다.

① 1973년 박정희 정부는 6·23 평화 통일 선언을 발표하였는데, 남북 유엔 동시 가입 제의, 호혜 평등의 원칙하에 모든 국가에 문호 개방, 내정 불간섭 등에 반대하지 않는다는 내용으로 합의하였다.
③ 한민족 공동체 통일 방안은 1989년 노태우 정부 때 있었는데, 자주, 평화, 민주의 원칙 아래 남북 연합을 구성하여 남북 평의회를 통해 헌법을 제정하고 총선거를 실시하여 통일 민주공화국을 구성하자고 제안하였다.
④ 1988년 7·7 선언(민족의 자존과 통일 번영을 위한 특별선언, 1988)은 남북한 관계를 동반 관계, 나아가서는 함께 번영해야 할 민족 공동체 관계로 규정하였다.

정답 39 ②

40 남북한이 유엔에 동시 가입(1991)한 것은 노태우 정부 때이다.
② 노태우 정부 때 남북 기본 합의서(1991)에 의거하여 남북한은 상호 화해와 불가침을 선언하고 교류와 협력을 하였다. 또한 한반도의 비핵화에 관한 공동 선언을 채택하였다(1991. 12. 31.).
③ 김대중 정부(1998~2003) 시기의 6·15 남북 공동 선언(2000)은 분단 이후 처음으로 남북 정상이 평양에서 만나 합의한 것으로, 이 선언에서 남과 북은 경제 협력을 통해 민족의 신뢰를 구축하기로 합의하였다.
④ 노무현 대통령은 2007년 10월 평양을 방문하여 제2차 남북 정상 회담을 진행하였고 남과 북은 10·4 남북 공동 선언(평화 번영을 위한 선언)에 합의하였다.

40 다음 중 각 정부와 남북 교류 방안이 잘못 연결된 것은?

① 박정희 정부 – 남북한 유엔 동시 가입
② 노태우 정부 – 한반도의 비핵화에 관한 공동 선언
③ 김대중 정부 – 6·15 남북 공동 선언 발표
④ 노무현 정부 – 10·4 남북 공동 선언 발표

정답 40 ①

합격의 공식 시대에듀

교육은 우리 자신의 무지를 점차 발견해 가는 과정이다.

— 윌 듀란트 —

제1장

원시고대사회

제1절 원시 사회와 고조선
제2절 삼국
실전예상문제

시대별 상황을 한눈에! 연표 길잡이

제 1 장 원시고대사회

B.C.			
약 70만 년 전	구석기 문화	194	위만, 고조선의 왕이 됨
8,000년 경	신석기 문화	108	고조선 멸망, 한 군현 설치
2,333	고조선 건국	57	신라 건국
2,000~1,500년 경	청동기 문화의 보급	37	고구려 건국
400년 경	철기 문화의 보급	18	백제 건국

A.D.			
194	고구려, 진대법 실시	500	
260	백제(고이왕), 16관등과 공복 제정	520	신라, 율령 반포, 백관의 공복 제정
300		527	신라, 불교 공인
313	고구려, 낙랑군 축출	538	백제, 도읍을 사비성으로 옮김
372	고구려, 불교 공인, 태학 설치	600	
400		612	고구려, 살수 대첩
427	고구려, 평양 천도	624	고구려, 당으로부터 도교 전래
433	나·제 동맹 성립	645	고구려, 안시성 전투 승리

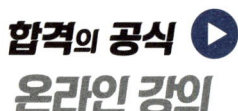

보다 깊이 있는 학습을 원하는 수험생들을 위한
시대에듀의 동영상 강의가 준비되어 있습니다.
www.sdedu.co.kr ➜ 회원가입(로그인) ➜ 강의 살펴보기

제1장 원시고대사회

제1절 원시 사회와 고조선

1 원시 사회의 전개

(1) 인류의 기원
- ① **최초의 인류(300만~350만 년 전)**: 오스트랄로피테쿠스(아프리카) → 두뇌 용량이 현생 인류의 3분의 1 정도(약 600cc), 직립 보행, 조잡한 도구 사용
- ② **인간의 특징 중 직립 보행이 가져온 변화**: 자유로워진 두 손으로 도구 사용, 지능의 발달과 언어의 사용으로 의사소통 가능
- ③ **지혜의 발달**: 불을 이용하여 음식 익히기, 사냥과 채집으로 식량 조달, 시체 매장 풍습 → 구석기 문화
- ④ **진정한 의미의 현생 인류(약 4만 년 전)**: 호모 사피엔스 사피엔스 → 두뇌 용량과 체질이 현생 인류와 거의 비슷, 현생 인류의 직계 조상으로 추정됨

> **더 알아두기**
> 원시 인류의 진화
> ① 오스트랄로피테쿠스: 남방의 원숭이
> ② 호모 하빌리스: 손재주 좋은 사람(능인)
> ③ 호모 에렉투스: 곧선 사람(원인)
> ④ 호모 사피엔스: 슬기로운 사람(고인)
> ⑤ 호모 사피엔스 사피엔스: 슬기롭고 슬기로운 사람(신인)

(2) 신석기 문화와 청동기 문명의 탄생
- ① **신석기 시대의 시기**: 기원전 1만 년경
- ② **신석기 시대의 특징**: 농경과 목축의 시작, 간석기와 토기의 사용, 정착생활과 촌락 공동체의 형성
- ③ **신석기 혁명**: 인류가 채집 경제에서 벗어나 농경과 목축을 통해 생산 경제 활동을 시작하면서 생겨난 변화를 근대의 산업 혁명에 견주어 신석기 혁명이라고 함
  - ㉠ 시기: 기원전 8,000년경에 시작
  - ㉡ 특징: 농경과 목축의 시작, 간석기와 토기의 사용, 정착생활과 촌락 공동체의 형성

구석기 시대의 주먹도끼 신석기 시대의 치레걸이

 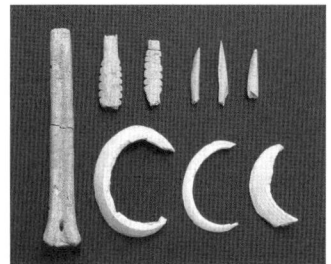

④ 문명의 탄생
  ㉠ 시기 : 기원전 3000년경
  ㉡ 지역 : 메소포타미아(티그리스강, 유프라테스강), 이집트(나일강), 인도(인더스강), 중국(황허)에서 문명 시작
  ㉢ 특징 : 관개 농업의 발달, 도시 출현, 청동기 사용, 계급 형성, 문자 사용, 국가 형성

> **더 알아두기**
>
> **선사 시대와 역사 시대**
> 선사 시대는 문자를 사용하지 못했던 구석기 시대와 신석기 시대를 말하고, 역사 시대는 문자를 만들어 쓰기 시작한 청동기 시대 이후를 말한다. 우리나라는 철기 시대부터 문자를 사용한 것으로 추정하고 있다.

(3) 우리 민족의 기원
① **계통** : 인종상으로는 황인종, 언어학상으로는 알타이어계(알타이어족 : 튀르크어파, 몽골어파, 만주 – 퉁구스어파를 포함하는 어족)
② **형성** : 요서·만주·한반도를 중심으로 분포하여 신석기 시대에서 청동기 시대를 거치는 과정에서 민족의 기틀 형성
③ **특징** : 하나의 민족 단위를 형성, 농경 생활을 바탕으로 하여 독자적인 문화 이룩
④ 한반도는 구석기 시대부터 인류의 출현(약 70만 년 전)
⑤ **한겨레의 형성** : 요서·만주·한반도를 중심으로 분포된 신석기인들이 우리 민족의 뿌리를 이룸

(4) 구석기 시대 중요 기출 22

① **구석기 시대의 시작**: 약 70만 년 전부터
② **유물과 유적**
  ㉠ 전기 구석기
    • 한 개의 뗀석기를 여러 용도로 사용
    • 평남 상원 검은모루[검은 산(黑山)] 동굴과 경기도 연천 전곡리 유적, 충남 공주 석장리 등
  ㉡ 중기 구석기
    • 뗀석기를 잔손질하여 사용
    • 함북 웅기 굴포리와 강원도 양구 상무룡리 유적
  ㉢ 후기 구석기
    • 쐐기 등을 대고 같은 형태의 여러 개 돌날격지 제작
    • 충남 공주 석장리와 충북 단양 수양개 유적

구석기 시대의 유적지

③ **구석기 시대의 생활**
  ㉠ 도구
    • 뼈도구: 동물의 뼈나 뿔로 만든 도구 → 사냥·채집(점차 석기의 용도 변화)
    • 뗀석기: 주먹도끼, 긁개
    • 사냥 도구: **주먹도끼**, 찍개, 팔매돌, 슴베찌르개 등
    • 조리 도구: 긁개, 밀개
  ㉡ 식생활: 사냥, 채집, 물고기 잡이 → 뼈도구[骨角器]나 뗀석기 사용
  ㉢ 주거생활
    • **동굴이나 강가의 막집에서 생활**하였으며, 후기의 집 자리에는 기둥 자리, 담 자리, 불 땐 자리 등의 흔적이 있고, 그 규모는 대략 3~4명 내지 10명이 살았을 정도의 크기
    • 대표적 유적지: 상원의 검은모루, 공주 석장리, 제천 사기리 등 → 기둥 자리, 담 자리, 불 땐 자리

슴베찌르개

주로 구석기 시대 후기에 사용된 것으로 슴베(자루)가 달린 찌르개로서 창의 기능을 함

  ㉣ 사회생활: **무리를 이루어 사냥**을 하였으며 모든 사람이 **평등**한 공동체적 생활을 하였음
  ㉤ 예술: 석회암이나 동물의 뼈, 뿔 등을 이용한 조각품, 고래와 물고기 등을 새긴 조각(공주 석장리, 단양 수양개)이 발견되었으며 여기에는 사냥감의 번성을 비는 주술적 의미가 있음

▶ 주술: 초자연적 존재나 신비적인 힘을 빌려 여러 가지 자연 현상에 대한 길흉화복을 점치는 행위

> **더 알아두기**
>
> **중석기 시대**
> 유럽에서는 구석기 시대에서 신석기 시대로 넘어가는 과도기적인 단계를 중석기 시대로 부르고 있다. 그러나 우리나라에서는 통영 상노대도 조개더미의 최하층, 거창 임불리와 홍천 하화계리 유적, 웅기 부포리, 평양 만달리 유적 등을 중석기로 보는 견해도 있다.

> **체크 포인트**
>
> **구석기 시대의 특징**
> - 연대 : 70만 년 전
> - 도구 : 뗀석기 사용, 불의 발견·사용
> - 토기 : 없음
> - 생활 : 어로, 수렵, 채집
> - 거주 : 동굴, 강가, 바위그늘
> - 사회 : 무리 사회, 평등 사회

(5) 신석기 시대 중요

① **우리나라 신석기 시대의 시작** : 기원전 8,000년경부터

② **유물과 유적**

　㉠ 간석기 : 도구의 다양화·세련화

> **체크 포인트**
>
> **간석기** : 마제석기(磨製石器)라고도 하며, 일부 지역에서는 중석기 시대에 이미 돌도끼 등을 갈아서 만들어 썼던 것으로 나타난다. 그러나 돌을 갈아서 석기를 만드는 기술이 보편화되기 시작한 것은 신석기 시대와 밀접한 관계를 맺고 있다. 신석기 시대의 화살촉·돌도끼·돌끌·돌낫·창끝 등에서 그러한 수법을 읽을 수 있다. 우리나라의 경우 간석기의 제작기술이 가장 발전하였던 시기는 청동기 시대에 해당된다.

　㉡ 토기 : 진흙을 불에 구워 제작, 음식물 조리 저장에 이용
- 이른 민무늬 토기, 덧무늬 토기, 눌러찍기문(압인문) 토기 : 제주 한경 고산리, 강원도 고성 문암리, 강원도 양양 오산리, 부산 동삼동 조개더미에서 발견
- 빗살무늬 토기 기출 24
    - 뾰족한 밑 또는 둥근 밑으로 강가나 바닷가(평양 남경, 서울 암사동, 경남 김해 수가동)에서 주로 출토, 농경을 통한 식량 생산과 저장을 하게 되었음을 의미
    - 신석기 시대의 대표적인 토기로 표면에 빗살 모양의 기하학 무늬를 새겨 넣음, 땅에 구덩이를 파고 묻어서 사용

여러 종류의 덧무늬 토기	빗살무늬 토기

③ **신석기 시대의 생활**

  ㉠ 경제생활

    • 농경생활의 시작(밭농사) 기출 24

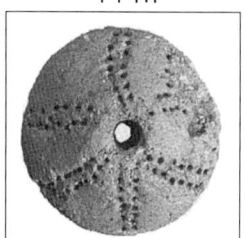

가락바퀴

      – 잡곡류 경작 : 탄화된 좁쌀 발견(황해도 봉산 지탑리, 평양 남경 유적)

      – 농기구 사용 : 돌괭이, 돌삽, 돌보습, 돌낫, 나무로 만든 농기구를 사용했을 것으로 추정

    • 사냥과 물고기잡이

      – 사냥 : 활이나 창을 이용하여 사슴류와 멧돼지 사냥

      – 물고기잡이 : 그물과 작살, 돌이나 뼈로 만든 낚시 등을 이용, 통나무배로 먼 바다의 물고기나 바다 짐승도 잡음

실을 뽑는 데 사용된 도구

      – 조개류 채취 : 굴, 홍합 등 깊은 곳에 사는 조개류를 장식물로도 이용

    • 원시적 수공업 : 가락바퀴, 뼈바늘로 의복이나 그물 제작

  ㉡ 주거생활 기출 24

    • 집터의 형태 : 바닥이 원형이나 모서리가 둥근 네모꼴

    • 시설 : 중앙에 화덕이 위치(취사와 난방), 출입문(햇빛을 많이 받는 남쪽에 설치), 저장 구덩(식량 도구 저장)

    • 규모 : 대개 4~5명 정도 거주

  ㉢ 사회생활

    • 부족 사회 : 혈연을 바탕으로 한 씨족을 기본 구성 단위로 하였음

    • 성격 : 폐쇄적인 독립 사회였으나 족외혼으로 부족을 이룸, 평등 사회

  ㉣ 신앙생활 : 농경·목축 생활과 밀접한 관련

    • 애니미즘 : 정령 신앙, 주로 태양과 물에 대한 숭배

    • 영혼 숭배 : 영혼 불멸 신앙, 조상 숭배 → 사람이 죽어도 영혼은 없어지지 않는다는 믿음

    • 샤머니즘 : 무당과 그 주술 신봉

    • 토테미즘 : 부족의 기원을 특정 동식물과 연결시켜 숭배

> **체크 포인트**
>
> **신석기 시대의 신앙**
> - 애니미즘 : 자연계의 모든 사물에는 생명이 있는 것으로 보고, 그것의 영혼을 인정하여 인간처럼 의식, 욕구, 느낌 등이 존재한다고 믿는 신앙
> - 샤머니즘 : 샤먼(무당)이 초자연적인 존재와 직접 교류하면서 예언, 질병 치료 등을 할 수 있다고 믿는 신앙
> - 토테미즘 : 씨족 집단의 구성원·기원과 매우 특별한 관계(혈연 관계)를 맺고 있다고 믿어 특정 동식물 등 자연물을 신성시하고 숭배하는 신앙
> - 영혼 숭배, 조상 숭배 : 사람이 죽어도 영혼은 없어지지 않는다고 믿는 신앙

ⓑ 예술품 : 흙으로 빚어 구운 얼굴 모습이나 동물의 모양을 새긴 조각품, 조개껍데기 가면, 조가비 또는 짐승의 뼈나 이빨로 만든 치레걸이 등 → 신석기 시대에 신앙이 있었다는 증거

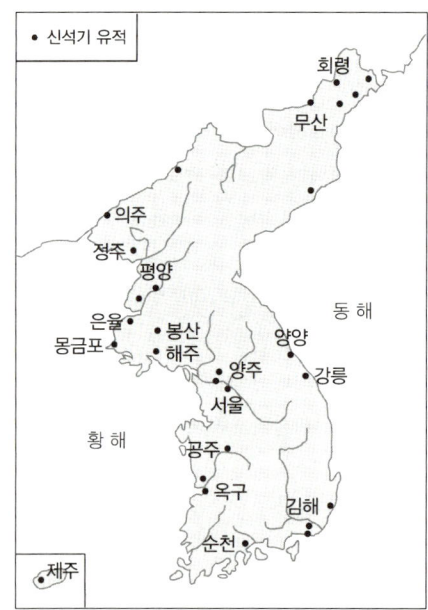

신석기 시대의 유적지

> **체크 포인트**
>
> **신석기 시대의 특징**
> - 토기 사용, 간석기(마제석기) 사용
> - 농경생활 시작, 가축사육 및 움집생활
> - 혈연 중심의 씨족 공동체 사회, 평등 사회
> - 신앙생활 영위
> - 정착생활

(6) 고조선의 청동기 문화 중요 기출 25, 23

① 청동기의 보급

㉠ 청동기 보급의 시작 : 한국 청동기 시대의 상한은 종래의 기원전 10세기에서 20~15세기까지 올라갈 수 있음

㉡ 사회적 변화
- 생산 경제가 더욱 발달
- 직업의 분업
- 사유 재산 제도와 계급의 형성

㉢ 유적 : 요령성·길림성 지방을 포함하는 만주 지역으로부터 한반도에 걸쳐 널리 분포

㉣ 유물
- 출토지 : 청동기 시대의 집터, 고인돌, 돌무지무덤, 돌널무덤 등
- 석기 : 반달돌칼, 바퀴날도끼, 홈자귀
- 청동기 제품 : 비파형 동검, 거친무늬 거울, 화살촉

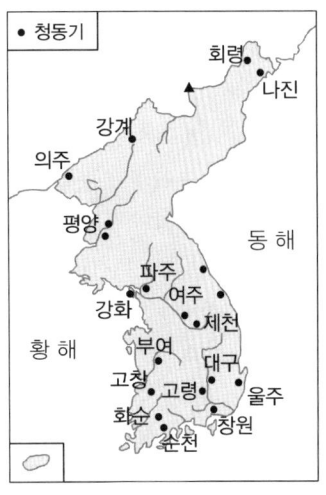

청동기 시대의 유적지

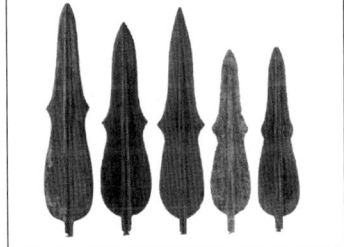

비파형 동검

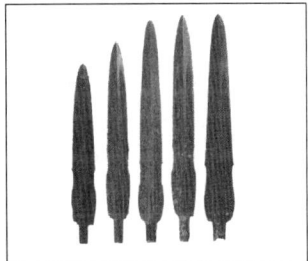

세형 동검

> **더 알아두기**
>
> **비파형(琵琶形) 동검**
> 남만주의 요령 지방에서 발견된 것으로 요령식 동검, 만주식 청동검 또는 부여식 동검이라고 하며 개천, 평양, 춘천, 고흥, 부여, 무주 등에서 발견된 청동검의 원조이다. 만주 지역으로부터 한반도 전역에 걸쳐 분포하며, 이는 이들 지역이 미송리식 토기와 함께 청동기 시대에 같은 문화권이었음을 의미한다.

- 토기
  - 미송리식 토기(미송리형 단지) : 평북 청천강 이북, 길림, 요령 일대에 분포 → 거친무늬 거울, 비파형 동검과 함께 고조선의 특징적 유물
  - 민무늬 토기 : 지역에 따라 특징이 있으나 화분형과 팽이형이 기본적인 것이며 빛깔은 적갈색
  - 붉은 간 토기 : 표면에 산화철이 녹아든 점토를 발라 반들거리게 굽거나 적색 안료를 바른 토기로 돌널무덤에서 주로 발견

② 철기의 사용
  ㉠ 철기 사용의 시작 : 기원전 4세기경부터
  ㉡ 철기 문화 보급의 의의
    • 철제 농기구의 사용 : 농업 발달로 경제 기반 확대
    • 철제 무기, 철제 연모 사용 : 청동기는 의식용 도구로 변화
    • 중국과 교역 : **명도전(화폐)**·오수전·반량전 사용, 한자 사용(경남 창원 다호리에서 붓 출토)
  ㉢ 청동기의 독자적 발전
    • 용도 : 의기화(儀器化)
    • 형태
      - 비파형 동검 → 세형 동검(한국식 동검)
      - 거친무늬 거울 → 잔무늬 거울
    • 거푸집 : 청동 제품을 제작하던 틀로 독자적인 청동기 문화의 발전을 보임
  ㉣ 토기의 다양화 : 민무늬 토기 이외에 입술 단면에 원형 또는 타원형의 덧띠가 붙여진 덧띠 토기, 검은 간 토기 등이 등장

명도전

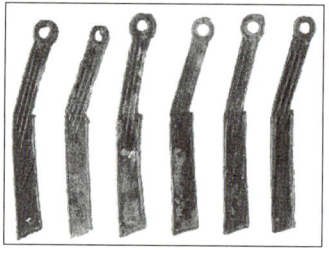

반량전

③ 청동기·철기 시대의 생활
  ㉠ 경제생활
    • 농기구의 변화 : 개간 도구(돌도끼·홈자귀·괭이), 추수 도구(반달돌칼)
    • 농업 : 밭농사(조·콩·보리·수수 등) 중심이었으나 저습지에서는 **벼농사 시작**
    • 사냥이나 물고기 잡이와 가축(돼지·소·말) 사육

> **체크 포인트**
> 반달돌칼 : 청동기 시대에 곡식의 이삭을 자르는 데 사용하던 도구

  ㉡ 주거생활
    • 위치 : 전통적인 **배산임수(背山臨水)**의 취락
    • 구조 : 직사각형 움집에서 지상 가옥으로 발전
    • 시설 : 화덕이 한쪽 벽으로 이동, 저장 구덩이의 별도 설치, 주춧돌 이용
    • 규모 : 넓은 지역에 많은 수가 밀집 → 농경·사회조직 발달, 인구 증가 시사
    • 용도 : 창고, 공동 작업장, 공공 의식의 장소
    • 크기 : 4~8명 정도의 가족용

ⓒ 사회생활
- 남녀 간의 분업 : 집안일(여자), 농경·전쟁(남자)
- **빈부의 차와 계급 사회의 출현** : 사적 소유와 잉여 생산물의 분배에 의해 생김(고인돌)
- 정복 활동의 전개 : 선민 사상, 금속제 무기의 사용 → **군장(족장)**의 등장

ⓔ 정치권력의 발생
- 계급의 분화 : 사후에까지 영향을 끼쳐 무덤의 크기와 껴묻거리의 내용에 반영(청동기 시대 : 고인돌과 돌널무덤, 철기 시대 : 널무덤과 독무덤)
- **고인돌** : **지배층의 무덤**으로 수십 톤이나 되는 돌을 무덤에 설치하는 데에 많은 인력이 필요하였으므로 고인돌은 당시 지배층의 권력과 경제력을 반영
- 군장의 등장 : 우세한 부족들은 스스로 하늘의 자손이라 믿는 **선민 사상**을 가지고 있었으며, 금속제 무기로 정복 활동을 활발하게 함으로써 지배와 피지배의 예속 관계 심화, 이러한 과정에서 군장(족장)이 등장, 군장은 청동기 문화가 먼저 발달한 북부 지역에서부터 등장하기 시작

북방식 고인돌   남방식 고인돌

> **체크 포인트**
>
> **거석 문화와 고인돌**
> 고인돌과 선돌(입석)은 거석을 이용한 구조물로 거석 문화의 상징이다. 예를 들면 이집트나 마야의 피라미드, 중동 지방의 석조물, 영국의 스톤헨지 등이다. 우리나라에는 세계에서 가장 많은 고인돌이 분포되어 있는데, 형태에 따라 북방식·남방식·개석식으로 구분한다. 2000년 12월에 고창, 화순, 강화의 고인돌을 유네스코 세계유산위원회가 세계문화유산으로 지정하였다.

④ **청동기·철기 시대의 예술**
 ㉠ 종교 및 정치적 요구와 밀착 : 제사장이나 군장이 사용하던 칼, 거울, 방패 등의 청동 제품이나 토제품, 바위그림 등에 반영
 ㉡ 주술적 예술의 발달
  - 청동 제품 : 미 의식과 생활 모습 표현, 칼·거울 등을 의기(儀器)로 사용하였으며 말, 호랑이, 사슴, 사람 손 모양 등을 사실적으로 조각, 기하학 무늬를 새겨 넣음
  - 토우 : 풍요를 기원하는 주술적 의미

ⓒ 바위그림 : 당시 사람들의 활기찬 생활상 묘사
  • 울주 반구대 암각화 : 사냥과 물고기 잡이의 성공과 풍성한 수확 기원
  • 고령 양전동 알터 암각화 : 기하학 무늬, 태양 숭배(동심원)와 풍요 기원

> **더 알아두기**
>
> **고분**
> • 신석기 : 토묘
> • 청동기 : 고인돌, 선돌, 돌무지무덤
> • 철기 : 토광묘(널무덤)
> • 고구려 : 석총(초기), 토총(후기)
> • 백제 : 돌무지무덤
> • 신라 : 돌무지 덧널무덤(적석 목곽분)
> • 통일신라 : 굴식 돌방무덤(횡혈식 석실고분)
> • 고려 : 토묘

> **체크 포인트**
>
> **청동기 시대의 특징**
> • 본격적인 농경의 시작
> • 금속제 도구나 칼 사용
> • 지배와 피지배 관계 성립
> • 정착생활 및 선민의식
> • 정치 세력의 등장
> • 무문토기, 지석묘
> • 선돌(신성지역이나 경계의 표식으로 세운 돌)의 사용

2 고조선과 단군신화

(1) 단군과 고조선

① **고조선의 성립** : 『삼국유사』와 『동국통감』의 기록에 따르면 단군왕검이 고조선을 건국함
② **고조선의 세력 범위** : 요령 지방에서 한반도까지 발전(비파형 동검과 고인돌의 출토 범위와 일치)
③ **단군 신화에 나타난 고조선의 사회상** 〈중요〉

단군 영정

㉠ 우리 민족의 시조 신화
㉡ 청동기 문화를 배경으로 한 고조선의 성립이라는 역사적 사실 반영
㉢ 선민 사상 : 환웅 부족은 태백산의 신시에 도읍을 정하고 하늘의 자손임을 내세워 부족의 우월성을 과시
㉣ 농경의 발달 : 풍백, 우사, 운사를 두어 바람, 비, 구름 주관
㉤ 사유 재산의 성립과 계급의 분화 : 농사와 형벌 등의 사회생활 주도
㉥ 청동기 문화의 발전 : 지배자의 등장
㉦ 홍익인간(弘益人間)의 건국 이념 : 새로운 사회 질서의 성립
㉧ 연맹 국가 : 곰 부족과 환웅 부족의 연합(호랑이를 숭배하는 부족은 연합에서 제외)
㉨ 제정 일치 사회 : 단군(제사장), 왕검(정치적 군장)

> **더 알아두기**
>
> **단군 건국 신화의 수록 문헌**
> • 『삼국유사』 : 일연, 고려 충렬왕 때
> • 『제왕운기』 : 이승휴, 고려 충렬왕 때
> • 『응제시주』 : 권람, 조선 세조 때
> • 『세종실록지리지』 : 춘추관, 조선 단종 때
> • 『동국여지승람』 : 노사신, 조선 성종 때

④ **단군 신화의 역사적 의의** 〈중요〉
㉠ 건국 이념 : 천신(天神)의 아들이 내려와 건국하였다고 하는 단군 건국의 기록은 우리나라의 건국 과정의 역사적 사실과 홍익인간의 건국 이념을 밝혀 주고 있음
㉡ 정신적 지주 : 고려, 조선, 근대를 거치면서 우리 민족의 전통과 문화의 정신적 지주가 됨
㉢ 새로운 사회 질서의 성립 : 신석기 시대에서 청동기 시대로 발전하는 시기에 계급의 분화와 더불어 지배자가 등장하면서 이전과는 다른 새로운 사회 질서가 성립되는 과정을 보여줌

⑤ **고조선의 발전**
㉠ 요령 지방에서 성장하여 대동강 유역을 중심으로 독자적인 문화를 이룩하면서 발전
㉡ 왕위 세습 : 기원전 3세기경 부왕, 준왕과 같은 강력한 왕이 등장하여 왕위 세습

ⓒ 관직 설치 : 왕 아래에 상, 대부, 장군 등의 관직을 둠 기출 24
ⓔ 중국과 대립 : 요하(遼河)를 경계로 연(燕)나라와 대립

(2) 위만의 집권

① 위만 조선의 성립
ⓐ 유이민의 유입 : 중국의 전국 시대 혼란기(춘추 전국 시대와 진·한 교체기)
ⓑ 위만의 집권 : 이주민 세력 통솔, 세력 확대하여 왕검성을 장악하고 준왕을 축출(기원전 194년)

> **더 알아두기**
>
> **위만 조선**
> - 철기 문화의 수용 : 농업과 무기 생산 관련 수공업의 발전
> - 상업과 무역 발달 : 한반도 남방의 예(濊)·진(辰)·한(漢) 사이의 중계 무역의 이득을 독점하여 한(漢)과 대립

② 위만 조선의 발전
ⓐ 강력한 중앙 집권 국가로 성장
ⓑ 예, 진과 한나라 사이의 중계 무역 독점
ⓒ 정복 사업 전개 : 우세한 무력을 바탕으로 광대한 영토 차지
ⓔ 철기 문화 수용 : 농업·수공업·상업·무역 발달

3 고조선 사회와 지배 체제

(1) 8조법과 고조선 사회

① **8조법** 중요 : 반고의 「한서지리지」에 일부 조목만 내용이 전해짐
ⓐ 특징 : 개인의 재산과 생명을 보호하는 원시적 보복법의 원리를 적용, 지배층이 사회질서를 유지하면서 지배 세력을 강화하기 위한 법
ⓑ 내용(3개 조목의 내용만 전함)
  - 사람을 죽인 자는 사형에 처한다.
  - 상처를 입힌 자는 곡물로써 배상한다.
  - 남의 물건을 훔친 자는 노비로 삼는다. 용서를 받으려는 자는 50만 전을 낸다.
  - 그 외에 여자의 정절을 귀하게 여겼음을 추측할 수 있다.
② **고조선의 사회상** 중요 : 고조선의 사회상은 8조법의 내용으로 파악할 수 있음
ⓐ 사유 재산제 사회 : 절도를 중죄로 다스림
ⓑ 개인의 생명 보호 : 사람을 죽이면 사형
ⓒ 계급 사회 : 형벌과 노비의 발생

ㄹ 가부장제적 가족 제도 확립 : 여자의 정절 중시
ㅁ 노동력과 생명을 중요하게 여기고 보호함

③ **고조선 사회의 지배 구조**
ㄱ 단군신화에 나타난 통치 : 환웅은 풍백, 우사, 운사를 거느리고 인간 세상의 일을 다스리며 형벌, 수명, 선악을 주관함
ㄴ 지배층 : 환웅은 최고 지배자로 천왕이라 내세워졌고, 그 밑의 풍백, 우사, 운사는 지배 관료와 같은 존재
ㄷ 계급 제도
  - 귀족 : 노예를 부리며 토지를 소유하고, 호화로운 생활
  - 평민(하호) : 촌락 단위로 공동체적 관계를 맺고 있었으며, 죄를 짓거나 채무에 몰리면 노예로 신분 하락
  - 노예 : 주인이 죽으면 무덤 속으로 끌려가야 하는 순장 제도가 있었음
ㄹ 지배 구조
  - 지배 체제의 정비 : 계급이 분화되고 생산력이 발전하면서 국왕을 정점으로 하는 지배 체제가 정비
  - 기원전 2세기경 확인된 관직은 박사, 비왕, 상, 경, 대신, 장군 등
  - 중국의 천자와 같은 권위를 갖고 군사력과 경제력을 바탕으로 주변 지역을 지배
  - 한계 : 외부의 공격에 의해 중앙 정부가 멸망하면 주변의 세력집단들은 그 지배에서 벗어나 이전의 상태로 돌아갈 수 있었음

고조선의 세력 범위

4 한(漢)의 침략과 고조선의 멸망

(1) 고조선의 멸망
① **한의 침략** : 고조선은 경제적·군사적 발전을 기반으로 흉노와 연결하여 요동을 위협하는 한과 대립, 이에 불안을 느낀 한의 무제는 수륙 양면으로 대규모 침략을 감행함
② **고조선의 멸망** : 기원전 109년 1차 접전(패수)에서 대승을 거두었고, 이후 약 1년에 걸쳐 한의 군대에 맞서 완강하게 대응하였으나 장기간의 전쟁으로 지배층에 내분이 일어나 왕검성이 함락되면서 멸망(기원전 108년) 기출 21

(2) 한 군현의 설치와 소멸
① **한 군현의 설치** : 고조선 멸망 후 한은 고조선의 일부 지역(4개 : 낙랑, 진번, 임둔, 현도군)에 군현을 설치하여 지배하려 하였으며 많은 지배층이 남하하여 삼한의 발전에 큰 영향을 줌

▶ 한 군현 : 한의 무제가 위만 조선을 멸망시키고 설치한 4개의 행정 구역으로 낙랑군, 임둔군, 현도군, 진번군을 말한다.

② **소멸** : 지역 토착민의 강력한 반발로 그 세력이 점차 약화되었고, 고구려(미천왕)의 공격으로 낙랑군이 소멸(313년)

(3) 한 군현 설치 이후의 변화
① **토착민의 대항** : 토착민들은 한 군현의 억압과 수탈을 피하여 이주하거나 단결하여 한의 군현에 대항함
② **법 조항 증가** : 토착민 억압과 자신들의 생명 보호를 위하여 엄한 율령 시행, 법 조항도 60여 조로 증가하였고 풍속도 각박해짐

(4) 한 군현의 영향
① **정치** : 고조선의 멸망으로 고대 국가 성립은 지연되었으나 한 군현 내 토착 세력들의 반발과 민족적 자각을 불러 일으켜 **연맹 왕국과 고대 국가 형성의 계기를 마련함**
② **경제** : 중국 철제 농기구 유입으로 농업 생산성 향상
③ **사회** : 토착민의 저항과 각박해지는 인심, 복잡해지는 생활양식에 따라 법 조항이 60여 조로 증가
④ **문화** : 한자를 사용하여 토착 사회에 전파하였고 한 문화에 대한 동경심은 중국 문화가 확산되는 계기가 됨

(5) 여러 나라의 성장
① **부여**
  ㉠ 위치 : 만주 송화강 유역의 평야 지대를 중심으로 성장
  ㉡ 경제 : 농경과 목축(반농반목), 말·주옥·모피가 특산물

ⓒ 정치
- 1세기 초 : 왕호를 사용하고 중국과 외교 관계 수립(발전된 국가의 모습)
- 3세기 말부터 선비족의 침입으로 쇠퇴하여 고구려에 편입(494년), 부여와 고구려는 같은 민족 계통으로 분류
- 5부족 연맹체
  - 중앙 : 왕이 직접 통치
  - 사출도(四出道) : 족장(마가, 우가, 저가, 구가)이 따로 다스리는 행정 구획
  - 관리 : 대사자, 사자[가(加)를 보좌하는 역할]
ⓔ 법속·풍속 : 4조목(법), 영고(제천 행사), 우제점복(소를 죽여 그 굽으로 길흉을 점침), 순장(왕이 죽으면 많은 사람과 껴묻거리를 함께 묻음), 1책 12법
ⓜ 역사적 의의 : 고구려와 백제의 건국 세력으로 계승

더 알아두기

부여의 4조목
- 살인자는 사형에 처하고, 그 가족은 노비로 삼는다.
- 절도자는 12배의 배상을 물린다(1책 12법).
- 간음한 자는 사형에 처한다.
- 부인이 질투하면 사형에 처하되 그 시체는 산 위에 버린다.

② **고구려**
  ㉠ 위치 : 주몽이 압록강의 지류인 동가강 유역의 졸본 지방에서 건국(기원전 37년)
  ㉡ 경제 : 산악 지대에 위치, 토지가 척박하여 정복 활동을 통해 식량 조달(약탈 경제)
  ㉢ 정치
  - 국내성(통구) 천도 : 평야 지대 진출
  - 정복 활동 : 한의 군현을 공략해 요동으로 진출, 옥저 정복으로 곡물을 받음
  - 중앙 : 왕 아래 대가들은 사자, 조의, 선인 등의 관리 통솔
  - 지방 : 5부족 연맹체 → 왕과 대가들이 지배, 대가들은 독립 세력을 유지(사자, 조의, 선인 등 관리를 거느림)
  ㉣ 특징 : 왕 아래 대가들은 각기 독립된 세력 유지, 제가 회의, 서옥제, 동맹(10월), 조상신 숭배

여러 나라의 성장

▶ 서옥제 : 혼인을 정한 뒤 신부 집의 뒤꼍에 조그만 집을 짓고 거기서 자식을 낳고 장성하면 아내를 데리고 신랑 집으로 돌아가는 제도이다.

③ 옥저와 동예
　㉠ 위치 : 함경도 및 강원도 북부의 동해안 지대(선진 문화의 수용이 늦음)
　　• 옥저 : 함흥평야
　　• 동예 : 함경도 일부~강원도 북부에 위치
　㉡ 경제
　　• 옥저 : 해산물 풍부(어물, 소금), 토지의 비옥
　　• 동예 : 해산물 풍부, 토지 비옥, 방직 기술 발달(명주, 삼베), 특산물 생산(단궁, 과하마, 반어피)

　　기출 24

　　▶ • 단궁(檀弓) : 고조선 때부터 제작된 활로서, 길이가 비교적 짧아(80cm 추정) 휴대성·기동성이 좋고 명중률도 매우 높았다.
　　　• 과하마(果下馬) : 말을 타고 과일나무 밑을 지날 수 있다는 데서 유래된 것으로 키 작은 말을 말한다.
　　　• 반어피(班魚皮) : 바다표범의 가죽

　㉢ 정치 : 읍군이나 삼로가 자기 부족 지배(군장 국가), 고구려의 압박과 수탈로 통합된 정치 세력을 형성하지 못함
　㉣ 풍속
　　• 옥저 : 민며느리제, 가족 공동 무덤(한 가족의 뼈를 함께 매장), 죽은 자 숭배
　　• 동예 : 제천 행사(10월, 무천), 족외혼, 책화(공동체 지역의 경계를 침범한 자에게 내리는 벌칙
　　　→ 부족의 경계 존중)
　㉤ 두 나라의 공통점
　　• 변방에 치우쳐 있어 선진 문화의 수용이 늦음
　　• 고구려 압력으로 크게 성장 못함
　　• 읍군·삼로라는 군장이 있어 자기 부족을 다스림

④ 삼한
　㉠ 삼한의 성립 : 한강 이남의 진(辰)과 고조선의 유이민이 융합되면서 마한, 진한, 변한의 연맹체가 등장
　㉡ 지역 및 세력
　　• 마한 : 천안·익산·나주 중심의 경기·충청·전라도 지방에서 발전, 54개의 소국으로 구성, 삼한 중 세력이 가장 컸으며, 마한의 한 나라인 목지국의 지배자가 마한 왕(진왕)으로 추대되어 삼한 전체의 영도 세력으로 등장, 마한의 무덤은 주구묘이며 마한의 집 형태는 토실임
　　• 진한 : 대구·경주 지역, 12개의 소국으로 구성
　　• 변한 : 김해·마산 지역, 12개의 소국으로 구성

> **더 알아두기**
>
> **마한 목지국**
> 마한의 중심 국가였으며 처음에는 천안 지역에서 발달하다가 남쪽으로 내려와 익산을 거쳐 나주에 자리를 잡고 4세기 근초고왕 때까지 존속한 것으로 추정된다. 그 후 백제의 정치 세력 하에 있는 토착 세력으로 자리잡았을 것으로 보인다.

ⓒ 경제
  - 농경 사회(철기 문화 발달) : 벼농사 발달 → 철제 농기구의 사용, 저수지 축조
  - 철 생산(변한) : 낙랑·일본 등지에 수출, 철은 교역에서 화폐처럼 사용
ⓔ 정치
  - 마한의 목지국(目支國) 지배자 : 삼한 전체의 영도 세력
  - 군장 사회 : 대군장(신지, 견지), 소군장(부례, 읍차)
  - 정치적 발전 : 철기 문화의 발전으로 백제국(마한 지역 통합), 가야(낙동강 유역), 사로국(낙동강 동쪽 지역)이 성장, 중앙 집권 국가의 성립 기반 마련

⑤ **사회**
  ⓐ 제정 분리 사회
    - 천군(제사장) : 소도(신성 지역) 지배, 농경과 종교에 대한 의례 주관
    - 군장 : 정치적 지배자

> **체크 포인트**
>
> **소도(蘇塗)**
> - 제사장인 천군이 다스리는 신성 지역으로 1년에 1~2회 농사의 풍요와 질병, 재앙이 없기를 제사지냈던 장소였으며, 정치적 군장의 힘이 미치지 못하여 죄인이 도망가면 그를 붙잡아가지 못했다.
> - 신구 문화의 충돌과 사회적 갈등을 완화해주는 역할을 담당하는 지역이었다.

  ⓑ 주거생활 : 초가 지붕의 반움집, 귀틀집
⑥ **풍속**
  ⓐ 두레 조직 : 공동체적인 전통 계승, 공동 작업
  ⓑ 제천 행사 : 5월 수릿날, 10월 계절제

> **더 알아두기**
>
> **삼한 사회(농경 중심 사회)**
> 철기 문화를 바탕으로 하는 농경 사회였으며 철제 농기구의 사용으로 농경이 발달해 벼농사가 널리 행해졌다. 농업이 발달함에 따라 새로운 기술로 농지를 개척하여 소유하고 저수지를 축조하여 물의 관리권을 가지게 된 신지, 견지라고 불리는 대족장이 있었다. 또한 해마다 씨를 뿌리고 난 뒤인 5월의 수릿날과 가을 곡식을 거둬들이는 10월에 계절제를 열어 하늘에 제사를 지냈다.

제1절 핵심예제문제

01 구석기 시대와 신석기 시대에는 지배·피지배 계층이 발생하지 않은 평등한 공동체 생활을 하였다.

01 다음 중 구석기 시대에서 신석기 시대로의 변화된 사회상으로 바르지 못한 것은?

	〈구석기 시대〉	〈신석기 시대〉
①	이동생활	정착생활
②	채집 경제	생산 경제
③	평등 사회	계급 사회
④	뗀석기	간석기

02 신석기 시대는 빗살무늬 토기가 대표적이며, 민무늬 토기의 사용은 청동기 시대이다.

02 신석기 시대에 대한 설명으로 잘못된 것은?

① 민무늬 토기가 사용되었다.
② 간석기를 사용하였다.
③ 주거는 대개 움집이다.
④ 식량 생산 단계로 접어들었다.

03 ㉠·㉢ 신석기 문화

03 〈보기〉에서 청동기 문화에 알맞은 것을 모두 고르면?

- 보기 -
㉠ 농경 시작
㉡ 독자적 청동 문화
㉢ 민무늬 토기
㉣ 사유재산, 계급 발생
㉤ 원형 수혈주거지(움집) 생활

① ㉠, ㉡, ㉢
② ㉠, ㉢, ㉣
③ ㉡, ㉢, ㉣
④ ㉢, ㉣, ㉤

정답 01 ③ 02 ① 03 ③

04 청동기·철기 시대 생활에 대한 설명으로 옳지 <u>않은</u> 것은?

① 일부 저습지에서 벼농사 시작
② 강가에서 움집을 짓고 생활
③ 직사각형 움집에서 점차 지상 가옥으로 변화
④ 빈부의 차와 계급 사회의 출현

04 강가에서 움집을 짓고 생활한 것은 신석기 시대의 생활이며, 청동기·철기 시대는 직사각형 움집에서 점차 지상 가옥으로 변화하였다.

05 다음 중 고조선의 8조법과 관계가 <u>없는</u> 것은?

① 살인자는 죽인다.
② 남의 물건을 훔친 사람은 노비로 삼는다.
③ 금법은 고조선 사회상을 아는 데 중요한 자료가 된다.
④ 불효한 자식은 극형에 처한다.

05 8조법(한서지리지) : 개인의 재산과 생명을 보호하는 원시적 보복법의 원리를 작용
• 사람을 죽인 자는 사형에 처한다.
• 상처를 입힌 자는 곡물로 배상한다.
• 남의 물건을 훔친 자는 노비로 삼는다.

정답 04 ② 05 ④

제2절 삼국

1 삼국의 성립과 발전

(1) 고대 국가의 성격

① 고대 사회의 특징
- ㉠ 지방의 족장 세력 통합 : 족장 세력의 왕권 복속
- ㉡ 중앙 집권적 체제의 정비 : 왕권이 확대됨에 따라 율령의 반포 등 체제 정비 기출 25
- ㉢ 정복 활동 전개 : 영토 확장을 위한 정복 활동
- ㉣ 불교 수용 : 중앙 집권화를 사상적으로 뒷받침

② 고대 사회의 성격
- ㉠ 강력한 왕권과 정비된 율령을 바탕으로 중앙 집권 국가 이룩
- ㉡ 활발한 정복 활동으로 영역 국가의 모습을 지님

▶ 국가의 발전 단계 : 군장 국가 → 연맹 왕국(초기 국가) → 중앙 집권 국가(고대 국가)

(2) 삼국의 성립

① 고구려

국내성 터

- ㉠ 고구려의 성립(기원전 37년) : 부여에서 내려온 유이민 집단과 압록강 유역의 토착민 집단이 결합
- ㉡ 태조왕(1세기 후반)
  - 대외적 발전 : 옥저 정복, 만주 지역으로 세력 확대, 낙랑에 압력
  - 왕권 강화 : 고씨에 의한 왕위의 독점적 세습(고구려의 왕실이 연노부에서 계루부로 바뀜)
  - 집권적 관료 조직의 정비 : 왕권이 강화된 중앙 집권 국가 체제로의 진전

체크 포인트

- 삼국의 건국 순서 : 『삼국사기』에는 신라, 고구려, 백제의 순서로 건국되었다고 하였으나, 중앙 집권 국가의 형성은 일찍부터 중국 문화와 접촉한 고구려가 제일 이르다.
- 고대 국가의 성립 : 고구려(태조왕 2세기), 백제(고이왕 3세기), 신라(내물왕 4세기)

---

② 백제
- ㉠ 백제의 성립(기원전 18년) : 북방 유이민과 한강 유역 토착민 집단 결합, 하남 위례성에 도읍
  ▶ 백제 사회에서 유이민이 지배층이 된 이유 : 우수한 철기 문화와 기마술을 바탕으로 한 군사력과 문화적 경험이 있었기 때문

ⓒ 고이왕(3세기 중반)
- 대내적 : 새로운 관제(6좌평과 16관등제) 마련, 관리의 복색 제정, 지배 체제 정비, 한강 유역 장악, 율령 반포, 중앙 집권 국가의 토대 형성 기출 25
- 대외적 : 한강 유역 장악, 중국의 선진 문물 수용

체크 포인트

- 율령 반포 : 백제(고이왕 3세기), 고구려(소수림왕 4세기), 신라(법흥왕 6세기) 기출 25
- 한강 점령 : 백제(고이왕 3세기), 고구려(장수왕 5세기), 신라(진흥왕 6세기)

③ 신라
㉠ 유이민 집단과 토착 세력의 결합 : 지리적 영향으로 유이민의 유입이 활발하지 못했으며, 토착 세력이 강해 유이민은 토착 세력에 흡수·동화됨, 삼국 중 가장 늦게 발전
㉡ 사로국으로부터 발전
㉢ 연맹 왕국의 성립 : 박혁거세에 의해 건국(기원전 57년)
- 초기에는 박, 석, 김 세 부족이 연맹하여 이사금(왕) 선출
- 6부족 연맹체로 발전
㉣ 내물왕(4세기 후반) : 신한 지역 거의 차지, 김씨에 의한 왕위 계승 확립, 마립간 칭호 사용, 광개토대왕의 원조 → 고구려의 간섭, 고구려를 통한 중국 문물 수용

내물 마립간릉

호우명 그릇

경주의 호우총에서 발굴된 것으로 이 그릇 밑바닥에 새겨져 있는 글씨를 보아 당시 신라와 고구려의 관계를 알 수 있다.

체크 포인트

신라의 왕호 변천 기출 24
- 거서간 : 박혁거세(군장, 불구내)
- 차차웅 : 남해왕(무당, 제사장)
- 이사금 : 유리왕~흘해(연장자, 계승자)
- 마립간 : 내물왕~소지왕(대수장, 통치자)
- 왕 : 지증왕(한자식 왕호), 법흥왕(불교식 왕명), 무열왕(중국식 시호)

④ 가야 연맹 기출 22

전기 가야

㉠ 가야 연맹의 성립
- 지역 : 낙동강 하류의 변한 지역에서 성장
- 유이민 집단과 토착 세력이 결합 : 유이민 집단은 주로 해변으로 들어왔으나 이들보다는 토착 세력이 더 강함

㉡ 가야 연맹 성립 : 2~3세기경, 김해의 금관 가야를 주축으로 연맹체 성립

㉢ 발전 : 농경 문화 발달, 낙랑과 왜의 규슈 지방을 연결하는 **중계 무역 발달**, 풍부한 **철 생산**으로 번성

㉣ 쇠퇴 : 광개토대왕의 공격으로 낙동강 서쪽 연안으로 축소됨, 4세기 초부터 백제와 신라의 팽창으로 약화

㉤ 멸망 : 가야는 멸망 후 신라와 백제로 나뉘어 흡수

(3) 삼국의 발전 중요

① 고구려의 발전

㉠ 고국천왕(2세기 후반)
- 5부 개편 : 부족적인 전통을 지녀 온 5부가 행정적 성격의 5부제로 개편됨
- 왕위 계승 : 형제 상속에서 **부자 상속**으로 확립
- **왕권 강화** : 족장들의 중앙 귀족화 → 중앙 집권화
- 춘대 추납 제도 실시 : 을파소가 국상에 임명되어 진대법 실시

㉡ 동천왕(3세기 중반) : 위나라의 공격을 받아 수도인 국내성 함락

㉢ 미천왕(4세기 초반) : 낙랑군 축출(313년), 남쪽으로 진출할 수 있는 기반 마련

㉣ 고국원왕(4세기 중반) : 전연과 백제 근초고왕의 침략으로 국가적 위기

> **더 알아두기**
>
> **4세기 고구려의 위기**
> 고국원왕 때 고구려는 전연과 요동 지방을 놓고 치열한 공방전을 전개하다가 전연의 침공으로 수도가 함락되는 큰 타격을 받아 서방 진출이 위축되었고, 이어 백제 근초고왕의 침입으로 왕이 평양성에서 전사하였다.

㉤ 소수림왕(4세기 후반) 중요 기출 24, 23
- 외교 : 백제를 견제하기 위해 전진과 수교
- **중앙 집권 국가 체제 강화** : 불교 수용(372년), 태학(최고 국립 교육 기관) 설립, 율령 반포, 부족 세력 통제 기출 25

㉥ 광개토대왕(5세기 초반) 중요
- 백제 공격 : 백제의 한성을 침공하여 **한강 이북의 땅 차지**
- 만주 지방 진출 : 후연을 격파하여 요동 지역 확보

- 신라에 대한 영향력 행사 : 신라에 침입한 **왜를 격퇴함**으로써 한반도 남부에까지 영향을 미침 → 호우명 그릇과 광개토대왕릉비를 통해 알 수 있음
- 연호 사용 : **영락이라는 최초의 연호**를 사용하여 자주성을 나타냄 기출 24

ⓐ 장수왕(5세기) 중요
- 대외 관계 : 중국 남북조와 각각 교류
- **평양 천도(427년)** : 왕권을 강화하고 **남진 정책**을 추진하여 백제 비유왕과 신라 눌지왕 사이에 나제 동맹이 체결되는 계기가 되었음
- **경당 설립** : 지방에 설립한 사설 교육기관으로 한학과 함께 무술을 가르침
- 영토 확장 : 흥안령 일대의 초원 지대 장악, 백제 수도 한성을 함락하고 한강 전 지역 차지, 죽령 일대로부터 남양만을 연결하는 선까지 판도를 넓힘, 이러한 고구려의 한강 유역 진출은 중원 고구려비에 잘 나타나 있음 기출 24

체크 포인트

고구려의 시대별 변천 내용 기출 23
- 성립 : 고주몽(졸본)
- 2세기 : 태조왕(옥저 복속, 계루부 세습)
- 3세기 : 동천왕(오와 통교, 서안평 공격)
- 4세기 : 미천왕(낙랑・대방 축출), 고국원왕(전연 침입, 백제와 싸움), 소수림왕(불교 전래, 태학 설립, 율령 반포)
- 5세기 : 광개토대왕(왜구 격파, 요동 진출), 장수왕(한성 점령, 남한강 상류 진출)
- 7세기 : 살수 대첩, 안시성 전투, 멸망(668년)

---

② 백제의 발전
  ㉠ 근초고왕(4세기 후반 전성기) 중요 기출 23
  - 영토 확장 : 마한 전역 정복, 고구려 평양성 공격, 낙동강 유역의 가야 여러 나라 지배권 행사, 오늘날의 경기・충청・전라도와 낙동강 중류 지역, 강원・황해도의 일부 지역을 포함하는 **가장 넓은 영토를 확보**
  - 대외 활동 : 중국의 요서・산둥, 일본의 규슈 진출
  - 왕위의 부자 상속 시작
  - 역사 편찬, 일본에 칠지도 하사
  ㉡ 침류왕(4세기 후반) : **불교 수용(384년)** → 중앙 집권 체제를 사상적으로 뒷받침
  ㉢ 비유왕(5세기 전반) : 장수왕의 남진 정책에 대항하여 신라의 눌지왕과 나제 동맹 체결
  ㉣ 개로왕(5세기 후반) : 위에 국서를 보내고 장수왕과 싸우다 아차산성에서 전사하면서 한강 전역 상실
  ㉤ 문주왕(5세기 후반) : 웅진 천도, 왕권 약화, 고구려의 남하로 한강 유역 상실

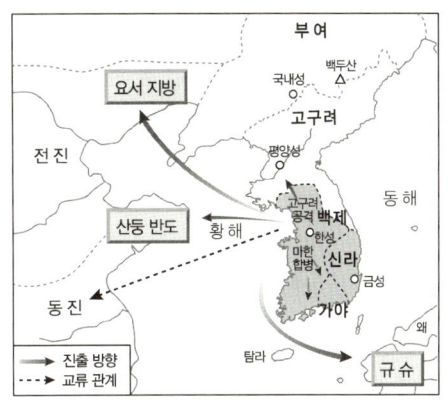

백제의 발전

- ⓑ 동성왕(5세기 후반~6세기 초) : 신라 소지왕과의 결혼 동맹을 통해 고구려에 대항, 탐라국을 복속하였음
- ⓐ 무령왕(6세기 초반) : 22담로를 설치하여 지방에 대한 통제를 강화함으로써 백제 중흥의 발판 마련, 중국 남조의 양나라와 수교하여 외교 교섭 강화 기출 21
- ⓞ 성왕(6세기 중반) 중요 기출 24
  - 대내 정책 : 국호를 남부여로 고치면서 수도를 사비(지금의 부여)로 옮김, 5부 5방의 제도를 정비하고 22부의 중앙 관서 설치, 불교 장려
  - 대외 정책 : 신라 진흥왕과 연합하여 일시적으로 한강 유역을 부분적으로 수복하였지만 진흥왕의 독점으로 신라를 공격하다 전사함
- ⓩ 무왕(7세기 초) : 미륵사 건립, 익산으로 천도 추진

> **체크 포인트**
>
> **백제의 시대별 변천 내용**
> - 성립 : 온조왕(위례성)
> - 3세기 : 고이왕(한강 유역 통합, 율령 반포)
> - 4세기 : 근초고왕(마한 확보, 고구려 공격, 상업세력 형성)
> - 5세기 : 개로왕(북위에 국서 보냄), 문주왕(웅진 천도)
> - 6세기 : 성왕(사비 천도, 나제 동맹 결렬)
> - 7세기 : 의자왕(멸망, 660년)

③ **신라의 발전**
  - ㉠ 눌지왕(5세기 초반)
    - 나제 동맹 → 고구려 간섭 배제
    - 왕위 계승을 부자 상속으로 바꾸고, 불교 전래
  - ㉡ 소지왕(5세기 후반) : 백제 동성왕과 결혼 동맹, 관도(官道)를 수리하고 우역(郵驛)을 개설하여 지방 통제 수단인 교통로 확보, 6부의 행정 구역 마련
  - ㉢ 지증왕(6세기 초반) 기출 24
    - 국호와 왕호 변경 : 국호(사로국 → 신라), 왕호(마립간 → 왕)
    - 수도의 행정 구역 정리, 지방의 주·군 정비(지방 제도와 군사 제도 병행)
    - 우산국(울릉도) 복속
    - 농사에 우경 확대, 시장 관리 감독 기관인 동시전 설치, 순장 금지
  - ㉣ 법흥왕(6세기 전반) 중요 기출 24
    - 율령 반포(관등 및 백관의 공복 제정, 골품제 정비) 기출 25
    - 병부와 상대등 설치(왕권 중심의 귀족 국가 체제 성립)
    - 독자적 연호 사용(건원) → 중앙 집권 체제 완비
    - 금관가야 정복하여 영토 확장

    ▶ 국호 '신라'의 의미 : 왕의 덕업이 날로 새로워져서 사방을 망라한다는 의미이다.

ⓜ 진흥왕(6세기 중반) 중요 기출 24, 22
- **한강 유역 차지**: 한강 상류 지역 진출하여 **단양 적성비** 건립, 하류 확보 후 **북한산 순수비** 건립하고 신주(新州) 설치
- **영토 확대**: 대가야를 점령하여 낙동강 유역 확보(**창녕비** 건립), 고구려를 공격하여 함경도까지 진출(**황초령비, 마운령비** 건립)
- 화랑도 공인, 국사 편찬(거칠부), 불교 장려, 연호 사용

ⓑ 진평왕(7세기 초반): 관제를 정비하여 통치 체제 정비, 고구려 온달 격퇴, 수와 외교 활동
ⓢ 선덕여왕(7세기 중엽): 숭불 정책, 분황사 건립, 첨성대 축조
ⓞ 진덕여왕(7세기 중엽): 관제 정비, 친당 외교

> **체크 포인트**
>
> **신라의 시대별 변천 내용**
> - 성립: 박혁거세
> - 4세기: 내물왕(왜구 격퇴, 전진과 교섭, 김씨 세습, 마립간)
> - 5세기: 눌지왕(나제 동맹 결성, 433년)
> - 6세기: 법흥왕(율령 반포, 불교 공인, 본가야 평정), 진흥왕(한강 유역 점령, 순수비 건립)
> - 7세기: 삼국 통일(나당 전쟁, 676년)

2 삼국의 사회와 통치제도

(1) 삼국의 경제 생활

① 삼국의 경제 정책
  ㉠ 고대국가 성장과정: 전쟁을 벌여 정복한 지역에서 토산물 수취, 전쟁 포로를 귀족이나 병사에게 노비로 나누어 줌, 군공자에게 식읍(토지와 농민) 지급
  ㉡ 정복 방식의 개선: 피정복민을 무리하게 전쟁에 동원, 가혹한 물자 수취 등 → 피정복민의 신분적 차별과 경제적 부담은 여전함
  ㉢ 사회 체제의 동요
    - 수취 제도: 재산의 정도에 따라 호를 나누어 곡물과 포 징수, 지역의 특산물 수취
    - 노동력의 동원: 왕궁, 성, 저수지 등의 축조를 위해 15세 이상의 남자를 동원

삼국의 경제 활동

② 구휼 정책 : 농민 경제를 안정, 농업 생산력을 높일 수 있는 시책
  - 철제 농기구를 일반 농민에게 보급하고 우경 장려
  - 황무지를 개간하여 경작지 확대
  - 저수지를 축조하여 가뭄 대비
  - **진대법** : 고구려 고국천왕 때 홍수, 가뭄 등으로 흉년이 들면 백성에게 곡식을 나누어 주거나 대여
  - 기술이 뛰어난 노비들은 무기, 장신구 생산
  - 시장 설치 : 도시에만 시장 형성, 5세기 말 경주에 형성, 동시전 설치(6세기 초)
  - 관청수공업 발달 : 관청에 수공업자를 배정하여 필요한 물품 생산 → 비단, 무기 등

> **더 알아두기**
>
> **진대법**
> 흉년 또는 춘궁기에 곡식을 대여했다가 가을 수확기에 갚게 했던 진휼 제도로, 고구려의 고국천왕 때 재상인 을파소가 시행한 것이 첫 기록인데, 뒤에 고려 및 조선에 의창 또는 상평창으로 이어지면서 환곡 제도로 정비되었다.

⑩ 대외 무역 : 왕실, 귀족의 필요에 의한 공무역의 형태, 4세기 이후 발달
  - 고구려 : 남북조, 북방 유목 민족
  - 백제 : 남중국, 일본
  - 신라 : 한강 유역 획득 이전에는 고구려·백제를 통해, 이후에는 당항성을 통해 중국과 직접 무역을 함

> **더 알아두기**
>
> **당항성**
> 경기 화성군에 있는 삼국 시대의 산성, 소재지인 옛 남양은 고구려 때 당성군이라 하였는데, 신라가 점유한 후 당항성을 축조하고, 황해를 통하여 중국과 교류하는 출입구로서 중요한 역할을 하였다.

② **귀족의 경제 생활**
  ㉠ 경제 기반
    - 본래 소유하였던 토지와 노비 외에 국가에서 준 녹읍, 식읍, 노비를 소유함
    - 귀족은 전쟁에 참가하면서 토지와 노비를 더 많이 소유함
    - 귀족은 토지와 노비를 통하여 곡물, 베 등을 얻음
    - 귀족의 유리한 생산 조건 : 토지, 농기구, 소, 비옥한 토지, 철제 농기구 등을 많이 소유함

> **더 알아두기**
>
> **녹읍과 식읍**
> - 녹읍 : 국가에서 관료 귀족에게 지급한 일정 지역의 토지로서 조세를 수취할 뿐만 아니라 그 토지에 딸린 노동력을 징발할 수 있었다.
> - 식읍 : 국가에서 왕족, 공신 등에게 준 토지와 가호로서 조세를 수취하고 노동력을 징발할 권리를 부여하였다.

  ⓒ 경제 생활
   • 고리대 이용 : 토지를 빼앗고, 농민을 노비로 만들어 재산 증가
   • 노비와 농민을 동원 → 자기 소유의 토지를 경작하여 수확물 확보
  ⓒ 고구려 고분 벽화에 나타난 생활상
   • 기와집, 창고, 마구간, 우물, 주방을 갖추고 있음
   • 높은 담을 쌓은 집에서 풍족하고 화려한 생활을 함
   • 중국에서 비단을 수입하고, 보석·금·은으로 치장
  ⓔ 왕권 강화와 국가 체제가 안정되면서 과도한 수취는 점차 억제

고구려 귀족 생활

③ **농민의 경제 생활**
  ㉠ 경제 기반 : 자기 소유의 토지를 경작하거나 부유한 자의 토지를 빌려 경작, 대체로 척박한 토지
  ⓒ 농사짓기 : 퇴비를 만드는 기술이 없어 대부분 토지에서 계속 농사를 짓지 못하고 1년에서 수년 동안 묵혀 둠
  ⓒ 농기구
   • 초기 : 돌이나 나무로 만든 것, 일부분은 철로 보완
   • 4~5세기경 : 철제 농기구 점차 보급
   • 6세기 : 철제 농기구 널리 보급, 우경 점차 확대
  ⓔ 농민의 부담
   • 초기의 지나친 수취 : 국가와 귀족에게 곡물·삼베·과실 등 납부, 성·저수지 축조, 삼밭 경작과 뽕나무 키우는 일 등에 동원, 전쟁 물자의 조달이나 잡역부로 동원
   • 삼국 전쟁기 : 지방 농민도 전쟁에 군사로 동원, 전쟁 물자 조달 부담 더욱 증가
  ⓜ 농민의 생활 향상 노력 : 스스로 농사 기술 개발, 계곡·산비탈 개간(농업 생산력 향상)
  ⓗ 농민의 몰락 : 자연 재해를 당하거나 고리대를 갚지 못하는 경우 노비, 유랑민, 도적으로 전락

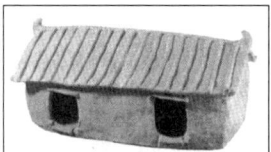

기와집 모양 토기

초가집 모양 토기

(2) 삼국 사회의 모습

① 고구려의 사회 기풍

⊙ 율령 제정
- 귀족들이 자신들의 지위를 유지하기 위하여 제정
- 내용
  - 반역자(화형·참형)
  - 살인자·전쟁 패배자(사형)
  - 절도자(12배 배상)
  - 소·말을 죽인 자(노비)

⊙ 계층
- 귀족
  - 정치 주도 : 왕족인 고씨와 5부 출신의 귀족들이 연합하여 정치를 주도
  - 귀족의 병력 소유: 족장 성주들은 자기 병력 소유(국가에 동원 시에는 대모달, 말객 등의 군관이 지휘)
- 평민 : 일반 백성 → 대부분 자영 농민, 토지를 잃고 몰락하기도 함(빈민 구제책으로 고국천왕 때 진대법 시행)
- 천민, 노비 : 피정복민, 몰락한 평민, 남의 소나 말을 죽인 자, 빚을 갚지 못한 자가 자식을 노비로 변상 등
- 혼인 풍습 : 지배층은 형사취수제, 서옥제, 평민은 남녀의 자유로운 교제로 예물은 주지 않음

▶ 형사취수제 : 형이 죽은 뒤에 동생이 형수와 결혼하여 함께 사는 혼인제도

더 알아두기

서옥제

혼인하는 풍속을 보면, 구두로 약속이 정해지면 신부 집에서 큰 본채 뒤에 작은 별채를 짓는데 이를 서옥이라 한다. 해가 저물 무렵 신랑이 신부 집 문 밖에 와서 이름을 밝히고 꿇어앉아 절하며 안에 들어가서 신부와 잘 수 있도록 요청한다. 이렇게 두세 번 청하면 신부의 부모가 별채에 들어가 자도록 허락한다. 자식을 낳아 장성하면 신부를 데리고 자기 집으로 간다.

사마르칸트 지역 아프라시압 궁전 벽화의 고구려 사신 복원도

머리에 깃털을 꽂고 있는 오른쪽 두 사람이 고구려 사신이다.

② **백제의 생활상**

　㉠ 고구려와 유사 : 언어, 풍속, 의복 등
　㉡ 중국과 교류 : 선진 문화 수용
　㉢ 상무적인 기풍 : 말타기와 활쏘기 등을 좋아함
　㉣ 형법의 엄격한 적용
　　• 반역자, 전쟁에 패한 자, 살인자 : 목을 벰
　　• 도둑질한 자 : 귀양 보냄과 동시에 2배 배상
　　• 뇌물을 받거나 횡령한 관리 : 3배 배상하고 종신 금고
　㉤ 백제의 지배층 : 왕족인 부여씨와 8성의 귀족
　　• 중국의 고전과 역사책을 즐겨 읽고 한문을 능숙하게 구사, 관청의 실무에도 밝음
　　• 투호, 바둑, 장기 : 고구려와 마찬가지로 백제 지배층이 즐기던 오락

양직공도의 백제 사신도

③ **신라의 골품 제도와 화랑도**

　㉠ 신라 사회의 특징 : 중앙 집권화가 늦은 편임 → 신라 초기의 전통을 오랫동안 유지
　㉡ 화백 회의 : 초기 전통을 유지한 대표적인 제도, 국왕 추대, 왕권 견제
　㉢ 골품 제도
　　• 골품에 따라 개인의 사회 활동과 정치 활동의 범위까지 엄격하게 제한
　　• 관등 승진의 상한선이 골품에 따라 정해짐
　　• 가옥의 규모, 장식물, 복색, 수레 등 일상 생활까지 규제

> **체크 포인트**
>
> • 골품 제도 : 부족 연맹에서 고대 국가로의 성장 과정에서 각 지방의 작은 촌은 족장에게 4·5두품의 신분을, 대족장에게는 6두품의 신분을 주었으며, 진골·성골은 왕족이었다.
> • 6두품 : 대족장 출신으로 '득난'이라고도 하는데 학문과 종교 분야에서 활발히 활동, 6관등인 아찬까지 승진할 수 있었다.

신라의 골품과 관등·관직표

등급	관등명	진골	6두품	5두품	4두품	복색	중시령	시랑·경	도독	사신	군태수	현령
1	이벌찬					자색						
2	이 찬					자색						
3	잡 찬					자색						
4	파진찬					자색						
5	대아찬					자색						
6	아 찬					비색						
7	일길찬					비색						
8	사 찬					비색						
9	급벌찬					비색						
10	대나마					청색						
11	나 마					청색						
12	대 사					황색						
13	사 지					황색						
14	길 사					황색						
15	대 오					황색						
16	소 오					황색						
17	조 위					황색						

ⓔ 화랑도
- 기원 : 원시 사회의 청소년 집단에서 비롯
- 구성 : 귀족에서 평민까지 망라(화랑, 낭도) → 계층 간의 대립과 갈등의 조절 완화
- 활동 : 전통적 사회 규범 습득, 제천의식 행사, 협동과 단결 정신 함양, 심신 연마
- 조직 확대 : 진흥왕 때 국가 조직으로 확대
- 세속 5계 : 마음가짐과 행동 규범 제시
- 화랑도 활동을 통하여 국가에 필요한 인재를 양성

더 알아두기

세속 5계
- 귀산, 추항이라는 두 청년이 일생을 통하여 명심할 금언을 청하여 원광법사가 준 다섯 조목으로, 사회 윤리와 국가관을 고취하는 내용으로서 종래의 공동 사회의 이념에 새로이 유불(儒佛) 정신이 융합된 것이다.
- 내용
  - 사군이충(事君以忠) : 임금을 충성으로 섬긴다.
  - 사친이효(事親以孝) : 어버이를 효도로 섬긴다.
  - 교우이신(交友以信) : 벗을 사귐에는 신의로 한다.
  - 임전무퇴(臨戰無退) : 전쟁에 임해서는 물러섬이 없어야 한다.
  - 살생유택(殺生有擇) : 살생에는 때와 장소를 가려야 한다.

(3) 삼국의 통치 체제
① **성격** : 왕의 권한이 강화되고, 각 부의 부족 성격이 행정적 성격으로 바뀌어 중앙 집권 체제가 형성됨
② **삼국의 관등 조직**
  ㉠ 고구려(4세기경) : 대대로 이하 10여 관등
  ㉡ 백제 : 고이왕 때 6좌평제와 이하 16관등
  ㉢ 신라 : 법흥왕 때 각 부의 하급 관료 조직 17관등 → 병부, 집사부, 상대등은 왕권 견제
③ **삼국의 관등제와 관직 체계의 운영** : 신분제에 의하여 제약, 신라의 골품제와 결합하여 운영
④ **성립** : 종래의 출신 부족을 대표하는 족장적 성격을 띤 다양한 세력 집단이 왕을 정점으로 하여 하나의 체제로 질서 있게 조직 → 왕권 강화 의미
⑤ **지방 행정 조직**
  ㉠ 성, 촌 단위로 개편 → 지방 통치의 중심으로 삼고, 지방관을 파견하여 직접 지배 → 지방 세력가의 자치가 오랫동안 유지
  ㉡ 부・방・주(지방 장관 파견) → 성・군(지방관 파견) → 촌(토착 세력인 촌주가 지방관 보좌, 행정과 군사의 실무 담당)
⑥ **삼국 시대 주민 통치** : 군사적 지배의 성격을 띰 → 지방관이 군대 지휘(백제의 방령, 신라의 군주)
⑦ **귀족 회의체** : 국왕 중심의 귀족 정치 [기출] 22
  ㉠ 고구려의 제가 회의
  ㉡ 백제의 정사암 회의
  ㉢ 신라의 화백 회의

> **더 알아두기**
>
> **삼국의 통치 체제**
> - 삼국의 수상
>   - 고구려 : 대대로
>   - 백제 : 상좌평
>   - 신라 : 상대등
> - 삼국의 관등 제도
>   - 고구려 : 10여 관등(대대로) 또는 막리지
>   - 백제 : 16관등(상좌평)
>   - 신라 : 17관등(상대등)

3 삼국의 문화

(1) **삼국 문화의 성격**

① **서민 문화** : 삼국 시대의 설화나 노래, 음악 등에는 서민들의 소박한 전통적인 문화가 그대로 남아 있음
② **귀족 문화** : 남북조의 영향을 받아 세련되고 다채로운 귀족 문화 등장, 불교의 영향으로 사원의 건축과 불상 조각이 활발히 이루어지고 음악에 화려한 면이 가미됨
③ **고구려** : 중국과 대결하는 동안 중국 문화에 대한 비판 능력을 가질 수 있었음, 개성이 강하고 패기와 정열이 넘침
④ **백제** : 우아하고 세련된 문화, 지방의 토착 문화를 충분히 육성하지 못함
⑤ **신라** : 초기 - 신라 토기나 토우에 소박한 옛 전통이 남아 있음, 후기 - 고구려와 백제의 영향으로 조화미 속에 패기를 담을 수 있었음
⑥ **삼국 문화의 의의** : 삼국 문화는 각기 다른 특징이 있지만 금동 미륵보살 반가상에서 보듯이 서로 공통 성격이 더 많아 뒷날 민족 문화를 이어 갈 수 있는 토대를 마련

사택지적비

의자왕 때 상좌평을 지낸 사택지적이 절을 짓고 세운 비로, 그 당시 귀족들이 도교 중심으로 움직였음을 알 수 있다.

(2) **학문과 사상・종교**

① **한자의 보급과 교육** 〈중요〉
  ㉠ 철기 시대부터 한자 사용 : 한문의 토착화(향찰, 이두)로 한문학 널리 보급
  ㉡ 교육 기관
   • 고구려 : 태학(중앙, 유교경전・역사서), 경당(지방, 한학과 무술)
   ▶ 경당 : 고구려의 평양 천도 이후 설립된 사립 교육 기관이다.
   • 백제 : 5경 박사, 의・역박사(유교경전과 기술학), 북위에 보낸 국서, 사택지적비문(도교)
   • 신라 : 화랑도(경학, 무술 연마), 진흥왕(단양 적성비, 순수비, 유교), 임신서기석(유학)

더 알아두기

이두와 향찰
• 이두는 한자의 음과 뜻을 빌려 우리말을 표기하는 데 쓰는 문자이다.
• 한자의 뜻과 소리를 빌려 우리말을 적는 방식을 말하며 『삼국유사』와 『균여전』에 실린 향가는 모두 향찰로 기록한 것이다.

② **역사 편찬과 유학의 보급** 중요
  ㉠ 역사서 편찬의 목적 : 국가와 왕실의 권위를 높이며, 백성들의 충성심을 높이기 위해 편찬
  ㉡ 역사서 편찬 : 학문의 발달과 중앙 집권적 체제가 정비됨에 따라 편찬
    • 고구려(영양왕) : 이문진의 『신집 5권』
    • 백제(근초고왕) : 고흥의 『서기』
    • 신라(진흥왕) : 거칠부의 『국사』

> **체크 포인트**
>
> 『유기』 100권 : 『삼국사기』 「고구려본기」 영양왕 11조에 "태학박사 이문진에게 명하여 고사(古史)를 줄여 『신집 5권』을 만들게 하였다. 국초에 문자를 처음으로 사용하였을 때에 어느 사람이 일을 기록하였는데 그 양이 100권이었고 그 이름을 『유기』라 하였다."라고 적혀 있다.

> **더 알아두기**
>
> **독서삼품과**
> 원성왕 때 학문 성적을 3품으로 구별하여 관리를 채용하는 제도로 골품 제도로 말미암아 제 기능을 발휘하지는 못하였으나, 학문을 더 널리 보급시키는 데에는 기여하였다.
> • 상품(上品) : 좌전, 예기, 문선을 읽어 그 뜻에 능통하고 논어, 효경에 밝은 자
> • 중품(中品) : 곡례, 논어, 효경에 밝은 자
> • 하품(下品) : 곡례, 효경을 읽은 자
> • 특채 : 5경, 3사, 제자백가서에 능통한 자는 순서에 관계 없이 특채

③ **불교의 수용** 중요
  ㉠ 불교 전래 시기 : 중앙 집권 체제 확립과 통합 노력의 시기
  ㉡ 삼국의 불교 수용

이차돈의 순교비

    • 고구려 : 전진에서 수용(소수림왕 : 372년)
    • 백제 : 동진에서 수용(침류왕 : 384년)
    • 신라 : 고구려를 통해 전래(눌지왕) → 법흥왕 때 공인(527년 : 이차돈의 순교)
  ㉢ 불교의 역할 : 새로운 국가 정신 확립, 불교식 왕명 사용, 원광의 세속 5계, 이념적으로 왕권 강화 뒷받침, 선진 문화 수용 → 새로운 문화 창조의 역할
  ㉣ 신라의 불교 중심 교리
    • 업설 : 왕의 권위와 귀족의 특권 → 사람의 행위에 따라 업보를 받는다는 이론을 말하며, 왕은 선한 공덕을 많이 쌓아 현재의 높은 지위에 오르게 되었다는 해석을 가능하게 함
    • 미륵불 : 진흥왕 때 조직화된 화랑 제도와 밀접한 관련을 가지면서 신라에 정착

④ 도교 전래
　㉠ 산천 숭배나 신선 사상과 결합 → 귀족 사회에 반영
　㉡ 백제의 산수무늬벽돌과 금동대향로, 고구려의 사신도 등에 영향

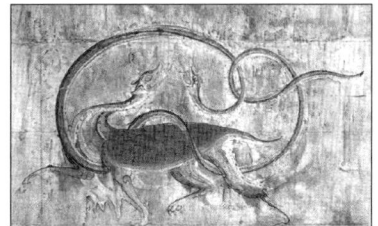
강서대묘의 현무도

(3) 과학 기술의 발달
　① 천문학과 수학
　　㉠ 천문학
　　　• 천체 관측을 중심으로 발달 → 농경과 밀접한 관련, 왕의 권위를 하늘과 연결(고구려 별자리를 그린 천문도, 신라 선덕여왕 때의 첨성대)
　　　• 천문 현상의 관측 기록 : 삼국사기에 일·월식, 혜성의 출현, 기상 이변 등을 정확히 기록
　　　▶ 혜성 : 고구려 민중왕 때 혜성이 남쪽 귀퉁이에서 20일이나 보이다가 없어졌다는 기록이 남아 있다.
　　㉡ 수학 : 고구려 고분의 석실이나 천장의 구조, 백제의 정림사지 오층 석탑, 신라의 황룡사 구층 목탑과 석굴암 석굴 구조 등에 수학적 지식을 이용함

첨성대

더 알아두기

황룡사 구층 목탑
백제의 유명한 장인인 아비지가 주관하여 완성한 이 탑은 돌로 만든 석탑이 아니라 나무로 만든 목탑이다. 마치 9층짜리 거대한 한식 건물을 보고 있는 듯하지만 1238년에 몽골의 침략으로 불타고 지금은 그 흔적만 남아 있다.

　② 목판 인쇄술과 제지술의 발달
　　㉠ 목판 인쇄술의 발달 : 무구정광대다라니경 → 8세기 초엽 현존 최고(最高)의 목판 인쇄물
　　㉡ 제지술의 발달 : 닥나무를 사용 → 구례 화엄사 석탑의 두루마리 불경 등
　　㉢ 통일신라의 기록 문화 발전에 크게 기여

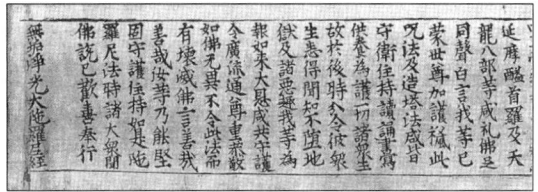
무구정광대다라니경

석가탑에서 발견된 현존하는 세계에서 가장 오래된 목판 인쇄물로 경덕왕 10년의 것으로 추정한다.

　③ 금속 기술의 발달
　　㉠ 청동기 시대와 철기 시대의 기술을 계승하여 높은 수준으로 발달
　　㉡ 고구려 : 제철 기술 발달 → 철광석이 풍부, 고분 벽화의 제철 그림
　　㉢ 백제 : 칠지도(4세기 후반, 강철로 제작), 금동대향로(뛰어난 금속 공예 기술) 등
　　㉣ 신라 : 금관(금 세공 기술 발달), 성덕대왕신종(금속 주조 기술 발달) 등

백제 금동대향로	칠지도	성덕대왕신종

칠지도 : 백제와 왜의 교류 관계를 보여 주는 유물이다.

④ **농업 기술의 혁신**
  ㉠ 철제 농기구의 사용 : 쟁기, 호미, 괭이 등을 이용해 깊이갈이로 지력 회복, 잡초 제거 효과
    → 농업 생산력 증대
  ㉡ 삼국의 농업 기술
    • 고구려 : 일찍부터 쟁기갈이 실시, 고구려 지형과 풍토에 맞는 보습 사용(4세기경)
    • 백제 : 4~5세기경 크게 발전, 수리 시설의 확충, 철제 농기구 개량
    • 신라 : 5~6세기경 우경(牛耕) 실시(지증왕)

(4) 고대인의 자취와 멋

  ① **고분과 고분 벽화** 기출 21
    ㉠ 각 나라의 고분
      • 고구려
        - 돌무지무덤(초기 : 장군총) → 굴식 돌방무덤(벽화)
          ⓐ 돌무지무덤 : 돌로 쌓아 만든 무덤으로, 청동기 시대부터 삼국 시대까지 만들어졌다.
          ⓑ 굴식 돌방무덤 : 돌로 1개 이상의 방을 만들고 그것을 통로로 연결한 무덤으로 앞방과 널방으로 구분한 것이 일반적이고, 벽의 표면에 벽화를 그려 넣은 것이 특징이다.
        - 고분벽화 : 무용총의 사냥 그림, 강서대묘의 사신도 등

장군총	계단식 돌무지무덤

- 백제
  - 한성 시기 : 계단식 돌무지무덤(석촌동 고분, 온조 설화)
  - 웅진 시기 : 굴식 돌방무덤, 벽돌무덤(무령왕릉 : 중국 남조의 영향 → 양나라와의 문화 교류가 이루어짐)
  - 사비 시기 : 세련된 굴식 돌방무덤(부여 능산리 고분군)
- 신라 : 돌무지 덧널무덤(천마총) → 화장(불교 영향), 굴식 돌방무덤(둘레돌, 12지 신상)

▶ 돌무지 덧널무덤 : 신라에서 주로 만든 무덤으로 지상이나 지하에 시신과 껴묻거리를 넣은 나무덧널을 설치하고 그 위에 냇돌을 쌓은 다음 흙으로 덮었다.

ⓒ 고분 벽화 : 당시의 생활, 문화, 종교를 파악하는 데 도움이 됨
- 고구려 : 초기에는 무덤 주인의 생활 표현(사냥 그림)에서 점차 상징적 표현(사신도)으로 바뀜
- 백제 : 부드럽고 온화한 기풍의 사신도

② **삼국의 건축과 탑**
ㄱ 궁궐 : 안학궁 → 고구려 장수왕이 평양에 건립
ㄴ 사원 : 신라의 황룡사(진흥왕), 백제의 미륵사(무왕)
ㄷ 탑 : 백제의 익산 미륵사지 석탑(목탑 양식)과 정림사지 오층 석탑(안정·경쾌), 신라의 황룡사 구층 목탑(삼국 통일 염원)과 분황사 모전석탑(석재를 벽돌 모양으로 만들어 쌓은 탑)

미륵사지 석탑	분황사 모전석탑

③ **불상 조각과 공예**
ㄱ 불상 조각에서 미륵보살 반가상 제작이 두드러짐

▶ 미륵보살 반가상 : 미륵보살은 미래에 부처로 태어나 중생을 구제하기로 정해져 있는 보살이다. 지금은 도솔천에서 중생을 구제하기 위하여 정진과 사색에 매진하고 있다고 한다.

ㄴ 불상 : 금동 연가 칠년명 여래 입상(고구려), 서산 용현리 마애 여래 삼존상(백제), 경주배동 석조 여래 삼존 석불 입상(신라), 석굴암 본존불과 보살상(통일신라)
ㄷ 조각 : 통일신라 무열왕릉비 받침돌(거북 조각), 불국사 석등과 법주사 쌍사자 석등, 발해의 벽돌과 기와무늬(고구려의 영향), 발해 석등
ㄹ 범종 : 상원사 종, 성덕대왕신종

금동 연가 칠년명 여래 입상	금동 미륵보살 사유반가상	법주사 쌍사자 석등	발해의 석등
		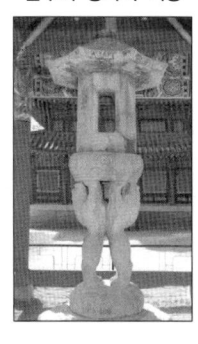	

④ 글씨 · 그림과 음악
  ㉠ 글씨
    • 광개토대왕릉 비문 : 웅건한 서체
    • 김생 : 신라의 독자적 서체 개발
  ㉡ 그림 : 천마총의 천마도, 화엄경 변상도, 신라의 솔거(대표적 화가)
  ㉢ 음악
    • 백결 : 신라, 방아타령
    • 왕산악 : 고구려, 거문고
    • 우륵 : 가야, 가야금

천마도

김생의 글씨

⑤ 한문학과 향가
  ㉠ 한시 : 황조가, 을지문덕의 5언시, 구지가(무속 신앙 관련), 회소곡(노동요), 백제의 정읍사(민중의 소망 표현)

    ▶ 회소곡(會蘇曲) : 신라 유리왕 때 지은 작자 미상의 노래. 왕녀 두 사람으로 여자들을 두 편으로 나누어 길쌈 대회를 열었는데, 진 편에서 한 여자가 탄식하여 노래하기를 회소, 회소라 한 데서 유래하였다.

  ㉡ 향가 : 승려와 화랑, 혜성가, 삼대목 편찬
  ㉢ 발해의 한문학 : 4·6 변려체(정혜공주와 정효공주의 묘지)

(5) 삼국 문화의 일본 전파 중요

① **백제** : 아직기(한자), 왕인(천자문, 논어), 노리사치계(불상과 불경 전파) → 고류사 미륵반가 사유상, 호류사 백제 관음상 제작, 백제 가람 양식
② **고구려** : 담징(종이·먹의 제조 방법, 호류사의 벽화), 혜자(쇼토쿠 태자의 스승), 혜관(불교 전파) → 다카마쓰 고분 벽화(수산리 고분 벽화와 흡사)
③ **신라** : 배 만드는 기술, 제방 쌓는 기술 전파 → 한인의 연못

> **더 알아두기**
>
> **일본에 유입된 삼국 문화**
> - 아스카 문화 : 일본 쇼토쿠 태자 시대의 문화로 삼국의 불교 문화를 수용하여 발전하였다.
> - 하쿠호 문화 : 7세기 후반에 발달한 일본의 고대 문화로 당과 통일신라의 영향을 받았다. 불교, 정치 제도, 가람(伽藍)의 배치, 불상, 탑 등에서 통일신라의 불교와 유교의 영향을 받았다.

4 고구려의 대외항쟁

(1) 삼국 간의 항쟁 중요

① 고구려

  ㉠ 광개토대왕(4세기 말~5세기 초) : 영토 확장(요동을 포함한 만주 대부분 지역), 신라에 침입한 왜 격퇴, 백제 압박 → 한반도 남부까지 영향력 행사

  ㉡ 장수왕(5세기) : 국내성에서 평양으로 천도하여 왕권 강화의 계기 마련, 백제와 신라 압박의 요인, 서해안 진출(고구려의 전성기)의 계기, 백제의 수도 한성 함락 → 한강 이남 지역까지 진출(죽령~남양만), 광개토대왕릉비와 중원고구려비 건립

5세기 고구려 전성기의 세력 판도

광개토대왕릉비

중국 지린성 지안시 퉁거우에 있는 고구려 제19대 광개토대왕의 비로 고구려의 건국, 광개토대왕의 즉위, 대외 진출 업적, 능묘의 관리 문제 등 세 부분으로 요약되어 있다.

> **체크 포인트**
>
> **광개토대왕릉비문**
> - 장수왕이 세운 비문으로, 이 기록은 삼국의 정세와 일본과의 관계를 알려주는 중요한 금석문 자료이다.
> - 광개토대왕릉비를 통해 동북아시아의 패자(覇者)로서의 고구려의 자신감을 엿볼 수 있다.

  ㉢ 고구려의 전성기 : 광대한 영토와 정치 제도 정비로 대제국 형성 → 동북아시아의 패자로 군림, 중국과 대등한 지위

② **백제**
  ⊙ 웅진 천도 : 고구려의 남하 정책으로 한강 유역 상실, 무역 활동 침체 → 왕권 약화
  ⓒ 동성왕 : 나제 동맹 강화
  ⓒ 무령왕 : 22담로와 왕족 파견 → 중흥의 발판 마련
  ⓔ 성왕(6세기 중반)
   • **사비 천도**, 국호 변경(남부여), 중앙 관서와 지방 제도 강화, 중국 남조(양나라)와 활발한 교류, 불교의 진흥, 일본에 불교 전래
   • 중앙 관청을 22부로 확대 정비하고, 수도를 5부로 지방을 5방으로 정비
   • 나제 동맹 결렬
③ **신라**
  ⊙ 진흥왕 : 영토 확장(한강・낙동강 유역 정복, 함경도 지역 진출) → 단양 적성비, 4개의 순수비, 대가야 정복(창녕비)

체크 포인트

진흥왕 순수비 : 진흥왕이 정복 지역을 둘러보면서 이를 기념하기 위해서 세웠다. 가야, 한강 유역, 함경도 진출을 입증해 준다.

  ⓒ 한강 유역 차지 : 경제 기반과 전략 거점 확보, 황해를 통해 중국과 직접 교류 → 삼국 항쟁의 주도권을 장악하여 고구려와 백제의 연결 차단
  ⓒ 화랑도 개편, 불교 교단 정비(사상 통합 노모)

신라 진흥왕 때의 영토 확장

황초령 신라 진흥왕 순수비 탁본

④ 가야 연맹

가야의 금관

　㉠ 후기 가야 연맹(5세기 후반~6세기 초) : 고령 지방의 대가야 중심, 신라와 대등한 세력 다툼, 신라와의 결혼 동맹으로 국제적 고립 탈피, 가야의 주도권 이동
　㉡ 가야 멸망 : 금관 가야 멸망(법흥왕, 532년), 대가야 멸망(진흥왕, 562년) → 신라・백제에 흡수

(2) 고구려와 수・당의 전쟁 기출 23, 21
① 동아시아의 정세(6세기 말)
　㉠ 수의 남북조 통일
　㉡ 돌궐・고구려・백제・왜의 남북 연합 ↔ 수・신라의 연합
② **수와의 전쟁** : 고구려의 요서 지방 선제 공격에 수문제와 수양제가 침입(살수 대첩 : 612년, 을지문덕), 고구려 국가 위기 극복(수 멸망)
③ **당과의 전쟁** : 고구려의 천리장성 축조 및 연개소문의 대당 강경책에 당태종이 침입(안시성 전투의 승리 : 645년)

> **체크 포인트**
> 연개소문 : 고구려 말기의 대막리지, 장군, 일명 천개소문, 15세에 부친의 직책을 계승하여 동부대인 대대로가 되었으며, 642년 당나라의 침입에 대비하고자 북쪽 1,000리에 이르는 장성을 축조하였다.

④ 고구려의 대(對)중국 전쟁의 의의
　㉠ 중국과의 대결을 통한 발전의 한 모습
　㉡ 민족의 방파제 역할을 통한 민족 수호

> **더 알아두기**
> **을지문덕의 여수장우중문시(與隋將于仲文詩)**
> 神策究天文(신책구천문)　　그대의 기묘한 책략은 하늘의 이치를 다했고,
> 妙算窮地理(묘산궁지리)　　오묘한 계획은 땅의 이치를 다했노라.
> 戰勝功旣高(전승공기고)　　전쟁에 이겨서 그 공 이미 높으니,
> 知足願云止(지족원운지)　　만족함을 알고 그만두기를 바라노라.
> → 을지문덕이 612년 수나라가 30만 대군으로 침공하여 왔을 때, 적의 마음을 해이하게 하기 위하여 수나라 장수 우중문에게 보낸 시
> → 겉으로는 을지문덕이 자신의 패배를 인정하고 우중문의 지혜를 칭찬하는 것처럼 보이지만 진짜 의도는 상대방을 조롱하는 데 있음

제 2 절 핵심예제문제

01 삼국이 중앙 집권 국가로 발전하는 과정에서 나타난 특징이 아닌 것은?

① 왕권 강화
② 율령 반포
③ 부족장 세력 강화
④ 활발한 정복 활동 전개

> 01 중앙 집권 국가로 발전하는 과정에서 나타난 특징은 부족장 세력 약화, 왕권 강화, 율령 반포, 불교 공인, 병부 설치, 공복 제정, 태학 설립 등이 있다.

02 다음 중 가장 먼저 있었던 사실은?

① 백제는 말갈족을 방어하면서 여러 읍락사회들을 통합하기 시작하였다.
② 고구려는 중국의 정치적 혼란을 이용하여 고조선 시대의 옛 땅을 회복하였다.
③ 신라는 김씨의 왕위 세습이 확립되고, 왕호를 마립간으로 썼다.
④ 금관가야가 주축이 된 가야 세력은 백제와 신라에게 분할 점령되었다.

> 02 ① 고이왕 때(3세기)
> ② 미천왕 때(4세기)
> ③ 내물왕 때(4세기)
> ④ 6세기 초

03 신라 지역에 고구려군이 주둔하고 있었음을 알 수 있는 비석은?

① 광개토대왕릉비
② 단양 적성비
③ 중원 고구려비
④ 진흥왕 순수비

> 03 광개토대왕릉비문
> • 장수왕이 세운 비문으로, 이 기록은 삼국의 정세와 일본과의 관계를 알려주는 중요한 금석문 자료이다.
> • 광개토대왕릉비를 통해 동북아시아의 패자로서의 고구려의 자신감을 엿볼 수 있다.

정답 01 ③ 02 ① 03 ①

제 1 장 실전예상문제

01 농경과 목축이 시작된 시기는 신석기 시대이다. 구석기 시대는 사냥과 채집을 하여 식생활을 해결하는 수렵, 어로, 채집의 단계였다.

> **알/파/노/트**
> **구석기 시대의 특징**
> - 연대 : 70만년 전
> - 도구 : 뗀석기 사용, 불의 발견·사용
> - 토기 : 없음
> - 생활 : 어로, 수렵, 채집
> - 거주 : 동굴, 강가, 바위그늘
> - 사회 : 무리 사회, 평등 사회

02 ② 민무늬 토기는 청동기 시대의 대표적인 토기이며, 신석기 시대에는 빗살무늬 토기가 유행하였다.
③ 신석기 시대에는 벼농사를 짓지 않았으며, 저습지에서 벼농사를 지은 시기는 청동기 시대이다.
④ 신석기 시대에는 중앙에 화덕이 위치하였으며, 남쪽으로 출입문이 위치하였고, 화덕이나 출입문 옆의 저장 구덩이에 식량이나 도구를 저장하였다.

03 신석기 시대의 씨족 공동체는 평등 사회로 중대한 일을 씨족 회의에서 결정하였다.

> **알/파/노/트**
> 신석기 시대에는 혈연 중심의 씨족 공동체 사회, 평등 사회, 정착생활을 하였다.

정답 01 ① 02 ① 03 ④

---

01 다음 중 구석기 시대의 생활 모습으로 옳지 <u>않은</u> 것은?

① 농경과 목축을 통하여 식량을 생산하였다.
② 무리 생활과 평등한 공동체적 생활을 하였다.
③ 동굴에서 살거나 강가에서 막집을 짓고 살았다.
④ 뗀석기를 가지고 사냥과 채집을 하여 식생활을 영위하였다.

02 다음 중 신석기 시대의 생활상으로 옳은 것은?

① 혈연을 바탕으로 한 씨족을 기본 구성단위로 하였다.
② 민무늬 토기가 유행하였다.
③ 일부 저습지에서 벼농사를 지었다.
④ 움집의 가운데 있던 화덕이 벽 쪽으로 이동하고 저장 구멍을 만들었다.

03 다음 중 신석기 시대 사회의 특징이 <u>아닌</u> 것은?

① 씨족 중심의 혈연 사회였다.
② 신석기인들은 애니미즘적인 신앙을 지니고 있었다.
③ 결혼 상대를 다른 씨족에서 구해야 하는 족외혼이 행해졌다.
④ 씨족장의 권위에 씨족원들은 복종해야만 하였다.

04 '신석기 혁명'이라고 할 만한 큰 변화의 원인을 설명한 것으로 옳은 것은?

① 불을 사용하였다.
② 계급이 발생하였다.
③ 농경을 시작하였다.
④ 국가를 형성하였다.

04 수렵·채집에만 의존하던 인류가 농경이라는 새로운 차원의 생산양식을 발명함으로써 여러 가지 사회·문화적 발전을 이루게 되었다.
① 구석기 시대이다.
②·④ 청동기 시대이다.

05 신석기 시대에 의복이나 그물을 만들어 사용했음을 알려 주는 유물은?

① 간석기
② 돌보습
③ 조개 껍데기 가면
④ 가락바퀴

05 가락바퀴는 실을 뽑아 감는 기구로서, 뼈바늘과 함께 직조술이 이루어졌음을 알 수 있는 신석기 시대의 유물이다.

알/파/노/트
신석기 시대에는 원시적 수공업이 이루어져 의복이나 그물을 만들어 사용하였다.

06 신석기인들의 신앙 생활과 거리가 먼 것은?

① 스스로 하늘의 자손이라고 믿는 의식이 생겨났다.
② 사람이 죽어도 영혼은 없어지지 않는다고 생각했다.
③ 자기 부족의 기원을 특정 동식물과 연결해 그것을 숭배하였다.
④ 인간과 영혼 또는 하늘을 연결해주는 존재인 무당과 그 주술을 믿었다.

06 ① 고조선 시대의 선민 사상, ② 영혼 숭배, ③ 토테미즘, ④ 샤머니즘

알/파/노/트
신석기 시대의 신앙 생활: 농경과 정착 생활을 하면서 인간은 자연의 섭리를 생각하게 되었고, 태양·물 등을 숭배하게 되었다.

정답 04 ③ 05 ④ 06 ①

07 신석기 시대에 농경과 정착생활을 하게 되면서 농사에 큰 영향을 끼치는 자연 현상이나 자연물에도 정령이 있다고 믿는 애니미즘이 생겨났다.

07 다음에 제시된 내용을 통해 선사 시대에 애니미즘 신앙이 생기게 된 사실을 유추해 볼 때, 괄호 안에 들어갈 가장 적절한 말은?

> 인간은 ( )을(를) 하게 되면서 ( )에 큰 영향을 끼치는 해, 구름, 비, 천둥 같은 자연 현상이나 자연물에 정령이 있다고 믿게 되었다. 그 가운데 해와 물에 대한 숭배가 으뜸이었다.

① 사냥 ② 어로
③ 농경 ④ 석기 제작

08 신석기 시대에는 농경생활을 시작하였고, 원시적 수공업이 이루어졌다.
②·③·④ 청동기 시대

알/파/노/트
신석기 문화의 특징
- 간석기와 토기 사용
- 농경·정착생활의 시작
- 직조술의 시작
- 움집의 일반화
- 부족 사회 - 족외혼
- 원시 신앙 생활

08 농경생활이 시작될 무렵의 사회 현상에 해당하는 것은?

① 의복과 그물을 만들어 사용하였다.
② 권력과 경제력을 가진 지배자가 출현하였다.
③ 제사장이나 군장들은 청동제 의기와 무기를 사용하였다.
④ 우세한 부족은 약한 부족을 정복하고 공납을 받았다.

09 토기는 신석기 시대에 처음으로 사용되어 저장의 기능을 하였다.
①·③·④ 청동기 시대

알/파/노/트
신석기 시대에 농경이 시작은 되었으나 본격적으로 이루어진 것은 청동기 시대이다.

09 다음 중 신석기 시대에 관한 올바른 설명은?

① 농경이 본격적으로 시작되었다.
② 토기를 처음으로 사용했다.
③ 정치적 지배관이 확립되었다.
④ 주로 구릉 지대에서 생활하였다.

정답 07 ③ 08 ① 09 ②

10 　**토기를 연대순으로 바르게 나열한 것은?**

① 빗살무늬 토기 → 가락리식 토기 → 이른 민무늬 토기 → 민무늬 토기
② 가락리식 토기 → 빗살무늬 토기 → 이른 민무늬 토기 → 민무늬 토기
③ 이른 민무늬 토기 → 빗살무늬 토기 → 가락리식 토기 → 민무늬 토기
④ 이른 민무늬 토기 → 가락리식 토기 → 빗살무늬 토기 → 민무늬 토기

10 이른 민무늬 토기(신석기 전기) → 빗살무늬 토기(신석기 중기) → 가락리식 토기(청동기 시대) → 민무늬 토기(청동기 시대)

11 　**신석기 시대와 청동기 시대의 비교가 틀린 것은?**

	〈신석기 시대〉	〈청동기 시대〉
①	강가	구릉, 산간 지역에서 생활
②	평등 사회	선민 사상 대두
③	농기구로 석기 사용	농기구로 청동기 사용
④	부족 사회	군장 국가 출현

11 청동기 시대에도 농기구는 석기가 사용되었으며, 청동제 농기구는 없었다.

알/파/노/트

구분	신석기 시대	청동기 시대
시작	기원전 8,000년경	기원전 10세기경
사회	혈연 중심의 부족 사회, 평등 사회	지연 중심의 군장 사회, 계급 사회
경제	수렵·어로 → 농경·목축 생활	농경의 발달, 사유 재산제
사상	원시 신앙	선민 사상
토기	빗살무늬 토기	민무늬 토기

정답 10 ③　11 ③

12 ①·③·④는 구석기 시대의 대표적인 유물이다.

알/파/노/트
제시된 내용은 신석기 시대와 관련된 내용이다.

12 다음 내용과 관련이 가장 깊은 유물은?

- 가락바퀴와 뼈바늘이 출토되었다.
- 봉산 지탑리와 평양의 남경 유적에서 탄화된 좁쌀이 발견되었다.
- 움집 중앙에 화덕이 위치하고 있고 남쪽으로 출입문을 내었으며, 화덕이나 출입문 옆에는 식량이나 도구를 저장할 수 있는 구덩이를 만들었다.

① 뗀석기
② 빗살무늬 토기
③ 골각기(骨角器)
④ 주먹도끼

13 ①·②는 신석기 시대, ③은 철기 시대에 대한 설명이다.

알/파/노/트
청동기 시대에 청동으로 만든 칼과 창으로 무장한 부족들은 스스로 하늘의 자손이라고 믿는 선민 사상을 가지고 주변의 약한 부족을 복속시켜 공납을 요구하였으며, 고인돌이나 돌무지무덤, 돌널무덤 등을 만들고 선돌을 세우기도 하였다. 이러한 문화현상을 태양 거석 문화라고 한다.

13 청동기 시대에 대한 설명으로 옳은 것은?

① 농경법을 알게 되어 정착생활을 시작하였다.
② 이 시대에 대표적인 토기는 빗살무늬 토기이다.
③ 이 시대에 부여, 고구려, 동예 등의 초기 국가가 등장하였다.
④ 선민 사상을 바탕으로 거석 문화를 형성하였다.

14 청동기 시대에 군장(족장)이 등장하였다.

14 성읍 국가(군장 국가)가 비로소 나타나는 시기는?

① 구석기 시대
② 신석기 시대
③ 청동기 시대
④ 철기 시대

정답 12 ② 13 ④ 14 ③

15 다음에 제시된 유물이 제작될 당시의 사회에 대한 설명으로 옳은 것은?

> • 반달돌칼
> • 바퀴날도끼
> • 미송리식 토기

① 주로 수렵 · 어로 생활을 영위하며 움집에 살았다.
② 동굴이나 강가에서 가족 단위로 무리 생활을 하였다.
③ 지배층이 등장하여 경제력과 권력을 가졌다.
④ 농경이 발달하였으며 소를 이용하여 경작하였다.

15 제시된 유물들은 청동기 시대의 유물들이다.
① · ② 구석기 시대
④ 삼한 시대

알/파/노/트
청동기 시대의 특징
• 정치 : 국가의 성립
• 경제 : 벼농사 시작, 사유 재산 형성, 빈부의 격차 심화
• 사회 : 계급의 형성
• 문화 : 선민 사상의 등장

16 청동기 시대에 대한 설명으로 잘못된 것은?

① 조, 피, 수수 등의 재배와 베짜기가 처음으로 시작되었다.
② 족장의 무덤은 거대한 고인돌과 돌무지무덤으로 만들었다.
③ 농경기구는 신석기 시대의 것을 대부분 그대로 사용하였다.
④ 민무늬 토기 제작인들이 홍도(紅陶)와 흑도(黑陶) 계통의 문화를 흡수하였다.

16 조, 피, 수수 등은 신석기 시대 때 밭농사로 재배되었다.

17 청동기 시대에 관한 설명으로 틀린 것은?

① 기원전 10세기 한반도 시작
② 식량 저장에 빗살무늬 토기 사용
③ 고인돌은 계급 발생을 알려주는 족장 무덤
④ 비파형 동검은 고조선 영역 확인

17 청동기 시대에는 민무늬 토기를 이용했으며 빗살무늬 토기는 신석기 시대에 사용했다.

알/파/노/트
청동기 시대의 특징
• 본격적인 농경의 시작
• 금속제 도구나 칼 사용
• 지배와 피지배 관계 성립
• 정착생활 및 선민의식
• 정치 세력의 등장
• 무문토기, 지석묘
• 선돌(신성지역이나 경계의 표식으로 세운 돌)의 사용

정답 15 ③ 16 ① 17 ②

| 18 | 고인돌은 경제력이 있거나 정치 권력을 가진 지배층의 무덤으로, 규모가 큰 수십 톤 이상의 덮개돌을 채석하여 운반하고 무덤에 설치하기까지에는 많은 인력이 필요하였다. |

18 청동기 시대 지배층의 강력한 정치 권력과 경제력을 잘 반영해 주고 있는 것은?

① 비파형 동검
② 거친무늬 거울
③ 고인돌
④ 민무늬 토기

| 19 | 평등 사회는 구석기·신석기 시대의 특징이다.

알/파/노/트
청동기 시대의 특징
• 정치: 국가의 성립
• 경제: 벼농사 시작, 사유 재산 형성, 빈부의 격차 심화
• 사회: 계급의 형성 |

19 청동기 시대의 특징으로 옳지 않은 것은?

① 붉은 간 토기 제작
② 사유 재산 형성
③ 평등 사회
④ 벼농사 시작

| 20 | ① 철제 무기의 보급으로 왕성한 정복 활동을 전개하여 노비가 증가했다.
② 생산물의 교역을 통한 교류 증가로 연맹 국가 및 삼국 발전의 기반이 조성되었다.
③ 청동기는 장신구의 재료로 활용되고, 제례 도구화되었다.
④ 철제 농기구의 사용으로 농업 생산력이 증가하였다. |

20 철기 문화가 발달하면서 나타난 현상이 아닌 것은?

① 노비의 수가 점차 감소하였다.
② 삼국 발전의 기반이 마련되었다.
③ 청동기는 장신구의 재료로 활용되었다.
④ 농업의 발달로 인해 경제 기반이 확대되었다.

정답 18 ③   19 ③   20 ①

21 철기 문화 보급 현상으로 볼 수 없는 것은?

① 한자가 전래되었다.
② 청동기가 의기화되었다.
③ 지배와 피지배 관계가 형성되기 시작하였다.
④ 독자적인 청동기 문화가 한반도에서 발전되었다.

22 철기의 사용으로 중국과의 교역이 있었던 사실을 입증해 주는 유물이 아닌 것은?

① 붓
② 오수전
③ 반량전
④ 거친무늬 거울

23 다음을 통해 알 수 있는 고조선의 사회상으로 옳지 않은 것은?

> • 백성들에게 금하는 법 8조가 있었다. 사람을 죽인 자는 즉시 죽인다. 남에게 상처를 입힌 자는 곡식으로 갚는다.
> • 도둑질을 한 자는 노비로 삼는다. 용서받고자 하는 자는 한 사람마다 50만 전을 내야 한다.
> – 『한서(漢書)』

① 생명을 경시하는 풍조가 있었다.
② 형벌 제도와 노비가 있었다.
③ 권력과 경제력의 차이가 있었다.
④ 노동력과 사유 재산을 중요하게 여겼다.

---

21 청동기 시대에 지배와 피지배 관계가 형성되기 시작되었는데, 이를 입증해 주는 것이 고인돌로 당시 지배층이 가진 정치 권력과 경제력을 잘 반영해 주고 있다.

알/파/노/트
철기 문화 보급의 의의
- 철제 농기구의 사용 : 농업 발달로 경제 기반 확대
- 철제 무기, 철제 연모 사용 : 청동기는 의식용 도구로 변화
- 중국과 교역 : 명도전(화폐)·오수전·반량전 사용, 한자 사용(경남 창원 다호리에서 붓 출토)

22 철기의 사용으로 중국과의 교역을 입증해 주는 유물은 중국 화폐인 명도전, 오수전, 반량전과 붓(한자 사용) 등이다.

23 당시 고조선은 인간의 생명을 중시하였음을 알 수 있다. 이는 노동력이 매우 중요시되었기 때문이다.

정답 21 ③ 22 ④ 23 ①

24 농사를 짓는 데에는 토양과 함께 기후 조건이 중요시된다.

알/파/노/트
단군 신화에 나타난 고조선의 사회상
- 우리 민족의 시조 신화
- 청동기 문화를 배경
- 선민 사상
- 농경의 발달
- 사유 재산의 성립과 계급의 분화
- 지배자의 등장
- 홍익인간(弘益人間)의 건국 이념
- 연맹 국가
- 제정 일치 사회

25 족외혼의 관습을 엿볼 수 있다.

26 웅족은 천신족인 환웅족과 대비시켜 그들을 일컫기를 천신족과 대비되는 지신족이라 한다.

정답 24 ④ 25 ① 26 ①

---

24 단군신화에 나타나는 내용에서 고조선이 농경 사회임을 알려주는 것은?

① 곰과 범이 환웅에게 사람되기를 빌었다.
② 환웅은 태백산 신단수 밑에 신시(神市)를 세웠다.
③ 환인의 서자 환웅이 천하에 뜻을 두고 인간 세계를 갈구하였다.
④ 환웅은 풍백, 우사, 운사를 거느리고 바람, 비, 구름을 주관하게 하였다.

25 단군신화가 전해주는 당시의 사회상과 맞지 <u>않는</u> 것은?

① 족내혼 제도의 관습
② 토테미즘
③ 계급의 분화
④ 제정 일치 사회

26 개국신화 중 토착민에 의한 지신족(地神族) 신앙으로 이해될 수 있는 것은?

① 웅녀
② 환웅
③ 환인
④ 해모수

27 다음 중 고조선에 대한 설명으로 옳은 것은?

① 고조선의 세력 범위는 청동기 시대 민무늬 토기(무문 토기)가 출토된 지역과 거의 일치한다.
② 철기 문화를 바탕으로 중국과 대등한 문화 수준을 향유하였다.
③ 단군신화는 고조선 사람들의 의식을 반영한 것으로 우리 역사와는 무관한 것이다.
④ 8조의 법이 있었는데, 그중 3개 조목만이 중국의 기록에 전해진다.

27 중국 한서지리지에 상해, 살인, 절도의 조목만 남아 있다.
① 고인돌과 비파형 동검 등의 분포 지역과 거의 일치
② 청동기 문화를 바탕으로 철기 문화 수용

알/파/노/트
8조법 : '반고'의 한서지리지에 일부 조목만 내용이 전해짐
• 특징
 – 개인의 재산과 생명을 보호하는 원시적 보복법의 원리를 적용
 – 지배층이 사회 질서를 유지하면서 지배 세력을 강화하기 위한 법
• 내용
 – 사람을 죽인 자는 사형에 처한다.
 – 상처를 입힌 자는 곡물로써 배상한다.
 – 남의 물건을 훔친 자는 노비로 삼는다. 용서를 받으려는 자는 50만 전을 낸다.
 – 그 외에 여자의 정절을 귀하게 여겼음을 추측할 수 있다.

28 현존하는 사료로 볼 때 고조선과 부여에서 공통적으로 처벌받았던 죄목은?

┌─────────────────────┐
│ ㉠ 살인   ㉡ 상해 │
│ ㉢ 절도   ㉣ 간음 │
│ ㉤ 투기   │
└─────────────────────┘

① ㉠, ㉡
② ㉠, ㉢
③ ㉠, ㉡, ㉢
④ ㉡, ㉤

28 고조선의 8조법에는 살인·상해·절도에 관한 내용이 있고, 부여의 4조문에는 살인·절도·간음·투기에 관한 내용이 있다.

정답 27 ④ 28 ②

29 다음에 제시된 내용을 통해 알 수 없는 것은?

> - 간음한 자는 사형에 처한다.
> - 투기가 심한 부인은 사형에 처한다.
> - 남의 물건을 훔친 자는 물건값의 12배를 배상하게 한다.
> - 살인자는 사형에 처하고, 그 가족은 노비로 삼는다.

① 보복주의적 성격
② 토테미즘 신앙 숭배
③ 가부장적 가족 제도
④ 사유 재산과 노동력 중시

29 제시된 내용은 부여의 4조목의 내용이다.

알/파/노/트

부여의 4조목
- 살인자는 사형에 처하고, 그 가족은 노비로 삼는다.
- 절도자는 12배의 배상을 물린다(1책 12법).
- 간음자는 사형에 처한다.
- 부인이 질투하면 사형에 처하되 그 시체는 산 위에 버린다.

30 다음 설명과 일치하는 국가는?

> - 1세기 초부터 왕호를 사용하였다.
> - 법률로 4조목이 존재했다.
> - 왕 밑에 마가, 우가, 저가, 구가와 대사자, 사자 등의 관직이 있었다.

① 부여
② 고조선
③ 고구려
④ 동예

30 부여는 만주 길림시 일대를 중심으로 송화강 유역의 평야 지대에서 성장하였다. 농경과 목축 생활을 하였으며, 1세기 초 왕호를 사용하고 중국과 외교 관계를 수립하였다. 왕 아래 마가, 우가, 저가, 구가와 대사자, 사자 등의 관직이 존재하였다. 순장·영고·우제점법 등의 풍속이 있었다.

정답 29 ② 30 ①

31 삼한 사회에 존재했던 소도를 통하여 알 수 있는 사실이 <u>아닌</u> 것은?

① 삼한 사회는 제정 일치 사회였다.
② 소도는 신구 세력의 완충지 역할을 하였다.
③ 천군은 농경과 종교에 대한 의례를 주관하였다.
④ 소도에는 정치적 군장의 세력이 미치지 못하였다.

32 다음은 선사 시대의 사회 변화를 설명한 것이다. 이런 변화로 인하여 나타난 결과는?

> • 농경 기구의 발달로 잉여 생산이 증가하였다.
> • 농업 생산물은 개인이나 가족의 소유로 할 수 있었다.

① 움집 생활 가능
② 원시 신앙 출현
③ 빈부의 격차 발생
④ 평등한 씨족 생활

33 다음 중 삼한 사회의 역사적 특수성만을 모아 놓은 것은?

> ㉠ 제사와 정치의 분리
> ㉡ 철의 생산과 수출
> ㉢ 순장제 의식의 발달
> ㉣ 벼농사의 발달

① ㉠, ㉡, ㉢
② ㉡, ㉢, ㉣
③ ㉠, ㉢, ㉣
④ ㉠, ㉡, ㉣

---

31 소도는 군장의 세력이 미치지 못하는 곳으로 죄인이라도 도망을 하여 이곳에 숨으면 잡아가지 못하였다. 이러한 제사장의 존재에서 고대 신앙의 변화와 제정의 분리를 엿볼 수 있다.

알/파/노/트

소도(蘇塗)
• 제사장인 천군이 다스리는 신성 지역으로 1년에 1~2회 농사의 풍요와 질병, 재앙이 없기를 제사지냈던 장소였으며, 정치적 군장의 힘이 미치지 못하여 죄인이 도망하면 그를 붙잡아가지 못했다.
• 신구 문화의 충돌과 사회적 갈등을 완화해 주는 역할을 담당하는 지역이었다.

32 청동기 시대에는 생산 증가에 따른 잉여 생산의 축적과 사적 소유로 인해 빈부 차이가 발생했다.

33 순장제는 부여의 풍속이다.

알/파/노/트

부여의 법속·풍속 : 4조목(법), 영고(제천 행사), 우제점복(소를 죽여 그 굽으로 길흉을 점침), 순장(왕이 죽으면 많은 사람들과 껴묻거리를 함께 묻음), 1책 12법

정답 31 ① 32 ③ 33 ④

34 고구려와 백제는 같은 세력이 건국한 것으로 부여 계통이었다.
① 삼한은 제정 분리 사회로 천군(제사장)과 군장(정치적 지배자)로 분리되었다.
② 고구려는 민며느리제가 아닌 서옥제라는 풍속이 있었다.
④ 한강 이남의 진과 고조선의 유이민이 융합되면서 마한, 진한, 변한의 연맹체가 등장하였다.

34 초기 국가 시대의 설명으로 옳은 것은?

① 삼한은 정치적 지배자가 제사장을 겸임하였다.
② 옥저는 고구려와 같이 민며느리제도를 실시했다.
③ 고구려, 백제는 건국 세력이 부여 계통임을 자처했다.
④ 한강 이남 지역은 낙랑군 멸망 이후 마한, 진한, 변한으로 나타났다.

35 ① 데릴사위제는 고구려, 무천은 동예
② 골장제는 옥저, 상달제는 삼한
④ 순장은 부여, 동맹은 고구려

35 다음은 초기 국가들의 풍속이다. 같은 국가의 풍속끼리 바르게 연결된 것은?

① 데릴사위제 – 무천
② 골장제 – 상달제
③ 소도 – 계절제
④ 순장 – 동맹

36 고구려는 일찍부터 옥저와 동예로부터 공물을 받아갔다.

알/파/노/트
옥저와 동예는 지리적으로 함경도 및 강원도 북부의 동해안 지대에 위치하여 선진 문화의 수용이 늦었다. 읍군이나 삼로가 자기 부족을 지배하였고(군장 국가), 고구려의 압박과 수탈로 통합된 정치 세력을 형성하지 못하였다.

36 옥저와 동예가 큰 정치 세력을 형성하지 못한 주된 이유로 가장 알맞은 것은?

① 해안가에 위치하여 농업이 크게 발달하지 못하였다.
② 군장의 지위는 세습이 아닌 선출을 통하여 결정하였다.
③ 일찍부터 고구려의 팽창 과정 속에서 압박과 수탈을 당하였다.
④ 씨족 사회의 전통이 강하게 남아 있어 강력한 정치 권력의 탄생이 어려웠다.

정답 34 ③ 35 ③ 36 ③

37 다음 중 우리나라의 고대 국가에서 있었던 사건이라고 볼 수 없는 것은?

① 불교 수용
② 정복 활동 활발
③ 중국에서 철기의 보급
④ 율령 반포

37 중국으로부터의 철기의 유입은 연맹 왕국 단계에서 이루어졌다.

38 가야 시대에 대한 설명으로 맞는 것은?

① 철 생산, 중계 무역으로 발전
② 4세기 전 고령 대가야 중심으로 발전
③ 가야 연맹은 고구려, 백제와 연합하여 신라에 대항
④ 부여에서 내려온 유이민과 압록강 유목 토착민 집단 결합

38 가야 연맹은 농경 문화가 발달하였고, 낙랑과 왜의 규슈 지방을 연결하는 중계 무역이 발달하였으며, 풍부한 철 생산으로 번성하였다.

알/파/노/트
가야 연맹을 건설한 수로왕은 제철업을 중심으로 벼농사 등의 농업 생산력과 수산업을 중흥시켰다. 이로 인해 백성들은 경제적으로 풍족한 생활을 하였으며, 항구를 통한 무역을 발전시켜나갔다. 가야 사회의 통치기반이 갖추어지고 지배 체제가 구축되는 것은 이와 같은 생산력의 발달을 배경으로 한 것이었다.

39 다음 설명에 해당하는 연맹체는?

- 백제와 신라의 사이에 위치했다.
- 결혼 동맹을 통해 안정을 취하려 했다.
- 562년에 신라에 복속되었다.

① 금관가야
② 옥저
③ 동예
④ 대가야

39 대가야는 6세기 초 백제·신라 등과 대등하게 세력을 다투게 되었고, 신라와 결혼 동맹을 맺어 국제적 고립에서 벗어나려 하였다. 이후 신라와 백제의 다툼 속에서 후기 가야 연맹은 김해의 금관가야가 신라에 정복당하였고, 대가야가 신라에 의해 멸망(진흥왕, 562년)하면서 가야 연맹은 완전히 해체되었다.

정답 37 ③ 38 ① 39 ④

40 5세기 삼국의 상황을 바르게 설명한 것은?

① 단양 적성비를 세웠다.
② 신라와 백제가 동맹을 맺었다.
③ 수나라가 고구려를 침공하였다.
④ 백제의 근초고왕이 멀리 요서 지방까지 진출하였다.

41 백제의 정치와 관련된 사실로 옳은 것은?

① 영고라는 제천 행사가 있었다.
② 지방에는 욕살이라는 장관을 파견하였다.
③ 수상 대대로는 귀족인 가(加)들이 선출하였다.
④ 고이왕은 중앙에 좌평을 두어 업무를 관장시켰다.

42 백제의 발전 과정에서 있었던 일을 시대순으로 나열한 것은?

```
㉠ 고대 무역권 형성
㉡ 일본에 불교 전파
㉢ 22담로제 실시
㉣ 한강 유역 대부분 통합
```

① ㉠ → ㉣ → ㉡ → ㉢
② ㉡ → ㉠ → ㉣ → ㉢
③ ㉢ → ㉡ → ㉠ → ㉣
④ ㉣ → ㉠ → ㉢ → ㉡

40
① 6세기
③ 6세기 말
④ 4세기

41
『삼국사기』에는 백제의 6좌평·관등제가 고이왕 27~28년에 완비된 것으로 기술되어 있다.
① 영고는 부여의 제천 행사로 12월에 실시하였다.
② 욕살은 고구려의 지방관직명이다.
③ 고구려에 대한 설명이다.

42
㉣ 3세기
㉠ 근초고왕 때(4세기)
㉢ 웅진 천도 후(5세기)
㉡ 성왕 때(6세기)

정답 40 ② 41 ④ 42 ④

43 4세기 후반에 이르기까지 해상권이 가장 발달한 나라는?

① 부여
② 고구려
③ 백제
④ 신라

43 백제는 서남 해안의 해상권을 장악하여 요서·산둥 지방과 한반도 및 일본 규슈 지역을 연결하는 해상 무역을 지배하였다.

44 백제 때 일어난 사건을 순서대로 바르게 나열한 것은?

㉠ 불교 공인
㉡ 칠지도 제작
㉢ 나제 동맹
㉣ 웅진 천도

① ㉠ → ㉡ → ㉢ → ㉣
② ㉡ → ㉠ → ㉢ → ㉣
③ ㉢ → ㉠ → ㉣ → ㉡
④ ㉣ → ㉠ → ㉡ → ㉢

44 ㉡ 칠지도 제작(근초고왕, 369년)
㉠ 불교 공인(침류왕, 384년)
㉢ 나제 동맹(비유왕, 433년)
㉣ 웅진 천도(문주왕, 475년)

45 삼국의 발전 과정과 그 시기가 잘못 연결된 것은?

① 3세기 - 고구려의 율령 반포
② 4세기 - 백제의 요서 진출
③ 5세기 - 고구려의 한강 유역 진출
④ 6세기 - 신라의 가야 정벌

45 고구려의 율령 반포: 소수림왕(4세기)

알/파/노/트

• 율령 반포: 백제(고이왕, 3세기), 고구려(소수림왕, 4세기), 신라(법흥왕, 6세기)
• 한강 점령: 백제(고이왕, 3세기), 고구려(장수왕, 5세기), 신라(진흥왕, 6세기)
• 고대 국가의 성립: 백제(고이왕, 3세기), 고구려(태조왕, 2세기), 신라(내물왕, 4세기)
• 고대 국가의 완성: 백제(근초고왕, 4세기), 고구려(소수림왕, 4세기), 신라(법흥왕, 6세기)

정답 43 ③ 44 ② 45 ①

46 우산국을 복속하고 국호를 신라로 개칭한 왕은 지증왕이다.

알/파/노/트
법흥왕은 병부 설치, 율령 반포, 공복 제정, 골품제 정비, 불교 공인, 금관가야 복속, 연호 사용(건원) 등을 시행하였다.

46 고대 한반도의 정치 정세에 관한 설명으로 **틀린** 것은?
① 신라의 진흥왕은 불교 교단을 정비하고 한강 유역을 확보하였다.
② 백제의 근초고왕은 중국의 요서·산둥 지방, 일본의 규슈 지방까지 진출하였다.
③ 고구려 장수왕은 남하 정책을 펴서 한강 전 지역을 장악하였다.
④ 신라의 법흥왕은 우산국을 복속하고, 국호를 신라로 개칭하였다.

47 고대 국가는 왕권 강화를 특징으로 하는데, 그것을 위해 마련된 제도 중 하나가 관등제의 확립이다.

알/파/노/트
왕의 권한이 강화되고, 각 부의 부족 성격이 행정적 성격으로 바뀌어 중앙집권체제가 형성됨

47 다음 내용에서 괄호 안에 들어갈 제도는 무엇인가?

> 삼국은 사회가 발전함에 따라 (　　　)가 정비되어 각 부의 귀족들과 그 밑에 있는 관리들은 왕의 신하가 되었다. 그러므로 왕권이 강화되고, 부족적 성격이 행정적 성격으로 바뀌어 중앙 집권 체제가 형성되었다.

① 관등제　　② 귀족 회의제
③ 과거제　　④ 3성 6부제

48 ㉠ 옥저 정복(태조왕, 1세기 중엽)
㉢ 서안평 점령(미천왕, 311년)
㉡ 낙랑 축출(미천왕, 313년)
㉣ 요동 지역 정복(광개토대왕, 407년)

48 고구려에 관한 다음 사항들을 시대순으로 바르게 나열한 것은?

> ㉠ 옥저 정복　　㉡ 낙랑 축출
> ㉢ 서안평 점령　　㉣ 요동 지역 정복

① ㉠ → ㉡ → ㉢ → ㉣
② ㉠ → ㉢ → ㉡ → ㉣
③ ㉡ → ㉣ → ㉠ → ㉢
④ ㉢ → ㉡ → ㉠ → ㉣

정답 46 ④　47 ①　48 ②

49 삼국 시대의 행정 조직에 대한 설명으로 틀린 것은?

① 관등제의 운영은 신분의 제약이 있었다.
② 대대로, 좌평 등은 국정을 총괄하였다.
③ 말단 행정 단위인 촌에는 지방관이 파견되었다.
④ 촌주는 촌락 내의 행정과 군사 실무에 깊이 관여하였다.

49 촌에는 지방관이 파견되지 않고 토착 세력을 촌주로 삼았다.

> **알/파/노/트**
> **지방 행정 조직**
> • 성·촌 단위로 개편 → 지방 통치의 중심으로 삼고, 지방관을 파견하여 직접 지배 → 지방 세력가의 자치가 오랫동안 유지
> • 부·방·주(지방 장관 파견) → 성·군(지방관 파견) → 촌(토착 세력인 촌주가 지방관 보좌, 행정과 군사의 실무 담당)

50 다음 중 귀족 합의 제도와 관련이 없는 제도는?

① 중정대
② 화백 회의
③ 정사암
④ 제가 회의

50 중정대는 발해 시대 때 어사대의 기능을 했던 제도이다.

> **알/파/노/트**
> **귀족 회의체(국왕 중심의 귀족 정치)**
> • 고구려의 제가 회의
> • 백제의 정사암 회의
> • 신라의 화백 회의(의장: 상대등, 장소: 4영지)

51 백제의 유물과 유적에 대한 설명으로 옳은 것은?

① 송산리 고분군 - 한성 시대 왕릉급 무덤이 모여 있는 곳이다.
② 정림사지 오층 석탑 - 성왕 대에 만들어진 것이고, 우리나라에 남아있는 가장 오래된 탑이다.
③ 석촌동 고분군 - 고구려의 돌무지무덤을 닮았으며, 고구려와 백제가 같은 계통이었음을 보여준다.
④ 무령왕릉 - 발굴 전에 이미 대다수의 유물이 도굴되어 남아 있는 것이 거의 없다.

51 ① 송산리 고분군은 웅진 시대의 고분이다.
② 우리나라에서 현존하는 가장 오래된 탑은 익산 미륵사지 석탑이다.
④ 무령왕릉은 발굴 당시에 지석, 장신구, 청동거울 등 많은 유물이 그대로 보존되어 있었다.

정답 49 ③ 50 ① 51 ③

52 온조가 남하하여 한강 유역의 위례성에 정착한 것을 통해 백제가 한강 유역의 토착 세력과 고구려 계통의 유이민 세력의 결합으로 성립되었다는 것을 알 수 있다.

알/파/노/트

백제의 건국(기원전 18년)
- 백제는 마한의 한 소국으로부터 출발하였다. 기록에 의하면 고구려 주몽의 아들 온조가 남하하여 하남 위례성에 도읍을 정하고 백제를 세운 것이라고 한다.
- 한강 유역의 백제는 연맹 왕국으로 성장하면서 마한을 대신하는 새로운 정치 세력의 중심으로 발전하였다.

53 녹읍은 경덕왕 때 부활되었다.

52 다음의 사실로 알 수 있는 것은?

> 온조가 남하하여 하남 위례성에 도읍을 정하고 기원전 18년에 백제를 세웠다.

① 백제는 고구려 유이민에 의해 건국되었다.
② 백제는 농경 사회였다.
③ 한사군의 지배를 받았다.
④ 왕권이 강하였다.

53 다음에서 설명하는 신라의 녹읍제에 대한 내용으로 알 수 있는 사실이 아닌 것은?

> 녹읍은 관료에게 일정한 지역의 토지를 지급함에 있어 그 수조권뿐만 아니라 그 토지에 딸린 노동력과 공물을 모두 수취할 수 있도록 하는 것이다. 신문왕 9년에는 녹읍을 혁파하고 대신 매년 단순한 급료인 녹봉을 지급하였다.

① 녹읍은 원성왕 때 부활되었다.
② 귀족 관료에 대한 억압책으로 녹읍을 혁파했다.
③ 녹읍의 부활은 귀족 세력의 완강함을 의미한다.
④ 관료는 녹읍에서 조세, 공물, 요역을 징발할 수 있었다.

정답 52 ① 53 ①

54 신라의 신분 제도인 골품 제도의 내용으로 적절하지 <u>않은</u> 것은?

① 골품에 따라 공복의 색깔이 결정되었다.
② 중앙 집권 국가로 발전해 가는 과정에서 형성되었다.
③ 모든 관등에 다 오를 수 있는 특권은 진골들만 누렸다.
④ 6두품은 신분적 한계를 절감하고, 주로 종교와 학문에 전념하였다.

55 고구려 세력 일부가 남하하여 한강 유역에 정착했음을 보여 주는 것은?

① 석촌동 고분
② 송산리 고분
③ 황초령비
④ 사택지적비

56 다음에 제시된 내용의 공통점으로 옳은 것은?

- 고구려 소수림왕 : 불교 수용, 태학 설립
- 백제 고이왕 : 정부 관제와 관료의 복색 제정
- 신라 내물왕 : 왕위 세습

① 유교 정치 이념의 도입
② 중앙 집권 체제의 강화
③ 18품계에 따른 관제의 정립
④ 귀족 중심의 불교 문화 발달

---

54 관등에 따라 공복의 색깔이 결정되었다.

알/파/노/트
골품 제도 : 부족 연맹에서 고대 국가로의 성장과정에서 각 지방의 작은 촌은 족장에게 4·5두품의 신분을, 대족장에게는 6두품의 신분을 주었으며, 진골·성골은 왕족이었다.
- 골품에 따라 개인의 사회 활동과 정치 활동의 범위까지 엄격하게 제한
- 관등 승진의 상한선이 골품에 따라 정해짐
- 가옥의 규모, 장식물, 복색, 수레 등 일상 생활까지 규제

55 석촌동 고분은 고구려의 무덤 양식과 같아 고구려에서 내려온 사람들이 한강 유역에 정착했음을 입증하고 있다.

56 불교의 수용, 유교 보급, 관료 양성을 위한 태학 설립, 율령의 반포, 6좌평 등 관료 체제의 정비, 16관품(관등)의 관등 체계 제정, 관료의 복색 제정, 독점 세습 체제 확립 등은 중앙집권체제의 강화를 통한 고대 국가 체제로의 발전과 밀접한 관계가 있다.

알/파/노/트
강력한 왕권과 정비된 율령을 바탕으로 중앙 집권 국가를 이룩하였고, 불교를 수용함으로써 중앙 집권화를 사상적으로 뒷받침하였다.

정답 54 ① 55 ① 56 ②

57 알/파/노/트

진흥왕(6세기 중반)
- 한강 유역 차지 : 한강 상류 지역 진출하여 단양 적성비 건립, 한강 하류 지역 확보 후 북한산 순수비 건립하고 신주 설치
- 영토 확대 : 대가야 점령하여 낙동강 유역 확보(창녕비 건립), 고구려를 공격하여 함경도까지 진출(황초령비, 마운령비 건립)
- 화랑도 공인, 국사 편찬(거칠부), 불교 장려, 연호 사용

57 신라가 한강 유역을 점령한 시대에 대한 설명으로 옳은 것은?

① 화랑도를 국가적으로 공인하였다.
② 적극적인 친당 외교를 펼쳤다.
③ 인평이란 연호를 사용하였다.
④ 황룡사 구층 목탑을 축조하여 호국 사상을 고취시켰다.

58 왕궁, 성, 저수지 등을 만들기 위하여 국가에서 노동력이 필요하면 15세 이상의 남자를 동원하였다.

알/파/노/트
- 수취 제도 : 재산의 정도에 따라 호를 나누어 곡물과 포 징수, 지역의 특산물 수취
- 노동력의 동원 : 왕궁, 성, 저수지 등의 축조를 위해 15세 이상의 남자를 동원

58 삼국의 경제 정책의 수취 제도로 바르지 <u>못한</u> 것은?

① 조세는 대개 재산의 정도에 따라 호를 구분하여 곡물이나 포를 징수하였다.
② 공납으로는 지역 특산물을 징수하였다.
③ 역은 15세 이상의 남자를 동원하였다.
④ 역은 국가에서 전쟁시에만 동원하였다.

59 고구려의 고국천왕은 구휼 정책으로 진대법을 시행하였다.

알/파/노/트

진대법 : 흉년 또는 춘궁기에 곡식을 대여했다가 가을 수확기에 갚게 했던 진휼 제도로, 고구려의 고국천왕 때 재상인 을파소가 시행한 것이 첫 기록인데, 뒤에 고려 및 조선에 의창 또는 상평창으로 이어지면서 환곡 제도로 정비되었다.

59 삼국의 구휼 정책으로 바르지 <u>않은</u> 것은?

① 황무지를 개간하도록 권장하여 경작지를 확대하였다.
② 철제 농기구를 일반 농민에게 보급하고, 소를 이용한 우경을 장려하였다.
③ 백제는 진대법을 구휼 정책으로 시행하였다.
④ 홍수, 가뭄 등으로 흉년이 들면 백성에게 곡식을 나누어 주거나 빌려 주었다.

정답 57 ① 58 ④ 59 ③

60 다음 중 삼국이 국가가 필요로 하는 무기, 장신구 등의 물자를 조달한 방법은 어느 것인가?

① 일반 농민들이 물건을 구해서 납부
② 필요한 물건을 생산하는 지역을 정복해서 조달
③ 관청을 두고 수공업자로 하여금 물품을 생산
④ 노비들 중 기술이 뛰어난 자에게 물품을 생산

60 삼국은 노비들 중 기술이 뛰어난 자에게 국가가 필요로 하는 무기, 장신구 등을 생산하게 하였다.

61 다음에 제시된 신라와 조선에서 실시한 토지 제도의 공통점으로 옳은 것은?

- 신라는 녹읍을 폐지하고, 정전을 주었다.
- 조선 성종 때 관수 관급제를 실시하였다.

① 백성들에게 토지를 지급하였다.
② 귀족과 관리들은 원칙적으로 토지를 소유하지 못하여 점차 몰락하게 되었다.
③ 장기적으로 볼 때 국가 재정의 안정적 확보와 농민 생활의 안정을 가져왔다.
④ 귀족과 관료의 농민 지배를 제한하여 국가의 토지 지배력을 강화하고자 하였다.

61 신라 녹읍의 폐지나 조선 성종 때의 관수 관급제 모두 귀족과 관료의 백성에 대한 지배권을 폐지하고 국가의 토지 지배력을 강화한 것이다.

알/파/노/트
- 녹읍 : 국가에서 관료 귀족에게 지급한 일정 지역의 토지로서 조세를 수취할 뿐만 아니라 그 토지에 딸린 노동력을 징발할 수 있었다.
- 식읍 : 국가에서 왕족, 공신 등에게 준 토지와 가호로서 조세를 수취하고 노동력을 징발할 권리를 부여하였다.

62 삼국 시대 귀족의 경제 생활로 틀린 것은?

① 전쟁에 참여하면서 토지와 노비 등을 더 많이 가질 수 있었다.
② 토지, 농기구, 소 등 생산 조건에서 농민보다는 유리하지 않았다.
③ 노비와 농민을 동원하여 자기 소유의 토지를 경작시켰다.
④ 고리대를 이용하여 재산을 늘려갔다.

62 귀족은 토지·농기구·소 등 생산 조건에서 농민보다 유리하였고 비옥한 토지를 가지고 있었으며, 일반 농민들은 가지기 어려운 철제 농기구와 소도 많이 소유하였다.

알/파/노/트
귀족의 경제 생활
- 고리대 이용 : 토지를 빼앗고, 농민을 노비로 만들어 재산 증가
- 노비와 농민을 동원 → 자기 소유의 토지를 경작하여 수확물 확보

정답 60 ④ 61 ④ 62 ②

63 시장은 인구의 증가와 상업의 발달로 인해 형성되었으나 관리하는 데에는 국가적 간섭과 통제가 필요하였다.

63 삼국 시대의 시장(市場)에 대한 설명으로 틀린 것은?

① 신라의 경우, 5세기 말 경주에 시장이 설치되었다.
② 시장은 자연적으로 형성된 것이므로 국가가 관여하지 않았다.
③ 농업 생산성이 낮은 수도 같은 도시에서만 시장이 형성되었다.
④ 지방은 행상에 의한 물물교환이 이루어졌다.

64 고구려는 남북조와 북방 유목 민족과, 백제는 남중국과 일본, 신라는 한강 유역 획득 전에는 고구려와 백제를 통해, 이후에는 당항성을 통해 중국과 직접 무역을 했다.

알/파/노/트
삼국의 대외 무역은 왕실과 귀족의 필요에 의해 4세기 이후 발달하였다.

64 다음 중 삼국의 대외 무역에 대한 설명으로 옳은 것은?

① 왕실과 귀족에 의한 공무역 형태였다.
② 고구려는 남중국, 일본과 무역을 하였다.
③ 신라는 한강 유역 획득 이전에는 중국과 직접 무역을 하였다.
④ 백제는 북방 유목 민족과 무역을 하였다.

65 삼국 시대 귀족의 경제 기반은 본래 소유한 토지, 국가에서 준 노비·녹읍·식읍, 유리한 생산 조건(비옥한 토지 소유, 철제 농기구 다량 소유, 많은 소)과 고리대 등이었다.

65 삼국 시대의 귀족이 풍족하고 화려한 생활을 할 수 있었던 배경으로 옳지 않은 것은?

① 국가에서 준 녹읍, 식읍, 노비를 가지고 있었다.
② 귀족은 전쟁에 참여하면서 토지와 노비 등을 더 많이 가질 수 있었다.
③ 물품을 직접 생산하여 판매함으로써 부를 축적하였다.
④ 고리대로 농민의 토지를 빼앗거나 농민을 노비로 만들었다.

정답 63 ② 64 ① 65 ③

66 다음 중 삼국 시대 사회의 성격으로 틀린 것은?

① 계층상의 차이가 분명했다.
② 신분은 개인의 능력에 따라 결정되었다.
③ 엄격한 신분 제도가 있었다.
④ 율령이 만들어졌다.

66 삼국 시대의 개인의 신분은 개인의 능력보다 그가 속한 친족의 사회적 위치에 따라 결정되었다.

67 다음 중 고대 사회의 평민에 대한 설명으로 옳지 않은 것은?

① 왕실과 귀족 및 관청에 예속되어 신분 제약이 있었다.
② 정치적 · 사회적으로 제약을 받았다.
③ 나라에서 부과하는 조세를 납부하였다.
④ 노동력을 징발당했기 때문에 생활이 어려웠다.

67 평민은 대부분 농민으로서 신분적으로는 자유인이었다.

68 다음 내용과 같은 신분 계층의 형성과 관계가 없는 것은?

> 부여, 초기 고구려, 삼한의 읍락에는 경제적으로 부유한 호민과 그 아래에 하호가 있었다.

① 정복 전쟁
② 부족들의 통합
③ 지배층 간에 위계 서열 마련
④ 부족 사회 형성

68 정복 전쟁은 철제 무기를 사용하게 되면서 활발해져 정복과 복속으로 여러 부족들이 통합되는 과정에서 고대 사회에서의 지배층 사이에 위계 서열이 마련되었고, 그 서열은 신분 제도로 발전해 갔다.

정답 66 ② 67 ① 68 ④

69	개인의 능력이 인정된 사회는 과거 제도가 실시된 고려 이후나 조선 시대에 해당되는 내용이다.	**69** 삼국 사회에 관한 설명 중 <u>잘못된</u> 것은? ① 평민·노예는 법제상으로는 구별되나, 사회·경제적인 면에서는 비슷한 입장이었다. ② 토지를 배경으로 행정 구역이 이루어졌다. ③ 농민은 토지·가옥·노비의 매매가 인정되었다. ④ 개인의 능력이 인정되어 그 실력 여하에 따라 출세도 가능하였다.
70	화랑도의 기능에 대한 설명이다. **알/파/노/트** 골품제는 신라가 부족장 세력을 중앙 관리로 흡수하면서 마련되었다. 신라는 골품 제도를 통해 통치 기반을 구축하였으나 그 폐쇄성 때문에 후반기에는 6두품 등 많은 반대 세력이 등장하였다.	**70** 신라 골품 제도를 설명한 것으로 옳지 <u>않은</u> 것은? ① 계급 간의 대립과 갈등을 조절·완화하였다. ② 개인의 신분과 친족의 등급도 표시하였다. ③ 사회 활동과 정치 활동의 범위를 결정하였다. ④ 관등 조직은 골품 제도와 관련지어 편성되었다.
71	화백 회의는 귀족들의 단결을 굳게 하고, 국왕과 귀족 간의 권력을 조절하는 기능을 담당하였다.	**71** 신라 화백 회의의 사회적 기능에 대한 설명으로 가장 바른 것은? ① 출신 가문 등급에 따라 관리를 선발하였다. ② 지방 세력의 성장을 억제하는 역할을 하였다. ③ 국왕과 귀족 간의 권력을 조절하는 기능을 하였다. ④ 개개인의 능력 중심으로 관리를 선발하였다.

정답 69 ④ 70 ① 71 ③

72 다음 중 고구려의 사회 모습과 가장 거리가 먼 것은?

① 씩씩한 사회 기풍
② 엄격한 형법
③ 대외 정복 활동
④ 절도시 2배 배상과 귀양

72 ④는 백제의 형법에 대한 내용이며, 고구려는 절도자에게 12배의 배상을 부과했다.

알/파/노/트

고구려 율령 제정
- 귀족들이 자신들의 지위를 유지하기 위하여 제정
- 내용
  - 반역자(화형·참형)
  - 살인자·전쟁 패배자(사형)
  - 절도자(12배 배상)
  - 소·말을 죽인 자(노비)

73 다음 중 화랑도에 대한 설명으로 바른 것은?

① 여러 부족의 대표들이 함께 모여 정치 운영
② 국왕과 귀족 간의 권력 조절
③ 계층 간의 대립과 갈등을 조절·완화
④ 국가의 중대사를 회의

73 ①·②·④ 화백 회의에 대한 내용이다.

알/파/노/트

화랑도의 기원은 원시 사회의 청소년 집단에서 유래되었으며, 기능으로는 계층 간의 대립과 갈등의 조절·완화, 전통적 사회 규범 전승, 협동·단결 정신 함양, 심신연마로 인재 양성 등이 있다.

74 고구려와 수·당의 전쟁을 시기순으로 바르게 나열한 것은?

> ㉠ 고구려는 국경에 천리장성을 쌓아서 당 침략에 대비하였다.
> ㉡ 을지문덕은 수의 군사를 살수에서 크게 격파하였다.
> ㉢ 고구려는 안시성 전투에서 당 태종이 직접 이끈 공격을 막아냈다.
> ㉣ 수 문제가 30만 대군을 이끌고 고구려를 공격하였다.

① ㉡ – ㉠ – ㉣ – ㉢
② ㉣ – ㉠ – ㉡ – ㉢
③ ㉡ – ㉣ – ㉠ – ㉢
④ ㉣ – ㉡ – ㉠ – ㉢

74 ㉣ 수 문제의 침입(598년)
㉡ 을지문덕의 살수 대첩(612년)
㉠ 연개소문의 대당 강경책으로 천리장성 축조(631년)
㉢ 안시성 전투 승리(645년)

정답 72 ④ 73 ③ 74 ④

75 화랑은 진골 출신의 청소년 중에서 선발하며, 진흥왕 때 국가적 조직으로 확대되었다.

75 화랑도와 관계가 깊은 것만으로 묶은 것은?

㉠ 씨족 사회의 전통을 계승·발전시켰다.
㉡ 탁월한 6두품 출신의 청소년도 화랑으로 선출될 수 있었다.
㉢ 계급 간의 갈등을 조절하고 완화하는 기능을 지녔다.
㉣ 골품에 따라 각각의 청소년 집단이 만들어졌다.
㉤ 무열왕 때 화랑도가 정식으로 국가적 조직으로 확대되었다.

① ㉠, ㉡
② ㉠, ㉢
③ ㉢, ㉣
④ ㉡, ㉢

76 고구려·백제·신라 등의 국가들이 고대 사회로 성장하면서 족장 세력은 자신들이 다스리던 지역에 대한 영향력은 유지했지만, 점차 왕권에 복속되어 가는 모습을 보였다.

알/파/노/트
고대 사회의 특징
- 지방의 족장 세력 통합: 족장 세력의 왕권 복속
- 중앙 집권적 체제의 정비: 왕권이 확대됨에 따라 율령의 반포 등 체제 정비
- 정복 활동 전개: 영토 확장을 위한 정복 활동
- 불교 수용: 중앙 집권화를 사상적으로 뒷받침

76 다음 중 고대 사회의 성격과 거리가 먼 것은?

① 정복 활동을 통해 영역 국가로 발전하였다.
② 불교가 중앙 집권화의 사상적 뒷받침이 되었다.
③ 지방의 부족장 세력이 더욱 강화되었다.
④ 율령 반포 등으로 체제가 정비되었다.

77 삼국의 문화는 서로 다른 특징 속에서 상호 영향을 끼쳐 민족 문화를 형성하였다.

알/파/노/트
삼국 문화의 의의: 삼국 문화는 각기 다른 특징이 있지만, 금동 미륵보살 반가사유상에서 보듯이 서로 공통 성격이 더 많아 뒷날 민족 문화를 이어 갈 수 있는 토대를 마련하였다.

77 다음 중 삼국 문화의 특징으로 잘못된 것은?

① 고구려의 예술은 패기와 정열이 넘친다.
② 백제는 우아하고 미의식이 세련된 예술이 발달하였다.
③ 신라는 소박한 전통 위에 조화된 문화를 이룩하였다.
④ 삼국 문화는 각기 전통이 강하여 서로 영향을 주고받지 않았다.

정답 75 ② 76 ③ 77 ④

78 고대 문화의 특징을 잘못 설명한 것은?

① 고구려는 중국과의 대결을 통해 외래 문화를 보다 개성 있게 수용하였다.
② 백제는 중국 문화의 수입과 전달에 큰 역할을 하면서 매우 세련된 문화를 이룩하였다.
③ 신라는 소박한 옛 전통 위에 고구려와 백제의 영향을 받아들여 조화로운 문화를 이룩하였다.
④ 삼국의 문화는 각기 다른 특징을 가져 공통적 성격이 매우 희박하였다.

79 일본에서 삼국의 영향을 받아 성립된 문화는?

① 아스카 문화
② 야요이 문화
③ 하쿠호 문화
④ 덴뽀오 문화

80 우리 문화의 일본 전파와 관련된 내용으로 틀린 것은?

① 고구려는 일본에 아무 문화도 전파하지 못했다.
② 백제 가람이란 백제가 일본에서 유행시킨 건축 양식을 말한다.
③ 신라의 조선술, 축제술의 전파로 일본에는 한인의 연못이란 이름까지 생겼다.
④ 백제는 남천 후에 일본에 대한 문화 전수가 더욱 활발해졌다.

---

78 삼국 문화는 각기 다른 특징을 가지고 있었지만, 서로 영향을 주고받았기 때문에 뒷날 민족 문화를 이루어 갈 수 있었다.

79 백제 사람들이 일본의 아스카 지방에 이주하여 아스카라는 절을 세우고 아스카 문화를 발전시켰다. 아스카 시대를 연 핵심 인물은 백제계 이수빈의 외손인 쇼토쿠 태자였다.

> **알/파/노/트**
> **일본에 유입된 삼국 문화**
> • 아스카 문화: 일본 쇼토쿠 태자 시대의 문화로 삼국의 불교 문화를 수용하여 발전하였다.
> • 하쿠호 문화: 7세기 후반에 발달한 일본의 고대 문화로 당과 통일 신라의 영향을 받았다. 불교, 정치 제도, 가람(伽藍)의 배치, 불상, 탑 등에서 통일신라의 불교와 유교의 영향을 받았다.

80 고구려도 일본 고대 문화에 큰 영향을 끼쳤다.

> **알/파/노/트**
> 7세기 초에 담징은 종이와 먹의 제조 방법을 전하였고, 호류사의 벽화를 그렸다고 전해지고 있다. 또 다카마쓰 고분 벽화가 고구려 수산리 고분 벽화와 흡사한 점에서 고구려의 영향력을 살펴볼 수 있다.

정답 78 ④ 79 ① 80 ①

81	①·③ 백제 ④ 고구려 아스카 시대를 연 핵심 인물은 백제계 이주민의 외손인 쇼토쿠 태자로 백제 사람들이 일본의 아스카 지방에 이주하여 아스카라는 절을 세우고 아스카 문화를 발전시켰다.

81 신라 시대 일본 문화 전파에 대해 바르게 설명한 것은?

① 삼국 문화의 일본 전수에 가장 커다란 기여를 하였다.
② 조선술과 축제술을 전파하였다.
③ 일본 아스카 문화 형성의 원동력이 되었다.
④ 담징의 호류사 금당 벽화가 유명하다.

82	백제의 미륵사지 석탑(전북 익산 소재)은 7세기 무왕 때 제작된 가장 오래된 탑으로, 목탑의 모습을 많이 지니고 있다. **알/파/노/트** • 황룡사 구층 목탑 : 대표적인 목탑 • 미륵사지 석탑 : 목탑에서 석탑으로 넘어가는 과도기 모습을 잘 보여준다. • 정림사지 오층 석탑 : 전체적 형태가 장중하면서도 명쾌한 백제 석탑으로 우아하고 세련된 멋을 갖추었으며 백제 문화의 특징을 보여준다.

82 현존하는 탑 중 목탑 양식으로 된 가장 오래된 탑은?

① 분황사 모전 석탑
② 익산 미륵사지 석탑
③ 석가탑
④ 화엄사 사사자 삼층 석탑

83	도교와 관련된 고대의 문화재는 백제 산수무늬 벽돌, 금동대향로, 사택지적비, 고구려 강서고분의 청룡도 등이 있다.

83 다음 예술품들과 가장 관계가 깊은 종교는?

• 고구려 강서고분의 청룡도
• 백제 산수무늬 벽돌
• 백제 금동대향로

① 불교
② 유교
③ 도교
④ 풍수지리설

정답 81 ② 82 ② 83 ③

84 삼국 시대의 유적, 유물들이 나타내고 있는 사상이 <u>다른</u> 것은?

① 사신도
② 산수무늬 벽돌
③ 사택지적비
④ 임신서기석

84 ④ 유교
①·②·③ 도교

> **알/파/노/트**
> **도교와 관련된 문화재**
> 백제의 산수무늬벽돌과 금동대향로,
> 고구려의 사신도 등

85 삼국 시대의 불교 수용에 관한 설명으로 바르지 <u>않은</u> 것은?

① 토착 신앙과 뒤섞여 샤머니즘적인 성격도 갖게 되었다.
② 새로운 사회 윤리를 보급하는 데 이바지하였다.
③ 지방 사회 토착 세력의 세력 강화를 위한 지도 이념으로 수용되었다.
④ 부족적인 전통을 초월하는 고대 사회의 신앙이 되었다.

85 삼국 시대의 불교는 왕권 강화와 사상의 통일에 기여하였다.

> **알/파/노/트**
> • 고구려는 소수림왕 때 중국의 전진에서 전래되었다.
> • 백제는 침류왕 때 동진에서 전래되었다.
> • 신라는 고구려에서 전래되었고, 법흥왕 때 공인하였다.

86 다음 중 시대의 역사서나 교육 기관이 <u>잘못</u> 연결된 것은?

① 고구려 – 영양왕 – 이문진의 유기
② 신라 – 진흥왕 – 거칠부의 국사
③ 고구려 – 소수림왕 – 태학
④ 백제 – 근초고왕 – 고흥의 서기

86 고구려는 작자 미상의 유기 100권이 있었으며, 영양왕 때는 이문진의 신집 5권이 있었으나 모두 전해지지는 않는다.

> **알/파/노/트**
> **역사서 편찬**: 학문의 발달과 중앙 집권적 체제가 정비됨에 따라 편찬
> • 고구려(영양왕) : 이문진의 신집 5권
> • 백제(근초고왕): 고흥의 서기
> • 신라(진흥왕): 거칠부의 국사

정답 84 ④ 85 ③ 86 ①

87 삼국 시대 사람들은 처음에는 한자를 그대로 사용하여 우리말을 썼으나 뒤에는 이두와 향찰을 만들어 사용하였다.

87 다음 중 삼국의 학문에 대한 설명으로 바르지 <u>않은</u> 것은?

① 삼국 시대 사람들은 이두와 향찰을 처음부터 사용하였다.
② 고구려는 수도에 태학을 세우고 유교 경전과 역사서를 가르쳤다.
③ 백제의 교육 기관은 5경 박사가 있어 유교 경전과 기술학을 가르쳤다.
④ 통일신라는 태학이 있어 박사와 조교를 두어 유교 경전을 가르쳤다.

88 ① · ② 고구려 : 유기 100권 → 후에 신집 5권으로 간추림
③ 백제
④ 신라

알/파/노/트
유기 100권 : 『삼국사기』「고구려본기」 영양왕 11조에 '태학박사 이문진에게 명하여 고사(古史)를 줄여 신집 5권을 만들게 하였다. 국초에 문자를 처음으로 사용하였을 때에 어느 사람이 일을 기록하였는데 그 양이 100권이었고 그 이름을 유기라 하였다.'라고 적혀 있다.

88 다음 중 고구려 초기의 사서는?

① 신집 5권
② 유기 100권
③ 서기
④ 국사

89 삼국 시대에는 무위자연, 불로장생의 도교가 성행하였다.

알/파/노/트
도교 전래
• 삼국 말기에 전해졌고 큰 마찰 없이 받아들여졌다.
• 산천 숭배나 신선 사상과 결합 → 귀족 사회에 반영
• 백제의 산수무늬벽돌과 금동대향로, 고구려의 사신도 등에 영향

89 다음에 제시된 유물의 공통점은 무엇인가?

• 무령왕릉의 지석
• 사택지적비
• 금동대향로
• 사신도 벽화

① 유학의 발달
② 도교의 성행
③ 왕권의 강화
④ 불교의 발달

정답 87 ① 88 ② 89 ②

90 불교의 전파가 삼국 사회에 끼친 영향과 거리가 먼 것은?

① 삼국의 왕권과 중앙 집권화에 큰 역할을 담당하였다.
② 건축 예술과 조형 미술에 화려한 면이 새로 가미되었다.
③ 지배층 문화에서 부족적 전통이 보다 강화된 모습을 갖추었다.
④ 인간 사회의 갈등이나 모순을 보다 높은 차원에서 해소하려 하였다.

90
삼국이 초부족적인 사회로 발전하면서 부족과 부족을 통합할 수 있는 이념의 필요에 따라 불교가 수용되었다.

알/파/노/트
불교의 수용: 삼국은 처음에 불교를 지배 이데올로기로 받아들였고, 신라는 귀족들의 반발을 무릅쓰고 왕실에서 공인했다.

91 삼국 시대의 고분과 그 설명이 바르게 연결된 것은?

① 쌍영총 – 돌무지무덤 – 서역 계통의 영향
② 무령왕릉 – 벽돌무덤 – 중국 남조의 영향
③ 송산리 고분 – 돌무지 덧널무덤 – 북조의 영향
④ 천마총 – 굴식 돌방무덤 – 고구려의 영향

91
① 쌍영총 – 굴식 돌방무덤 – 서역 계통의 영향
③ 송산리 고분 – 벽돌무덤 – 중국 남조의 영향
④ 천마총 – 돌무지 덧널무덤

정답 90 ③ 91 ②

교육이란 사람이 학교에서 배운 것을 잊어버린 후에 남은 것을 말한다.

– 알버트 아인슈타인 –

제2장

중세사회

- 제1절 통일신라와 발해
- 제2절 고려 사회의 성립과 발전
- 제3절 고려 후기의 사회 변화
- 제4절 조선 사회의 성립과 발전
- 제5절 조선 전기 사회 변화와 외세 침략
- 제6절 조선 후기 경제 발전과 사회 동향
- 제7절 사회 모순의 심화와 농민 항쟁

실전예상문제

시대별 상황을 한눈에! 연표 길잡이

제 2 장 중세사회

A.D.			
600		1200	
676	신라, 삼국 통일	1231	몽골의 제1차 침입
698	발해 건국	1232	강화 천도
722	신라, 정전 지급	1270	개경으로 환도, 삼별초의 대몽 항쟁
788	독서삼품과 설치	1300	
800		1388	위화도 회군
828	장보고, 청해진 설치	1392	고려 멸망, 조선 건국
888	신라, 삼대목 편찬	1394	한양 천도
900		1400	
918	왕건, 고려 건국	1413	지방 행정 조직 완성, 호패법 실시
956	노비안검법 실시	1418	세종 즉위
976	시정전시과	1443	훈민정음 창제
1000		1500	
1019	귀주 대첩	1592	임진왜란, 한산도 대첩
1076	경정전시과	1600	
1100		1623	인조반정
1101	주전도감 설치	1636	병자호란
1126	이자겸의 난	1700	
1135	묘청의 서경 천도 운동	1708	전국적으로 대동법 실시
1198	만적의 난	1750	균역법 실시

보다 깊이 있는 학습을 원하는 수험생들을 위한 시대에듀의 동영상 강의가 준비되어 있습니다.
www.sdedu.co.kr → 회원가입(로그인) → 강의 살펴보기

제 2 장 중세사회

제1절 통일신라와 발해

1 신라의 삼국통합과 발해의 건국[1]

(1) 신라의 삼국통합 기출 25

① **나당 연합군의 결성 배경**
  ㉠ 신라와 고구려의 연합 실패 : 백제에 대항하기 위해 연개소문에게 군사를 요청, 거절당함
  ㉡ 백제·고구려의 쇠퇴 : 내부적으로 정치 질서의 문란, 지배층의 향락적 생활로 인해 백성들의 일체감 상실 등으로 국력 약화

② **백제의 멸망(660년)**
  ㉠ 나당 연합군(김유신의 신라군과 소정방의 당군)에 의해 사비성 함락
  ㉡ 백제의 부흥 운동 : 복신·흑치상지·도침 등이 주류성과 임존성을 거점으로 부흥 운동을 전개했으나 실패, 왜의 지원군 패배 기출 24

③ **고구려의 멸망(668년)**
  ㉠ 나당 연합군이 수륙 양면으로 공격했으나 실패, 그러나 지배층의 내분을 틈타 다시 공격하여 평양성 함락

백암성

라오허강 유역에 있는 성으로 고구려와 당의 전쟁 때 주요한 싸움터

천리장성

고구려가 당의 침략에 대비하여 완성한 성곽으로, 부여성(농안)에서 비사성(대련)까지 이르는 성곽

  ㉡ 고구려 부흥 운동 : 검모잠·고연무 등이 한성과 오골성을 근거지로 부흥 운동을 전개했으나 실패

---

[1] 통일신라, 발해사를 고대사회로 보는 경우가 많지만 한국사에서 통일신라 시기에 이미 중세사회의 상징적 체제인 봉건제도가 형성되었기 때문에 통일신라, 발해사를 중세사회에 수록하였습니다.

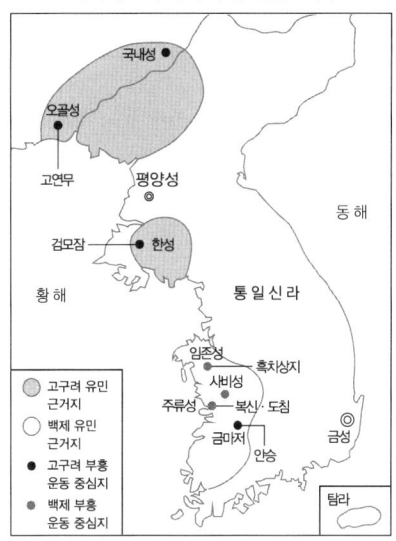

백제와 고구려의 부흥 운동 세력

> **더 알아두기**
>
> **백제와 고구려의 부흥 운동** 기출 24
> - 백제의 부흥 운동 : 주류성(복신・도침・풍왕), 임존성(흑치상지)을 거점으로 사비성, 웅진성 공격
> - 고구려의 부흥 운동 : 한성(검모잠・안승)을 근거지로 한때 평양성 탈환, 발해의 건국으로 고구려 전통 지속(7세기 말)

(2) 신라의 삼국 통일 기출 25

① 당의 한반도 지배 야욕
  ㉠ 백제의 옛 땅에 웅진도독부 설치
  ㉡ 고구려의 옛 땅에 안동도호부 설치
  ㉢ 신라 본토(경주)에 계림도독부 설치
② 나당 전쟁(670~676년) 기출 24, 23
  ㉠ 신라는 고구려・백제 유민과 연합 → 당과의 정면 대결
  ㉡ 매소성 전투 : 당의 20만 대군 격파
③ 삼국 통일의 완성 : 백제와 신라의 싸움이었던 황산벌 전투에서 백제가 패하고 곧이어 사비성이 함락되었으며, 평양성의 함락으로 고구려가 멸망함(668년). 그 후 당이 한반도 전체를 지배하려는 야욕을 보이자, 나당 전쟁이 전개되고 매소성 전투와 기벌포 전투에서 신라가 승리하여 삼국 통일이 이루어짐

나당 전쟁의 전개

④ **삼국 통일의 의의** 중요
  ㉠ 삼국 통일의 한계 : 외세의 협조, 대동강 이남에 국한
  ㉡ 삼국 통일의 의의 : 자주적 성격(당 축출), 민족 문화 발전(고구려·백제 문화의 전통 수용, 경제력 확충)의 토대

> **체크 포인트**
> 삼국 통일의 의의 : 민족 국가의 기반 확립, 국가 경제력의 증대, 민족 자주성의 표시, 최초의 민족통일, 영토상 불완전한 통일

(3) 발해의 건국

① **발해 건국의 배경**
  ㉠ 고구려 유민의 저항 : 고구려 멸망 이후, 요동 지방을 중심으로 고구려인은 당에 대한 저항 계속
  ㉡ 당의 민족 분열 정책 : 당은 고구려의 마지막 왕인 보장왕을 요동 도독으로 임명하고, 친당적인 소고구려국을 세웠으나 고구려 유민에게 동족 의식을 더욱 강화시키는 결과 초래

② **발해의 건국**
  ㉠ 건국 : 고구려 출신 대조영이 길림성 동모산 기슭에서 건국(698년)
  ㉡ 이원적 구성 : 지배층-고구려인, 피지배층-말갈인
  ㉢ 고구려 계승 의식 : 일본에 보낸 외교 문서에서 고려국, 고려 국왕 등의 호칭 사용

2 통일신라의 사회와 문화

(1) 통일신라의 발전

① **통일 후의 변화** : 영역 확대, 인구 증가, 생산력 증대, 강력한 군사력 확보 → 정치 안정
② **전제 왕권의 강화** 중요
  ㉠ 태종 무열왕계의 왕위 세습 확립 : 집사부의 장관인 시중의 기능 강화, 상대등 세력 억제 → 통일 이후 왕권이 전제화될 수 있는 바탕 마련
  ㉡ 신문왕의 체제 정비 : 김흠돌의 모역 사건을 계기로 귀족 세력 숙청, 9주 5소경의 지방 조직 정비, 관료전 지급과 녹읍 폐지, 유학 사상 강조, 국학 설립

> **체크 포인트**
> 녹읍 : 국가로부터 귀족들에게 지급되는 것으로 수급자가 토지로부터 조(租)를 받을 뿐만 아니라 그 지역의 주민을 노역에 동원할 수 있는 성질의 것

  ㉢ 6두품 세력의 사회적 두각 : 왕의 정치적 조언자로 행정 실무 담당, 전제 왕권 뒷받침

③ 사회의 동요
  ㉠ 경덕왕 이후 : 전제 왕권에 대한 진골·귀족 세력의 반발로 전제 왕권 약화
  ㉡ 통일신라 말기의 상황 : 녹읍 부활, 사원의 면세지 증가, 귀족들의 특권적 지위 유지 → 농민의 부담 가중

> **더 알아두기**
>
> **만파식적(萬波息笛)**
> 전설상의 피리로, 신라 신문왕이 아버지 문무왕을 위하여 동해변에 감은사를 지은 후에 용으로부터 받았다고 전한다. 이것을 불면 소원 성취가 되므로 국보로 삼았다고 한다(왕실의 번영과 평화를 상징하는 것).

(2) 통일신라의 통치 체제 중요

① 통일신라의 정치 조직
  ㉠ 중앙 정치 조직
    • 왕권이 전제화되면서, 정치 구조를 중앙 집권 체제로 재편, 율령 격식을 중시
    • 집사부의 기능 강화 : 전제 왕권의 확립에 따라 왕권을 대표하는 집사부의 장(長)인 시중의 지위 강화, 상대등의 세력 약화
    • 중앙 정치 기구의 정비 : 집사부를 중심으로 14개 관청이 행정 분담
    • 감찰 기구인 사정부, 국립대학인 국학 설치 등
  ㉡ 지방 행정 조직 : 9주 5소경제
    • 지방관 파견 : 주에는 총관(뒤에 도독), 주 밑의 군에는 태수, 현에는 현령 등을 중앙에서 파견
    • 현 밑에는 촌, 향·소·부곡 등이 존재(촌 : 평민의 거주, 향·부곡 : 반항 지역의 주민, 천민의 집단 거주지)
    • 외사정 파견 : 주·군에 파견, 감찰 업무 수행
    • 5소경 : 동남쪽에 치우친 수도의 기능 보완, 고구려·백제의 귀족을 강제로 이주시켜 통제, 지방에 문화 보급 역할 → 금관경(김해), 서원경(청주), 남원경(남원), 북원경(원주), 중원경(충주)
    • 상수리 제도 마련 : 지방 세력을 통제하기 위해서 이들을 일정 기간 서울에 와서 거주하게 하던 것으로 고려 시대의 기인 제도로 이어짐

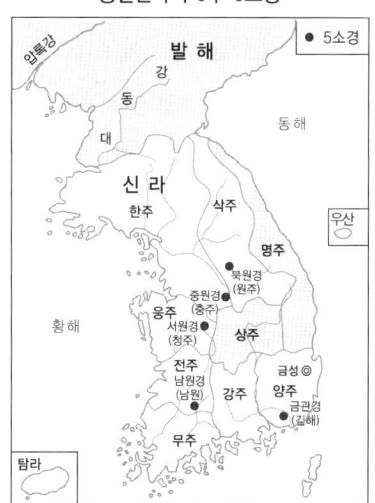

통일신라의 9주 5소경

② **군사 조직**: 9서당 10정
  ㉠ 중앙군: 9서당(민족 융합 정책의 일환으로 신라인, 고구려인, 백제인은 물론 말갈족까지 포함시켜 편성)
  ㉡ 지방군: 10정(지방 9주에 각 1정씩 배치, 한산주만 그 지역의 특성을 고려하여 2정 배치)
  ㉢ 통치 체제 변화: 중국식 정치 제도를 받아들이면서 강력한 중앙 집권적 전제 국가 발전, 권력의 핵심은 진골 귀족이 독점

> **체크 포인트**
>
> **남북국의 지방 통치**
> - 통일신라: 9주 5소경, 향·소·부곡, 상수리 제도
> - 발해: 5경 15부 62주, 지방 조직 말단 – 말갈인 임명

(3) **통일신라의 문화**
  ① **통일신라 문화의 성격**
    ㉠ 민족 문화의 토대 확립: 고구려, 백제 문화를 융합하고 신라 문화의 폭 확대
    ㉡ 국제 문화 조류에 참여: 한층 더 세련된 문화로 발전
    ㉢ 조형 미술의 발달(중대): 조형 미술 중심 → 불교 미술과 고분 중심으로 발달
    ㉣ 불교·귀족 중심의 문화: 6두품 귀족들의 활동 부각
    ㉤ 민간 문화의 수준 향상
  ② **학문과 사상·종교**
    ㉠ 한자의 보급과 교육: 국학 설립(유교 경전 – 충효 일치의 윤리 강조), 독서삼품과 마련(학문과 유학을 널리 보급하는 데 이바지)
    ㉡ 통일신라의 대표적인 유학자 `중요` `기출` 23
      - 김대문: 『화랑세기』, 『고승전』, 『한산기』, 『계림잡전』 → 신라 문화를 주체적으로 인식
      - 강수: 외교 문서에 능함
      - 설총: 경학에 능함, 이두 정리, 화왕계 저술(도덕 정치 강조)
      - 최치원: 당의 빈공과 급제, 개혁안 10여 조의 건의, 도당 유학생, 『계원필경』 등 저술 `기출` 22
      - 당의 유학생: 김운경, 최치원

> **더 알아두기**
>
> **도당 유학생**
> 당에 건너가 공부한 유학생으로 숙위 학생이라고도 하며, 이들은 6두품 출신의 유학자들이 대부분이었다. 대표적인 학자로는 김운경, 최치원 등이 있었다.

ⓒ 불교 사상의 발달 중요
- 신라의 불교 사상 : 삼국의 문화를 종합하여 한민족 문화의 토대를 마련한 7세기 후반에 정립, 삼국 불교의 유산 토대, 중국과의 교류
- 원효
  - 불교의 사상적 이해 기준을 확립 : 『대승기신론소』, 『금강삼매경론』 등 저술
  - 십문화쟁론 : 일심 사상(모든 것은 한마음에서 나옴)을 바탕으로 종파 간의 사상적 대립을 조화시키고, 분파 의식 극복
  - 아미타 신앙(극락에 가고자 함)의 전도 : **불교의 대중화**
  - **정토 신앙** : 불교경전을 이해하지 못하여도 염불만으로도 서방 극락세계에 왕생할 수 있다는 사상 → 불교의 대중화에 기여
- 의상
  - **화엄 사상** 정립 : 모든 존재는 상호 의존적인 관계에 있고, 서로 조화를 이룸 → 『화엄일승법계도』 저술
  - 화엄 사상을 바탕으로 교단 형성 : 제자 양성, 부석사 등 사찰 건립
  - 현세에서 구원받고자 하는 관음 신앙 주도 : 이 시기부터 불교가 널리 알려짐
- 혜초 : 『왕오천축국전』 저술(인도와 중앙아시아의 풍물 기록)

> **체크 포인트**
> - 원효 : 소승불교에서 대승불교로, 귀족불교에서 대중불교로 만드는 데 큰 공헌을 했다.
> - 의상의 화엄종 : 화엄 사상에 의하면 모든 사물은 현상적으로 차별이 있으나 그 본질은 다 진리를 내포하고 있어 진리의 세계에서는 모든 것이 걸림돌이 없이 조화롭게 융통한다고 한다.
> - 혜초의 『왕오천축국전』 : 프랑스 학자 펠리오가 간쑤성에서 발견하였다. 현재 프랑스 국립 박물관에 소장되어 있다.

부석사 무량수전

왕오천축국전

ⓔ 선종과 풍수지리설 중요 기출 21
- 선종
  - 전래 : 통일 전후 전래되었으나 신라 말기에 유행
  - 성격 : 사색과 참선 중시, 개인적 정신 세계를 추구하는 경향은 지방 호족의 취향에 호응, 새로운 시대의 정신적 기반이 됨
  - 9산 선문(아홉 개의 산에서 창설된 선종의 9개 종파) 성립 : 신라 말의 호족 세력과 연결되어 발전
  - 영향 : 중국 문화에 대한 이해의 폭이 확대되고 도당 유학생의 반신라적 움직임과 결부되어 고려 개창의 사상적 바탕 제공
  - **교종과 선종** : 교종(불교의 교리 경전 이해 중시, 진골 귀족의 호응), 선종(개인적 정신 세계 추구, 지방 호족의 호응)

체크 포인트

교종과 선종의 비교

구분	성격	종파
교종	불경·교리 중시, 전통과 권위 중시	5교
선종	종교적 각성 중시, 형식과 권위 부정	9산

- 풍수지리설
  - 전래 : 신라 말 도선과 같은 선종 승려들이 중국에서 들여옴
  - 내용 : 인문지리적 학설(산세·수세를 살펴 도읍·주택·묘지 선정), 국토의 효율적인 이용과 관련
  - 영향 : 경주 중심에서 다른 지방의 중요성을 자각, 도참 신앙과 결부되어 미래를 예측, 지방 중심의 국토 재편성 주장으로 발전

③ **고대인의 자취와 멋**

㉠ 고분 벽화
- 불교의 영향으로 화장 유행
- 굴식 돌방무덤(봉토 주위에 둘레돌을 두르고 12지 신상 조각)

㉡ 건축과 탑
- 사원 : 불국사 → 불국토의 이상을 조화와 균형 감각으로 표현
- 석탑 : 이중 기단 위에 삼층 석탑(감은사지 삼층 석탑, 석가탑, 다보탑 등), 승탑(팔각원당형, 승려의 사리 봉안)과 탑비(승려의 일대기 기록) → 신라 말기 선종의 유행
- 안압지 : 뛰어난 조경술 → 귀족들의 화려한 생활

불국사 삼층 석탑(석가탑)

④ 일본에 건너간 통일신라 문화
  ㉠ 불교와 유교 문화의 전래 : 하쿠호 문화 성립에 기여
  ㉡ 심상 : 의상의 화엄 사상 전래 → 일본 화엄종 성립

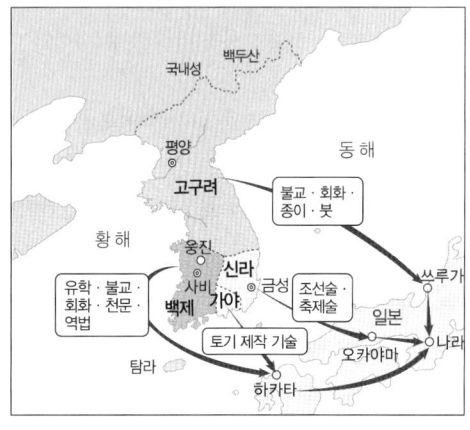
삼국 문화의 일본 전파

호류사 금당 벽화 복원도

3 발해의 발전

(1) 발해의 발전과 멸망 기출 21

① 8세기 초(무왕 : 719년~737년) : 당과 대결하면서 영토 확장 → 북만주 일대 장악, 돌궐·일본과 연결하여 당·신라 견제(동북아시아 세력 균형 유지)

② 8세기 후반(문왕 : 737년~793년) : 지배 체제 정비, 당과 친선 관계 유지 → 중국 문화 수입, 상경 천도(755년) → 지배 체제의 정비 발전과 관련

③ 9세기 초(선왕 : 818년~830년) : 발해의 전성기, 요동 지역 진출, 지방 제도 완비, 독자적 연호 사용, 해동성국이라는 칭호를 들음 중요 기출 25, 23, 22

발해의 영역

> **체크 포인트**
>
> **발해 선왕(9세기 초)의 업적**
> - 영토를 확장하여 요동지방, 연해주 등을 차지하였고, 고구려의 옛 땅을 회복하였으며, 발해의 전성시대를 가져왔다.
> - 독자적 연호를 사용하였다.
>   - 대외적: 중국과 대등한 지위를 강조
>   - 대내적: 왕권의 강대함을 표현

④ **발해의 멸망**: 10세기 거란의 세력 확대, 내부의 권력 다툼 등으로 거란에게 멸망(926년)

> **더 알아두기**
>
> **발해와 신라의 교통로**
> 발해의 상경을 출발하여 동경과 남경을 거쳐 동해안을 따라 신라에 이르던 교통로를 신라도라 한다. 8세기 전반에 개설된 것으로 추정되나 자주 이용된 것은 8세기 후반 이후 9세기 전반까지이다.

(2) 발해의 정치 조직 `중요` `기출 23`

① 왕권이 전제화되면서 관료 조직 정비
② 중앙 관제: 3성 6부 체제, 이원적 통치 체제
   ㉠ 독자적 성격: 정당성 아래에 6부를 양분하여 통제, 즉 당의 3성 6부제를 취하면서도 3성의 독특한 운영 방식이나 유교적 성격의 6부 명칭 등
   ㉡ 정당성: 국가의 중대사를 귀족들이 모여 회의를 통해 결정하던 기구(국정 총괄)
   ㉢ 중정대: 관리들의 비위를 감찰하는 기구
   ㉣ 문적원: 서적 관리를 맡은 기구
   ㉤ 주자감: 중앙의 최고 교육 기관 `기출 25`

> **더 알아두기**
>
> **발해의 중앙 관제**
>
>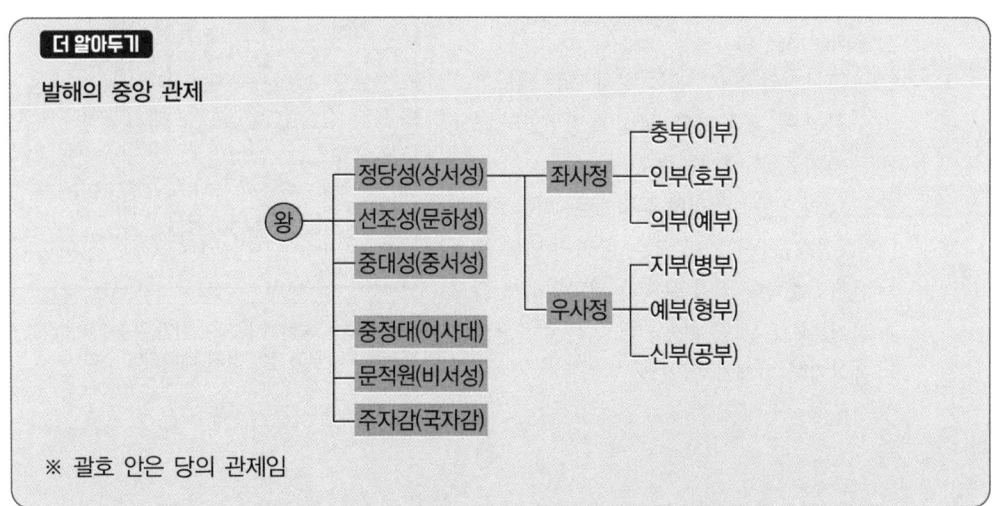
>
> ※ 괄호 안은 당의 관제임

③ **지방 제도** : 5경 15부 62주로 지방관은 고구려인으로 임명, 지방 조직의 말단인 촌락의 촌장은 말갈인을 임명 기출 24

④ **군사 조직**
  ㉠ 중앙군 : 10위로 조직, 왕궁과 수도를 경비
  ㉡ 지방군 : 농병 일치의 군사 조직을 촌락 단위로 조직, 지방군의 지휘, 국경 요충지는 독립 부대 편성

> **체크 포인트**
> 발해의 군사 조직 : 중앙의 군대는 10위로 편성되었으며, 전제 왕권의 확립과 중앙 집권적 지방 통치를 위한 중요한 기반이 되었다.

(3) 발해의 사회와 문화

① **발해의 사회 구조와 성격**
  ㉠ 지배층(고구려인), 피지배층(말갈인)
  ㉡ 상층 사회를 중심으로 당의 제도와 문화를 받아들임, 하층 촌락민은 말갈 사회의 전통 생활 모습 유지

> **체크 포인트**
> 발해의 지배 계급 : 발해는 고구려의 유민들이 건설한 국가였으므로 지배층은 왕족과 귀족을 차지한 고구려 유민이 대부분이었다.

② **발해의 문화** 중요
  ㉠ 문화의 성격
    • 귀족 문화의 발달, 당의 문화 수용
    • 고구려 문화의 토대 위에 당의 문화를 흡수하여 재구성
      – 고구려의 영향 : 온돌 장치 또는 와당·불상 등 미술 양식, 굴식 돌방무덤의 모줄임 구조(정혜공주묘)
      – 당의 영향 : 상경의 주작대로, 벽돌무덤(정효공주묘), 3성 6부, 유학의 발달 등
    • 한계 : 소박한 말갈 문화가 광범위하게 깔려 있어 그 문화 전반을 더 높은 수준으로 올리기에 한계가 있었음

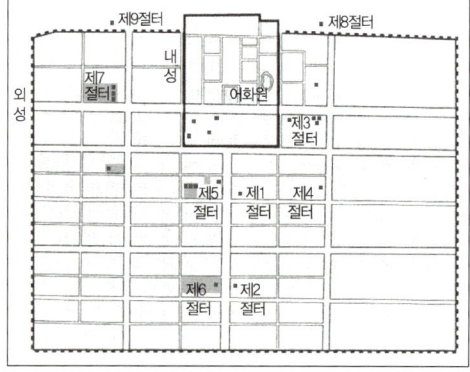

발해 상경 용천부 평면도

상경 용천부는 평탄한 분지의 한가운데에 위치하고 있으며, 궁궐과 사원이 정연하게 배치되어 있다.

ⓒ 한자의 보급과 교육 : 주자감 설립(귀족 자제들에게 유학 경전 교육)
ⓒ 유학의 보급 : 당에 유학생 파견 → 빈공과에 급제
ⓔ 불교 사상의 발달 : 고구려 불교 계승, 왕실과 귀족 중심으로 성행, 수도 상경에서의 절터・불상・사원 발견
ⓜ 고분 벽화 : 굴식 돌방무덤(정혜공주묘 : 모줄임 천장 구조, 고구려 영향)
ⓗ 건축과 탑 : 당의 수도 장안성을 모방한 상경(주작대로, 온돌 장치)

4 신라 사회의 동요

(1) 신라 말기의 정치 변동과 호족 세력의 성장 기출 23
① **사회 혼란의 배경**
㉠ 진골 귀족 간의 왕위 쟁탈전 심화(김헌창의 난 등) : 왕권 약화, 중앙 정부의 지방에 대한 통제력 약화
㉡ 귀족 연합적인 정치 운영(집사부 시중보다 상대등의 권력 강화)
㉢ 장보고가 왕위 계승 다툼에 관여함
② **귀족들의 대토지 소유 확대** : 농민들이 몰락하여 노비로 전락하거나 초적(草賊)이 됨
▶ 초적 : 백성들이 경제적인 이유로 토지를 떠나 도적이 되면 백성을 풀에 비유하여 초적이라고 부른다.
③ **호족 세력의 성장** 기출 25
㉠ 중앙 정부의 통제력 약화 : 반독립적인 세력, 지방의 행정권・경제권・군사권 장악
㉡ 선종 승려와 6두품 지식인 포섭 : 독자적인 세력으로 성장하여 신라 정부에 도전
㉢ 호족의 출신 성분 : 호족은 권력 투쟁에서 밀려난 중앙 귀족, 무역에 종사하면서 재력과 무력을 가진 세력, 군진 세력, 지방의 토착 세력인 촌주 출신 등으로 구분됨
㉣ 자신의 근거지에 성을 쌓고 군대를 보유, 스스로 성주나 장군이라 칭함
④ **6두품 출신 도당 유학생과 선종 승려** : 골품제 사회에 대한 반발, 반신라적, 새로운 정치 이념 제시, 지방 호족과 연결 → 사회 개혁 추구 기출 25

(2) 후삼국의 성립 기출 24, 21
① **후백제**
㉠ 견훤이 전라도 군사력과 호족 세력을 토대로 완산주(전주)에서 건국(900년)
㉡ 전라도・충청도 대부분 지역 장악으로 군사적 우위 확보
㉢ 중국과 외교 관계 맺음
㉣ 농민에게 조세 수취, 호족 포섭 실패, 반신라 정책

② **후고구려** 기출 22
　㉠ 궁예가 초적·호족 세력을 토대로 송악(개성)에 건국(901년), 수덕만세 연호 사용
　㉡ 강원·경기 일대와 예성강 서쪽의 황해도 지역, 한강 유역을 차지한 다음 조령과 상주 일대로 세력 확장
　㉢ 통치 : 신라 6두품 지식인 등용, 9관등제 실시, 광평성(국정 총괄) 설치
　　• 국호 : 후고구려 → 마진 → 태봉
　　• 도읍지 : 송악 → 철원
　　• 정책 : 미륵 신앙을 이용한 전제 정치 도모, 지나친 조세 수취, 반신라적 정책 강화, 통일 전쟁 수행
③ **신라의 위축** : 후백제와 태봉의 세력이 커지자, 신라는 경주를 중심으로 겨우 명맥을 유지

체크 포인트

후삼국의 성립
- 궁예의 세력기반 : 초적 적당세력의 편성
- 견훤의 세력기반 : 지방군사세력·호족세력·해적세력 통합
- 왕건의 세력기반 : 송악의 토착호족세력, 예성강의 해상세력

제1절 핵심예제문제

01 통일신라 시대 중앙과 지방 제도에 대한 설명으로 <u>잘못된</u> 것은?

① 지방은 전국을 9주로 나누었다.
② 중앙군인 9서당은 신라인들로만 편성하였다.
③ 변방인 한주에는 2개의 군단을 설치하였다.
④ 말단 행정 구역으로 촌, 향, 부곡 등이 있었다.

01 통일신라 시대의 중앙군인 9서당은 민족융합 정책의 일환으로 신라인, 고구려인, 백제인은 물론 말갈족까지 포함시켜 편성하였다.

02 신라 말기에 일어났던 다음과 같은 움직임에 가장 반대하였던 계층은?

- 학문 성적에 따라 관리를 채용하는 독서삼품과를 마련하였다.
- 도당 유학생들은 능력 중심의 과거 제도와 유교 정치 이념을 제시하였다.

① 신분 상승이 제한된 6두품
② 선종과 결탁한 지방 호족 세력
③ 골품제에 집착한 중앙 진골 세력
④ 귀족과 서원의 노비로 전락한 농민

02 신라 말의 6두품 지식인들은 신라 사회의 폐단을 지적하고 개혁안을 제시하는 등 새로운 정치 질서 확립을 시도하였다. 이들은 자신들의 특권적 지위 유지에만 연연하면서 골품 제도에 집착하였던 진골 귀족들에게 배척당하자 반신라적 세력을 형성하였다.

정답 01 ② 02 ③

03 왕권 강화와 유교 정치 이념이 필요하여 유학을 국학에서 가르치고, 학문 성적에 따라 관리를 임명하고자 하였다.

03 통일신라 시대에 국학의 설치와 독서삼품과의 실시 목적의 공통점은?

① 국민 교육과 관료 채용
② 왕권 견제와 신권의 강화
③ 왕권 강화와 유교 정치의 필요성
④ 언론에 의한 왕도 정치의 구현

04 왕족 고씨와 5부 출신은 고구려의 귀족이었다.

04 다음 중 발해의 사회 모습 특징이 아닌 것은?

① 고구려와 말갈 사회의 전통적인 생활 모습을 유지하였다.
② 왕족 고씨와 5부 출신이 귀족이었다.
③ 지배층은 많은 노비와 예속민을 거느렸다.
④ 말갈인은 발해 건국 후 일부는 지배층에 편입되었다.

05 발해의 문화는 전통적인 고구려 문화의 토대 위에서 당의 문화를 흡수하여 재구성한 것이므로 발해의 문화 속에서 고구려적인 요소가 강하게 나타나 있다.

05 다음 중 발해의 문화가 계승한 고구려의 문화는?

① 3성 6부의 정치 조직
② 상경의 주작대로
③ 반가사유상
④ 정혜공주묘의 굴식 돌방무덤의 모줄임 천장 구조

정답 03 ③ 04 ② 05 ④

제2절 고려 사회의 성립과 발전

1 고려의 건국과 후삼국 통합

(1) 고려의 성립과 민족의 재통일 중요

① **왕건의 등장** 기출 23
   ㉠ 세력 기반 : 송악 지방의 호족 출신으로 예성강 유역의 해상 세력과 힘을 합쳐 지배력 강화
   ㉡ 정복 활동 : 궁예의 부하가 된 뒤 한강 유역 점령, 수군을 이끌고 금성(나주)을 점령하여 후백제 견제
   ㉢ 궁예의 실정 : 정치적 기반 미약, 불교계의 반발(미륵불 자처), 죄없는 관료와 장군 살해
   ㉣ 왕건의 추대 : 신하들이 궁예를 축출하고 왕건을 추대하여 왕권 장악

② **고려의 건국(918년)**
   ㉠ 왕건은 고구려의 후계자라는 뜻에서 국호를 고려라 하고 송악에 도읍을 정함
   ㉡ 조세를 가볍게 하는 한편, 양민에서 억울하게 노비가 된 자를 해방하여 민심 수습
   ㉢ 지방 호족 세력을 회유·포섭하여 통일 역량을 키움

> **더 알아두기**
>
> **고려의 건국**
> - **왕건의 등장** : 송악의 호족 출신, 예성강 유역의 해상세력과 연대, 궁예에 귀부
> - **나주 지방 점령(후백제를 배후에서 견제)** : 궁예의 실정을 계기로 정권 장악
> - **고려의 건국** : 고구려의 후계자를 자처하며 국호를 고려, 송악에 도읍, 민심 수습(조세 감면, 노예해방), 호족 세력 회유·포섭

③ **민족의 재통일**
   ㉠ 고려의 정책 : 지방 호족 세력의 흡수·통합, 중국 5대와 통교
   ㉡ 후삼국 통일 : 신라에 우호책(935년, 신라 병합), 후백제 격파(936년, 경북 선산), 발해 유민을 수용하여 민족의 재통일 완성 → 민족의 완전한 재통합

   ▶ 고려의 발해 유민 포용 : 당시 고려에 온 발해 유민 가운데는 관리, 장군, 학자, 승려 등 상류층 지식 계급이 상당수 있었는데, 태조는 이들을 적재적소에 임명하여 후삼국 통일에 활용하였다. 특히, 발해의 왕자 대광현을 우대하여 동족 의식을 분명히 하였다.

고려의 민족 재통일

> **체크 포인트**
> 고려의 후삼국 통합과 신라의 삼국 통합 비교 : 신라는 외세인 당나라 군대를 끌어들여 백제와 고구려를 멸망시켰고, 통합한 영토도 많이 줄어들었다. 이에 비해 고려는 스스로의 힘으로 후삼국 통합을 이룩하였다.

(2) 태조의 정책 중요 기출 21

① 태조의 3대 정책
  ㉠ 백성의 생활 안정 도모와 민심 획득
   - **취민유도**(取民有度)를 내세워 백성에 대한 과도한 수취 금지
   - 조서를 발표하여 공신과 호족들의 횡포 엄금
   - 전란 중 억울하게 노비가 된 자 해방
   - 불교와 풍수지리설 존중
   - 연등회와 팔관회 등을 성대하게 거행
  ㉡ 개혁 정치의 추진과 지방 세력의 흡수와 통합
   - **호족 세력 흡수 통합** : 호족을 중앙 관리로 임명, 후삼국 통일의 공신들에게 역분전 지급, 정략결혼(호족 세력의 통합을 위해 왕실과 호족, 호족 상호 간의 결혼 장려), 사성(賜姓) 정책[지방의 유력한 호족들에게 왕(王)씨 성을 하사하여 호족 세력을 회유한 정책]
   - 호족 세력 통제, 사심관 제도(우대), 기인 제도(감시) 기출 25

> **체크 포인트**
> 왕건의 업적 : 왕건은 농민 봉기의 원인이 되었던 수취체제를 정비하고 노비로 전락한 양인을 본래 신분으로 되돌려 민심을 수습했다.

> **더 알아두기**
>
> **사심관**(事審官) **제도, 기인**(其人) **제도** 기출 22
> - 사심관 : 그 지방 출신의 고관을 자기 고장에 임명한 관직
> - 사심관의 임무 : 신분의 구별, 부역의 조달, 풍속의 교정, 향리의 감독, 조선 시대에 경재소와 유향소 제도로 분화됨
> - 기인(其人) 제도 : 향리의 세력을 견제하기 위해 그의 자제를 인질로 삼아 서울에 머물도록 한 제도로서, 신라의 상수리 제도에 연유한다(주요 임무 – 중앙과 지방의 연락, 공납·연료의 조달).

ⓒ 북진 정책 추진
- 고구려 계승자 강조(국호 : 고려, 연호 : 천수)
- 서경(평양) 중시 : 영토 회복(청천강~영흥만)
- 거란에 대한 강경책 : 발해를 멸망시킨 무도한 국가로 인식

② 왕실의 안정 도모
㉠ 자손 : 훈요 10조
㉡ 관리 : 정계・계백료서

> **더 알아두기**
>
> **훈요 10조**
> 943년(태조 26년)에 태조가 유언으로 만들어 놓은 고려 역대 왕이 지키도록 한 말로서, 불교의 숭상, 연등회와 팔관회의 실시 등을 강조하여 민심 수습을 통한 왕실의 안정을 도모하고자 했다.

③ 왕위 계승 분쟁 발생
㉠ 이유 : 고려 초에는 독자적 세력을 가진 호족 출신 공신들의 세력이 강했기 때문
㉡ 왕규의 난 : 혜종 때 왕위 계승을 둘러싼 왕실과 호족 세력, 그리고 호족 출신의 외척이 서로 얽혀 일어난 정변으로 왕권이 미약한 데에서 발생

(3) 광종의 개혁 정치 중요 기출 24, 22
① **노비안검법 실시(956년)**
㉠ 내용 : 후삼국 혼란기에 불법적으로 노비가 된 자를 조사하여 자유민으로 해방시킴
㉡ 결과
- 공신이나 호족의 경제적・군사적 기반의 약화
- 조세・부역 담당자인 양인을 확보하여 국가 재정 기반 강화
② **과거 제도의 실시(958년)** : 후주 출신 귀화인 쌍기의 건의, 유학을 익힌 신진 인사를 등용하여 신구 세력의 교체 이룩
③ **관리의 공복 제도 실시** : 관료의 기강 확립을 위해 자, 단, 비, 녹의 공복 제정
④ **공신과 호족 세력 숙청** : 전제 왕권 확립
⑤ **칭제건원(稱帝建元)**
㉠ 강력한 왕권을 배경으로 스스로 황제라 칭함
㉡ 광덕(光德), 준풍(峻豊)의 자주적 연호 사용
㉢ 개경을 황도(皇都), 서경을 서도(西都)라 부름
⑥ **개혁 정치의 의의**
㉠ 건국 초기의 공신과 호족 세력을 크게 약화시키고 왕권이 강화됨
㉡ 고려 통치 체제 확립의 토대 마련 : 경종 때 전시과 제도, 성종 때 체제 정비로 계승

> **더 알아두기**
>
> **노비안검법**
> 956년(광종 7년)에 실시한 노비안검법은 후삼국 시대의 혼란기에 불법으로 노비가 된 자를 조사하여 양인으로 해방시켜 주기 위한 법이다.

> **체크 포인트**
>
> 광종의 왕권강화정책: 노비안검법 실시, 과거제 실시, 백관의 공복 제정, 연호 사용, 제위보 설치, 교·선종 통합

(4) 유교적 정치 질서의 강화

① **성종의 유교 정치 실현**: 최승로의 시무 28조(불교 행사 억제, 지방관 파견 등 주장)
→ 통치 체제 정비

▶ 최승로: 신라 6두품 출신의 유학자로서 유교 사상에 입각한 28조의 개혁안을 성종에게 건의하였는데, 그중 22조가 전해진다.

> **더 알아두기**
>
> **최승로의 개혁안**
> 최승로는 경주 출신으로 신라가 항복할 때 아버지와 함께 경순왕을 따라 고려에 귀순하여 일찍부터 고려에서 벼슬을 한 학자 출신의 중앙 관료였다. 최승로의 시무책은 새로운 정치 질서 수립의 필요성을 느낀 성종에게 건의, 유교적 정치 이념의 구현을 목표로 했기에 많은 조목에서 불교의 폐단을 비판하고 있으며, 유교의 '민본 정치 구현'과 관련된 민생의 안정을 강조하고 있다.

② **성종의 개혁 정치** 중요 기출 25
  ㉠ 지방세력 견제: **지방관 파견**, 향리 제도 마련
  ㉡ 유학 교육의 진흥: **국자감(국립대학)** 정비, 비서원·수서원(도서기관) 설치, 지방에 **경학 박사**와 의학 박사 파견, 과거제 정비(과거 출신 우대하여 정치 참여 유도)
  ㉢ 중앙의 통치 기구 개편: 2성 6부제(당의 제도) 기반, 태봉과 신라 제도 참작, 중추원과 삼사 설치(송의 관제), 도병마사, 식목도감 설치 → 고려의 독특한 정치 체제 마련

> **체크 포인트**
>
> 고려와 조선의 삼사의 차이점: 고려의 삼사는 전곡의 출납과 회계를 담당한 재정 기관이었으나, 조선의 삼사는 사간원·사헌부·홍문관으로 언론 기관이다.

ⓔ 지방 제도 정비 : 성종은 전국의 주요 지역에 12목을 설치하고 목사를 파견하였으며, 지방의 중소 호족을 향리로 편입하여 통제
ⓜ 분사 제도 : 서경에 분사를 두어 부도읍으로 정함
ⓗ 경제정책 : 건원중보 발행, 의창(빈민구호), 상평창(물가조절기관) 설치
ⓢ 왕권강화 : 노비 환천법 실시, 호족들의 무기 몰수, 재상정치의 실현

> **체크 포인트**
>
> **성종의 치적** : 유교 정치 사상 정립, 2성 6부 관제 실시, 지방에 12목 설치, 강동 6주 획득, 농업 장려, 의창·상평창 마련, 화폐 주조, 국자감 설치, 문신 월과법 실시, 수서원·비서원 설치, 과거제 정비

2 고려의 지배 체제와 사회

(1) 통치 체제의 정비

① **중앙 정치 조직** 중요
  ㉠ 2성(재부) 6부제 : 당의 제도를 수용하여 이를 고려의 실정에 맞게 조정
   • 중서문하성 : 중서성·문하성의 통합 기구(문하시중 : 수상), 최고의 정치 기구
    - 재신(2품 이상) : 백관 통솔, 국가 중요 정책 의논·결정
    - 낭사(3품 이하, 간관) : 간쟁, 봉박, 서경을 담당
   • 상서성 : 위로 국왕에 보고하고 아래로 중앙의 여러 관청을 통괄하는 **중앙 행정의 중심 역할**, 6부 관장
   • 6부(상서 : 장관) : 실질적 행정 업무 담당

> **체크 포인트**
>
> **고려의 정치제도**
> • 3성과 중추원을 합쳐 양부 또는 재추라 하였고, 이 양부의 고관(재신과 추신)으로 구성된 도당에서 국가의 중요 정책을 회의방식으로 결정한다.
> • 당의 3성 6부제를 우리 실정에 맞도록 2성 6부로 하였으며, 또한 6부의 서열을 다르게 하였고(이·병·호·형·예·공) 고려의 독창적인 기관인 도병마사와 식목도감을 설치하였다.

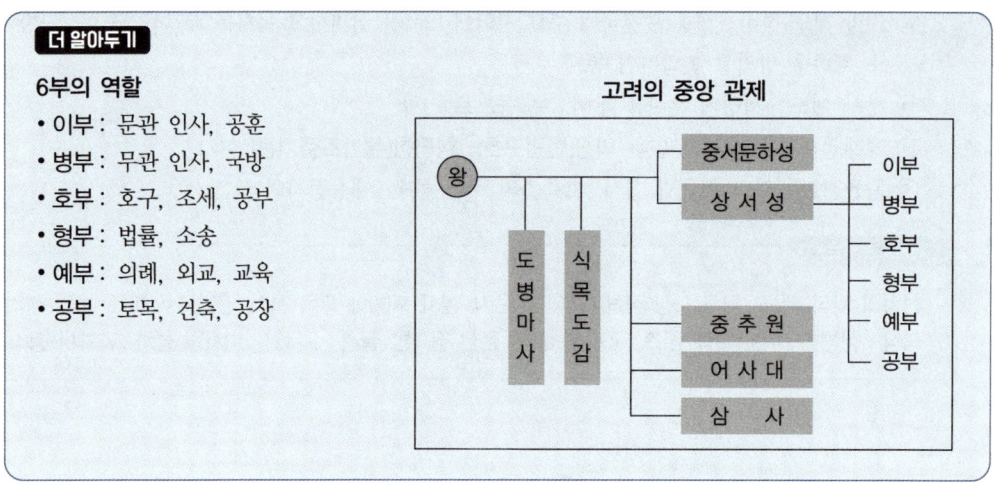

더 알아두기

6부의 역할
- 이부 : 문관 인사, 공훈
- 병부 : 무관 인사, 국방
- 호부 : 호구, 조세, 공부
- 형부 : 법률, 소송
- 예부 : 의례, 외교, 교육
- 공부 : 토목, 건축, 공장

ⓒ 중추원(추부) : 추밀(2품 이상) – 군국 기무 담당, 승선(3품 이하) – 왕명 출납 담당
ⓒ 어사대 : 풍속을 바로 잡고, 관리들의 잘못을 규탄
ⓔ 삼사 : 국가 회계 업무 담당
ⓜ 도병마사
  - 양부 : 중서문하성과 중추원의 고관인 재신과 추밀로 구성된 국가 최고 회의 기관
  - 처음에는 국방 문제를 관장하다가, 도평의사사로 개칭되면서 국정 전반에 걸친 중요사항을 관장하는 최고 기구로 발전 → 도당(都堂)으로 불림

체크 포인트

최고의정기관
- 고구려 : 제가회의
- 백제 : 남당
- 신라 : 화백
- 발해 : 정당성
- 고려 : 도병마사, 도평의사사
- 조선 : 의정부, 비변사

ⓗ 식목도감
  - 재신과 추신(추밀)이 함께 모여 국가의 중대사를 결정하는 합좌 기관
  - 대내적인 법제(法制)와 격식(格式)을 다루는 회의기관
  - 초기에는 율령, 조례 규정 등의 심의(재정)를 하는 것으로 출발하였으나 후기에는 국가의 중대사까지 논의하는 기관으로 변모함

ⓐ 대간
- 구성 : 어사대와 중서문하성의 낭사
- 기능 : 국왕 보좌, 언관 역할 담당, 낮은 지위에 있었으나 정치운영에 견제와 균형의 기능
- 서경 제도 : 관리의 임명, 법령의 개폐시에 인준, 국왕의 독재를 견제하는 구실

> **더 알아두기**
>
> **고려의 중앙 정치 조직의 특징**
> - 도병마사, 식목도감 : 재신과 추밀이 모여 회의해 국가 중대사를 결정하는 기구이다.
> - 재신과 추밀 : 중서문하성과 중추원의 고관으로 각각 국가의 주요 정책에 참여하며, 6부 등 주요 관부의 최고직을 겸해 중앙 정치 운영에 핵심을 차지하였다.

② **지방 행정 조직의 정비** 중요

㉠ 행정 구역 : 5도 양계, 경기로 구분 → 3경・4도호부 8목과 군・현・진 등 설치
- 5도 : 일반 행정 구역, 장관으로 안찰사 파견, 도 밑에는 주・군・현을 설치하여 일선 지방 행정 담당 → 주현(지방관이 파견된 현)보다 속현(수령이 파견되지 않은 현으로 주현에 속한 현)이 더 많이 존재
- 양계(국경 지대의 군사 행정 구역) : 병마사 파견
  - 편제 : 동계와 북계로 편성
  - 진 : 군사적인 요충지에 설치

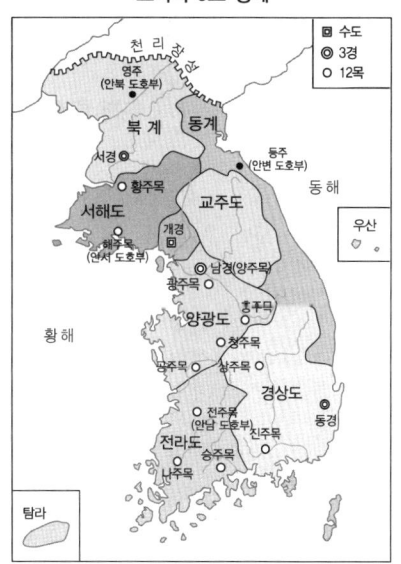

고려의 5도 양계

> **더 알아두기**
>
> **고려의 지방 제도**
> - 5도 : 일반 행정 단위 - 안찰사 파견
> - 양계 : 군사 특수 지역 - 병마사 파견
> - 3경 : 개경, 서경, 동경(남경)
> - 4도호부 : 군사 요충지
> - 향, 소, 부곡 : 특수 행정 구역

ⓛ 지방 행정 제도의 특징
- 속현 제도 : 지방관 미파견 지역을 지방관이 파견되는 주현을 통해 간접적으로 통제, 향리들이 조세와 공물 징수·노역 징발 등 행정 사무 담당, 지방관이 파견된 주현보다 지방관이 파견되지 않은 속현이 더 많음(향리들이 실제 업무 담당)
- 향리(호장, 부호장) : 실제적인 행정 담당, 일반 평민과 천민 집단의 조세·공물의 징수와 요역 징발의 사무, 향촌 사회의 지배층인 토착 세력, 영향력이 강함
- 특수 행정 구역(향, 소, 부곡) : 군현과 구별되는 특수 행정 구역으로 거주자들은 군현민에 비해 더 많은 세금부담을 지고 있었으며 다른 지역으로 이주하는 것도 원칙적으로 금지되었지만 이들 또한 군현민과 같은 양민임

> **체크 포인트**
> 향·소·부곡의 천민 : 특수 행정 구역인 향·소·부곡에는 천민도 거주하였는데, 향·부곡의 주민은 농업에, 소의 주민은 수공업에 종사하였다. 이 밖에 역, 관, 진의 주민들도 천시되었다.

③ **군역 제도와 군사 조직** 기출 23
  ㉠ 중앙군
    - 편제 : 2군(왕의 친위군), 6위(수도 경비와 국경 방어 임무)
    - 직업 군인으로 편성, 군인전 지급받음
    - 군공을 세워 무신으로 신분 상승(중류층) : 각종 공사에 동원되거나 군인전을 받지 못해 도망 → 일반 농민으로 충원
    - 중앙군의 성격
      - 초기 : 전문적인 직업 군인으로 군역을 세습하면서 군인전을 받음
      - 중기 : 일반 농민으로 충원하면서 질적으로 저하되어 특수군인 별무반, 삼별초를 별도로 편성
  ㉡ 지방군
    - 편제 : 군적에 오르지 못한 16세 이상의 일반 농민
    - 주현군(5도) : 대체로 자기 토지를 경작하면서 지방의 방위와 노역에 동원됨
    - 주진군(양계) : 초군, 좌군, 우군으로 구성된 국방의 주역을 담당한 상비군으로 양계에 배치(최고 지휘관-도령)

④ **관리 등용 제도** 기출 23
  ㉠ 과거 제도
    - 응시 자격 : 법제적 – 양인, 실제적 – 제술·명경과는 귀족·향리 자제, 잡과는 백정·농민 응시
    - 종류
      - 제술과 : 시, 부, 송, 책 등의 문학으로 시험에 합격하면 진사라 칭함
      - 명경과 : 시경, 서경, 역경, 춘추 등 유교 경전 시험
      - 잡과 : 의학, 천문, 음양, 지리, 율, 서, 산 등의 기술관 시험

ⓒ 음서 제도 : 공신·종실·5품 이상의 고위 관료의 자손을 대상으로 과거 없이 임용 → 고려의 관료 체제가 귀족적 특성을 보여줌

> **체크 포인트**
>
> **음서의 범위**
> 문무반 5품 이상의 관리이면 그 자손이 과거를 통하지 않고도 관직을 받을 수 있게 한 제도로 조부는 물론 외조부, 장인 등의 공로에 따라서 외손과 사위가 음서를 통해 관리가 될 수 있었다.

(2) 경제 정책

① **농업 중심의 산업 발전**
  ㉠ 중농 정책 추진 : 민생 안정, 국가 재정 확보를 위해 생산력 증대 도모, 농번기에는 잡역 동원 금지, 개간지에 일정한 기간 면세(개간 장려)
  ㉡ 농민 안정책 : 재해를 입었을 때 세금 감면, 고리대의 이자 제한, 의창제를 실시
  ㉢ 상업 : 개경에 시전을 만들어 국영 점포 개설, 쇠·구리·은 등 금속 화폐 유통
  ㉣ 수공업 : 자급자족적인 농업 경제를 기본으로 하였기 때문에 상업과 수공업은 발달 부진
    • 관청 수공업 형태 : 기술자를 관청에 두어 무기, 비단 등을 만들게 함
    • 소(所)에서 수공업 담당 : 먹, 종이, 금, 은 등 수공업 제품을 생산하여 공물로 바치게 함

② **국가 재정의 운영**
  ㉠ 재정 운영 기반 설치 : 토지 대장인 양안과 호구 작성 등 토지와 호구 조사를 근거로 조세, 공물, 부역 등을 부과
  ㉡ 재정 운영의 원칙 : 수취 제도를 기반으로 세움, 국가에 종사하는 사람(왕실, 중앙, 지방 관리, 향리, 군인)에게 조세를 수취할 수 있는 권리를 줌

> **더 알아두기**
>
> **국가 재정의 운영**
>
> | 수취 대상 파악 | 수취 | 지출 |
> | --- | --- | --- |
> | • 양안(토지 대장)
• 호적(호구 장부) | 조세, 공물, 부역 | 관리 녹봉, 일반 비용, 국방비, 왕실 경비 등 |

  ㉢ 재정 운영 관청 설치
    • 호부 : 호적과 양안을 만들어 인구와 토지를 파악 관리함
      ▶ 호적 : 부부를 중심으로 이루어진 가족을 등재하되, 때에 따라서는 여러 세대의 가족이 한 호적에 기록되기도 하였다.
    • 삼사 : 재정의 수입과 관련된 사무만 맡고 실제의 조세 수취와 집행은 각 관청에서 맡음

- ② 재정 : 관리의 녹봉, 일반 경비, 국방비, 왕실 경비에 지출
  - 녹봉 : 중앙과 지방의 문무관, 종실 등에게 지급
  - 쓰임새 : 왕실의 공적 경비, 각종 제사 및 연등회나 팔관회의 비용, 건물의 건축이나 수리비, 왕의 하사품, 국방비(군선이나 무기 제조비, 특히 많이 쓰임)
- ⑩ 관청의 운영 경비 : 토지(공해전)를 받았으나 부족한 경우가 많아 필요한 비용을 관청 스스로 마련

③ **수취 제도** 중요
- ㉠ 세금의 종류 : 토지에서 거두는 조세, 집집마다 부과하는 공물, 장정의 수에 따라 부과하는 역
- ㉡ 조세
  - 토지를 논과 밭으로 나누고 비옥한 정도에 따라 3등급으로 나누어 부과
    ▶ 토지 등급 : 1결당 생산량을 최고 18석(최하 5석)을 기준으로 비옥도에 따라 상·중·하의 3등급으로 나누고, 등급별로 액수를 정하여 전세를 부과하였다.
  - 거두는 양은 생산량의 10분의 1
  - 거두어들인 물품은 각 군현의 농민을 동원해 조창까지 옮긴 다음 조운을 통해서 개경의 좌·우창으로 운반하여 보관

> **체크 포인트**
> 조운과 조창 : 각 도에서 국가에 수납하는 전세는 제도상 일정한 기간에 조운에 의하여 중앙의 경창으로 수송하였고, 조운선이 없는 읍에서는 사선을 이용하여 운송하였다. 조운을 맡은 기관이 조창이다.

- ㉢ 공물
  - 집집마다 토산물을 거두는 제도
  - 중앙 관청에서 필요한 공물의 종류와 액수는 나누어 주현에 부과
  - 주현은 속현과 향·부곡·소에 할당하고, 고을은 향리들이 집집마다 부과
  - 종류 : 상공(정기적 공납으로 매년 내야 하는 세금)과 별공(필요에 따라 수시로 거두는 세금)
  - 특징 : 거두는 시기가 정해져 있고, 조세보다 부담이 큼
- ㉣ 역
  - 국가에서 백성의 노동력을 무상으로 동원하는 제도
  - 16세에서 60세까지의 남자를 정남의 의무를 지게 함
  - 종류 : 군역과 요역(성곽·관아·제방의 축조, 도로 보수 등의 토목 공사, 광물 채취, 노동력 동원)
  - 기타 : 어민의 어염세, 상인의 상세

④ **전시과 제도와 토지 소유** 중요
- ㉠ 토지 제도의 변천 과정
  - 역분전 : 태조 때 후삼국 통일 과정에서 공을 세운 사람들에게 준 토지
  - 시정 전시과(976년) : 경종 때 공복 제도와 역분전 제도를 토대로 만들어짐 → 관직의 높고 낮음과 함께 토지를 지급하여 문제가 생김

- 개정 전시과(998년) : 목종 때 관직만 고려하고 지급량도 재조정
- 경정 전시과(1076년) : 문종 때 현직 관리에게만 지급

체크 포인트

토지 제도의 정비과정 : 역분전(태조) → 시정 전시과(경종) → 개정 전시과(목종) → 경정 전시과(문종) → 전시과 붕괴(명종) → 과전법(공양왕)

ⓛ 전시과 제도 : 문무 관리로부터 군인, 한인에까지 18등급으로 나누어 수취할 수 있는 전지와 땔감을 얻을 수 있는 시지 지급

[전시과의 토지 지급 액수] (단위 : 결)

시기		등급	1	2	3	4	5	6	7	8	9	10	11	12	13	14	15	16	17	18
경종 (976)	시정 전시과	전지	110	105	100	95	90	85	80	75	70	65	60	55	50	45	42	39	36	33
		시지	110	105	100	95	90	85	80	75	70	65	60	55	50	45	40	35	30	25
목종 (998)	개정 전시과	전지	100	95	90	80	75	70	65	60	55	50	45	40	35	30	27	23	20	
		시지	70	65	60	55	50	45	40	35	33	30	25	22	20	15	10	–	–	–
문종 (1076)	경정 전시과	전지	100	90	85	80	75	70	65	60	55	50	45	40	35	30	25	22	20	17
		시지	50	45	40	35	30	27	24	21	18	15	12	10	8	5	–	–	–	–

ⓒ 전시과의 원칙 : 수조권만 지급, 관직 복무와 직역에 의한 대가 → 사망·퇴직 시에는 국가에 반납
ⓔ 토지의 종류
- 과전 : 관리에게 보수로 지급, 18등급으로 구분
- 공음전 : 5품 이상의 관리에게 지급, 세습 허용, 음서제와 함께 귀족의 신분을 세습할 수 있도록 뒷받침

체크 포인트

음서제 : 공신이나 현직 고위 관료의 아들, 사위, 조카에게 과거를 거치지 않고 관직을 임명하던 제도. 원칙은 한명만 해당되었지만 여러 자손이 받는 경우도 있었다. 고려는 5품 이상 관리에게, 조선은 2품 이상 관리에게 음서의 특권을 주었다. 공음전과 함께 문벌 귀족 사회를 형성·강화시켜 주는 구실을 하였고, 고려 귀족사회의 특징적 모습을 나타내는 것이었다.

- 한인전 : 6품 이하 관리 자제로 관직에 오르지 못한 자에게 지급하는 것으로 관인 신분의 세습이 목적
- 군인전 : 군역의 대가로 지급, 군역의 세습에 따라 자손에게 세습
- 구분전 : 하급 관리와 군인의 유가족에게 생활 대책비로 지급
- 기타 : 내장전(왕실의 경비를 충당), 공해전(중앙과 지방 관청 경비 충당), 사원전(사원)

> **더 알아두기**
>
> **고려의 토지 제도**
> - 건국 직후 : 역분전(태조) - 공로를 기준으로 한 논공행상적 성격이 강한 토지 제도
> - 고려 전기
>   - 경종 : 시정 전시과 - 관직과 인품을 병용하여 토지 지급
>   - 목종 : 개정 전시과 - 관리의 등급을 18과로 나누고 관품에 따라 전·현직 관리에게 토지 지급
>   - 문종 : 경정 전시과 - 공음전 실시, 현직 관리에게만 토지 지급
> - 고려 후기
>   - 무신 정권 : 녹과전
>   - 권문세족 : 농장
>   - 신진 사대부 : 과전법

- 민전
  - 매매, 상속, 기증, 임대 등이 가능한 사유지
  - 귀족이나 일반 농민들의 상속, 매매, 개간을 통하여 형성
  - 소유권이 보장되고 소유자는 국가에 일정한 세금 납부
  - 경작지는 대부분 민전이나 왕실이나 관청의 소유지도 있었음
ⓓ 전시과 제도의 붕괴 : 귀족들의 토지 독점·세습 → 조세 수취대상 토지의 부족 → 일시 녹과전 지급 → 권문세족의 농장 경영 → 고려 말 국가 재정 파탄 위기

(3) 경제 활동

① **귀족의 경제 생활**
  ㉠ 경제 기반 : 대대로 상속받은 토지와 노비, 관료가 되어 받은 과전이나 녹봉 등
  - 과전 : 생산량의 10분의 1을 조세로 받는데, 사망이나 퇴직 시 반납이 원칙
  - 공음전, 공신전 : 세습, 대체로 수확량의 2분의 1 수납
  - 녹봉
    - 문종 때 완비로 현직 관리는 등급에 따라 쌀·보리·베·비단 등을 일 년에 두 번씩 수납
    - 녹봉은 1년에 두 번씩 녹패라는 문서를 창고에 제시하고 받음
    ▶ 녹봉 : 관료를 47등급으로 나누어 1등급은 400석, 최하 47등급은 10석을 받았다.
  - 사유지 : 자신의 소유 토지로 노비가 경작·소작하여 생산량의 2분의 1 수취
  - 농장 : 고리대를 통한 농민 토지 강탈, 매입, 개간 등으로 토지를 확대
  - 노비 : 가내 노동을 하는 솔거 노비와 신공으로 베나 곡식을 바치는 외거 노비가 있었음
  ㉡ 귀족의 화려한 생활
  - 문벌 귀족이나 권문세족은 큰 누각을 짓고 지방에 별장도 가지고 있었음
  - 외출 시 남녀 모두 시종을 거느림
  - 중국의 수입차를 즐김
  - 비단으로 옷을 만들어 입음

② **농민의 경제 생활**
  ㉠ 경제 기반 : 민전 경작, 국·공유지나 다른 사람의 소유지 경작, 품팔이, 부녀자는 삼베·모시·비단을 짜서 생계 유지
  ㉡ 소득의 확대(경작지 확대) : 새로운 농업 기술 습득, 황무지 개간(개간 시기에는 조세감면, 소작료 감면), 연해안의 저습지와 간척지 개간
  ㉢ 농업 기술의 발달 : 수리 시설 발달(김제의 벽골제, 밀양의 수산제), 호미와 보습 등 농기구 개량, 종자의 개량, 소를 이용한 깊이갈이 일반화, 시비법 발달(휴경지 감소), 『농상집요』(이암), 목화씨 반입(문익점)
    • 밭농사 : 2년 3작 윤작법이 보급
    • 논농사 : 고려 말에 이앙법(모내기)이 남부 지방에서 보급

  > **체크 포인트**
  > 시비법의 발달 : 밭을 묵혀서 그 밭에 자란 풀을 태우거나 갈아엎어 비료를 주던 방식에서 들의 풀이나 갈대를 베어와 태우거나 갈아엎은 녹비에 동물의 똥오줌을 풀이나 갈대와 함께 사용하는 퇴비가 만들어졌다.

  ㉣ 농민의 몰락 : 고려 말 권문세족의 농장 확대, 지나친 수취로 노비 전락

③ **수공업자의 활동**
  ㉠ 수공업의 종류 : 관청 수공업, 소(所) 수공업, 사원 수공업, 민간 수공업
  ㉡ 고려 전기 수공업
    • 관청 수공업 : 기술자들을 공장안에 올려 국가에서 필요로 하는 물품 제조
      ▶ 공장안(工匠案) : 국가에서 필요한 물품 생산에 동원할 수 있는 기술자를 조사하여 기록한 장부
    • 소(所) 수공업 : 금, 은, 철, 구리, 실, 각종 옷감, 종이, 먹, 차, 생강 등을 생산하여 납부
  ㉢ 고려 후기 수공업
    • 사원 수공업 : 기술이 좋은 승려와 노비가 베, 모시, 기와, 술, 소금 등을 생산함
    • 민간 수공업 : 농촌의 가내 수공업으로 국가에서 삼베나 비단 생산을 장려함 → 삼베, 모시, 명주 등을 생산하여 공물로 바침
    • 유통 경제의 발전 : 관청 수공업에서 생산하던 놋그릇, 도자기, 대나무 제품, 명주, 삼베, 모시, 종이 등을 민간에서 생산함

④ **상업 활동**
  ㉠ 도시의 상업
    • 개경에 시전 설치 : 관청과 귀족들이 이용
    • 대도시(개경, 서경, 동경) 상점 설치 : 서적점, 약점, 주점(술·차), 다점 등 관영 상점을 둠
    • 비정기적인 시장 : 도시 거주민의 일용품 매매
    • 경시서 : 매점매석과 같은 상행위를 감독

ⓒ 지방의 상업
- 관아 근처의 일시적 시장 형성 → 쌀, 베 등 일용품을 서로 교환
- 행상의 활동 : 물품 판매, 마을을 돌며 베·곡식을 받고 소금·일용품을 판매
- 사원의 상행위 : 소유 토지에서 생산한 곡물과 승려가 만든 수공업품을 민간에 판매함

ⓒ 고려 후기의 상업
- 개경의 인구 증가로 민간 상품 수요가 증가함
- 관청의 물품 구입량 증가 : 시전 규모 확대와 업종별 전문화가 나타남
- 개경의 상업 활동 : 점차 도성 밖으로 확대, 벽란도 등 항구들이 교통로와 산업의 중심지로 발달함
- 소금 전매제 시행 : 국가 재정 수입 증대가 목적임

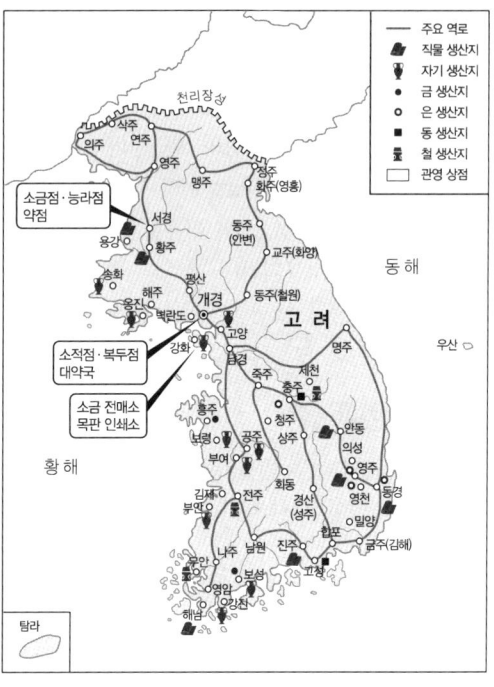

고려의 교통로와 산업 중심지

⑤ **화폐 주조와 고리대의 유행**

㉠ 화폐 발행 : 이익금을 재정에 충당, 정부의 경제 활동을 장악함
- 변천 : **건원중보(성종)·삼한통보·해동통보·해동중보** 등의 동전과 **활구(숙종)** → 유통 부진
  ▶ 활구 : 우리나라의 지형을 본떠서 은 1근으로 만든 고가의 화폐로서 은병 하나의 값은 포 100여 필이나 되었다.
- 일반적으로 곡식과 삼베를 주로 사용함

㉡ 고리대업의 성행 : 귀족, 사원 등이 생활이 빈곤한 농민들에게 고리대업을 하여 농민 생활은 더욱 어려워짐

㉢ 보(寶)의 발달
- 내용 : 고리대업의 성행 속에 기금을 만들어 그 이자로 사업 경비를 충당함
- 보의 종류 : 학보, 경보, 팔관보, 제위보
- 보 발달의 폐해 : 때로는 본래의 목적에서 벗어나 이자 취득에만 급급하여 농민 생활에 막대한 폐해를 끼침

삼한통보

해동통보

⑥ **무역 활동**
  ㉠ 대외 무역의 발달 : 국내 상업이 어느 정도 발달함에 따라 외국과의 무역이 활발(예성강 어귀의 벽란도는 국제 무역항으로 번성)
  ㉡ 대송 무역 : 대외 무역에서 가장 큰 비중
    • 수입품 : 비단, 약재, 책, 자기, 악기 등
    • 수출품 : 금, 은, 동, 인삼, 종이, 붓, 먹, 부채, 화문석, 나전 칠기(특히, 종이와 먹은 비싼 값으로 수출)
    • 무역로 : 북송 때는 벽란도 → 옹진 → 산둥반도의 덩저우, 남송 때는 벽란도 → 흑산도 → 양쯔강 입구의 밍저우

> **더 알아두기**
>
> **벽란도와 대외 무역항**
> • 벽란도 : 고려 시대 예성강 하류의 해상 요충지로서 선박의 운행이 자유로워 국제항으로 성장, 고려 중기에는 송나라와 일본뿐만 아니라 아라비아의 상인들과도 활발한 국제무역이 이루어진 곳이었다.
> • 고려 시대의 대외 무역항
>   - 벽란도 : 대송 무역항
>   - 합포(마산) : 대일본 무역항

  ㉢ 기타 국가와의 무역
    • 거란 : 은을 가지고 와서 식량, 문방구, 구리, 칠 등을 수입
    • 여진 : 은, 모피, 말 등으로 식량, 철제 농기구 등을 교환
    • 일본 : 송, 거란 등에 비해 그리 활발하지 못해 11세기 후반부터 수은·황 수입, 곡식·인삼·서적 수출
    • 아라비아 상인(대식국인) : 수은, 향료, 산호 등을 가지고 송을 거쳐 들어와 무역, 이들의 왕래로 고려(Corea)라는 이름이 서방에 알려짐

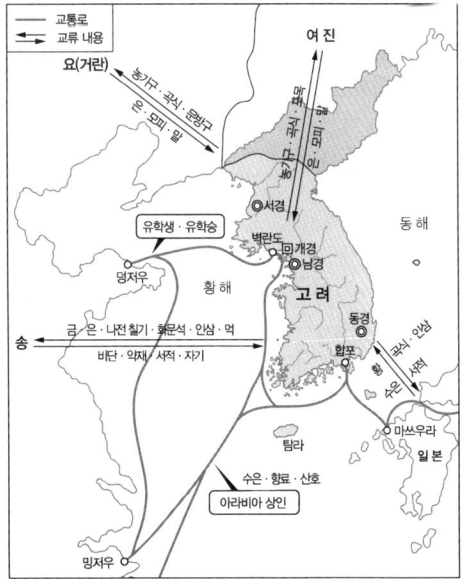

고려 전기의 대외 무역

(4) 고려의 신분 제도 [중요]

① **귀족**
- ㉠ 고려의 신분 구조 : 귀족, 중류, 양민, 천민으로 구성
- ㉡ 귀족의 구성 : 왕족, 5품 이상의 고위 관료가 주류 → 음서, 공음전의 특혜
- ㉢ 문벌 귀족 형성
  - 관직 독점 : 과거와 음서로 대대로 고위 관직 차지, 개경에 거주(경원 이씨, 파평 윤씨) → 죄지은 자는 형벌로 낙향시킴
  - 정략 결혼 : 관직을 바탕으로 토지 소유 확대, 유력 가문 귀족과 서로 중첩된 혼인 관계, 왕실과의 혼인 관계 열망
- ㉣ 신분 변동 가능 : 향리의 자제가 과거를 통하여 신진 관료로 진출하거나 중앙 귀족에서 낙향하여 향리로 전락하는 경우가 있음
- ㉤ 귀족층의 변화 : 무신 정변을 계기로 문벌 귀족이 몰락하고 무신의 권력 장악
- ㉥ 권문세족 : 무신 정권이 붕괴되면서 등장한 지배 귀족 → 정계 요직 장악, 대규모의 농장 소유, 음서로 신분 세습

고려 시대의 관료

- ㉦ 신진 사대부의 등장
  - 과거로 등장 : 경제력을 토대로 과거 시험을 합격하여 관계 진출
  - 사회 개혁과 문화 혁신 추구 : 고려 말 토지 제도 모순(사전 폐단) 지적 → 권문세족과 대립 → 권문세족의 구질서와 모순 비판 → 전반적인 개혁 추구

② **중류층**
- ㉠ 구성 : 중앙 관청의 서리, 남반, 지방 향리, 하급 장교 등
- ㉡ 형성 배경 : 고려의 지배 체제가 정비되는 과정에서 통치 체제의 하부 구조를 맡아 중간 역할 담당
- ㉢ 향리
  - 지방의 호족 출신이 향리로 편제(호장, 부호장 등) → 실질적인 지방 지배층
  - 통혼 관계나 과거 응시 자격에서 하위의 향리와 구별됨
- ㉣ 말단 행정직 : 남반(궁중 실무), 군반(직업 군인), 말단 서리인 잡류, 하층 향리, 역리 → 세습적인 직역, 직역의 대가로 토지 지급

더 알아두기

향리와 호장
- **향리** : 신라 말에 대두한 지방 호족으로 고려 건국 당시 지방의 지배자였으나 국가 체제가 정비되면서 호장 등의 직책을 받으면서 향리가 되어 지방 행정 업무를 담당했다.
- **호장(戶長)** : 향리직의 우두머리로 부호장과 함께 호장층을 형성, 해당 고을의 모든 향리들이 수행하던 말단 실무 행정을 총괄하였다.

③ 양민
  ㉠ 구성 : 일반 농민과 상공업에 종사하는 사람
  ㉡ 백정 : 일반 농민을 말함
    • 법제적으로 과거 응시에 제약이 없고 전지를 받는 군인으로 선발 가능
    • 납세 의무 : 조세, 공납, 역
    • 민전 경작 : 자기 소유의 토지를 경작하거나 토지를 빌려 경작
  ㉢ 특수 집단 : 특수 행정 구역인 향·소·부곡에 거주
    • 일반 양민과 차별 : 일반 양민에 비해 규제가 심하고 더 많은 세금 부담, 거주 이전 금지
    • 일반 군현민들이 반란을 일으킨 경우 집단적으로 처벌하여 군현을 부곡 등으로 강등
    • 향·부곡(농업), 소(수공업, 광공업), 역(육로 교통), 진(수로 교통)

④ 천민

송광사의 노비 문서

  ㉠ 노비 : 천민의 대다수, 크게 공노비와 사노비로 구분
  ㉡ 공노비
    • 입역 노비 : 궁중·중앙 관청·지방 관아에서 잡역에 종사(급료 지급)
    • 외거 노비 : 지방에 거주하면서 농업에 종사, 규정된 액수를 관청에 납부(신공)
  ㉢ 사노비
    • 솔거 노비 : 상전의 집에서 살면서 잡일을 돌봄
    • 외거 노비 : 주인과 따로 살면서 농업에 종사 → 일정량의 신공 납부, 타인 토지 소작 가능, 독립된 경제 생활로 양인과 비슷, 지위 상승 가능
  ㉣ 노비의 처지 : 매매, 증여, 상속의 방법으로 주인에게 예속, 노비 세습(일천즉천법 적용)

> **더 알아두기**
>
> **고려의 신분 구성**
> • 귀족 : 왕족을 정점으로 문무 양반으로 구성, 모든 문무 관리를 의미하는 것이 아니고, 그들 중 문벌이 좋은 5품 이상의 고위 관직에 오른 일부 특권층을 가리킨다.
> • 중류층(지배층 말단에 속한 계층)
>   – 하급 관리
>   – 서리 : 중앙 관청의 실무 관리
>   – 향리 : 지방 행정의 실무 담당
>   – 남반 : 궁중 관리
>   – 하급 장교
>   – 기술관 등
> • 양인(良人)
>   – 구성 : 백정(白丁, 농민), 상인, 수공업자
>   – 주류는 백정(농민)이었고, 상인과 수공업자는 농민보다 천시

- 백정(농민)은 과거에 응시할 자격이 있다.
- 고려 시대의 백정은 농민을, 조선 시대의 백정은 도축업자를 지칭한다.
• 천민 : 공·사 노비, 향·소·부곡민, 화척, 진척, 재인

(5) 백성들의 생활 모습
① 농민의 공동 조직
  ㉠ 공동체 의식 강화 : 일상 의례와 공동 노동을 통하여 의식을 다짐
  ㉡ 향도 : 불교의 신앙 조직 → 매향(埋香) 활동하는 무리
    • 매향 활동 : 미륵을 만나 구원받고자 하는 염원에서 향나무를 땅에 묻는 활동
    • 향도의 역할 : 대규모의 인력이 동원되는 불상, 석탑, 사원을 건립할 때 주도적인 역할
  ㉢ 향도의 변화 : 고려 후기
    • 신앙적인 향도에서 자신들의 이익을 위하여 조직되는 향도로 변모
    • 농민 조직으로 발전 : 노역, 혼례와 상장례, 민속 신앙과 관련된 마을 제사 등 공동체 생활을 주도

사천 매향비 탁본

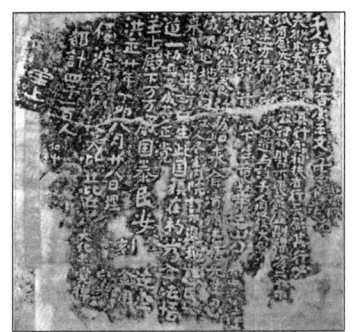

1387년에 향나무를 묻고 세운 것으로 내세의 행운과 국태민안을 기원하는 내용을 담고 있다.

> **더 알아두기**
>
> **매향 활동**
> 불교 신앙의 하나로 위기가 닥쳤을 때를 대비해 향나무를 바닷가에 묻었다가 이를 통해 미륵에게 구원받고자 하는 염원에서 비롯된 활동이다.

② 사회 시책
  ㉠ 목적 : 농민 생활 안정이 국가 안정에 필수적
  ㉡ 농민 보호책
    • 농번기에 잡역 동원 금지
    • 자연 재해 시 피해 정도에 따라 조세와 부역 감면
    • 고리대 규제
  ㉢ 권농 정책 : 황무지, 진전(오래 경작하지 않은 토지)을 경작 시는 일정 기간 면세

③ **여러 가지 사회 제도** 중요
  ㉠ 의창 : 곡물을 비치하였다가 흉년에 빈민에게 나누어줌, 고구려의 진대법 계승
  ㉡ 상평창 : 개경과 서경 및 12목에 설치, 물가 안정 정책
  ㉢ 의료기관 : 동·서대비원(환자진료 및 빈민 구휼), 혜민국(의약 전담)
  ㉣ 구제도감·구급도감 : 각종 재해 때에 임시 기관으로 설치
  ㉤ 제위보 : 기금을 마련한 후에 이자로 빈민 구제

  체크 포인트
  의창과 상평창 : 의창은 평상시에 곡물을 보관하였다가 흉년에 빈민에게 나누어 주었던 제도이고, 상평창은 곡식과 베의 값이 내렸을 때 사들였다가 값이 오르면 싸게 내다 팔아 물가 안정을 도모하였던 제도이다.

④ **법률과 풍속**
  ㉠ 법률 : 당률을 참작한 71개조 법률 시행 → 주로 관습법에 따름
    • 지방관의 사법권 행사 : 주요 사건 이외에는 재량권 행사
    • 중한 죄 : 반역죄, 불효죄
    • 형벌의 종류
      - 태 : 볼기를 치는 벌
      - 장 : 곤장형
      - 도 : 징역형
      - 유 : 멀리 유배를 보내는 형
      - 사 : 사형으로, 교수형과 참수형 두 가지 존재
  ㉡ 장례 제사 : 토착 신앙과 융합된 불교의 전통 의식과 도교 신앙의 풍속을 따름
  ㉢ 명절 : 정월 초하루, 삼짇날, 단오, 유두, 추석 등

⑤ **혼인과 여성의 지위**
  ㉠ 혼인 풍속
    • 여자는 18세 전후, 남자는 20세 전후에 혼인, 일부일처제가 일반적임
    • 근친혼 성행(왕실) : 중기 이후 금령에도 불구하고 사라지지 않아 사회 문제로 대두
  ㉡ 여성의 지위
    • 자녀 균분 상속
    • 태어난 차례대로 호적에 기재(남녀 차별 없음), 딸도 제사를 모심
    • 상복 제도에서 친가와 외가의 차이가 없음, 사위가 처가의 호적에 입적 가능, 사위와 외손자에게도 음서 혜택
    • 재가 허용

3 대외관계와 거란의 침략 기출 23

(1) 거란의 침입과 격퇴 기출 24, 21

① 제1차 침입(성종 12년, 993년)
  ㉠ 원인 : 송을 공격하는데 배후의 견제 세력을 없애기 위해
  ㉡ 침입 : 거란은 정안국을 토벌한 다음(986년), 성종 때 소손녕이 80만 대군으로 고려에 침입하자 서희가 소손녕과 담판하여 외교적 승리를 거둠

② 제2차 침입(현종 1년, 1010년)
  ㉠ 원인 : 고려의 친송 정책의 지속과 요와의 외교 관계 수립 지연
  ㉡ 침입 : 요의 성종이 강조의 정변을 구실로 40만 대군을 이끌고 침입하자 방어하던 강조가 패하여 개경까지 함락, 양규의 활약

③ 제3차 침입(현종 9년, 1018년)
  ㉠ 원인 : 고려 왕(현종)이 친조를 이행하지 않는다는 구실
  ㉡ 침입 : 소배압이 10만 대군을 이끌고 개경 부근까지 침입, 강감찬의 귀주 대첩

④ 전란의 영향
  ㉠ 고려·송·요 사이의 세력 균형 유지
  ㉡ 나성 축조(개경 주위)
  ㉢ 천리장성 축조(압록강 입구~동해안의 도련포)

낙성대

귀주에서 소배압이 이끈 거란군을 크게 무찌른 강감찬 장군의 출생지이다.

> **더 알아두기**
>
> **거란의 침입**
> - 제1차 침입 결과 : 고려는 송과의 단교를 조건으로 강동 6주를 설치하여 압록강까지 영토 확장
> - 제2차 침입 결과 : 현종의 친조를 조건으로 퇴각, 양규가 귀주에서 격파
> - 제3차 침입 결과 : 고려군의 협공을 받아 후퇴하다가 귀주에서 강감찬에게 섬멸당함(귀주 대첩, 1018년)

강동 6주와 동북 9성

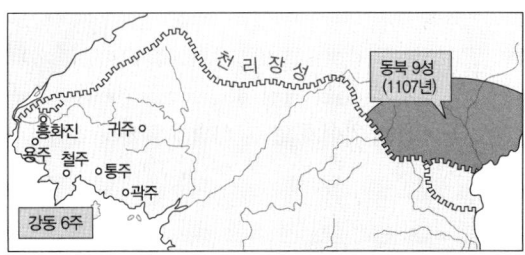

(2) 여진 정벌과 9성 개척

① **별무반 조직** : 기병인 여진족의 군대를 보병만으로 방어하기 곤란함을 깨닫고, 윤관의 건의에 따라 편성
  ㉠ 목적 : 여진 정벌을 위하여 편성된 특수 부대
  ㉡ 구성 : 신기군(기병), 신보군(보병), 항마군(승병)으로 편성
② **여진 정벌** : 예종 때 윤관은 별무반 17만 군대로 여진족을 토벌(1107년)하여 동북 9성 설치
③ **금의 건국(1115년)** : 여진족은 세력을 강화하여 만주 일대를 장악한 후 국호를 금이라 정함
④ **금의 압력** : 고려에 대하여 군신 관계 요구를 강요하자 이자겸은 금의 요구를 수락(인종 4년, 1126년)하는 사대 외교 추진 → 북진 정책 좌절

척경입비도

윤관이 9성을 개척하고 비석을 세우는 장면을 조선 후기에 그린 것이다.

> **더 알아두기**
>
> **강동 6주와 동북 9성**
> - 강동 6주 기출 25
>   - 여진족들이 거주하던 지역
>   - 북방 진출의 전략적 요충지
>   - 거란의 1차 침입 때 서희가 소손녕과의 담판으로 회복
> - 동북 9성의 반환
>   - 생활 터전을 잃은 여진족의 계속된 침입으로 인한 9성 수비 곤란
>   - 여진족이 다시는 침략하지 않고 조공을 바치겠다는 조건으로 9성의 반환을 애원
>   - 서북쪽의 거란 세력이 있어서 동북의 여진 토벌에만 모든 국력을 기울일 수 없기 때문

4 고려 전기의 사상과 문화

(1) 유학의 발달과 역사서의 편찬

① **유학의 발달**
  ㉠ 배경 : 유교적 정치 이념을 수용하고 불교와 보완적 기능 수행으로 유교주의적 정치 기틀 마련
  ㉡ 초기 : 유교주의적 정치와 교육의 기틀 마련
    • 태조 : 신라 6두품 계통의 최언위, 최응, 최지몽 등의 활약
    • 광종 : 과거제 실시 → 유학에 능한 관료 등용
    • 성종 : 최승로, 김심언 → 유교 정치 사상의 정립과 교육 기관 정비
    • 최승로 : 성종 때 시무 28조의 개혁안 제출 → 유교 사상을 치국의 근본으로 삼아 사회 개혁과 새로운 문화 창조 추구

> **체크 포인트**
>
> 시무 28조: 최승로가 성종에게 올린 상소문으로 유교 정치 사상에 입각하여 국가 기구를 정비하고 유교 이념에 따라 정치를 할 것을 권유하는 내용이다.

  - ⓒ 중기: 문벌 귀족 사회의 발달 → 보수적 성격
    - 학풍의 변화: 북진파 퇴진과 경원 이씨 집권의 보수화로 인해 유학이 상당한 수준으로 발달하였으나 사회적 모순을 해결할 수 있는 능력 상실
    - 학자: 최충 – 9재 학당(사학) 설립, 김부식 – 보수적 유학 대표
  - ⓔ 무신 정변 후: 문신 귀족 세력이 몰락함에 따라 유학이 크게 위축

② **교육 기관**
  - ㉠ 설립 목적: 관리 양성과 유학 교육
  - ㉡ 국자감(국학): 중앙에 설치, 국립대학, 유학부와 기술학부
    - 유학부: 7품 이상 관리의 자제 대상, 국자학·태학·사문학으로 나누어 유학을 가르침
    - 기술학부: 8품 이하 관리나 서민 자제 대상, 율학·서학·산학 등을 가르침
  - ㉢ 향교: 지방에 설치, 지방 관리와 서민 자제들의 교육 담당
  - ㉣ 사학의 융성: 최충의 문헌공도를 비롯한 사학 12도 융성 → 관학 위축

    ▶ 문헌공도: 문종 때 최충이 세운 9재 학당으로 12도 중에서 가장 번성하여 명성이 높았다. 최충이 사망한 후 그의 시호인 문헌에서 따와 이름 붙인 것이다.

  - ㉤ 관학 진흥책: 숙종(서적포 설치) → 예종(7재, 양현고 설치) → 인종(경사 6학 정비) → 충렬왕(섬학전 설치, 국학을 성균관으로 개칭, 문묘 건립)

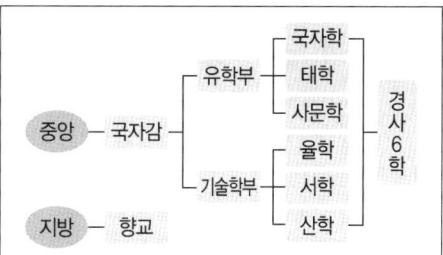

고려의 교육기관

③ **역사서의 편찬**
  - ㉠ 초기: 왕조 실록, 황주량의 『7대 실록』, 박인량의 『고금록』
  - ㉡ 중기
    - 『삼국사기』: 김부식이 인종 때 편찬한 것으로 현존하는 우리나라 최고(最古)의 역사서 → 유교적 합리주의 사관 반영, 기전체, 신라 계승 의식 반영 `기출 25, 23`

    ▶ 기전체: 사마천의 사기와 같이 역사를 본기, 지, 열전, 연표 등으로 나누어 편찬하는 형식

    - 『삼국유사』: 일연이 충렬왕 때 편찬 → 불교사 중심, 단군의 건국 이야기 수록, 고유 문화와 전통 중시 `기출 24`

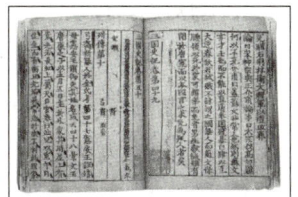
『삼국사기』

『삼국유사』

　　ⓒ 후기
　　　• 민족적 자주 의식을 바탕으로 전통 문화를 이해하려는 경향 대두
　　　• 각훈의 『해동고승전』, 이규보의 『동명왕편』, 일연의 『삼국유사』, 이승휴의 『제왕운기』 등
　　　• 성리학적 유교 사관 대두(정통 의식과 대의 명분 중시) → 이제현의 사략

④ **성리학의 전래**
　　⊙ 성리학 : 인간의 심성과 우주의 원리 문제를 철학적으로 탐구, 남송의 주희가 집대성
　　ⓒ 최초의 소개 : 안향(충렬왕) 소개 → 실천적 기능 강조 → 백이정, 박충좌, 이색, 정몽주, 권근, 정도전
　　ⓒ 신진 사대부 : 현실 사회의 모순을 시정하기 위한 개혁 사상으로 성리학 수용(소학과 주자가례 중시, 권문세족과 불교의 폐단 비판) → 새로운 국가 사회의 지도 이념

> **더 알아두기**
>
> **안향**
> 1260년(원종 1년) 문과에 급제하여 교서랑이 되고, 1270년 삼별초의 난 때 강화(江華)에 억류되었다가 탈출한 뒤 감찰어사가 되었다. 1275년(충렬왕 1년) 상주판관 때 미신 타파에 힘썼고, 판도사좌랑(版圖司佐郞)·감찰시어사를 거쳐 국자사업에 올랐다. 1288년 정동행성의 원외랑(員外郞)을 거쳐 유학제거가 되고, 그해 왕과 공주를 호종하여 원나라에 들어가 연경에서 돌아와 주자학(朱子學)을 연구하였다.

(2) 불교 사상과 신앙 〔중요〕

① **불교 정책**
　　⊙ 불교의 성격 : 현세 구복적, 호국적
　　ⓒ 태조 : 훈요 10조에서 불교를 숭상할 것과 연등회와 팔관회의 개최 당부
　　ⓒ 광종
　　　• 승과 제도 실시 : 교종선과 선종선을 두고 급제자에게 법계를 줌
　　　• 국사와 왕사 제도 : 왕의 고문 역할 담당
　　ⓔ 의통과 제관 : 중국의 천태종 부흥에 공헌
　　　• 의통 : 중국 천태종의 13대 교조
　　　• 제관 : 『천태사교의』 → 천태종의 기본 교리 정리

영통사 대각국사비

대각국사 의천의 업적을 새긴 비로 비문은 김부식이 지었고, 글씨는 구양순체의 해서로 오인후가 썼다.

ⓜ 성종 : 유교 정치 사상이 강조되어, 연등회와 팔관회 등이 일시 폐지됨
ⓗ 현종 이후 : 국가의 보호를 받아 계속 융성, 현화사와 흥왕사 등의 사찰 건립

② **불교 통합 운동과 천태종** 〈중요〉
㉠ 균여의 화엄종 성행, 선종에 대한 높은 관심(초기) → 화엄종과 법상종의 융성(왕실과 귀족들의 지원)

> **체크 포인트**
> 화엄종과 법상종 : 화엄종은 화엄 사상을 바탕으로 하는 종파이고, 법상종은 유식 사상을 중심으로 하는 종파이다. 교종인 이 두 종파가 선종과 함께 고려 불교의 주축을 이루었다.

㉡ 교단 통합 운동(의천, 11세기) : 화엄종 중심으로 교종 통합(흥왕사 중심) → 선종 통합(국청사 창건, 천태종 창시) → 교관겸수 제창

> **체크 포인트**
> 교관겸수 : 교학과 선을 함께 수행하되, 교학의 수련을 중심으로 선을 포용하려는 통합 이론

㉢ 결과 : 폐단에 대한 적극적인 시정 대책 미흡으로 의천의 사후 교단 분열, 귀족 중심의 불교를 지속

③ **도교** 〈중요〉
㉠ 전래 : 삼국 시대에 전래되어 고려 시대에 들어와 성행
㉡ 이론 : 민간 신앙과 신선술을 바탕으로 하고 도가 사상·음양오행의 이론 등이 첨가
㉢ 특징 : **불로장생, 현세 구복 추구**
㉣ 고려 시대의 도교와 그 한계
- 도교 : 국가의 안녕과 왕실의 번영 기원(도교 행사, 도관 건립)
- 한계 : 불교적 요소와 도참 사상을 수용하였으나 일관성의 결여와 교단이 없어 민간신앙으로 확대되지 못함

> **더 알아두기**
> **도교와 풍수지리설**
> - 도교 : 고대의 민간 신앙과 신선술을 바탕으로 하고, 거기에 도가나 음양오행의 이론 등이 첨가되어 성립된 종교로서, 불로장생과 현세 구복을 추구하는 특징을 가졌다.
> - 풍수지리설 : 산세와 수세를 살펴 도읍·주택·능묘 등을 선정하는 일종의 지리학으로서, 지형과 지세에 따라 길흉화복이 영향을 받는다는 것이다.

④ **풍수지리설** 중요
  ㉠ 성격 : 산세・수세를 살펴 도읍, 주택, 능묘를 선정하는 지리학으로 도참 신앙을 가미해 예언적이고 신비한 성격 내포
  ㉡ 발달 : 나말 여초에 도선에 의해 크게 선양
  ㉢ 풍수지리설의 영향
    • 서경 길지설 : 서경 천도와 북진 정책 추진의 이론적 근거로 작용, **묘청의 서경 천도 운동에 이용됨**, 한양 명당설(한양이 남경으로 승격)
    • 남경 길지설 대두 : 고려 말까지 정치적으로 영향

(3) 과학 기술의 발달

① **천문학과 의학**

고려의 첨성대

  ㉠ 과학 기술의 발달 배경
    • 고대 사회의 전통적 과학 기술 계승
    • 중국과 이슬람 과학 기술 수용
    • 여러 분야에서 중요한 업적 남김
    • 국자감에서 율학, 서학, 산학 등의 잡학 교육
    • 과거 제도에서 기술관 등용을 위한 잡과 실시
  ㉡ 과학 기술의 발전
    • 천문학 : 천문 관측과 역법 계산을 중심으로 발달, 사천대(서운관) 설치(첨성대에서 관측 업무 수행)
    ▶ 관측 기록 : 고려사 천문지에 실린 일식 기록은 130여 회나 되었으며, 혜성 관측 기록도 87회에 이른다.
    • 역법 : 당의 선명력 사용 → 원의 수시력(충선왕) 채택
    • 의학 : 태의감(의료 업무 및 교육)을 설치하여 교육과 의과제 실시, 고려 중기 자주적 의학으로 향약방의 발달 → 『향약구급방』(현존 최고의 의학서로 처방과 약재 180여 종 소개) 등 많은 의서 편찬
    ▶ 『향약구급방』 : 현존하는 우리나라 최고(最古)의 의서로서 당・송 의학의 수준에서 더 나아가 우리 실정에 맞는 자주적 의학으로 발달한 결정체

② **인쇄술의 발달** 중요
  ㉠ 인쇄술의 발달 : 개경과 서경에 도서관 설치, 서적포 설치(서적 인쇄), 기술학 수준 중 가장 뛰어남
  ㉡ 고려 목판 인쇄술의 발달 : 고려 대장경 → 최고의 수준, 다량 인쇄에 적합
  ㉢ 금속 활자 : 세계 최초 금속 활자 인쇄술 발명

- 『상정고금예문』(1234년) : 금속 활자로 가장 오래된 기록 → 12세기 인종 때 최윤의 등이 지은 의례서로 강화도로 천도할 때 예관이 가지고 오지 못하여 최우가 보관하던 것을 강화도에서 금속 활자로 28부 인쇄
- 『직지심체요절』(1377년) : 현존하는 세계 최고(最古)의 금속활자본, 유네스코 세계 문화(기록) 유산으로 등재 기출 22

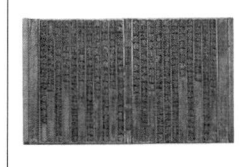

『직지심체요절』과 판틀의 복원품

『직지심체요절』은 세계기록유산으로 등록되었다.

ⓔ 제지술의 발달 : 닥나무 재배 장려, 종이제조 전담 관서를 설치, 중국에 수출
ⓜ 금속 활자 인쇄술의 발명 배경 : 목판 인쇄술의 발달, 청동 주조 기술의 발달, 인쇄에 적당한 잉크와 종이의 제조 등

③ **농업 기술의 발달**
  ㉠ 권농 정책 : 농민 생활 안정, 국가 재정 확보 → 황무지 개간 장려(광종), 무기를 농기구로 제조(성종)
  ㉡ 농업의 발달
  - 토지 개간과 간척, 수리 시설 개선, 시비법 발달
  - 고려 중기 : 묵은 땅, 황무지, 산지 개간
  - 고려 후기 : 해안 지방의 저습지 간척
  - 수리 시설 개간 : 밀물과 썰물 차이 활용, 김제의 벽골제와 밀양의 수산제 개축, 소규모 저수지 확충, 해안 방조제 설치
  - 농업 기술의 발달 : 논농사의 직파법 실시, 2년 3작의 윤작법, 소를 이용한 깊이갈이, 시비법 발달(가축의 배설물 이용, 녹비법 시행, 재를 거름으로 사용) → 농업 생산력 증가
  - 원나라의 영향 : 이암의 『농상집요』 소개, 문익점이 목화씨 수입(공민왕) → 의생활의 변화
  기출 25

④ **화약 무기 제조와 조선 기술**

고려 후기 강화도 간척지

  ㉠ 화약 제조 기술 : 화통도감 설치(최무선), 진포대첩에서 왜구 격퇴
  ▶ 화약 제조법 : 최무선은 중국인 이원으로부터 화약의 중요한 원료인 염초를 만드는 기술을 배워서 화약 제조법을 완전히 알아냈다고 한다. 염초란 질산칼륨을 말한다.
  ㉡ 조선 기술 : 대형 범선 제조, 배에 화포 설치, 대형 조운선 등장

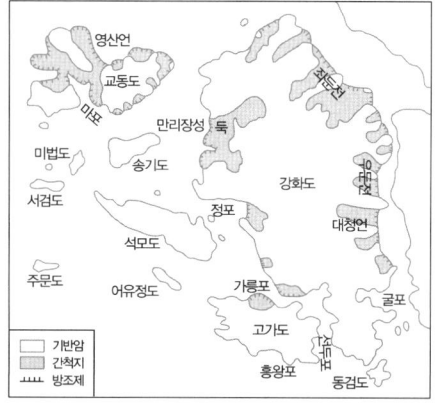

(4) 귀족 문화의 발달

① **문학의 발달**

ㄱ. 고려 전기 : 과거제와 한문학 발달
- 한문학 : 문치주의 성행, 관리들의 필수 교양, 시인 등장(박인량, 정지상) → 독자적 모습
- 향가 : 균여의 「보현십원가」 11수

ㄴ. 최씨 무신 집권기
- 수필 등장 : 현실 도피 경향 → 임춘의 「국순전」(술 의인화), 이인로의 『파한집』(과거의 명문에 근거한 표현 방식 강조)
- 최씨 무신 집권기 : 형식보다 내용에 치중하여 현실을 표현 → 이규보, 최자

② **건축과 조각**

ㄱ. 건축 : 궁궐(개성의 만월대)과 사원(현화사와 흥왕사) 중심

> **더 알아두기**
>
> **목조 건축 양식**
> - **다포(多包) 양식**
>   - 기둥 위뿐만 아니라, 기둥 사이에도 공포를 짜 올리는 방식, 원나라를 통해 전래
>   - 조선 시대에 일반화
>   - 대표작 : 석왕사 응진전
>   - 하중이 기둥과 평방의 공포를 통해 벽체에 분산되며, 중후·장엄한 모습의 건축
> - **주심포(柱心包) 양식**
>   - 지붕 머리와 기둥, 서까래 사이에 짜임새(포, 두공)가 기둥 위에만 있는 양식
>   - 대표작 : 부석사 무량수전
>   - 하중이 공포를 통해 기둥에만 전달되기 때문에 자연히 그 기둥은 굵고 배흘림이 많은 경향을 보이는 대신 간소하고 명쾌한 모습의 건축

ㄴ. 석탑
- 고려 석탑의 특징
  - 대체로 안정감이 부족하여 조형 감각 면에서는 신라 시대의 석탑보다 다소 떨어짐
  - 형식에 구애받지 않는 자연스러운 면을 보여 줌
  - 신라 계통에서 벗어나 여러 가지 형식의 것이 제작됨
- 다양한 형태의 다각다층탑, 불일사 오층 석탑(고구려 영향), 월정사 팔각 구층 석탑(송 영향), 경천사지 십층 석탑(원 석탑의 영향)

불일사 오층 석탑

무량사 오층 석탑

ⓒ 승탑 : 대부분 팔각원당형 계승(고달사지 승탑, 지광국사 현묘탑)
ⓔ 불상 : 신라 양식 계승(부석사 여래 좌상, 하남 하사창동 철조 석가여래 좌상, 논산 관촉사 석조 미륵보살 입상, 안동 이천동 석불)

월정사 팔각 구층 석탑

경천사지 십층 석탑

하남 하사창동 철조 석가여래 좌상

부석사 소조 여래 좌상

관촉사 석조 미륵보살 입상

③ 청자와 공예
ⓐ 자기 공예 : 고려 공예 중 가장 뛰어난 분야
- 특징 : 신라 토기의 전통에 송의 자기 기술을 도입하여 독특한 미완성
- 청자의 발달 : 순수 청자(초기)에서 상감 청자(12~13세기 중엽)를 제작하였으나 원 간섭기에 들어가면서 퇴조
- 생산지 : 부안, 강진(청자 초기의 가마터 보존)

청동 은입사 포류수금문 정병

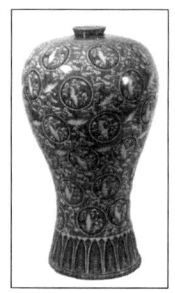
청자 상감 운학문 매병

청자 동화 연화문 표주박 모양 주전자

> **더 알아두기**
>
> **고려 청자의 아름다움**
> 연한 하늘색인 비색의 아름다움과 그릇의 각종 모양과 장식이 조화를 이루는 우아한 형태와 음각과 양각 및 상감법에 의한 독특한 무늬가 어우러져 세련된 아름다움과 고려 문화의 독창성 창출

- ⓒ 금속 공예
  - 청동 은입사 공예 : 상감 기법에 따라 청동기 바탕에 은으로 장식 무늬를 넣은 은입사 기술 발달, 청동 은입사 포류수금문 정병과 향로 등이 걸작품
  - 범종 : 신라 시대 양식 계승, 수원의 용주사 종, 해남의 대흥사에 있는 탑산사 종
- ⓒ 나전 칠기 : 불경을 넣는 경함, 화장품 갑, 문방구 등에 자개를 붙여 무늬를 내는 기술, 조선 시대를 거쳐 오늘날까지 전해짐

④ **글씨 · 그림과 음악**
- ⓐ 서예 : 구양순체(전기 – 탄연), 송설체(후기 – 이암)
- ⓒ 그림
  - 도화원 소속 전문화원의 그림, 문인이나 승려의 문인화
  - 이령의 예성강도, 이광필, 공민왕(천산대렵도)
  - 불화 발달 : 혜허의 관음보살도, 부석사 조사당의 벽화, 사경화

  ▶ 사경화 : 불교 경전을 필사하거나 인쇄할 때 맨 앞장에 그 경전의 내용을 알기 쉽게 설명한 그림을 말한다.

- ⓒ 음악 : 아악(궁중음악), 향악(속악), 민중의 속요(동동, 한림별곡, 대동강 등), 악기(약 40종), 전통 악기와 송의 악기 수입

제2절 핵심예제문제

01 왕건은 당시의 가장 큰 문제점인 수취 체제를 개선하여 민심을 수습하였다.

02 단군의 건국 이야기는 『삼국유사』에 수록되어 있다.

03 화폐가 주조되었으나 유통 범위는 귀족 중심의 상류 사회에 한정되었다.

정답 01 ④ 02 ② 03 ①

---

01 왕건이 한반도를 재통일할 수 있었던 근본 요인은?

① 군진 세력을 동원할 수 있었기 때문에
② 고구려를 계승한다고 했기 때문에
③ 궁예의 횡포로 인심을 얻을 수 있었기 때문에
④ 취민유도 정신으로 민심 획득에 성공했기 때문에

02 다음 중 역사서 『삼국사기』에 대한 설명으로 옳지 <u>않은</u> 것은?

① 인종 때 김부식이 편찬하였다.
② 단군의 건국 이야기가 수록되어 있다.
③ 유교적 합리주의 사관을 반영하였다.
④ 현존하는 우리나라 최고(最古)의 역사서이다.

03 고려 시대의 경제에 대한 설명 중 옳지 <u>않은</u> 것은?

① 고려 초에 상품 매매에 이용된 교환 수단은 대체로 곡물과 포였으나, 숙종 때에는 전폐·은병 등이 주조되어 널리 유통되었다.
② 고려 후기에는 우경에 의한 심경법이 일반적으로 행해짐에 따라 휴경기간의 단축과 생산력의 증대를 가져왔다.
③ 국가에 대한 농민들의 부담은 조세, 공납, 역으로 재정의 주요 원천이 되었다.
④ 고려는 일본과 무역을 하였으나, 송·거란 등에 비해 그리 활발하지는 못하였다.

04 다음 설명에 해당하는 고려 시대의 정치 기구는?

- 국방 문제를 논의하는 임시 기구
- 고려 후기에 국정을 담당하는 최고 정무 기구
- 고려 시대에 귀족 정치가 이루어졌다는 것을 알 수 있는 기구

① 중추원
② 삼사
③ 국자감
④ 도병마사

04 고려의 중앙 정치 조직은 2성 6부제이다. 여기서 도병마사와 식목도감은 고려의 독자성을 보여 주는 기관이며, 화백 회의를 잇는 귀족 합좌 기관이다.

05 음서 제도와 공음전이 고려 사회에 끼친 영향은?

① 농민층의 몰락을 방지하였다.
② 문벌 귀족 세력을 강화시켰다.
③ 국가 재정의 확보에 공헌하였다.
④ 개방적인 사회 분위기를 낳았다.

05 문벌 귀족은 고위 관직을 독점하고 음서의 특권을 가지며 가문을 배경으로 승진하였다. 또한 과전, 공음전, 사전 등의 경제적 특권을 누리기도 하였다.

06 다음 중 고려 시대의 대외 관계가 시대순으로 맞게 나열된 것은?

| ㉠ 요양 점령 | ㉡ 동북 9성 축조 |
| ㉢ 강동의 역 | ㉣ 강동 6주 획득 |

① ㉣ → ㉡ → ㉢ → ㉠
② ㉣ → ㉡ → ㉠ → ㉢
③ ㉡ → ㉣ → ㉢ → ㉠
④ ㉠ → ㉡ → ㉢ → ㉣

06 강동 6주 획득(993년) → 동북 9성 축조(1107년) → 강동의 역(1219년) → 요양 점령(1370년)

정답 04 ④ 05 ② 06 ①

제3절 고려 후기의 사회 변화

1 귀족 사회의 동요와 무신 정권의 성립

(1) 문벌 귀족 사회의 성립

① 새로운 지배 세력의 형성
   ㉠ 지방 호족 출신 : 중앙 관료가 된 계열
   ㉡ 신라 6두품 계통의 유학자 : 성종의 숭유 정책에 따라 정치의 주도 세력으로 성장

② 문벌 귀족 사회 형성
   ㉠ 문벌 형성 : 호족, 6두품 계통의 새로운 지배 세력의 자손들도 대를 이어 고위 관리가 되어 중앙 정치에 참여
   ㉡ 특권 : 문벌의 자손들은 과거나 음서를 통하여 관리가 될 수 있는 특권을 누림

> **더 알아두기**
>
> **신라 귀족과 고려 귀족의 비교**
> - 신라 귀족 : 골품제에 기초한 혈연 본위의 폐쇄적 존재(진골 중심)
> - 고려 귀족 : 과거제에 기초를 둔 능력 본위의 개방적 존재임과 동시에 음서제나 공음전 같은 특권을 차지하면서 폐쇄적이고 보수적인 성격으로 변질

③ 문벌 귀족의 특권
   ㉠ 정치적 : 과거·음서제를 통해 관직 독점
   ㉡ 경제적 : 과전, 공음전, 사전(賜田), 불법적인 토지 겸병

④ 문벌 귀족 사회의 내부 분열
   ㉠ 정치 권력 독점과 경제적 특권의 확대를 둘러싼 분열
   ㉡ 전통적인 문벌 귀족과 지방 출신의 신진 관료 세력 사이의 대립

⑤ **귀족 사회의 폐단과 모순 노출(문종~인종 재위기에 이르는 시기)** : 이자겸의 난, 묘청의 서경 천도 운동

(2) 이자겸의 난과 서경 천도 운동 **중요**

① **이자겸의 난(1126년)** 기출 22
   ㉠ 배경
      - 폐쇄적 혼인 관계 : 문벌 귀족들 상호간에 폐쇄적 혼인 관계 유행, 특히 왕실과의 혼인 추구를 통해 자신의 문벌을 높이고 정권 장악 시도
      - 경원 이씨의 세력 확대 : 당시 대표적 문벌인 경원 이씨는 80여 년간 정권 장악, 이자겸은 예종과 인종 때에 거듭 외척이 되어 그의 세력이 왕권을 능가
   ㉡ 경과 : 이자겸에 의한 반대파 제거, 이자겸과 척준경의 내분으로 스스로 몰락
   ㉢ 결과 : 중앙 지배층 사이의 분열을 드러냄으로써 **문벌 귀족 사회 붕괴의 발단**이 됨
   ㉣ 의의 : 고려 전기의 문벌 귀족 사회가 붕괴되는 발단이 됨

> **체크 포인트**
>
> **이자겸의 난**
> - 이 난으로 인해 정치기강이 더욱 문란해지고, 많은 인명이 살상되었으며 궁궐이 소실되었다.
> - 왕권을 위축시키고 도참설과 서경천도론이 대두된 계기가 되었다.
> - 귀족 정치의 모순을 나타낸 최초의 사건이다.
> - 당시 귀족들이 정권·왕권을 둘러싸고 상호간 대립이 얼마나 치열했는지를 알 수 있다.

② **묘청의 서경 천도 운동(1135년)** 기출 25, 24, 23
　㉠ 배경 : 왕권 실추, 궁궐 소실, 서경길지론 대두 등으로 민심 동요
　㉡ 경과
　　• 서경 천도 추진(칭제건원, 금국 정벌 주장)하여 묘청이 거사(국호 : 대위, 연호 : 천개)
　　• 개경파 문벌 귀족의 반대, 김부식의 관군이 진압
　㉢ 성격
　　• 문벌 귀족 사회 내부의 분열과 지역 세력 간의 대립
　　• 자주적 전통 사상과 사대적 유교 정치 사상과의 충돌
　　• 고구려 계승 의식과 신라 계승 의식의 충돌
　㉣ 결과 : 서경파가 몰락하고 개경파 득세, 김부식 등 보수적 문벌 귀족들은 자신의 세력을 더욱 강화하여 문신 위주의 문벌 귀족 체제를 굳혀 나가 무신 정변이 일어나는 배경을 만듦
③ 이자겸의 난과 묘청의 서경 천도 운동의 의미는 문벌 귀족 사회 내부의 모순이 표출되었다는 것

[묘청의 서경 천도 운동의 배경]

구분	서경 세력	개경 귀족 세력
정치	문벌 귀족 세력 약화 주장	유교 이념에 따른 사회 질서 확립 주장
외교	금 정벌 주장	금 사대 주장

> **더 알아두기**
>
> **개경 세력과 서경 세력**
>
> | 구분 | 개경 세력 | 서경 세력 |
> | --- | --- | --- |
> | 중심 인물 | 김부식 | 묘청, 정지상 |
> | 배경 사상 | 사대적 유교 사상 | 자주적 전통 사상, 풍수지리설 등 |
> | 대외 정책 | 서경 천도 반대, 사대주의 | 북진정책 : 금 정벌 주장 |
> | 대내 정책 | 민생 안정을 위해 현상 유지 주장 | 서경 천도와 혁신정치 요구 |
> | 역사 의식 | 신라 계승 이념 | 고구려 계승 이념 |

(3) 무신 정권의 성립

① **무신 정변(1170년)**
   ㉠ 원인
   - 문·무반 차별 대우(숭문 천무의 정책)와 그로 인한 두 세력 간의 대립
   - 군인 대우의 열악(전투와 노역 징발, 문신의 군인전 침탈)으로 생활고에 처한 무신들의 불만 고조
   - 의종의 실정(총애 문신들의 무신 멸시)

   ㉡ 정변의 발생 : 보현원 놀이 때 정중부, 이의방 등이 정변을 일으켜, 다수의 문신들을 죽이고 의종을 폐하여 거제도로 귀향을 보낸 후 명종을 세움(정중부의 난, 1170년)

   ㉢ 사회상 : 사병을 앞세운 무신들 간의 치열한 권력 쟁탈전, 농민·천민의 대규모 봉기 발생

② **최씨 정권** : 최충헌의 집권 이후 4대 지속 (중요) (기출) 25, 23
   ㉠ 최충헌 : 사병 양성(교정도감 설치, 도방 설치), 봉사 10조 제시, 대토지 확대
   - 교정도감 : 무신 정권의 사적 정치 기구로서 반대 세력의 제거, 행정 감시, 세금 징수, 명령 하달 등 국정을 총괄함. 장관인 교정별감은 무신 정권의 최고 집권자가 되었는데, 이 직위는 최충헌, 최우, 최항, 최의로 이어짐
   - 도방 : 삼별초와 함께 최씨 정권을 유지하는 **군사적 기반**

> **체크 포인트**
> 삼별초 : 최우가 집권하면서 설치한 야별초에서 분리된 좌별초, 우별초와 몽골에 포로로 잡혀갔던 병사들로 조직된 신의군을 말한다.

   ㉡ 서방 : 문학적인 소양과 함께 행정 실무 능력을 갖춘 문신 등용
   ㉢ 정방 : 독자적인 인사 행정 기구로서 모든 관직에 대한 인사권 장악
   ㉣ 최우 : 교정도감을 통해 권력 행사, 정방 설치(인사권 장악), 문신 등용
   ㉤ 한계 : 정치적으로는 안정되었지만 국가 통치 질서의 약화와 국가 발전이나 백성의 안정에 소홀

   ▶ 무신 집권자의 변화 : 이의방 → 정중부 → 경대승 → 이의민 → 최충헌 → 최우 → 최항 → 최의

   ▶ 무신 정권 기구의 변천 : 중방(정중부) → 도방(경대승) → 중방(이의민) → 도방(최충헌) → 정방(최우) (기출) 25

> **체크 포인트**
> **최씨 정권의 권력구조**
> - 정치기구 : 교정도감, 정방, 서방
> - 군사기구 : 도방, 삼별초
> - 경제적 배경 : 막대한 사병을 양성하고 무신 정권을 유지하기 위해 전국 각처에 농장 소유

> **더 알아두기**
>
> **최충헌의 전제 정치(1196년~1219년)**
> - 강력한 전제 정치 실시 : 4대 60여 년 간의 최씨 무신 정권(1196년~1258년)의 기반 마련
> - 최씨 정권의 기반
>   - 정치적 기반 : 교정도감을 설치하여 정적을 감시, 숙청, 그 장관인 교정별감의 자리는 최씨 가문에서 세습
>   - 군사적 기반 : 도방과 삼별초
>   - 경제적 기반 : 광대한 농장 소유(진주 지방을 식읍으로 차지)

2 몽골의 침략과 저항

(1) 몽골과의 전쟁

① **원인** : 몽골의 과중한 공물 요구, 몽골 사신 저고여의 피살
② **1차 침입** : 몽골의 장수 살리타가 침입, 의주를 지나서 개경을 포위(귀주에서 박서의 활약)하자 몽골의 요청대로 고려는 몽골과 강화
③ **2차 침입(1232년)** : 최우의 강화도 천도(1232년)로 전쟁 대비, 살리타가 재침하였으나 처인성(용인)에서 고려의 승장 김윤후에게 사살되어 몽골군 퇴각
④ **무신 정권의 항전** : 몽골의 무리한 조공 요구와 간섭에 반발 → 강화도로 천도, 팔만대장경 조판
⑤ **몽골과의 화의** : 최씨 정권 붕괴, 개경 환도(1270년)

(2) 몽골 침입의 영향

① **국토의 황폐와 문화재 소실** : 대구 부인사에 보관하고 있던 대장경판, 경주 황룡사 구층 목탑 등 많은 문화재 소실
② **최씨 정권에 대한 민심 이반** : 최씨 정권은 농민에 대한 적극적인 보호 대책 없이 오히려 가혹한 수탈로 농촌 경제가 파탄 지경에 이름

(3) 삼별초의 항쟁

① **배경** : 무신 정권의 붕괴와 몽골과의 굴욕적인 강화와 개경 환도에 대한 반발
② **경과** : 강화도에서 진도(용장산성, 배중손), 제주도(항파두리성 김통정)로 이동하며 여몽 연합군에 항쟁 → 지리적 이점과 민중들의 지원으로 항전 가능

강화산성 서문

고려 시대의 산성으로 4개의 성문이 있다. 현존하는 성문과 성곽은 조선 시대에 건축되었다.

③ **장기 항쟁이 가능한 이유**: 몽골군이 접근하기 어려운 지리적 이점과 몽골에 굴복하는 것에 반발하는 일반 민중들의 적극적인 지원
④ **의의**: 고려 무인의 항몽 사상과 자주성

> **체크 포인트**
> - 용장산성: 고려 원종 때 몽골군의 침입을 받아 강화조약을 맺고 개경으로 환도하자 이에 반대한 삼별초군이 진도로 내려와 항거하였는데, 이때 고려의 장군 배중손이 이끈 삼별초군이 대몽항쟁(1270년~1271년)의 근거지로 삼은 섬이다.
> - 항파두리성: 1271년(원종 12년) 5월 고려 삼별초가 진도의 싸움에서 패한 후 김통정의 영도 아래 제주도에 들어와 이곳에서 내외 이중으로 쌓은 성이다.

3 원 간섭하의 고려 사회

(1) 고려 후기의 정치 변동
① **원의 내정 간섭**
  ㉠ 일본 원정에 동원
    - 일본 원정을 위한 몽골의 수탈: 몽골은 국호를 원이라 고치고(1271년) 중국을 통일한 후 일본 정벌을 위한 군대를 비롯하여 많은 인적·물적 자원 징발
    - 두 차례의 일본 원정: 1차(1274년), 2차(1281년) 모두 태풍으로 실패
  ㉡ 영토의 상실 **중요**
    - 쌍성총관부 설치(1258년~1356년): 고종 말년에 원은 철령 이북의 땅을 직속령으로 편입하여 화주(영흥)에 설치(공민왕이 무력으로 탈환할 때까지)
    - 동녕부 설치(1270년~1290년): 원종 때 원은 자비령 이북 지역을 차지하여 서경(평양)에 설치(충렬왕 때 회복)
    - 탐라총관부(1273년~1301년): 삼별초의 대몽 항쟁 진압 후 제주도에 설치하고 목마장 경영(충렬왕 때 회복)
  ㉢ 관제 격하: 3성을 첨의부로, 6부를 4사로, 정동행성을 연락기관으로, 순마소를 감찰기관으로 축소·격하하고 다루가치가 내정 간섭

> **체크 포인트**
> - 원 간섭기의 관제 변화: 중서문하성과 상서성을 합쳐 첨의부로 하고, 6부는 4사로 통·폐합되었으며, 중추원은 밀직사로 격하되었다.
> - 관제의 격하: 원 황제의 부마가 된 고려왕은 원에 대한 충성의 표시로 '충'자를 붙였고, 폐하를 전하로, 태자를 세자로, 짐을 고로 격하시켰고, 중서문하성은 첨의부로, 6부는 4사로 축소하였다.

ⓔ 경제적 수탈 : 원(몽골)의 일본 원정에 동원, 막대한 조공물 부담(금, 은, 베, 인삼, 약재, 매) →
　　　 농민들의 고통 가중
　　ⓜ 풍속 변질 : 몽골어, 몽골식 의복과 머리 유행, 몽골식 성명 사용, 고려 풍속이 몽골 사회에 유행
② **공민왕 때의 개혁 정치** 중요 기출 24, 23

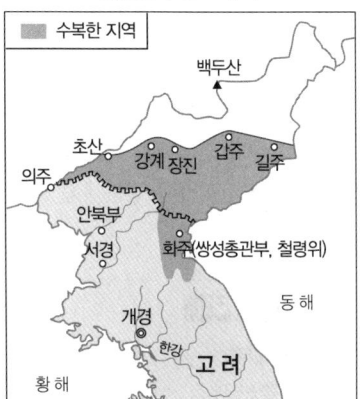

공민왕의 영토 수복

　ⓐ 권문세족의 성장 : 기존의 문벌 귀족 가문, 무신 정권기에 등장한 가문, 원과의 관계를 통하여 성장한 가문 → 농장 확대, 양민을 억압하여 노비로 삼는 등 사회 모순 격화
　ⓑ 폐단의 시정 : 충선왕·충목왕은 관료 인사, 농장 문제 등 개혁을 시도하였으나 원의 간섭으로 실패
　ⓒ 공민왕의 반원 개혁 정치 중요
　　• 반원 자주 정책
　　　– 친원 세력(기철 일파)의 숙청
　　　– 정동행성의 이문소 폐지 기출 25
　　　– 쌍성총관부 공략(1356년) : 철령 이북의 땅 수복
　　　– 인당 등을 시켜 요동 지방 공략
　　　– 관제의 복구와 몽골풍 폐지
　　　– 권문세족 억압 정책 : 정방의 폐지, 전민변정도감의 설치
　　　▶ 전민변정도감 : 고려 후기에 권문세족들이 토지와 노비를 늘려 국가 기반이 크게 약화되자 이를 시정하기 위하여 설치한 특별 기구
　　　– 성균관으로 유학 교육을 강화, 과거 제도 정비
　　• 공민왕의 개혁 실패
　　　– 원의 압력과 권문세족의 반발 : 신돈의 제거, 공민왕의 시해
　　　– 신진 사대부의 세력 미약

더 알아두기

자주성의 시련
• 일본 원정에 동원
• **영토 상실** : 쌍성총관부, 동녕부, 탐라총관부
• **관제 격하** : 2성 6부 → 1부 4사
• **내정 간섭** : 정동행성, 순마소, 다루가치
• 친원파 권문 세족의 성장 → 사회 모순의 심화

③ 신진 사대부의 성장
  ㉠ 신진 사대부의 성격
    • **과거를 통해 진출** : 가문이 한미한 하급 관리나 향리 집안에서 주로 과거를 통해 배출
    • **유교적 소양이 높은 지방의 중소 지주 출신** : 대토지 소유자인 권문세족에 대항하여 사전 폐지 등 개혁 주장
    • **성리학 수용** : 권문세족의 친원적·친불교적인 성향에 반대
  ㉡ 신진 사대부의 성장
    • 충선왕의 개혁 정치(1298년)에서 두각을 나타내기 시작
    • 공민왕 때 : 권문세족과 대항하여 나갈 정도로 성장
    • 고려 말 : 권문세족 중심의 고려 왕조를 무너뜨리고 조선을 건국하는 역성 혁명의 주체 세력으로 활약

> **더 알아두기**
>
> **사대부**
> • **출신 배경** : 하급 관리, 향리
> • **정치적 기반** : 과거로 관직 진출(학자·관료)
> • **경제적 기반** : 지방의 중소 지주
> • **사상 성향** : 성리학적·진취적
> • **대외 정책** : 친명 외교

  ㉢ 권문세족과의 대립 : 권문세족의 인사권 등으로 신진 사대부의 기반 침해 → 개혁 정치에 적극 참여
④ **고려의 멸망**
  ㉠ 고려 말의 상황 : 권문세족들의 권력 독점과 대토지 소유 확대로 사회 모순 심화, 홍건적과 왜구의 침입 → 최영·이성계 등의 성장
  ㉡ 위화도 회군 : 명의 철령 이북의 땅 요구 → 최영의 요동 정벌 단행 → 이성계의 위화도 회군으로 이성계와 신진 사대부의 정권 장악
  ㉢ 홍건적과 왜구의 침입 : 홍건적이 두 차례 침입, 쓰시마 섬을 거점으로 한 왜구가 침입 → 토벌 과정에서 최영, 이성계 등 신흥 무인 세력 성장
  ▶ 홍건적 : 원 말기에 백련교도가 중심이 되어 봉기한 한족의 농민 반란군으로, 머리에 붉은 수건을 둘러 홍건적이라 하였다.
  ㉣ 고려의 멸망 : 이성계 및 급진 개혁파 사대부의 과전법 실시(1391년) → 고려 멸망, 조선 건국(1392년)

> **더 알아두기**
>
> **충선왕의 개혁 정치(1298년)**
> - 전개 : 신진 사대부와 함께 권문세족에 의해 자행되던 각종 비리와 병폐를 제거하려는 개혁 운동을 전개(반원·반권문세족 정치)하였으나 권문세족의 반발과 원의 압력으로 인해 재위 8개월 만에 왕위에서 물러남으로써 실패로 끝났다.
> - 내용 : 정방 폐지, 사림원을 설치하여 인재 등용, 소금과 철의 전매 사업 등

(2) 고려 후기의 사회 변화

① **무신 집권기 하층민의 봉기** 중요 기출 23
  ㉠ 배경
    - 무신 정변으로 신분 제도의 동요 → 하층민에서 권력층 가담
    - 무신들 간의 대립과 지배 체제의 붕괴 → 백성에 대한 통제력 약화
    - 무신들의 농장 확대로 수탈 강화
  ㉡ 농민의 봉기 : 소극적 저항에서 대규모의 봉기 전개(12세기)
    - 조위총의 난 : 농민 가세 → 난 진압 후에도 농민 항쟁 전개
    - 농민 항쟁 : 공주 명학소의 망이·망소이의 봉기, 김사미(운문)·효심(초전)의 봉기

> **체크 포인트**
>
> **망이·망소이의 난**
> - 전개 : 망이·망소이의 난은 1176년 공주 명학소라는 천민부락에서 일어났다. 이들은 공주를 장악하고 세력을 급속히 넓혀 갔다. → 무신 세력은 명학소를 '충순현'으로 승격, 농민과 화의를 맺음
> - 결과 : 그 뒤 무신 정권은 농민과 화의를 기만책으로 역이용하여 농민군의 재봉기를 초래했지만 곧 진압되고 말았다.

  ㉢ 봉기의 변화 : 1190년대 이후 경상도, 강원도 지방을 중심으로 광범위하게 전개
    - 성격 : 왕조 질서 부정, 지방관의 탐학을 국가에 호소
    - 천민의 신분 해방 운동 : 최충헌 집권 때 만적의 봉기
    ▶ 만적의 봉기 : 1198년 만적이 중심이 되어 일으키려다 미수에 그친 노비 해방 운동으로 만적은 당시의 집권자인 최충헌의 사노비로서 개경에서 공·사 노비를 모아 놓고 난을 일으킬 의논을 하였다.

② **몽골의 침입과 백성의 생활**
  ㉠ 몽골의 침입에 대항
    - 강화 천도 : 최씨 무신 정권의 장기 항전
    - 지방의 주현민 : 산성이나 바다의 섬으로 들어가 전쟁 대비 → 백성의 자력으로 항전, 충주 다인철소, 처인 부곡에서 몽골군 격퇴

> **더 알아두기**
>
> **민중의 몽골 항전**
> - 다인철소(충주) : 생활 도구 혹은 무기류의 제작에 필수적인 철을 생산하거나 제작하는 특수 행정 구역인 소를 다인철소라 하는데, 몽골군을 막은 공으로 익안현으로 승격되었다.
> - 처인 부곡의 승리 : 1232년 몽골의 침입 때 승려 김윤후의 지휘로 처인 부곡민들이 적장 살리타를 사살하였다. 이 전투는 순수 지역민들의 스스로의 항전이었으며, 이 승리에 대한 포상으로 처인 부곡은 처인현으로 승격되었다.

　　ⓒ 백성의 고통
　　　• 몽골군의 살육 자행 → 백성의 막대한 희생, 기아
　　　• 지배층의 과중한 수탈 → 지배층에 대한 불만 가중
　　　• 두 차례의 일본 원정으로 막대한 희생 강요

③ 원 간섭기의 사회 변화
　　㉠ 하층민의 신분 상승 : 원 간섭기 이후 전공을 세우거나 몽골 귀족과의 혼인, 몽골어에 능숙하여 출세 → 권문세족으로 성장
　　㉡ 원과의 강화 이후의 변화
　　　• 몽골풍 유행 : 문물 교류 활발, 변발, 몽골식 복장, 몽골어 등
　　　• 고려양 유행 : 고려인의 몽골 이주 → 고려의 의복, 그릇, 음식 등의 풍습이 몽골에 전해짐
　　　• 원의 공녀 요구 : 결혼도감을 통하여 공녀 공출 → 사회 문제로 대두(조혼)
　　㉢ 왜구의 침입 : 쓰시마 섬 근거, 식량난으로 고려 해안(경상도, 전라도, 개경 부근)에 자주 침입 → 식량 약탈, 인명 손실 → 사회 불안 → 왜구 격퇴와 불안 해소가 국가적인 과제 → 신흥 무인 세력의 성장
　　㉣ 왜구의 약탈 : 주로 쓰시마 섬 및 규슈 서북부 지역에 근거를 둔 왜구는 식량이 부족했기 때문에 자주 고려 해안을 침범해 식량을 약탈하고 사람들을 납치함

[고려 지배 세력의 변천]

구분	지배 시기	관직 진출	학문 성향	경제 기반	출신	외교 정책
문벌 귀족	고려 전기	음서 · 과거	친유학	전시과 · 공음전	호족 · 6두품 출신 중앙 관료	친송사대
권문세족	고려 후기	음서	비유학	농장	친원 세력	친원
신진 사대부	고려 말기	과거	친성리학	중소 지주	지방 향리	친명

> **더 알아두기**
>
> **몽골풍과 고려양**
> 고려 후기에 원(元)과의 교류가 활발해짐에 따라 몽골의 여러 가지 풍속이 고려에 들어와 유행하였는데, 이를 몽골풍이라 하였다. 몽골의 풍속은 주로 왕실이나 귀족, 관리 등 상류층을 중심으로 유행하였고, 그 일부는 민간에까지 파급되어 우리 풍속에 영향을 주었다. 변발과 호복은 당시 왕실이나 관리들 사이에서 유행하였던 대표적인 몽골 풍속이었다. 고려양으로는 고려병(高麗餠)이라 불리던 유밀과 상추쌈, 고기를 튀기거나 지지는 조리법, 의복 등이 있고, 몽골풍으로는 소주·설렁탕·만두와 같은 것들이 있다.

4 고려 후기의 사상과 문화

(1) 불교의 결사 운동 [중요]

① **운동 배경**: 무신 정변 이후 불교계의 극심한 타락으로 일어남
② **보조국사 지눌** [기출] 25, 24, 22
  ㉠ 성격: 조계종을 중심으로 한 선종과 교종의 통합 운동
  ㉡ 교리: 수선사 결사 제창(불교계의 타락 비판, 독경·선 수행, 노동 강조), 정혜쌍수, 돈오점수 주장으로 선교 일치 사상의 완성

> **체크 포인트**
>
> • 지눌: 돈오점수(민심이 불심임을 깨닫고 수행함)를 주창하며 교종과 선종을 통합한 승려로서 조계종을 창립하였다.
> • 조계종의 의의: 개인주의적 성격이 강한 선종의 부활을 의미, 왕실·문신과 결탁한 세속적인 불교에 반대, 산간 불교로서의 독자적인 세계를 개척하였다.

③ **혜심**: 유불 일치설(심성의 도야 강조)로 성리학 수용의 사상적 토대 마련
④ **요세**: 백련결사 제창 → 지방민의 적극적인 호응, 수선사와 양립하여 고려 후기 불교계를 이끎
⑤ **원 간섭기의 불교계**: 원 간섭기 이후 개혁 의지가 쇠퇴하고, 막대한 토지 소유, 부패로 인한 사원의 부패 → 보우의 교단 정비 → 신진 사대부들의 비판 대두
  ▶ 보우: 교단을 통합 정리하는 것이 불교계의 폐단을 바로잡는 우선 과제라고 생각하였다. 그러나 교단과 정치적 상황이 얽혀 이런 개혁을 지속적으로 추진할 수 없었다.

송광사	백련사

(2) 대장경 간행 중요

① **대장경 편찬**: 불교 경전 집대성, 경(經)·율(律)·론(論)으로 구성 → 경은 부처가 설한 것으로 근본 교리이고, 율은 교단에서 지켜야 할 윤리 조항과 생활 규범이며, 논은 경과 율에 대한 승려나 학자들의 의론과 해석을 말함

팔만대장경 목판

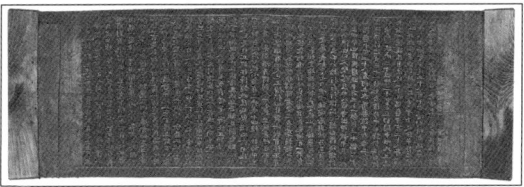

> **체크 포인트**
> 고려대장경 : 최우는 몽골군의 막대한 군사력에 대해 부처의 가호를 얻어 승리하기 위해 대대적인 대장경 조판사업을 벌였다.

② **초조대장경**: 거란 격퇴 염원 → 대구 부인사(몽골 침입 시 소실)
③ **속장경**: 의천이 교장도감 설치, 『신편제종교장총록』 작성 → 고려, 송, 요의 대장경의 주석서를 모아 편찬
④ **팔만대장경**: 방대한 내용, 제작의 정밀성, 서체 등이 세계적 수준, 몽골 퇴치 염원 → 대장도감 설치(합천 해인사 보관)

(3) 문학과 건축

① **문학의 발달**
  ㉠ 신진 사대부와 민중이 주축
  ㉡ 신진 사대부 : 향가 형식 계승, 경기체가 창작 → 한림별곡, 관동별곡, 죽계별곡 → 유교 정신과 자연의 아름다움을 노래
  ㉢ 패관문학 유행 : 이규보의 『백운소설』, 이제현의 『역옹패설』, 이규보의 「국선생전」, 이곡의 「죽부인전」 → 현실 비판
  ▶ 패관문학 : 패관은 민간에 구전되는 이야기를 모아 기록하던 관리로, 정리하는 과정에서 모은 이야기에 창의와 윤색이 가미되어 문학 작품 형태를 갖춘 것을 말한다.

② 한시 : 이제현, 이곡(당시 사회 부패상 표현), 정몽주
⑫ 속요(장가) : 「청산별곡」, 「가시리」, 「쌍화점」 등 → 서민의 감정을 대담하고, 자유분방한 형식으로 표현 → 시가 분야의 새로운 경지 개척

② 건축
㉠ 주심포식 : 봉정사 극락전, 부석사 무량수전, 수덕사 대웅전
㉡ 다포식 : 성불사 응진전, 조선 시대에 영향

수덕사 대웅전

(4) 고려청자
① 생산지 : 강진, 부안 유명
② 11세기 : 순수 비색 청자(신라 + 발해 + 송의 기술) → 독자적 경지 개척
③ 12세기~13세기 중엽 : 상감 청자 → 원 간섭기 후 퇴조
④ 고려 말 : 소박한 분청사기
⑤ 우수성
㉠ 고려청자는 색깔 형태 문양 등이 매우 아름답고 제작기법이 정교하다.
㉡ 섬세하고 부드러운 곡선의 조형미를 지니고 있다.
㉢ 다양하고 세련된 기형을 지녔다.
㉣ 원나라 사신 서긍이 '고려도경'에서 고려의 청자 기법의 탁월함과 그 빛깔의 아름다움을 소개하였다.

> **더 알아두기**
>
> 상감 청자
> ① 시기 : 12세기 중엽에 고려의 독창적 기법으로 개발
> ② 특징 : 무늬를 훨씬 다양하고 화려하게 넣을 수 있었기 때문에 청자의 새로운 경지를 열었음
> ③ 청자 산지 : 전라도 강진과 부안이 유명
> ④ 유행 : 강화도에 도읍한 13세기 중엽까지 주류를 이룸
> ⑤ 원 간섭기 : 이후에는 원으로부터 북방 가마의 기술이 도입되면서 청자의 빛깔도 퇴조하여 점차 소박한 분청사기로 바뀌어 갔음

(5) 서예·그림
① 서예 : 구양순체(전기) → 송설체(후기)
② 회화
㉠ 전기 : 예성강도(이령), 이광필 → 현존하지 않음
㉡ 후기 : 천산대렵도(공민왕), 관음보살도(혜허), 부석사 조사당 벽화

제3절 핵심예제문제

01 개경 귀족에 대한 농민·노비들의 항쟁의 시발점이 되었다.

01 고려 시대 묘청의 서경 천도 운동에 대한 설명으로 잘못된 것은?

① 묘청 등은 풍수지리설과 도참설을 이용하였다.
② 천도 운동 진압 후 문벌 귀족 사회는 다시 안정되었다.
③ 개경의 문벌 귀족에 대한 지방 세력의 반항 운동이었다.
④ 당시 문벌 귀족은 고려에 대한 금의 사대 요구를 받아들였다.

02 무신 정권이 붕괴되면서 등장한 권문세족은 고려 후기에 정계의 요직을 장악하고 대규모의 농장을 소유하였으며, 음서의 신분을 세습시켜 나갔다.

02 다음 중 권문세족에 대한 설명으로 바른 것은?

① 대농장 소유
② 성리학을 받아들여 경륜을 넓힘
③ 정치적 실무에 능한 유학자
④ 음서보다 과거를 통해 관직에 진출

03 고려 후기의 지배 세력인 권문세족에 도전하는 새로운 사회 세력은 신진 사대부였다.

03 다음은 고려 후기에 출현한 세력에 대한 설명이다. 이 세력의 특징으로 볼 수 없는 것은?

- 권문세족에 대항하여 개혁을 주장
- 하급 관료나 향리 집안 출신
- 조선 건국의 주체 세력

① 학자 출신의 관료
② 성리학 수용
③ 음서의 혜택을 누림
④ 무신 집권기부터 등장

정답 01 ② 02 ① 03 ③

04 고려 말 과전법을 실시하게 된 근본 목적은?
① 상공업의 장려
② 사원 경제의 기반 확보
③ 권문세족의 대농장 소유
④ 신진 관료의 경제 기반 마련

04 고려 말 토지 제도의 모순을 해결하고, 국가 재정과 신진 사대부의 경제적 기반을 마련하고자 과전법이 시행되었다.

05 공민왕이 실시한 개혁 정치의 내용에 관한 설명으로 옳지 않은 것은?
① 공민왕의 개혁 정치는 반원 자주 정책과 왕권 강화를 주된 내용으로 한다.
② 권문세족의 억압, 정동행성의 이문소의 폐지, 관제 복구 등을 실시하여 반원 자주 정책을 실시하였다.
③ 원의 지배하에 있던 쌍성총관부 지역을 무력으로 수복하였다.
④ 과거제를 재정비하기 위해 중방을 폐지했다.

05 권문세족을 억압하기 위해 정방을 폐지하였다.

공민왕 때의 개혁 정치
• 반원 자주 정책: 친원 세력 숙청, 정동행성 이문소 폐지, 몽골풍 폐지, 관제 복구, 무력으로 철령 이북 땅 수복, 요동 공략
• 왕권 강화 정책: 정방 폐지, 신진 사대부 등용, 전민변정도감 설치, 국가 재정수입 확대, 과거 제도 정비

06 무신 정권기의 학문적 교양과 행정 실무에 능한 학자 출신의 관료 계층은?
① 호족
② 문벌 귀족
③ 권문세족
④ 신진 사대부

06 신진 사대부는 고려 말 무신 정권 이후 등장한 유학자로서 과거를 통해 중앙 관리로 진출한 관료들과 지방의 향리 출신, 중소지주이며 향촌 사회에 영향력을 행사함으로써 농민층의 지지를 획득하였다.

정답 04 ④ 05 ④ 06 ④

제4절 조선 사회의 성립과 발전

1 조선의 건국과 통치기구 정비

(1) 조선의 건국

① 신진 사대부의 개혁 노력

㉠ 온건 개혁파 : 비리 핵심 세력 제거와 대토지 사유 정리, 고려 왕조 유지 주장 → 이색, 정몽주 등

㉡ 급진 개혁파 : 역성 혁명과 전면적 토지 개혁 주장 → 정도전, 조준 등

㉢ 신진 사대부의 분화 : 온건 개혁파는 비리의 핵심 세력을 제거하고 대토지 사유는 정리하되, 왕조 질서를 파괴하거나 전면적인 토지 개혁에는 반대하였으나, 급진 개혁파는 역성 혁명을 찬성하고 권세가들에 의한 토지 사유를 축소시키려 하였음

② **조선의 건국** : 급진 개혁파가 이성계 세력과 통합하여 과전법 실시(1391년) → 이성계가 조선 건국

태조 이성계 어진

> **체크 포인트**
> - 고려 말의 사회 상황 : 농민의 경제 생활, 촌락의 내부 구성, 계층 구조의 변동에 이르기까지 폭넓은 사회 변동과 저항이 일어났다(→ 토지 제도의 문란, 농민의 저항, 지도층 내부의 분열).
> - 조선 건국에 주도적 역할을 담당한 세력 : 신진 사대부, 신흥 무인 세력
> - 신흥 무인 세력 : 위화도 회군(1388년)과 과전법 실시(1391년)로 조선 왕조 개창(1392년)

(2) 국왕 중심의 통치 체제 정비

① 태조 **중요**

㉠ 국호 제정 : 조선(고조선의 후계자 자처)

㉡ 도읍 천도 : 한양(교통과 국방의 요지)

㉢ 국방력 강화 : 군사 체제 정비

㉣ **정도전** : 민본적 통치 규범 마련(조선경국전), 재상 중심의 정치 주장, 불교 비판(불씨잡변) → 성리학의 통치 이념화 **기출** 24

> **더 알아두기**
>
> **조선 왕조의 기틀 마련** 중요
> - 주도자: 정도전
> - 민본적 통치 규범 마련: 『조선경국전』, 『경제문감』
> - 불교 비판: 『불씨잡변』
> - 통치 이념 확립: 성리학

② **태종**: 왕권 중심의 집권 체제 확립 기출 23
  ㉠ 개국 공신 세력 견제와 숙청
  ㉡ 사병 제도 폐지: 국왕이 군사 지휘권 장악
  ㉢ 국가의 경제 기반 안정: 사원전·사원 노비의 제한, 양전 사업 실시, 호패법 시행
  ㉣ 왕권 강화: 의정부 설치와 6조 직계제 실시, 사간원 독립 기출 25

> **체크 포인트**
>
> **태종의 업적**
> - 관제 개혁: 도평의사사 혁파, 6조의 기능 강화 → 왕권 강화
> - 군제 개혁: 사병 혁파를 통해 병권 장악
> - 노비변정사업과 호패법 실시
> - 유향소 폐지, 사원전 혁파

> **체크 포인트**
>
> 조선 초기의 사회 체제 정비 과정: 태조(집권 체제 강화) → 태종(왕권 강화, 사병 혁파) → 세종(유교 정치 이념의 구현) → 세조(전제 왕권의 확립) → 성종(유교적 국가 체제 정비·사림 등용)

(3) 유교 정치의 실현 노력

① **세종의 유교 정치의 실현**: 왕권과 신권의 조화를 이룬 유교 정치의 실현
  ㉠ 집현전 설치, 의정부 서사제 실시

  ▶ 의정부 서사제: 6조에서 올라오는 모든 일을 의정부에서 논의한 다음 합의된 사항을 왕에게 올려 결재를 받는 형식이다.

  ㉡ 유교식 국가 행사 거행, 주자가례의 시행 장려
② **왕도 정치 표방**: 유교적 민본 사상의 실현으로 여론 중시, 청렴 정치를 함
③ **민족 문화 발전**: 훈민정음 창제

경복궁 수정전

> **더 알아두기**
>
> **조선의 유교적 통치 이념**
> - 정치면 : 유교의 덕치주의와 민본 사상을 바탕으로 하는 왕도 정치의 구현
> - 사회면 : 양반 중심의 지배 질서와 가족 제도에 종법 사상을 응용하여 양천의 엄격한 구분, 이에 따른 직역의 법제화와 유교의 가부장적 가족 원리의 보편화
> - 경제면 : 지배층의 농민 지배 허용
> - 외교면 : 친선 정책으로 국제적 긴장 관계 완화
> - 사상면
>   - 지배층 : 불교·도교
>   - 토속 신앙을 유교 의례로 흡수 시도
>   - 서민 사회 : 전통 신앙 생활의 잔존

(4) 문물 제도의 정비

① **왕권 약화** : 문종, 단종 → 재상(김종서, 황보인)에게 정치적 실권이 넘어감 → 수양대군(세조)의 정변(계유정난)

② **세조** : 중앙 집권과 부국강병 정책
  ㉠ 왕권의 재확립과 집권 체제 강화
  ㉡ 제도 정비 : 6조 직계제 부활, 집현전 폐지
  ㉢ 『경국대전』 편찬 시작
  ㉣ 종친 등용, 경연 폐지

③ **성종** : 조선의 통치 체제 확립, 문물 제도 완성
  ㉠ 홍문관 설치(집현전 계승)
  ㉡ 경연 강화, 『경국대전』 완성(사회의 기본 통치 방향과 이념 제시)
  ㉢ 조선 왕조의 통치 체제 확립

(5) 통치 체제의 정비 **중요**

① **중앙 정치 체제** 기출 21
  ㉠ 문·무 양반 관료 체제의 확립 : 『경국대전』 편찬으로 법제화
  ㉡ 의정부와 6조 체계 : 행정의 통일성과 기능적 분화의 조화
    - 의정부 : 최고 관부, 재상의 합의로 국정 총괄
    - 6조 : 직능에 따라 행정 분담
  ㉢ 언론 학술 기구 : 삼사 → 사간원, 사헌부, 홍문관 기출 22
    - 양사(대간) : 사간원(간쟁)·사헌부(감찰), 서경권 행사, 관리 임명에 동의권
    - 홍문관 : 정책 결정을 학문적으로 자문
    ▶ 삼사의 언관 : 벼슬 등급은 높지 않았으나 학문과 덕망이 높은 사람이 주로 임명되었다. 이들은 특별한 일이 없는 한 나중에 판서나 정승 등 고위 관직에 오를 수 있었다.

> **체크 포인트**
>
> 삼사: 왕권 견제 기구로서 감찰과 간쟁의 언론기관 기출 24
> - 사간원: 국왕의 시정 비판
> - 사헌부: 관리의 비행 감찰
> - 홍문관: 국왕의 정치적 학술 고문, 교지 작성

   ⓔ 왕권 강화 기구
    • 승정원: 국왕 비서 기구
    • 의금부: 반역 죄인 처단
   ⓜ 기타
    • 춘추관: 역사 편찬
    • 한성부: 수도의 행정과 치안 담당
   ⓗ 경연 제도: 군신 간에 학문과 정책 토론 기출 23
   ⓢ 특징: 왕권과 신권의 조화 중시, 재상합의제 발달, 언론·학술 중시

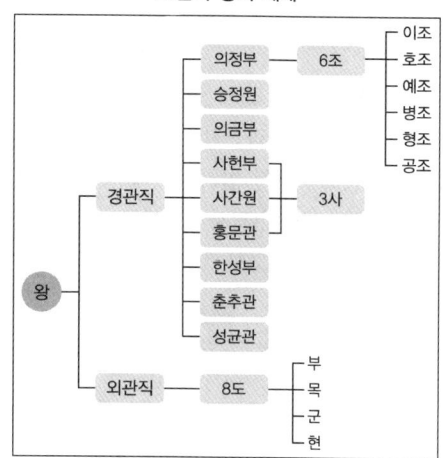

조선의 통치 체제

더 알아두기

조선의 주요 정치 기구 중요 기출 22

구분	업무	구분	업무
의정부	국정 총괄, 재상 합의기구	6조	실제 행정집행
사헌부	언론, 관리 감찰	의금부	국가 중죄의 치죄
사간원	국왕에 대한 간쟁	승정원	왕명 출납
홍문관	국왕 자문기관	한성부	서울의 행정, 치안
춘추관	역사서 편찬, 보관	성균관	최고 교육기관

> **체크 포인트**
>
> **조선 초기 중앙정치체제 확립 과정**
> - 태조 : 도평의사사(재상들의 합좌 기구)
> - 정종 : 도평의사사 해체, 의정부 설치
> - 태종 : 6조 직계제 실시(국왕의 직접적인 행정실무 관장, 왕권 강화)
> - 세종, 문종, 단종 : 의정부 권한 강화
> - 세조 : 6조 권한 강화
> - 성종 : 3사의 기능 강화

② **지방 행정 조직**
　㉠ 지방 조직 : 전국을 8도로 나누고, 하부에 부·목·군·현 설치
　　• 관찰사(감사) : 8도의 지방 장관, 수령에 대한 행정 감찰

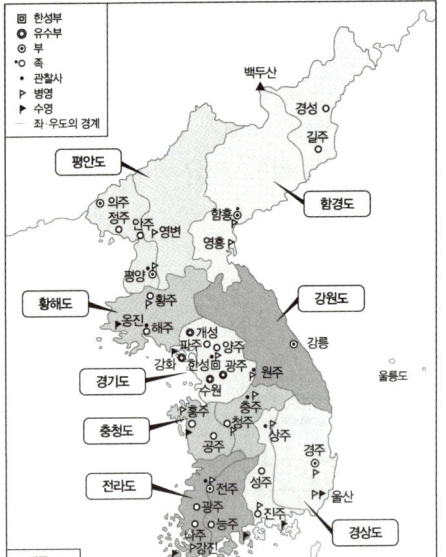

조선의 8도

　　　▶ 관찰사 : 관찰사는 전국 8도에 각각 임명되었다. 관찰사는 감찰권·행정권·사법권·군사권을 가진 중요한 직책이었다.

　　• 수령(부·목·군·현) : 조세, 공물, 요역 징발 책임, 왕이 임명
　　• 향리 : 6방에 배속, 향역을 세습하면서 수령 보좌, 세습적 아전으로 격하
　　• 향·부곡·소를 일반 군·현으로 승격
　㉡ 향촌 사회 **중요**
　　• 면·리·통 제도 : 주민 중에서 책임자 선임, 수령의 정령 집행
　　• 양반 중심의 향촌 사회 질서 확립 : 사심관 제도의 분화
　　　－ 유향소 : 향촌 양반의 자치 조직(수령 보좌, 향리 규찰) → 유향소의 주임무는 교화를 담당하여 풍속을 바르게 하는 데 있었지만, 이러한 도의적 명분보다는 향촌 사회의 부세를 운영하는 중심 기구로서의 역할이 더 실제적인 비중을 차지함
　　　－ 경재소 : 유향소와 정부 사이의 연락 기능, 유향소 통제로 중앙 집권을 효율적으로 강화
　㉢ 중앙 집권 체제 강화
　　• 관찰사 파견 : 수령 견제, 민생 파악
　　• 다섯 집을 하나의 통으로 편성(오가작통법)
　　• 암행어사 파견

③ **군역 제도와 군사 조직**
　㉠ 군역 제도
　　• 원칙 : 양인 개병제, 현직 관리와 학생은 제외
　　• 운영 : 16세~60세의 양인 장정의 의무, 현역 군인인 정군(正軍)이 되거나 정군의 비용을 부담하는 보인이 됨(보법)
　　• 정군 : 서울·국경 요충지에 배속, 일정 기간 교대로 복무, 품계와 녹봉 받음

　　▶ 정군 : 오늘날의 군인은 일정 기간 동안 병영에 입대한 후 제대를 하였지만 옛날 군대는 1년에 약 2개월 정도 숙위를 하면 다시 집으로 돌아가 농사를 지었는데 이를 번상병이라 했다.

　　• 보인(봉족) : 정군의 비용 부담
　㉡ 군사 조직
　　• 중앙군
　　　- 5위 : 궁궐의 수비와 수도의 방비 담당
　　　- 편성 : 정병, 갑사, 특수병(품계, 녹봉 받음) → 문반 관료가 지휘
　　• 지방군
　　　- 육군(병영)·수군(수영)으로 조직, 영·진에서 복무 → 세조 이후 진관 체제 실시
　　　- 편성 : 농민 의무병(정병), 복무 후 품계 받음
　　　- 잡색군 : 향토 방위 예비군(전직 관료, 서리, 향리, 교생, 노비)
　㉢ 진관 체제(세조)
　　• **군현 단위의 독자적 방위 체제**
　　• 진관 체제 : 지역 단위의 방위 체제로 각 도에 한두 개의 병영을 두어 병사가 관할 지역 군대를 장악하고, 병영 밑에 몇 개의 거진을 설치하여 거진의 수령이 그 지역 군대를 통제하는 체제였으며, 수군도 육군과 같은 방식으로 편제됨
　㉣ 국방력 유지 : 호적 제도와 호패 제도의 실시
　㉤ 교통·통신 체계 : 군사적 비상사태 대비(봉수대), 물자 수송, 통신(역참) → 국방과 중앙 집권적 행정 운영이 쉬워짐

④ **관리 등용 제도** 기출 25
　㉠ 과거의 종류
　　• 문과 : 소과(생진과 : 생원, 진사) → 대과(문과)
　　• 무과 : 무예 시험 → 무과
　　• 잡과 : 특수 기술관 선발(역과, 율과, 의과, 음양과) → 3년마다 분야별 정원

　▶ 과거 응시 자격 : 문과의 경우 탐관오리의 아들, 재가한 여자의 아들과 손자, 서얼에게는 응시를 제한하였다. 무과와 잡과에는 제한이 없었다.

　㉡ 과거의 실시
　　• 정기 시험 : 식년시(3년마다 실시)는 초시 → 복시(33명 선발) → 전시(순위 결정)
　　• 부정기 시험 : 증광시, 별시, 알성시 등 수시로 실시

ⓒ 특별 채용
- 취재 : 하급 실무직(서리, 교관)에 임용
- 천거 : 대부분 기존 관리를 대상으로 실시
- 음서 : 고려에 비해 혜택 대상 축소, 고관으로 승진 시 곤란

② 인사 관리 : 품계에 따른 관리 등용, 상피제 마련(권력의 집중·부정 방지), 서경제(인사의 공정성 확보), 근무 성적 평가(승진·좌천의 자료) → 합리적 인사 행정, 관료적 성격 강화

▶ 상피제(相避制) : 가까운 친인척과 같은 관서에 근무하지 않도록 하거나 출신 지역의 지방관으로 임명하지 않는 제도

2 경제 생활과 수취제도

(1) 농본주의 경제 정책

① **농본주의 경제 정책** : 고려 말의 어려운 국가 재정과 민생 문제 해결, 왕도 정치 실현
   ㉠ 농민의 조세 부담 경감
   ㉡ 토지 개간으로 경지 면적 확대(15세기 중엽에 160여 만 결 확보)
   ㉢ 양전 사업 실시
   ㉣ 농업 생산성 향상을 위한 새로운 농법의 개발

② **억상 정책**
   ㉠ 국가의 상공업 통제
   ㉡ 사치와 낭비 방지, 농업의 피폐로 인한 빈부의 격차 심화 방지
   ㉢ 물화의 수량과 종류까지 국가에서 통제

> **더 알아두기**
>
> **상공업이 부진한 이유**
> - 유교적 검약 생활
> - 교통 수단 미비
> - 화폐 유통 부진
> - 자급자족적 경제 구조

③ **경제 활동**
   ㉠ 유교적 경제관의 근검 생활 강조 : 물자 소비 등을 억제, 도로 교통수단 미발달
   ㉡ 자급자족적 농업 중심 경제 : 상공업과 대외 무역의 부진, 화폐 유통의 부진
   ㉢ 16세기 이후의 변화 : 상공업 통제·대외 무역의 국제 통제력 부진으로 자유로운 상업 활동 전개

(2) 과전법의 시행과 변화 중요 기출 23, 22

① **과전법**: 국가의 재정 기반과 신진 사대부의 경제 기반 마련(권문세족의 농장 해체)
   ㉠ 전·현직 문무 관리들에게 수조권을 분급
   ㉡ 수조권에 따라 공전(국가에 귀속), 사전(개인에 분급)
② **지주 전호제의 강화**
   ㉠ 배경: 직전법의 실시로 토지의 사유 관념 확산, 양반 지주들의 대토지 집적 현상 확산
   ㉡ 결과
      • 사적 소유권과 병작 반수제의 강화
      • 양반 지주와 토호들의 매매, 겸병, 개간으로 농장의 확대
      • 농민들이 토지를 잃고 소작농으로 전락
③ **관수 관급제 시행(성종)**: 양반 관료의 수조권 남용, 과다 수취
   → 국가가 거두어 관리에게 지급

과전법의 과전 분급 액수

등급	지급 결 수
1과	150결
2과	130결
3과	125결
4과	115결
5과	106결
6과	97결
7과	89결
8과	81결
9과	73결
10과	65결
11과	57결
12과	50결
13과	43결
14과	35결
15과	25결
16과	20결
17과	15결
18과	10결

체크 포인트

관수 관급제: 조선 초기에 시행된 토지분급 제도의 하나로서, 직전세라고도 한다. 1470년(성종 1년) 직전세의 전조수취 방식을 개혁하여, 전조를 관(官)에서 직접 수취하여 전주에게 지급하던 제도이다.

④ **직전법 소멸(명종)**: 16세기 중엽 이후 토지 지급 중단, 직전법 폐지로 양반 관료와 지방 토호들의 소유권 확대 → 지주 전호제 일반화

더 알아두기

직전법의 실시 배경과 결과
• 수신전, 휼양전의 명목으로 사전이 세습되어 신진 관리에게 지급할 토지의 부족 초래
• 수신전, 휼양전을 폐지하고 현직 관리에게만 지급
• 관료의 사적인 토지 소유 욕구를 자극해 토지 사유화의 계기가 되었다.

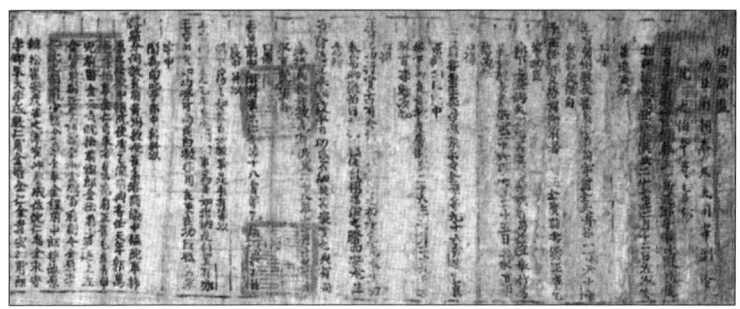

개국 원종 공신 녹권

개국 원종 공신인 심지백에게 포상해 준 내용을 목활자로 인쇄해 준 문서이다.

더 알아두기

토지 제도의 변천

구분	과전법	직전법	관수 관급제
시기	고려 말 공양왕	조선 세조	조선 성종
목적	사대부의 경제적 기반 마련	지급할 토지의 부족 현상 해결	국가의 토지 지배권 강화
지급 대상	전직, 현직 관리	현직 관리	국가가 수조권 대행
결과	누적된 토지 제도의 모순 해결	농장 확대의 계기	토지 사유화 현상 진전

(3) 수취 체제의 확립 중요

① **조세**: 쌀이나 콩으로 징수
  ㉠ 과전법: 수확량의 10분의 1을 냄, 1결의 최대 생산량을 300두로 정하고, 매년 풍흉을 조사하여 그 수확량에 따라 납부액 정함
  ㉡ 전분 6등법과 연분 9등법(세종): 최고 20두에서 최하 4두를 징수함
  ㉢ 조세미의 운반: 군현에서 거둔 조세 → 조창으로 운반(강가, 바닷가) → 경창으로 운송(강원도는 한강, 경상도는 낙동강과 남한강을 통해 운반), 평안도와 함경도는 군사비와 사신 접대비로 조세 사용

② **공납**: 호에 할당된 토산물 기출 25
  ㉠ 공물: 지방의 토산물 수공업품, 수산물, 과실, 모피, 약재 등 징수
  ㉡ 공물의 폐단: 생산량 감소로 다른 곳에서 구해다 납부, 전세보다 납부하는 데 부담이 훨씬 큼

③ **역**: 16세 이상의 정남 기출 25
  ㉠ 군역: 정군(일정 기간 군사 복무로 교대로 근무)과 보인(정군의 비용을 보조), 양반·서리·향리 등은 복무하지 않음
  ㉡ 요역: 가호를 기준으로 정남의 수 고려, 성·왕릉·저수지 등에 동원 → 성종 때 토지 8결당 1인 동원, 1년에 6일 이내 동원으로 규정을 바꾸었지만 임의 징발이 빈번함

④ **국가 재정**
  ㉠ 세금 마련 : 조세, 공물, 역 이외에 염전, 광산, 산림, 어장, 상인, 수공업자 등이 내는 세금 등
  ㉡ 지출 : 군량미나 구휼미의 비축과 왕실 경비, 공공 행사비, 관리의 녹봉, 군량미, 빈민 구제비, 의료비 등

> **더 알아두기**
>
> **조운 제도**
> - 수납한 조세는 강가나 바닷가의 조창에 모아 두었다가 전라도·충청도·황해도는 바닷길로, 강원도는 한강, 경상도는 낙동강과 남한강을 통해 한강의 용산과 서강에 있는 경창으로 운송하였다.
> - 국경 지대인 평안도와 함경도는 현지에서 군사비와 사신 접대비로 쓰도록 하였다.

3 신분 제도

(1) 양천 제도와 반상 제도 기출 25

① **양천 제도** : 양인과 천민으로 구분 → 법제적(갑오개혁 이전까지 조선 사회의 기본적인 신분 제도)
  ㉠ 양인 : 과거에 응시 자격을 가진 자유민, 조세·국역의 의무
  ㉡ 천민 : 비자유민, 개인이나 국가에 소속, 천역 남낭
② **반상 제도** : 지배층(양반)과 피지배층(상민) 간의 차별
  ㉠ 양반과 중인층이 하나의 신분으로 고정화
  ㉡ 신분 제도의 정착 : 양반, 중인, 상민, 천민으로 정착
③ **신분 이동 가능** : 양인이면 과거에 응시하여 관직 진출 가능, 양반도 노비로 전락 가능, 고려에 비해 개방적 → 신분제 사회의 틀 유지

> **더 알아두기**
>
> **조선의 신분 제도**
> - 양천 제도
>   - 양인 : 과거에 응시하고 벼슬길에 오를 수 있는 자유민으로 조세·국역의 의무를 진다.
>   - 천민 : 비자유인, 개인이나 국가에 소속되어 천역을 담당
> - 반상 제도
>   - 양반 : 문·무반의 관리뿐만 아니라 그 가족이나 가문까지 포함
>   - 중인 : 서리, 향리, 기술관, 직역 세습
>   - 상민 : 과거 응시 가능, 조세·공납·부역 등의 의무
>   - 천민 : 노비, 백정, 무당, 창기, 광대 등

(2) 양반 중요
  ① **양반의 개념**: 문반과 무반 → 문·무반직뿐만 아니라 그 가족이나 그 가문까지 지칭
  ② **양반 사대부의 기득권 유지**
    ㉠ 지배층이 늘어나는 것을 제한하기 위해 문무 양반의 관직을 받은 자들만 사족으로 인정
    ㉡ 하급 지배 신분 중인으로 격하: 현직 향리, 중앙 관청의 서리와 기술관, 군교, 역리 등 → 사족과 이서층(서리층)으로 분화하여 양반과 중인 신분으로 고정
    ㉢ 서얼(양반의 첩이 난 소생) 차별: 정부의 관직 진출 제한
  ③ **양반의 생활**
    ㉠ 토지와 노비 소유, 과거·음서·천거 등을 통해 관직 독점
    ㉡ 정치적으로는 관료층, 경제적으로는 지주층 → 생산에는 종사하지 않고 현직 예비 관료로 활동, 유학자의 소양과 자질 함양
    ㉢ 신분적 특권의 제도화: 각종 법률과 제도, 각종 국역 면제 → 하나의 사회 신분으로 고정 → 양반, 중인, 상민으로 분화

(3) 중인 중요 기출 25
  ① **중인의 의미**
    ㉠ 넓은 의미: 양반과 상민의 중간 계층 → 15세기부터 형성 → 조선 후기에 독립된 신분층으로 정착
    ㉡ 좁은 의미: 기술관만을 의미
  ② **서리, 향리, 기술관**: 직역 세습, 신분 안에서 혼인, 관청 주변에 거주
  ③ **서얼**: 중인 신분 처우(중서), 문과 응시 금지, 무반직 등용
  ④ **중인의 지위**: 양반들로부터 멸시와 하대 → 전문 기술이나 행정 실무를 담당하여 나름대로 행세(역관은 사신을 수행하여 무역의 이득, 향리는 수령을 보좌하며 위세)

  더 알아두기
  중인과 서얼
  • 중인: 양반과 상민의 중간에 있는 신분층으로서 주로 중앙의 여러 기술관청에 소속되어 있는 역관, 의관, 율관, 산관, 화원 등으로 일반적으로 양반 사대부 계층에 비하여 차별 대우를 받았다.
  • 서얼: 양반의 자손 가운데 첩의 소생을 이르는 말로, 고려 시대에는 서얼에 대한 차별이 두드러지지 않았으나 고려 말에서 조선 초기에 들어와서 주자학의 귀천 의식과 계급 사상이 지배 계급의 생각으로 자리잡게 되자 서얼의 등용에 제한을 두기 시작하였다.

(4) 상민(평민, 양인) 중요
  ① **양인의 범위**: 농민, 수공업자, 상인 등
  ② **상민의 지위**: 과거 응시 자격 → 사실상 어려움, 군공을 통해 신분 상승의 기회
    ㉠ 농민: 조세, 공납, 부역의 의무
    ㉡ 수공업자(공장): 공장으로 불리며 관영이나 민영 수공업에 종사 → 공장세 부과
    ㉢ 상인: 시전 상인과 보부상이 국가의 통제 아래 상거래 종사 → 상인세 부과

③ **신량역천(身良役賤)** : 신분은 양인이지만 맡은 역은 비천한 사람들로, 고려 시대에 제염・어업・광업・목축・봉수・뱃사공・도살 등 천역을 담당하던 자들로서, 조선 초기의 경우 일정 기간 군역을 마치면 일반 양인으로 대우를 받음

(5) **천민** 중요
① **노비의 지위** : 천민의 대부분, 재산 취급(상속・매매・증여의 대상), 비자유인
② **노비의 종류**
㉠ 공노비(입역 노비, 납공 노비) : 국가에 신공과 관청에 노동력을 바침
㉡ 사노비(솔거 노비, 외거 노비)
• 솔거 노비 : 주인과 함께 기거
• 외거 노비 : 주인과 떨어져 독립적인 생활, 노동력 대신 신공을 바침
③ **천민** : 백정, 무당, 창기, 광대 등으로 천대받음

> **체크 포인트**
> 조선 시대 노비의 특징
> • 세습되며 매매, 양도, 상속이 가능
> • 군역・공납・요역의 의무 없음
> • 자신의 재산을 가지고 처자를 거느리고 살 권리가 있었음
> • 주인이 노비를 형살하는 것 금지

(6) **사회 정책과 사회 시설**
① **사회 정책**
㉠ 농본 정책 : 성리학 명분론에 입각한 사회 신분 질서 유지와 농민 생활 안정
㉡ 농민의 몰락 : 무거운 조세와 요역의 부담, 양반 지주의 수탈 → 전호, 노비, 유민으로 전락 → 국가의 안정과 재정 근간을 위협하는 요소
② **사회 제도**
㉠ 사회 시책 : 토지 겸병 억제, 농번기 대책, 재해 시 조세 감면 등
㉡ 사회 안정책 중요
• 환곡 제도 실시, 국가 주도의 의창, 상평창 설치

> **체크 포인트**
> 환곡제 : 조선은 고려와 마찬가지로 농민 경제를 안정시키기 위하여 개국 초기부터 의창과 상평창 제도를 정비하였다. 환곡(還穀)이란 빈민 구제를 목적으로 평시에 양곡을 저장하였다가 흉년이나 춘궁기에 대여하고 추수 후에 회수하는 것인데, 이는 의창의 소관이었다.

- 사창 제도 : 양반 지주가 향촌의 농민 생활 안정 → 양반 중심의 향촌 질서 유지

> **체크 포인트**
>
> 사창제 : 사창은 조선 시대 각 지방 군현의 촌락에 설치된 곡물 대여 기관으로, 촌락을 기반으로 한 민간 자치적 구호 기관의 성격을 띤 구황 시설의 하나였다.

ⓒ 의료 시설
- 혜민국 : 수도권 안에 거주하는 서민 환자의 구제와 약재 판매
- 제생원 : 지방민의 구호 및 진료 담당
- 동·서 활인서 : 유랑자의 수용과 구휼

> **더 알아두기**
>
> **구휼 제도**
> - 사회 시설
>   - 고려 시대 : 의창, 상평창, 제위보
>   - 조선 시대 : 환곡제, 사창제
> - 의료 시설
>   - 고려 시대 : 동·서대비원, 혜민국, 구제도감, 구급도감
>   - 조선 시대 : 동·서대비원, 동·서활인서, 혜민국, 제생원

③ 법률 제도

㉠ 경국대전에 의거 : 실제로는 관습법과 대명률에 의존 25

▶ 대명률 : 중국 명나라의 기본 법전. 명률이라고도 한다. 명의 홍무제는 당률을 이상으로 하여 1367년 대명률을 제정하고 이듬해 이를 공포하였다.

㉡ 형법
- 중한 범죄 : 반역죄와 강상죄 → 연좌제 적용, 고을의 호칭 강등, 수령 파면
  ▶ 강상죄 : 성리학에서 논한 인간의 상하 관계(군신·부자·주종 등)의 윤리에 위배된 죄 → 신분제 사회의 기초 유지
- 형벌의 종류 : 태, 장, 도, 유, 사

㉢ 민법
- 관찰사, 수령 등이 관습법에 따라 재판 → 초기에는 노비 소송이 주류, 후에는 산송(산소에 관한 소송)이 주류
- 상속 문제 : 종법에 따라 처리, 조상의 제사와 노비 상속 중요시, 물건의 소유권과 토지의 소유 관념이 고려 시대에 비하여 발달함

소곤장

② 사법 기관 : 행정 기관과 명확한 구분이 되지 않음
- 중앙 : 사헌부, 의금부, 형조, 한성부, 장례원(노비)
- 지방 : 관찰사와 수령 등이 관할 구역 내의 사법권을 가졌음
⑩ 재심 소송 제기
- 불만이 있을 경우 다른 관청이나 상부 관청에 소송
- 신문고나 징을 쳐서 임금에게 직접 호소 → 일반적으로 시행되지 않음
- 제도의 목적 : 백성의 억울함을 풀어주고 안심하고 생업에 종사

> **더 알아두기**
>
> **신문고 제도**
> 1402년(태종 2년) 백성들의 억울한 일을 직접 해결하여 줄 목적으로 대궐 밖 문루 위에 달았던 북. 조선 초기에 상소·고발하는 제도는 법제화되어 있었으나, 최후의 항고·직접 고발 시설의 하나로 신문고를 설치하여, 임금의 직속인 의금부당직청(義禁府當直廳)에서 이를 주관, 북이 울리는 소리를 임금이 직접 듣고 북을 친 자의 억울한 사연을 접수·처리하도록 하였다.

(7) 향촌 사회의 조직과 운영

① **향촌 사회의 모습**

㉠ 향촌 개념 : 중앙과 대칭되는 개념
- 향 : 행정 구역상 군현의 단위(부, 목, 군, 현) → 지방관 파견
- 촌 : 마을을 의미하며 군, 현 밑에는 면, 리(里) 등을 설치 → 중앙에서 관리 파견 안 됨(지방 자치적 성격)

㉡ 유향소 : 지방 자치를 위하여 설치한 기구 → 수령 보좌, 향리 감찰, 향촌 사회의 풍속 교정 기구

㉢ 경재소 : 중앙 정부가 현직 관료로 하여금 연고지의 유향소를 통제하는 제도로 중앙과 지방의 연락 업무를 맡아봄 → 유향소와 경재소는 고려 시대 사심관 제도에서 분화 발전함

㉣ 향촌 질서의 변화
- 경재소 혁파(17세기 초)
- 유향소의 명칭 변경 : 향소(향청)
- 향안 작성(지방 사족의 명단) : 임진왜란 전후 때 군현마다 작성
- 향규 제정(향회의 운영 규칙) : 향회를 통하여 지방 사족의 결속을 강화하고 지방민 통제
- 향약 조직 형성 : 향촌 사회 운영 질서 강구, 중종(조광조) 때 시행한 것으로 점차 향약 보급으로 향약 조직 형성

㉤ 향안, 향규, 향약 : 지방 사족의 지배력을 확보하고 유지하기 위한 장치

> **체크 포인트**
>
> 향안 : 원래 지방에 거주하는 품관(品官)의 명단으로서 경재소(京在所)에 비치된 경안(京案)에 대칭하여 쓰인 명칭으로 보인다.

② 촌락의 구성과 운영
  ㉠ 촌락 : 농민 생활의 기본 단위 → 향촌을 구성하는 기본 단위(자연촌) → 동, 리(里)로 편제
  ㉡ 정부의 촌락 지배 : 면리제, 오가작통제로 국가는 촌락 주민에 대해 지배
  ㉢ 향촌 사회
    • 반촌 : 양반 거주(동성, 친족, 외족, 처족 등으로 구성) → 18세기 이후 동성 촌락으로 발전
    • 민촌 : 대부분 평민과 천민으로 구성 → 18세기 이후 구성원 다수가 신분 상승
  ㉣ 향촌 조직
    • 사족의 동계, 동약 조직
    • 촌락민들의 사회·경제적 지배를 강화 → 임진왜란 이후 양반과 평민층이 함께 참여하는 상하 합계 형태로 전환
  ㉤ 농민 조직
    • 두레 : 공동 노동의 작업 공동체
    • 향도 : 불교와 민간 신앙 등의 신앙적 기반과 동계 조직과 같은 공동체 조직의 성격

    ▶ 계 : 농촌 주민의 필요에 따라 자생적으로 발생, 유지된 협동 단체로 계원의 상호 부조, 친목, 공동 이익을 목적으로 일정한 규약을 가지고 운영하였다.

③ 촌락 풍습
  ㉠ 상무 정신 함양 : 석전(돌팔매 놀이)

> **더 알아두기**
>
> **석전의 유래**
> 석전(石戰)은 척석희(擲石戲)라고도 한다. 당서(唐書)의 고구려전에 보면 국왕이 관전하는 가운데 거행하는 국가적 행사였고, 전투적 연무(鍊武)를 예습하는 놀이였다. 이에 관한 기록은 고려사, 조선왕조실록, 세시풍속기에서도 찾아볼 수 있다.

  ㉡ 향도계, 동린계 : 자생적 생활 문화 조직 → 양반 사족은 음사로 규정

4 문화와 기술의 발전

(1) 민족 문화의 융성
  ① 발달 배경
    ㉠ 집권층의 민생 안정과 부국강병 추구(과학 기술과 실용적 학문 중시) : 민족적·자주적 성격의 민족 문화 발전
    ㉡ 관학파 : 성리학 이외의 학문과 사상에 관대 → 민족적·자주적 민족 문화 발전

② **교육 기관** 중요
- ㉠ 성균관 : 국립 교육 기관, 최고 학부 구실, 입학 자격은 생원·진사 원칙
- ㉡ 4부학당 : 중등 교육 기관, 중앙에 설치, 중학·동학·남학·서학
- ㉢ 향교 : 중등 교육 기관, 지방에 설치, 성현에 대한 향례, 유생들의 교육, 지방민의 교화를 위해 부·목·군·현에 설립, 중앙에서 교수·훈도 파견
- ㉣ 서원 : 사립 교육 기관, 주세붕이 세운 백운동 서원(최초의 서원), 봄·가을 향음주례를 지냄, 인재 양성, 선비나 공신 숭배, 덕행을 추모 → 향촌 사회의 교화에 공헌
- ▶ 향음주례(鄕飮酒禮) : 향촌의 선비나 유생들이 학덕과 연륜이 높은 이를 주가 되는 손님으로 모시고 술을 마시며 잔치를 하는 의례의 하나이다. 어진 이를 존중하고 노인을 봉양하는 의미를 지닌다.
- ㉤ 서당 : 초등 교육을 담당한 사립 교육기관, 사학이나 향교에 입학 못 한 평민이나 선비 자제들의 교육기관, 교육받는 연령은 대개 8~9세부터 15~16세까지

③ **한글 창제**
- ㉠ 배경 : 한자 사용의 혼란을 줄이고, 피지배층을 도덕적으로 교화
- ㉡ 훈민정음 창제(1443년)와 반포(1446년) : 과학적인 글자 조합 원리, 쉽고 자유로운 의사 표현 가능
- ㉢ 보급 : 용비어천가·월인천강지곡 간행, 불경·농서 등 간행, 행정 실무에 이용
- ㉣ 결과 : 백성들의 문자 생활, 국문학 발전

훈민정음

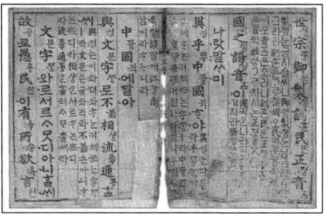

④ **역사서의 편찬** 중요
- ㉠ 초기 : 왕조의 정통성 확립, 성리학적 통치규범 정착 → 『고려국사』(정도전)
- ㉡ 15세기 중엽 : 자주적 입장에서 고려사 재정리 → 『고려사』(기전체), 『고려사절요』(편년체), 『동국통감』(편년체, 서거정)
- ▶ 편년체 : 연대순으로 역사를 서술하는 형식
- ㉢ 16세기 : 사림의 정치문화 의식의 반영 → 『동국사략』(박상)

오대산 사고

『조선왕조실록』을 보관하기 위하여 임진왜란 이후에 만든 사고(史庫)로 6·25 전쟁 때 불탄 것을 복원한 것이다.

더 알아두기

실록 편찬 기출 25, 23
한 국왕이 죽으면 다음 국왕 때 춘추관을 중심으로 실록청을 설치하고 사관들이 국왕 앞에서 기록한 사초, 각 관청의 문서들을 모아 만든 시정기 등을 종합·정리하여 실록을 편년체로 편찬하였다.

⑤ 지리서의 편찬 종요 기출 23
  ㉠ 편찬 목적 : 중앙 집권과 국방의 강화
  ㉡ 지도 : 혼일강리역대국도지도(태종 때 만든 현존하는 동양 최고(最古)의 세계 지도), 팔도도(세종 때 만든 전국 지도), 동국지도(세조 때 양성지 등이 제작), 조선방역지도(16세기에 만들어져 현존하고 있는 지도)
  ㉢ 지리지 : 『신찬팔도지리지』(세종), 『동국여지승람』(성종), 16세기 『신증동국여지승람』(중종)

혼일강리역대국도지도

⑥ 윤리·의례서와 법전의 편찬 기출 24, 23
  ㉠ 윤리서 및 의례서
    • 『삼강행실도』 : 세종 때에 모범이 될 만한 충신, 효자, 열녀 등의 행정을 그림으로 그리고 설명을 붙인 윤리서
    • 『국조오례의』 : 성종 때 국가의 여러 행사에 필요한 의례를 정비한 의례서
    • 『이륜행실도』 : 16세기, 연장자와 연소자, 친구 사이에 지켜야 할 윤리
    • 『동몽수지』 : 16세기, 어린이가 꼭 지켜야 할 예절을 기록
  ㉡ 법전 : 유교적 통치 규범 성문화 → 『조선경국전』·『경제문감』(정도전), 『경제육전』(조준)
  ㉢ 『경국대전』 종요 : 세조 때 편찬, 성종 때 완성, 조선의 기본법전, 유교적 통치 질서와 문물 제도 완성

『삼강행실도』

『경국대전』

(2) 불교와 민간 신앙

① 불교의 정비
  ㉠ 불교 정책 : 정부의 간섭과 통제로 발달이 미약
  ㉡ 목적 : 유교주의 국가 기초 확립, 국가 재정 확보
  ㉢ 과정
    • 도첩제 실시로 승려의 수 제한, 사원의 건립 금지
    • 세종 때 교단 정리 → 선종과 교종으로 통폐합, 36개 절만 인정
    • 사원의 토지와 노비 몰수

② 불교의 계승: 궁중과 민간에서 불교 신봉

『석보상절』　　　　　서산대사 영정

◎ 불교 신앙 존속: 왕실의 안녕 기원, 왕족의 명복을 비는 행사 거행, 산간 불교화
- 세종: 선·교 양종의 36개 절만 인정, 승려의 출가 제한(도첩제)

▶ 도첩제: 곡식 납부, 노역 종사 대가로 발부한 승려 허가증 제도로 승려의 증가 방지 목적으로 태조 때 실시되었으나 성종 때의 강력한 억불책으로 도첩제가 폐지되었다.

- 세조: 간경도감 설치(불경의 번역 및 간행, 일시적으로 불교 중흥)
⑭ 16세기 후반: 서산대사의 교리 정비, 승병의 임진왜란 참여

② **도교와 민간 신앙**
㉠ 도교: 사원 정리 축소, 소격서 설치(초제 시행)

▶ 소격서: 도교의 여러 신에게 재앙을 멀리하고 복을 기원하는 초제를 시행하기 위해 설치한 기관으로, 중종 때 조광조 등의 사림들은 이 기관의 혁파를 주장하였다.

㉡ 풍수지리설과 도참 사상: 한양 천도에 이용, 양반들의 묘지 선정에 작용
㉢ 민간 신앙: 무격 신앙, 산신 신앙, 삼신 숭배, 촌락제

(3) 과학 기술의 발달
① **천문 역법과 의학**
㉠ 과학 기술의 발달 배경
- 부국강병과 민생의 안정을 중시하여 국가적 지원으로 발전
- 유학자들도 기술학 중시(전통적 기술 문화의 계승과 서역 및 중국의 과학 기술 수용)

㉡ 농업 관련 기술
- 과학 기구
  - 천체 관측 기구: 혼의, 간의
  - 시간 측정 기구: 해시계, 물시계
  - 강우량 측정 기구: 측우기(1441년), 세계 최초
  - 토지 측량 기구: 인지의, 규형

- 수학 : 『상명산법』, 『산학계몽』 등의 교재 발간
- 역법 : 『칠정산』(세종 때) → 해, 달, 화성, 수성, 목성, 금성, 토성의 7개의 운동하는 천체의 위치를 계산하는 방법을 서술한 역법서로, 내·외편으로 구성되어 있다. 기출 25
- ⓒ 무기 제조 기술 : 화약, 화포, 화차, 거북선 제작
- ⓔ 과학 기술의 침체 : 16세기 이후 기술 경시의 풍조로 침체
- ⓜ 의학 : 『향약집성방』(우리 풍토에 맞는 약재와 치료 방법 정리), 『의방유취』(의학 백과사전) → 조선 의약학의 자주적 체계 마련 기출 25

② 활자 인쇄술과 제지술
- ⓘ 배경 : 국가적 편찬 사업의 진행으로 활자와 인쇄 기술 문화 발달
- ⓝ 금속 활자 : 계미자, 갑인자 등 제작, 식자판 조립법 창안
- ⓒ 제지술 발달 : 조지서 설치(세종), 출판 문화의 발달, 문화 수준 향상에 기여

▶ 조지서 : 종이를 전문으로 생산하는 관청을 말한다.

③ 농서의 편찬과 농업 기술의 발달
- ⓘ 농서 편찬
  - 『농사직설』: 우리나라에서 편찬된 최초의 농서, 우리 실정에 맞는 농법 정리(씨앗 저장, 토질 개량, 모내기)
  - 『금양잡록』: 강희맹, 경기 지방의 농사법 정리
- ⓝ 농업 기술 발달 : 2년 3작 시행(조, 보리, 콩), 이모작 실시(일부 남부 지역), 시비법 개선으로 휴경지 소멸, 건경법과 수경법, 남부 일부에서의 모내기
- ⓒ 의생활의 발달 : 의류 작물로 목화(전국으로 확대 → 무명옷, 화폐로 이용)·삼·모시 재배 성행, 양잠 확산

④ 병서 편찬과 무기 제조
- ⓘ 병서 편찬 : 『총통등록』(화약무기 제작), 『동국병감』(고조선~고려의 전쟁사 정리), 『병장도설』(군사훈련 지침서)
- ⓝ 무기제조 : 화약무기 제조(최해산), 화포, 화차, 거북선, 비거도선 제조(수군 전투력 증강)

조선 시대 화차

(4) 문학과 예술

① **다양한 문학**

㉠ 15세기의 문학

용비어천가

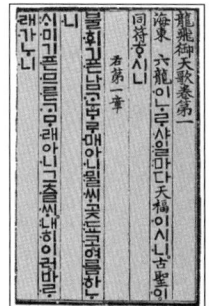

- 서거정의 『동문선』 : 한문학, 우리나라 글에 대한 자주 의식 표출

▶ 서거정의 자주 의식 : 『동문선』 서문에서 서거정은 "우리나라 글은 송이나 원의 글이 아니고 한이나 당의 글도 아니다. 바로 우리나라의 글일 따름이다."라고 하였다.

- 김시습의 『금오신화』 : 민중의 생활 감정, 역사 의식 표현
- 『용비어천가』, 『월인천강지곡』 : 악장, 새 왕조의 탄생과 자신들의 업적 찬양

㉡ 16세기의 문학 : 사림의 등장으로 한문학 침체, 여류 문인의 등장(신사임당, 허난설헌)

> **더 알아두기**
>
> **설화 문학의 내용과 가치**
> 고려 후기에 신진 사대부들 사이에 유행하였던 새로운 문학 형태로, 조선 전기에도 그대로 계승되어 발전하였다. 이들 작품은 비록 한자를 빌려 썼으나, 그 내용에는 대개 우리나라 서민 사회에서 입으로 전해 오는 역사·전설·풍습·신앙 등이 담겨 있어, 민족 문학으로서의 높은 가치를 지닌다.

② **왕실과 양반의 건축**

㉠ 신분에 따라 크기와 장식 제한 : 왕권 강화, 신분 질서 유지

㉡ 15세기

- 궁궐, 관아, 성문 중심(경복궁, 창덕궁, 창경궁, 숭례문, 개성의 남대문, 평양의 보통문) 기출 24
- 불교 건축(무위사 극락전, 해인사 장경판전, 원각사지 10층 석탑)

㉢ 16세기 : 서원 건축(가람 배치 양식과 주택 양식을 결합), 옥산 서원, 도산 서원

▶ 도산 서원 : 1574년(선조 7년), 이황의 학덕을 추모하는 그의 문인과 유림이 중심이 되어 경북 안동시 도산면 토계리에 창건한 서원

③ **분청사기, 백자와 공예**

㉠ 특징 : 실용과 검소 지향, 생활필수품, 문방구 등

㉡ 자기 : 자기소와 도기소 설치(광주 사용원 분원), 분청사기 → 백자 생산(16세기)

▶ 분청사기 : 청자에 백토의 분을 칠한 것으로 백색의 분과 안료로써 무늬를 만들어 장식하였다. 분청사기는 안정된 그릇 모양과 소박하고 천진스러운 무늬가 어우러져 정형화되지 않으면서 구김살 없는 우리의 멋을 잘 표현하였다.

ⓒ 공예 : 목공예, 돗자리 공예, 화각 공예, 자개 공예, 수와 매듭

순백자 병

분청사기 철화 어문병

④ 그림과 글씨
  ㄱ 그림
    • 15세기 : 독자적 화풍 개발(중국 역대 화풍을 선택적으로 수용) → 안견의 몽유도원도, 강희안의 고사관수도
    • 16세기 : 다양한 화풍 발달(산수화, 사군자 등) → 이상좌의 송하보월도, 이암은 동물 모습, 신사임당은 풀과 벌레, 황집중은 포도, 이정은 대나무, 어몽룡은 매화

고사관수도(강희안)

몽유도원도

  ㄴ 서예 : 안평대군(송설체), 양사언(초서), 한호(석봉체 : 왕희지체 바탕)

초충도(신사임당)

묵죽도(이정)

안평대군의 글씨

한호의 글씨

⑤ **음악과 무용**
  ㉠ 음악
    • 박연(세종) : 여민락 작곡, 아악 체계화
    • 성현(성종) : 『악학궤범』 편찬 → 전통 음악 유지 발전에 도움
  ㉡ 16세기 중엽 : 당악과 향악이 속악으로 발달
  ㉢ 무용 : 궁중과 관청의 의례에서 음악과 함께 발달
    • 처용무 : 전통 춤을 우아하게 변용
    • 민간 : 농악무, 무당춤, 승무, 산대놀이, 꼭두각시 놀이 유행

더 알아두기

15세기와 16세기의 문화

구분	15세기	16세기
문학	한문학 중심	경학의 중시로 쇠퇴
공예	분청사기	백자
건축	궁궐, 관아, 성문, 학교 건축 중심	서원 건축 중심
음악	궁중 음악	민간 음악
미술	독자적 화풍 개발	산수화, 사군자 유행

제4절 핵심예제문제

01 양천과 반상의 구분, 적자와 서자의 차별, 수직적 주종 관계 등은 유교의 영향과 관계가 깊다.

01 유교를 통치 이념으로 채택함으로써 조선 사회에 나타난 영향과 관계가 없는 것은?

① 덕치주의와 민본 사상을 바탕으로 한 왕도 정치가 추구되었다.
② 불교, 도교, 토속 신앙의 의식을 유교식으로 흡수하려 하였다.
③ 서얼과 중인 신분에 대한 사회적 차별이 완화되었다.
④ 양천과 반상을 엄격히 구분하고, 신분별로 직역이 법제화되었다.

02 ① 사간원
③ 의금부
④ 홍문관

02 조선의 주요 정치 기구 중 사헌부의 역할은?

① 국왕에 대한 간쟁 역할을 하였다.
② 언론이나 관리들을 감찰하였다.
③ 국가 중죄의 죄인을 다스렸다.
④ 국왕 자문기관이었다.

03 논농사는 남부 지방에서 모내기가 보급되어 벼와 보리의 이모작이 가능해 생산량을 증가시킬 수 있었다. 그러나 모내기는 봄 가뭄에 따른 수리 문제 때문에 남부 일부 지역으로 제한되었다.

03 조선 전기 때 농업 경제에 대한 내용으로 틀린 것은?

① 밭농사는 조·보리·콩의 2년 3작
② 시비법의 발달로 연작 가능
③ 목화 재배 확대로 의생활 개선
④ 모내기가 전국적으로 행해짐

정답 01 ③ 02 ② 03 ④

04 조선 시대 양반 지주들이 향촌의 농민 생활을 안정시켜 양반 중심의 향촌 질서를 유지하기 위해서 실시한 빈민 구제제도는?

① 의창
② 상평창
③ 환곡
④ 사창

04 의창, 상평창, 환곡제는 농민의 생활이 자주 어려움에 처하자 국가에서 이들을 구제하기 위해 만든 구제책이다.

05 다음과 같은 정책 시행의 목적은?

- 『삼강행실도』의 언해본을 간행하여 널리 배포하였다.
- 소격서를 폐지하고 강화도 마니산에서의 초제를 중단하였다.
- 도첩제를 폐지하고 승려의 출가를 원칙적으로 금지하였다.
- 향약을 보급하고 소학 교육을 특히 강조하였다.

① 농민의 생활 안정
② 국가의 재정 기반 확대
③ 향촌의 자치 제도 확립
④ 유교주의 사회 질서의 수립

05 『삼강행실도』라는 도덕서를 배포하고, 도교의 보존과 도교 의식을 위하여 설치한 기관인 소격서 폐지, 마니산에서의 초제 중단, 조선 시대 승려들의 수를 제한하기 위한 제도인 도첩제 폐지 등은 모두 유교주의 사회 질서의 확립을 위한 조치들이었다.

정답 04 ④ 05 ④

제5절 조선 전기 사회 변화와 외세 침략

1 경제생활과 수취 제도의 변동

(1) 양반 지주의 생활

① **경제 기반** : 과전, 녹봉, 개인 소유의 토지와 노비 등 → 풍요로운 생활

② **지주의 주요 수입원** : 경상·전라·충청도의 비옥한 토지에 집중 → 농장의 형태를 이루고 있었음

   양진당(경북 안동)은 유성룡의 생가로 하회 마을에 있는 양반 가옥이다.
   ㉠ 자기 소유의 토지를 노비가 직접 경작
   ㉡ 병작반수의 형태로 농민들에게 소작
   ㉢ 양반이 직접 노비를 관리하여 소작하거나 친족을 거주시키면서 대신 관리

③ **15세기 후반에 농장의 형태 더욱 증가** : 유랑민을 노비로 만들어 토지를 경작하게 함

④ **노비 소유**
   ㉠ 재산의 한 형태로 소유 : 노비의 구매, 노비의 자녀 출산과 양인과 혼인으로 인한 노비 수 증가
   ㉡ 노비의 업무 : 가사일, 농경에 종사, 옷감 짜기 등
   ㉢ 다수의 노비는 주인과 따로 살며 주인 땅을 경작 → 신공으로 포와 돈을 양반에게 납부

(2) 농민 생활의 변화

① **정부의 농업 권장** : 농업 생산력 증가

   『농사직설』
   ㉠ 개간 장려, 수리 시설의 보수·확충 → 안정적인 농사 기반 마련
   ㉡ 농서 간행 보급 : 『농사직설』, 『금양잡록』 → 간이 수리 시설, 농업기술 도입
   ㉢ 향촌 사림의 농업 경영 참여
   ㉣ 농업 기술 개량 : 밭농사의 2년 3작(콩·조·보리), 논농사의 남부 일부 지역에서 모내기 시행, 연작 가능한 시비법 발달, 농기구(호미, 낫, 쟁기) 개량 등

더 알아두기

농서의 간행
- 『농사직설』: 1429년(세종 11년) 간행된 것으로, 세종이 정초(鄭招)·변효문(卞孝文) 등에게 명하여, 종래에는 중국의 농서(農書)에만 의존하던 것을 풍토에 따른 농법의 차이를 고려하여, 각 도 농부들의 경험담을 토대로 국내 실정에 맞게 만든 것으로 조선 전기 농사에 관한 기술을 해설한 우리나라 최고(最古)의 농법서
- 『금양잡록』: 강희맹, 금양(경기도 시흥) 지방의 농법 소개

ⓜ 목화 재배, 약초나 과수 재배 널리 확대

조선 시대 여러 가지 농기구

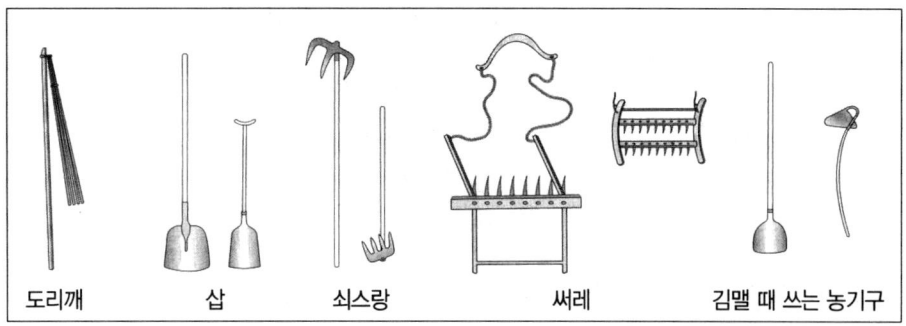

도리깨　삽　쇠스랑　써레　김맬 때 쓰는 농기구

② 농민 생활의 어려움
　㉠ 어려움의 배경 : 지주제 확대, 자연 재해, 고리대, 세금 부담 → 소작농이 됨 → 자기 토지를 팔고 소작농으로 전락, 수확의 반 이상을 지주에게 납부
　㉡ 정부의 안정책 : 잡곡, 도토리, 나무껍질 등을 가공하여 먹을 수 있는 구황 방법 제시, 호패법, 오가작통법 등을 강화 → 농민의 유망을 막고 통제 강화, 양반들의 향약 시행

> **체크 포인트**
> 오가작통법 : 다섯 집(五家)을 한 통(統)으로 조직하여 관리하던 제도인데, 조선 전기에 실시하였다는 기록이 있으나, 전국적으로 실시된 것은 조선 후기 숙종 때였다.

(3) 수공업 생산 활동
① 관영 수공업 체제
　㉠ 조선 전기의 수공업 체제 : 관영 수공업 중심 → 공장은 공장안에 등록되어 관청에 소속(관장)되고 관청에서 필요한 물품을 제작·공급하며 책임량을 초과분한 생산품은 세를 납부하고 판매
　㉡ 관장의 활동 : 의류, 활자, 화약, 무기, 문방구, 그릇 등의 관청 수요품 제작·공급
② **민영 수공업** : 주문받은 물품 제작·공급, 주로 양반의 사치품과 농기구 생산
③ **가내 수공업(농촌 수공업)** : 자급자족의 형태로 생활 필수품 제작, 명주·모시·삼베 등의 의류 제작, 특히 면포 생산이 큰 비중을 차지

(4) 상업 활동

조선통보

① **시전 설치** : 한양으로 천도하면서 종로거리 설치
　㉠ 시전 상인 : 왕실·관청에 물품을 공급, 특정 상품에 대한 독점 판매권 부여
　㉡ 육의전 : 명주, 종이, 어물, 모시, 삼베, 무명 점포가 가장 번성

> **체크 포인트**
> 금난전권 : 조선 후기 육의전과 시전 상인이 난전을 금지할 수 있는 권리로 18세기 말경에는 육의전을 제외한 일반 시전이 가진 금난전권의 특권은 혁파되고, 육의전에서 취급한 상품을 제외한 모든 상품을 자유로이 판매하게 되었다.

② **경시서의 설치** : 도량형 검사, 시전의 불법적 상행위 규제
③ **장시의 등장** : 15세기 후반에 등장, 농업 생산력의 발달에 따라 증가, 16세기 중엽 전국적으로 확대, 보부상의 물품 유통(농산물, 수공업 제품, 수산물, 약재)

> **더 알아두기**
> **시전 중심의 상업통제**
> - 경시서 : 시전 감독 기구로 도량형 검사, 물가 조절
> - 육의전(시전) : 비단, 무명, 명주, 모시, 종이, 어물 취급
> - 금난전권 : 시전 상인의 독점 판매권

④ **화폐의 유통**
  ㉠ 조선 초기의 화폐 : 저화, 조선통보 등을 유통하려 했으나 부진
  ㉡ 농민은 화폐로 쌀과 무명 사용
⑤ **주변 국가와의 무역** : 기본적으로 무역을 통제
  ㉠ 명 : 사신들이 왕래할 때 공무역, 사무역 허용
  ㉡ 여진 : 무역소를 통하여 교역
  ㉢ 일본 : 삼포(부산포, 내이포, 염포)에 왜관을 설치하여 교역
  ㉣ 사무역에서는 무명과 식량을 거래하였으나 엄격한 감시를 받음

(5) 수취 제도의 문란 중요

① **폐단의 배경** : 16세기에 수취 제도의 운영 과정에서의 폐단으로 농민의 몰락이 증가
② **공납** : 중앙 관청의 서리들의 방납의 폐단이 나타남
  ㉠ 방납의 폐단 : 중앙 관청의 서리들이 공물을 대신 내고 그 대가를 많이 챙기는 형태 → 농민의 부담이 증가
  ㉡ 족징·인징 : 공물의 부담을 감당 못한 농민이 도망시 이웃, 친척이 대신 내게 함 → 유망 농민의 급증
  ㉢ 폐단의 개선 : 공물을 현물 대신 쌀로 수령, 수미법 주장(이이, 유성룡)

> **체크 포인트**
> 방납 : 공납 폐단이 심해지면서 국가에서 서리나 상인으로 하여금 공물을 미리 바치게 하고 농민들로부터 그 대가를 받아내는 방법이었으나 권세가나 상인이 각지 수령과 결탁하여 농간을 부리면서 공납제의 폐단은 극에 달하였다.

③ **역**: 농민들의 요역 동원 기피
　㉠ 군역의 요역화: 왕릉 축조, 성곽 보수 등 토목공사에 군인 동원
　㉡ 방군수포: 군역을 복무할 사람에게 포를 받고 군역을 면제함

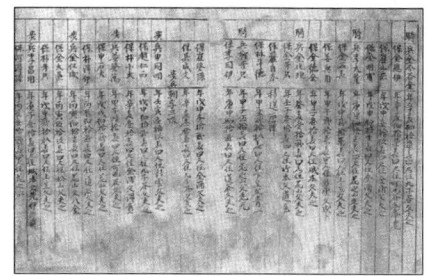

군적

호적을 근거로 만든 군역 동원 장부이다.

> **체크 포인트**
>
> 방군수포제: 16세기에 이르러 중앙 정병에 한하여 직접 포로 수취하고 번상의 의무를 면제해 주는 이른바 방군수포법을 실시하였다.

　㉢ 군포 징수제의 확산
　㉣ 군포 부담과 군역 기피로 도망가는 자가 늘어나 군적 부실
　㉤ 각 군현에 남아 있는 사람에게 군포 부담 → 남아 있는 농민도 더욱 어려워짐
④ **환곡제 시행**: 농민 생활 안정을 위해 시행
　㉠ 곤궁한 농민에게 곡물을 빌려 주고 10분의 1 정도의 이자를 거두는 것
　㉡ 지방 수령과 향리들의 폭리
⑤ **농민 생활의 악화**: 지방에서 유민의 증가, 도적의 발생(임꺽정)

> **더 알아두기**
>
> **수취 제도의 문란**
> - 공납: 방납의 폐단 → 유망 농민 급증 → 이이와 유성룡 등의 수미법 주장
> - 군역: 방군수포 현상, 군적의 부실 → 도망자 증가 → 각 군현의 족징, 인징 → 남아 있는 농민도 몰락
> - 환곡: 지방 수령과 향리들이 정한 이자보다 많이 거두어 사적으로 사용하는 폐단 발생

2 성리학의 발전과 문화

(1) 성리학의 정착

① **훈구파**: 혁명파 사대부(정도전, 권근 등) → 성리학 이외의 학문 포용(특히 주례를 국가통치 이념으로 중시)

② **사림파**: 길재의 학문적 전통 계승(성종 때 중앙 정계에 진출) → 교화에 의한 통치 강조(사회 모순을 성리학적 이념으로 극복)

> **더 알아두기**
>
> **훈구파와 사림파** 기출 23
> - 훈구파
>   - 조선 건국 과정에 적극 참여로 실권 장악
>   - 사상은 성리학 이외의 학문도 포용
>   - 정치 성향은 중앙 집권 체제
>   - 부국강병을 주장
> - 사림파
>   - 조선 건국에 비판적으로, 16세기 이후 정계 진출
>   - 성리학 이외의 학문을 배척
>   - 정치 성향은 향촌 자치
>   - 왕도 정치를 주장

(2) 성리학의 융성

① **주기론**: 서경덕, 조식 → 이이(「동호문답」, 『성학집요』)
  ㉠ 현실적, 개혁적
  ㉡ 서경덕: 이(理)보다는 기(氣)를 중심으로 세계를 이해, 불교와 노장 사상에 개방적 태도
  ㉢ 조식: 노장 사상에 포용적, 학문의 실천성 강조

② **주리론**: 이언적 → 이황(『주자서절요』, 『성학십도』)
  ㉠ 이언적: 기(氣)보다는 이(理)를 중심으로 자신의 이론을 전개함
  ㉡ 인간 심성 중시

③ **성리학의 정착** 중요 : 이황과 이이

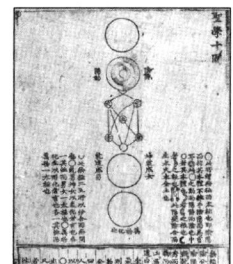

『성학십도』

  ㉠ 이황: 『주자서절요』, 『성학십도』 저술, 주자의 이론을 현실에 반영, 도덕적 행위의 근거로 인간의 심성 중시, 근본적·이상주의적 성격이 강함 → 임진왜란 후 일본 성리학 발전에 영향을 미침
  ㉡ 이이: 기의 역할 강조, 현실적·개혁적인 성격, 「동호문답」, 『성학집요』 저술 → 통치 체제의 정비, 수취제도 개혁 등을 제시

(3) 학파의 형성과 대립

① **학파의 형성**: 16세기 중반부터 학설과 지역적 차이로 서원을 중심으로 학파를 형성 → 서경덕 학파, 이황 학파, 조식 학파, 이이 학파, 성혼 학파

② **정파의 형성**: 선조 때 사림들이 중앙 정계의 주도 세력으로 등장
   ㉠ 동인: 서경덕 학파, 이황 학파, 조식 학파
   ㉡ 서인: 이이 학파, 성혼 학파
   ㉢ 동인의 분리: 정여립 사건을 계기로 이황 학파(남인)와 서경덕·조식 학파(북인)의 분리

   ▶ 정여립 모반 사건: 1589년 전주 사람 정여립이 역모를 일으켰다는 사건이다. 이 사건으로 서경덕·조식 학파가 피해를 많이 입었으며, 호남 지역은 반역의 향으로 낙인 찍혀 중앙 정계로의 진출이 급격히 줄어들었다.

③ **학파의 대립**
   ㉠ 북인: 광해군 때 집권, 임진왜란의 피해 극복(대동법 시행, 은광 개발), 후금과 중립 외교로 서인과 남인의 반발, 성리학적 의리 명분론에 크게 구애받지 않았음
   ㉡ 서인: 인조반정으로 서인이 정국 주도 → 성리학 중심의 사상계
   ㉢ 서인과 남인: 명분론 강화, 반청 정책 추진 → 병자호란 초래 → 서인 산림(송시열), 정국 주도, 척화론과 의리 명분론이 대세를 이룸, 사회·경제 정책을 둘러싼 논쟁

[주기론과 주리론] 중요

구분	주기론	주리론
선구자	서경덕	이언적
성격	경험적 현실 세계 중요시	도덕적 원리에 대한 인식과 실천 중시
집대성	이이	이황
특징	다방면에 걸친 개혁 주장	신분 질서를 유지하는 도덕 규범의 확립에 크게 기여
학파	기호학파	영남학파
영향	개화 사상	위정척사 운동

(4) 예학과 보학의 발달

① **예학(禮學)의 발달**
   ㉠ 발달 배경: 신분제 사회 질서를 유지하기 위하여 상하 관계 중시
   ㉡ 내용: 성리학적 도덕 윤리를 강조하여 신분 질서의 안정을 추구하고자 성립한 학문
   ㉢ 삼강오륜 강조: 가부장적 종법(宗法) 질서로 구현되어 성리학 중심의 사회 질서 유지에 기여
   ㉣ 향촌에 대한 지배력 강화: 향약 시행, 소학 보급
   ㉤ 성리학적 사회 질서 유지: 가묘와 사당 건립
   ㉥ 대표적 학자: 김장생, 정구 등에 의해 학문으로 발전
   ㉦ 기능: 종족 내부의 의례 규제, 사림 간의 정쟁의 구실로 이용, 양반 신분의 우월성 강조

② 보학(譜學)의 발달
  ㉠ 배경 : 가족과 친족 공동체의 유대를 통한 문벌의 형성, 양반으로서의 신분적 우위성 유지
  ㉡ 내용 : 족보를 만들어 종족의 내력 기록, 암기
  ㉢ 기능 : 종족의 종적인 내력과 횡적인 종족 관계 확인
  ㉣ 족보의 역할 : 안으로는 종족 내부의 결속 강화, 종가와 방계의 위계 설정, 밖으로는 다른 종족이나 하급 신분에 대해서 문벌의 권위를 과시하고 결혼 상대자를 구하거나 붕당을 구별하는 중요한 자료로 이용
  ㉤ 족보의 성행 : 조선 후기의 사회 변동 속에서 종족의 사회적 위상을 지키려는 양반들에 의해 더욱 성행

족보

더 알아두기

족보의 의미

내가 생각컨대 옛날에는 종법이 있어 대수(代數)의 차례가 잡히고 적자와 서자의 자손이 구별지어져 영원히 알 수 있었다. 종법이 없어지고서는 족보가 생겨났는데, 무릇 족보를 만듦에 있어 반드시 그 근본을 거슬러 어디서부터 나왔는가를 따지고 그 이유를 자세히 적어 그 계통을 밝히고 가까움과 가깝지 아니함을 구별하게 된다. 이로써 종족 간의 의리를 두터이 하고 윤리를 바르게 할 수 있었다.

– 안동 권씨 성화보

(5) 서원과 향약

① 서원 〔중요〕 〔기출〕 24
  ㉠ 시초 : 백운동 서원(중종 때 풍기군수 주세붕이 설립)
  ㉡ 기능 : 선현에 대한 제사, 교육과 학문 연구 → 유교 보급과 향촌 사림의 결집 구실
  ㉢ 번창 : 교육 기관 → 정치적 반대 세력으로부터 견제가 적음, 자기 문중의 과시 효과

체크 포인트

서원과 향약
- 사림의 재지기반인 향약은 향촌안정책으로서, 서원은 사림세력의 결속체로서 그 기능을 담당하였다.
- 최초의 서원은 백운동 서원이며 이황의 주청으로 후에 소수서원으로 사액되었다.

② **향약** 중요

해주 향약(이이)

㉠ 성격 : 향촌 교화의 규약
㉡ 성립 : 전통적 공동 조직과 미풍양속 계승, 삼강오륜을 중심으로 유교 윤리 가미 → 교화 및 질서 유지에 알맞도록 구성
㉢ 시행과 운영
　• 시행 : 중종 때 조광조 등이 보급하기 시작하여 16세기 후반 사림의 집권기에 전국적으로 시행
　• 운영 : 지방의 유력한 사람이 약정(향약의 간부)에 임명되었고 농민은 자동적으로 포함
㉣ 역할
　• 백성의 유교적 교화에 이바지
　• 향촌의 자치적 기능 발휘 : 향촌의 질서 유지와 치안 담당 → 지방 자치 구현 → 사림의 농민 통제 강화 → 사림의 지위 구축 강화
㉤ 부작용
　• 지방 유력자들이 주민을 위협·수탈하는 배경 제공
　• 향약들 간의 갈등과 대립으로 풍속과 질서를 해침

체크 포인트

향약의 4대 강목
• 덕업상권(德業相勸) : 좋은 일은 서로 권장하는 것
• 과실상규(過失相規) : 과실은 서로 규제를 하는 것
• 예속상교(禮俗相交) : 예의와 풍속은 서로 교류를 하는 것
• 환난상휼(患難相恤) : 어려운 일은 서로 도와주는 것

더 알아두기

해주 향약 입약 범례문
무릇 뒤에 향약에 가입하기를 원하는 자에게는 반드시 먼저 규약문을 보여 몇 달 동안 실행할 수 있는가를 스스로 헤아려 본 뒤에 가입하기를 청하게 한다. 가입을 청하는 자는 반드시 단자에 참가하기를 원하는 뜻을 자세히 적어서 모임이 있을 때에 진술하고, 사람을 시켜 약정에게 바치면 약정은 여러 사람에게 물어서 좋다고 한 다음에야 글로 답하고 다음 모임에 참여하게 한다.

－ 『율곡전서』

3 훈구·사림 세력의 대립과 농민 저항

(1) 훈구 세력과 사림 세력 중요

① 훈구 세력
  ㉠ 세조의 집권 이후 공신으로 정치적 실권을 세습적으로 장악
  ㉡ 중앙 집권 체제 강조
  ㉢ 조선 초 관학파의 학풍을 계승 : 문물 제도 정비에 기여

> **더 알아두기**
>
> **훈구 세력**
> 훈구 세력은 막대한 토지를 소유한 대지주 층이었다. 훈구 세력은 15세기 이후의 늘어난 농업 생산력과 이를 배경으로 발달한 상공업의 이익을 독점하고자 하였다. 이들은 서해안의 간척 사업과 토지 매입 등을 통하여 농장을 확대해 나갔고, 대외 무역에도 관여하였으며, 공물의 방납을 통해서도 경제적 이득을 취하였다.

② 사림 세력
  ㉠ 성리학에 투철한 지방 사족들 → 영남과 기호 지방을 중심으로 성장
  ㉡ 도덕과 의리를 바탕으로 하는 왕도 정치 강조
  ㉢ 자치적인 세력 기반을 쌓으면서 성리학적 향촌 질서 유지
  ㉣ 고려 말 온건파 신진 사대부 계승

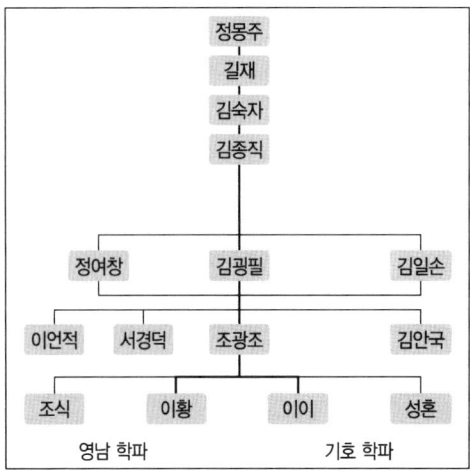

사림의 계보

> **체크 포인트**
>
> **훈구파와 사림파**
> - 훈척세력의 권력 장악 : 세조에서 성종에 이르기까지 훈척세력이 중앙정계와 지방의 유향소를 장악하여 실질적 권력을 행사하였다.
> - 사림세력의 성장 : 지방의 중소규모의 지주지를 경제적 바탕으로 자신의 학행을 닦아 성리학적 가치 질서를 실천궁행으로 체현하면서 성장한 새로운 관인층이었다.

(2) 사림의 정치적 성장

① **사림의 성장**
  ㉠ 배경 : 성리학(학문), 중소 지주(경제)
  ㉡ 정계 진출 : 성종의 훈구 세력 견제 의도에 부응(사림 등용) → 과거를 통해 중앙에 진출, 전랑과 3사의 언관직 차지
  ㉢ 사림의 훈구 세력 비판 : 국가 재정 확보와 자신들의 경제적 입지 확보를 위해 훈구 세력의 대토지 소유를 비판

② **사화의 발생**
  ㉠ 원인 : 사림과 훈구 세력 간의 정치적·사상적 대립
  ㉡ 과정 : 무오사화 → 갑자사화 → 기묘사화 → 을사사화
   - 무오·갑자사화(연산군) : 중앙에 진출한 영남 사림의 대부분이 몰락
   - 기묘사화(중종) : 조광조의 개혁 정치(현량과 실시, 위훈 삭제) → 공신들의 반발로 사림 세력 피해 [기출] 24, 22
   - 을사사화(명종) : 외척끼리의 권력 다툼 → 사림 세력의 피해
  ㉢ 결과 : 사림의 정치적 위축, 중소 지주적 기반을 토대로 서원과 향약을 통해 향촌에서 점차 세력 강화 → 선조 때 정권 장악

> **더 알아두기**
>
> **사화의 원인**
> - 무오사화(1498년, 연산군) : 연산군의 실정, 세조의 왕조 찬탈을 비판한 김종직의 「조의제문」 → 김일손 등 신진세력 사림파 제거
> - 갑자사화(1504년, 연산군) : 연산군의 생모인 윤씨 폐출 사건
> - 기묘사화(1519년, 중종) : 조광조의 개혁에 대한 훈구파의 반발
> - 을사사화(1545년, 명종) : 왕위 계승 문제 → 소윤파가 대윤파를 몰아낸 사건

③ 조광조의 혁신 정치
  ㉠ 사림의 대거 등용 : 현량과 실시, 위훈 삭제
  ㉡ 불교・도교 행사 폐지 : 유교식 의례 장려, 소격서 폐지
  ㉢ 소학 교육의 강화 : 유교적 도덕・가치관의 생활화
  ㉣ 향약의 전국적 시행 : 향촌 자치 수립
  ㉤ 민생 안정 : 공납제의 폐단 시정
  ㉥ 결과 : 훈구파의 반발로 기묘사화 발발, 조광조의 실각

> **체크 포인트**
>
> **사림의 학풍**
> - 경학 중시 : 사장 중심의 훈구세력과는 달리 경학을 중시하고, 성리학을 학문의 주류로 삼음 → 다른 학문과 사상은 이단으로 배격
> - 향촌 자치제 주장 : 중앙 집권 체제보다 향촌 자치 주장
> - 왕도 정치 강조 : 도덕과 의리를 바탕으로 하는 왕도 정치 강조

(3) 붕당의 출현
  ① **붕당의 주도권** : 선조 즉위 이후 사림이 대거 중앙에 복귀하여 정국 주도
  ② **동서 양분** : 명종 때 척신 정치의 잔재 처리 문제에서 비롯됨
    ㉠ 동인 : 김효원 지지 세력, 적극적인 개혁 주장, 신진 사림, 이황과 조식, 서경덕의 학문 계승
    ㉡ 서인 : 심의겸(척신) 지지 세력, 과감한 개혁에 소극적 입장, 기성 사림, 이이와 성혼의 학문 계승
  ③ **붕당 정치의 발단** : 이조 전랑직을 둘러싸고 동인과 서인으로 양분 기출 25

> **더 알아두기**
>
> **이조 전랑** 기출 25
> 이조 전랑은 정5・6품의 중간 관직이지만 삼사의 관리를 추천하는 권한을 갖고 있었다. 삼사의 인사권을 대신들의 손에서 독립시킴으로써 삼사의 관리들이 대신들의 눈치를 보지 않고 마음대로 감찰・탄핵활동을 벌이게 하기 위한 조선의 독특한 인사 운용 방식이다.

  ④ **붕당의 출현** : 왕권 약화로 학문적 경향과 정치적 이념에 따라 결집됨

(4) 붕당 정치의 전개
  ① 동인의 붕당
    ㉠ 정여립 모반 사건을 계기로 온건파(남인)와 급진파(북인)로 붕당
    ㉡ 처음에는 남인이 정국을 주도하였으나 임진왜란 이후부터 광해군까지 북인이 주도
  ② 광해군의 정치
    ㉠ 북인 : 명과 후금 사이의 중립 외교, 전후 복구 사업 추진, 서인과 남인을 배제하고 정권을 독점하려 함

ⓒ 인조반정(1623년) : 도덕적 비판(영창대군 살해, 인목대비 유폐), 무리한 토목 공사로 재정 악화, 민심 이탈 → 서인에 의해 축출

③ **붕당 정치의 진전(인조~현종)**

㉠ 서인과 남인의 상호 비판적 공존 체제와 학문적 입장 인정 → 산림이란 이름으로 재야에서 여론 주재

▶ 산림 : 시골에 은거해 있던 학덕이 높은 학자 가운데 국가의 부름을 받아 특별 대우를 받던 사람으로 붕당 정치기의 사상적 지주였다.

㉡ 예송논쟁 : 왕위 계승에 대한 정통성과 관련, 서인과 남인의 대립 격화 [기출] 22
- 1차 기해예송 : 정치적 실권을 장악하고 있던 서인의 주장 [기출] 25
- 2차 갑인예송 : 꾸준히 세력을 키워 온 남인이 정국 주도
- 남인 우세 속에 서인과 공존하는 정국이 숙종 초 경신환국이 일어나기까지 유지됨

(5) 붕당 정치의 성격

① **붕당 정치의 발전** : 붕당을 군자당과 소인당의 대립으로 인식하였으나 이후 군자당 간의 견제와 협력으로 전개

② **붕당 정치의 운영** : 공론 중시, 비변사를 통해 의견 수렴, 3사 언관과 이조 전랑의 정치적 비중 증대, 산림의 출현, 서원(지방 사족의 의견을 모으는 수단) 활용

③ **붕당 정치의 부정적 기능** : 국론 분열 우려, 국리민복 외면하고 학벌·문벌·지연과 연결, 지배층의 의견 수렴에 국한

더 알아두기

사화와 붕당

- 사화
  - 시기 : 15세기 후반~16세기 전반
  - 성격 : 훈구 세력과 사림 세력의 대립
  - 결과 : 거듭된 사림 세력의 피해 → 향촌에서 서원과 향약을 바탕으로 사림 세력 재기
- 붕당
  - 시기 : 16세기 후반~18세기
  - 성격 : 사림 세력 내부의 정치적 갈등
  - 결과 : 왕권 약화, 지나친 정권 다툼, 정치 참여 계층 확대

4 왜란과 호란

(1) 조선 초기의 대외 관계

① **명과의 관계**

㉠ 친명 정책의 추진 : 사대교린 정책 → 왕권의 안정과 국가의 안정 도모

▶ 사대교린 정책 : 조공 관계로 맺어진 중국 중심의 동아시아 국제 질서 속에서 나타난 외교 정책으로, 서로의 독립성이 인정된 위에서 이루어진 것으로 예속 관계는 아니었다.

㉡ 조공 외교 : 정기 사절과 부정기 사절 파견
- 정치적인 목적에서 파견했으나 문화 수입과 물품 교역 목적
- 교역품 : 수출품 – 종이, 마필, 인삼, 화문석, 수입품 – 견직물, 서적, 약재, 도자기

㉢ 대명 사대 외교의 변화
- 초기 : 자주적 실리 추구와 국토 확장을 둘러싸고 대립
- 중기 이후 : 지나친 친명 정책으로 흐름

② **여진과의 관계**

㉠ 대여진 정책 : 강온 양면 정책 구사
- 회유책 : 귀순 장려(관직·토지·주택 제공), 국경 무역(무역소)과 조공 무역(북평관) 허용
- 강경책 : 여진의 본거지를 토벌하고 진·보(전략촌)의 설치

㉡ 4군 6진 개척(세종) : 압록강~두만강까지 영토 확보

㉢ 사민(徙民) 정책 : 수만의 남방 민호를 북방으로 이주, 북방 개척과 국토의 균형 있는 발전도모

㉣ 토관(土官) 제도 활용 : 토착인을 하급 관리로 등용하여 민심 수습

③ **일본 및 동남아시아와의 관계**

㉠ 일본과의 관계
- 왜구의 토벌 : 쓰시마 섬 정벌(세종 때 이종무)

▶ 쓰시마 섬 정벌 : 왜구의 소굴인 쓰시마 섬에 대한 정벌은 고려 말과 조선 초에 이루어졌다. 1419년(세종 1년) 이종무는 병선 227척, 병사 1만 7,000명을 이끌고 쓰시마 섬을 정벌하여 왜구의 근절을 약속받고 돌아왔다.

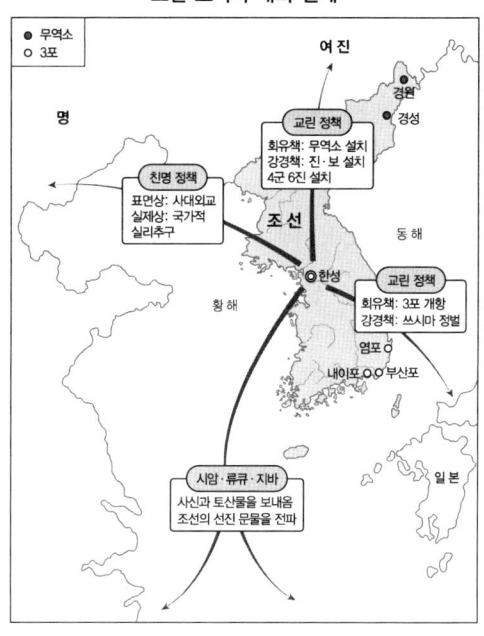

조선 초기의 대외 관계

야연사준도

조선 세종 때 김종서(金宗瑞, 1390~1453)가 야인을 격퇴하고 육진을 설치하여 두만강을 경계로 국경선을 확정한 뒤 도순문찰리사로 있을 때의 일화를 그린 것이다.

- 교린 정책 : 제한된 조공 무역 허락
  - 3포 개항 : 부산포, 내이포, 염포
  - 계해약조(1443년) : 일본의 세견선 왕래 → 제한된 조공 무역 허락
- 교역
  - 수출 : 쌀, 무명, 삼베, 서적, 공예품
  - 수입 : 구리, 유황, 향료, 약재 등

체크 포인트

16세기의 국내외 정세
- 조선 : 사회적 혼란 가중과 국방력의 약화, 삼포왜란 이후 비변사 설치
- 일본 : 도요토미 히데요시에 의한 전국 시대의 혼란 수습 → 정권 안정과 정복욕 만족을 위해 조선과 명에 대한 침략 준비

더 알아두기

왜구의 약탈과 조약
- 삼포왜란(임신약조) : 국교 재개(선수와 미곡량 반감)
- 사량진 왜변(정미약조) : 국교 재개(엄격한 무역 제한)
- 을묘왜변(교역 중단) : 비변사 설치

ⓒ 동남 아시아와의 교류
- 류큐, 시암, 자바 : 사신 파견, 토산물 거래
- 영향 : 조선의 선진 문물 전파

(2) 양난의 극복과 대청 관계

① 왜군의 침략

㉠ 일본과의 대립 : 일본인의 무역 요구에 대항 → 삼포왜란(1510년), 을묘왜변(1555년)으로 비변사 설치(군사 문제의 전담과 사신 파견)

임진왜란 해전도

▶ 을묘왜변 : 삼포를 개항한 이후 왜인들은 약속을 지키지 않고 자주 소란을 피웠다. 특히 1555년(명종 10년)에는 왜인들이 70여 척의 배를 몰고 전라남도 연안 지방을 습격해 왔다. 이후 일본과의 교류는 일시 단절되었다.

㉡ 임진왜란(1592년) : 20만 대군의 침입 → 선조 의주로 피난, 명에 원군 요청

제5절 조선 전기 사회 변화와 외세 침략　175

> **체크 포인트**
> 임진왜란의 영향 : 조선은 국력을 상실했고, 많은 문화재를 소실했으며 일본은 중세 문화 성장의 도약대를 마련하는 계기가 되었고, 명의 멸망이 촉진되었다.

② **수군과 의병의 승리**

　㉠ 수군의 승리
　　• 이순신(전라 좌수사)의 활약 : 판옥선·거북선 건조, 수군 훈련
　　• 남해의 제해권 장악 : 옥포, 사천(거북선 최초 사용), 당포, 당항포, 한산도 대첩(학익진 전법)으로 곡창 지대인 전라도 지방 수호
　　• 왜군의 수륙 병진 작전 좌절 : 전세 전환의 계기 마련

　㉡ 의병의 항쟁 기출 23
　　• 의병의 활약 : 향토 지리에 익숙하고 향토 조건에 알맞은 전술과 무기 활용
　　• 대표적 의병장 : 곽재우, 조헌, 고경명, 정문부, 서산 대사, 사명당 등
　　• 반격 작전의 강화 : 의병 부대를 정비, 관군에 편성함으로써 능력 강화, 조직적인 작전 수행

③ **전란의 극복과 영향**

　㉠ 왜란의 극복
　　• 왜군의 격퇴 : 수군과 의병의 승전으로 전세가 역전되어 조선이 왜군을 격퇴
　　• 명의 지원 : 조·명 연합군의 평양 수복(권율의 행주 대첩)
　　• 전열의 정비 : 훈련도감 설치, 지방군 편제 개편(속오법 실시), 화포 개량, 조총 제작 등
　　• 정유재란(1597년) : 조·명 연합군 → 직산에서 왜군 격퇴, 이순신의 활약 → 명량·노량 대첩 (이순신 전사)

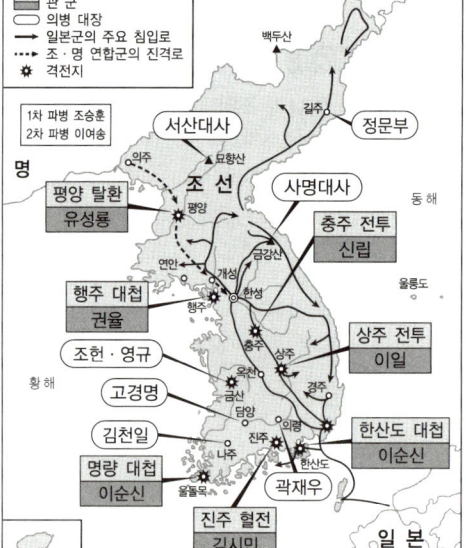

관군과 의병의 활동 기출 23

　㉡ 왜란의 영향 중요
　　• 승리 요인 : 민족의 잠재적 역량 우월, 전 국민적인 차원에서의 국방 능력이 일본 능가, 문화적 우월감과 자발적인 전투 의식
　　• 국내적 영향
　　　- 인구와 농토의 격감, 농촌 황폐화로 이몽학의 난 등 민란 발생
　　　- 국가 재정 타개 : 공명첩의 대량 발급, 납속(納粟) 실시
　　▶ 공명첩 : 나라의 재정을 보충하기 위하여 부유층으로부터 돈이나 곡식을 받고 팔았던 명예직 임명장

- 토지대장과 호적 소실 : 조세·요역 징발 곤란, 신분제 동요
- 문화재 소실 : 경복궁, 불국사, 사고(전주 사고만 보존)
• 국제적 영향
- 여진족의 급성장(후금 건국, 1616년), 명의 쇠퇴
- 일본은 임진왜란 중 조선의 활자·서적·그림 약탈, 성리학자와 도공의 납치(도자기 문화)로 일본 문화의 획기적 발전 계기를 마련

④ 광해군의 중립 외교 중요
  ㉠ 대륙 정세 : 여진(누르하치)의 후금 건국과 명에 전쟁 선포 → 명의 조선에 대해 원군 요청
  ㉡ 광해군의 정책
    • 대내적 : 전쟁의 뒷수습을 위한 정책
    • 대외적 : **명과 후금 사이의 중립** → 외교 정책 → 명의 요청을 적절히 거절하면서 후금과 친선을 꾀함

⑤ 호란의 발발과 전개

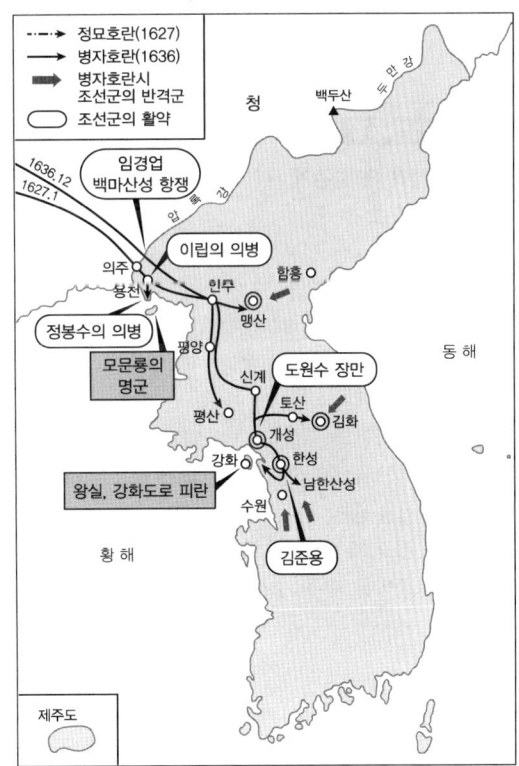

정묘호란과 병자호란

  ㉠ 정묘호란(1627년)
    • 원인 : 명의 모문룡 군대의 가도 주둔으로 후금 긴장 및 이괄의 난
    • 경과 : 후금의 침입에 정봉수, 이립 등의 의병 활약
    • 결과 : 화의(형제 관계)를 맺고 후금 군대 철수
  ㉡ 병자호란(1636년)
    • 원인 : 청의 군신 관계 요구에 조선의 거부[척화 주전론 → 삼학사(홍익한, 윤집, 오달제)] 기출 25
    • 경과 : 청의 서울 점령, 인조는 남한산성에서 45일간 대항
    • 결과
      - 청의 약탈과 살육으로 인한 서북 지방의 황폐화, 청과의 굴욕적 강화 체결(군신 관계)
      - 삼전도에서 태종에게 무릎을 꿇고 세 번 절하는 이른바 '삼전도의 굴욕'을 당함 → 삼전도비(항복을 기념하여 청 태종이 세운 비석)
    • 영향
      - 청에 대한 반감이 고조되어 북벌 계획(17세기 중엽)
      - 청의 대륙 지배 : 명 멸망(1644년)

⑥ 북벌 운동의 전개
  ㉠ 북벌론의 대두
    • 배경 : 병자호란의 치욕으로 인한 반청 감정 고조
    • 내용 : 청을 정벌하여 오랑캐에게 당한 수치를 씻고, 명에 대하여 의리를 지키자는 주장
    • 대표적 인물 : 송시열, 송준길, 이완, 임경업
    • 전개 : 군대의 양성 등 효종 때 가장 왕성하였으나, 실천에 옮기지 못하고 점차 쇠퇴
  ㉡ 북학론의 대두 : 18세기
    • 주장 : 청의 문화 수용
    • 대표적 인물 : 박지원, 박제가, 홍대용 등의 북학파
  ㉢ 북벌론의 정치적 악용 : 서인들의 정권 유지 목적 → 반대 세력 견제
▶ 북벌론 : 문화가 낮은 오랑캐에게 당한 수치를 씻고, 명에 대한 의리를 지키며 명을 대신하여 복수하자는 주장 → 18세기 북학운동으로 변화

남한산성 북문

남한산성은 병자호란 중 인조가 피신하였던 곳이고, 이후 도성 방위의 임무를 맡았다.

더 알아두기

조선의 대외 관계
• 조선 초기
  - 사대교린 정책 : 조선 전 시기 동안 지속
  - 명 : 사대 정책 – 친선 관계 유지(정치 안정, 문화 수용)
  - 여진, 일본 : 교린 정책 – 무역 허용, 무력 토벌
• 16세기 말~17세기 초
  - 임진왜란 : 신분제 동요, 문화재 소실, 경제 혼란
  - 광해군과 북인의 중립 외교 : 실리 추구
  - 인조와 서인의 친명 배금 정책 : 후금(청) 자극
• 17세기 중반
  - 정묘호란과 병자호란 발생 : 청과 군신 관계 성립
  - 북벌론 대두 : 서인의 정권 유지 수단, 비현실적

제5절 핵심예제문제

01 조선 시대 농민 생활의 안정을 위해 다양한 사회 제도를 시행한 근본 배경은?

① 농민이 전세, 공납, 역을 부담하였다.
② 상공업자들은 농업에 종사할 수 없었다.
③ 농민은 천민보다 사회적인 지위가 높았다.
④ 부계 친족 중심의 사회 질서가 성립되었다.

01 농민 생활의 안정은 사회 안정 및 국가 재정의 확보와 밀접한 관련이 있었다.

02 주기론, 주리론을 집대성한 학자는?

① 이이, 이황
② 서경덕, 이언적
③ 이언적, 이이
④ 이황, 서경덕

02 [문제 하단의 표 참고]

구분	주기론	주리론
선구자	서경덕	이언적
성격	경험적 현실 세계 중요시	도덕적 원리에 대한 인식과 실천 중시
집대성	이이	이황
특징	다방면에 걸친 개혁 주장	신분 질서를 유지하는 도덕 규범의 확립에 크게 기여
학파	기호학파	영남학파
영향	개화 사상	위정척사 운동

정답 01 ① 02 ①

03 서원은 향촌에서의 사림의 지배권을 강화하여 국가 지배력을 약화시켰으나, 향리의 규찰에 대한 역할은 하지 않았다.

04 지방 사림들은 서원이나 향약, 향청(유향소) 등을 통해 지위와 기반을 강화했다.

05 **광해군의 정책**
명과 후금 사이에서 중립 외교 정책 실시 → 계속된 명의 지원 요청 거절, 후금과 친선 관계 추구

06 ② 남해의 제해권 장악
③ 전쟁 초기 조선이 불리

수군의 승리
- 이순신(전라 좌수사)의 활약: 판옥선·거북선 건조, 수군 훈련
- 남해의 제해권 장악: 옥포, 사천(거북선 최초 사용), 당포, 당항포, 한산도 대첩(학익진 전법)으로 곡창 지대인 전라도 지방 수호
- 왜군의 수륙 병진 작전 좌절: 전세 전환의 계기 마련

정답 03 ④ 04 ① 05 ② 06 ①

---

03 조선 시대 서원의 역할에 해당되지 <u>않는</u> 것은?
① 지방 유림의 집회
② 선현에 대한 봉사
③ 자제의 교육
④ 향리의 규찰

04 조선 시대에 사림 세력이 성장할 수 있었던 토대로 옳은 것은?
① 서원과 향약
② 사장(詞章) 중심의 학풍
③ 세조의 찬탈에 협조
④ 중앙 집권 체제

05 조선 시대의 성리학적 명분론과 가치관은 대외 관계에 있어서 중국을 존중하는 존화양이(尊華洋夷) 정책으로 나타났다. 이러한 흐름과 대조적인 것은?
① 효종의 북벌 계획
② 광해군의 대외 정책
③ 청에 대한 척화 주전론
④ 인조반정 이후 서인 정권의 대외 정책

06 임진왜란 때 이순신이 이끈 수군의 승리 의의는?
① 전라도의 곡창지대를 수호
② 황해의 제해권 장악
③ 초기에 일본 제압
④ 지배층의 각성으로 정치 개혁이 이루어짐

제6절　조선 후기 경제 발전과 사회 동향

1 상품화폐 경제의 발전

(1) 사상(私商)의 대두

① **배경**
　　㉠ 농업 생산력의 증대, 수공업 생산 활발 → 상품 유통 활성화
　　㉡ 부세 및 소작료의 금납화
　　㉢ 인구의 증가
　　㉣ 농민의 계층 분화 : 도시 유입, 상업 활동에 종사

② **공인의 활동**
　　㉠ 공인 : 조선 후기 중앙 관청에 물자를 조달하던 공납업자
　　㉡ 처음에는 공인이 상업 활동 주도 → 18세기 이후 서울을 비롯한 각지에서 활발한 활동

③ **사상의 활동** : 종루, 배오개(이현), 칠패, 송파 등 도성 주변과 개성, 평양, 의주, 동래 등 지방 도시에서도 활발히 활동 → 각 지방의 장시를 연결하면서 물품 교역, 각지에 지점을 두어 상권 확장
　　㉠ 시전은 국역을 담당하는 대가로 금난전권을 행사하였으나 사상의 성장을 막을 수는 없었음
　　㉡ 정부의 통공 정책(신해통공) 실시로 육의전(비단, 무명, 명주, 종이, 모시, 어물)을 제외한 시전들의 금난전권을 폐지(1791년) → 상업 활동이 더 자유로워졌고, 사상은 더욱 번창

▶ 종루, 칠패, 배오개 : 종루는 종로 일대, 칠패는 남대문 밖, 배오개는 동대문 부근이다.
▶ 금난전권 : 난전을 금지할 수 있는 권리로 난전은 시전이 독점 판매권을 지닌 물건을 다른 상인이 파는 행위를 말한다.

(2) 장시의 발달　기출 25

① **조선 후기 사상(私商)의 성장** : 15세기 말(남부 지방에서 개설 시작), 18세기 중엽(전국에 1,000개소의 장시 개설), 18세기 말(전국적인 유통망을 연결하는 상업의 중심지 형성, 광주의 송파장, 은진의 강경장, 덕원의 원산장, 창원의 마산포장 등)
　　㉠ 경강 상인 : 서울 근교와 한강을 중심으로 쌀과 어물의 수송 등 운수업과 판매, 선박의 건조
　　㉡ 송상 : 개성 상인으로 전국에 송방이라는 지점을 차려놓고 인삼의 재배와 판매, 무역참여
　　㉢ 만상 : 의주 상인으로 청과 사무역을 하는 등 국제 무역에 참가
　　㉣ 유상 : 평양 상인으로 대자본을 가지고 북방 무역에 종사
　　㉤ 동래상 : 일본과 무역

② **장시의 역할** : 지방민의 교역 장소로 인근의 농민, 수공업자, 상인들이 물건을 교환(5일장), 일부 장시는 상설 시장이 되기도 했지만, 대체로 장시는 인근의 장시와 연계하여 하나의 지역적 시장권을 형성

③ 보부상의 활약
  ㉠ 농촌의 장시를 하나의 유통망으로 연계
  ㉡ 장날의 차이를 이용하여 지역 안의 시장권에서 또는 전국적인 장시를 무대로 활동
  ㉢ 보부상단이라는 조합을 형성하여 자신들의 이익을 지키고 단결을 도모

> **더 알아두기**
>
> **도고와 보부상**
> - 도고(都賈) 기출 23, 22
>   - 조선 후기에 나타난 독점적 도매 상인
>   - 공인은 관청별로 또는 물품의 종목별로 공동 출자를 하여 계를 조직하고 상권을 독점하였을 뿐만 아니라 특정 물품을 대량으로 취급하여 도고로 성장
>   - 상인의 계층 분화를 가져오고, 상업 자본(도고 자본)의 형성에 기여
> - 보부상: 상품 집산지에서 구입한 물건을 지방의 시장을 돌아다니면서 소비자에게 파는 행상이다. 부상(등짐장수)은 조잡한 상품, 즉 나무그릇, 토기 등을 지게에 지고 다니며 판매를 하고 보상(봇짐장수)은 값비싼 필묵·금·은·동 등을 보자기에 싸서 다니며 판매하였다.

(3) 포구에서의 상업 활동

① 조선 후기 상업 중심지로서의 포구(浦口)
  ㉠ 수레와 도로가 발달하지 못한 시기에 대규모의 물화가 수로를 통해 운송됨
  ㉡ 세곡이나 소작료를 운송하는 기지로서의 역할이 18세기에 이르러 상업의 중심지로 성장함
  ㉢ 처음에는 포구 사이에서 또는 인근의 장시와 연계하면서 상거래가 이루어졌으나 선상(船商)의 활동으로 전국 각지의 포구가 하나의 유통권을 형성함(칠성포, 강경포, 원산포 등의 포구에서는 장시가 열리기도 함)

장터길(김홍도)

② 포구에서 활약하는 상인
  ㉠ 선상: 선박을 이용해서 각 지방의 물품을 구입해 와 포구에서 처분(대표적인 선상: 경강 상인)
  ㉡ 객주와 여각: 선상들의 물화를 중개하고, 부수적으로 운송, 보관, 숙박, 금융 등의 영업 행위를 함
    • 객주(客主): 객상주인의 준말로 상업 금융 기관의 하나로 주요 임무는 상품 매매였으며, 창고업, 위탁 판매업, 운수업 등이나 오늘날의 은행 업무와 비슷한 일도 하고, 숙박업도 겸함
    • 여각: 조선 시대 연안 지방의 포구 등에서 해산물과 농산물의 매매를 중개하고 위탁 판매를 하면서 금융업, 여관업을 겸한 상인들의 업소, 이들은 대개 큰 창고를 소유하고 어류, 소금 등 주로 해산물의 중개·위탁 판매 등을 함

조선 후기 마포나루

> **더 알아두기**
>
> **수공업의 변화와 상업**
> - 조선 전기
>   - 관영 수공업 중심
>   - 시전 상인
> - 조선 후기
>   - 민영 수공업 발달(선대제 → 독립 수공업)
>   - 공인과 사상, 장시(보부상), 포구 상인(선상, 객주, 여각)

> **체크 포인트**
>
> **수공업의 발전**
> - 장인의 지위 변화: 관영 수공업의 폐지로 부역노동에서 벗어나 관청에 필요한 물품을 조달하는 역할 수행(어용 조달 상인), 시장에 판매하기 위한 물건의 생산에 전념
> - 민영(자유) 수공업의 성장: 관영 수공업의 쇠퇴와 수공업 생산품 수요의 증가에 기인
> - 전문 수공업의 발달: 수철점 마을, 옹점 마을, 유기점 마을 등 발생

(4) 중계 무역의 발달

① **배경**: 국내 상업의 발달과 17세기 중엽부터 청과의 무역이 활발

② **청과의 무역(대청 무역)**
  ㉠ 17세기 중엽부터 국경 지대를 중심으로 공무역(개시)과 사무역(후시)이 동시에 성행
  ㉡ 비단·약재·문방구 등을 수입, 은·종이·무명·인삼 등을 수출

③ **일본과의 무역(대일 무역)**
  ㉠ 17세기 이후 기유약조로 일본과의 관계가 정상화된 후 왜관 개시를 통한 대일 무역이 활발
  ㉡ 은·구리·유황·후추 등을 수입, 인삼·쌀·무명·청에서 수입한 물품 등을 수출

④ **대외 무역상**: 만상(의주: 대중국 무역), 송상(개성: 양자 중계), 내상(동래: 대일 무역)

> **더 알아두기**
>
> **개시와 후시**
> - 개시
>   조선 후기 중국, 일본 등을 상대로 열었던 대외 교역 시장으로 압록강 하류에서 열리는 중강 개시와 함경도의 회령 개시 및 경원 개시, 동래의 왜관 개시 등이 열렸다.
> - 후시
>   조선 후기 사상들이 전개한 밀무역으로 조선에서 중국으로 사신을 보낼 때 중국의 회동관에서 이루어진 회동관 후시, 중강에서 이루어진 중강 후시, 의주 맞은편의 책문에서 이루어진 책문 후시가 대표적이다.

(5) 화폐 유통

① **화폐 경제의 발달** : 상공업의 발달에 따라 18세기 후반부터 세금과 소작료도 동전으로 대납 가능(금속 화폐인 **상평통보**가 전국적으로 유통) 기출 25

② **화폐 보급의 결과** : 상품의 유통을 촉진시킴, 지주나 대상인이 화폐를 고리대 수단으로 활용하거나 축적했기 때문에 전황을 야기

③ **화폐 경제의 진전과 상업 자본의 성장** : 곡물, 옷감 → 동전 → 환, 어음(대규모 상거래), 신용 화폐 사용

상평통보

> **체크 포인트**
>
> **조선 후기의 사회·경제적 변화**
> - 동전이 전국적으로 유통되어 조세가 금납화되고 교환 경제가 발전
> - 자본을 축적한 수공업자가 노동자를 고용하고 분업적 협업을 바탕으로 한 공장제 수공업이 발달
> - 광산노동자가 거주하는 광산촌이 발달

2 정치 제도와 조세 제도의 변동

(1) 정치 구조의 변화

① **비변사의 기능 강화**

㉠ 설치 : 16세기 중종 초에 여진과 왜구의 대비 목적으로 설치 → 국방 문제에 정통한 재상을 중심으로 운영되던 임시 회의 기구

㉡ 확대 : 임진왜란 때 국가적 위기를 타개하기 위해 구성원과 기능 강화
- 구성원 : 3정승과 고위 관리들로 확대
- 기능 : 군사 문제, 외교·재정·사회·인사 문제 등 모든 정무 총괄

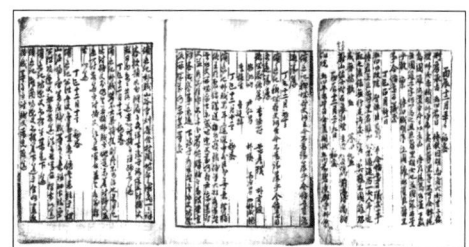
비변사 등록

비변사에서 논의·결정한 사항을 기록한 책으로 1617년(광해군 9년)부터 1892년(고종 29년)까지의 등록이 남아 있다.

㉢ 기능 강화의 결과 : 왕권의 약화, 의정부와 6조의 유명무실화 → 19세기에는 세도 정치의 중심 기구

> **더 알아두기**
>
> **비변사**
> - **비변사의 구성원** : 임진왜란 이후 전·현직 정승을 비롯하여 공조를 제외한 5조의 판서와 참판, 각 군영 대장, 대제학, 강화 유수 등 국가의 중요 관원들로 확대되었다.
> - **비변사의 폐지** : 비변사는 흥선대원군의 개혁으로 기능이 크게 약화되어, 일반 정무는 다시 의정부가 담당하고 국방 문제는 새로 설치된 삼군부가 담당하게 됨으로써 폐지되었다.

② **삼사의 언론 기능**
  ㉠ 변질 : 삼사는 각 붕당의 이해 관계를 대변함
  ㉡ 세력 확대 : 상대 세력의 비판으로 상대의 견제와 자기 세력을 유지
  ㉢ 이조와 병조의 전랑 : 중·하급 관원들에 대한 인사권과 자기 후임자를 스스로 추천하는 권한 행사
  ㉣ 기능과 권한 : 붕당 간의 대립을 격렬하게 만드는 장치로 인식 → 영·정조의 탕평 정치로 혁파

(2) **군사 제도의 변화** 중요
  ① **중앙군의 개편(5군영의 설치)**
    ㉠ 훈련도감
      • 왜란 중 용병제를 토대로 직업적인 상비군으로 조직
      • 5군영의 핵심 군영으로 포수·살수·사수의 삼수병으로 편제
      • 의무병제, 농병 일치제에서 용병제·상비군제로 조직
    ㉡ 어영청 : 북벌 운동의 핵심 군영, 수도 방위
    ㉢ 총융청 : 경기 일대의 방위 담당, 북한산성
    ㉣ 수어청 : 남한산성 일대의 방위 담당
    ㉤ 금위영 : 왕실과 수도 방위 담당
  ② **5군영의 성격**
    ㉠ 번상병제(의무병)에서 용병제로 전환되어 감
    ㉡ 붕당(특히 서인)의 정권을 유지하기 위한 군사적 기반
  ③ **지방군의 개편(속오군의 설치)**
    ㉠ 진관 체제 → 제승방략 체제 → 속오군 체제
      • 진관 체제(세조) : 군현 단위로 조직
      • 제승방략 체제(16세기) : 넓은 지역 단위의 총동원 체제
      • 속오군 체제(왜란 중에 진관을 다시 복구) : 진관 단위의 양천 혼성군 체제
    ㉡ 속오군의 조직 및 운영
      • 양반에서 노비에 이르기까지 편제(노비의 지위 향상 계기)
      • 속오법에 따른 훈련
      • 속오군의 운영 : 농한기에 훈련, 평상시에는 생업에 종사하면서 향촌을 지키고 유사시에는 전투에 동원
  ④ **속오법**
    ㉠ 양반에서 노비까지 함께 편제 → 양반들이 회피하면서 상민, 노비만 남음
    ㉡ 유사시에 필요한 방어처에 각 지역의 병력을 동원하여 중앙에서 파견되는 장수가 지휘하게 하는 방어 체제, 그러나 1차 방어선이 무너지면 후방 지역에는 군대가 없다는 큰 약점이 있음

(3) 수취 체제의 개편 중요

① 농촌 사회의 동요
  ㉠ 농촌 사회의 동요 : 임진왜란과 병자호란으로 농촌이 크게 파괴되어 경작지가 황폐, 기근과 질병 → 민생 파탄, 조세의 큰 부담, 불만 표출로 인한 도적화
  ㉡ 국가의 수취 체제 개편 : 전세 제도, 공납 제도, 군역 제도 → 농촌 사회 안정과 재정 기반 확대

② 전세의 정액화
  ㉠ 배경 : 15세기 제정된 전분 6등법과 연분 9등법은 징수 방법이 매우 번잡하여 16세기에는 최저율의 세액(1결 4두)이 적용됨
  ㉡ 영정법의 실시 : 전란 후 농지가 황폐화되고 농민이 궁핍해지는 상황 속에서 인조 때(1635년) 전세를 풍흉에 관계없이 **토지 1결마다 미곡 4두로 고정하여 징수하는 영정법을 실시**하고 세원의 부족을 보충하기 위해 양전 사업을 실시함 기출 23
  ㉢ 영정법 실시 결과
    • 자영 농민에게는 전세율이 낮아졌으나, 농민의 대다수를 이루는 전호에게는 크게 도움이 되지 못함
    • 전세의 부담 증가 : 전세 납부시 수수료, 운송비, 자연 소모에 대한 보충비 등이 함께 부과됨

③ 공납의 전세화
  ㉠ 방납의 폐단 : 방납인들은 생산되는 물품까지도 대납하면서 농민들에게 시가보다 높은 값을 징수하여 농민 부담 가중, 임진왜란 이후 농민의 토지 이탈 촉진(농민의 유망)에 따른 정부의 재정 상태 더욱 악화

> **체크 포인트**
> **각 시기별 농민의 최대 조세 부담**
> • 16세기~17세기 초 : 방납
> • 17세기~18세기 초 : 군포
> • 19세기 : 환곡

  ㉡ 대동법의 실시 기출 24, 23
    • 실시 배경 : 농민 부담을 경감시키고 부족한 국가 재정을 보완하기 위해 공납 제도의 개혁론 제기
    • 내용
      - 농민 집집마다에 부과하여 토산물을 징수하였던 공물 납부 방식을 토지의 결수에 따라 쌀, 삼베나 무명, 농전 등으로 납부하게 하는 제도
      - 정부는 수납한 미곡, 포목, 전화를 공인에게 지급하여 필요한 물자를 구입
      - 토지 1결당 미곡 12두만을 납부

- 실시 결과
  - 양반 지주의 부담은 늘고 토지를 가진 농민은 부담이 다소 경감, 토지를 갖지 않은 소작농은 과세의 부담에서 벗어남
  - 조세 금납화의 계기 마련
  - 공인의 등장 및 활동, 상인 자본의 규모가 커져 도고 상업의 발달과 지방 장시가 발달, 수공업 생산 촉진
  - 자급자족의 경제 질서가 유통 경제로 전환
  - 상품·화폐 경제의 활성화: 농민을 상품·화폐 경제에 편입시켰고, 농민층의 분해를 촉진하여 기존의 신분 질서와 경제 체제의 와해 초래

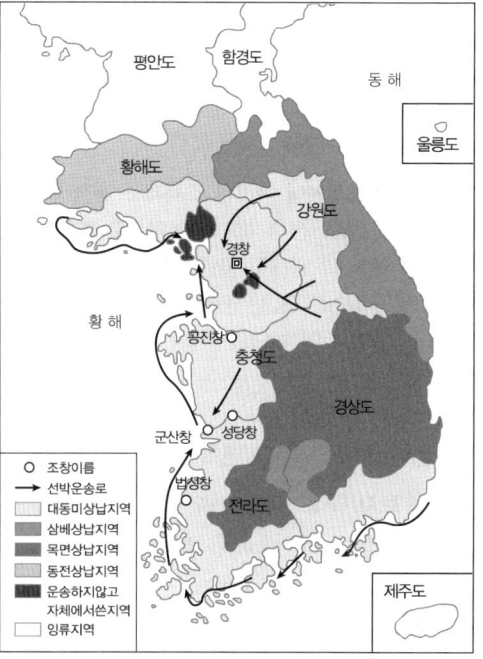

대동세의 징수와 운송

더 알아두기

대동법
- 대동법의 실시
  - 최초의 실시: 17세기 초(1608년) 이원익의 주장으로 경기도에서 시험적으로 실시하다가 효종 때 김육의 주장으로 충청·전라도에까지 확대 실시
  - 전국적 실시: 18세기 초(1708년) 숙종 때에는 평안도·함경도(잉류 지역)를 제외한 전국에서 시행
  - 양반 지주들의 반대가 심하여 대동법이 전국적으로 실시되는 데에 100년이란 기간이 소요
- 대동법 실시 결과 기출 22
  - 공인의 등장: 상공업의 발달 촉진(지방 장시의 발달)
  - 상품 화폐 경제 발달: 상업 자본 축적(도고 상업 발달)
  - 조세의 금납화: 지대를 현물 대신 화폐로 납부
  - 농민층의 분해 촉진(농민을 상품·화폐 경제에 편입)

④ **균역법의 시행** 기출 25, 23, 22
  ㉠ 시행 배경: 농민의 도망과 신분을 바꾸어 군역을 피하며 포를 내고 군역을 대신하는 수포군의 증가 등을 시정하려는 개혁 방안이 논의
  ㉡ 내용: 장정 1인당 연간 부담액을 2필에서 1필로 감축
  ㉢ 보충: 결작 2두 징수, 균역청의 어장세·염전세·선박세의 관할, 선무군관포 징수(일부 상류 신분층)

  ▶ 선무군관: 군포 1필을 납부하는 선무군관은 양반층이 아니나 양반 행세를 하였는데, 이들은 대체로 지방의 토호나 부유한 집안의 자제들이었다.

ⓔ 결과 : 부담이 다소 가벼워졌으나 토지에 부과되는 결작의 부담이 소작 농민에게 돌아가고, 군적 문란으로 농민의 부담 다시 가중

▶ 결작 : 균역법 실시 이후 부족분을 보충하기 위해 전결(田結)을 기준으로 쌀을 징수하는 것이다.

> **체크 포인트**
>
> **17~18세기에 마련된 조세제도 개혁** 기출 23
> - 영정법 : 전세 제도의 개편으로 효종 때 실시하여 1결당 4두로 통일
> - 대동법 : 광해군 원년(1608년)에 이원익 등의 주장으로 경기도에서 처음 실시
> - 균역법 : 1750년 군포징수의 폐단을 시정하기 위해 실시된 것으로 군포 2필을 1필로 감하였고, 그 결과 농민 부담의 경감, 군역 평준화의 효과를 보았다.

(4) 양반 지주의 경영 변화

① **토지 확대** : 양난 이후 토지 개간에 주력, 농민의 토지 매입 지주 전호제로 경영 → 18세기 말에 일반화

② **지주 전호제의 변화**
  ㉠ 상품화폐 경제가 발달함
  ㉡ 소작인의 소작권을 인정하고 소작료 낮춤
  ㉢ 지주와 전호의 관계는 신분적 관계보다 경제적인 관계로 바뀜

③ **양반들의 생활** : 소작료를 거두어 생활하거나 받은 미곡을 시장에 팔아 그 이득으로 생활, 토지매입 → 천석꾼, 만석꾼, 고리대로 부를 축적함

농촌의 모습(경작도)

(5) 농민 경제의 변화

① **농사의 경영 방식 변화**
  ㉠ 황폐한 농토 개간, 수리 시설 복구, 농기구와 시비법 개량
  ㉡ 모내기법 확대 : 벼와 보리의 이모작, 농민들의 소득 증대(보리 농사는 수취 대상에서 제외)

② **광작 농업**
  ㉠ 경작지 규모 확대 : 농가의 소득이 늘어나 부농이 됨
  ㉡ 작물 재배 : 시장에 팔아 가계 수입 증가 → 쌀, 목화, 채소, 담배, 약초 등을 재배, 쌀의 상품화가 가장 활발함(밭을 논으로 바꾸는 현상이 활발)

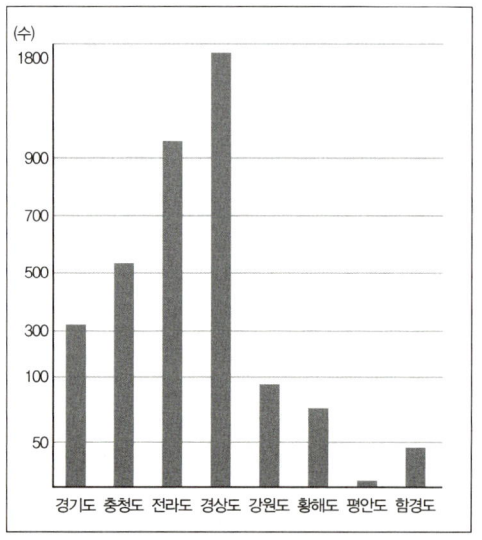

조선 후기의 도별 저수지 수

③ **소작쟁의**: 좀 더 유리한 조건에서 경작하기 위해 지주에게 쟁의를 벌임
  ⊙ 소작권의 인정: 지주가 함부로 소작지를 빼앗지 못함
  ⓒ 소작료의 정액화와 금납화: 일정 액수를 곡물이나 화폐로 냄
  ⓒ 지대(소작료)의 형태
    • 타조법: 일정 비율로 소작료를 내는 방식
    • 도조법: 일정 액수를 소작료로 내는 방식으로 점차 화폐로 내는 경향이 나타남

④ **농민의 계층 분화** 기출 24
  ⊙ 농민의 소득 증가: 소작쟁의로 소작권 인정 → 근면하고 시장 경제를 잘 이용하는 농민이 지주로 성장(광작, 상품작물 재배)
  ⓒ 상실 농민: 세금 부담, 고리채, 광작의 유행 등으로 소작지 상실 → 광산·포구(황해도 수안, 충청도 강경, 함경도 원산)의 임노동자, 도시의 상공업 종사

⑤ **농민 경제의 변화** 기출 23
  ⊙ 영농 방법 개선: 모내기법, 벼와 보리의 이모작 가능, 보리 재배 확대
  ⓒ 농업 경영 변화 → 광작: 모내기법으로 일손 감소, 경작지 규모 확대
  ⓒ 농민층 분화: 광작 등으로 인해 부농으로 성장하지만 토지를 잃고 농촌을 떠나는 농민, 임노동자가 늘어남
  ⓔ 상품 작물의 재배: 쌀·목화·채소·담배·약초 등 재배·판매
  ⓜ 소작쟁의: 소작권 인정, 소작료의 정액화, 곡물이나 화폐로 소작료 납부(금납화)

> **체크 포인트**
> **농민층 분해와 임노동관계**
> • 광작이 성행하고 토지의 상품화가 일어나며 농민이 지주와 예속적 관계에서 경제적 관계로 전환된 사실은 농민층 분해를 촉진시키는 계기가 되었다.
> • 자본 임노동관계는 광업과 금속가공업에서 활발히 이루어졌으며, 이러한 작업들은 협업과 분업에 기초를 두었다는 점에서 주요 의미가 있다.

(6) 민영 수공업의 발달 기출 23

대장간(김홍도)

① **민영 수공업의 발달 배경(17세기)**
  ⊙ 도시의 인구 증가로 상품 수요 증가
  ⓒ 납포장의 대두, 장인 등록제(공장안) 폐지(18세기 말)
  ⓒ 공인의 등장(대동법)으로 관수품의 대량 주문
  ⓔ 장시 발달로 상품 유통이 촉진됨

> **더 알아두기**
>
> **17세기의 수공업**
> - 관청에서 민간 기술자(사장, 私匠)를 고용하여 생산
> - 도시 인구 급증으로 제품 수요가 증가, 대동법 실시로 인한 민영 수공업의 발달
> - 민간 수공업자들은 장인세(匠人稅)만 부담하고 자유롭게 생산 활동에 종사(무기나 자기 제조 분야에서는 관영 수공업이 중심을 이루었으나, 이들도 점차 민영 수공업으로 전환)

② 농촌 수공업 발달
  ㉠ 부업 형태의 자급자족에서 시장의 상품 수요에 따른 생산, 전문화
  ㉡ 직물과 그릇 생산
③ 경영 형태의 변화
  ㉠ 선대제 유행 : 상인 물주가 자금과 원료를 선대하고 수공업자는 제품을 만들어 납품(종이, 화폐, 철물 분야)
  ㉡ 독립 수공업자의 등장(18세기 후반) : 생산과 판매까지 주관

(7) 민영 광산의 증가
  ① 조선 후기 광업 발달의 배경 : 민영 수공업 발달로 원료인 광산물의 수요 급증
  ② 조선 시대의 광업 정책 기출 23
    ㉠ 조선 전기 : 농민의 부역 노동에 의한 관청 직영 체제(15세기), 농민의 부역 노동 거부로 관영 채굴이 어려워짐(16세기)
    ㉡ 조선 후기 : 17세기에는 사채(私採)의 허용(설점수세제)과 은광 개발이 활발(대청 무역), 18세기에는 상업 자본의 광산 경영 참여로 잠채 성행(금·은광)

> **더 알아두기**
>
> **설점수세법(設店收稅法)**
> - 본래 광산 경영은 농민을 부역 동원하여 국가가 직접 경영하였으나 농민의 피역 저항으로 1651년 이후 정부는 민간인들이 금광이나 은광을 경영하는 것을 허가하고, 그 대가로 세금을 거두었다.
> - 약화되고 있던 국가 재정을 보충하고, 대청 무역을 활성화하기 위하여 시행하였다.

  ③ 조선 후기의 광산 경영 방식
    ㉠ 자본과 경영의 분리 : 덕대(德大)가 상인 물주로부터 자본을 조달받아 채굴업자인 혈주(穴主)와 채굴 노동자, 제련 노동자 등을 고용하여 광물을 채굴, 조련
      ▶ 덕대 : 광주(鑛主)와 계약을 맺고 채광하는 사람으로 광주는 계약된 광구 내의 광물 채굴권을 덕대에게 부여하고 덕대는 광주에게 보증금 및 광산물의 일부를 납부한다.
    ㉡ 작업 과정의 분업화 : 분업에 의한 협업으로 작업이 진행(굴진, 운반, 분쇄, 제련 등)

3 실학과 민중 문화의 발전

(1) 성리학의 교조화 경향

① **성리학의 교조화** : 서인의 성리학 강화 → 의리 명분론 강화, 주자 중심의 성리학 절대화 → 자신들의 학문적 기반을 공고히 하고자 함

② **성리학에 대한 비판**
  ㉠ 배경
   - 노론의 일당 전제화가 추진되어 정국이 경직되면서 성리학도 지나치게 보수화 성향을 띠어 감
   - 조선 후기의 사회・경제적 변동은 성리학 일변도의 사상 체계에 대한 근본적 반성 요구
  ㉡ 교조화된 성리학 비판
   - 윤휴(17세기 후반) : 유교 경전에 대하여 주자와 다른 해석을 내려 유학의 반역자로 규탄
   - 박세당 : 주자학을 비판하다가 학계에서 배척

> **더 알아두기**
>
> **박세당(朴世堂)**
> 1629~1703, 호는 서계(西溪). 조선조 실학파 학자. 농촌 생활에 토대를 둔 박물학(博物學)의 학풍을 이룩하였으며, 『색경』이라는 농사 서적을 저술하였다. 유교경전 중 대학, 중용, 논어, 맹자, 서경에 대한 주해서를 집필한 『사변록』을 저술, 주자의 사상과 대립하여 사문난적(斯文亂賊)으로 낙인찍혀 삭직, 유배 도중 사망했다. 저서로는 『사변록(思辨錄)』, 『색경(穡經)』, 『서계집(西溪集)』 등이 있다.

③ **이기론 논쟁** : 영남 남인(이황 학파)과 노론(이이 학파) 간의 논쟁

④ **호락 논쟁**
  ㉠ 호론 : 인물성이론(人物性異論) 주장, 충청 지역 중심, 한원진 중심, 위정척사 사상으로 계승됨
  ㉡ 낙론 : 인물성동론(人物性同論) 주장, 서울・경기 중심, 이간, 홍대용 중심, 북학 사상으로 계승됨

⑤ **소론** : 성혼의 사상을 계승하고 양명학과 노장 사상 등을 수용 → 탄력적인 성리학 이해

(2) 양명학 수용

① **양명학 수용** : 중종 때 전래, 이후 명과의 교류를 통해 서경덕 학파와 종친 사이에 확산

② 17세기 후반 소론 학자에 의해 본격적 수용

③ **강화학파 성립(18세기 초)** : 정제두 → 양명학의 학문적 체계 구비, 일반민을 도덕 실천의 주체로 상정, 양반 신분제 폐지 주장, 강화학파 형성

④ **양명학의 영향** : 역사학, 국어학, 서화, 문학 등 새로운 경지 개척, 실학자와 상호 영향, 한말 박은식, 정인보 등이 계승

> **더 알아두기**
>
> **양명학**
> 양명학은 인간의 마음이 곧 이(理)라는 심즉리(心卽理)를 바탕으로, 인간이 상하 존비의 차별 없이 본래 타고난 천리(天理)로서의 양지를 실현하여 사물을 바로잡을 수 있다는 치양지설(致良知說), 그리고 앎과 행함이 분리되거나 선후가 있는 것이 아니라 앎은 행함을 통해서 성립한다는 지행합일설(知行合一說) 등을 근본으로 하고 있다.

(3) 실학의 등장

① **배경** : 성리학의 한계성 자각, 현실 문제를 해결하려 노력(17~18세기)

  ㉠ 이수광(『지봉유설』) : 선구자, 문화 인식의 폭 확대

  ㉡ 한백겸(『동국지리지』) : 우리나라의 역사와 지리를 치밀하게 고증

  ▶ 한백겸의 『동국지리지』 : 조선 중기의 학자 한백겸(韓百謙 : 1552~1615)이 한국 지리에 관한 사항을 여러 고서(古書)에서 뽑아 엮은 책으로 유교적 명분이 아니라 지리적 관점에서 우리 역사를 체계화하려 하였다.

② **실학의 확산** : 서학과 고증학의 전래, 민생 안정과 부국강병을 목표로, 실증적 논리로 사회 개혁론 제시

(4) 농업 중심의 개혁론

① **성격** : 서울 남인 출신, 농민 입장에서 제도의 개혁 추구와 자영농 육성 주장(경세치용 학파)

② **유형원**(『반계수록』) : 균전론, 양반문벌제, 과거제, 노비제의 모순 비판

③ **이익**(『성호사설』) : 유형원의 실학 사상 계승 발전, 한전론, 성호학파 성립, 여섯 가지 좀(폐단) 지적

  ▶ 여섯 가지 좀(폐단) : 노비 제도, 과거 제도, 양반 문벌 제도, 사치와 미신, 승려, 게으름

④ **정약용**(『목민심서』, 『경세유표』) : 실학의 집대성, 여전론(후에 정전제 실시), 백성의 의사를 반영한 정치 제도 제시, 과학 기술과 상공업 발달에 관심 기출 24, 22

> **체크 포인트**
>
> **토지 제도의 개혁안**
> - 균전론 : 유형원은 관리, 선비, 농민 등 신분에 따라 차등 있게 토지를 재분배하고 조세와 병역도 조정하자고 주장하였다.
> - 한전론 : 이익은 한 가정의 생활을 유지하는 데 필요한 규모의 토지를 영업전으로 정한 다음, 영업전은 법으로 매매를 금지하고 나머지 토지만 매매를 허용하자고 주장하였다.
> - 여전론 : 정약용은 18세기 말, 농가 30가호를 1여(閭)로 하여 공동 경작하고, 세납을 공제한 수확을 여민들의 노동량에 따라 분배하자고 주장하였다. 기출 24, 22

(5) 상공업 중심의 개혁론

① **성격** : 서울의 노론 출신, 상공업 진흥과 기술의 혁신 주장(북학파, 이용후생학파)

▶ 북학파 : 북학파 실학 사상의 대두는 병자호란 이후 굳어졌던 화이론적 명분론에서 탈피한 것을 의미

② **유수원**(『우서』) : 중국과 우리 문물 비교, 개혁안 제시, 상공업 진흥, 기술혁신, 사농공상의 평등화와 전문화 주장

▶ 유수원의 농업론 : 농업에서는 토지 제도의 개혁보다 농업의 상업적 경영과 기술 혁신을 통해 생산성을 높이자고 주장하였다.

③ **홍대용**(『임하경륜』, 『의산문답』) : 기술혁신, 문벌 철폐, 중국 중심의 생각 비판
④ **박지원**(『열하일기』) : 수레와 선박 이용, 화폐 유통 역설, 양반의 비생산성 비판
⑤ **박제가**(『북학의』) : 상공업 발달, 청과의 통상 강화, 수레와 선박의 이용 주장, 절약보다 소비를 권장하여 생산을 자극

(6) 국학 연구의 확대

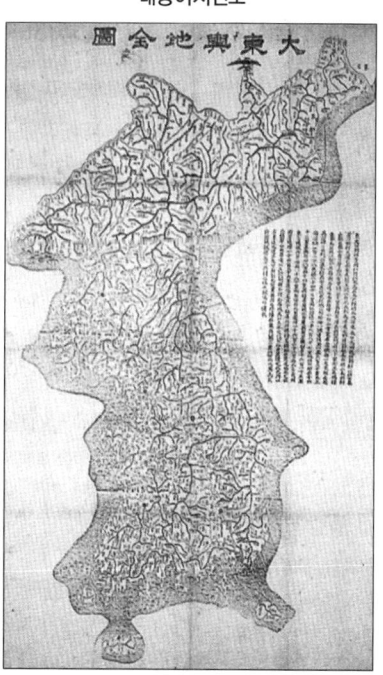

대동여지전도

① **배경** : 민족적 전통과 현실에 대한 관심 고조 → 국학 발달

② **역사 연구**

㉠ 이익 : 중국 중심의 역사관 비판(민족에 대한 주체적 자각 고취)

㉡ 안정복(『동사강목』) : 우리 역사의 독자적 정통론 체계화(고증사학 토대 마련)

㉢ 이긍익(『연려실기술』) : 조선의 정치와 문화 정리

㉣ 한치윤(『해동역사』) : 민족사 인식의 폭 확대

㉤ 이종휘(『동사』) : 고구려 역사 연구(한반도 중심의 협소한 사관 극복)

㉥ 유득공(『발해고』) : 발해사 연구 심화(한반도 중심의 협소한 사관 극복) 기출 23, 22

㉦ 김정희(『금석과안록』) : 북한산비가 진흥왕 순수비임을 확인

③ **지리 연구**

㉠ 역사지리서 : 한백겸의 『동국지리지』, 정약용의 『아방강역고』

㉡ 인문지리서 : 이중환의 『택리지』 → 각 지역의 자연환경과 물산, 풍속, 인심 등을 서술하고 어느 지역이 살기 좋은가를 설명함

㉢ 지도 : 정상기의 동국지도, 김정호의 대동여지도

▶ 대동여지도 : 전국을 남북 22단, 동서 19편으로 나누어 목판 인쇄한 것으로, 산맥·하천·포구·도로망의 표시가 정밀하고 거리를 알 수 있도록 10리마다 눈금이 표시되었다.

(7) 과학 기술의 발달

① 서양 문물의 수용
- ㉠ 과학 기술의 발달 배경 : 조선 전기의 과학적 성과를 토대로 새로이 서양의 과학 기술을 수용
- ㉡ 서양 문물의 전래 : 중국을 통해 전래(17세기 경부터) → 세계지도(이광정), 화포, 천리경, 자명종(정두원) 등 도입

> **더 알아두기**
> **중국을 통한 문물의 수용**
> - 이수광(선조) : 『천주실의』
> - 정두원(인조) : 화포, 천리경, 자명종
> - 김육(인조) : 시헌력
> - 이이명(숙종) : 천문·수학 서적

- ㉢ 서양 문물에 대한 수용 : 이익과 그의 제자들 및 북학파가 수용(일부는 천주교까지 수용)
- ㉣ 벨테브레(박연)와 하멜의 표류 : 서양 문물 전래, 조선 사정을 서양에 전함(하멜표류기)

② 천문학과 지도 제작 기술의 발달
- ㉠ 천문학 : 서양 과학의 영향, 지전설, 무한우주론 주장(홍대용, 김석문 → 근대적 우주관에 접근, 성리학적 세계관 비판의 근거)
- ㉡ 역법 : 시헌력 도입(김육)

홍대용이 만든 혼천의

  ▶ 시헌력 : 중국에서 서양 선교사인 아담 샬이 중심이 되어 만든 역법으로, 서양의 수치와 계산 방법을 채택한 숭정 역법을 교정하여 종전의 역법보다 한걸음 더 발전한 것이었다.

- ㉢ 수학 : 『기하원본』(유클리드 기하학의 한문 번역본) 도입, 홍대용의 『주해수용』 저술
- ㉣ 지도 : 마테오 리치의 곤여만국전도의 전래 → 과학적이고 정밀, 지리학 지식 습득, 정확한 지도 제작

③ 의학의 발달과 기술의 개발
- ㉠ 의학의 발달 : 『동의보감』(허준, 전통 한의학 정리), 『침구경험방』(허임, 침구술 집대성), 『마과회통』(정약용, 홍역 연구), 『동의수세보원』(이제마, 사상의학 확립)

『동의보감』
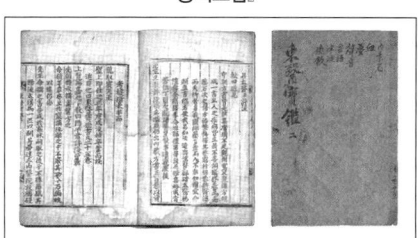

  ▶ 사상의학 : 사람은 체질과 체구의 형태에 따라 태양인, 태음인, 소양인, 소음인의 4가지로 분류할 수 있다는 한 의학설이다. 이는 똑같은 병이라 해도 체질에 따라 음식이나 치료 방법을 다르게 해야 한다는 주장이다.

- ㉡ 정약용의 기술 개발 : 과학 기술의 중요성을 강조 → 거중기 제작, 배다리 설계 **기출** 24

④ **농서의 편찬과 농업 기술의 발달**
  ㉠ 농서의 편찬
    • 신속의 『농가집성』(17세기 중엽) : 벼농사 소개, 이앙법의 보급에 공헌

  > **체크 포인트**
  > 이앙법 : 모를 옮겨 심는 파종법으로 김매기를 줄일 수 있고, 이모작을 가능하게 하여 생산량이 증대되는 것이다.

    • 박세당의 『색경』, 홍만선의 『산림경제』, 서호수의 『해동농서』 : 채소, 과수, 원예, 양잠, 축산 등 농업 기술 소개 → 농업 기술의 발전
    • 서유구의 『임원경제지』 : 농촌 생활 백과사전

경작도(김홍도)

  ㉡ 농업 기술의 발달
    • 논농사 : 17세기에 이앙법 보급 → 노동력 절감, 생산량 증대
    • 밭농사 : 이랑 간격 좁아짐, 깊이갈이, 쟁기의 기능 개선, 소를 이용한 쟁기의 사용 보편화
  ㉢ 쟁기갈이 : 가을갈이가 보편화, 봄갈이 등을 여러 번 시행
  ㉣ 시비법의 발전 : 여러 종류의 거름 사용 → 토지 생산력 증대
  ㉤ 수리 관개 시설의 발달 : 당진의 합덕지, 연안의 남대지 등이 만들어짐 → 논의 비율 늘어남, 정조 때 논의 비율이 밭보다 높아짐
  ㉥ 황무지 개간 : 내륙 산간 지방에서 활발
  ㉦ 간척 사업 활발 : 서해안과 큰 강 유역의 저습지에서 주로 이루어짐

(8) **문화과 예술의 새 경향**
  ① **서민 문학의 발달**

산대놀이

    ㉠ 배경 : 서당 교육 보급과 서민의 지위 향상, 상공업 발달, 농업 생산력의 증대
    ㉡ 서민 문화의 등장 : 문예 활동에 중인·서민이 참여하고 상민이나 광대들의 활동이 두드러짐
    ㉢ 특징 : 감정의 적나라한 표현, 양반의 위선적 모습 비판, 사회의 부정과 비리를 풍자·고발

  ② **판소리와 탈놀이**
    ㉠ 판소리 : 적나라하게 표현(솔직한 감정 표현) → 서민 문화 중심, 춘향가, 심청가, 흥보가, 적벽가, 수궁가 등 12마당, 신재효의 판소리 사설을 창작·정리(19세기 후반)
    ㉡ 탈놀이와 산대놀이 : 지배층과 승려들의 부패와 위선을 풍자

③ 한글 소설과 사설 시조
  ㉠ 한글 소설 : 허균의 『홍길동전』(최초), 『춘향전』, 『별주부전』, 『심청전』 등
  ㉡ 사설 시조 : 격식에 구애됨 없이 감정을 구체적으로 표현, 남녀 간 사랑이나 현실 비판
  ㉢ 한문학 : 정약용(삼정의 문란을 폭로하는 한시), 박지원(한문소설을 통해 양반 사회의 허구성 지적, 『양반전』, 『허생전』, 『호질』, 『민옹전』 등의 한문소설)
  ㉣ 시사 조직 : 중인, 서민층의 문학 창작 활동 활발 → 풍자 시인(김삿갓, 정수동)

홍길동전

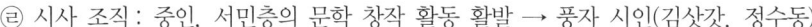

④ 진경 산수화와 풍속화
  ㉠ 진경 산수화 : 우리 자연을 사실적으로 묘사, 정선의 인왕제색도와 금강전도
  ㉡ 풍속화(18세기 후반)
    • 김홍도 : 서민적, 간결하고 소탈
    • 신윤복 : 양반과 부녀자의 생활과 유흥, 남녀 사이의 애정 묘사
    • 19세기 김정희 등의 문인화 부활로 일시 침체

인왕제색도(정선)   단오풍정(신윤복)

  ㉢ 민화 : 서민의 소원을 기원하고 생활 공간을 장식
  ㉣ 서예 : 이광사(동국진체), 김정희(추사체 창안)
  ㉤ 기타 회화 : 강세황(서양화 기법 사용), 장승업(강렬한 필법과 채색법)

세한도(김정희)   민화(까치와 호랑이)

김정희의 글씨

⑤ **건축의 변화**
  ㉠ 17세기 : 금산사 미륵전, 화엄사 각황전, 법주사 팔상전 등 규모가 큰 건물, 불교의 사회적 지위 향상과 지배층의 경제적 성장을 반영
  ㉡ 18세기 : 수원 화성(정조) → 공격형 성곽(종합적인 도시 계획 건설), 논산 쌍계사, 부안 개암사, 안성 석남사 → 부농과 상인의 지원을 받은 사찰
  ㉢ 19세기 : 경복궁(흥선대원군) → 근정전과 경회루(국왕의 권위 강화 목적)

수원 화성

⑥ **백자·생활 공예와 음악**
  ㉠ 자기 : 청화백자 유행(간결·소탈·세련미) → 서민층의 옹기 사용
    • 청화 백자 : 흰 바탕에 푸른 빛깔을 내는 것으로 동·식물 무늬를 그려서 만든 백자
    • 자기 공예의 발달
      – 15세기 : 분청사기
      – 16세기 : 백자
      – 조선 후기 : 청화 백자
  ㉡ 음악
    • 양반층 : 가곡, 시조 애창
    • 광대와 기생 : 판소리, 산조, 잡가 등
    ▶ 산조 : 느린 장단에서 빠른 장단으로 연주하는 기악 독주의 민속 음악으로 가야금 산조, 대금 산조 등이 있다.
    • 서민층 : 민요

청화 백자 죽문각병
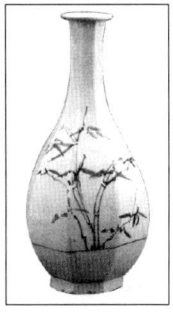

달항아리

무동(김홍도)

4 붕당의 확대와 당쟁

(1) 붕당 정치의 변질

① **사회·경제적 배경**: 17세기 후반 이후 상품 화폐 경제의 발달 → 정치 집단 사이에 상업적 이익의 독점을 위한 붕당 간의 대립 격화, 정치적 쟁점 또한 사상적인 문제에서 군영 확보 문제로 변화

② **붕당 정치의 발단**: 서인과 남인의 정치적 대립(남인들이 서인들의 북벌 운동 비판, 예송논쟁)

③ **붕당 정치의 변질**: 붕당 간의 균형 파괴
  ㉠ 경신환국(숙종, 1680년): 서인 집권, 남인 탄압(일당 전제화)
  ㉡ 서인의 분열(노론, 소론): 노론의 정권 독점

> **체크 포인트**
> 노론과 소론: 노론은 송시열을 중심으로 결집하여 대의명분을 존중하고, 민생 안정을 강조하는 경향을 보인 반면, 소론은 윤증을 중심으로 결집하여 실리를 중시하고, 적극적인 북방 개척을 주장하는 경향을 보였다.

> **더 알아두기**
> **환국의 전개**
> • 경신환국: 숙종 때, 남인을 내몰고 서인을 등용
> • 기사환국: 숙종 때, 서인을 내몰고 남인을 등용, 인현왕후 폐비
> • 갑술환국: 숙종 때, 남인을 내몰고 서인을 등용, 인현왕후의 복위
> • 신축환국: 경종 재위 시 소론이 노론을 내몰고 집권
> • 을사환국: 영조가 즉위하자 소론을 내몰고 노론을 등용

④ **결과**: 외척·종친의 역할 증대, 삼사와 이조 전랑의 정치적 비중 감소(공론보다 개인·가문의 이익 우선), 비변사의 기능 강화

⑤ **향촌 사회**: 지주제와 신분제의 동요에 따라 사족 중심의 향촌 지배가 어려움 → 붕당 정치의 기반이 무너짐

(2) 탕평론의 대두

① **붕당 정치의 변질과 탕평론의 제기**
  ㉠ 붕당 정치의 변질: 극단적 정쟁과 일당 전제화의 추세 → 왕권 자체가 불안해짐
  ㉡ 탕평론의 제기(숙종): 왕권과 신권의 균형을 이루고, 붕당 상호 간에 조화를 이루기 위한 방안

② **탕평론의 대두**
  ㉠ 탕평론의 본질: 정치적 균형 관계 재정립
  ㉡ 탕평론의 주도: 국왕이 주도, 왕권에 의해 타율적으로 정치적 균형 관계가 재정립됨

> **더 알아두기**
>
> **탕평책의 전개**
> - 붕당 사이의 자율적인 조정기: 17세기 전반의 서인과 남인의 관계에서 시도
> - 왕권에 의한 타율적인 중재기: 숙종, 영조, 정조의 시도

(3) 숙종의 탕평책

① 인사 관리를 통한 세력 균형 유지 → 한 당파를 일거에 내몰고 상대 당파에 정권을 모두 위임하는 편당적 인사 관리

② 잦은 환국으로 인해 오히려 정국이 혼란해짐 → 경종 때 왕세제(영조)의 대리 청정 문제로 노론과 소론의 대립

(4) 영조의 탕평 정치

① **탕평의 교서 발표**: 노론과 소론을 번갈아 등용 → 오히려 정국을 어지럽게 함

② **이인좌의 난**: 소론과 남인의 일부 강경파가 영조의 정통을 부정, 노론 정권에 반대함

③ **정국 수습의 개혁 정치**
  ㉠ 왕이 내세우는 논리에 동의하는 탕평파를 중심으로 정국 운영
  ㉡ 붕당의 뿌리 제거: 공론의 주재자인 산림의 존재를 인정하지 않음
  ㉢ 붕당의 근거지인 서원 대폭 정리
  ㉣ 이조 전랑 권한 축소: 후임자 천거와 삼사의 관리 선발 폐지(1741년)
  ㉤ 균역법 실시, 군영 정비, 가혹한 형벌 폐지, 사형수에 대한 삼심제를 엄격히 갖춤, 『속대전』 편찬(법전 체계 재정비)

④ **영조의 탕평책의 한계**
  ㉠ 강력한 왕권으로 붕당 사이의 다툼을 일시적으로 누른 것에 불과
  ㉡ 소론 강경파의 잦은 변란으로 노론이 정국 주도

영조 어진

(5) 정조의 탕평 정치

① **왕권 강화 시도**: 시파 등용, 탕평책 계승

② **규장각 설치**: 붕당의 비대화 방지, 국왕의 권력·정책을 뒷받침하는 강력한 정치기구

> **체크 포인트**
> 규장각은 본래 역대 왕의 글과 책을 수집·보관하기 위한 왕실 도서관의 기능을 갖는 기구로 설치되었다. 그러나 정조는 여기에 비서실의 기능과 문한 기능을 통합적으로 부여하고, 과거 시험의 주관과 문신 교육의 임무까지 부여하였다.

③ **초계문신제 시행**: 초월적 군주로 군림하면서 신하 양성, 신진 인물이나 중·하급 관리 중 능력 있는 자들을 재교육
④ **장용영 설치**: 군영의 독립적 성격을 약화, 병권 장악 → 왕권을 뒷받침하는 군사적 기반을 갖춤 `기출 23`
⑤ **수원 화성 건설**: 정치적·군사적 기능 부여 → 정치적 이상을 실현하는 상징적 도시 육성 `기출 23`
⑥ **수령의 권한 강화**: 군현의 향약을 수령이 직접 주관 → 사림의 영향력 축소, 국가의 통치력 강화

> **체크 포인트**
> **영·정조의 탕평책**
> - 영조: 균역법, 군영(훈련도감·금위영·어영청 등)의 정비
> - 정조: 비변사에서 의정부로 정치 운영 중심 전환, 규장각 설치, 장용영 설치, 서얼·노비에 대한 차별 완화정책, 신해통공의 시행 등
>
> **탕평책의 결과**
> - 기존 정치세력의 참여기반을 축소시켰다.
> - 새로운 정치논리를 제시하지 못하였다.
> - 정치의 보수화와 관료·사림·외척가문들의 세력팽창을 초래하였다.

제6절 핵심예제문제

01 조선 후기 군제 개편의 내용이 잘못 연결된 것은?

① 5위 제도 → 5군영 제도
② 의무병 제도 → 용병 제도
③ 농병 일치 → 상비군 제도
④ 진관 체제 → 제승방략 체제

01 왜란 중에 진관을 복구하고 속오군으로 지방을 방어하게 하였다.

02 조선 후기에 수취 체제를 개편하게 된 목적으로 가장 알맞은 것은?

① 지주 전호제의 확립
② 상공업의 발달
③ 국방의 강화
④ 농민 부담의 경감

02 조선은 양난을 거치면서 농촌 사회가 많이 파괴되어 수취 체제를 개편하여 농촌의 안정을 꾀하려 하였다.

03 다음 사실에서 공통적인 내용으로 알맞은 것은?

- 대동법 실시, 광작 유행
- 상업 작물 재배
- 독립 수공업 등장, 공인의 발달

① 별공과 진상은 폐지되었다.
② 양반 수의 증대로 신분제가 동요되었다.
③ 지주, 부호의 부담은 줄고 농민의 부담은 크게 늘었다.
④ 민중의 경제적 성장으로 사회가 안정되었다.

03 대동법 실시, 광작 유행, 공인의 발달 등은 조선 후기의 경제상을 보여준 것으로 양반의 수가 늘어나고 노비의 해방 등이 일어났다.

정답 01 ④ 02 ④ 03 ②

04 대동법의 실시 결과
- 양반 지주의 부담은 늘고 토지를 가진 농민은 부담이 다소 경감, 토지를 갖지 않은 소작농은 과세의 부담에서 벗어남
- 조세 금납화의 계기 마련
- 공인의 등장 및 활동, 상인 자본의 규모가 커져 도고 상업의 발달과 지방 장시가 발달, 수공업 생산 촉진
- 자급자족의 경제 질서가 유통 경제로 전환
- 상품화폐 경제의 활성화 : 농민을 상품화폐경제에 편입시켰고, 농민층의 분해를 촉진하여 기존의 신분 질서와 경제 체제의 와해 초래

04 다음 중 〈보기〉의 내용과 가장 관련 있는 것은?

─ 보기 ─
㉠ 공인의 성장
㉡ 선대제 유행
㉢ 조세의 금납화

① 자급자족의 자연경제 발달
② 유통 경제, 화폐 경제 발달
③ 농민의 조세 부담 경감
④ 관영 수공업 발달

정답 04 ②

제7절 사회 모순의 심화와 농민 항쟁

1 사회 모순의 심화와 농민 생활

(1) 사회 구조의 변동

① **신분제의 동요** 중요
  ㉠ 조선의 신분 제도 : 법제적으로 양천제 표방, 실제로는 양반·중인·상민·천민의 네 계층 분화
    → 성리학이 신분제의 정당화 이론 제공
  ㉡ 조선 후기의 신분제 동요
    • 양반층의 분화 : 붕당 정치의 변질로 양반 상호 간의 정치적 갈등과 일당 전제화로 다수의 양반 몰락 → 향반, 잔반
    • 양반의 수 증가 → 상민과 노비 감소 → 신분제 동요(부를 축적한 농민이 지위 상승과 부역의 면제를 위해 양반 신분을 사거나 족보 위조) 기출 24
    • 양반의 신분 유지 : 양반은 신분을 유지하기 위하여 그 지방 지주로서의 경제력을 바탕으로 유학을 공부하여 유림(儒林)의 대열에 끼거나 족보, 서원, 사우, 묘비 등을 만들어 자신들의 조상을 드러내려고 애씀

② **중간 계층의 신분 상승 운동**
  ㉠ 서얼 기출 21
    • 양반 사대부의 소생으로 성리학 명분론에 의해 사회 활동 제한 → 불만 고조
    • 임진왜란을 계기로 납속책과 공명첩을 통해 관직에 진출
    • 영·정조의 개혁 분위기에 편승하여 적극적인 신분 상승 시도(상소 운동)
    • 정조 때 유득공, 이덕무, 박제가 등 서얼 출신들이 규장각 검서관에 기용
  ㉡ 중인층(기술관, 이서) : 사회적 역할이 크면서도 고급 관료 진출 제한
    • 중인(기술직)의 신분 상승 운동은 서얼의 신분 상승 운동의 영향
    • 축적된 재산과 실무 경력 바탕으로 신분 상승 운동 추구
    • 철종 때 대규모의 소청 운동 전개 → 실패(전문직의 역할 부각시킴)
    • 역관 : 외래 문화 수용의 선구적 역할 → 성리학에 도전하는 새로운 사회의 수립을 추구

> **더 알아두기**
>
> **양반층의 분화**
> • 집권 양반 : 일당 전제화의 전개로 권력을 장악한 일부 양반
> • 몰락 양반
> - 향반 : 향촌 사회에서나 겨우 위세 유지
> - 잔반 : 향반보다 더욱 몰락, 평민의 처지 → 생계를 유지하기 위하여 농업이나 수공업, 상업 등에 종사 → 양반으로서의 지위를 인정받지 못함

③ 노비 해방
  ㉠ 노비의 신분 상승 : 조선 후기에 군공과 납속 등으로 신분 상승 추구
  ㉡ 정부의 정책 : 공노비의 유지 비용 때문에 입역 노비를 신공을 바치는 납공 노비로 전환
  ㉢ 노비 도망의 확산
    • 배경 : 임노동자, 머슴, 행상 등으로 생계를 유지할 수 있기 때문
    • 도망간 노비의 신공을 남아 있는 노비에게 부과되는 악순환
  ㉣ 노비의 신분 상승 : 종모법에 따름(어머니가 양인이면 양인으로 삼는 법) → 노비의 신분 상승 추세
  ㉤ 공노비 해방 : 합법적인 신분 상승으로 인해 신공을 받을 수 없게 되자 순조(1801년) 때 6만 6천여 명을 해방
  ㉥ 사노비 폐지 : 갑오개혁(1894년) 때 신분제가 폐지 → 노비제는 법제상으로 종말을 고함
④ 가족 제도의 변화와 혼인 기출 22
  ㉠ 가족 제도의 변화
    • 조선 초기~중기까지 : 혼인 후에 남자가 여자 집에서 생활, 자녀 균분 상속 존재, 형제가 돌아가면서 제사
    • 17세기 이후 : 부계 중심의 가족 제도 확립, 친영 제도 정착(혼인 후 곧바로 남자 집에서 생활), 장자 중심(반드시 제사 지냄, 재산 상속 우대)
    ▶ 친영(親迎) : 남자가 여자를 자신의 집으로 데리고 와서 혼례를 올리고 남자 집에서 생활하는 혼인형태를 가리킨다.

> **더 알아두기**
>
> 조선 후기 신분제의 동요
> • 신분 상승
>   - 중인 : 납속책을 이용하여 관직 진출, 신분 상승을 위한 상소 운동
>   - 상민 : 합법적인 방법은 군공, 납속, 공명첩, 향직 매매, 불법적 방법은 족보 매입 등
>   - 노비 : 군공, 납속, 도망
> • 옷차림은 신분의 귀천을 나타내는 것이다. 그런데 어찌된 까닭인지 근래 이것이 문란해져 상민·천민들이 갓을 쓰고 도포를 입는 것이 마치 조정의 관리나 선비와 같이 한다. 진실로 한심스럽기 짝이 없다. 심지어 시전 상인들이나 군역을 지는 상민들까지도 서로 양반이라 부른다.   -『일성록』

    • 조선 후기 : 부계 중심의 가족 제도 강화 → 양자 제도의 일반화, 족보 편찬, 동성 마을 형성, 개인보다 종중 우선, 과부 재가 금지, 효와 정절 강조

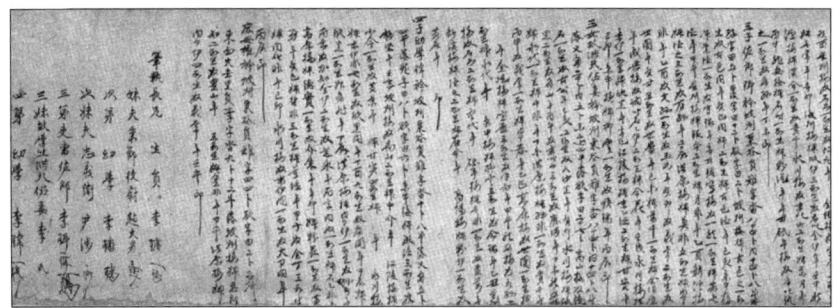

율곡 선생 남매 분재기(分財記)

이이의 7남매와 서모인 권씨가 가옥, 토지, 노비 등의 유산을 나누어 상속한 내용을 작성한 문서이다.

ⓒ 혼인 제도

신행(김홍도)

- 일부일처제가 기본 → 남자는 여러 첩을 들일 수 있음
- 본처와 첩 사이의 엄격 구별 : 서얼은 문과 응시 제한, 제사나 재산 상속 차별
- 법적 혼인 가능 나이 : 남자 15세, 여자 14세

⑤ **인구의 변동**

㉠ 인구 조사
- 국가 운영에 필요한 인적 자원을 파악하기 위하여 제도 정비
- 호적 대장 : 인구에 대한 기본 자료로 원칙적으로 3년마다 수정하여 작성, 주로 남성들만 기록한 인구 기록
- 호적 대장에 기록된 각 군현의 인구 수를 근거로 공물, 군역 등 부과

> **더 알아두기**
>
> **호패(號牌)**
> - 호구(戶口)를 통해 정남의 수를 파악하고 직업과 신분 증명
> - 국역(군역·요역) 대상자 파악과 유민(流民) 방지에 활용(오가작통법과 함께 호적의 보조 수단)
> - 16세 이상의 남자가 소지하던 신분증
> - 신분에 따라 재료와 기재한 내용이 달라 2품 이상 관리는 관직과 성명을 기재하고 노비는 주인의 이름, 연령, 거주지, 얼굴빛, 신장, 수염의 유무 등을 기재
> - 중앙은 한성부에서, 지방은 관찰사와 수령이 관할

㉡ 인구 분포 : 경상도·전라도·충청도의 하삼도에 인구 50%, 경기도·강원도에 20%, 평안도·황해도·함경도에 30% 정도 거주

㉢ 인구 수
- 건국 무렵 : 550만에서 750만 명
- 임진왜란 이전인 16세기 : 1,000만 명 돌파
- 임진왜란 이후 : 전란의 영향으로 인구가 줄어듦

- 19세기 말: 1,700만 명 추산
- 한성 인구: 세종 때 10만 명 이상, 양난 이후 조금 줄었다가 18세기에 20만 명이 넘었음
- 현재: 총 5,175만 명(서울 1,020만 명, 2017.9)

(2) 향촌 질서의 변화

① **양반의 향촌 지배 약화**
  ㉠ 양반의 동향: 족보를 만들어 가족 전체가 양반 행세, 양반의 명단인 청금록과 향안의 신분 확인 → 향촌 자치 기구 주도권 장악

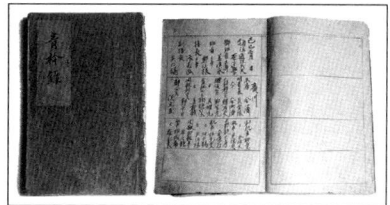

청금록

서원 및 향교에 출입하는 양반들이 사용한 출석부의 일종이다. 푸른색의 비단으로 치장을 한데서 이름이 유래하였다.

  ㉡ 향촌 질서의 변화
   - 부농층의 등장: 일부 양반의 몰락 → 양반의 권위 약화
   - 지방 사족의 지배에 대한 부농층의 도전: 관권과 결탁하여 향안 참여, 향회 장악 → 중앙의 관권 강화, 향리 세력 강화
   ▶ 향회: 향회는 양반의 지방 지배 기구로 향안에 이름이 수록된 양반들로 구성되었다.
   - 양반의 지위 유지 노력: 동약 실시, 족적 결합 강화 → 동족 마을, 서원 → 사우(祠宇) 건립
   ▶ 사우: 선조 혹은 선현의 신주나 영정을 모셔 두고 제향하는 사당으로, 문벌과 가문의 위세가 사회 활동에 커다란 영향력을 행사하는 양반 사회에서 문중의 결속 강화, 양반 신분 유지, 사회·정치적 영향력을 행사하기 위해 건립하였다.
  ㉢ 향회의 변화: 수령이 조세 징수할 때의 자문 기구

② **부농 계층의 대두**
  ㉠ 부농층의 등장: 납속이나 향직의 매매를 통하여 합법적으로 신분 상승 → 정부의 부세 제도 운영에 참여
  ㉡ 향임직에 진출 못한 부농층의 역할: 수령이나 기존의 향촌 세력과 타협하여 지위 확보
  ▶ 향임직(鄕任職): 향촌에 있는 향청(유향소)에서 일을 보는 사람이나 그 직책을 말한다.

(3) 농민층의 변화

① **농민층의 분화**
  ㉠ 배경: 양난 이후 기존의 사회 체제 동요 → 새로운 질서 모색
  ㉡ 조선 후기 농민층의 구성
   - 상층의 중소 지주층: 몰락한 양반이나 중인층보다 윤택한 생활을 하는 계층
   - 대다수의 농민: 작은 규모의 자영농, 남의 땅을 경작하고 소작료를 내는 소작농
  ㉢ 농민의 생활
   - 각종 의무 부과, 호패법으로 이동 제한
   - 한곳에 정착하여 자급자족적인 생활

- 양난 이후 재정 파탄과 관리의 기강 해이로 인한 수취 증가로 농민 생활 빈곤
- 정부 대책 한계 : 대동법, 균역법을 실시하였으나 역부족 → 농민 불만 고조
ㄹ 농민의 분화 : 농업 경영을 통하여 부농으로 부상, 상공업 종사, 도시나 광산의 임노동자로 전환

② **지주와 임노동자**
ㄱ 지주
- 대부분 양반 : 상품화폐 경제의 발달, 양반 지주의 이윤 추구 → 광작하는 대지주 등장
- 일반 서민 지주 : 스스로 농업에 종사하면서 농지 확대, 영농 방법 개선 등으로 부를 축적 → 공명첩 매입, 족보 위조 등으로 신분 상승
- 양반 신분 획득 : 군역 면제, 양반의 수탈 면피, 경제 활동 편의, 향촌 사회의 영향력 강화
ㄴ 임노동자 : 다수의 농민이 토지에서 밀려나 임노동자로 전락 → 부역제 해이로 국가의 임노동자 고용 확대, 농촌 지역의 품팔이 노동자
ㄷ 의의 : 부농층과 임노동자의 출현은 농민층의 분화를 의미함

(4) 사회 변혁의 움직임

① **사회 불안의 심화**
ㄱ 신분제의 동요 : 양반 중심의 지배 체제 위기, 지배층과 농민층의 갈등 심화와 지배층의 수탈이 심해짐
ㄴ 농민의 항거 : 농민 의식 성장 → 항거 운동 전개
ㄷ 어려운 농민 생활 : 탐관오리의 탐학과 횡포, 잦은 재난과 질병(1820년의 수해와 이듬해의 콜레라)
ㄹ 민심의 흉흉 : 사회 불안 고조 → 도적의 출현, 지방의 토호나 부상 공격, 조운선, 상선 약탈(수적)

▶ 조운선 : 남부 지방의 세곡을 서울까지 실어 나르던 배

선운사 도솔암 마애불

② **예언 사상의 대두**
ㄱ 예언 사상 유행 : 비기, 도참
- 말세 도래, 왕조 교체, 변란 예고 등 낭설 횡행 → 민심 혼란
- 유행한 비기 : 『정감록』
ㄴ 무격 신앙과 미륵 신앙 확산
- 현세에서 얻지 못한 행복을 미륵 신앙에서 해결하려는 움직임
- 살아있는 미륵불을 자처하면서 서민을 끌어모으는 무리 등장

> **더 알아두기**
>
> 『정감록』
> 조선 중기 이후 민간에 성행하였던 국가 운명·생민존망(生民存亡)에 관한 예언서·신앙서이다. 참서(讖書)의 하나인 이 책은 여러 비기(記)를 모은 것으로, 참위설(讖緯說)·풍수지리설·도교(道敎) 사상 등이 혼합되어 이룩되었으며, 조선의 선조인 이담이란 사람이 이씨의 대흥자가 될 정씨의 조상인 정감으로부터 들은 이야기를 기록한 책이라는 말도 전하나 그 종류가 40~50종류에 이르며 정확한 저자의 이름과 원본은 발견되지 않았다.

③ **천주교의 전파** 기출 22
  ㉠ 전래 : 17세기에 우리나라 사신들이 천주당(중국 베이징)을 방문 → 서학으로 소개됨
  ㉡ 신앙으로 발전 : 18세기 후반경 남인 계열의 실학자들이 천주교 서적을 읽고 신앙 생활 → 이승훈의 영세로 더욱 활발
  ㉢ 천주교 박해
    • 배경 : 평등 사상, 조상에 대한 제사 거부 → 양반 질서의 부정과 국왕의 권위에 대한 도전으로 받아들여 사교로 규정
    • 신유박해(순조 즉위 직후, 1801년) : 노론 강경파인 벽파가 집권하면서 대 탄압
    • 안동 김씨의 세도기에 천주교 탄압 완화 : 조선 교구 설정, 서양인 신부의 포교 활동으로 교세 점차 확장
  ㉣ 교세 확장 : 세도 정치기의 사회 불안, 인간 평등 사상, 내세 신앙 → 일부 백성의 공감

천주실의
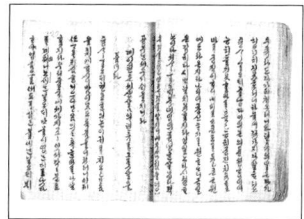
마테오 리치가 한문으로 지었으나 모든 사람이 이해하기 쉽도록 18세기에 한글로 옮겨 적었다. 당시 유학자들은 호기심을 가지고 탐독하기도 하였으나 이를 비판하기도 하였다.

④ **동학의 발생**
  ㉠ 동학의 배경
    • 세도 정치하에서 고통받던 농민들에게 희망을 줄 수 있는 새로운 사상 체계 요구
    • 사회에 대한 지도력을 상실한 성리학과 불교 배척
    • 서양 세력과 연결된 서학(천주교) 배격
  ㉡ 동학의 창시 : 철종 때(1860년) 경주의 몰락 양반인 최제우가 창시

> **더 알아두기**
>
> 『용담유사』
> 동학의 창시자 최제우가 1860~1863년 한글로 지은 포교 가사집으로 『동경대전』과 함께 동학의 기본 경전이다. 모두 9편의 가사를 싣고 있다. 서양 세력이 밀려오는 것에 대해 깊은 우려를 나타내며, 이에 맞서는 정신적 자세로서 동학을 내세우는 내용으로 되어 있다. 평등 사상에 입각하여 일반 민중과 부녀자를 독자로 삼았기 때문에 한글 가사체의 형식을 택하고 있다.

ⓒ 동학의 사상
- 인내천(人乃天, 사람이 곧 하늘이다) : 인간의 존엄성과 누구나 평등하다는 사회의식
- 후천개벽(後天開闢) : 조선 왕조의 부정
- 보국안민(輔國安民) : 서양과 일본의 침투를 경계

ⓓ 동학의 확산과 탄압 : 민중적이고 민족적인 동학이 삼남 지방의 농촌 사회에 널리 보급되어 번성하자, 정부는 세상을 어지럽히고 백성을 현혹한다는 이유로 탄압

ⓔ 최시형의 활약 : 교세 확대, 『동경대전』과 『용담유사』를 펴냄, 의식과 제도를 정착시켜 교단 조직을 정비

동학 2대 교주 최시형

2 세도 정치 기출 23

(1) 세도 정치의 전개

① **세도 정치의 배경** : 탕평 정치의 붕괴로 유력 가문 출신의 인물에게 권력 집중

> **체크 포인트**
> 세도 정치 : 원래 경륜과 학식, 인품이 뛰어난 인물에게 전권을 주어 국정 운영을 맡긴다는 의미인데, 그 시초는 정조 때 홍국영에서 비롯되었다.

② **세도 정치의 전개 과정**
ⓐ 순조 초기 : 노론 벽파 → 정순왕후의 수렴청정, 규장각 출신 인사 축출, 장용영 혁파, 훈련도감 장악
ⓑ 정순왕후 사후 : 안동 김씨 → 반남 박씨, 풍양 조씨와 협력하여 정국 주도
ⓒ 헌종 : 풍양 조씨 → 헌종의 외척 가문으로서 한때 득세
ⓓ 철종 : 안동 김씨 → 흥선대원군이 정국을 주도할 때까지 지속

(2) 세도 정치기의 권력 구조

① **정치 집단의 기반 축소** : 소수의 유력한 가문들이 권력과 이권을 독점하여 언론 활동이 위축됨
② **비변사의 강화** : 정치기구의 왜곡으로 의정부와 6조가 유명무실화 → 비변사로의 권력 집중

(3) 세도 정치의 폐단 중요

① **정치 기강의 문란** : 과거제의 문란, 관직의 매매 성행
② **지방 행정의 문란** : 탐관오리의 수탈 극심, 삼정(전정·군정·환곡)의 문란으로 농촌 경제의 피폐, 상품화폐 경제의 성장 둔화

③ **결과** : 사회 개혁에 실패, 민중들의 불만으로 전국적인 저항 운동의 전개, 납속·공명첩 등으로 신분 변동 활발

(4) 대외 관계의 변화

① **청과의 관계**
  ㉠ **북벌 정책(17세기)** : 청에게 당한 치욕을 씻고자 북벌 정책이 추진되기도 하였으나, 표면상으로는 사신 왕래를 통한 외교 관계 지속
  ㉡ 북학론의 대두 : 청의 국력 신장과 문물 융성에 자극을 받음
    • 사신들의 신문물 소개 : 청의 사정과 천리경, 자명종, 화포, 『천주실의』
    • 18세기 말 : 홍대용, 박제가, 박지원 등 청의 문물 적극 도입 주장
  ㉢ 백두산 정계비 설립(간도 귀속 문제)
    • 숙종 때 조선은 청과 공동으로 백두산 일대를 답사하고 정계비(定界碑) 건립(1712년)
    • 19세기 후반 비문에 적힌 토문강의 해석을 둘러싸고 조선과 청 사이에 간도 귀속 문제에 대한 분쟁 야기
    • 일제가 대한제국의 외교권을 박탈한 뒤 청과 체결한 간도 협약(1909년)으로 상실

② **일본과의 관계**
  ㉠ 임진왜란 이후 : 외교 단절 → 도쿠가와 막부의 국교 재개 요청 → 유정 파견, 일본과 강화
  ㉡ 기유약조(1609년) : 부산포를 개항하여 왜관 설치, 제한된 범위에서 교역 허용
  ㉢ 통신사 파견 : 조선의 선진 문화 수용, 정권 교체를 국제적으로 보장받기 위해 일본이 요청 → 외교·문화 사절
  ㉣ 울릉도와 독도 : 신라 지증왕 때 정복 → 일본 어민의 침범 → 숙종 때 안용복이 울릉도가 우리 영토임을 재확인 → 19세기, 주민의 이주 장려, 군을 설치하고 관리 파견

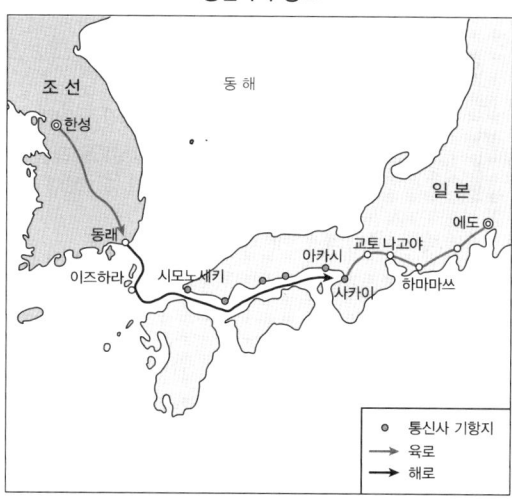

통신사의 행로

통신사의 행렬도

> **더 알아두기**
>
> **조선 후기의 대외 관계**
> - 청과의 관계 : 17세기에는 북벌론의 추진 속에 표면상으로는 사신 왕래 등 외교적 관계 지속, 18세기에 북학론이 대두되었다.
> - 일본과의 관계 : 17세기 초 기유약조를 체결하여 일본의 도쿠가와 막부의 교섭 허용, 일본에 통신사 파견

3 홍경래의 난과 임술 농민 봉기

(1) 농민의 항거

① **배경** : 19세기 세도 정치하에서 국가 기강 해이, 삼정의 문란(수령의 부정이 중앙 권력과 연계) → 농민들의 사회의식 성장 기출 24

② **농민의 저항** : 소극적인 소청, 벽서, 괘서 등의 형태 → 전국적 농민 봉기로 변화
  ㉠ 소청 : 징계처분, 불이익 처분을 받은 자가 그 처분을 따르지 않고 심사를 청구하는 행정 심판
  ㉡ 벽서, 괘서(掛書) : 남을 비방하거나 민심을 선동하기 위해 여러 사람이 보는 곳에 몰래 붙이는 게시물

> **더 알아두기**
>
> **농민 항쟁의 소극적·적극적 저항 방법**
> - 소극적 저항
>   - 농촌에서의 이탈 : 상당수가 조세 회피의 목적으로 이탈
>   - 와언(訛言) : 선동적·정치적 내용으로 농민들의 공감대 형성
>   - 괘서(掛書) : 농민들의 욕구 반영으로 선동적 역할 담당
> - 적극적 저항
>   - 정소(呈訴) : 군현, 감영, 비변사에 호소하는 소장
>   - 격쟁(擊錚) : 왕이 거동하는 길에서 징, 꽹과리를 쳐서 호소하는 방법
>   - 횃불시위 : 격쟁의 연장

(2) 홍경래의 난(1811년) 중요

① **배경**
  ㉠ 세도 정권의 부패
  ㉡ 무역의 번성
  ㉢ 광업의 성행
  ㉣ 수공업의 성장

ⓜ 신흥 상공업 세력의 성장
ⓑ 서북민에 대한 차별

> **체크 포인트**
>
> 평안도 농민 전쟁(1811년) : 평안도, 함경도 등 서북지역에서는 19세기에 함경도 단천과 북청에서(1808년), 황해도 곡산에서(1811년) 반봉건항쟁이 빈번했으며 이것이 평안도 농민 전쟁(1811년)으로 분출되었다.

② 경과
  ㉠ 몰락 양반인 홍경래 지휘하에 영세 농민, 중소상인, 광산 노동자 등이 합세
  ㉡ 가산을 시작으로 선천, 정주 등 청천강 이북 지역을 거의 장악하였으나 5개월 만에 평정
③ 결과 : 사회 불안이 수그러들지 않고 각지에서 농민 봉기가 일어났으나 관리의 부정은 시정 안 됨
④ 역사적 의의
  ㉠ 반봉건적 무장투쟁 : 서북 지방의 민중이 하나로 뭉쳐 봉건 지배층의 경제적 착취와 신분적 억압, 지방 차별에 반대
  ㉡ 계획된 무장봉기 : 뚜렷한 정치 목적을 가지고 면밀한 계획과 장기간의 준비를 거쳐 조직적으로 전개된 무장봉기
  ㉢ 뚜렷한 목적 : 봉건개혁보다 부호층에 가해진 수탈방지에 일차 목적이 존재
  ㉣ 농민항쟁 : 농민의 힘을 원동력으로 하는 농민 항쟁
  ㉤ 중세체제의 붕괴 촉진의 계기

(3) 임술 농민 봉기(1862년)
  ① 시작 : 진주에서 시작되어 한때 진주성 점령
  ② 경과
    ㉠ 유계춘을 중심으로 진주성을 점거, 흰 수건을 머리에 둘렀기 때문에 이를 '백건당의 난'이라고도 하였음
    ㉡ 농민들이 이탈하거나 항조투쟁을 벌이기도 하고, 나아가 봉기와 같이 적극적으로 항쟁하는 등 다양한 형식으로 나타남
  ③ 정부의 대책
    ㉠ 안핵사로 박규수를 파견하여 삼정 이정청이 설치되기도 하였으나 별 효과를 못 거둠
    ㉡ 조세 제도의 기본 골격은 그대로 두고 환곡을 토지세로 바꾼다는 미봉책을 발표하였으나 지배층의 반대로 취소

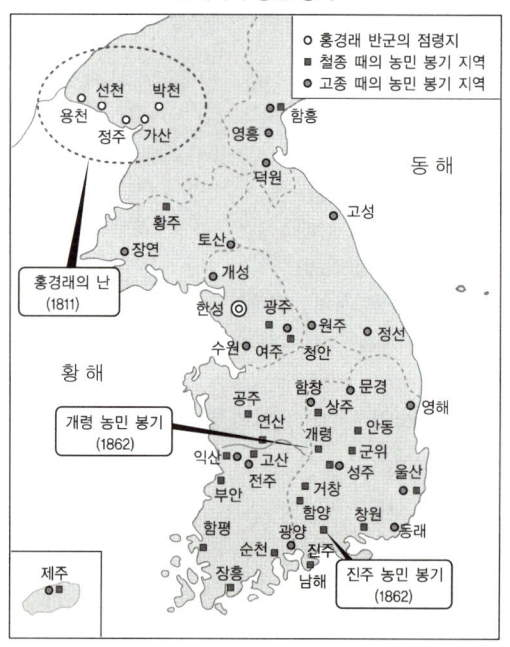

19세기의 농민 봉기

④ **결과** : 함흥으로부터 제주에 이르기까지 전국적 확대
⑤ **역사적 의의** 중요
　㉠ 소빈농 중심으로 한 농민들의 반봉건항쟁
　㉡ 잘못된 수취 관행에 대한 개혁 요구
　㉢ 항쟁의 결과 도결, 결렴 등이 상당히 혁파됨
　㉣ 결가(結價)를 낮추는 데 기여
　㉤ 계급 간 갈등의 심화
　㉥ 환곡 부담을 정액화
　㉦ 삼정이정책은 농민 봉기를 통한 구체적 성과물

(4) 민란의 의의
① 농민들의 저항으로 사회의식이 성장
② 양반 중심의 통치 체제 붕괴

제 7 절 핵심예제문제

01 양반 인구의 증가와 노비 인구의 감소에 따른 노비 해방 정책에 따라 신분제가 동요하고 양반 지배 체제의 위기를 드러내 지배층과 농민의 갈등이 극심해져 민란이 발생하게 되었다.

01 다음의 내용이 의미하는 역사적 사실은?

- 족보의 위조
- 납속책
- 민란의 발생

① 동학 발생으로 인한 혼란
② 외국 세력의 침투
③ 조선 신분 체제의 붕괴
④ 중국의 위기로 인한 민중의 불안

02 19세기 세도 정치기에는 삼정의 문란으로 농촌 사회가 어려워지면서 농민의 사회의식이 강화되어 홍경래의 난 등이 일어나 철종 때에는 농민 봉기가 전국적으로 확산되었다.

02 조선 후기(19세기) 농민 봉기가 발생한 배경이 아닌 것은?

① 정치적·삼정의 문란
② 탐관오리의 수탈
③ 지방민에 대한 차별
④ 농민의 사회의식 부족

03 세도 정치기의 권력 구조
외척 혹은 유력 가문에서 비변사를 장악하여 비변사의 권한이 강화되면서 의정부·6조 체제는 유명무실화되었다.

03 조선 후기 세도 정치에 대한 설명으로 틀린 것은?

① 철종 때 안동 김씨가 국가 권력을 전적으로 장악하였다.
② 의정부의 권한이 강화되면서 비변사는 유명무실화되었다.
③ 소수의 가문이 정치를 주도하였다.
④ 세도 정치의 폐단으로 개혁 의지가 상실되었다.

정답 01 ③ 02 ④ 03 ②

제2장 실전예상문제

01 통일신라 시대에 국학을 설치하고 독서삼품과를 실시한 목적으로 가장 적절한 것은?

① 6두품 세력의 등용
② 진골 귀족의 세력 강화
③ 국민 교육과 관료 채용
④ 왕권 강화와 유교 정치의 필요성

> **01** 왕권 강화와 유교 정치 이념이 필요하여 유학을 국학에서 가르치고 학문 성적에 따라 관리로 임명하고자 하였다.
>
> **알/파/노/트**
> **한자의 보급과 교육**
> • 국학 설립: 유교 경전 – 충효 일치의 윤리 강조
> • 독서삼품과 마련: 학문과 유학을 널리 보급하는 데 이바지

02 다음에 제시된 내용으로 알 수 있는 것은?

- 문무왕 – 통일 왕국 이룩
- 신문왕 – 귀족 세력 숙청
- 김유신 – 무열왕 추대

① 전제 왕권의 강화
② 농민 생활의 안정
③ 율령과 제도의 정비
④ 귀족 사회의 동요

> **02** 신라는 통일을 전후하여 왕권이 전제화되었다.
>
> **알/파/노/트**
> 통일 전쟁을 주도한 무열왕, 문무왕에 의해 왕의 권위가 크게 강화되었고, 불교식 왕명 대신 유교식 왕명이 사용되었다.

정답 01 ④ 02 ①

03 신라 중기의 정치적 변화는 왕권의 전제화를 들 수 있다. 그러므로 지방에 대한 통제도 강화하여 중앙 집권 체제를 굳혀갔다.

04 집사부의 장관인 시중의 기능을 강화한 왕은 태종 무열왕이다.

알/파/노/트
신문왕의 업적
- 주 5소경의 지방 조직 정비
- 관료전 지급
- 유학 사상 강조

05 신라 말 6두품의 동향을 보면 은둔하거나(최치원), 종교 활동에 전념하거나(무염 등 선종 9산의 여러 개창자들), 반독립적인 지방 호족 세력과 결합(최승우 – 견훤, 최언위 – 왕건)하는 등 반신라적 움직임을 보이며 활동하였다.

정답 03 ③ 04 ④ 05 ③

---

03 다음 통일신라의 통치 조직에 대한 설명으로 바른 것은?

> 전국을 9주로 나누고 주 아래에는 군·현을 두었으며, 집사부 기능이 강화되었고, 14개 행정 부서가 확립되었다. 또 지방의 각 주에는 1정씩 군대가 배치되었다.

① 지방 조직 정비로 왕권 약화
② 중앙의 지방 세력에 대한 통제력 약화
③ 중앙 집권적 정치 체제 정비
④ 집사부의 기능 강화는 귀족들의 권한 강화를 뜻함

04 통일신라 신문왕 때의 사실이 아닌 것은?

① 김흠돌의 반란 사건을 계기로 귀족 세력 숙청
② 국학 설립
③ 녹읍 폐지
④ 집사부의 장관인 시중의 기능 강화

05 6두품에 관한 설명으로 옳은 것은?

① 가야 왕족인 신김씨는 6두품이었다.
② 신라 지방을 지배하는 촌주는 6두품이었다.
③ 신라 말기 학자 최치원, 최언위는 6두품이었다.
④ 신라 관등제에서 6두품은 최고 관등인 이벌찬이 될 수 있었다.

06 다음 내용과 관련이 있는 것은?

> 이 피리를 불면 군사는 물러가고, 병은 낫고, 가뭄에는 비가 오고, 오던 비는 개고, 바람은 가라앉고, 물결은 평온해진다.

① 신문왕의 전제 왕권 확립
② 무왕의 익산 미륵사 경영을 통한 왕권 강화
③ 문무왕의 대왕암 고사에 나타난 호국 사상의 고취
④ 불국사 창건 설화에 나타난 신라 불국토 사상의 발전

06 지문은 만파식적에 대한 설명으로, 이는 삼국 통일 후 신문왕 때 단행한 개혁 정치와 왕권의 전제화를 상징하는 설화로 이해한다.

알/파/노/트
만파식적(萬波息笛): 전설상의 피리로 신라 신문왕이 아버지 문무왕을 위하여 동해변에 감은사를 지은 후에 용으로부터 받았다 전하는데 이것을 불면 소원 성취가 되므로 국보로 삼았다고 함(왕실의 번영과 평화를 상징하는 것)

07 신라 신문왕의 업적이 <u>아닌</u> 것은?

① 녹읍 부활
② 국학 설립
③ 9주 5소경 지방 조직 정비
④ 관료전 지급

07 녹읍은 왕권 강화를 위해 신문왕 때 폐지하였으나, 귀족들의 반발로 인하여 경덕왕 때 부활되었다.

알/파/노/트
신문왕의 체제 정비: 9주 5소경의 지방 조직 정비, 관료전 지급과 녹읍 폐지, 유학 사상 강조, 국학 설립

08 삼국 통일 이후 신라에서 중앙 집권적인 관료제를 강화하기 위해 시행된 정책이 <u>아닌</u> 것은?

① 상대등을 설치하여 재상과 같은 지위를 부여하였다.
② 9주와 5소경을 두어 지방 통치 조직을 정비하였다.
③ 녹읍을 폐지하고 관료전을 지급하였다.
④ 중앙군을 9서당으로, 지방군을 10정으로 확대·개편하였다.

08 상대등 설치는 신라 상대 법흥왕 때이다. 신라 태종 무열왕은 왕명을 받들고 기밀 사무를 관장하는 집사부의 장관인 시중의 기능을 강화하고, 귀족 세력의 이익을 대변하던 상대등의 세력을 억제하였다. 이로써 통일 이후 진골 귀족 세력이 약화되고 왕권이 전제화될 수 있는 바탕을 마련하였다.

정답 06 ① 07 ① 08 ①

09 6두품 출신의 일부 유학생과 선종 승려 등은 신라 골품제 사회를 비판하면서 새로운 정치 이념을 제시하였으나, 진골 귀족에 의해 뜻을 펼 수 없게 되자 지방의 호족 세력과 연계하여 사회 개혁을 추구하였다.

09 신라 말기의 상황을 설명한 것으로 틀린 것은?

① 교종은 6두품과 호족들에게 호응을 얻었다.
② 중앙에서 귀족들 간의 권력 쟁탈이 일어났다.
③ 농민에 대한 수탈이 심해져 유랑민이 늘어났다.
④ 지방에서 무력과 재력을 갖춘 호족들이 성장하였다.

10 녹읍 토지로 귀족이 전세, 공납, 노동력까지 착취하였다.

10 통일신라의 토지 제도에서 왕권 약화를 의미하는 것은?

① 녹읍제 부활
② 관료전 지급
③ 녹읍제 폐지
④ 정전 지급

11 식읍과 녹읍은 귀족들의 경제적 기반이 되는 토지이다. 따라서 이러한 토지를 줄이고 없앤 것은 농민 보호에 그 이유가 있었다.

알/파/노/트
통일신라에서는 신문왕 때 녹읍을 폐지하고 대신 관료전을 지급하였으며, 이후 경덕왕 때 귀족들의 반발로 녹읍제가 부활되었으며, 성덕왕 때에는 백성들에게 정전을 지급하여 국가에 조를 바치게 하였다.

11 신라가 통일 후 다음과 같은 제도를 시행한 이유는?

- 백성에게 정전 지급
- 귀족에게 녹읍 대신 관료전 지급
- 식읍 억제

① 목축과 수렵을 활성화하기 위해
② 귀족들의 경제 기반 확보를 위해
③ 귀족들의 자의적인 수취로부터 농민을 보호하기 위해
④ 중국과의 무역을 활성화하기 위해

정답 09 ① 10 ① 11 ③

12 다음 설명과 관련된 신분은 무엇인가?

- 신라 중대: 전제 왕권 강화에 기여
- 신라 하대: 사회의 폐단 시정 노력
- 고려 초기: 새 사회 건설의 방향 제시

① 성골 ② 진골
③ 6두품 ④ 5두품

12 6두품은 신분상의 제약으로 높은 관직을 받을 수 없었지만 국왕의 정치적 조언자로서 새로운 시대를 열어갈 수 있는 이념적 기반을 마련하고 새 사회 건설의 방향을 제시하였다.

알/파/노/트
6두품 출신은 학문적 식견과 실무 능력을 바탕으로 국왕을 보좌하면서 정치적 진출을 활발히 하였으나, 신분의 제약으로 중앙 관청의 우두머리나 지방의 장관 자리에는 오를 수 없었다.

13 신라 하대(下代)에 대한 설명으로 옳지 않은 것은?

① 귀족들의 사적 대토지인 전장이 확대되었다.
② 진골 귀족들 사이의 왕권 다툼이 치열해졌다.
③ 지방에서 성주 또는 장군으로 불리는 호족이 성장하였다.
④ 불교계에서는 주로 교종 승려들이 골품제 사회를 비판하였다.

13 신라 하대 골품제 사회를 비판한 세력은 6두품이다.
① 전장은 농업경영에 필요한 부속 건물을 칭하는 것인데, 권세가들은 권력을 이용해 땅을 개척하거나 농민의 토지를 강점해 전장을 마련하였다.
② 신라 중대에는 왕권의 전제화로 진골 세력이 약화되었으나, 신라 하대에 왕위 계승을 둘러싸고 세력 간의 다툼이 잦아졌다.
③ 중앙에서 진골끼리의 왕위 다툼 전쟁이 치열해지고 지방에 대한 통제가 약해지면서 지방에서 독립된 세력으로 호족이 성장하였다.

14 다음은 통일신라의 문장가인 김대문의 저서들이다. 공통적인 특징은?

- 『화랑세기』
- 『고승전』
- 『한산기』

① 도덕 정치 강조
② 신라 문화의 주체적 인식
③ 왕권의 전제화 찬양
④ 불교 교리 강조

14 김대문의 『화랑세기』, 『고승전』, 『한산기』 등은 현재 전하지 않고 있으나 신라의 문화를 주체적으로 인식하려는 경향을 보여주고 있다.

정답 12 ③ 13 ④ 14 ②

15 골품제도는 개인 혈통의 높고 낮음에 따라 정치적인 출세, 혼인, 가옥의 규모, 의복, 의색 등에 이르는 사회생활 전반에 걸쳐 여러 가지 특권과 제약이 가해지던 제도이다. 성골·진골과 6두품부터 1두품까지 8개의 신분 계급으로 나누어져 있으며 이 중 1두품이 최하계층에 해당한다. 1~3두품은 시간이 흐를수록 세분화된 의미를 잃어 9세기경 평민 혹은 백성이라 통칭하였다.

15 신라 골품제도에 대한 설명으로 옳지 <u>않은</u> 것은?

① 성골과 진골 등이 가장 높은 신분이었다.
② 6두품 세력이 가장 낮은 신분층을 이루었다.
③ 모든 신라인의 정치 활동과 사회생활을 규제하였다.
④ 삼국 통일 이후에는 고구려인과 백제인에게도 적용하였다.

16 의상은 『화엄일승법계도』를 저술하여 모든 존재는 상호의존적인 관계에 있으면서 서로 조화를 이루고 있다는 화엄 사상을 정립하였다.

알/파/노/트
화엄종 : 화엄 사상에 의하면 모든 사물은 현상적으로 차별이 있으나 그 본질은 다 진리를 내포하고 있어 진리의 세계에서는 모든 것이 걸림돌 없이 조화롭게 융통한다고 한다.

16 다음의 설명에 해당하는 승려는 누구인가?

- 현세에서 구원을 얻고자 하는 관음 신앙을 주도하였다.
- 부석사 등 전국에 10여 개의 사찰을 건립했다.
- 『화엄일승법계도』를 저술했다.

① 의상　　　　② 원효
③ 원측　　　　④ 의천

17 원효대사의 정토 신앙 : 불교 경전을 이해하지 못하여도 염불만으로 서방 극락세계에 왕생할 수 있다는 사상 → 불교의 대중화에 기여

17 신라 시대 정토교를 바르게 설명한 것은?

① 신라 통일 이전에 성행하였다.
② 나무아미타불만 외우면 극락 왕생할 수 있다.
③ 자장이 포교한 민중불교로 염세적 경향을 반영했다.
④ 교리를 통해서만 아미타불에 귀의할 수 있다.

정답　15 ②　16 ①　17 ②

18 신라 말기 선종(禪宗)의 보급과 관련된 문화재는?

① 불국사 삼층 석탑
② 불일사 오층 석탑
③ 감은사지 삼층 석탑
④ 쌍봉사 철감선사탑

18 신라 말에 선종이 확산되면서 쌍봉사 철감선사탑과 같은 승탑(승려의 사리를 모신 탑)이 유행하였다.

19 발해의 경제 생활에 대한 내용으로 옳은 것은?

① 중국에 모피, 인삼, 녹용을 수출하였다.
② 중국 남북조 및 북방민족과 무역하였다.
③ 이슬람 상인이 울산에까지 와서 무역하였다.
④ 예성강의 벽란도가 번성하였다.

19 발해는 상경 용천부 등 도시와 교통 요충지에서 상업이 발달하였다. 주요 수출품으로는 모피·인삼 등의 토산물, 불상·자기 등 수공업품이 있고, 주요 수입품으로는 귀족의 수요품인 비단·책 등이 있었다.
② 고구려
③ 통일신라
④ 고려

20 발해가 독자적 연호를 사용한 이유는?

① 고구려 지배층과 말갈족의 융합을 위해
② 중국과 동등한 지위에 있음을 강조하기 위해
③ 신라를 견제하기 위해
④ 중국과 강력한 우호 관계를 유지하기 위해

20 발해는 중국과 동등한 위치에 있음을 강조하기 위해 인안, 대흥 등의 독자적인 연호를 썼다.

알/파/노/트
독자적 연호 사용
• 대외적: 중국과 대등한 지위를 강조
• 대내적: 왕권의 강대함을 표현

정답 18 ④ 19 ① 20 ②

21	대부분의 말갈인의 경우 피지배 계층이었으나 간혹 지배 계층에도 포함되었다.		21	발해에 대한 설명으로 <u>잘못된</u> 것은?

21 발해에 대한 설명으로 <u>잘못된</u> 것은?

① 만주를 지배한 마지막 왕조이다.
② 말갈인은 지배 계층에 유입될 수 없었다.
③ 발해와 신라의 지속적인 관계는 신라도를 통해 알 수 있다.
④ 당은 발해와 신라 사이에서 이이제이(以夷制夷)의 외교 정책을 사용하였다.

22 발해의 지방 제도는 5경 15부 62주로 조직되었다. 수도에는 5경을 두어 행정의 원활을 기했고, 지방 행정의 중심은 15부였으며, 62주가 그 밑에 편성되어 있었다. 부에는 도독, 주에는 지사를 파견하였고, 주 밑에는 현을 두었다. 지방 조직의 말단인 촌락은 토착 세력이 지배하였다.

알/파/노/트
발해의 지배계급: 발해는 고구려의 유민들이 건설한 국가였으므로 지배층은 왕족과 귀족을 차지한 고구려 유민이 대부분이었다.

22 발해 사회를 바르게 설명한 것은?

① 당의 문물제도를 받아들여 문화를 발달시켰으며, 당의 연호를 사용하였다.
② 고구려의 것을 본따 정당성·선조성·중대성의 3성과 6부의 행정 기구를 두었다.
③ 8세기 중반 문왕 때에 가장 융성하여 광대한 판도를 이룩하고 해동성국이라 불렸다.
④ 지배층은 고구려 계통이 많았고, 피지배층인 말갈인들은 소수가 지배층에 편입되기도 하였다.

23 ① 지린성 동모산 지역에서 건국
② 신라와 원만하지 못한 관계
③ 거란의 침입으로 멸망

23 발해에 관한 설명으로 바른 것은?

① 우수리 지역에서 건국하였다.
② 신라 및 당에 우호적이었다.
③ 여진의 침략으로 멸망하였다.
④ 선왕 때 영토·문화적으로 전성기였다.

정답 21 ② 22 ④ 23 ④

24 다음에서 설명하는 발해의 왕은?

- 도읍을 상경(上京)으로 옮겨 발전의 기틀을 마련하였고, 신라와 상설교통로를 개설하여 대립관계를 해소하였다.
- 당과 친선관계를 맺으면서 당의 문물을 받아들여 체제를 정비하였다.

① 고왕 ② 무왕
③ 선왕 ④ 문왕

25 발해 문화에 대하여 바르게 설명한 것은?

① 해동성국의 칭호를 들을 만큼 귀족 문화와 서민 문화의 수준이 높았다.
② 발해의 수도인 상경은 신라의 수도인 경주를 모방하여 계획되있다.
③ 당 문화의 기반 위에서 고구려 문화를 융합시켰다.
④ 한문학과 불교, 예술 및 자기 제작술이 발달하였다.

26 발해의 문화 중 고구려 영향을 받은 것을 〈보기〉에서 고르면?

보기
㉠ 굴식 돌방무덤   ㉡ 15부 62주
㉢ 정치 제도   ㉣ 와당
㉤ 주작대로

① ㉠, ㉣   ② ㉡, ㉢
③ ㉡, ㉣   ④ ㉣, ㉤

24
① 고왕(7세기 후반): 소수의 고구려 유민과 다수의 말갈 집단이 길림성의 동모산에서 발해를 건국하였다.
② 무왕(8세기 전반): 북만주 일대를 장악하고 장문휴의 수군을 통해 요서·산동 지방을 공격하였으며 돌궐·일본과 연결하여 당·신라를 견제하였다.
③ 선왕(9세기 후반): 대부분의 말갈족을 복속하고 요동에 진출하여 옛 고구려의 영역을 대부분 차지하였다. 발해의 전성기를 주도하여 이때의 발해를 '해동성국'이라 부르기도 하였다.

25 발해 문화는 고구려 문화의 기반 위에 당 문화를 수용하여 독특한 기반을 지니면서 귀족 중심으로 발달하였다.

알/파/노/트
발해 문화의 성격
- 귀족 문화이 발달, 당이 문화 수용
- 고구려 문화의 토대 위에 당의 문화를 흡수하여 재구성
- 한계: 소박한 말갈 문화가 광범위하게 깔려있어 그 문화 전반을 더 높은 수준으로 올리기에 한계가 있었음

26 발해는 고구려의 5부제의 기초에 맞추어 5경제를 두었고, 고분 중 굴식 돌방무덤 등은 고구려의 영향을 받은 것으로 추정되며, 불상의 양식이나 와당 등도 고구려적 색채를 띠고 있다.

알/파/노/트
- 고구려의 영향: 온돌 장치 또는 와당, 불상 등 미술 양식이나 굴식 돌방무덤의 모줄임 구조
- 당의 영향: 상경의 주작대로, 벽돌무덤(정효공주묘), 3성 6부, 유학의 발달 등

정답 24 ④ 25 ④ 26 ①

27 중국은 당·송 교체기(5대 10국 시대)였으므로 후삼국에 큰 관심을 둘 수 없었다.

알/파/노/트

후삼국의 성립
- 궁예의 세력기반: 초적 적당세력의 편성
- 견훤의 세력기반: 지방군사세력·호족세력·해적세력 통합
- 왕건의 세력기반: 송악의 토착호족세력, 예성강의 해상세력

27 후삼국이 정립되었던 시기에 대한 설명으로 틀린 것은?

① 견훤은 신라에 적대적이었다.
② 신라의 지배권은 경주 일대에 미치는 한계가 있었다.
③ 후백제는 충청·호남 지방의 경제력으로 성장하였다.
④ 중국은 후삼국 간의 항쟁에 대해 많이 개입했다.

28 ㉠ 918년 → ㉡ 934년 → ㉢ 935년 → ㉣ 936년

28 후삼국의 통일 과정에서 나타난 사실들을 시대순으로 옳게 나열한 것은?

㉠ 왕건은 궁예를 몰아내고 새 왕조를 세웠다.
㉡ 거란에게 멸망한 발해의 유민들이 고려로 망명해 오자 크게 우대하였다.
㉢ 고려는 신라를 병합하는 데 성공하였다.
㉣ 고려는 후백제군의 주력을 선산에서 격파하였다.

① ㉠ → ㉡ → ㉢ → ㉣
② ㉣ → ㉢ → ㉡ → ㉠
③ ㉢ → ㉡ → ㉣ → ㉠
④ ㉠ → ㉣ → ㉡ → ㉢

정답 27 ④ 28 ①

29 다음 설명에 해당하는 세력이 누렸던 정치·사회·경제적 특권은?

> 고려 성종 이후 중앙 집권적인 국가 체제가 확립됨에 따라 새로운 지배 세력이 형성되어 갔다. 이들은 지방 호족 출신으로 중앙 관료가 된 계열과 신라 6두품 계통의 유학자들로 정치·사회·경제적 특권을 이용해 하나의 사회 계층으로 정착되어 갔다.

① 음서제, 공음전
② 기인제, 과전법
③ 과거제, 전시과
④ 사심관제, 농장

29 고려 사회는 종래의 진골 중심 체제에서 벗어나 다수의 지방 호족과 유교적 지식인들이 새로운 지배층으로 등장하였으며, 점차 가문을 중시하는 문벌 귀족 사회를 형성하였다. 이들이 왕실과 더불어 정치, 경제, 사회 등의 분야에서 지배층이 되어 음서제나 공음전 같은 특권을 누리게 되었다.

알/파/노/트
- 사심관: 그 지방 출신의 고관을 자기 고장에 임명한 관직
- 기인 제도: 향리의 세력을 견제하기 위해 그의 자제를 인질로 삼아 서울에 머물도록 한 제도로서, 신라의 상수리 제도에 연유함(주요 임무 – 중앙과 지방의 연락, 공납·연료의 조달)

30 후삼국의 성립에 대한 설명으로 옳지 않은 것은?

① 신라 무장 출신인 견훤은 후백제를 건국했다.
② 후고구려 궁예는 도읍을 철원으로 옮기면서 국호를 마진, 태봉으로 바꾸었다.
③ 후백제는 친신라 정책을 실시하였으며, 호족 포섭에도 성공하였다.
④ 견훤은 충청도와 전라도의 우세한 경제력을 토대로 군사적 우위를 확보하였다.

30 후백제는 반신라적인 입장이었으며, 지나친 수취와 호족 포섭 실패 등으로 한계를 보였다.

정답 29 ① 30 ③

31 왕건은 송악 지방의 호족 출신으로 패강진(은율), 혈구진(강화) 등 신라의 변경에 설치된 군진의 무력을 배경으로 사회적인 진출을 꾀하였다.

32 ㉡ 북진정책(고려 태조) : 태조는 청천강에서 영흥만까지 국경선 확보
㉣ 별무반(숙종, 1104년) : 12세기 여진의 침입으로 설치된 군사조직
㉢ 처인성 전투(1232년) : 13세기에 몽골이 침입하자 김윤후는 처인성에서 몽골 장수 살리타를 사살
㉠ 정동행성 설치(1280년) : 개경에 원의 내정간섭으로 설치된 관서

33 지방관을 파견한 것은 성종의 업적이다.

알/파/노/트

광종의 왕권강화정책 : 노비안검법 실시, 과거 제도 실시, 백관의 공복 제정, 연호 사용, 제위보 설치, 교·선종 통합

정답 31 ③ 32 ④ 33 ②

---

31 신라 말 왕건의 군사적 배경이 된 군 기관은?

① 청해진, 북진
② 북진, 대강진
③ 패강진, 혈구진
④ 혈구진, 당성진

32 다음 사건들을 시대순으로 바르게 나열한 것은?

> ㉠ 정동행성 설치   ㉡ 북진정책
> ㉢ 처인성 전투   ㉣ 별무반

① ㉠ → ㉡ → ㉢ → ㉣
② ㉣ → ㉢ → ㉠ → ㉡
③ ㉠ → ㉢ → ㉡ → ㉣
④ ㉡ → ㉣ → ㉢ → ㉠

33 광종의 업적으로 거리가 먼 것은?

① 과거제를 통해 문반 관리를 선출하였다.
② 12목에 지방관을 파견하여 중앙 집권화를 꾀하였다.
③ 노비안검법의 실시로 양인수의 확대를 꾀하였다.
④ 백관의 공복제정으로 관료제를 확립하였다.

34 성종이 다음 정책들을 통해 추구하였던 것으로 가장 알맞은 것은?

> • 국자감 정비
> • 지방에 경학 · 의학 박사 파견
> • 과거 제도 정비

① 지방 행정 정비
② 유학 교육 진흥
③ 공신과 호족 세력 숙청
④ 호족 세력 포섭

35 시무 28조에서 최승로가 다음과 같이 주장하여 강조한 것은?

> 불교는 수신의 본이요, 유교는 치국의 본이다.

① 억불 정책
② 유교 정치 이념 채택
③ 제왕의 불도 수행 의무
④ 중앙 집권을 통한 전제 왕권 강화

---

34 성종은 최승로의 시무 28조를 대부분 수용하여 유교 정치 이념을 정착시켜 유학에 조예가 깊은 인사들을 정치에 참여시키려 하였다.

알/파/노/트
성종의 치적: 유교 정치 사상 정립, 2성 6부 관제 실시, 지방에 12목 설치, 강동 6주 획득, 농업 장려, 의창 · 상평창 마련, 화폐 주조, 국자감 설치, 문신 월과법 실시, 수서원 · 비서원 설치

35 **최승로의 시무책**
• 유교 정치 이념에 입각한 정치 체제 확립
• 지방관 파견을 통한 집권 체제 정비 – 지방호족 세력 억제
• 불교와 토속적 신앙의 규제 강조
• 왕권의 전제화 반대
• 행정 기능이 강조되는 정치 체제 중시 – 제도 개혁과 민족 자주성 강조
• 서북 변경의 수비 강조 – 북계의 확정과 방어책
• 엄격한 신분 질서의 확립 – 양천 지법

알/파/노/트
최승로의 개혁안: 최승로는 경주 출신으로 신라가 항복할 때 아버지와 함께 경순왕을 따라 고려에 귀순하여 일찍부터 고려에서 벼슬을 한 학자 출신의 중앙 관료였다. 최승로의 시무책은 새로운 정치 질서 수립의 필요성을 느낀 성종에게 건의, 유교적 정치이념의 구현을 목표로 했기에 많은 조목에서 불교의 폐단을 비판하고 있으며, 유교의 '민본 정치 구현'과 관련된 민생의 안정을 강조하고 있다.

정답 34 ② 35 ②

36

36 이자겸의 난은 문벌 귀족 사회의 붕괴를 촉진하는 계기가 된 사건이다.

알/파/노/트
이자겸의 난
- 이 난으로 인해 정치기강이 더욱 문란해지고, 많은 인명이 살상되었으며 궁궐이 소실되었다.
- 왕권을 위축시키고 도참설과 서경 천도론이 대두된 계기가 되었다.
- 귀족정치의 모순을 나타낸 최초의 사건이다.
- 당시 귀족들이 정권·왕권을 둘러싸고 상호 간 대립이 얼마나 치열했는지를 알 수 있다.

37

37 고려의 삼사는 국가의 회계 업무를 담당했으며, 언관의 역할은 조선 시대에 이르러서 삼사가 담당하였다.

알/파/노/트
고려와 조선의 삼사의 차이점: 고려의 삼사는 전곡의 출납과 회계를 담당한 재정 기관이었으나, 조선의 삼사는 사간원·사헌부·홍문관으로 언론 기관이다.

38

38 경종 때 처음 실시된 전시과 제도는 관품과 인품을 모두 고려하여 전·현직 관료에게 모두 지급하였다(시정 전시과). 목종 때에는 지급량을 줄이고, 인품의 요소를 제외하여 일원적인 지급기준을 마련하였다(개정 전시과). 문종 때는 현직 관리에게만 지급하여 관직에게 물러나거나 죽으면 국가에 반납하도록 하였다(경정 전시과).
- 태조: 민생 정책을 펼치며 호족을 통합하고자 하였다.
- 광종: 노비안검법, 과거제, 백관공복제
- 성종: 최승로의 시무 28조 채택, 유교 진흥, 정치체제 정비

정답 36 ④ 37 ④ 38 ④

---

36 고려 시대 북진 정책의 성격을 잘못 설명한 것은?

① 고려 태조는 거란을 배척하였다.
② 묘청의 서경 천도 운동은 북진 정책과 밀접한 관련이 있다.
③ 고려 외교 정책의 기본 방향은 북진 정책과 친송 정책이다.
④ 이자겸 등은 북진 정책을 주장하다 실패하자 난을 일으켰다.

37 고려 시대 중앙 관제의 기능을 잘못 연결한 것은?

① 중서문하성 – 국가 주요 정책 의논·결정
② 상서성 – 행정 업무를 분담하는 6부의 관장
③ 중추원 – 군국 기무와 왕명 출납 업무 담당
④ 삼사 – 국왕 보좌와 언관 역할 담당

38 고려 전기의 왕과 그의 업적이 옳게 연결된 것은?

① 태조 – 고려 건국에 공이 있는 호족과 공신세력을 탄압하였다.
② 성종 – 노비안검법과 과거제를 실시하여 귀족을 견제하였다.
③ 광종 – 최승로의 시무 28조를 수용하여 통치 체제를 정비하였다.
④ 문종 – 전시과 제도를 전면 개편하여 정비된 체제를 마련하였다.

39 고려의 독자적인 중앙 관서인 식목도감의 기능으로 바른 것은?

① 풍기 단속과 감찰 담당
② 화폐와 곡식의 출납
③ 법제와 격식 문제 취급
④ 서경과 간쟁 담당

39 식목도감은 고려 시대 법제 및 격식 제정에 관한 문제를 의논한 재신(宰臣)과 추신(樞臣)의 회의 기관이다.

알/파/노/트
식목도감은 초기에는 율령, 조례 규정 등의 심의(제정)를 하는 것으로 출발하였으나 후기에는 국가의 중대사까지 논의하는 기관으로 변모하였다.

40 고려의 지방 제도를 바르게 설명한 것은?

① 군현에 6방(六房)을 두어 수령을 견제토록 하였다.
② 모든 현과 진에 임기 1년의 지방관을 두었다.
③ 지방 행정은 실질적으로 그곳의 향리가 담당하였다.
④ 양민의 집단 거주지인 향·소·부곡이 완전히 없어졌다.

40 지방관이 파견되지 않은 속현이 많았고 주현을 통해 간접적으로 중앙 정부의 통제를 받았다. 따라서 행정 사무는 실질적으로 향리들이 담당하였고, 향·소·부곡은 조선 초기에 소멸되었다.

41 고려 시대 향리에 대한 설명으로 옳지 않은 것은?

① 지방의 중심세력으로 사심관에 임명되었다.
② 실제적인 지방 행정 실무를 맡아보았다.
③ 속현이나 부곡을 실질적으로 지배하였다.
④ 고려 초에 토성을 분정받아 그 근거지를 본관으로 인정받기도 하였다.

41 향리는 원래 신라 말~고려 초기의 중소 호족 출신이었는데, 중앙 집권적 지배 체제의 정비 과정을 통하여 주민과 직접 접촉하는 행정실무자가 되었다.

알/파/노/트
향리(호장, 부호장): 말단 행정 담당, 일반 평민과 천민 집단의 조세·공물의 징수와 요역 징발의 사무 담당

정답 39 ③ 40 ③ 41 ①

42　① 실제 정무를 나누어 담당하는 6부를 두고 정책의 집행을 담당
③ 정치의 잘잘못을 논하고 관리의 비리를 감찰하는 임무를 담당
④ 재신과 낭사로 구성된 고려의 최고 관서

42　고려의 독자성을 보여주는 관청은?

① 중추원
② 도병마사
③ 어사대
④ 중서문하성

43　㉠ 1033년 → ㉣ 1107년 → ㉡ 1125년 → ㉢ 1218년

43　고려 시대의 대외 항쟁 관계를 시대순으로 바르게 연결한 것은?

㉠ 거란, 여진의 침입에 대비해 천리장성을 쌓았다.
㉡ 금이 요를 멸하고 사대 관계를 요구했다.
㉢ 고려가 몽골군과 합심해 거란을 쫓아냈다.
㉣ 윤관은 별무반을 이끌고 동북 지방에 9성을 쌓아 방어하였다.

① ㉠ → ㉡ → ㉢ → ㉣
② ㉠ → ㉣ → ㉡ → ㉢
③ ㉡ → ㉠ → ㉣ → ㉢
④ ㉣ → ㉠ → ㉢ → ㉡

44　고려 초기에는 유교 원리에 따른 국가운영을 강조하고, 유교 교육의 기틀을 마련하였다.
국자감은 고려 시대 최고의 교육 기관으로 유교 교육을 장려하였다. 또한, 문치·관료주의를 통한 왕권 강화(지방 호족 견제)를 위해 과거 제도를 실시하여 유학을 공부한 관리를 적극 등용하였다.

44　고려 전기에 실시된 다음의 사실들과 관련이 깊은 것은?

• 국자감 설치
• 과거 제도 실시

① 서민 중심 문화 발달
② 유교적 정치이념의 정착
③ 활발한 불교문화의 수용
④ 신권에 의한 왕권의 제한

정답　42 ②　43 ②　44 ②

45 다음의 토지에 대한 설명 중 잘못된 것은?

① 한인전 – 관직의 신분으로 보직을 얻지 못한 자에게 지급
② 구분전 – 하급관리나 군인의 유가족에게 지급
③ 공해전 – 각 관청에 지급
④ 전시과 – 시지만 지급

45 전시과 제도 : 문무 관리로부터 군인, 한인에 까지 18등급으로 나누어 수취할 수 있는 전지와 땔감을 얻을 수 있는 시지 지급

46 고려 시대 때 호적과 양안을 만들어 인구와 토지를 파악·관리하였던 곳은?

① 호부(戶部)
② 삼사(三司)
③ 이부(吏部)
④ 공부(工部)

46 재정을 운영하는 관청으로는 호부와 삼사를 두었다. 호부는 호적과 양안을 만들어 인구와 토지를 파악·관리하였으며, 삼사는 재정의 수입과 관련된 사무만 맡고 실제의 조세 수취와 집행은 각 관청이 하였다.

알/파/노/트
6부의 역할
- 이부 : 문관 인사, 공훈
- 병부 : 무관 인사, 국방
- 호부 : 호구, 조세, 공부
- 형부 : 법률, 소송
- 예부 : 의례, 외교, 교육
- 공부 : 토목, 건축, 공장

47 다음 사건과 관계가 깊은 인물은?

- 서경 천도를 주장하였다.
- 황제국을 선포하고 금나라를 정벌하자고 주장하였다.
- 서경에서 난을 일으켰지만 김부식에 의해 토벌되었다.

① 왕규
② 묘청
③ 최우
④ 기철

47 묘청은 서경 출신 인물들을 규합하면서, 고려조 중흥의 명당으로 여겨지는 서경으로 천도할 것을 주장하였다. 인종에게 고려를 황제국이라 칭하고 독자적 연호를 사용하여 금나라를 정벌할 것을 주장했다. 하지만 김부식의 관군에 의해 1년 만에 진압당하면서 오히려 서경의 지위가 하락하는 결과를 낳았다.

정답 45 ④ 46 ① 47 ②

48 **제위보**: 기금을 만들어 그 이자로 빈민을 구제

알/파/노/트
보(寶)의 발달
- 내용: 고리대업의 성행 속에 기금을 만들어 그 이자로 사업 경비를 충당함
- 보의 종류: 학보, 경보, 팔관보, 제위보
- 보 발달의 폐해: 때로는 본래의 목적에서 벗어나 이자 취득에만 급급하여 농민 생활에 막대한 폐해를 끼침

48 고려 시대에 빈민 구제를 목적으로 만들어진 것은?

① 학보
② 경보
③ 제위보
④ 팔관보

49 자신의 소유지를 노비에게 경작하게 하거나 소작을 시켜 생산량의 반을 거두었다.

49 고려 시대 귀족의 경제 생활로 틀린 것은?

① 경제 기반은 상속받은 토지와 과전·녹봉이었다.
② 화려하고 사치한 생활을 영위하였다.
③ 자신이 소유한 토지에서는 생산량의 10분의 1을 거두었다.
④ 현직 관료는 녹봉으로 쌀, 보리 등의 곡식을 주로 받았다.

50 수공업에 종사하던 고려 사회의 최하층은 소(所)이며, 향·부곡은 농업에 종사하였다.

알/파/노/트
현 밑에는 촌, 향·소·부곡 등이 존재(촌: 평민의 거주, 향·부곡: 반항 지역의 주민, 천민의 집단 거주지)

50 고려의 지방 행정 구역 중 수공업에 종사하던 양민 특수 집단은?

① 군(郡)
② 소(所)
③ 주(州)
④ 향(鄕)

정답 48 ③ 49 ③ 50 ②

51 고려 시대의 토지 제도인 과전, 공음전, 한인전, 구분전이 공통적으로 반영하는 것은?

① 관직 사회의 안정적 유지를 위한 토지 분급
② 국가 재정 확보를 위한 수조권 행사
③ 모든 토지의 소유와 세습을 부정하는 왕토 사상
④ 농민의 생활 안정을 위한 경작권 보호

51 과전, 공음전, 한인전, 구분전은 관직 사회의 안정적 유지를 위해 토지 분급을 공통적으로 반영한 것이다.

52 고려 시대의 경제 정책으로 바르지 않은 것은?

① 농업 안정책으로 개간 장려, 농번기에 잡역 동원 금지를 실시하였다.
② 농민 안정책으로 재해 시 조세 감면, 고리대 이자 제한, 의창을 실시하였다.
③ 소(所)에서 수공업을 생산하여 공물로 바쳤다.
④ 농업 경제뿐만 아니라 상업과 수공업도 함께 발달하였다.

52 고려 시대는 자급자족적인 농업 경제를 기본으로 하였기 때문에 상업과 수공업의 발달은 부진하였다.

알/파/노/트
수공업
- 관청 수공업 형태. 기술자를 관청에 두어 무기, 비단 등을 만들게 함
- 소(所)에서 수공업 생산: 먹, 종이, 금, 은 등 수공업 제품을 생산하여 공물로 바치게 함

53 고려 시대 백정에 대한 옳은 설명은?

① 도살업에 종사하는 사람
② 지방관을 보좌하는 하급 장교
③ 특별한 직역을 부담하지 않는 농민
④ 각 관서나 궁중에서 잡일을 하는 사람

53 고려 시대의 백정은 특별한 직역을 부담하지 않는 장정이었다. 조선 시대에 와서는 가축을 잡는 사람(도살업자)을 의미하고 천민층에 속하였다.

정답 51 ① 52 ④ 53 ③

54 조세는 토지를 논과 밭으로 나누고 비옥한 정도에 따라 3등급으로 나누어 부과하였으며 거두는 양은 생산량의 10분의 1이었다. 또 역은 국가에서 백성의 노동력을 무상으로 동원하는 제도로 16세에서 60세까지의 남자를 정남이라 하여 의무를 지게 했다.

55 전시과는 문무 관리·군인·한인 등을 18등급으로 나누어 전지와 시지의 수조권을 지급하는 것으로 관직 복무와 직역에 대한 대가이므로 죽거나 퇴직 시에는 반납하여야 했다.

56 고려 수공업은 고려 전기에 관청 수공업과 소(所) 수공업이 중심이었으나 후기에는 사원 수공업과 민간 수공업이 발달하였다.

알/파/노/트
- 관청 수공업 : 공장안에 등록된 공장들이 국가·왕실·귀족들의 필요 물자 생산
- 사원 수공업 : 승려와 노비가 직물·기와·술·소금 등의 품질 높은 수공업 제품 생산
- 민간 수공업 : 농촌 가내 수공업 중심

정답 54 ④ 55 ① 56 ②

---

54 고려 시대의 수취 제도에 대한 설명으로 옳은 것은?

① 조세는 토지의 비옥도에 관계없이 일정하게 부과되었다.
② 토지를 소유한 모든 농민들은 조세로 생산량의 반을 내야 했다.
③ 역은 정남이라 하여 모든 남자를 무상으로 동원하였다.
④ 공물은 매년 내는 상공과 수시로 내는 별공이 있었다.

55 고려의 전시과 제도에 대한 설명으로 바른 것은?

① 관직이나 직역을 담당한 자에게 지급하였다.
② 국가가 농민들에게 토지를 균등히 나누어 준 제도였다.
③ 관리는 수조권을 받았으며, 이는 세습할 수 있었다.
④ 수조권자는 받은 수조권지를 마음대로 처리할 수 있었다.

56 고려 시대의 수공업에 대한 설명으로 틀린 것은?

① 관청 수공업, 소(所) 수공업, 사원 수공업, 민간 수공업이 있다.
② 고려 후기에는 관청 수공업과 소(所) 수공업이 중심이 되었다.
③ 소(所)는 금, 은, 철, 구리, 실, 옷감, 종이, 먹, 차, 생강 등을 생산하여 공물로 납부하였다.
④ 사원에서는 베, 모시, 기와, 술, 소금 등 품질 좋은 제품을 생산하였다.

57 고려 시대 문벌 귀족의 경제적 기반이 되었던 것은?

① 한인전
② 구분전
③ 공음전
④ 내장전

57 공음전은 5품 이상 관료에게 지급했던 것으로 음서제와 함께 귀족의 경제기반이 되었다.

> **알/파/노/트**
> **문벌 귀족의 특권**
> • 정치적: 과거·음서제를 통해 관직 독점
> • 경제적: 과전, 공음전, 사전(賜田), 불법적인 토지 겸병

58 다음의 제도를 실시한 공통적인 목적은?

> • 의창
> • 상평창
> • 환곡

① 국방력 강화
② 농민 생활 안정
③ 민족 문화 발달
④ 예술 활동 장려

58 농민 생활을 안정시키기 위한 제도였다.

> **알/파/노/트**
> **의창과 상평창**: 의창은 평상시에 곡물을 보관하였다가 흉년에 빈민에게 나누어 주었던 제도이고, 상평창은 곡식과 베의 값이 내렸을 때 사들였다가 값이 오르면 싸게 내다 팔아 물가 안정을 도모하였던 제도

59 다음에서 설명하고 있는 대상은 무엇인가?

> 일정한 기금을 만들어 그 이자를 공적인 사업의 경비로 충당할 목적으로 마련된 것이나, 오히려 이자 취득에만 급급하여 농민들의 생활에 막대한 폐해를 끼쳤다.

① 보
② 소
③ 사원
④ 대비원

59 고리대가 성행하자 일정한 기금을 만들어 그 이자를 공적인 사업의 경비로 충당하는 보가 출현하였다. 보에는 학보, 경보, 팔관보, 제위보 등이 있었다. 그러나 이런 보는 오히려 이자 취득에만 급급하여 농민들의 생활에 막대한 폐해를 끼쳤다.

정답 57 ③ 58 ② 59 ①

60 고려 시대의 공납은 호구 기준으로 부과하였으며, 상공·별공으로 구분하여 징수하였기 때문에 조세보다 부담이 무거웠다.

> **알/파/노/트**
> 고려 시대의 조세는 토지를 논, 밭으로 나누고 비옥한 정도에 따라 3등급으로 나누어 부과하였는데 그 양은 생산량의 10분의 1이었다.

60 고려 시대의 수취 체제에 대한 설명으로 바르지 못한 것은?

① 호적을 작성하고 토지를 조사하여 세금을 걷었다.
② 집집마다 토산물을 공물로 거두었는데, 조세보다 부담이 적었다.
③ 16세에서 60세까지의 남자를 정남이라 하여 역의 의무를 지게 하였다.
④ 민전의 조세율은 수확의 10분의 1이 원칙이었다.

61 『고려사』는 1449년(세종 31년) 편찬하기 시작하여 1451년(문종 1년)에 완성된 고려 시대 역사서로 고려 시대의 정치, 경제, 사회, 문화, 인물 등을 기전체로 정리한 것이다.
② 『삼국사기』(1145년): 김부식이 삼국 시대의 정사를 기전체로 기록
③ 『제왕운기』(1287년): 이승휴가 7언시와 5언시로 지은 역사책
④ 『해동고승전』(1215년): 각훈이 우리나라 고승들의 전기를 정리하여 편찬한 책

61 고려 시대에 편찬된 사서가 아닌 것은?

① 『고려사』
② 『삼국사기』
③ 『제왕운기』
④ 『해동고승전』

62 고려는 농업을 중시한 정책을 폈다.

> **알/파/노/트**
> - 중농 정책 추진: 민생 안정, 국가 재정 확보를 위해 생산력 증대 도모, 농번기에는 잡역 동원 금지, 개간지에 일정한 기간 면세
> - 농민 안정책: 재해를 입었을 때 세금 감면, 고리대의 이자 제한, 의창제를 실시

62 고려 시대 농번기에는 농민을 잡역에 동원하지 못하게 하고, 이자가 원곡과 같은 액수가 되면 그 이상 이자를 받지 못하게 한 정책을 실시한 궁극적인 목적은?

① 농민 보호
② 귀족 중심의 경제 정책 실현
③ 상업의 발달 도모
④ 불교 장려

정답 60 ② 61 ① 62 ①

63 고려 시대의 무역 활동으로 틀린 것은?

① 중앙 집권화되면서 사무역은 쇠퇴하고 공무역이 중심이 되었다.
② 국내 상업이 발전하면서 송, 요 등 외국과의 무역도 활발해졌다.
③ 벽란도는 대외 무역의 발전과 함께 국제 무역항으로 번성하였다.
④ 고려 대외 무역에서 가장 큰 비중을 차지한 것은 여진과의 무역이었다.

63 고려의 대외 무역에서 가장 큰 비중을 차지한 것은 송과의 무역이었다. 고려는 서해안의 해로를 통하여 송으로부터 왕실과 귀족의 수요품을 수입하고 종이, 인삼 등 수공업품과 토산물을 수출하였다.

64 다음 중 고려 시대 일반 백성들의 생활로 틀린 것은?

① 농민의 공동체 조직은 향도였다.
② 민간에서의 상장제례는 토착 신앙, 불교, 도교를 따랐다.
③ 여성의 재가가 비교적 자유로웠다.
④ 딸이 제사를 지닐 수 없었다.

64 고려 시대에 부모의 유산은 자녀에게 골고루 분배되었으며, 아들이 없을 경우 양자를 들이지 않고 딸이 제사를 받들었다. 상복 제도에서도 친가와 외가의 차이가 크지 않았다.

알/파/노/트
고려 시대 여성의 지위
- 자녀 균분 상속
- 태어난 차례대로 호적에 기재(남녀 차별 없음), 딸도 제사를 모심
- 상복 제도에서 친가와 외가의 차이가 없음, 사위가 처가의 호적에 입적 가능, 사위와 외손자에게도 음서 혜택
- 재가 허용

65 고려 시대의 사회 시설과 그 설명이 바르게 연결된 것은?

① 구급도감 – 백성들이 약을 구할 수 있게 편의를 도모하는 기관이다.
② 의창 – 환자를 치료하고 빈민을 구휼하려고 개경에 설치하였다.
③ 동·서대비원 – 평시에 곡식을 비축하였다가 흉년에 빈민을 구제하는 기관이었다.
④ 상평창 – 개경, 서경, 12목에 설치하여 물가의 안정을 도모하였다.

65 ① 구휼(救恤) 사업을 위해 설치한 임시 기관
② 농민 구제를 위해 곡물을 비치했다가 흉년에 나누어줌
③ 개경에 설치되었고 환자 진료 및 빈민 구휼을 담당

정답 63 ④ 64 ④ 65 ④

66 고려 시대에는 여성의 지위가 비교적 높아 여자도 호주가 될 수 있었다. 그리고 남녀 구별 없이 태어난 순서대로 호적에 기입하였고, 유산은 골고루 분배되었다.

알/파/노/트
여성의 사회 진출에는 제한이 있었지만 그 밖의 가정이나 경제 운영에 있어서는 남성과 대등한 위치에 있었다.

66 **고려 시대 여성 지위에 대한 설명으로 맞는 것은?**
① 유교 윤리로 여성의 재가는 금지되었다.
② 여성의 지위는 높았으나 호주가 될 수는 없었다.
③ 재산 상속시 자녀 균분 상속이었다.
④ 호적 기재시 남자가 먼저 기재되었다.

67 외거 노비의 지위는 신분적으로 주인에게 예속되어 있었으나 경제적으로는 농민과 비슷한 경제 생활을 하였으며, 자신의 노력으로 재산을 늘리거나 지위를 상승할 수 있었다.

알/파/노/트
노비 : 가내 노동을 하는 솔거 노비와 신공으로 베나 곡식을 바치는 외거 노비가 있었음

67 **고려 시대 노비의 생활상에 대한 설명으로 바른 것은?**
① 음서에 의하여 관직으로 진출할 수 있었다.
② 민전의 성격을 지닌 토지를 소유할 수 있었다.
③ 노비 간의 소생은 아버지의 소유자에게 귀속되었다.
④ 양민층으로 신분 상승의 기회가 없었다.

68 특수 집단은 양민에 비하여 더 많은 세금 부담을 지고 있었다.

68 **고려 시대 때 향, 소, 부곡에 거주하는 특수 집단에 대한 설명으로 바르지 않은 것은?**
① 일반 군현에 거주하는 양민보다는 적은 세금 부담을 지고 있었다.
② 거주·이전하는 것이 원칙적으로 금지되어 있었다.
③ 일반 군현민들이 반란을 일으키면 군현을 부곡 등으로 강등하기도 했다.
④ 향·부곡에서는 농업을, 소에 거주하는 이들은 수공업을 생업으로 하였다.

정답 66 ③ 67 ② 68 ①

69 고려와 몽골 간의 전쟁 시기에 일어난 일이 아닌 것은?

① 강화도 천도는 몽골에 대한 지속적인 항전의 표현이었다.
② 몽골 사신이 국경에서 피살되는 사건이 원인이 되어 전쟁이 일어났다.
③ 몽골이 침입하자 삼별초가 최씨 무신 정권을 무너뜨렸다.
④ 불법(佛法)으로 몽골의 침입을 막고자 팔만대장경판을 제작하였다.

70 고려 시대 지배 계층의 변천 과정을 바르게 나열한 것은?

① 호족 → 문벌 귀족 → 무신 → 권문세족 → 신흥 무인 세력
② 호족 → 문벌 귀족 → 신진 사대부 → 권문세족
③ 문벌 귀족 → 호족 → 신진 사대부 → 권문세족
④ 문벌 귀족 → 무신 → 호족 → 신진 사대부

71 다음 내용에 해당하는 고려 시대의 사회 기구로 맞는 것은?

> 평시에 곡물을 비치하였다가 흉년에 빈민을 구제하는 제도로 고구려의 진대법과 유사한 것이었다.

① 의창
② 제위보
③ 경시서
④ 상평창

---

69 삼별초는 고려와 몽골이 강화하여 개경 환도를 결정하자, 고려 정부와 몽골 세력에 반대해 봉기하였다.
① 강화도의 고려 정부는 주민들을 산성과 섬으로 피난시키고 항전과 외교를 병행하면서 저항하였다.
② 몽골 사신 저고여의 피살을 구실로 침략하였다(1231년).
④ 최우는 팔만대장경을 조판(1236~1251년)하여 부처의 힘으로 나라를 구하고자 하였다.

70 호족(왕건과 지방 호족 간의 정략 결혼) → 호족의 문벌 귀족화 → 무인 정권(무신 정변) → 권문세족(친원 세력) → 신흥 무인(이성계) 및 신진 사대부

71 고려의 사회 제도 중에는 평시에 곡물을 비치하였다가 흉년에 빈민을 구제하는 의창이 있었는데, 이는 고구려의 진대법과 유사한 것이었다.

알/파/노/트
여러 가지 사회 제도
- 의창: 곡물을 비치하였다가 흉년에 빈민에게 나누어줌, 고구려의 진대법 계승
- 상평창: 개경과 서경 및 12목에 설치, 물가 안정 정책
- 의료기관: 동·서대비원(환자진료 및 빈민구휼), 혜민국(의약 전담)
- 구제도감·구급도감: 각종 재해 때에 임시 기관으로 설치
- 제위보: 기금 마련 후 이자로 빈민 구제

정답 69 ③ 70 ① 71 ①

72 지방에 소유하고 있는 광대한 농장으로 경제 기반을 이루고 있는 계층은 권문세족이다.

72 다음 중 고려의 문벌 귀족과 관련이 없는 것은?

① 고려의 귀족 사회는 신라의 골품제적인 사회가 붕괴된 위에서 형성되었다.
② 고려 귀족의 경제 기반은 그들의 출신 지방에 소유하고 있는 광대한 농장이었다.
③ 고려의 귀족들은 신분 사회를 유지하기 위하여 서로 중첩된 혼인 관계를 맺었다.
④ 고려의 귀족 사회는 무신난을 계기로 붕괴하였다.

73 고려 초기 유학은 유교주의적 정치와 교육의 기틀을 마련하였으며, 인종 때 시문을 중시하는 귀족 취향의 경향이 강하였다. 유교 경전에 대한 전문적 이해가 깊어져 유교 문화는 한층 성숙해졌으나 무신 정변 이후 귀족 세력이 몰락함에 따라 유학은 한동안 크게 위축되었다.

73 고려 시대 문화적 특징으로 옳지 않은 것은?

① 고려 시대 초기에 들어온 유학은 무신 집권기에 더욱 번창하였다.
② 아악은 송에서 수입된 대성악이 궁중음악으로 발전된 것이다.
③ 9재 학당이 번성하여 관학이 위축되었다.
④ 『삼국유사』는 고대 민간 설화나 전래 기록을 수록하였다.

74 무신 정변의 원인은 문무 차별에 대한 불만으로 정치 권력과 토지 분배의 차별 대우, 문신의 군사 지휘권 장악 등으로 야기되었다.

알/파/노/트
무신 정변의 원인
- 문·무반 차별 대우(숭문 천무의 정책)와 그로 인한 두 세력 간의 대립
- 군인 대우의 열악(전투와 노역 징발, 문신의 군인전 침탈)으로 생활고에 처한 무신들의 불만 고조
- 의종의 실정(총애 문신들의 무신 멸시)

74 무신 정변이 일어난 원인이 아닌 것은?

① 의종의 실정
② 무반에 대한 차별
③ 무신의 현실적 지위 하락
④ 무신들의 문신 멸시

정답 72 ② 73 ① 74 ④

75 묘청의 서경 천도 운동에 대한 설명으로 옳지 않은 것은?

① 묘청 일파는 풍수지리설을 이용하였다.
② 김부식이 이끄는 관군에 의해 진압되었다.
③ 묘청은 거란을 정벌해야 한다고 주장하였다.
④ 서경파 문신과 평양 출신의 승려 묘청 등이 일으켰다.

75 서경 천도를 주장했던 묘청은 고구려 계승의식을 지녔으며, 금국 정벌을 주장하였다.

76 삼별초에 대한 설명으로 잘못된 것은?

① 원래 최씨 무신 정권의 사병 조직이었다.
② 몽골과의 굴욕적 강화에 반대하였다.
③ 개경 환도 후 정부와 연합하여 몽골에 저항하였다.
④ 배중손, 김통정 등이 주도하였다.

76 개경 환도를 몽골에 대한 항복으로 여겨 정부의 환도에 반대하였다.

알/파/노/트
삼별초의 항쟁
• 배경 : 무신 정권의 붕괴와 몽골과의 굴욕적인 강화와 개경 환도에 대한 반발
• 경과 : 강화도에서 진도(배중손), 제주도(김통정)로 이동하며 여·몽 연합군에 항쟁 → 지리적 이점과 민중들의 지원으로 항전 가능

77 다음은 공민왕의 개혁 내용을 열거한 것이다. 이를 종합하여 추론할 수 있는 공민왕 개혁 정치의 기본 방향은?

• 기철 등을 숙청하였다.
• 관제를 복구하였다.
• 정동행성의 이문소를 폐지하였다.
• 쌍성총관부를 공략하였다.

① 자주성의 회복
② 고구려 영토의 회복
③ 신진 사대부와의 제휴
④ 신흥 무인 세력의 육성

77 공민왕은 대내적으로는 왕권 강화, 대외적으로는 반원 자주를 실현하였다.

정답 75 ③ 76 ③ 77 ①

78 공민왕의 개혁 정치
- 몽골풍의 폐지와 관제의 복구
- 친원파 숙청, 정동행성 폐지
- 쌍성총관부·동녕부의 회복
- 요동수복정책
- 전민변정도감을 설치하여 권문세족 세력약화

78 공민왕의 반원 정책이 <u>아닌</u> 것은?

① 관제 복구와 몽골풍을 폐지했다.
② 원이 세운 정동행성 이문소를 폐지했다.
③ 권문세족과 연대를 강화하고 토지 제도를 정비했다.
④ 신돈은 전민변정도감의 판사가 되어 정치개혁을 단행했다.

79 ① 중추원은 밀직사로 관제가 격하되었으며, 도병마사가 도평의사사로 명칭이 변경되었다.
② 고려 국왕은 원 황실의 부마가 되면서, 묘호 앞에 '충'자가 붙고 조·종이 왕으로 격하되었다.
③ 공녀로 끌려간 여인 중에는 특별한 지위에 오른 사람도 있었다.

79 원 간섭기에 대한 설명으로 옳은 것은?

① 중추원은 도평의사사로 명칭이 변경되었다.
② 고려 국왕은 원 황실의 부마가 되어 막강한 권한을 가지게 되었다.
③ 원에 공녀로 뽑혀 간 여인들은 모두 노예로서 비참한 생활을 하였다.
④ 탐라총관부, 쌍성총관부, 동녕부와 같은 통치기구가 설치되었다.

80 음서 제도는 공음전과 함께 문벌 귀족 세력을 강화시키는 구실을 하였으며, 이 영향으로 이후에 몇몇 가문이 고위 관직을 독점하기도 하였다.

80 음서제는 5품 이상 고위 관직자의 자식에게 과거를 보지 않고도 관직을 받을 수 있도록 규정한 제도이다. 이 제도가 고려 사회에 미친 영향을 바르게 설명한 것은?

① 과거제의 기능이 점차 약화되었다.
② 새로운 관료층의 진출이 활발해졌다.
③ 보수적인 사대 외교를 전개하였다.
④ 몇몇 가문이 고위 관직을 독점하였다.

정답 78 ③ 79 ④ 80 ④

81 〈보기〉는 고려 시대 관직의 하나인 산직(散職) 중 무엇을 설명한 것인가?

― 보기 ―
- 산직층 하층부에 설치. 음서를 주로 받았음
- 관직의 초직으로서의 기능, 실직으로의 진출 기능

① 검교직 ② 첨설직
③ 동정직 ④ 천무직

81 동정직
정원이 제한된 실직(實職)의 한계를 극복하고 많은 사람을 관료체제에 흡수하기 위해 마련된 직제이므로 중앙 집권 체제가 정비된 성종 재위기에 설치된 것으로 보인다. 이 관직은 문반 정 6품 이하와 무반 정5품 이하 및 남반(南班)과 승관(僧官) 등에 설정되었다. 초입사직으로 활용되었으며, 음서(蔭敍)로 벼슬한 자에게는 모두 이 산직을 주었고, 훈직으로 활용되기도 하여, 실직과 동정직을 함께 가지는 경우도 있었다.

82 다음에서 고려 시대 지배 계층의 변천 과정을 바르게 나열한 것은?

⊙ 권문세족   ⓒ 무신
ⓒ 문벌 귀족   ⓔ 신진 사대부

① ⊙ → ⓒ → ⓒ → ⓔ
② ⓔ → ⓒ → ⓒ → ⊙
③ ⓒ → ⓒ → ⓔ → ⊙
④ ⓒ → ⓒ → ⊙ → ⓔ

82 문벌 귀족은 무신들이 정권을 잡은 계기로 몰락하였고, 권문세족은 고려 후기 원의 세력으로 인해 성장하였다.

83 공민왕의 개혁 정책으로 틀린 것은?

① 성균관을 순수 유학기관으로 개편하였다.
② 쌍성총관부를 공격하여 철령 이북의 땅을 수복하였다.
③ 고려의 내정을 간섭하던 정동행성 이문소를 폐지하였다.
④ 정방을 폐지하고 사림원 설치로 부원세력을 중시하였다.

83 공민왕은 왕권을 제약하고 신진 사대부의 등장을 억제하고 있던 정방을 폐지하였고, 전민변정도감을 설치하였다. 또 승려 신돈을 등용하여 권문세족이 부당하게 빼앗은 토지와 노비를 본래의 소유주에게 돌려주거나 양민으로 해방시켰다. 사림원은 충선왕이 설치하였다.

정답 81 ③ 82 ④ 83 ④

84 최우 정권하에서 독자적 인사권을 가진 기구는?

① 정방
② 도방
③ 교정도감
④ 삼별초

84
② 사병집단
③ 무인 정권 최고 권력기관
④ 형식적으로는 공적인 부대이나 실질적으로 최씨의 사병 집단, 항몽전

알/파/노/트
최씨 정권의 권력 구조
- 정치기구 : 교정도감, 정방, 서방
- 군사기구 : 도방, 삼별초
- 경제적 배경 : 막대한 사병을 양성하고 무신 정권을 유지하기 위해 전국 각처에 농장 소유

---

85 다음 중 고려 시대 전통적인 문벌 귀족과 지방 신진 관료와의 대립으로 나타난 사건은?

㉠ 이자겸의 난
㉡ 묘청의 서경 천도 운동
㉢ 삼별초의 난
㉣ 망이·망소이의 난

① ㉠, ㉡   ② ㉡, ㉢
③ ㉢, ㉣   ④ ㉣, ㉠

85 귀족 사회의 모순으로 나타난 내부 분열은 전통적인 문벌 귀족과 지방 출신의 신진 관료 세력 사이의 대립으로 나타났다. 그 대표적인 사건이 이자겸의 난과 묘청의 서경 천도 운동이었다.

---

86 고려가 거란의 침입을 물리친 결과로 나타난 현상은?

㉠ 무과의 설치
㉡ 광군사의 설치
㉢ 천리장성과 나성의 축조
㉣ 고려, 송, 거란이 정립하는 국제 관계의 안정

① ㉠, ㉡   ② ㉠, ㉢
③ ㉡, ㉣   ④ ㉢, ㉣

86 광군사는 고려 초 정종 때 설치되었다.

알/파/노/트
거란의 침입
- 제1차 침입 결과 : 고려는 송과의 단교를 조건으로 강동 6주를 설치하여 압록강까지 영토 확장
- 제2차 침입 결과 : 현종의 친조를 조건으로 퇴각, 양규가 귀주에서 격파
- 제3차 침입 결과 : 고려군의 협공을 받아 후 퇴각하다가 귀주에서 강감찬에게 섬멸당함(귀주 대첩, 1019년)

정답 84 ① 85 ① 86 ④

87 고려 시대 몽골의 영향력 때문에 일어난 일이 <u>아닌</u> 것은?

① 결혼도감을 통하여 공녀를 요구하였다.
② 만적의 난 등 하층민의 동요가 있었다.
③ 순마소를 설치하고 경찰 근위 업무를 담당하였다.
④ 권문세족이 등장하여 도평의사사를 장악하였다.

88 원 간섭기의 고려 사회에 대한 설명으로 <u>틀린</u> 것은?

① 친원 세력이 신진 사대부로 성장하는 경우가 적지 않았다.
② 고려 사회에는 몽골풍이 유행하였다.
③ 이 시기에 몽골로 흘러 들어간 사람들을 통해 고려 풍습이 몽골에 전해졌다.
④ 원의 공녀 요구는 고려에 심각한 사회 문제를 가져왔다.

89 고려 무인 집권 시 전국에 걸쳐 농민, 노비들의 봉기가 있었다. 이 가운데 공주 명학소에서 봉기했던 사람들은?

① 효심
② 김사미
③ 조위총
④ 망이·망소이

---

87 만적의 봉기는 무신 정권기 때 일어났다. 무신 정권이 끝나고 몽골과 강화를 맺었다.

알/파/노/트
몽골 침입의 영향
- 국토의 황폐와 문화재 소실 : 대구 부인사에 보관하고 있던 대장경판, 경주 황룡사 9층 목탑 등 많은 문화재 소실
- 최씨 정권에 대한 민심 이반 : 최씨 정권은 농민에 대한 적극적인 보호 대책 없이 오히려 가혹한 수탈로 농촌 경제가 파탄 지경에 이름

88 원 간섭기에는 친원 세력이 권문세족으로 성장하는 경우가 적지 않았다.

알/파/노/트
원 간섭기의 관제 변화 : 중서 문하성과 상서성을 합쳐 첨의부로 하고, 6부는 4사로 통·폐합되었으며, 중추원은 밀직사로 격하되었다.

89 망이·망소이의 난은 1176년 공주 명학소라는 천민 부락에서 일어났다. 이는 공주를 장악하고 세력을 급속히 넓혀 갔다.

알/파/노/트
- 농민의 봉기 : 소극적 저항에서 대규모의 봉기 전개(12세기)
- 조위총의 난 : 농민 가세 → 난 진압 후에도 농민 항쟁 전개
- 농민 항쟁 : 공주 명학소의 망이·망소이의 봉기, 김사미(운문)·효심(초전)의 봉기

정답 87② 88① 89④

90 망이·망소이의 난이 일어나자 정부는 천민거주지인 이곳 명학소를 현으로 승격시켜 난을 진정시키고자 했다.
①은 최충헌 집권 후 무력 진압, ②는 교종계통 승려들이 문신과 연결하여 무신 정권에 대항, ③은 신분해방 운동이다.

90 무신 집권기 농민과 천민의 봉기에 대한 설명으로 바른 것은?

① 무신 집권 말까지 전국적으로 계속
② 무신 정권에 반대하는 무신 세력과 연결
③ 무신 정권의 타도와 왕정 복구가 목적
④ 정부는 무력 진압하면서도 일부 요구 수용

91 지방에는 향교가 설치되어 지방 관리와 서민의 자제들의 교육을 담당하였다.

91 고려 시대의 교육 기관에 대한 설명으로 옳지 <u>않은</u> 것은?

① 중앙에는 국립대학으로 국자감(국학)이 설치되었다.
② 숙종 때에는 국자감에 서적포를 두어 서적 간행을 활성화하였다.
③ 양현고라는 장학 재단을 두어 관학의 경제 기반을 강화하였다.
④ 지방 관리와 서민의 자제들의 교육 기관은 태학이었다.

92 삼국사기는 현존하는 우리나라 최고(最古)의 역사서로서, 유교적 합리주의 사관에 기초하여 기전체로 서술되었고, 신라 계승 의식이 더 많이 반영된 것으로 평가받고 있다.

알/파/노/트
기전체: 사마천의 사기와 같이 역사를 본기, 지, 열전, 연표 등으로 나누어 편찬하는 형식이다.

92 다음 설명에 해당하는 책의 저자는 누구인가?

- 현존하는 우리나라 최고(最古)의 역사서
- 유교적 합리주의 사관에 기초하여 기전체로 서술
- 신라 계승 의식 반영

① 김부식
② 일연
③ 이승휴
④ 이규보

정답 90 ④ 91 ④ 92 ①

93 고려 전기의 불교에 관한 설명으로 올바른 것은?

① 고려 현종 이후에 선종 계통의 법상종이 새로 대두하여 화엄종과 함께 불교계의 주류를 이루었다.
② 혜능에 의해 고려 불교는 종래의 기복 신앙이나 샤머니즘적 성격에서 철학적 이론으로 체계화되어 갔다.
③ 체관에 의해 이루어진 천태종의 창립은 단순한 종파 창설이 아니라 5교 9산의 전 불교 교단을 재편하는 것이었다.
④ 신라 말기에 시작된 교종과 선종의 대립은 고려 초에 이르러서도 그대로 지속되었다.

93 ① 법상종은 교종 계열이다.
② 혜능은 중국 선종의 6대 조사로 중국인이다.
③ 천태종의 창립자는 대각국사 의천이다.

94 고려 시대의 불교계 동향으로 틀린 것은?

① 의천은 천태종을 창시하여 이를 뒷받침할 사상적 바탕으로 교관겸수를 제창하였다.
② 혜심은 화엄 사상을 기본으로 교단을 설립하였다.
③ 지눌은 수선사 결사를 제창하였고, 정혜쌍수를 바탕으로 돈오점수를 주장하였다.
④ 요세는 백성의 신앙적 욕구를 고려하여 백련결사를 제창하였다.

94 혜심은 유불일치설을 주장하여 심성의 도야를 강조하여 장차 성리학을 수용할 수 있는 사상적 토대를 마련하였다. 화엄 사상을 주장한 사람은 통일신라의 의상이다.

95 고려의 건축 문화와 관련된 설명으로 타당하지 못한 것은?

① 궁전과 사찰 중심의 건축 문화가 발달하였다.
② 석탑은 전형적인 3층 석탑이 주로 만들어졌다.
③ 선종의 유행과 더불어 부도가 많이 만들어졌다.
④ 석탑의 경우 신라에 비해 안정감과 조형 감각이 다소 뒤떨어진다.

95 고려 시대의 석탑은 형식에 구애받지 않고 여러 형태로 제작되었다.

정답 93 ④ 94 ② 95 ②

96
- **해인사**: 신라 애장왕 때 건립. 고려 건국 후 국찰로 삼음
- **해인사 장경판전**: 평초석(돌) 위에 배흘림 기둥을 세워 올림

알/파/노/트
고려의 석탑은 대체로 안정감이 없어 조형 감각 면에서 신라 시대보다 뒤떨어지고 있으나 오히려 형식이 자연스러운 면이 있다.

97
『직지심체요절』은 현존하는 세계 최고(最古)의 금속활자본으로, 원래 명칭은 '백운화상초록불 조직지심체요절'이고 '직지심요', '직지' 또는 '심요'라고 약칭되기도 한다. 직지심체요절은 1372년에 저술되었고, 1377년에 금속활자로 인쇄되었으며, 독일의 구텐베르크 금속활자 인쇄보다 70여 년이 앞선다.
① 『삼국사기』는 고려 인종 때 편찬한 삼국 시대의 역사서이다.
③ 『삼국유사』는 고려 충렬왕 때 일연이 고구려·백제·신라 삼국의 유사(遺事)를 모아 편찬한 역사서이다.
④ 『고금상정예문』은 고려 인종 때 고금의 예문을 모아 편찬한 책으로, 활자로 인쇄된 세계최초의 서적이다.

98
친원적인 성향과 대농장 소유는 권문세족에 대한 설명이다.

정답 96 ③ 97 ② 98 ④

96
고려 시대 목조 건축물이 아닌 것은?
① 부석사 무량수전
② 수덕사 대웅전
③ 해인사 장경판전
④ 봉정사 극락원

97
현재까지 남아 있는 가장 오래된 금속활자본은?
① 『삼국사기』
② 『직지심체요절』
③ 『삼국유사』
④ 『고금상정예문』

98
신진 사대부에 대한 설명으로 틀린 것은?
① 지방 향리의 자제들이 대부분이었다.
② 공민왕 때 성균관의 중역으로 크게 성장하였다.
③ 성리학을 학문적 기반으로 삼았다.
④ 친원적인 성향을 띠며 농장을 소유하였다.

99 조선 초기 병역과 군사 제도에 관한 설명으로 잘못된 것은?

① 양인 개병제의 실시로 군역을 면제받는 사람이 없어졌다.
② 세조 이후에는 진관 체제를 실시하여 전국 군현을 지역 단위 방위 체제로 편성하였다.
③ 양인 장정은 현역 군인이 되거나 보인이 되어야 했다.
④ 중앙군은 궁궐과 서울을 수비하는 5위로 구성되었다.

100 16세기의 경제 상황에 대한 설명으로 잘못된 것은?

① 양인 개병 원칙을 지키기 위해 양반 자제에게도 군역을 지게 하였다.
② 곡물 매매와 방납을 통해 막대한 경제적 이득을 취한 큰 상인이 출현하여 대외무역에도 참여하였다.
③ 농민들의 공납 부담이 과중하였고, 전세와 군역을 수취하는 과정에서 서리들의 농간이 심하여 피해가 컸다.
④ 고위 관료들을 중심으로 토지 겸병 현상이 일어나 농민층의 분화가 촉진되고 국가의 수입이 감소되었다.

101 다음 〈보기〉 중 조선 시대 중요한 통신수단의 하나였던 봉수대에 관한 옳은 설명을 모두 고르면?

― 보기 ―
㉠ 낮에는 연기로, 밤에는 불빛으로 신호했다.
㉡ 5개의 화두(불구멍)로 뜻을 분별하여 전했다.
㉢ 신호는 북악산을 중심으로 5개의 노선이 있었다.
㉣ 병조에서 관리하고 다음날 승정원에 보고하였다.

① ㉠, ㉡, ㉢
② ㉠, ㉢, ㉣
③ ㉠, ㉡, ㉣
④ ㉡, ㉢, ㉣

---

99 양인 개병제로 모든 양인은 군인인 정군과 정군의 비용을 부담하는 보인으로 편성되었다. 다만, 현직 관료와 학생은 군역을 면제받았다.

알/파/노/트
군역 제도
• 원칙: 양인 개병제, 현직 관리와 학생은 제외
• 운영: 16세~60세의 양인 장정의 의무, 현역 군인인 정군(正軍)이 되거나 정군의 비용을 부담하는 보인이 됨(보법)

100 양반 신분 획득: 군역 면제

알/파/노/트
신분적 특권의 제도화: 각종 법률과 제도, 각종 국역 면제 → 하나의 사회 신분으로 고정 → 양반, 중인, 상민으로 분화

101 ㉠ 밤에는 횃불[烽]을 피우고, 낮에는 연기[燧]를 올려 외적이 침입하거나 난리가 일어났을 때에 나라의 위급한 소식을 중앙에 전하였다.
㉡ 봉화는 전황에 따라 5번까지 올리는 5구법으로 되어 있었기 때문에 각 봉수마다 봉수대 5기가 있었다.
㉣ 전국에서 올라온 봉수의 정보는 목멱산 봉수대의 오원(五員)이 병조에 종합보고하면 병조에서는 매일 새벽 승정원에 알려 임금에게 보고하였다.

정답 99 ① 100 ① 101 ③

102 태종은 6조 직계제를 채택하였으며, 언론 기관인 사간원을 독립시켜 대신들을 견제하였다.

103 조선의 정치 구조는 권력의 집중을 견제하기 위해 간쟁, 경연, 상소 등을 마련하였다.

알/파/노/트
- 간쟁: 고려 시대와 조선 시대에 간관(諫官)들이 국왕의 과오나 비행을 비판하던 일
- 상소: 임금에게 글을 올리던 일. 또는 그 글
- 경연: 군신 간에 학문과 정책 토론
- 서경: 임금이 새 관원을 임명한 뒤에 그 성명, 문벌, 이력 따위를 써서 사헌부와 사간원의 대간(臺諫)에게 그 가부(可否)를 묻던 일

104 • 의금부: 국왕 직속 기관으로 큰 죄인을 다스렸던 조선 시대의 사법기관
• 예문관: 조선 시대 임금의 말이나 명령을 대신하여 짓는 것을 담당하기 위해 설치한 관서

정답 102 ① 103 ② 104 ②

---

102 다음 내용과 같은 정책을 시행한 조선 시대의 왕은?

> 6조는 본래 의정부에 소속되어 재상의 관리·감독을 받는 행정집행 기관인데 왕이 직접 이 6조를 장악하여 재상 중심의 정책운영을 국왕 중심체제로 바꾸었다.

① 태종
② 세종
③ 문종
④ 성종

103 간쟁, 상소, 경연, 서경 등을 실시한 공통적인 목적은 무엇인가?

① 중앙 집권 체제 강화
② 왕권의 독점적 권력 견제
③ 통치 체제의 정비
④ 농민 생활 안정

104 조선 시대 언론을 담당한 삼사를 바르게 나열한 것은?

① 의금부, 승정원, 예문관
② 사헌부, 사간원, 홍문관
③ 의금부, 사간원, 홍문관
④ 사헌부, 승정원, 예문관

105 조선 시대 임진왜란 이후 신분 이동에 관한 설명으로 <u>틀린</u> 것은?

① 신분 이동이 고정되었다.
② 중간 계층이 성장하게 되었다.
③ 양반은 늘고, 상민과 노비는 줄어들었다.
④ 부를 축적한 농민은 양반 신분을 획득하였다.

105 19세기를 전후하여 신분간 계층 이동이 활발하여 양반의 수는 점차 늘고, 상민과 노비는 줄어 들었다. 또 사회 변동이 심화되면서 중간 계층도 성장하고 노비의 해방도 점차 이루어졌다.

106 다음에서 왕권의 강화와 관련이 있는 것으로만 맞게 고른 것은?

㉠ 상수리 제도
㉡ 비변사의 기능 강화
㉢ 화백 회의의 강화
㉣ 노비안검법 실시
㉤ 6조 직계제
㉥ 의정부의 기능 강화

① ㉠, ㉣, ㉤
② ㉡, ㉢, ㉣
③ ㉢, ㉤, ㉥
④ ㉣, ㉤, ㉥

106 ㉠·㉣ 호족 세력의 견제를 통한 왕권 강화
㉡·㉥ 신권(臣權) 강화에 따른 왕권 약화
㉢ 귀족 세력의 강화
㉤ 신권(臣權) 세력의 응집 방지를 통한 왕권 강화

정답 105 ① 106 ①

107 명나라에 대한 조선의 조공 품목은 각종 저포, 마포, 화석, 인삼, 호피, 표피, 금, 은 등이었으나, 금과 은을 감당하기 어려워 소, 말, 포 등으로 대체하고 금과 은은 감면하였다.

알/파/노/트

조선 초기 명과의 외교 관계

조선은 건국 이래 명과 자주적 입장에서 외교 관계를 유지하였다. 형식상 천자와 제후 관계를 맺고, 새 왕이 즉위하면 천자의 승인을 받는 절차를 거쳤다. 그리고 명의 주요한 명절이나 그 밖에 우리가 필요한 경우에는 수시로 사신을 파견하여 토산품을 조공이라는 형식으로 보내고, 우리가 필요한 물품을 회사라는 형식으로 받아왔다. 조선 초기 정도전의 요동 수복 운동으로 인해 명의 강한 반발을 불러일으켰으나, 왕자의 난 때 정도전이 제거되고, 태조에 이어 정종이 즉위하자, 두 나라의 국교가 정상화되고, 태종 이후로는 친선 관계가 계속되었다.

107 조선 시대 명(明)과의 외교 관계에 대한 설명으로 틀린 것은?

① 두 나라는 형식상 천자와 제후의 관계를 맺었다.
② 태조의 요동 수복 정책으로 한때 긴장이 고조되었다.
③ 사신 무역을 통해 종이, 붓, 화문석, 금, 은 등을 수입하였다.
④ 수시로 사신을 파견하여 토산품을 조공이라는 형식으로 보냈다.

108 ② 대외 무역이 제한되었으나, 중국과는 조공 무역·사무역이, 일본과는 왜관 무역이 이루어졌다. 화폐는 거의 유통되지 못하고, 쌀·포목이 이용되었다.
③ 모내기법과 이모작 기술은 조선 후기에 전국적으로 보급되었다.
④ 직전법 실시로 관료의 사적인 토지 소유 욕구를 자극해 토지 사유화의 계기가 되었다.

알/파/노/트

조선 사회는 검약한 생활을 우선시하고 농업 중심의 농본주의가 강조되었다.

정답 107 ③ 108 ①

108 조선 초기의 경제 생활에 관한 설명으로 옳은 것은?

① 시비법의 발달로 휴경지가 없어졌고, 각종 원예 작물과 과수가 널리 재배되었다.
② 상공업이 발달하여 대외 무역의 발달과 더불어 화폐의 유통이 활발해졌다.
③ 영농 기술이 발달하여 모내기법과 이모작 기술이 전국적으로 널리 보급되었다.
④ 세조 때 직전법의 실시 이후 토지의 사유화 현상이 사라졌다.

109 **15세기 조선의 수공업에 대한 설명으로 옳은 것은?**
① 민영 수공업자들은 농민을 상대로 농기구 등의 물품을 만들어 공급했다.
② 책임량을 초과한 생산품은 국가에서 값을 치르고 구입해 갔다.
③ 관영 수공업은 조선 후기까지 발전하였다.
④ 관청에 등록된 장인들은 1년 내내 부역에 동원되었다.

109 장인들은 근무하는 동안에 식비 정도만 지급받았기 때문에 자신의 책임량을 초과한 생산품에 대해서는 세금을 내고 판매하여 가계를 꾸렸으며, 관영 수공업은 점차 쇠퇴하였다. 또 기술자들은 부역으로 동원되는 기간 외에는 사적으로 물건을 만들어 팔 수 있었다.

110 **조선 시대 사화(士禍)에 대한 설명으로 옳지 않은 것은?**
① 최초의 사화는 성종 재위기에 일어났다.
② 훈구파와 사림파의 대립이 원인이었다.
③ 연산군 재위기의 사화를 통해 사림세력이 크게 후퇴하였다.
④ 급진적 개혁을 추구한 조광조는 기묘사화 때 제거되었다.

110 최초의 사화인 무오사화(1498년)는 연산군 때 일어났다.

111 **조선 전기의 언관에 대한 설명으로 틀린 것은?**
① 관리들의 비리를 감찰하였다.
② 맑고 청아한 자리라 하여 청요직이라 불렸다.
③ 어사대와 중서문하성의 낭사가 되었다.
④ 왕권을 견제하고 권력의 독점과 부정을 방지하였다.

111 어사대와 중서문하성은 고려 시대의 정치기구이며, 조선 시대에는 사헌부·사간원에 소속되었다.

정답 109 ① 110 ① 111 ③

112 임진왜란을 거치며 공명첩의 발급 등으로 신분제가 동요하게 되었지만, 지배층이 완전히 교체되는 결과를 낳지는 않았다.
① 임진왜란 이후 도요토미 히데요시에서 도쿠가와 이에야스로 정권이 교체되었다.
② 국력이 쇠약해진 명은 여진족에게 중국의 지배권을 내주게 되었다.
③ 훈련도감은 임진왜란 중에 설립된 조선 후기 최대 군영이다.

113 방군수포는 군역을 베로 대신 납부하는 제도로서 이의 성행으로 군적이 문란해지고 농촌이 황폐해져 농민의 부담이 가중되었다.

알/파/노/트
16세기에 이르러 중앙 정병에 한하여 직접 포로 수취하고 번상의 의무를 면제해 주는 이른바 방군수포법을 실시하였다.

114 과전은 경기도 지역에만 설정되어 수조권 세습 불가의 원칙이 적용되었고, 농민은 조상 전래의 민전을 경작하였으며, 농민 소유의 민전을 국가가 징세의 대상으로 삼아 농민의 경작권을 보장해 주었다.

알/파/노/트
과전법 : 신진 사대부의 경제 기반 마련(권문세족의 농장 해체)
• 전・현직 문무 관리들에게 수조권을 분급
• 수조권에 따라 공전(국가에 귀속), 사전(개인에 분급)

정답 112 ④ 113 ③ 114 ②

---

112 임진왜란의 영향으로 옳지 <u>않은</u> 것은?
① 전쟁을 일으킨 일본에서도 정권이 교체되었다.
② 명나라가 쇠퇴하고 여진족이 급속하게 성장하였다.
③ 국방에 대한 관심이 고조되어 훈련도감이 설치되었다.
④ 전쟁의 책임을 지고 조선의 지배층이 완전히 교체되었다.

113 조선 시대 군역 제도의 변천에 대해 <u>잘못</u> 설명한 것은?
① 초기에는 양인 개병과 농병 일치의 원칙에 따랐다.
② 노비는 군역의 의무는 없었으나, 특수군에 편입되기도 하였다.
③ 방군수포의 실시로 농민의 군역 부담은 종전보다 가벼워졌다.
④ 양반은 16세기 이후 군적 편성에서 제외되어 군역은 농민들의 무거운 부담이 되었다.

114 조선 초기의 과전법에 대하여 바르게 설명한 것은?
① 전국의 토지가 과전의 대상이었다.
② 관료에게 토지의 수조권을 지급하였다.
③ 농민은 민전을 지급받고 국가에 조(租)를 바쳤다.
④ 소유권의 세습은 금지하되 수조권의 세습은 허용하였다.

115 조선 성리학에 대한 설명으로 틀린 것은?
① 조선 건국 과정의 개혁 명분을 제공하였다.
② 이황이 집대성한 주리론은 경험적 현실 세계를 중요시하였다.
③ 15세기 중엽에서 16세기 중엽 사이에는 의리와 대의를 중시하는 성리학자들이 대거 등장하였다.
④ 향촌사회의 현실 문제를 타결할 수 있는 이론적 근거를 제공해 주었다.

116 조선 초기의 노비에 대한 설명으로 잘못된 것은?
① 천민 신분의 대부분을 구성하였다.
② 매매, 상속, 증여의 대상이 되었다.
③ 혼인을 하여 가정을 이룰 수 있었다.
④ 관청에 예속된 공노비가 가장 많았다.

117 조선 시대에 다음과 같은 정책을 시행한 근본 목적은?

- 흉년에 조세를 감면해 줌
- 의창, 상평창에서 환곡제를 시행
- 농민을 잡역에 동원하지 못함
- 오가작통법, 호패법 실시

① 농민들의 삶의 질을 근본적으로 향상
② 국방에 필요한 인적 자원 확보
③ 토지로부터 농민의 이탈 방지
④ 양반 지주의 농민 수탈 방지

115 경험적 현실 세계를 중요시한 것은 이이가 집대성한 주기론이다. 주리론은 도덕적 원리에 인식과 실천을 중시하였다.

116 노비는 학자 선비인 양반 계층의 수족과 같은 존재였기에 공노비보다 사노비가 더 많았다.

알/파/노/트

조선 시대 노비의 특징
- 세습되며 매매, 양도, 상속이 가능
- 군역·공납·요역의 의무 없음
- 자신의 재산을 가지고 처자를 거느리고 살 권리가 있었음
- 주인이 노비를 형살하는 것 금지

117 조선은 농민에게 최소한의 생활을 보장하여 농토에서 농민의 유망·이탈을 방지하고자 여러 제도를 시행했다.

알/파/노/트
- 호패법 : 조선 시대에, 신분을 나타내기 위하여 16세 이상의 남자에게 호패를 가지고 다니게 했던 제도
- 오가작통법 : 조선 시대에, 범죄자의 색출과 세금 징수·부역의 동원 따위를 위하여 다섯 민호(民戶)를 한 통씩 묶던 호적 제도

정답 115 ② 116 ④ 117 ③

118 『동사강목』은 18세기의 역사서이다.

118 조선 전기에 편찬된 책이 아닌 것은?
① 『고려사』와 『고려사절요』
② 『동국여지승람』
③ 『동사강목』
④ 『농사직설』

119 동국여지승람은 전국 군현의 인문 지리서이며, 지도와 지리서의 편찬 목적은 왕권 강화에 있었다.

알/파/노/트
지도와 지리서의 편찬 목적: 중앙 집권과 국방의 강화

119 조선 전기 국가가 편찬한 서적과 그 목적을 잘못 연결한 것은?
① 『고려사』 - 민족사의 자주적 정리
② 『동국여지승람』 - 상공업의 진흥
③ 『삼강행실도』 - 유교 질서의 확립
④ 『의방유취』 - 한방 의학의 기반 확립

120 『신증동국여지승람』은 조선 전기 지리지의 집성편(集成編)으로 속에 실린 지도와 함께 조선 말기까지 큰 영향을 끼친 지리지이다. 이 책은 지리적인 면뿐만 아니라 정치·경제·역사·행정·군사·사회·민속·예술·인물 등 지방 사회의 모든 방면에 걸친 종합적 성격을 지닌 서적이다.

120 조선 각 도의 지리, 풍속, 기타 특기할 만한 사실을 소상하게 기록한 것은?
① 『대동여지도』
② 『신증동국여지승람』
③ 『동사강목』
④ 『연려실기술』

정답 118 ③ 119 ② 120 ②

121
조선 시대 여러 사상에 대한 정부의 정책들을 실시한 근본적인 목적은?

- 불교 – 도첩제와 36본사제를 실시하였다.
- 도교 – 소격서를 두어 초제 등을 주관하였다.
- 민간 신앙 – 국가 신앙으로 흡수하여 신앙의 통일을 추진하였다.

① 국가 재정의 확보
② 유교 이념의 확립
③ 민생 안정과 부국강병
④ 자주 의식의 고양

> 121 조선은 건국 이념인 유교를 정부의 사상 정책에도 그대로 반영하여 불교를 억압하고, 도교나 민간 신앙을 유교 이념으로 통합·흡수하여 신앙의 통일을 꾀하였다.

122
다음 설명에 해당하는 역사서의 서술 목적은 무엇인가?

- 정도전이 편찬한 고려의 역사서이다.
- 임금 뒤에 붙는 종을 왕, 태사를 세사로 고치는 등 사대주의적이었다.

① 도덕과 의리의 숭상
② 국가의 여러 행사에 필요한 의례
③ 조선 건국의 정당성
④ 백성들의 문자 생활

> 122 정도전은 『고려국사』를 편찬하여 고려 시대의 역사를 정리하고 조선 건국의 정당성을 밝히려 하였다.
>
> **알/파/노/트**
> **초기 역사서의 편찬 목적**: 왕조의 정통성 확립, 성리학적 통치 규범 정착 → 『고려국사』(정도전)

123
조선 건국 후 정도전에 의해 편찬된 법전은?

① 『경제육전』
② 『조선경국전』
③ 『경국대전』
④ 『대전회통』

> 123 법전: 유교적 통치규범 성문화 → 『조선경국전』·『경제문감』(정도전), 『경제육전』(조준)

정답 121 ② 122 ③ 123 ②

124 중앙 관청의 서리들이 공물을 대납한 후 농민에게 높은 값을 징수하여 농민의 부담을 가중시키고, 농민이 도망가면 이웃이나 친척에게 부과하였다.

알/파/노/트
방납: 공납 폐단이 심해지면서 국가에서 서리나 상인으로 하여금 공물을 미리 바치게 하고 농민들로부터 그 대가를 받아내는 방법이었으나, 권세가나 상인이 각지 수령과 결탁하여 농간을 부리면서 공납제의 폐단은 극에 달하였다.

124 16세기에 이르러 농민의 부담을 가중시킨 것으로 다음과 가장 관계가 깊은 것은?

- 인징·족징 등이 행해졌다.
- 이이와 유성룡은 수미법을 주장하였다.

① 환곡의 고리대화
② 전분 6등법의 실시
③ 방납의 폐단
④ 군수포의 실시

125 세종 때 농지의 비옥도에 따라 6등급으로 나누고, 매년 풍흉에 따라 9등급으로 구분하였다.

125 조선 초기의 농업에 관한 설명으로 틀린 것은?

① 이앙법과 이모작이 일부 남부 지방에서 실시되었다.
② 면화 및 원예 작물의 재배가 증가하였다.
③ 밑거름과 덧거름의 시비법이 개발되어 휴경지가 소멸되어 갔다.
④ 농지를 비옥도에 따라 9등급으로 나누었다.

126 조선 초기에는 수공업의 관영 수공업 체제가 중심이 되어, 공장은 공장 안에 등록되어 각급 관청에 소속되고, 관청에 필요한 물품을 제작·공급하였다.

126 조선 초기에 관청 수요품을 조달했던 일반적인 방법은?

① 공납 청부업자들을 통하여 매입하였다.
② 전문 수공업자의 부역 노동으로 생산하였다.
③ 전문 수공업자를 고용하여 제조하게 하였다.
④ 상인 자본을 수공업 생산에 참여시켜 생산하였다.

정답 124 ③ 125 ④ 126 ②

127 조선 시대 조세제도에 대한 설명으로 바른 것은?

① 조세는 군, 현 단위로 징수했다.
② 공물의 대납과 방납은 조선 초에 처음 나타났다.
③ 대동법의 시행으로 공물 진상까지 폐지했다.
④ 전시과 제도가 마련되었다.

128 16세기의 사회·경제 체제의 변질에 대한 설명으로 바른 것은?

① 농장의 확대로 국가 재정 수입이 늘어났고 자영농이 증가되었다.
② 서리나 상인에 의한 방납 제도로 농민의 부담이 크게 감소되었다.
③ 방군수포제로 농민 부담은 증가되었고 군대의 질은 떨어졌다.
④ 환곡은 의창 대신 상평창이 담당함으로써 농민 생활을 보호하였다.

129 조선 시대 사림의 성리 철학에 관한 설명으로 틀린 것은?

① 15세기 - 성리학 중심이었으나 다른 사상을 배척하기 시작했다.
② 16세기 - 중앙의 훈구 세력과 지방 세력 간에 정치적 갈등이 심하였다.
③ 16세기 - 사림의 정치적 갈등은 붕당 정치로 더욱 격화되었다.
④ 17세기 - 두 차례의 호란을 겪으면서 사림과 훈구 세력이 화해하여 부국강병에 힘썼다.

---

127 ② 방납은 조선 후기에 나타났다.
③ 국왕이나 왕실에 상납하는 진상, 별공 등은 여전히 행해졌다.
④ 전시과 제도는 고려 시대의 토지 제도이다.

128 ① 농장의 확대 : 국가 수입 감소 및 농민 생활 궁핍
② 방납의 유행 : 농민 부담 가중
④ 환곡 : 점차 고리대화

알/파/노/트
방군수포법 : 16세기에 이르러 중앙 정병에 한하여 직접 포로 수취하고 번상의 의무를 면제해 주는 이른바 방군수포법을 실시하였다.

129 15세기에 사림이 처음 등장하였으며, 성리학 이외의 종교나 학문을 배척하기 시작하였다.
17세기 이후 사림은 학문적 태도를 떠나 예송 문제와 세자 책봉 문제를 두고 다투었다.

정답 127 ① 128 ③ 129 ④

130 국립 교육 기관인 성균관, 중등 교육 기관인 4부학당과 향교, 사립 교육 기관인 서원과 서당 등은 계통적으로 연결되지 않고 각각 독립된 교육 기관이었다.

> **알/파/노/트**
>
> 국립 교육 기관인 성균관, 중등 교육 기관인 4부학당과 향교, 사립 교육 기관인 서원과 서당

130 조선 전기의 교육 기관에 관한 설명으로 옳지 <u>않은</u> 것은?

① 서울에 국립 교육 기관인 성균관을 두었는데, 이는 최고 학부의 구실을 하였다.
② 중등 교육 기관으로는 중앙의 사학과 지방의 향교가 있었다.
③ 사립 교육 기관으로는 서원과 서당 등이 있었다.
④ 성균관, 향교, 서원과 서당 등은 서로 계통적으로 연결되어 있었다.

131 향약은 중종 때 시행되었으며 전통적 공동조직과 미풍양속을 계승하면서, 삼강오륜을 중심으로 한 유교 윤리를 가미하여 교화 및 질서 유지를 담당하였다. 향약의 보급으로 지방 사림의 지위는 강화되었으나, 지방 유력자가 주민을 위협·수탈하는 배경을 제공하는 등 부작용도 적지 않았다.

131 조선 시대 향촌 사회에 대한 설명으로 옳은 것은?

① 유향소는 중앙과 지방의 연락 업무를 담당하였다.
② 지방 유력자가 주민을 위협·수탈하는 배경을 제공하였다.
③ 서원은 향촌 자치 기구이다.
④ 향약은 사림의 지위를 약화시켰다.

132 서원은 유교 교육과 유교 윤리 보급의 역할을 수행하였던 사립 교육 기관이다.

> **알/파/노/트**
>
> 서원 : 사립 교육 기관, 주세붕이 세운 백운동 서원(최초의 서원), 봄·가을 향음주례를 지냄, 인재 양성, 선비나 공신 숭배, 덕행을 추모 → 향촌 사회의 교화에 공헌

정답 130 ④ 131 ② 132 ③

132 조선 시대 서원에 대한 설명으로 틀린 것은?

① 학파와 붕당을 결속시키는 구심점이 되었다.
② 지역적으로 경상도에 가장 많이 설치되었다.
③ 유학과 함께 기술 교육도 담당하였다.
④ 면세와 면역의 특권을 이용하여 부를 축척하였다.

133 다음 설명과 관계있는 학자들에 관한 설명으로 바른 것은?

- 정도전, 권근의 학통을 계승하였다.
- 전통적인 유학과 불교, 도교의 폐단을 없애고자 성리학을 새로운 정치이념으로 내세웠다.
- 관학인 성균관, 집현전 출신이 주류를 이루었다.
- 조선 왕조 개창에 참여하여 15세기 문화와 사상을 주도하였다.

① 공리 사상에 바탕을 두고 부국강병을 추구하였다.
② 성리학 자체의 명분에 충실하려고 노력하였다.
③ 성리학 이외의 학문과 사상을 배척하였다.
④ 이(理)와 기(氣)에 관한 학문적 논쟁을 벌였다.

133 지문의 설명은 관학파(훈구파)에 대한 설명으로 이들은 부국강병을 추구하였다.

알/파/노/트
관학파: 혁명파 사대부(정도전, 권근 등) → 성리학 이외의 학문 포용 (특히 주례를 국가의 통치 이념으로 중시)

134 다음 중 사림파에 관한 내용을 모두 고른 것은?

㉠ 영남을 중심으로 한 세력이다.
㉡ 대농장의 소유자들이다.
㉢ 서원을 세워 제자 교육에 전념하였다.
㉣ 경학보다 사장에 능하였다.

① ㉠, ㉡
② ㉠, ㉢
③ ㉡, ㉣
④ ㉠, ㉣

134 사림파는 경학적 성향을 가진 사람들로 향촌 자치와 유교적 왕도 정치를 구하여 향촌 건설과 교육에 주력한 지방의 중소 지주들이다.

알/파/노/트
16세기 이후 정국을 주도하는 사림들은 지나친 명분론과 도덕주의로 현실적인 문제에 소홀하고 사대주의적 경향을 보였다.

135 다음은 어느 학자에 관한 설명인가?

- 주기론 입장에서 관념적 도덕 세계를 중시
- 정치, 경제, 국방 등에 걸쳐 개혁을 주장
- 『성학집요』, 『동호문답』 등 편찬

① 이황
② 조광조
③ 서경덕
④ 이이

135 이이는 서경덕의 사상을 계승하여 주기 철학을 집대성하였다.

알/파/노/트
이이의 주기론: 이(理)의 절대성을 부인하고 기(氣)의 작용에 따라 선해지기도 하고 악해지기도 한다는 것이다.

정답 133 ① 134 ② 135 ④

136 ② 홍대용, ③ 이황, ④ 박제가

알/파/노/트

이이 : 기의 역할 강조, 현실적·개혁적인 성격 → 통치 체제의 정비, 수취 제도 개혁 등을 제시, 『동호문답』, 『성학집요』

136 다음 중 이이가 저술한 책은?

① 『성학집요』
② 『임하경륜』
③ 『성학십도』
④ 『북학의』

137 서원은 선현에 대한 제사와 더불어 사림들이 학문을 논하는 곳이다.

알/파/노/트

서원
- 서원은 사림세력의 결속체로서 그 기능을 담당하였다.
- 최초의 서원은 백운동 서원이며, 이황의 주청으로 후에 소수서원으로 사액되었다.

137 서원에 관한 설명으로 틀린 것은?

① 서원에 들어간 사람들은 양반의 지위를 보장받고, 국가의 각종 의무가 면제되었다.
② 사액 서원은 국가로부터 서적, 토지, 노비 등을 하사받았다.
③ 선현을 모시는 기관이므로 사림의 자제에 대한 교육 활동은 금지되었다.
④ 향촌 사회에서 사림의 영향력을 강화시켜 주었다.

138 양반으로서의 신분적 우월성을 유지하는 것은 보학이 발달할 수 있었던 배경이다.

138 다음 중 조선 시대 향약에 대한 내용이 아닌 것은?

① 유교의 예속을 침투시켜 백성들을 교화시키는 데 기여
② 양반으로서의 신분적 우월성을 유지함
③ 유교 윤리(삼강오륜)를 가미하여 교화 및 질서 유지
④ 조선 사회의 풍속 교화

정답 136 ① 137 ③ 138 ②

139 사림파의 학풍을 바르게 설명한 것은?

> ㉠ 공리주의를 앞세워 부국강병을 추구했다.
> ㉡ 향촌 자치제의 실시를 주장하였다.
> ㉢ 사장 중심의 학풍에 치중하였다.
> ㉣ 학술과 언론을 바탕으로 하는 왕도 정치를 추구하였다.

① ㉢, ㉣
② ㉡, ㉢
③ ㉠, ㉢
④ ㉡, ㉣

140 조광조의 개혁과 관련이 먼 것은?

① 훈구파 대신의 토지 몰수
② 현량과 폐지
③ 공납 제도 개신
④ 향약의 시행

141 광해군의 외교 정책으로 가장 알맞은 설명은?

① 명과의 친분 때문에 후금을 배척하였다.
② 명을 배척하고 후금과 친교하였다.
③ 명과 후금을 인정하는 중립 외교 정책을 폈다.
④ 일본을 이용하여 후금을 경계하였다.

---

139 부국강병과 사장 중심의 학풍에 치중한 학파는 훈구파이다.

알/파/노/트
사림은 경학 중시, 왕도 정치 추구, 향촌 자치 주장, 성리학을 배경으로 성장하였다.

140 조광조는 사림파가 주체가 되는 새로운 사회 질서를 확립하기 위한 노력, 즉 훈구 정치를 극복하기 위한 일환으로 천거를 통해 과거 급제자를 뽑는 현량과의 실시를 주장하여 사림파 인물들을 선발하였다.

알/파/노/트
조광조의 혁신 정치
- 현량과 실시: 사림의 대거 등용
- 불교·도교 행사 폐지: 유교식 의례 장려
- 소학 교육의 강화: 유교적 도덕·가치관의 생활화
- 향약의 전국적 시행: 향촌 자치 수립
- 민생 안정: 공납제의 폐단 시정

141 광해군은 명과 후금의 싸움에 말려들지 않고 중립적인 외교 정책을 펴 내실을 기할 수 있었다.

알/파/노/트
광해군의 정책
- 대내적: 전쟁의 뒷수습을 위한 정책
- 대외적: 명과 후금 사이의 중립 외교 정책 → 명의 요청을 적절히 거절하면서 후금과 친선을 꾀함

정답 139 ④ 140 ② 141 ③

142 붕당은 사림 세력이 집권한 이후에 나타난 것이다.

> **알/파/노/트**
> **붕당 정치의 발단**: 이조 전랑직을 둘러싸고 동인과 서인으로 양분

142 조선 중기에 붕당이 출현하게 된 배경이 <u>아닌</u> 것은?

① 사림 세력들이 붕당으로 인해 집권
② 잦은 과거 시험으로 인한 예비 관료의 누적
③ 사림 세력 간에도 학문적·정치적 주장이 달랐음
④ 양반들이 자신들의 기득권 유지를 위해 노력

143 인조반정 후 정권을 잡은 서인은 남인과 함께 정국을 주도하였다.

143 다음 내용과 관련 깊은 두 붕당을 바르게 연결한 것은?

- 인조반정 이후 현종 때까지 붕당 정치를 전개
- 서로의 학문적 입장을 인정
- 상호 비판적인 공존 체제를 이루었으나 예송논쟁으로 인해 대립

① 북인, 서인
② 동인, 남인
③ 서인, 남인
④ 남인, 북인

144 조선은 여진에게 관리, 토지, 주택을 주어 동화를 꾀하였으나 실패하여 정책을 바꾸었다.

> **알/파/노/트**
> **대여진 정책**: 강온 양면 정책 구사
> - 회유책: 귀순 장려(관직·토지·주택 제공), 국경 무역(무역소)과 조공 무역(북평관) 허용
> - 강경책: 여진의 본거지를 토벌하고 진·보(전략촌)의 설치

144 조선의 여진족에 대한 정책으로 틀린 것은?

① 여진에게 식량, 의류, 농기구를 조달하였다.
② 여진은 1년에 수차례 정기적으로 사절을 파견하였다.
③ 조선은 여진에게 관리, 토지, 주택을 주어 동화를 이루었다.
④ 조선은 무역소 북평관을 설치하여 국경 무역, 조공 무역 등을 허락했다.

정답 142 ① 143 ③ 144 ③

145 임진왜란의 영향이 <u>아닌</u> 것은?

① 경지 면적이 1/3 이하로 감소하였다.
② 양반의 수가 대폭 줄었다.
③ 명나라가 망하고 여진족이 등장하였다.
④ 노비가 상민으로 상승하는 경우가 많아졌다.

145 18~19세기 신분제 변동의 주요 양상은 하층 신분의 상승으로, 양반층의 급격한 증가 현상은 이미 임진왜란 이후 서서히 나타나고 있었다.

알/파/노/트
전란 후 토지 대장과 호적이 대부분 없어져 국가 재정이 궁핍해졌다. 또한, 식량이 부족하여 이를 해결하기 위해서 공명첩이 대량으로 발급되어 신분제의 동요를 가져왔다.

146 임진왜란 때 이순신이 이끈 수군 승리의 의의는?

① 전라도의 곡창 지대를 수호
② 황해의 제해권 장악
③ 초기에 일본 제압
④ 지배층의 각성으로 정치 개혁이 이루어짐

146 ② 남해의 제해권 장악
③ 전쟁 초기 조선이 불리

알/파/노/트
수군의 승리
- 이순신(전라 좌수사)의 활약: 판옥선·거북선 건조, 수군 훈련
- 남해의 제해권 장악: 옥포, 사천(거북선 최초 사용), 당포, 당항포, 한산도 대첩(학익진 전법)으로 곡창 지대인 전라도 지방 수호
- 왜군의 수륙 병진 작전 좌절: 전세 전환의 계기 마련

147 다음 시기에 실시했던 외교 정책은?

청의 위협에 대비하여 명은 명·청 교체기에 조선에 출병을 요청하였다.

① 친청 정책
② 친명 정책
③ 친명 배금 정책
④ 광해군의 중립 외교 정책

147 **광해군의 중립 외교 정책**
- 정책: 명과 후금 사이의 중립 외교 정책
  - 후금의 강성과 명의 요동 지방 공략: 명의 군사 출병 요청
  - 강홍립의 출병: 명과 후금 사이에서 중립을 지킴
- 사림의 반발: 명에 대한 의리와 명분을 강조하는 사림들과의 정치적 갈등 심화
- 결과: 인조반정으로 축출(북인 정권 몰락), 서인 정권 수립

정답 145 ② 146 ① 147 ④

148 북학은 청(淸)나라의 학술과 문물을 배우려 한 조선 학자들의 학문적 경향으로, 1778년 박제가가 중국의 문물을 배울 것을 주장한 자신의 저서 제목을 '북학의'라고 이름을 지은 이후, 북학은 청나라에 남아 있는 중화(中華)의 선진 문물을 배운다는 의미로 널리 사용하게 되었다.

148 다음 설명에 해당하는 18세기에 대두한 새로운 학풍의 명칭은?

> 18세기에 서울의 일부 노론 학자들은 상공업 발전을 긍정적으로 받아들이고 농촌 문제의 해결도 관여하면서 청나라의 발달된 문물을 적극적으로 수용하여 이용후생을 높이자는 새로운 학풍을 제기하였다.

① 북학
② 양명학
③ 고증학
④ 유서학

149 비변사의 기능이 강화되어 의정부와 6조의 실권이 없어져서 자기 구실을 하지 못하였다.

알/파/노/트

비변사 회의에는 정승, 판서, 군영 대장, 유수, 대제학 등이 참가해 국방 문제뿐만 아니라 외교와 내정까지도 관장하였다.

149 비변사에 관한 내용이 **틀린** 것은?

① 왜구와 여진족의 침입에 대비하여 16세기 초에 설치된 임시 기구였다.
② 임진왜란을 계기로 문무 고관들의 합의 기관으로 확대되고 국방, 외교, 내정까지 관장하게 되었다.
③ 양난 후 전후 복구, 사회·경제 변동에 대처하고 붕당 간 이해관계 조정 기구였다.
④ 비변사 기능의 강화로 의정부와 6조의 권한은 더욱 강화되었다.

정답 148 ① 149 ④

150 다음의 사항들이 추구한 공통점은?

- 과거 제도의 실시
- 비변사의 폐지
- 탕평책의 실시
- 장용영의 설치

① 지방 세력의 억제
② 왕권의 강화
③ 서민 생활의 안정
④ 붕당 정치의 운영

150 모두 왕권 강화와 관련 있다.

알/파/노/트
실력에 따른 영조·정조의 왕권 강화책
인재 등용을 위한 과거제의 실시, 대원군 때 비변사의 폐지, 영·정조 때의 탕평책의 실시, 정조 때 장용영의 설치

151 조선 중기 이후 정치 상황에 대한 설명으로 옳지 않은 것은?

① 숙종 때 정국을 주도하는 붕당과 견제하는 붕당이 서로 교체됨으로써 잦은 환국이 나타났다.
② 붕당 정치가 변질되면서 정치 집단 간의 세력 균형이 무너지고 왕권 자체가 불안해졌다.
③ 이조 전랑의 후임자 천거권은 영조 때에 완전히 폐지되었다.
④ 정조는 각 붕당의 주장이 옳은지 그른지를 명백히 가리는 적극적인 탕평책을 추진하였다.

151 영조는 이조 전랑의 후임자 천거와 삼사 관리 선발 관행은 폐지하였으나, 후임자 천거권은 정조 때 완전히 폐지되었다.

152 붕당 정치의 변질로 인하여 나타난 폐단과 거리가 먼 것은?

① 혈연과 문벌 의식이 강화되었다.
② 외척의 정치적 비중이 커져 갔다.
③ 정치적 보복과 사사(賜死)가 반복되었다.
④ 민생 문제에 대한 논쟁이 격화되었다.

152 조선 후기 붕당 정치의 조직은 군권 장악, 예론, 왕세자 책봉 문제로 모아졌다.

정답 150 ② 151 ③ 152 ④

153 속오군은 지방군의 방어 체제로 조선 초기의 진관을 복구하고 속오법에 따라 군대를 편제하는 속오군 체제로 정비하여 양반에서부터 노비에 이르기까지 편제되어 평상시에는 생업에 종사하다 전쟁 시 전투에 동원되었다. 그러나 양반들이 노비와 함께 속오군에 편제되는 것을 회피함에 따라 상민과 노비만 남게 되었다.

알/파/노/트
속오군은 평상시에는 생업에 종사하면서 향촌 사회를 지키다가 적이 침입해 오면 전투에 동원되는 형태였다.

153 속오군에 대한 설명으로 바른 것은?

① 속오군은 제승 방략 체제를 복구하여 편제하였다.
② 직업적 상비군으로 일정한 급료를 받았다.
③ 속오군은 중앙군의 방어 체제였다.
④ 양반에서부터 노비에 이르기까지의 편제가 원칙이었다.

154 전세는 영정법, 공납은 대동법, 군역은 균역법으로 바뀌어 가난한 농민들의 부담을 줄이는 대신 지주의 부담을 늘리는 방향으로 수취 제도가 개편되었으나, 실제 운영에 있어서는 농민의 부담은 별로 줄어들지 않았다.

알/파/노/트
농민의 안정을 위해 영정법, 대동법, 균역법을 실시하였으나 농민의 부담은 줄지 않았으며, 또 수령과 향리 중심의 지배 체제로 바뀌면서 이들의 농민 수탈이 더욱 심해졌다.

154 조선 후기의 수취 제도에 대한 설명으로 올바르지 못한 것은?

① 농민들의 부담은 줄이는 대신 지주의 부담을 늘리도록 개편되었다.
② 전세는 영정법, 공납은 대동법, 군역은 균역법으로 바뀌었다.
③ 농민의 향촌 이탈 방지를 위해 호패법과 오가작통제를 강화하였다.
④ 근본적인 제도의 개혁으로 농민의 부담이 많이 줄어들었다.

155 순조·철종 때는 안동 김씨가, 헌종 때는 풍양 조씨가 대표적 세도 가문이었다.

155 세도 정치와 관련 있는 사항에서 사실과 다른 것은?

① 순조, 헌종, 철종의 3대 60여 년간 행하였다.
② 세도 가문은 정부의 고위 관직을 독점하고, 관직을 사고 팔았다.
③ 순조 때의 대표적인 세도 가문은 풍양 조씨였다.
④ 세도 정치가 계속되면서 탕평책에 의해 유지되던 지배 체제가 붕괴되어 갔다.

정답 153 ④ 154 ④ 155 ③

156 영조와 정조가 다음과 같은 정책을 실시한 목적으로 옳은 것은?

- 영조는 탕평파를 육성하였으며, 군제 개혁을 단행했다.
- 정조는 규장각과 장용영을 설치하였다.

① 왕권 강화
② 붕당 간의 균형 관계 조성
③ 붕당 간의 대립 양상 근절
④ 양반 중심의 지배 체제 재확립

156 영조는 탕평교서를 발표하여 노론과 소론 간의 조정으로 왕권 강화를 시도했다. 정조 또한 탕평책을 계승했으며, 왕권 강화책으로 장용영, 규장각을 설치했고 『대전통편』, 『동문휘고』, 『탁지지』 등의 편찬 사업을 벌였다.

알/파/노/트
영·정조의 탕평책
- 영조 : 균역법, 군영(훈련도감·금위영·어영청 등)의 정비
- 정조 : 비변사에서 의정부로 정치 운영 중심 전환, 규장각 설치, 장용영 설치, 서얼·노비에 대한 차별 완화정책, 신해통공의 시행 등

157 조선 후기 군사 제도의 변화로 옳지 <u>않은</u> 것은?

① 중앙군은 5위제에서 5군영 체제로 갖추어졌다.
② 5군영으로 훈련도감, 어영청, 총융청, 수어청, 금위영을 두었다.
③ 지방군 방어 체제는 속오군 체제로 정비하였다.
④ 훈련도감은 의무병의 성격을 갖는 군인이었다.

157 훈련도감의 군병은 삼수병으로 편성되었는데, 이들은 장기간 근무를 하고 일정한 급료를 받는 상비군으로서 의무병이 아닌 직업 군인의 성격을 갖는 군인이었다.

알/파/노/트
임진왜란 초기에 엄청난 패전을 경험한 조정은 새로운 군대의 필요성을 절감하고, 왜군을 물리치는 데 효과적인 편제와 군사 훈련 방식을 모색하여 그 결과 훈련도감을 설치하였다.

158 조선 후기 정조의 왕권 강화 정책이 <u>아닌</u> 것은?

① 화성 건설
② 규장각 설치
③ 북벌 운동 계획
④ 장용영 설치

158 북벌 운동 계획은 청에 인질로 잡혀갔다 돌아온 효종의 정책이다. 효종은 청에 인질로 잡혀 있던 수모를 설욕하기 위해 적극적인 북벌 운동을 계획하고 어영청을 2만 명으로 확대하였다.

알/파/노/트
정조의 왕권 강화 정책
장용영 설치, 탕평책 강화, 수원 화성 건설, 규장각 설치

정답 156 ① 157 ④ 158 ③

159 넓은 농토를 경작할 수 있게 된 광작 농업으로 농가의 소득이 늘어나 일부는 부농이 될 수 있었으나, 대다수 농민은 임노동자가 되거나 상공업에 종사하는 등 농민층의 분화가 발생하였다.

160 ② 이익은 기본적인 생활을 유지하는 영업전 외의 토지에 대해 매매를 허용하는 한전론을 주장하였다.
③ 홍대용은 『임하경륜』, 『의산문답』 등을 집필하였으며 부국강병의 근본으로 성리학의 극복을 강조하였다.
④ 정약용은 여전론과 정전론을 주장하였으며 『여유당전서』 등을 집필하였다.

정답 159 ② 160 ①

159 조선 후기 농업 생산 및 경영에 대한 설명으로 옳지 <u>않은</u> 것은?

① 모내기법으로 잡초를 제거하는 등 경영 방식도 변화되었다.
② 광작을 통해 농민들의 분화를 막았다.
③ 일부는 부농으로 성장하였지만, 대다수 농민은 임노동자로 전락하였다.
④ 소작 농민은 유리한 경작 조건을 얻기 위해 소작쟁의를 벌였다.

160 조선 후기 실학자와 업적이 옳게 연결된 것은?

① 유형원 – 토지 제도 개혁을 주장하고 『반계수록』을 저술하였다.
② 이익 – 안정복의 역사의식을 계승해 고구려사 연구를 심화하였다.
③ 홍대용 – 『북학의』를 저술하여 청의 문물을 적극 수용하자고 하였다.
④ 정약용 – 한전론을 주장하고 나라를 좀먹는 여섯 가지 폐단을 지적하였다.

161 다음은 조선 후기의 경제적 변화이다. 이를 통해 나타난 사회 현상으로 옳은 것은?

- 이앙법
- 광작
- 상품작물의 재배
- 도조법
- 도고의 성장
- 경영형 부농의 출현

① 신분 변동이 활발하였다.
② 상민과 노비의 수가 증가하였다.
③ 빈부의 격차가 줄어들었다.
④ 피지배층에 의해 권력 구조가 개편되었다.

161 농업에서는 부를 축적한 경영형 부농이 출현한 반면, 대다수의 농민들은 임노동자로 전락하였고, 수공업에서는 납포장의 증가로 민영 수공업자가 나타나기도 하였으며, 상업에서도 도고가 성장하면서 신분 변동이 활발해졌다.

알/파/노/트
제시된 자료는 계층 분화에 대한 설명이다.

162 다음 중 영정법에 대한 설명으로 틀린 것은?

① 전세를 풍흉년에 관계없이 1결당 미곡 4두로 고정시켰다.
② 전세율은 종래보다 다소 경감되었다.
③ 부가세의 부과로 농민 부담이 오히려 가중되었다.
④ 농민들의 토지 유리를 막는 데에 기여하였다.

162 부가세가 전세액보다 많아 농민의 부담이 오히려 더 늘어나자 토지를 떠나 도망가는 농민들이 더 많아졌다.

알/파/노/트
영정법 실시 결과
- 자영 농민에게는 전세율이 낮아졌으나, 농민의 대다수를 이루는 전호에게는 크게 도움이 되지 못함
- 전세 납부 시 수수료, 운송비, 자연 소모에 대한 보충비 등이 함께 부과되어 전세의 부담이 증가

163 조선 후기 경영형 부농이 나타나게 된 배경과 거리가 먼 것은?

① 광작 농업의 발달
② 이앙법의 보급
③ 상품 작물의 재배
④ 소작농의 증가

163 농업 기술의 발달 결과인 광작 농업으로 인하여 일부 농민은 부를 축적하였으나 대다수의 농민, 특히 소작농은 소작지를 잃거나 얻기가 어려워짐에 따라 토지에서 밀려나 임노동자가 되었다.

알/파/노/트
광작 등으로 인해 부농으로 성장하지만 토지를 잃고 농촌을 떠나는 농민이 증가함

정답 161 ① 162 ④ 163 ④

164 18세기 말(정조) 육의전을 제외한 나머지 시전의 금난전권의 철폐는 사상의 자유로운 활동을 어느 정도 보장한 것이지 공인 활동의 위축을 의미하는 것은 아니다.

알/파/노/트
조선 후기는 금난전권을 폐지하여 자유 상업 활동이 성장하였다.

164 다음 중 조선 후기의 경제 현상을 바르게 설명한 것만으로 짝지어진 것은?

> ㉠ 광작의 유행 – 부농이 성장할 수 있게 됨
> ㉡ 납포장의 증가 – 선대제 수공업이 성장할 수 있게 됨
> ㉢ 잠채의 성행 – 상인들의 자본 축적이 촉진됨
> ㉣ 금난전권의 철폐 – 공인의 활동이 위축됨

① ㉠, ㉡, ㉢
② ㉠, ㉡, ㉣
③ ㉠, ㉢, ㉣
④ ㉡, ㉢, ㉣

165 19세기 세도 정치 시기에 사회 불안과 어려운 현실에 대한 불만 속에서 백성들은 천주교의 평등 사상과 내세 신앙 등의 교리에 공감하였으나 정부에서는 노론 벽파가 집권하면서 천주교에 대한 탄압이 가해졌다.

165 19세기 세도 정치 시기에 대한 설명이 <u>아닌</u> 것은?

① 지방관의 부패로 삼정이 문란하였다.
② 세도 정권에 의해 천주교가 장려되었다.
③ 각지에서 농민들이 저항 운동을 일으켰다.
④ 납속, 공명첩 등으로 신분 변동이 활발해졌다.

166 여러 가지 세의 추가 징수, 지주들의 전세 전가 등으로 오히려 조세의 부담은 가중되었다.

166 조선 후기 경제적 변화를 설명한 내용으로 틀린 것은?

① 전세 제도의 개편은 병작농에게 크게 도움을 주었다.
② 대동법의 실시로 인한 관수품의 증대는 생산 활동을 더 촉진시켰다.
③ 일부 농민은 경작지의 규모를 확대하여 광작을 할 수 있었다.
④ 공인 활동이 활발해지면서 도고로 성장할 수 있었다.

정답 164 ① 165 ② 166 ①

167 다음 중 공인에 대한 설명으로 <u>틀린</u> 것은?

① 대동법 시행 후에 출현하였다.
② 관청별·품목별로 공동 출자를 하여 계를 조직하였다.
③ 수공업자에게 물품을 대량으로 주문하였기 때문에 수공업 발달에 기여하였다.
④ 관청에 예속되어 자유롭지 못하여 도고로는 성장할 수 없었다.

167 조선 후기 상업 활동을 이끈 것은 공인과 사상으로, 특히 대동법 실시 이후에 등장한 공인은 도고로 성장하여 상업 활동을 주도하였다.

168 다음 중 균역법, 대동법 시행 후의 공통점은?

① 조세의 금납화가 이루어졌다.
② 농민의 부담이 크게 늘어났다.
③ 국가 재징이 고길되었다.
④ 양반 중심 사회가 강화되었다.

168 조세의 금납화란 종래의 현물 징수가 쌀, 베, 돈으로 변화한 것을 말한다.

알/파/노/트
균역법은 농민들의 군포 부담을 줄여 주려는 것이었다. 공물 수납상의 가장 큰 폐단의 하나였던 방납 제도를 시정하기 위해 17세기에 대동법이 시행되었다.

169 조선 후기 상공업 활동이 활발하게 전개된 배경이나 원인으로 적절하지 <u>않은</u> 것은?

① 도시 인구의 증가
② 농업 생산력의 증대
③ 북학파의 주장 반영
④ 상품화폐 경제의 발달

169 북학파의 주장은 실제 정책에 반영되지 않았다.

정답 167 ④ 168 ① 169 ③

170 보부상은 5일장을 무대로 활약하였으며, 객주의 주요 임무는 상품 매매이며, 오늘날의 은행 업무와 비슷한 일도 하고 여각과 같이 숙박업도 겸하였다. 만상은 의주 상인으로 청과 사무역을 하고, 대일 무역은 내상이 하였다.

알/파/노/트
포구에서 활약하는 상인으로는 선상, 객주, 여각이 있으며 선상은 선박을 이용해서 각 지방의 물품을 구입해 와 포구에서 처분하는 상인으로 경강 상인이 대표적이다.

171 광작이나 이앙법은 부농층을 형성하게 하고, 납포장은 독립 수공업자가 생겨나게 되어 결과적으로 사회 계층의 분화가 일어났다.

알/파/노/트
광작이 성행하고 토지의 상품화가 일어나며 농민이 지주와 예속적 관계에서 경제적 관계로 전환된 사실은 농민층 분해를 촉진시키는 계기가 되었다.

172 대동법은 공납 제도가 불공평하여 방납이 생겨나 농민에게 부담이 되자 방납의 폐단을 시정하고자 실시한 제도이다.

알/파/노/트
대동법의 실시 결과
- 농민들의 공납 부담 경감
- 공인의 활약으로 유통 경제가 활발해지고 상업 자본이 발달(공인은 도고로 성장)
- 상품·화폐 경제의 발달을 촉진
- 수공업 발전
- 공인의 상업 자본가로의 성장과 수공업자의 상품 생산자로의 변화

정답 170 ① 171 ③ 172 ③

---

170 조선 후기 사상(私商)의 활동에 대한 설명으로 옳은 것은?

① 송상은 전국에 송방을 설치하였다.
② 보부상은 객주, 여각으로 활동하였다.
③ 만상(灣商)은 대일 무역에 종사하였다.
④ 경강 상인은 시전을 무대로 활약하였다.

171 다음 중 조선 후기 경제 동향의 결과로 나타난 현상은?

- 광작의 유행
- 납포장의 증대
- 이앙법의 발달
- 도고의 성장

① 국가 재정의 확보
② 향촌 자치제의 강화
③ 계층 분화의 촉진
④ 봉건 질서의 복구

172 조선 후기 대동법의 실시로 나타난 효과가 아닌 것은?

① 화폐 유통이 활발해졌다.
② 공인 자본가가 성장하였다.
③ 방납제의 모순이 점차 심화되었다.
④ 공인의 주문에 따라 생산하는 수공업이 활기를 띠었다.

173 다음 중 역사서에 대한 설명으로 잘못된 것은?

① 『동사강목』 - 한국사의 독자적인 정통론을 제기하였다.
② 『해동역사』 - 외국 자료를 많이 인용하여 민족사 이해의 폭을 넓혔다.
③ 『연려실기술』 - 조선의 정치와 문화를 실증적이고 객관적으로 서술하였다.
④ 『아방강역고』 - 화이론적 관점에서 우리 민족의 대외 항쟁사를 정리하였다.

174 다산 정약용에 대한 설명으로 잘못된 것은?

① 우리 역사에 관심을 두고 집필한 책이 『동사강목』이었다.
② 토지개혁 방안으로 여전제를 주장하였다.
③ 거중기를 고안하는 등 과학 기술에도 관심을 가졌다.
④ 오랜 유배 생활 속에서 학문에 전념하여 실학을 집대성하였다.

173 정약용의 『아방강역고』는 민족의 주체성을 강조하는 실학자의 입장에서 저술한 역사서이다.

174 『동사강목』의 저자는 안정복이다.

알/파/노/트
정약용(『**목민심서**』, 『**경세유표**』) : 실학의 집대성, 여전론(후에 정전제 실시), 백성의 의사를 반영한 정치 제도 제시, 과학 기술과 상공업 발달에 관심

정답 173 ④ 174 ①

175 알/파/노/트
토지 제도의 개혁안
- 균전론 : 유형원은 관리, 선비, 농민 등 신분에 따라 차등 있게 토지를 재분배하고 조세와 병역도 조정하자고 주장하였다.
- 한전론 : 이익은 한 가정의 생활을 유지하는데 필요한 규모의 토지를 영업전으로 정한 다음, 영업전은 법으로 매매를 금지하고 나머지 토지만 매매를 허용하자고 주장하였다.
- 여전론 : 정약용은 18세기 말, 농가 30가호를 1여(閭)로 하여 공동 경작하고, 세납을 공제한 수확을 여민들의 노동량에 따라 분배하자고 주장하였다.

176 ② 박지원 - 『열하일기』
③ 박제가 - 『북학의』
④ 정약용 - 『목민심서』, 『경세유표』

알/파/노/트
유수원(『우서』) : 중국과 우리 문물 비교, 개혁안 제시, 상공업 진흥, 기술 혁신, 사농공상의 평등화와 전문화 주장

177 실학은 정책에 반영되지 못하여 광범위한 사회적 토대가 만들어지지 못하였다.

---

175 조선 후기의 실학자들이 제안한 토지 개혁 방안으로, 마을 단위로 토지를 공동으로 소유하고 공동으로 경작하여 노동량을 기준으로 수확을 분배하는 토지 개혁 방안은?

① 한전제
② 균전제
③ 정전제
④ 여전제

176 중국과 우리나라의 문물을 비교하면서 정치, 경제, 사회, 문화 전반에 걸친 개혁안을 제시한 『우서』의 저자는?

① 유수원
② 박지원
③ 박제가
④ 정약용

177 실학 사상에 관한 설명으로 옳지 <u>않은</u> 것은?

① 중농적 실학 사상은 초기 실학파라고도 불린다.
② 실학 사상은 재야 지식인의 공감을 받았을 뿐만 아니라 국가 정책에도 반영되었다.
③ 실학은 정신 문화와 물질 문화의 균형 있는 발전을 추구하였다.
④ 중상적 실학 사상은 개화 사상가들에게 많은 영향을 주었다.

정답 175 ④ 176 ① 177 ②

178 조선 후기의 각 문화의 영역별 특징을 잘못 연결한 것은?

① 그림 – 진경 산수화, 풍속화가 유행하였다.
② 문학 – 현실 세계를 주된 소재로 다루었다.
③ 건축 – 거중기를 이용하여 견고한 토성을 축조하였다.
④ 서예 – 고대 금석문에서 서도의 원류를 찾으려는 서체가 나왔다.

178 거중기를 이용하여 축조한 것은 수원화성으로, 수원화성은 토성이 아니라 돌과 벽돌을 적당하게 배합하여 축조한 건축물이다.

179 조선 후기 신분제의 변화에 대한 설명으로 틀린 것은?

① 공노비를 점차 양인으로 해방시켜 주었다.
② 서얼층의 청요직 허용이 이루어졌다.
③ 양반 행세를 하는 가짜 양반이 많아졌다.
④ 중인들의 과거 응시가 금지되었다.

179 중인들도 과거에 응시할 수 있었으나 사회적 제약이 뒤따랐다. 서얼은 문과 응시를 금지하였으며, 승진에 제한이 있었고, 기술직 중인들은 고급 관료로 진출하지 못했다.

180 조선 후기에 농촌 사회가 분화되고 신분제가 붕괴되면서 변화된 향촌 사회에서의 양반의 지위에 대한 설명으로 틀린 것은?

① 양반들은 거주지를 중심으로 촌락 단위의 동약을 실시하였다.
② 동족 마을이 생기고 문중을 중심으로 서원, 사우가 세워졌다.
③ 향회는 양반의 이익을 대변하면서 향촌 질서를 유지하였다.
④ 족적 결합을 강화함으로써 자기들의 지위를 지켜나갔다.

180 부농층은 관권과 결탁하여 향안에 이름을 올리고 향회를 장악하고자 하였다. 양반의 이익을 대변해왔던 향회는 주로 수령이 세금을 부과할 때 의견을 물어보는 자문 기구로 변하였다. 5군영은 서울과 외곽지역을 방어하기 위해 편제된 5개의 군영을 말한다.

알/파/노/트
향회: 양반의 지방 지배 기구로 향안에 이름이 수록된 양반들로 구성되었다.

정답 178 ③ 179 ④ 180 ③

181 양반 지주층이 필요로 하는 노동력은 노비나 소작농의 노동력으로 충당되었다.

181 다음 중 조선 후기에 있었던 상황으로 옳지 <u>않은</u> 것은?

① 농민 중의 일부는 재력을 바탕으로 공명첩이나 족보를 사서 양반이 되기도 하였다.
② 농민 중에서 상당수는 토지에서 밀려나 대체로 임노동자가 되었다.
③ 양반 지주층이 필요로 하는 노동력은 임노동자로 주로 충당되었다.
④ 국가에서 필요로 하는 노동력은 농민들의 부역 동원으로 충당되었다.

182 서얼과 중인은 서학을 비롯한 외래 문화 수용에 있어서 선구적 역할을 수행하여 성리학적 가치 체계에 도전하는 새로운 사회의 수립을 추구하였다.

알/파/노/트
서얼(양반의 첩이 난 소생) 차별: 정부의 관직 진출 제한

182 조선 후기 서얼과 중인의 동향에 대해 <u>잘못</u> 설명한 것은?

① 서얼은 납속책을 통해 관직에 나갈 수 있었다.
② 중인은 소청 운동을 통하여 자신들의 지위를 개선하려 하였다.
③ 중인 중에서 재력을 축적하고 전문적 실무를 토대로 두각을 나타낸 사람도 있었다.
④ 서얼과 중인은 성리학적 명분론을 지켜나가는 데 있어서 양반층과 입장을 같이 하였다.

183 조선 후기에는 유교 중심의 가치 질서가 붕괴되어 가고 있었다.

183 조선 후기 민중의 신앙 생활에 대한 설명으로 거리가 <u>먼</u> 것은?

① 서당이 널리 보급되어 유교의 가치 질서가 영향력을 확대하였다.
② 말세의 도래, 변란의 예고 등 예언 사상이 유행하였다.
③ 굿을 통하여 한을 풀고 미래에 대한 희망을 갖게 하는 개인적이고 구복적인 믿음에 빠져 들었다.
④ 현세에서 얻지 못하는 복락을 미륵 신앙으로 해결하고자 하였다.

정답 181 ③　182 ④　183 ①

184 다음 중 조선 후기 그림이 아닌 것은?

① 단오풍정
② 인왕제색도
③ 고사관수도
④ 까치 호랑이

184 고사관수도는 조선 초기 강희안이 그린 산수 인물화이다.
① 조선 후기 풍속화가 혜원 신윤복의 그림
② 조선 후기 겸재 정선이 그린 산수화
④ 19세기 작자 미상의 민화

185 다음 중 홍경래의 난에 관한 내용이 잘못 설명된 것은?

① 농민, 상인, 광산 노동자가 합세하여 일으켰다.
② 소청 운동, 벽서 운동이 자주 있은 후에 발생하였다.
③ 임술 농민 봉기라고도 하며, 전국적 규모의 가장 큰 민란이었다.
④ 세도 정치의 부패를 강하게 비판하였다.

185 임술 농민 봉기는 1862년 진주에서 시작된 민란이다.

알/파/노/트

홍경래의 난(1811년) : 평안도, 함경도 등 서북지역에서는 19세기에 함경도 단천과 북청에서(1808년), 황해도 곡산에서(1811년) 반봉건항쟁이 빈번했으며 이것이 홍경래의 난(1811년)으로 분출되었다.

186 다음 중 조선 후기 신분제 동요 현상에 관한 설명이 사실과 다른 것은?

① 노비의 양인화가 촉진되었다.
② 통청운동(通淸運動)은 서얼들이 청직 진출을 요구한 것이었다.
③ 공명첩은 평민들의 합법적인 신분 상승 방법이었다.
④ 노비의 감소로 국가에서는 공노비제를 강화하였다.

186 공노비의 해방(순조, 1801년) : 국방상, 재정상의 이유로 공노비를 해방시켜 노비의 지위를 향상시켰다.

정답 184 ③ 185 ③ 186 ④

187 다음 중 계층별 인구 변동이 심했던 조선 후기에 상민이 합법적으로 양반이 될 수 있었던 방법은?

① 향교나 서원의 유생을 칭하였다.
② 처의 문중에 가서 족보를 구입하였다.
③ 향소에 기부금을 내고 향안에 등록하였다.
④ 나라에 곡식을 바치고 관직을 얻었다.

187 조선 후기에는 향촌 사회에서 경제력을 갖춘 부농층이 등장하여 자신들의 권익을 보호할 수 있게 신분을 상승하고자 노력하였다. 이에 정부는 납속이나 공명첩의 발행 등으로 부농층에게 신분을 상승시킬 수 있는 합법적인 길을 열어 주었다.

188 조선 후기 성장한 중인층의 활동이 아닌 것은?

① 향안을 만들어 유대를 다졌다.
②『연세지감』등 향리의 역사서를 편찬하였다.
③『유사』등 서얼의 역사서를 편찬하였다.
④ 송석원시사 등 모임을 만들었다.

188 향안은 조선 시대 지방에 거주하는 사족(士族)의 명단으로 정확히 언제부터 작성되었는지 알 수 없으나, 조선 시대 비교적 이른 시기부터 각 지방에 전래되어 온 것으로 보인다. 현재 자료로서 확인할 수 있는 가장 이른 시기의 것은 1469년 함흥지방의『풍패향좌목(豊沛鄕座目)』이다.

189 조선 후기 수취 체제의 문란 및 탐관오리의 횡포가 원인으로 일어난 봉기는?

① 김사미의 봉기
② 진주 농민 봉기
③ 효심의 봉기
④ 망소이의 봉기

189 진주(임술) 농민 봉기는 조선 후기 성장한 민중 의식과 삼정의 문란으로 대표되는 수취 체제의 문란 및 탐관오리의 횡포가 원인이었으며, 경상우도 병사 백낙신의 탐학과 학정이 직접적인 발단이 되어 일어났다.

정답 187 ④ 188 ① 189 ②

190 다음 내용과 관련된 사상에 대한 서술로 옳은 것은?

- 사람이 곧 하늘이라.
- 보국안민의 계책이 장차 어디서 나올 것인가.

① 주로 남인 계열 학자들이 발전시켰다.
② 유·불·선의 주요 내용을 바탕으로 형성되었다.
③ 양반 중심의 지배 체제를 유지하는 사상이었다.
④ 사신들에 의해 중국에서 학문의 하나로 전래되었다.

190 동학은 유·불·선의 주요 내용을 바탕으로 형성되었다.

알/파/노/트
동학의 교리는 유·불·선의 주요 내용이 바탕이 되었고, 주문과 부적 등 민간 신앙의 요소들이 결합되었다. 또 사회 모순을 극복하고, 일본과 서양 국가의 침략을 막아내자는 주장을 폈다.

191 병자호란 후에 대두된 북벌론에 대한 설명으로 옳지 <u>않은</u> 것은?

① 실현 가능성이 컸다.
② 정권 유지의 수단으로 이용되었다.
③ 전란 후의 민심을 수습하는 데 기여하였다.
④ 국방력을 강화하는 데 기여하였다.

191 당시의 북벌론은 실현 가능성이 적었다.

알/파/노/트
북벌론의 대두
- 배경 : 병자호란의 치욕으로 인한 반청 감정 고조
- 내용 : 청을 정벌하여 오랑캐에게 당한 수치를 씻고, 명에 대하여 의리를 지키자는 주장

192 조선 후기 세도 정권기에 대한 설명으로 옳지 <u>않은</u> 것은?

① 관직이 매매되는 등 비리가 만연하였다.
② 비변사가 핵심적인 정치기구로 자리 잡았다.
③ 경복궁 중건 등을 통해 왕권을 강화하였다.
④ 유력한 가문 출신의 몇몇이 실제 권력을 행사하였다.

192 경복궁 중건은 흥선대원군의 정책이다.

알/파/노/트
세도 정치기에는 왕실의 외척이 권력이 집중되어 있던 비변사를 장악하여 권력을 독점하는 형태로 정국이 운영되었다.

정답 190 ② 191 ① 192 ③

193 일본은 통신사를 국빈으로 예우하여 조선의 선진 학문과 기술을 배우고자 하였다.

193 다음 통신사 행렬도와 관련된 설명으로 틀린 것은?

① 조선의 선진 문화를 일본에 전파하는 역할을 하였다.
② 17~19세기까지 12회에 걸쳐 파견하였다.
③ 조선은 일본의 정치 사정을 알아보려는 목적이 있었다.
④ 일본은 이들을 예우하지는 않았다.

194 백두산정계비에 쓰인 토문강에 대한 해석을 둘러싸고 조선과 청 사이에 간도의 귀속 문제에 대한 분쟁이 생겼다.

알/파/노/트
백두산정계비는 1712년(숙종 38)에 조선과 청나라 사이의 국경을 정하기 위해 청나라의 제안에 따라 세워진 경계비이다.

194 우리 민족의 활동 영역을 밝힌 다음 내용의 해석을 둘러싸고 논란이 제기되었던 사항은?

> 서쪽으로는 압록강, 동쪽으로는 토문강이 두 나라의 경계선이 된다.

① 요동의 귀속
② 요서의 점령
③ 간도의 귀속
④ 강동 6주의 처리

정답 193 ④ 194 ③

195 다음 중 세도 정치의 폐단으로 볼 수 없는 것은?

① 남인, 소론 등을 권력에서 배제하여 사회 통합에 실패하였다.
② 공명첩이 대량으로 발급되어 신분제의 동요를 가져왔다.
③ 수령이 절대권을 갖고 향리와 향임을 이용하여 백성의 수탈이 심화되었다.
④ 농민의 조세 부담은 더욱 무거워져 농촌 사회의 불만은 극에 달했다.

195 공명첩은 임진왜란을 치르면서 토지 대장과 호적이 대부분 없어져 국가 재정이 궁핍해지고 식량이 부족하여 실시하였다. 그러나 공명첩이 대량으로 발급되어 신분제의 동요를 가져왔다.

정답 195 ②

우리 인생의 가장 큰 영광은 결코 넘어지지 않는 데 있는 것이 아니라
넘어질 때마다 일어서는 데 있다.

– 넬슨 만델라 –

제3장

근대사회

- **제1절** 개항과 근대 변혁 운동
- **제2절** 대한제국기 열강의 경제침탈과 개혁운동
- **제3절** '보호조약'의 체결과 국권 회복 운동
- **제4절** 일제의 무단통치와 3·1 운동
- **제5절** 일제의 기만적 문화정치와 민족 해방 운동
- **제6절** 전시하 일제의 수탈과 항일 무장 투쟁
- **실전예상문제**

시대별 상황을 한눈에! 연표 길잡이

제 3 장 근대사회

A.D.			
1800		1905	경부선 개통, 을사늑약, 천도교 성립
1863	고종 즉위, 흥선대원군 집권	1907	국채 보상 운동, 헤이그 특사 파견, 고종 황제 퇴위, 군대 해산, 신민회 설립
1871	신미양요	1909	안중근, 이토 히로부미 처단
1875	운요호 사건	1912	토지 조사령 공포
1876	강화도 조약	1914	대한 광복군 정부 수립
1882	임오군란	1919	3·1 운동, 의열단 조직
1884	우정국 설치, 갑신정변	1920	청산리·봉오동 전투 조선일보·동아일보 창간
1889	함경도에 방곡령 실시	1926	6·10 만세 운동
1894	동학 농민 운동, 갑오개혁	1927	신간회 조직
1896	아관 파천, 독립신문 발간, 독립 협회 설립	1929	광주 학생 항일 운동
1897	대한제국 성립	1931	만주 사변
1900		1932	이봉창, 윤봉길 의거
1904	한일의정서 체결	1937	중·일 전쟁

보다 깊이 있는 학습을 원하는 수험생들을 위한
시대에듀의 동영상 강의가 준비되어 있습니다.
www.sdedu.co.kr ➔ 회원가입(로그인) ➔ 강의 살펴보기

제3장 근대사회

제1절 개항과 근대 변혁 운동

1 구미 열강의 침략과 흥선대원군의 내정 개혁

(1) 제국주의 시대의 세계
  ① 제국주의의 발전 배경
    ㉠ 개념 : 19세기 말 이후 국내에 축적된 자본을 투자할 해외 시장을 획득하기 위한 경쟁적 대외 팽창 정책 추진
    ㉡ 식민지의 필요 : 자본주의의 고도화에 따른 잉여 자본의 투자 시장이 필요
    ㉢ 민족주의의 변질 : 배타적이고 침략적인 성격의 강력한 민족주의 발달
    ㉣ 1870년대부터 후진지역 침략 → 제국주의 열강 간의 대립 → 제1차 세계대전 발발
  ② 제국주의 열강의 침략
    ㉠ 아프리카 : 식민지를 확대하는 과정에서 영국(종단 정책)과 프랑스(횡단 정책)가 충돌 → 파쇼다 사건(1898년)
    ㉡ 아시아
      • 식민지화 : 영국(인도), 프랑스(인도차이나 반도), 네덜란드(인도네시아), 미국(필리핀)
      • 반식민지화 : 서구 열강, 일본 – 중국
    ㉢ 태평양 지역 : 미국, 영국, 프랑스, 독일에 의해 분할 강점

(2) 19세기 중엽의 국내 정세
  ① 대내적 상황
    ㉠ 세도 정치의 폐단 : 왕권 실추, 정치적 혼란, 탐관오리들의 수탈, 삼정의 문란으로 농촌사회 피폐화
    ㉡ 농민의 봉기 : 항조(抗租), 거세(拒稅) 등 소극적 저항 → 적극적 대응책으로 농민 봉기 발발
  ② 대외적 상황 : 일본과 서양 열강의 침략

(3) 흥선대원군의 내정 개혁

① 흥선대원군의 집권

흥선대원군

- ㉠ 배경 : 철종 사후 나이 어린 고종이 즉위하자 국왕의 생부인 흥선군 이하응이 대원군이 되어 정치적 실권 장악
- ㉡ 정세
  - 국내 : 세도 정치에 의한 국정의 혼란과 그에 따른 삼정의 문란으로 인한 민생 파탄, 민란이 전국적으로 발생
  - 대외 : 서양 세력이 중국과 일본의 문호를 개방하고 조선으로 진출

② 흥선대원군의 개혁 정책 중요 기출 23

- ㉠ 대내 정책 : 국가 기강 확립으로 **왕권 강화 정책**
  - **세도 정치 일소** : 안동 김씨 일족의 축출, 능력에 따른 인재 등용 등의 과감한 인사 정책으로 붕당 정치와 세도 정치의 폐단을 제거하면서 자신의 정치적 기반을 확보하고 **전제 왕권을 강화**
  - **정치 기구의 재정비** : 비변사를 폐지하고 의정부와 삼군부의 기능을 부활시킴으로써 정치와 군사 업무를 분리
  - **법전의 정비** : 『대전회통』, 『육전조례』 편찬
  - **삼정의 개혁(민생 안정책)** : 민생 안정을 위한 전정의 개혁과 호포법, 사창제를 실시하여 농민의 부담 경감 기출 25
    - 전정 : 양전 사업 실시 → 지방관·토호의 토지 겸병 금지
    - 군정 : 호포법 실시, 양반에게 군포 징수 → 양반의 반발
    - 환곡 : 사창제 실시 → 환곡제의 개선
  - **서원의 정리** : 600여 개의 서원 철폐, 47개만 남김 → 국가재정 확보 → 유생의 반발
  - **경복궁의 중건** : 원납전 강제 징수, 당백전 남발, 양반의 묘지림까지 벌목, 백성들을 토목 공사장에 징발
- ㉡ 대외 정책 : 외세의 침투를 막기 위하여 **서양의 통상 수교 요구 거부**
- ㉢ 대내적인 왕권 강화 정책의 의의
  - 의의 : 전통적인 통치 체제의 재정비, 양반 지배층의 백성에 대한 부당한 억압과 수탈을 금지하여 국가 기강의 확립과 민생 안정에 기여
  - 한계 : 전통 체제 내에서의 개혁 정책

체크 포인트

흥선대원군의 개혁 정책
- 개혁 정치의 목적 : 왕권의 강화와 중앙 집권의 확립, 유생세력의 억압과 국가재정의 충실, 국가 통치 질서의 개편
- 개혁 정치 내용 : 의정부와 삼군부의 기능 부활, 법전 간행, 양전의 실시, 세도 정치 타파, 호포제 실시, 서원 철폐, 사창제 실시, 경복궁 중건
- 양반들의 불만 요인 : 호포제 실시, 서원 철폐, 원납전 징수

> **더 알아두기**
>
> **원납전과 당백전**
> - **원납전**: 대원군이 경복궁 중건비를 충당하기 위해 강제로 거두어들인 기부금
> - **당백전**: 재정 보충을 위해 발행한 화폐, 상평통보의 1백 배이나 실질 가치는 1/20도 안 되어 재정의 혼란 야기

(4) 병인양요와 신미양요 중요

① **배경**: 위기의식의 고조
  ㉠ 이양선의 출몰, 천주교의 확대, 서양상품의 유입
  ㉡ 영·프 연합군의 베이징 점령(애로호 전쟁)과 러시아의 연해주 획득

② **외세의 격퇴** 기출 21
  ㉠ 병인박해(러시아의 남하 견제): 프랑스 측의 협조 거부에 대한 보복
  ㉡ 병인양요(1866년): 프랑스 선교사 처형 → 프랑스의 강화도 점령 → 양헌수가 격퇴
  ㉢ 독일 상인 오페르트의 남연군묘 도굴 사건
  ㉣ 신미양요(1871년): 제너럴셔먼호 사건 구실, 미국의 강화도 공격, 수비대가 격퇴(어재연)

③ **결과**: 척화비 건립, 서양과의 수교 거부, 근대화의 지연

> **체크 포인트**
>
> **1860~70년대 미국의 침략과정**
> - 제너럴셔먼호 사건(1866년): 조선 영해를 불법 침범 후, 통상을 요구하다 침몰
> - 조선 연안 탐사(1867년): 주중 미국공사 슈펠트가 조선 연안 탐사
> - 남연군묘 도굴 사건(1868년): 독일인 오페르트와 미국인 젠킨스가 이끄는 무리가 흥선대원군의 아버지인 남연군의 무덤을 도굴하려다 실패
> - 광성보 전투: 강화도를 침략한 미국 군대에 맞서 광성보를 지켰으나 끝내 전멸
> - 신미양요(1871년): 제너럴셔먼호 사건의 문책과 통상강요가 있었으나 어재연과 강화수비대의 활약으로 격퇴

2 개항과 사회·경제 변화

(1) 개항

① **정세의 변화**: 대원군 실권, 통상 개화론의 대두 → 문호 개방 여건 형성
② **일본의 접근**: 운요호 사건 → 강화도 조약 체결, 문호 개방(1876년)
③ **강화도 조약** 중요
  ㉠ 성격: 최초의 근대적 조약, 불평등 조약

ⓛ 내용
- 청의 종주권 배제를 위해서 조선을 자주국으로 규정, 일본의 조선 침략을 용이하게 하려는 의도
- 개항(부산, 원산, 인천) : 정치, 군사적 거점 확보
- 치외법권 : 일본 영사의 재판권 설정
- 해안 측량권 : 조선 연해의 자유로운 측량 허용

> **체크 포인트**
> 강화도 조약 : 정식 명칭은 조·일 수호 조규이고, 병자 수호 조약이라고도 한다.

ⓒ 부속 조약과 통상 장정 체결
- 일본 외교관의 여행 자유 인정
- 개항장에서의 일본 거류민의 거주 지역(조계) 설정
- 일본 화폐의 유통 허용과 상품의 수출입에 대한 무관세 인정
- 양곡의 무제한 유출 허용

ⓔ 조약 체결의 결과 : 일본 – 경제적 침략의 발판 구축, 조선 – 국내 산업에 대한 보호 조처를 거의 취할 수 없게 됨

ⓜ 서구 열강과의 통상 수교
- 미국(1882년)
  - 배경 : 황쭌셴의 『조선책략』 유포, 청의 알선(러·일의 견제)
  - 조·미 수호 통상 조약 : 영사 재판에 의한 치외법권, **최혜국 대우(불평등 조약)**, 협정관세, 거중조정(居中調停)
- 영국(1883년), 독일(1883년), 러시아(1884년), 프랑스(1886년)

> **체크 포인트**
> 『조선책략』: 청의 주일참사관 황쭌셴이 지은 책으로, 러시아의 남하 정책에 대비하기 위한 조·일·청 간의 외교정책을 논한 것이다. '청과 친하고, 일본과 손을 잡으며, 미국과 연합'하여 러시아의 남진을 막아야 한다고 주장하였다.

> **더 알아두기**
> **최혜국 대우**
> 통상·항해 조약 등에서 한 나라가 특정 국가에 부여하고 있는 가장 유리한 대우를 상대국에도 부여하는 일

[강화도 조약의 내용과 의미]

조항	내용	의미
제1관	조선은 자주국이며 일본과 평등한 권리를 가진다.	청의 종주권 부인, 일본의 침략 의도
제2관	일본국 정부는 지금부터 15개월 후 수시로 사신을 조선국 서울에 파견(교환)한다.	김기수, 김홍집을 수신사로 파견
제4관	조선국 부산의 초량(草梁)은 일본 공관이 있어 양국인의 통상지였다. 금후에는 종전 관례의 세견선 등의 일을 없애고 새로운 조약에 준하여 무역 사무를 할 것이다.	토지 조차, 가옥 영조(家屋營造), 주택 임차를 허용함으로써 영토 주권 침해
제5관	조선 정부는 부산 외에 2개 항구를 개항하고 일본인이 와서 통상하는 것을 허가한다.	부산(경제적), 원산(군사적), 인천(정치적)을 개항
제7관	조선국 연해의 섬과 암초는 극히 위험하므로 일본국의 항해자가 자유롭게 해안을 측량하도록 허가한다.	주요 군사 기지를 점령하기 위한 것으로 주권 침해
제10관	일본국 국민이 조선국 항구에서 죄를 지었거나 조선국 인민에게 관계되는 사건은 모두 일본국 관원이 심판한다.	치외법권(편무적 영사 재판권)의 인정은 불평등 조약임을 의미(가장 독소적)

(2) 개화 정책 중요

① 개화 정책 추진

㉠ 목적 : 부국강병을 목표로 개화파 인물 등용

㉡ 내용
- 제도 개혁 : 통리기무아문·12사 설치, 2영(장어영, 무위영)·별기군의 설치
- 수신사, 조사시찰단 파견 → 메이지 유신 견학 → 개화의 필요성 절감
- 영선사 파견 : 청에 유학생 파견 → 양무운동·무기제조법의 학습 → 기기창의 설치

체크 포인트

통리기무아문 기출 21
- 목적 : 부국강병을 목표로 개화파 인물 등용
- 내용 : 청의 총리아문을 본뜬 기구, 실무를 담당하는 12사를 두고 외교·통상을 비롯한 군사·산업·외국어 교육 등 여러 개화 정책을 맡아 추진, 개화파 인사인 김윤식, 박정양, 어윤중, 김홍집, 김옥균, 홍영식 등이 등용됨

② **위정척사 운동 전개** : 외세의 침략에 반발하여 보수적 유생층이 주도함

체크 포인트

위정척사 운동 : 정학인 성리학과 성리학적 질서를 수호하고, 성리학 이외의 모든 종교와 사상을 배척하는 운동

㉠ 의의 : "정학(正學)과 정도를 지키고 사학(邪學)과 이단을 물리친다." - 성리학적 질서를 지키고 서양의 자본주의 문화 배격
㉡ 목적 : 개화 정책 반대, 성리학적 전통 질서 수호, 외세 배척
㉢ 전개 과정
- 1860년대 척화주전론 : 서양과의 통상 반대(이항로, 기정진)
- 1870년대 왜양일체론 : 개항 불가론(유인석, 최익현)
- 1880년대 개화 반대 운동 : 『조선책략』의 유포 반대(이만손, 홍재학) → 영남만인소
- 1890년대 의병전쟁으로 계승
㉣ 성격 : 일부는 **동도서기론**을 주장하면서 개화 운동에 참여
- 반외세적 자주 운동
- 전제주의적 정치 체제, 지주 중심의 봉건적 경제 체제, 양반 중심의 차별적 사회 체제, 성리학적 유일 사상 체제 유지 목적
- 개화 정책 추진과 역사의 발전(근대화 달성)에 장애
- 항일 의병 운동으로 발전
㉤ 한계
- 봉건적 보수 체제 고수 : 성리학적 유일 사상 체제를 유지하려는 목적
- 역사 발전 저해 : 개화 정책의 방해

> **체크 포인트**
> **위정척사 사상의 특징**
> - 유학과 사회체계 수호
> - 서양 문물・서학・왜양 세력 배척
> - 존화양이론 주장
> - 봉건적 명분론 주장

(3) 임오군란(1882년) 중요

① **군란의 원인** : 개화와 보수 세력의 대립, 흥선대원군과 민씨 세력의 갈등, **구식 군대에 대한 차별 대우**

② **과정** : 민씨 정부의 고관 집을 습격, 일본인 교관 살해, 일본 공사관 습격, 민중들까지 구식 군대에 동조하여 합세

③ **결과**
㉠ 청・일 양국 간의 대립을 초래하여 일본은 거류민 보호를 구실로 군대를 파견하고, 청은 군대를 파견하여 대원군을 압송함으로써 일본의 무력 개입 구실 방지
㉡ 제물포 조약 체결로 일본에 배상금 지불, 일본 공사관의 경비병 주둔 인정

> **체크 포인트**
>
> 제물포 조약: 임오군란 때 조·일간에 체결된 조약이다. 내용은 조선은 특사를 보내어 사과할 것, 일본 공사관에 경비병을 주둔하게 할 것, 손해 배상금을 지불할 것 등이다. 이 조약 결과 일본은 군대 주둔권과 배상금을 획득하였다.

　ⓒ 청의 적극적인 내정 간섭 초래, 군대 상주(위안스카이 파견, 조선 군대 훈련), 마젠창(내정), 묄렌도르프(외교) 등의 고문을 파견하고 조·청 상민 수륙 무역 장정(청의 종주권 확인)의 체결로 청나라 상인의 통상 특권 허용 등 경제적 침략 자행
　ⓓ 민씨 일파의 재집권: 친청 사대 정책 실시

별기군과 구식 군인

3 개화파의 개혁운동

(1) 개화당의 형성과 활동

① **초기 개화파**: 박규수, 김옥균, 박영효
② **개화파의 분화**
　ⓐ 온건 개화파(김홍집, 김윤식 등): 청의 양무운동 수용, 점진적 개혁 주장(집권세력)
　ⓑ 급진 개화파(김옥균, 박영효, 홍영식 등): 자주독립을 위한 급진적 개혁 추구(소장파)

[개화파의 두 종류] 중요

구분	온건 개화파	급진 개화파
대표적 인물	김홍집, 어윤중, 김윤식	김옥균, 박영효, 홍영식, 서광범, 서재필
다른 표현	사대당, 수구당	개화당, 독립당
배경 사상	청의 중체서용(동도서기론)	일본의 문명개화론
개혁의 본보기	양무운동을 본받아 점진적 개혁 추구	메이지 유신을 본받아 급진적 개혁 추구
주장	서양의 과학 기술만 수용, 동도서기론	서양의 사상과 제도까지도 수용
성격	민씨 정권에 참여	갑신정변의 주체

③ **개화당의 개화 시책 추진**
  ㉠ 계기 : 박영효가 일본에 사절단으로 파견되면서 본격화
  ㉡ 내용
    • 유학생 파견 : 군사·학술 등을 배우도록 하기 위해 일본에 유학생 파견
    • 박문국 설치 : 최초의 신문인 한성순보 간행
    • 우정국 설치 : 근대적인 우편 사업을 위해 설치
④ **한계** : 일본으로부터 개화운동을 위한 차관도입에 실패함으로써 정치 자금의 조달이 어려워짐, 민씨 일파의 견제

(2) **갑신정변(1884년)** 중요 기출 22
  ① **배경**
    ㉠ 친청 수구세력의 제거로 자주독립국가의 건설 시도
    ㉡ 청·프 전쟁으로 청군의 일부 철수
    ㉢ 일본 공사의 지원 약속
  ② **경과** : 우정국 사건 → 14개조 개혁 정강 발표(인민평등권, 지조법의 개혁, 재정의 일원화, 경찰제 실시)
  ③ **결과** : 청의 적극 개입으로 인해 3일 천하로 실패 → 개화운동의 흐름 단절, 청의 내정간섭 강화
  ④ **영향**
    ㉠ 한성조약(일본과 조선) : 보상금 지불, 일본 공사관 신축비 지불
    ㉡ 톈진조약(청과 일본) : "양군의 철수와 조선에 군대 파병 시 서로 알릴 것"(청·일 전쟁의 원인)
      → 청·일군의 공동철수, 일본은 동등한 조선 파병권 획득
  ⑤ **의의**
    ㉠ 근대국가 수립을 위한 **최초의 정치개혁 운동**(입헌군주제, 신분제 개혁)
    ㉡ 문벌 폐지, 인민평등권 확립 : 역사 발전에 부합되는 민족운동
  ⑥ **한계점**
    ㉠ 일본 의존적 성향 : 자주권을 수호할 국방 개혁에 소홀하였으며 일본의 지원에 의존하려는 한계를 지님
    ㉡ 위로부터의 개혁 : 민중과 유리된 정치개혁, 백성들이 원하는 토지 제도의 개혁 외면
    ㉢ 개혁 추진 세력의 미약 : 갑신정변 추진 세력의 정치적·군사적 기반이 약한 상황에서 청군의 개입으로 3일 만에 무너짐

> **체크 포인트**
> • 갑신정변의 실패 요인 : 외세 의존적 개혁, 소수의 급진적 개혁 운동, 국민적 지지기반 미약
> • 내용 : 과거제 폐지, 경찰기관 설립, 의정부와 궁내부의 업무 분리, 탁지부의 재정 일원화, 은본위제도 확립, 조세의 금납화, 연좌법과 공사노비법 폐지, 과부의 재가 허용, 입헌군주제 지향, 인민평등권과 능력에 따른 인재 등용 주장, 혜상공국 폐지 등

> **더 알아두기**
>
> **갑신정변 때의 14개조 정강**
> 1. 청에 잡혀간 흥선대원군을 곧 돌아오도록 하게 하며, 종래 청에 대하여 행하던 조공의 허례를 폐지한다.
> 2. 문벌을 폐지하여 인민평등의 권리를 세워, 능력에 따라 관리를 임명한다.
> 3. 지조법을 개혁하여 관리의 부정을 막고 백성을 보호하며, 국가 재정을 넉넉하게 한다.
> 4. 내시부를 없애고, 그중에 우수한 인재를 등용한다.
> 5. 부정한 관리 중 그 죄가 심한 자는 치죄한다.
> 6. 각 도의 환상미를 영구히 받지 않는다.
> 7. 규장각을 폐지한다.
> 8. 급히 순사를 두어 도둑을 방지한다.
> 9. 혜상공국(보부상을 보호하기 위하여 설치한 기관)을 혁파한다.
> 10. 귀양살이를 하고 있는 자와 옥에 갇혀 있는 자는 그 정상을 참작하여 적당히 형을 감한다.
> 11. 4영을 합하여 1영으로 하되, 영 중에서 장정을 선발하여 근위대를 급히 설치한다.
> 12. 모든 재정은 호조에서 통할한다.
> 13. 대신과 참찬은 의정부에 모여 정령을 의결하고 반포한다.
> 14. 의정부, 6조 외의 모든 불필요한 기관을 없앤다.

(3) 근대적 개혁의 추진

① **개혁 실시의 배경**
  ㉠ 일본의 내정 개혁 강요
    - 전주 화약(和約)의 성립으로 군대 주둔의 명분 상실
    - 청과의 전쟁 구실을 만들어 청의 세력을 조선에서 물리친 후, 조선에 대한 내정 간섭을 통해 경제적 이권 탈취와 함께 침략의 기반을 닦으려는 의도
  ㉡ 자주적인 개혁의 추진
    - 개항 이래의 누적된 사회 모순과 농민의 요구를 해결하기 위한 대대적인 개혁의 필요성 인식
    - 교정청을 설치하고 자주적 개혁 시도

② **제1차 개혁(갑오개혁, 1894년)**
  ㉠ 제1차 김홍집 내각 설립 : 일본이 경복궁을 점령하고 민씨 정권 붕괴, 대원군을 섭정으로 하는 내각 성립
  ㉡ 군국기무처 설치 : 초정부적인 회의 기관으로 개혁 주도

> **더 알아두기**
>
> **군국기무처**
> 의원들의 합의로 개혁안을 의결하는 갑오개혁의 핵심기구, 초정부적인 입법부

ⓒ 일본의 간섭
- 청·일 전쟁에서 승세를 잡은 후 조선에 대한 적극적인 간섭 정책 실시 → 시모노세키조약 체결
- 갑신정변의 주동자로서 망명해 있던 박영효와 서광범이 귀국하여 개혁에 참여

> **체크 포인트**
> 시모노세키조약 : 청·일 전쟁의 전후처리를 위해 청국과 일본이 일본 시모노세키에서 체결한 강화조약

③ **제2차 개혁**
- ㉠ 김홍집·박영효 연립 내각의 성립 : 군국기무처 폐지
- ㉡ 독립 서고문(誓告文) 선포 : 고종이 나라의 자주 독립을 선포한 일종의 독립 선언문
- ㉢ 홍범 14조 반포 : 자주권, 행정, 재정, 교육, 관리 임용, 민권 보장의 내용을 규정한 국정 개혁의 기본 강령
- ㉣ 일본의 간섭 약화 : 삼국 간섭으로 러시아의 세력 강화
- ㉤ 개혁의 중단 : 개혁을 주도하던 박영효가 민씨 일파에 의해 제거

> **더 알아두기**
> **홍범 14조**
> 1. 청에 의존하는 생각을 버리고 자주 독립의 기초를 세운다.
> 2. 왕실 전범을 제정하여 왕위계승의 법칙 및 종친과 외척과의 구별을 명확히 한다.
> 3. 임금은 각 대신과 의논하여 정사를 행하고, 종실, 외척의 내정 간섭을 용납하지 않는다.
> 4. 왕실 사무와 국정 사무를 나누어 서로 혼동하지 않는다.
> 5. 의정부 및 각 아문의 직무, 권한을 명백히 규정한다.
> 6. 납세는 법으로 정하고 함부로 세금을 징수하지 아니한다.
> 7. 조세의 징수와 경비지출은 모두 탁지아문의 관할에 속한다.
> 8. 왕실의 경비는 솔선하여 절약하고, 이로써 각 아문과 지방관의 모범이 되게 한다.
> 9. 왕실과 관부의 1년 회계를 예정하여 재정의 기초를 확립한다.
> 10. 지방관제도를 개정하여 지방관리의 직권을 제한한다.
> 11. 총명한 젊은이들을 파견하여 외국의 학술·기예를 견습시킨다.
> 12. 장교를 교육하고 징병을 실시하여 군제의 근본을 확립한다.
> 13. 민법·형법을 제정하여 인민의 생명과 재산을 보호한다.
> 14. 문벌을 가리지 않고 인재 등용의 길을 넓힌다.

④ **제3차 갑오개혁(을미개혁, 1895년)**
- ㉠ 제3차 김홍집 내각의 성립 : 온건 개화파와 친러파의 연립 내각
- ㉡ 을미사변의 발발(1895년) : 친러파와 연결하여 일본의 침략 세력을 제거하려던 명성황후를 일본 침략자들이 시해
- ㉢ 단발령의 단행 : 유생들의 강력한 반발 야기
- ㉣ 을미사변과 단발령의 결과 : 국민들의 거센 반발, 의병 운동의 시작
- ㉤ 아관파천(1896년) : 고종이 러시아 공사관으로 피신해 개혁 운동 중단

⑤ 개혁의 내용과 의미

　㉠ 내용

김홍집

　　• 정치 : 개국 연호, 왕권의 전제성 제한, 사법권의 분리 독립
　　• 경제 : 재정의 일원화(도량형의 통일), 은본위 제도, 조세의 금납제
　　　→ 일본의 침투 허용
　　• 사회 : 봉건적 질서의 철저한 개혁(신분 제도 타파) → 농민의 요구 반영
　　• 군사 : 훈련대의 창설·확충, 사관 양성소 설치 시도 → 성과 없음(일본의 견제)

　㉡ 의의
　　• 조선의 개화파와 동학 농민 운동의 요구가 반영된 근대화 운동
　　• 일본의 강요로 인한 개혁의 한계성

> **더 알아두기**
>
> **전통적 폐습의 타파**
> 갑오개혁으로 인신 매매 행위의 금지, 조혼 금지, 과부 개가 허용, 고문과 연좌법의 폐지 등이 실시되었다.

4 동학 농민 운동

(1) **동학 농민 운동의 전개** 기출 22, 21

① **배경** : 정부의 무능, 개화와 보수의 대립, 국가 재정 궁핍, 농민 수탈 강화, 일본의 경제적 침투, 농촌 경제의 파탄, 농민들의 사회 변혁 욕구 팽배, 동학의 확산

　㉠ 열강세력의 경쟁
　　• 청의 내정 간섭과 일본의 경제적 침략
　　• 러시아의 외교적 접근(조·러 통상 조약, 조·러 육로 통상 조약)
　　• 영국의 군사적 침략(거문도 사건, 러시아 세력 견제)
　　• 한반도 중립론의 대두(독일인 부들러, 유길준)

　㉡ 지배층의 착취 : 배상금 지불과 근대 문물의 수용으로 인한 재정 지출의 보충 → 농민 경제 파탄

　㉢ 일본의 경제적 침투
　　• 일본의 무역 독점 : 수출 총액의 90% 이상, 수입 총액의 50% 이상(1880년대 초)
　　• 곡물 유출 : 수출품 중에 쌀이 30% 이상 차지
　　• 방곡령(1889년) : 황해도와 함경도에 선포했지만 조·일 통상 장정의 규정으로 실패

② **전개 과정**

　㉠ 교조 신원 운동(삼례·보은 집회) : 탐관오리의 숙청, 일본과 서양 세력의 축출 요구, 동학 중심의 종교 운동을 농민 중심의 정치 운동으로 전환

ⓒ 동학 농민 운동의 전개 기출 25
- 제1기(고부 민란기) : 전봉준이 이끄는 1천여 농민군이 고부 군수 조병갑의 횡포와 착취에 항거하여 관아 습격(1894년)
- 제2기(절정기) : 전봉준, 김개남 등의 지도로 보국안민과 제폭구민의 기치를 내걸고 고부와 태인에서 봉기, 황토현 전주에서 승리하여 전주 점령
- 제3기(폐정개혁 실천기) : 동학 농민군과 정부의 전주 화약 체결, 전라도 일대에 집강소를 설치하였으나 정부가 동학군을 진압하기 위해 청에 파병 요청, 일본도 톈진조약을 구실로 파병하여 청·일 전쟁 발발

▶ 집강소 : 동학 농민군이 전주성을 점령한 뒤 호남 지방 각 군현에 설치하였던 농민 자치 기구

- 제4기(동학군의 2차 봉기) : 일본의 내정 간섭 강화에 대항하여 재봉기하였으나 공주 우금치 전투에서 일본군에 패하고 전봉준 등 지도자들이 체포되어 실패로 돌아감

(2) 동학 농민 운동의 의의
① **의의** : 아래로부터의 반봉건적·반침략적 민족 운동 – 전통적 지배 체제 반대, 외세 침략격퇴 추구
② **영향** : 갑오개혁에 부분적 반영, 의병 운동에 가담하여 반일 무장투쟁의 활성화
③ **성격**
  ㉠ 발전 : 민란 → 농민전쟁
  ㉡ 반봉건적 개혁 : 정치개혁 요구 → 갑오개혁에 영향
  ㉢ 반침략적 성격 : 의병전쟁으로 계승 → 구국 무장투쟁 활성화
④ **한계** : 근대사회를 건설하기 위한 구체적인 방안을 제시하지 못함

> **더 알아두기**
>
> **폐정개혁안 12개조** 기출 21
> 1. 동학도는 정부와의 원한을 씻고 서정(庶政)에 협력한다. → 왕조 자체를 타파하려 하지는 않음
> 2. 탐관오리는 그 죄상을 조사하여 엄징한다.
> 3. 횡포한 부호를 엄징한다. ─┐
> 4. 불량한 유림과 양반의 무리를 징벌한다. ─┘ 봉건적 지배층 타파
> 5. 노비 문서를 소각한다.
> 6. 7종의 천인 차별을 개선하고, 백정이 쓰는 평량갓은 없앤다. ─ 봉건적 신분제 폐지
> 7. 청상과부의 개가를 허용한다.
> 8. 무명의 잡세는 일체 폐지한다. → 봉건적 수탈 반대
> 9. 관리 채용에는 지벌을 타파하고 인재를 등용한다. → 관리 등용 개선
> 10. 왜와 통하는 자는 엄징한다. → 반외세적
> 11. 공사채를 물론하고 기왕의 것을 무효로 한다. → 부채 탕감으로 농민 생활 안정
> 12. 토지는 평균하여 분작한다. → 지주제 혁파

> **체크 포인트**
>
> **폐정개혁의 주요 내용**
> - 신분 제도의 폐지와 천민의 해방
> - 삼정의 개혁과 고리채의 무효화
> - 탐관오리와 불량한 양반의 응징
> - 미곡의 일본 유출 금지
> - 동학의 포교와 농민군의 강화
> - 지주전호제 개혁과 토지 제도의 평균 분작의 실시

농민군 지도자 전봉준

제1절 핵심예제문제

01 흥선대원군은 집권 후 안으로는 문란해진 기강을 바로잡고 밖으로는 외세의 통상 요구와 침략에 대비하는 정책을 강행하였다.

01 흥선대원군이 다음과 같은 개혁 정책을 추구하였던 궁극적인 목적은?

> - 비변사의 기능을 축소하고 의정부의 기능을 강화하였으며 삼군부를 부활시켰다.
> - 『대전회통』, 『육전조례』 등을 편찬하여 법치 질서를 재정비하였다.
> - 양반에게도 군포를 부과·징수하는 호포법을 실시하였다.
> - 붕당의 근거지로 백성을 수탈해 온 600여 개소의 서원을 철폐하였다.

① 지배층의 수탈을 억제하여 민생 보호
② 열강의 침략에 대비하여 국방 강화
③ 문란한 기강을 바로잡아 왕권 재확립
④ 부족한 국가재정 강화

02 강화도 조약에서 조선은 자주국으로 일본과 평등한 권리를 가진다고 했지만 결국 조선에 대한 청의 종주권을 부인함으로써 일본의 침략을 용인하려는 것이었다.

02 다음 중 강화도 조약의 내용으로 잘못된 것은?

① 일본 영사의 치외법권 인정
② 조선의 자주권 인정
③ 부산 외에 2개 항구 개항
④ 청의 종주권 인정

정답 01 ③ 02 ④

03 동학 농민 운동에 대한 설명으로 옳지 <u>않은</u> 것은?
① 유·불·선의 주요 내용이 교리의 기본 바탕이었다.
② 모든 사람이 평등하다는 시천주 사상을 강조하였다.
③ 교단 내의 친일 세력을 축출하고 천도교로 개편하였다.
④ 단군 신앙을 기반으로 하여 항일 무장투쟁에 참여하였다.

03 우리 민족의 단군 신앙을 발전시켜 무장투쟁에 참여한 종교는 대종교이다.

04 다음 중 폐정개혁안 12개조의 내용으로 옳지 <u>않은</u> 것은?
① 신분 제도의 폐지와 천민의 해방
② 미곡의 일본 수출로 농민 경제 향상
③ 탐관오리와 불량한 양반의 응징
④ 삼정의 개혁과 고리채의 무효화

04 폐정개혁안 12개 조에는 왜와 통하는 자는 엄징한다는 반외세적인 조항이 있으며, 미곡의 일본 유출을 금지하는 것이 주요 내용이다.

정답 03 ④ 04 ②

제2절 대한제국기 열강의 경제침탈과 개혁운동

1 대한제국의 성립

(1) 독립협회의 결성(1896년) 기출 22, 21

① **배경**: 아관파천 – 러시아와 조선·일본·청 간의 비밀협약 체결 → 열강의 이권 침탈(광산 채굴권, 삼림 채벌권 등)

> **더 알아두기**
>
> **아관파천**
> 1896년 2월 11일부터 약 1년 동안 고종과 왕세자가 신변의 위협을 느껴 왕궁을 버리고 러시아 공사관으로 피신한 사건

② **목표**: 자유민주주의 보급 → 자주독립국가의 건설
③ **창립**: 서재필 등을 중심으로 자유 민주주의 개혁 사상 보급, 독립신문 창간, 독립협회 창립
④ **활동**: 강연회·토론회 개최, 신문·잡지 발간, 자주 국권 운동, 자유 민권 운동, 국민 참정권 운동 전개, 만민공동회·관민공동회를 개최하여 헌의 6조 결의
⑤ **해산**: 황국협회를 이용한 보수 세력의 탄압으로 해산

독립신문

> **체크 포인트**
>
> 황국협회: 전국의 보부상으로 조직된 단체로서 보수 세력은 이들에게 만민공동회가 열리는 곳에서 소란을 피우게 하고, 이를 빌미로 독립협회를 해산하였다.

⑥ **독립협회의 민중 계몽 운동** 중요
  ㉠ **자주 독립 의식 고취**: 국민의 성금을 모아 영은문 자리에 자주 독립의 상징인 독립문을 세우고, 모화관을 독립관으로 개수
  ㉡ **근대 지식과 국권·민권 사상 고취**: 강연회와 토론회의 개최, 신문과 잡지의 발간 등을 통하여 민중을 계도
  ㉢ **성과**: 민중의 근대적 정치의식의 향상, 시민들의 높은 호응과 참여로 민중적 사회단체로 성장
  ▶ 독립협회의 중심인물: 개혁파인 서재필, 윤치호, 이상재 등과 유학자인 남궁억, 정교 등

(2) 대한제국 성립(1897년) 중요

① **고종의 환궁** : 1897년, 내외의 여론에 힘입어 러시아 공사관에서 경운궁으로 환궁

② **대한제국의 수립**
  ㉠ 국호 : 대한제국
  ㉡ 연호 : 광무
  ㉢ 왕 : 황제
  ㉣ 자주 국가임을 국내·외에 선포

③ **성립 배경(1897년)**
  ㉠ 대내적 배경 : 외세의 간섭을 막고 자주독립의 근대국가를 세우려는 국민적인 자각
  ㉡ 대외적 배경 : 조선에서 러시아의 독점 세력을 견제하려는 국제적인 여론의 뒷받침

④ **대한제국의 개혁**
  ㉠ 정치면 : 대한국 국제의 반포, 전제 군주 체제 강화, 독립협회 탄압
  ㉡ 경제면 : 양전 사업과 지계(근대적 토지소유 인증서)발급, 상공업 진흥책(식산흥업 정책), 금본위제 시도, 도량형 개정, 황실 재정의 확대, 양잠 사업
  ㉢ 사회면 : 교육 장려(실업 교육 강화, 유학생 파견), 근대 시설의 확충, 사법 개혁, 사회시설 확충
  ㉣ 외교면 : 관리 파견, 조약의 체결, 국제 교류, 독도 관할
  ㉤ 군사면 : 군사력 증강, 무관 학교 설립

⑤ **대한제국의 한계성**
  ㉠ 전제권 강화 경향
  ㉡ 보수적 성향·열강의 간섭

고종 황제

2 열강의 이권 침탈과 사회·경제적 변화

(1) 개항과 농촌 경제

① **개항 초기** : 일본의 몰락한 상인이나 무사층이 불평등 조약을 바탕으로 약탈 무역을 자행하여 농촌 경제 악화

② **개항 이후 일본의 경제 침탈** : 불평등 조약을 이용해 약탈적인 무역 자행

③ **토지 약탈**
  ㉠ 고리대를 이용하여 농장 확대
  ㉡ 청·일 전쟁 이후 대자본가들이 대거 침투 → 전주·군산·나주 지역에 대규모 농장조성
  ㉢ 토지 약탈의 본격화 : 러·일 전쟁 → 철도 부지와 군용지 확보 명목

(2) 열강의 경제적 침탈 〈중요〉

① 일본 상인의 무역 독점
- ㉠ 개항 초기 : 외국 상인의 활동 범위를 개항장의 10리 이내로 제한하는 거류지 무역이 행해짐
- ㉡ 1880년대 : 외국 상인의 활동 무대가 개항장 100리까지 확대 → 일본 상인들이 내륙으로 진출
- ㉢ 임오군란 이후 : 일본 상인과 청나라 상인의 경쟁이 치열 → 국내 상업이 더욱 위축
- ㉣ 청·일 전쟁 이후 : 일본 상인들이 국내의 상권을 독점적으로 지배

② 경제적 침탈
- ㉠ 상권 침탈, 은행 업무·세관 업무 등 금융 지배(화폐정리사업)
- ㉡ 이권 침탈 : 아관파천 이후 본격화 → 광산 채굴권, 철도 부설권, 삼림 채벌권

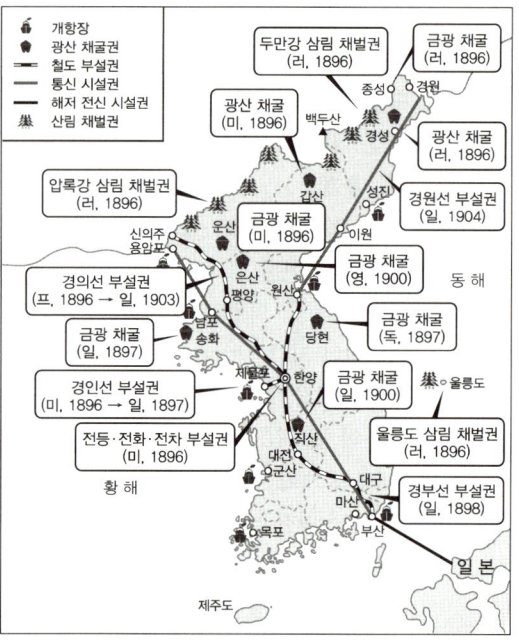

열강의 이권 침탈

체크 포인트

열강의 이권침탈
- 미국 : 운산 광산 채굴권, 경인선 철도 부설권(1896년)
- 영국 : 은산 금광 채굴권, 거문도 점령사건
- 일본 : 경원선 부설권, 직산 금광 채굴권, 경부선 철도 부설권, 서울 전차 부설권, 경인선 철도 부설권(1898년), 경의선 철도 부설권
- 러시아 : 경성·경원 광산 채굴권, 압록강 연안 목재 채벌권, 용암포 점령사건, 울릉도 목재 채벌권, 고하도 매수 요구 〔기출 25〕
- 열강의 이권침탈 결과 : 대한제국은 열강의 보호를 기대하고 이권을 쉽게 내주었지만, 실제로는 조선의 산업자원을 유출하고 산업의 발전기회를 막는 결과를 초래하게 되었다.

---

(3) 경제적 침탈에 대한 저항

① 일본의 경제적 침탈로 농민과 상공인의 경제적 자주권을 지키기 위한 노력
② **방곡령** : 일본의 약탈적인 곡물 유출에 대항 → 황해도·함경도 지역에 방곡령 실시

> **더 알아두기**
> **조·일 통상 장정의 방곡령 규정**
> 만약 조선이 자연 재해나 변란 등으로 국내의 양곡이 부족해질 염려가 있어서, 조선 정부가 잠정적으로 양곡 수출을 금지하려 할 때는 그 시기보다 1개월 앞서 지방관으로부터 일본 영사관에 알린다(조·일 통상 장정 제37조).

③ **상권 수호 운동**
  ㉠ 배경 : 외국 상인들의 활동 범위가 개항 초기 개항장의 10리 이내이던 것이 개항장의 100리까지 확대되자 청국 상인과 일본 상인의 상권 침탈 경쟁 치열로 상권 잠식(청국 상인 : 남대문로와 수표교 일대, 일본 상인 : 충무로 일대)
  ㉡ 시전 상인 : 황국 중앙 총상회 조직, 경강 상인 : 증기선을 도입하여 운송권 회복 시도

④ **독립협회의 이권 침탈 저지 운동**

⑤ **회사 설립**
  ㉠ 일부 상인들은 열강의 경제적 침탈에 대항하여 자본주의 생산 방식 또는 새로운 경영방식을 도입함과 더불어 많은 회사를 설립
  ㉡ 1880년대에 대동상회, 장통상회 등이 설립되어, 1890년대에는 40여 개에 달함
  ㉢ 대한제국의 상공업 진흥 정책이 실시된 이후에는 해운 회사, 철도 회사, 광업 회사 등과 같은 근대적 형태의 주식회사가 나타나기 시작

⑥ **국채 보상 운동** : 상인들의 회사 설립(상회사, 주식회사) → 일제에 의한 차관도입으로 인한 경제 예속화에 대항, 거족적인 경제적 구국 운동

> **체크 포인트**
> **국채 보상 운동(1907년)** 기출 23, 22
> • 전개과정 : 국채를 갚고 국권을 지키려는 운동이 서상돈, 김광제 등에 의해 대구에서 시작되어 국채 보상기성회를 중심으로 전국으로 확산
> • 협조신문 : 대한매일신보, 제국신문, 황성신문, 만세보
> • 결과 : 일제 통감부의 탄압으로 좌절

(4) 개항 이후의 사회적 변화
① **평등 의식의 확산**
  ㉠ 배경 : 천주교, 동학, 개신교의 전파는 사회 변화에 많은 영향을 끼침
  ㉡ 종교
    • 천주교 : 19세기 중엽에 교세 확장으로 평등 의식 확장
    • 동학 : 인내천 사상 → 적서차별·남존여비 부정
    • 개신교 : 한글의 보급, 미신 타파, 남녀 평등 사상의 보급, 근대 문명의 소개
  ㉢ 갑신정변 : 양반 신분 제도와 문벌 폐지, 인재 등용, 인민 평등 실현

② 동학 농민군의 사회 개혁 운동
  ㉠ 폐정개혁안 : 탐관오리, 횡포한 부호, 양반 유생의 징벌, 노비 문서 소각, 과부 재가 허용, 모든 무명 잡세 폐지, 문벌과 지벌을 타파한 인재 등용
  ㉡ 집강소 설치 : 개혁 사업의 실천을 위해 전라도 각지에 설치로 신분 간의 갈등
③ 갑오개혁과 신분제의 폐지
  ㉠ 양반 중심의 신분제 폐지, 능력 본위의 인재 등용 계기
  ㉡ 점진적·개량적 개혁 : 조선 근대화의 계기, 양반 권력 독점의 해체
  ㉢ 사회면의 개혁
    - 반상과 귀천을 초월한 평등주의적 사회 질서 수립
    - 노비 및 기타 천민의 점진적 해방
    - 기술직 중인의 관직 등용 확대
    - 여성 대우 향상
    - 혼인 풍습 개선
④ 독립협회의 민권 운동 전개 **기출** 23
  ㉠ 독립협회 : 주권 독립 운동, 민권 운동
    - 민권 운동
      - 인권 확대 운동 : 천부인권 사상을 근거로 국민의 생명과 재산권을 보호할 목적으로 전개한 운동 → 오랜 전제 군주제 및 양반 관료제의 횡포로부터 백성을 보호
      - 참정권 실현 운동 : 의회 설립 운동으로 중추원을 의회로 개편하고, 관민공동회 개최
    - 관민공동회 개최 : 민중의 자발적 참여, 평등 의식의 확산과 헌의 6조 가결

> **더 알아두기**
>
> **의회 설립 운동**
> 독립협회는 철야 상소 시위로써 박정양·민영환을 중심으로 한 진보 내각을 수립하고, 1898년 11월 2일 역사상 최초의 의회 설립 법안인 중추원 신관제를 공포하게 하였다.

    - 민권 사상의 확산 : 평등 사회가 출현하여 관민공동회에서 천민이 연사로 나서거나, 만민공동회에서 시전 상인을 회장으로 선출
      ▶ 만민공동회 개최 : 개혁의 실패를 반성한 독립 협회는 근대화된 민중이 개혁의 주체가 되도록 유도하여 우리나라 최초의 민중 대회인 만민공동회를 개최하였다.
  ㉡ 독립 협회의 기본 사상 : 자주 국권 사상, 자유 민권 사상, 자강 개혁 사상 → 애국 계몽 운동으로 계승

3 대한제국기의 개혁 운동

(1) 광무개혁 중요 기출 24, 21

① **개혁의 배경과 성격**
  ㉠ 개혁 배경 : 갑오·을미개혁의 급진성 비판
  ㉡ 개혁 방향 : 옛 제도를 근본으로 하고 새로운 제도를 참작 – **구본신참(舊本新參)**
  ㉢ 복고주의적 성격 : 입헌군주제와 의회 설립을 주장하는 독립협회의 정치개혁 운동을 탄압

② **정치면에서 전제 왕권의 강화**
  ㉠ 대한제국이 전제 정치 국가이며, 황제권의 무한함을 강조
  ㉡ 통수권, 입법권, 행정권, 사법권, 외교권 등을 모두 황제의 대권으로 규정하여 전제 군주 체제를 더욱 강화

③ **경제면**
  ㉠ 양전 사업 : 전정을 개혁하여 민생을 안정시키고, 국가재정을 확보하기 위한 것으로 근대적 토지 소유권 제도라 할 수 있는 지계(地契) 발급
  ㉡ 상공업 진흥책 실시 : 섬유·철도·운수·광업·금융 분야에서 근대적인 공장과 회사 설립, 실업 교육의 강조, 근대 산업 기술 습득을 위한 유학생 파견, 각종 실업 학교와 기술 교육 기관 설립, 교통·통신·전기·의료 등 각 분야에 걸친 근대적 시설 확충

④ **광무개혁의 의의와 한계** : 경제·교육·시설 면에서 국력 증강을 꾀하였으나, 집권층의 보수적 성향과 열강의 간섭으로 큰 성과를 거두지 못함

> **체크 포인트**
> **광무개혁의 내용**
> • 자주독립의 의지 표명
> • 근대국가체제의 전환
> • 지배층의 기득권 확대, 황제권의 강호
> • 근대문물제도의 절충적인 수용

(2) 국권·민권 운동의 전개

① **자주 국권 운동 → 자유 민권 운동 → 국민 참정권 운동**
  ㉠ 자주 국권 운동
    • 독립문 건립, 독립신문 발간
    • 만민공동회 개최 → 외국의 내정 간섭과 이권 침탈 및 토지 조사 요구에 대항

> **체크 포인트**
>
> **만민공동회**
> - 성격 : 독립협회가 중심이 되었던 서울시민의 군중대회
> - 의의 : 자주 독립 사상, 자유 민권 사상, 자강 개혁 사상의 전파
> - 주장 내용 : 독립협의회 부설, 보부상의 해산, 무고 변란자의 처벌, 헌의 6조와 조칙 5조의 실시 등

  ⒩ 자유 민권 운동 : 신체 자유권, 재산권, 언론·출판·집회·결사의 자유 확보 노력
  ⒪ 국민 참정권 운동
    • 민의를 국정에 반영하여 근대 개혁 추진 → 국정 개혁 시도
    • 관민공동회 개최 → 헌의 6조 → 의회식 중추원 설립 노력
② 자주 국권 사상 – 민족주의, 자유 민권 사상 – 민주주의, 자강 개혁 사상 – 근대화 추구 → 근대 민주화 운동의 전개

> **더 알아두기**
>
> **관민공동회의 헌의 6조**
> 1. 외국인에게 의지하지 말고 관민이 합세하여 전제 황권을 견고하게 할 것
> 2. 외국과의 이권에 관한 계약과 조약은 각 대신과 중추원 의장이 합동 날인하여 시행할 것
> 3. 국가재정은 탁지부에서 전관하고, 예산과 결산은 국민에게 공포할 것
> 4. 중대범죄를 공판하되, 피고의 인권을 존중할 것
> 5. 칙임관을 임명할 때에는 정부에 그 뜻을 물어서 중의에 따를 것
> 6. 정해진 규정을 실천할 것

4 민중의 저항

(1) 농민들의 투쟁
① **원인** : 지주와 일본의 세금, 고리대 수탈로 인한 봉기
② 1894년 농민전쟁은 좌절되었으나 그 뒤에도 제국주의 열강의 침략에 반대하는 민중들의 반봉건·반침략 투쟁은 계속되었고 참여층의 폭도 더욱 넓혀짐
③ 영학당이나 동학당과 같은 조직적인 농민들의 무장활동이 일어남

(2) 노동자들의 반침략 항쟁
① 이권침탈로 인해 외래자본이 광산 채굴지, 철도 부설지, 개항장 등지에 침투하면서 여기서 일하는 노동자들의 저항도 이어짐
② 생존권 투쟁으로 출발했지만 제국주의 자본의 침탈에 반대하는 반침략 운동으로 발전
③ **운산 금광** : 평안도의 광산으로 구한말 광산 지원 침탈의 사례로 미국이 오랫동안 소유함

> **체크 포인트**
> **노동자들의 반침략 항쟁**
> • 지역 : 개항장(부두노동자), 철도공사장(피고용 역부)
> • 요구조건 : 임금인상, 일본인 노동자와의 차별대우 철폐, 열악한 노동조건의 개선
> • 투쟁방식 : 동맹파업 단행, 공사장 습격

(3) 활빈당 운동
① **성격** : 반봉건, 반침략 민족항쟁
② 1900년을 전후하여 충청, 경기, 경상, 전라 등 여러 지역에서 활동
③ 「대한사민논설」을 보면 토지의 균등분배, 쌀 수출과 이권 침탈 반대 등 내정 개혁 요구
④ 1894년 농민전쟁의 이념 계승, 반일 의병 전쟁으로 이어짐
⑤ **활빈당의 구호**
  ㉠ 방곡을 실시하여 구민법을 채용할 것
  ㉡ 시장에 외국 상인의 출입을 엄금할 것
  ㉢ 행상인에게 징세하는 폐단을 금할 것
  ㉣ 타국에 철도 부설권을 허용하지 말 것

제2절 핵심예제문제

01 갑오·을미개혁에 대한 설명으로 옳은 것은?
① 동학 농민군의 개혁 방안이 일부 반영되어 농민들의 지지를 받았다.
② 양반 중심의 차별적인 신분 제도가 폐지되었다.
③ 군제 개혁 등 근대적 국가의 틀이 이루어졌다.
④ 자영농을 육성하려고 토지 제도의 개혁에 착수했다.

01
① 위로부터의 개혁으로 동학군의 개혁안이 일부 반영되었으나, 농민들의 지지를 얻지는 못하였다.
③ 군제 개혁에는 소홀하였다.
④ 토지 개혁은 없었다.

02 대한제국이 최초로 제정했던 연호는?
① 건양
② 융희
③ 광무
④ 건륭

02 광무는 고종이 즉위하면서 대한제국 때(1897년) 사용한 연호이다.

정답 01 ② 02 ③

제3절 '보호조약'의 체결과 국권 회복 운동

1 '보호조약'의 체결과 민족의 분노

(1) 러 · 일 전쟁과 일본의 군사적 침탈
① 상공업의 우위를 가진 일본은 결국 러 · 일 전쟁을 일으킴
② 대한제국은 국외 중립을 선언하였으나 일본은 이를 무시하고 강제로 한일의정서 체결
③ **한일의정서의 체결(1904년)** : 일본은 한일의정서를 강제로 체결하고, 군사 전략상 필요한 지점을 수시로 점탈
④ **제1차 한일협약의 체결(1904년, 고문정치)** : 일제는 메가타를 재정 고문, 스티븐스를 외교 고문으로 두어 대한제국의 재정과 외교를 통제 → 식민지화

> **체크 포인트**
> 고문정치 : 제1차 한일협약으로 외교 · 재정 · 군사 · 경찰 · 문교행정에 이르기까지 조선의 주요정책은 일본이 파견한 침략의 하수인에 의해 소위 고문정치가 단행되었다.

> **더 알아두기**
> **고문정치의 의도**
> 러 · 일 전쟁을 위해 조선을 군사 기지로 설치한다는 핑계로 식민지회, 일제의 내정 긴섭과 침략에 반대하는 조선 민중을 탄압하려는 의도

(2) 을사늑약의 체결 기출 21
① **가쓰라 · 태프트 밀약(1905년 7월)** : 일본의 조선 지배와 미국의 필리핀 지배를 서로 공식적으로 인정한 협약
② **을사늑약(1905년 11월, 제2차 한일협약)의 체결**
  ⊙ 체결 과정 : 강력한 식민지화 정책을 추진하기 위해 이토 히로부미는 군대로 궁궐을 포위하고 통감 통치를 강요하는 을사늑약의 체결을 강요함
  ⊙ 결과 : 통감부 설치, 외교적 박탈, 보호정치의 실시, 외교뿐만 아니라 내정까지 간섭
  ⊙ 을사늑약의 불법성
    • 중립 선언 : 한국은 러 · 일 전쟁 직전 중립을 선언함
    • 조약의 무효 선언 : 고종과 순종 황제는 조약의 무효를 선언함
    • 강압적 : 을사늑약과 한 · 일 병합 조약은 강압에 의해 이루어짐
    • 조약 요건 미비 : 한 · 일 병합 조약의 칙유(비준서)에 황제의 서명이 빠짐

[일본의 한국 지배와 관련된 협약]

조약	내용
제1차 영일 동맹 (1902년 1월)	일본이 청에서의 영국의 이권을 승인하고 대신 영국은 한국에서의 일본의 특수 권익을 승인한 것
가쓰라·태프트 밀약 (1905년 7월)	일본과 미국의 비밀 협상으로서 일본이 필리핀에서의 미국의 독점 권익을 인정하는 대신, 한국에 있어서 일본의 독점적 지배권을 묵인한 것
제2차 영일 동맹 (1905년 8월)	러·일 전쟁 중에 체결한 것으로서 일본이 한국에서의 독점적 지배권을 묵인받는 대신, 영국의 인도에 대한 특수 권익을 인정한 것
포츠머스 조약 (1905년 9월)	러·일 전쟁에서 승리한 일본이 미국에 중재를 요청하여 러시아와 체결한 것으로서 한국에서의 독점적 지배권을 국제적으로 인정

(3) 을사늑약에 대한 민족의 저항
   ① **언론활동** : 장지연 '황성신문'에 「시일야방성대곡」, 박은식 '대한매일신보'의 사설 → 조약 체결의 불법적 과정 폭로
   ② **상소 운동** : 이상설, 최익현 등
   ③ **자결** : 조병세, 민영환의 자결
   ④ 고종의 헤이그 밀사 파견
   ⑤ 침략자와 매국노 처단

   더 알아두기
   국권 피탈의 과정
   • 한일의정서 체결(1904년 2월) : 내정 간섭, 군사 기지 확보
   • 제1차 한일협약(1904년 8월) : 고문 정치 실시
   • 을사늑약(제2차 한일협약, 1905년 11월) : 통감부 설치, 외교권 박탈
   • 한일신협약(정미7조약, 1907년 7월) : 차관 정치, 행정권 박탈, 군대 해산
   • 기유각서(1909년 7월) : 사법권 박탈, 감옥 사무 관장
   • 경찰권 이양(1910년 6월) : 경찰권 박탈
   • 국권 강탈(1910년 8월) : 총독부 설치, 식민 통치 시작

2 통감정치와 민족경제의 몰락

(1) 통감정치하의 식민지화 정책
   ① 을사늑약에 따라 일제는 통감부를 설치하고 조선의 외교권 박탈
   ② **화폐정리사업** : 조선의 화폐·금융체계를 일본 경제에 예속
   ③ **재정정리사업** : 세금 부과 대상을 늘림

④ 토지침탈
　㉠ '황무지 개간에 관한 규정', '국유미간지 이용법' 등 악법을 만들어 토지를 빼앗고, 빼앗은 토지는 동양척식주식회사와 여러 식민지 회사에 나누어 주어 관리토록 함
　㉡ 동양척식주식회사 : 1908년 일제가 조선의 토지와 자원을 수탈할 목적으로 설립

> **체크 포인트**
>
> **화폐정리사업**
> - 1905년 일본이 조선에 대한 경제침탈을 목적으로 행한 화폐개혁사업
> - 재정 고문 메가타가 주도하였으며, 다이이치은행(第一銀行)이 중앙은행의 지위 확보
> - 한국정부의 화폐에 대한 지배권이 사실상 일제에게 빼앗기는 결과를 낳음
> - 조선 내에서 극심한 금융공황이 일어남

(2) 민족경제의 몰락

① 일본은 화폐정리사업을 계기로 한국 경제를 지배, 일본 내에서의 조선 이민 권장 → 실업자 처리가 의도
② 원료공급지와 상품소비지로 정착 → 민족경제 몰락, 여러 명목의 세금수탈로 민족의 경제적 몰락을 초래

> **체크 포인트**
>
> **통감정치하의 식민지화 정책**
> - 을사늑약(1905년 11월)에 따라 일제는 통감부를 설치하고 조선의 외교권을 박탈했으며 시정을 개선한다는 명분을 내세워 조선 사회를 식민지 사회로 재편해 나갔다.
> - 통감부가 실시한 시정개선의 내용 : 재정정리사업, 화폐정리사업, 황무지 개간에 관한 규정, 국유미간지이용법, 철도·항만·도로의 장악 등

3 문화 계몽 운동

(1) 애국 계몽 운동의 전개 (중요)

① 애국 계몽 운동 단체
　㉠ 보안회 : 일제의 황무지 개간 요구 반대 투쟁(1904년)
　㉡ 헌정연구회 : 국민의 정치 의식 고취와 입헌 정체 수립 운동
　㉢ 대한자강회
　　• 국권 회복을 위한 실력 양성 운동 전개, 고종 황제의 양위 반대 투쟁 전개
　　• 독립협회 운동의 맥락을 이어 헌정연구회를 모체로 하고, 사회단체와 언론기관을 주축으로 하여 창립

② 대한협회 : 교육 보급, 산업 개발, 민권 신장, 행정 개선을 추구
⑩ 신민회(1907년) : 민족 운동가들의 비밀결사(안창호, 양기탁 등) 기출 23
- 운동 방향 : 국권 회복, 공화정체의 국민 국가 건설을 목표
- 표면 : 문화·경제적 실력 양성 운동 전개
- 내면 : 독립군 기지 건설에 의한 군사적 실력 양성 운동
- 해산 : 일제가 날조한 105인 사건으로 조직 와해

> **체크 포인트**
> 신민회의 활동 : 민족 교육 실시(오산학교, 대성학교 설립), 근대 민족의식 고취(언론을 통한 근대 의식 고취 및 민족 문화 계발), 민족산업 육성(평양에 도자기 회사, 대구에 태극서관 설립), 국외 독립운동 기지 건설(간도 삼원보)

② 활동 내용 : 교육과 산업 진흥, 국권 회복 운동 전개
③ 의의 : 민족 독립 운동의 이념과 전략 제시, 장기적인 독립운동의 기반 조성
④ 성격 : 민중 계몽, 근대 교육, 산업 개발, 국학 연구, 언론 활동, 독립군 기지 건설 등을 통해 민족의 실력을 양성하여 국권을 회복하려는 운동

> **더 알아두기**
> **105인 사건**
> 일제는 1911년 평안도를 중심으로 한 배일 기독교 세력과 신민회의 항일 운동을 탄압하기 위하여 데라우치 암살 음모를 날조하여 수백 명의 민족 지도자를 투옥하고 중심 인물 105인을 재판에 회부하였다.

(2) 교육 운동과 언론 활동

① 교육 운동
  ⊙ 지방별 학회(서북학회·기호학회) : 교육 진흥을 통한 향토 발전, 민족 실력 양성 운동
  ⊙ 흥사단 : 미국에서 실력 양성 운동 전개(안창호 조직) 기출 23

② 언론투쟁
  ⊙ 독립신문(1896~1899년) : 독립협회 기관지, 근대 사상의 전파
  ⊙ 황성신문(1898~1905년) : 민족주의적, 「시일야방성대곡」(장지연)
  ⊙ 제국신문(1898~1910년) : 서민·부녀자층의 계몽, 순한글 일간지
  ② 대한매일신보(1904~1910년) : 을사늑약 이후 민족 운동 주도, 신민회의 기관지 역할

(3) 애국 계몽 운동의 의의

① **이념** : 국권 회복, 근대적 국민 국가의 수립 → 근대사의 발전 방향에 합치
② **전략** : 독립운동 기지 건설(신민회) → 독립전쟁론이 바탕이 됨
③ **기반** : 교육과 산업의 진흥, 독립운동의 인재 양성, 경제적 토대 마련
④ **한계** : 일제에 의하여 정치적·군사적으로 예속된 보호국 체제하에서 전개

> **더 알아두기**
>
> **애국 계몽 운동의 내용**
> - 민족 교육 운동 : 학교 설립
> - 경제 자립 운동 : 국채 보상 운동 전개, 회사 설립
> - 실력 양성 운동 : 교육과 산업 진행에 주력
> - 언론 활동 : 민족의식 고취, 국민 계몽 활동

4 항일 의병 전쟁

(1) 항일 의병 전쟁의 전개

① **일본의 침략**

㉠ 한일의정서(1904년) → 제1차 한일협약(1904년 : 고문 정치, 재정 - 메가타, 외교 - 스티븐스) → 을사늑약(1905년 : 외교권 박탈, 통감부 설치)

㉡ 을사늑약(1905년) 반대 운동 : 조약 폐기 상소(조병세), 자결(민영환), 5적 암살단 조직(5적의 집 소각, 일진회 사무실 습격), 고종의 헤이그 특사 파견

㉢ 의병 운동의 변화 : 평민 출신 의병장의 활동이 두드러져 의병 운동의 새로운 양상을 보여 줌

> **더 알아두기**
>
> **을사늑약에 대한 항거**
> - 상소 운동 : 을사늑약에 서명한 대신들의 처벌과 조약의 폐기를 황제에게 요구(조병세, 이상설, 안병찬 등)
> - 자결 순국 : 자결로써 을사늑약에 항거(민영환)
> - 5적 암살단 : 을사 5적의 집을 불사르고, 일진회를 습격하는 등 매국노 처단(나철, 오기호)
> - 항일 언론 : 일제를 규탄, 민족적 항쟁 호소(장지연)

민영환 / 시일야방성대곡

② **을미의병(1895년)** 중요

　㉠ 원인 : 명성황후 시해와 단발령

　㉡ 유인석, 이소응, 허위 등 위정척사파 유생들 주도 + 농민, 동학 농민군 잔여 세력 가담

　㉢ 해산 : 아관파천 이후 단발령 철회, 고종의 해산 권고 조칙(존왕 사상)

③ **을사의병(1905년)**

　㉠ 일제의 침략 행위

　　• 한일의정서 강요(1904년) : 군용지 사용권

　　• 제1차 한일협약 강제 체결(1904년) : 외교, 재정 등 각 분야에 고문을 두고 한국을 내정 간섭

　　• 을사늑약(제2차 한일협약, 1905년) : 대한제국의 외교권 박탈, 통감부 설치

　㉡ 을사늑약 항의 운동 : 민영환의 자결, 조약 폐기 요구 상소, 5적 암살단 조직

　㉢ 의병의 봉기 : 민종식, 최익현 등 양반 출신 의병장 + 평민 출신 의병장 신돌석의 활약

④ **정미의병 전쟁(1907년)** 중요

　㉠ 헤이그 특사 사건(1907년) : 고종의 을사늑약 무효 선언(고종의 서명이 없음), 헤이그 만국 평화 회의에 특사 파견 → 일제의 트집으로 고종 강제 퇴위

상소를 올리는 유생

최익현

ⓒ 의병 항쟁
- 고종의 강제 퇴위와 군대 해산이 계기
- 해산 군인들의 의병 합류로 조직과 화력 강화, 간도와 연해주 등 국외로 활동 영역 확산
- 서울 진공 작전(1908년) : 전국 의병 부대가 연합 전선 형성 → 실패
- 국내 진입 작전 : 간도와 연해주의 의병들 → 국내 진입 작전 시도

⑤ **의병 전쟁의 위축** : 일본군의 남한 대토벌 작전으로 크게 위축 → 간도와 연해주로 건너가 독립군으로 활약, 일부는 국내에서 유격전 전개

포로가 된 의병장

(2) 한계와 의의
① **한계** : 양반 유생층의 전통적 지배 질서 고집 → 농민 의병들과 갈등
② **의의** : 민족의 강인한 저항 정신 표출, 국권 회복을 위한 무장투쟁 주도, 항일 무장 독립 투쟁의 정신적 기반 마련

더 알아두기

의병 항쟁 중요 기출 21

- 의병 항쟁의 배경과 성격
  - 을미의병 : 명성황후 시해, 단발령
  - 을사의병 : 을사늑약, 친일 내각 처단
  - 정미의병 : 고종의 강제 퇴위, 군대 해산, 일제 침략에 대한 가장 적극적인 민족적 저항으로 의병 전쟁
- 의병 전쟁의 한계
  - 화력의 열세 : 우세한 무기의 일본 정규군에 맞서 싸움
  - 결속력 약화 : 봉건적 지배 질서의 유지를 고집하는 양반 유생층의 지도 노선으로 결속이 강화되지 못함
  - 외교권의 상실 : 을사늑약 체결로 외교권이 상실되어 국제적으로 고립, 국제적 지원 불가능

제3절 핵심예제문제

01 일제의 국권 피탈 과정을 순서대로 바르게 나열한 것은?

> ㉠ 정미 7조약   ㉡ 을사늑약
> ㉢ 한일의정서   ㉣ 제1차 한일협약

① ㉠ → ㉡ → ㉢ → ㉣
② ㉢ → ㉣ → ㉡ → ㉠
③ ㉣ → ㉡ → ㉠ → ㉢
④ ㉣ → ㉢ → ㉡ → ㉠

02 의병의 구국운동이 의병 전쟁으로 발전된 것은?

① 을미의병
② 을사의병
③ 정미의병
④ 병오의병

03 역사적 사실에 대한 설명으로 맞는 것은?

① 대한협회 – 해외 독립운동 기지 건설
② 대한자강회 – 고종의 퇴위 요구
③ 보안회 – 황국협회에 매수되어 친일 행위
④ 헌정 연구회 – 의회 제도를 중심으로 한 입헌 정치의 수립

---

01 ㉢ 1904.2
㉣ 1904.8
㉡ 1905
㉠ 1907

02 정미의병의 계기 : 고종 황제의 강제 퇴위와 군대해산을 계기로, 의병의 구국운동은 그 규모와 성격 면에서 의병 전쟁으로 발전되어 갔다.

03 ① 대한협회 : 교육보급, 산업 개발, 민권 신장, 행정 개선 추구
② 대한자강회 : 고종 양위 반대 투쟁 전개, 실력 양성 운동 전개
③ 보안회 : 일제의 황무지 개간 요구 반대

정답 01 ② 02 ③ 03 ④

제4절 일제의 무단통치와 3·1 운동

1 일제의 무단통치와 식민지 체제

(1) 통치 조직의 개편
- ① 1910년 8월 29일 '한일병합조약'을 강제로 체결하고 무단통치 실시
- ② **조선총독부 설치** : 입법, 행정, 사법, 군대통수권 장악
- ③ **중추원 설치** : 형식상 조선총독부의 자문기관 → 친일 한국인 회유술책
- ④ 자유권·생존권 위협
- ⑤ **105인 사건(1911.1)** : 일제의 조작으로 105명의 애국지사들이 투옥, 신민회 해산
- ⑥ **토지 조사 사업(1910~1918년)** : 조선의 토지 약탈을 목적으로 실시, 토지 조사령 시행
- ⑦ **식민지 경제체제 수립** : 회사령, 삼림령, 전매사업 등
- ⑧ **차별교육** : 실업·기술 교육 → 우민화 교육

> **더 알아두기**
>
> **조선총독부의 설치**
> - **총독정치의 시작** : 3대 통감인 데라우치 마사다케는 한일 강제합병을 마무리하고 초대통감이 되었다.
> - **조선총독의 지위** : 식민지 조선에서의 조선총독이란 입법·행정·사법·군권 모두를 한 손에 거머쥔 식민통치의 최고 실력자였다.

(2) 헌병 경찰 통치(1910년대) 중요 기출 25, 21
- ① **헌병 경찰제**
  - ㉠ 군대의 경찰인 헌병이 경찰을 지휘하면서 경찰업무까지 관여하는 제도
  - ㉡ 식민지배에 대한 조선 민중의 저항을 무력으로 탄압하기 위한 것으로 일제가 채택한 전례가 없는 야만적인 통치수단
- ② **내용** : 헌병 경찰의 즉결 처분권, 언론·출판·집회·결사의 자유 박탈
- ③ **실시** : 일제의 식민 통치를 무력으로 뒷받침하기 위해 일본군 2개 사단과 2만여 명의 헌병 경찰 및 헌병 보조원 배치, 강력한 헌병 경찰 통치 실시
- ④ **조직** : 중앙 – 헌병 사령관(경무총장), 각 도 – 헌병대장(경무부장)
- ⑤ **주요 임무**
  - ㉠ 경찰 업무 대행, 독립운동가 색출·처단
  - ㉡ 즉결 처분권, 재판 없이 구류에 처하거나 무거운 벌금 부과
  - ㉢ 무력에 의한 생존권 위협
- ⑥ **위협적인 통치 수단** : 일반 관리는 물론 학교 교원들에게까지 제복을 입히고 칼을 차게 함

⑦ 한민족에 대한 탄압
  ㉠ 언론·집회·출판·결사의 자유 박탈
  ㉡ 민족 지도자들의 체포, 투옥, 학살 : 105인 사건 등으로 독립지사 체포, 고문하여 독립운동을 말살하려 함

(3) 식민지 동화정책
① 무단통치와 더불어 식민지 노예교육과 식민지 지배 이데올로기의 선전을 강화
② 「대한매일신보」, 「황성신문」, 『대한신지지』, 『유년필독』, 『을지문덕전』과 같은 민족적 자각을 일깨우는 출판물 발행 금지
③ 「매일신보」, 「경성일보」 같은 관제어용신문을 발행해 일제의 식민지배 미화
④ '**조선교육령**'을 공포(1911년) : 천황에게 충성하는 신민 양성, 일본 국민다운 품성 함양
⑤ **식민지 지배 이데올로기 선전 강화** : 『조선반도사』, 『조선사』 발간 – 『조선반도사』는 우리 민족에 대해 자주성이 없는 민족, 문화의 독창성이 없는 민족, 당파성이 강한 민족이라고 왜곡

2 수탈을 위한 토지 조사와 농민층의 몰락

(1) **토지 조사 사업(농민의 토지 상실, 기한부 소작농화)** 중요
  ① **방법**
    ㉠ 우리 농민이 토지 소유에 필요한 서류를 갖추어 지정된 기간 안에 신고해야만 소유권을 인정받게 함
    ㉡ 당시 **토지 신고제가 농민에게 널리 알려지지 않았음**
    ㉢ 신고 기간도 짧고 절차가 복잡하여 신고의 기회를 놓친 사람이 많았음
    ㉣ 까다로운 신고 절차를 택한 것은 한국인의 토지를 빼앗기 위한 것이었음
  ② **착취**
    ㉠ 일제는 미신고 토지는 물론 공공 기관에 속해 있던 토지나 마을, 문중 소유의 토지와 산림, 초원, 황무지 등을 모두 조선총독부의 소유로 만듦
    ㉡ 탈취한 토지를 동양척식주식회사를 비롯한 일본인의 토지 회사나 개인에 헐값으로 불하
  ③ **결과**
    ㉠ 많은 토지를 빼앗기고 기한부 계약에 의한 소작농으로 전락
    ㉡ 1918년에는 겨우 3%의 지주가 경작지의 50% 이상 소유
    ㉢ 소작하지 않고는 살 수 없는 농가가 77%가 됨
    ㉣ 이전의 소작권은 인정되지 않고 지주의 소유권만 인정되어 **지주제 강화**
    ㉤ 소작농은 50~70%에 이르는 고율의 소작료를 내어야 하는 상황이 됨

> **더 알아두기**
>
> 토지 조사 사업(1910~1918년)
> - 대부분의 토지가 총독부에 몰수되어 농민이 몰락하고 일본인 지주가 성하였다.
> - 식민지 지주제를 강화하여 조선을 일제의 식량과 원료공급지로 만들었다.
> - 과정: 토지조사령 공포(1912년) → 기한부 신고제 → 신고를 기피한 농토와 공공기관 소속의 토지는 총독부에서 몰수(전국 농토의 40% 점탈) → 동양척식주식회사(1908년)에 불하 → 일본인에게 불하

(2) **산미 증식 계획(증산량보다 수탈량이 많음)** : 식량 부족 심화 기출 25, 23
   ① 증산량보다 많은 양이 수탈되자 한국의 식량 사정 더욱 악화
   ② 논농사 중심의 구조로 쌀 생산을 강요
   ③ 수리 조합 사업비와 토지 개량 사업비를 농민에게 전가하자 농민 부채가 증가하여 농민의 몰락 가속화

> **더 알아두기**
>
> 산미 증식 계획
> 일제는 공업화 추진에 따른 부족한 식량을 우리나라에서 착취하기 위하여 15년간 920만 석을 증산하기로 목표를 세워 무리하게 시행하였다.

(3) **산업의 침탈**
   ① **화폐정리사업** : 통감부 시기에 민족 자본의 축적을 와해시키기 위함
   ② **회사령 공포** : 한국인의 회사 설립 억제(민족 자본 성장 억제), 일본인이 한국 공업 주도 기출 22
   ③ **대륙 침략으로 한반도 병참 기지화** : 전시 통제경제 실시(식량 배급제, 물자 공출) → 일본의 군수 공업화 정책으로 전기, 제철, 중화학 공장 설립
   ④ 식량 배급 제도와 각종 물자 공출 제도를 강행

[농가 호수 구성비] (단위: %)

연도	지주	자작	자·소작	소작
1916	2.5	20.1	40.6	36.8
1920	3.3	16.3	37.4	39.8
1932	3.5	16.3	25.4	52.7

(4) 회사령과 민족 자본의 몰락 기출 22
① 1910년 12월에 '회사령'을 공포하여 조선의 상공업을 철저히 억제
② 회사령에 따라 조선에서 회사를 세우거나 운영하는 데 총독이 절대적인 권한을 가졌고 조선인 자본은 제약을 받고 일본 자본은 진출이 용이해져 조선 경제는 일본 경제에 예속되어 감
③ '삼림령', '조선어업령'의 공포(1911년)와 광산개발권의 약탈 등 각종 경제자원 독점으로 조선을 식민지 수탈체제로 재편

3 무단통치하의 민족운동

(1) 민족운동의 특수성
① **대내적**: 일제의 가혹한 식민 통치
② **대외적**: 범세계적인 제국주의 경향 → 식민지의 독립운동 외면

(2) 항일운동의 전개 중요
① 3·1 운동 이전
  ㉠ 국외: 의병운동 → 항일 무장세력 → 독립세력
  ㉡ 국내: 비밀리에 민족 문화 보존 및 수호
② 3·1 운동 이후
  ㉠ 국외: 대한민국 임시정부 수립, 무장 독립군
  ㉡ 국내: 실력 양성 운동

(3) 나라 안팎에서의 항일운동 중요
① **나라 안의 비밀결사운동**
  ㉠ 대한독립의군부, 대한광복회, 송죽형제회, 기성단, 자립단 등은 1915년경까지 항일운동을 이어 나감
  ㉡ '비밀'이라는 조직의 특성 때문에 대중과 함께 독립운동을 전개하는 데 한계를 드러냄
② **민중들의 생존권 투쟁과 항일운동**: 무단통치 아래 일제의 수탈에 저항한 노동자, 농민 등 민중의 투쟁은 주로 생존권을 지키려는 경제 투쟁에 머물렀고 민중의 생존권은 일제 침략에 반대한 민족적 성격을 띰
③ **나라 밖에서의 독립운동**
  ㉠ 독립군 기지 건설운동은 병합 직전 서간도로 건너간 신민회 회원들이 주축이 되어 시작
  ㉡ 상해, 러시아의 연해주, 미주, 멕시코 등지에도 독립운동 전개
  ㉢ 망명한 민족운동가의 독립 이념과 방법을 두고 1910년 중반 이후 상당한 시련을 겪음

(4) 경제적 민족 운동

① **소작쟁의와 노동쟁의 전개** : 소작농들은 일본인 지주와 조선인 지주에 대항하여 소작료 인하와 소작권 박탈 반대 등을 요구 → 생존권 투쟁(항일 민족 운동)
② **조선인 기업 출현** : 대도시를 중심으로 경공업 공장 설립(평양 메리야스 공장, 경성방직 등) → 대자본가는 경성방직주식회사 설립
③ **물산 장려 운동 전개** : 민족 기업 지원, 민족경제의 자립 달성 목적 → 일제의 탄압으로 기업 정비령을 내려 강제로 청산하거나 일본인 공장에 합병하는 등 민족 기업을 억압
④ **노동운동** : 노동조건 개선, 임금인상 주장 → 항일 민족 운동으로 발전

4 1919년 3·1 운동 기출 22

(1) 비밀결사의 조직과 활동

① **독립운동의 변화**
　㉠ 의병 전쟁과 애국 계몽 운동 : 국권 강탈 이후에도 활동 계속, 의병의 일부는 국외로 이동하여 독립운동 기지를 건설, 무장투쟁 계승
　㉡ 국내에서의 독립운동 : 일제의 탄압으로 인해 비밀결사 운동으로 변모되어 조직적으로 전개
② **비밀결사의 조직과 활동**
　㉠ 항일 결사의 조직 : 독립의군부, 대한광복회, 조선국권 회복단, 자립단, 선명단 등 조직
　㉡ 활동 : 교육기관 및 종교단체 조직을 통하여 교사, 학생, 종교인, 농민, 노동자들과 연결하여 민족 운동 확산
③ **대한광복회의 활동**
　㉠ 군대식 조직 : 박상진이 총사령, 김좌진이 부사령으로 각 도를 비롯하여 만주에도 지부 설치
　㉡ 활동 목표 : 만주에 독립군 기지를 건설하고 사관 학교 설립, 독립군 양성, 필요한 자금 마련을 위해 각지의 부호들을 통해 의연금 모금, 각지의 친일파 색출·처단
　㉢ 활동의 중단 : 밀고자에 의해 조직이 발각되어 총사령 박상진을 비롯하여 많은 단원이 체포됨

(2) 3·1 운동의 태동

① **국외의 배경**
　㉠ 제1차 세계대전이 연합국의 승리로 종결
　㉡ 전후 파리 강화 회의 개최(윌슨의 세계 평화안 등 논의)
　㉢ 민족 지도자들은 파리 강화 회의에 민족 대표를 파견(신한청년단의 김규식)하여 민족의 독립 열의 전달과 국제적 협조 요청

> **더 알아두기**
>
> **민족자결주의**
> 제1차 세계대전이 끝날 무렵 새로운 세계 질서의 확립을 위하여 미국의 윌슨 대통령이 발표한 14개조 평화 원칙에서 식민지 문제를 해결하기 위하여 민족자결주의를 제창하였다.

② 국내의 배경
  ㉠ 국내의 애국지사들은 종교계를 중심으로 세계 변화에 주목하면서 거족적 독립운동 준비
  ㉡ 학생들의 독립 시위 운동이 일어나자 국내·외의 민족 지도자들이 독립 시위 항쟁을 구체화

③ 2·8 독립 선언
  ㉠ 일본 유학생들이 도쿄에 모여 독립을 요구하는 선언문과 결의문 선포
  ㉡ 일본 정부에 통고한 후 시위 전개

2·8 독립 선언의 주역인 도쿄 유학생

(3) 3·1 독립 선언

① 3·1 운동의 전개(1919년)
  ㉠ 독립의 선포 : 민족 대표 33인의 이름으로 독립 선언문 발표, 서울 탑골 공원에 모인 학생과 시민들의 만세 시위 전개
  ㉡ 시위의 확산 : 온 민족이 가담하여 전국 방방곡곡으로 확산 파급

② 일제의 야만적 탄압 : 헌병 경찰은 물론 육·해군까지 출동하여 무차별 공격으로 살상, 가옥과 교회, 학교 등 건물 방화·파괴

(4) 3·1 운동의 확산

① 3·1 운동의 확산 과정 기출 25
  ㉠ 1단계(점화기) : 민족 대표들이 독립 선언서를 제작, 배포하여 만세 시위운동을 점화한 단계로 독립운동의 방향은 비폭력주의
  ㉡ 2단계(도시 확산기) : 학생, 상인, 노동자층의 참가로 시위운동이 도시로 확산, 학생들이 주도적 역할 담당, 상인·노동자들이 만세 시위, 파업, 운동 자금 제공 등의 방법으로 적극 호응
  ㉢ 3단계(농촌 확산기) : 농민들의 적극적인 참가, 시위 군중들은 면사무소·헌병 주재소·토지 회사·친일 지주 등을 습격, 비폭력주의가 무력적인 저항 운동으로 변모

② 국외로 확산
  ㉠ 만주와 연해주 : 용정을 비롯한 간도 지방, 연해주 지방의 블라디보스토크 교민 시위
  ㉡ 미주 지역 : 하와이, 미국, 멕시코 등지의 교민 대표들이 미국 필라델피아에 모여 독립선언식 거행, 시가 행진
  ㉢ 일본 : 도쿄 유학생, 오사카 동포들의 만세 시위

(5) 3·1 운동의 의의 중요

① **독립 의지의 천명**
  ㉠ 독립운동의 분수령
  ㉡ 독립에 대한 희망과 자신감
  ㉢ 민족의 주체성 확인
  ㉣ 민족의 저력을 국내·외에 과시
  ㉤ 일제에 동조하던 세계 여러 나라에 우리 민족의 독립 문제를 올바르게 인식시키는 계기 마련
② **반제국주의 민족 운동의 선구**: 중국, 인도, 동남아시아 및 중동 지역의 민족 운동에 영향

> **체크 포인트**
> 3·1 운동의 성격과 의미
> - 학생 및 동학, 기독교, 불교 등의 종교단체가 선도적인 역할을 하였다.
> - 식민지, 반식민지 상태에 있었던 아시아 여러 민족의 독립운동을 자극하기도 하였다.
> - 일본 침략자들에게 충격을 주어서 외형적으로나마 문화정책을 내세우게 했다.
> - 3·1 운동은 전국의 주요 도시와 농촌까지 파급되었다.
> - 각 농촌으로 확산되면서 폭력적 저항 양상을 나타냈다.

③ 무단통치에서 문화통치로 변하게 된 계기를 만들어 줌

(6) 임시정부 출범 기출 25, 24

① **배경**: 3·1 운동을 계기로 좀 더 조직적으로 독립운동을 추진하기 위함
② **정부의 수립**: 대한국민의회(연해주), 한성정부(국내), 대한민국 임시정부(상하이) 출범
③ **대한민국 임시정부의 헌정 체제**: 민주주의에 입각한 근대적 헌법을 갖추고 대통령제 채택
④ **임시정부의 활동**: 민족 독립운동의 중추 기관 임무 담당(독립신문 간행, 사료 편찬소 설치), 외교활동(구미위원부 설치, 파리 강화 회의에 대표 파견), 군자금 모금과 정보 수집(연통제, 교통국)

> **체크 포인트**
> **연통제와 교통국**
> - 연통제: 임시정부가 국내의 독립운동을 지휘·감독하기 위하여 설치한 비밀 연락 조직으로 국내에 조직을 두어 정부의 문서와 명령 전달, 군자금의 송부, 정보 보고 등의 업무를 맡아 보았다.
> - 교통국: 임시정부의 통신 기관으로 정보 수집·교환, 연락의 업무·분석 등을 담당하였다.

제4절 핵심예제문제

01 일제가 실시한 다음 정책들의 공통적인 목표는?

- 회사령·어업령·광업령 제정
- 임야 조사 사업
- 전매 제도 실시

① 토지와 임야의 강제 점탈
② 민족 기업의 규제
③ 산업과 자원의 침탈
④ 자본주의의 발전

01 제시된 내용은 일제의 산업 침탈 내용이며, 그 결과 민족 자본이 위축되고 자생적인 근대적 경제 발전의 길이 막히게 되었다.

02 3·1 운동과 거리가 먼 것은?

① 일제 시기 최대 규모의 거족적인 독립운동
② 일제 식민지 통치 방식의 변화
③ 중국, 인도의 민족 운동에 영향
④ 3·1 운동의 영향으로 1920년대 들어서면서 독립운동 세력이 통합

02 3·1 운동의 영향으로 강력한 독립운동의 추진을 위해 대한민국 임시정부가 수립됨

정답 01 ③ 02 ④

제5절 일제의 기만적 문화정치와 민족 해방 운동

1 '문화정치'와 민족분열 책동

(1) 문화통치(1920년대) 중요

일본 식민지배에 순응하는 우민화 교육

① **문관 총독의 임명**: 단 한 명의 문관 총독도 임명되지 않았음
② **보통 경찰제의 실시**: 헌병 경찰을 제복만 바꾸어 입히는 데 지나지 않았고, 경찰의 수와 장비, 유지비는 오히려 크게 증가, 고등 경찰 제도를 실시하여 탄압 강화
③ **민족 신문의 허용**: 조선일보, 동아일보 등을 허가했으나 검열을 강화하여 기사의 삭제, 정간, 폐간 자행
④ **교육 기회의 확대**: 초급의 학문과 기술 교육만 허용
⑤ **지방행정에 조선인 참여**: 도평의회, 부면협의회 설치 → 선거권 제한, 친일파 및 상층 자산가 참여
⑥ **문화통치의 허구성**: 한민족을 기만하고, 가혹한 식민 통치를 은폐하기 위한 보다 간악하고 교활한 통치 방식

(2) 민족분열 책동

① 일제는 3·1 운동을 통해 조선인의 굳센 독립 의지와 민족의 단결력에 놀라 식민지 지배 이데올로기의 선전 강화와 민족분열 정책을 더욱 조직적으로 운영
② 교육기관과 선전물을 통해 조선인의 열등감을 부추기는 갖가지 묘안을 짜내 선전
③ '조선 민족운동에 대한 대책'의 하나로 친일세력을 육성하고 그들을 이용

> **체크 포인트**
> **문화정치의 실상**
> • 보통 경찰제도의 채용으로 경찰 수 확대
> • 언론·출판, 결사의 자유 제한 조치를 완화하는 반면, 사전검열과 허가제 강화
> • 조선인의 우민화 정책 추진
> • 친일단체 육성
> • 동아일보, 조선일보 창간: 1920년에 창간된 이들 신문은 문화정치의 산물

2 산미 증식 계획과 식민지 자본주의의 이식

(1) 산미 증식 계획 기출 25, 23, 22
① **배경**: 일제는 제1차 세계대전 중에 엄청난 전시 초과 이윤을 챙겼지만 그 과정에서 식량부족 사태를 맞게 되었는데 이를 식민지 조선에서 해결할 목적으로 산미 증식 계획을 세움
② **방법**: 토지를 개량하고 수리 시설 확충 – 전북 익산 옥구지역 수리조합 저수지 등
③ **결과**: 산미 증식 계획은 농민의 생활 향상보다는 **지주제만 강화**되었고 늘어난 쌀보다 일본으로 흘러 들어가는 쌀이 많았기 때문에 조선 농민은 **식량부족**을 겪어야 했음

(2) 회사령 철폐와 식민지 자본주의의 이식
① **목적**: 회사령 철폐는 일본 자본이 조선에 자유롭게 들어올 수 있는 길을 열어주기 위함
② **결과**: 조선 부르주아지의 성장에도 다소 영향을 미쳤지만 조선인 자본가들의 일제에의 예속성과 매판성이 심화됨

(3) 민중의 사회·경제적 처지
① 노동자들은 법적 보호도 받지 못한 열악한 노동조건 속에서 하루 12시간 이상을 일하고 임금은 같은 조건의 일본인 노동자의 절반도 안 되는 **민족적 차별**을 받음
② 농민들의 생활도 잡세와 수리조합비 등을 감당하지 못하고 **소작농, 화전민으로 전락**

3 민족주의 운동의 분화와 전개

(1) 민족개량주의 운동
① 일제가 허용하는 범위 안에서 경제적으로 실력을 기르고 사상적으로 민족성을 개조하고 정치적으로는 자치권을 획득하자는 운동
② 김성수, 이광수, 최남선, 최린 등의 지식인과 종교인들이 앞장
③ **이광수**: 「개벽」에 '민족개조론'을 실어 민족성 개조를 주장하고 「동아일보」에 '민족적 경륜'이라는 사설을 실어 자치운동의 이론적 배경을 주장
④ 실력 양성 운동으로 물산 장려 운동과 민립 대학 설립 운동을 벌였지만 성격상 오래 지속되지 못함
⑤ 민족개량주의 운동은 실력양성론에서 자치론으로 이어지면서 점차 친일노선으로 변질

(2) 임시정부의 외교 독립운동

① 3・1 운동 전후 나라 안팎에서는 조직적인 독립운동을 위해 임시정부가 필요하다는 인식 확산
② 임시정부의 위치는 상해로 결정되고 독립전쟁을 주장한 인사들의 대거 이탈과 노령 측의 이동휘 등 일부 세력이 상해 의정원에 합류하는 형태로 통합 임시정부 성립
③ **임시정부 출범(1919년 9월)**: 공화주의와 삼권분립의 원칙에 기초한 헌법 공포, 임시 대통령에 이승만, 국무총리에 이동휘 임명
④ 임시정부는 교통국(통신기관), 연통제 실시, 「독립신문」을 발간하고 특히 이승만 정권은 외교 선전 활동에 주력하였으나 별 성과를 거두지는 못함
⑤ 국민대표대회(1923년 1월)에는 창조파와 개조파의 대립으로 결렬되고 1930년대 중경으로 이동하기까지 김구를 중심으로 하는 임정 고수파들에 의해 유지

> **더 알아두기**
>
> **대한민국 임시정부**
> - 대한민국 임시정부의 성격: 민주공화정 표방, 대통령 중심제와 내각책임제의 절충, 연통제, 자유와 평등 지향
> - 연통제 조직: 임시정부의 국내 연락을 위한 비밀조직망, 도・군・면마다 책임자 임명, 이 조직을 통해 군자금을 조달하고 독립운동에 참가

> **체크 포인트**
>
> 임시정부의 활동: 교통국 설치, 연통제, 거류민단제의 실시, 독립자금과 국내 정보 수집, 외교・선전활동

(3) 만주에서의 독립군 운동

① 만주의 독립군 부대 활동
  ㉠ 북간도: 북로군정서(김좌진), 대한독립군(홍범도), 대한정의군정사, 광복단 등이 무장독립운동 단체로 활동
  ㉡ 서간도: 서로군정서(지청천), 조맹선, 박장호, 백삼규 등의 의병장들이 조직한 대한 독립단 등이 활동
② **봉오동 전투(1920년 6월)**: 홍범도가 이끄는 대한독립군이 봉오동 골짜기에서 일본군 격퇴 [기출 24]
③ **청산리 전투(1920년 10월)**: 김좌진의 북로군정서를 비롯한 홍범도 부대 등이 연합하여 청산리에서 큰 승리 [기출 24]
④ **자유시 참변(1921년 6월)**: 소련의 지원을 얻을 목적으로 연해주 자유시로 이동하였는데 그곳의 한인 부대 사이의 군사 지휘권으로 참변을 당한 사건
⑤ 1920년대 중반 만주의 독립군은 삼부를 통합하고 민족유일당을 건설하려 하였지만 내부의 의견차로 실패, 남만주에서는 국민부로, 북만주에서는 한족총연합회로 재편

> **체크 포인트**
>
> 독립군의 통합 : 독립군은 굴하지 않고 조직을 재정비하면서 역량을 강화하여 통합운동을 추진하여 남만주(참의부, 정의부), 북만주(신민부)를 결성하였다.

> **더 알아두기**
>
> **봉오동 전투와 청산리 전투**
> - 봉오동 전투(1920년 6월) : 대한독립군 본영을 기습해 온 일본군 1개 대대 병력을 최진동의 군무도독부, 안무의 대한국민회군과 함께 봉오동으로 유인하여 이를 포위, 공격하여 대승리를 거두었다.
> - 청산리 전투(1920년 10월) : 북로군정서군을 비롯한 여러 독립군의 연합 부대는 일본군의 대부대를 맞아 6일간 10여 차례의 전투에서 대파하는 빛나는 전과를 올렸다.

(4) 의열단의 활동 기출 22

① 김원봉은 만주 길림에서 윤세주 등 동지 12명과 의열단 결성(1919년 11월) 기출 24, 23
② 총독부의 고위관료나 친일파 등을 암살하고 일제의 수탈과 억압 기관 등의 파괴 등 활동 전개
③ 신채호는 의열단의 요청을 받아 '조선혁명선언'을 작성

> **체크 포인트**
>
> **의열단과 애국단의 활약** 기출 25, 24, 22
> - 의열단 : 1919년 만주에서 김원봉이 조직한 항일단체, 동양척식주식회사와 부산·밀양·종로경찰서 폭파
> - 한인애국단 : 김구가 일본 요인을 암살하기 위해 조직한 단체, 일본 천황 암살 기도, 훙커우 공원 의거

> **더 알아두기**
>
> **조선혁명선언** 기출 22
> 당시 민족해방운동을 분열·약화시키던 실력양성론, 외교독립론, 자치론을 비판하고 조선 독립을 위해서는 조선 민중이 직접 혁명을 일으켜야 한다고 주장

4 사회주의 운동의 등장과 민중들의 저항

(1) **사회주의 사상의 수용과 조선공산당**
① 1920년대 들어서는 사회주의 사상이 민족적 · 계급적 모순과 민중들의 정치의식 고양으로 급속히 보급됨
② **사회주의 단체의 설립** : 서울청년회(1921년), 무산자동지회(1922년), 신사상연구회(1923년), 화요회(1924년), 북풍회(1924년)
③ 독서회 등 여러 가지 형태의 서클을 만들어 사회주의 사상을 보급
④ **조선공산당 창립(1925년 4월 17일)**
  ㉠ 조선의 사회주의 운동과 민족 해방 운동을 이끌 지도체로 건설
  ㉡ 코민테른에 대표를 보내어 정식 지부 승인, 해외로 조직을 확대하여 만주총국, 상해부, 일본부 설치
  ㉢ 조선노농총동맹을 조선노동총동맹과 조선농민총동맹으로 분리시켜 노동운동과 농민운동의 독자적인 활동기반 마련
  ㉣ 비타협적 민족주의 계열과 6 · 10 만세 운동을 준비하였고 신간회를 조직
  ㉤ 일제에 의한 탄압이 계속되자 코민테른은 지식인 위주의 조선공산당을 해체하도록 지시함
⑤ **6 · 10 만세 운동**
  ㉠ 배경 : 일제의 수탈 정책과 식민지 교육에 대한 반발
  ㉡ 중심 추진 세력 : 전문학교와 고등학교의 학생, 사회주의 세력에 의해 각각 추진
  ㉢ 시위운동의 전개 : 순종의 인산 당일 격문 살포, 대규모 군중 시위운동 전개, 각급 학교로 확대

(2) **노동자조직의 결성과 노동운동**
① 1920년대 들어 조선인 노동자들은 사회주의의 영향을 받아 노동자와 농민의 조직이 만들어지기 시작
② 부산의 부두노동자들이 처음으로 대규모 연대파업 일으킴(1921년 9월)
③ 1920년 중반을 넘어서면서 파업의 참가인원도 늘고 요구조건도 임금문제뿐 아니라 8시간 노동제, 노동조건의 개선 등을 내걸고 일어남
④ **원산 노동자 총파업(1929년)** : 노동운동의 절정기, 3개월여 진행
  ㉠ 발단 : 라이징선 석유회사의 일본인 감독 고다마가 조선인 노동자를 구타한 사건
  ㉡ 전개 : 이 사건 이후 원산지역 총파업으로 발전, 장기전을 대비하여 파업자금을 모으고 규찰대를 조직하여 감시
  ㉢ 일제는 함남노동회라는 어용노조를 만들어 원산노동연합회를 불법화시키고 경찰을 동원하여 무력으로 진압
  ㉣ 원산 노동자 총파업은 노동자 등 민중세력이 민족해방운동의 중요한 역량으로 성장하고 있음을 보여준 상징적인 사건

(3) 농민운동조직의 결성과 활동
  ① 1920년대 전반기 농민 운동 : 소작 빈농 중심
    ㉠ 지주를 상대로 소작료 인하, 소작권 이동 반대, 동척이민 반대 등 생존권 요구 투쟁
    ㉡ 소작농민의 쟁의는 해마다 늘어났는데 황해도, 평안도, 경상도, 전라도 등 지주제가 상대적으로 발달한 지역에서 많이 일어남(대표적 농민운동: 전라남도 신안군 암태도 소작쟁의)
    ㉢ 산미 증식 계획에 반발한 농민 운동도 줄을 이음
  ② 1920년 중반기 농민 운동 : 대중적 기반
    ㉠ 농민 일반의 대중조직인 농민조합으로 확대, 개편
    ㉡ 소작쟁의 건수도 증가되고 농업이 상대적으로 덜 발달한 곳에서도 잇달아 결성
  ③ 1920년대 농민 운동은 일제의 산미 증식 계획에 큰 타격을 줌

(4) 신간회 기출 21
  ① 배경 : 비타협적 민족주의 세력과 사회주의 세력이 민족의 독립을 위해 힘을 합쳐 민족 협동 전선인 신간회 결성
  ② 3대 강령을 채택하고 이상재를 회장, 홍명희를 부회장으로 국내 최대 규모의 항일단체로 성장
  ③ 3대 강령
    ㉠ 우리는 정치적·경제적 각성을 촉진함
    ㉡ 우리는 단결을 공고히 함
    ㉢ 우리는 기회주의를 일체 부인함
  ④ 본부는 일제의 탄압으로 뚜렷한 활동을 벌이지 못한 반면에 지방지회는 사회주의 세력의 활약이 컸음
  ⑤ 근우회 출범(1927년 5월 27일) : '조선 여자의 공고한 단결과 지위 향상'을 목표로 함
  ⑥ 광주 학생 항일 운동이 일어나자 3·1 운동과 같은 전국적인 항일 운동으로 확산시킬 계획이었으나 허헌, 홍명희 등 신간회 간부 및 회원이 검거되면서 무산
  ⑦ 김병로를 중심으로 한 새 집행부는 자치론자들과의 제휴로 신간회 해소론의 불씨가 되고 '12월 테제'와 '9월 테제'는 신간회 해소를 주장하는 이론적 근거가 됨
  ⑧ 1931년 5월 신간회 해체, 신간회는 일제에 위협적인 민족 협동 전선으로써의 역할을 수행하고 3·1 운동 뒤 최대 반일 민족 통일 전선 운동이었음

> **체크 포인트**
> 신간회 : 민족주의 세력과 사회주의 세력의 민족 협동 전선으로 안재홍, 홍명희, 조만식, 한용운 등이 창립하였고, 비타협적인 독립운동을 전개하였다.

> **더 알아두기**
> 일제에 대한 중요 민족 운동 연대순 기출 24
> 3·1 운동(1919년) → 6·10 만세 운동(1926년) → 신간회 결성(1927년) → 광주 학생 항일 운동(1929년)

제 5 절 핵심예제문제

01 3·1 운동 이후 일제의 문화통치 본질을 바르게 설명한 것은?

① 완전한 자치를 시행할 여건을 조성하려고 노력
② 우리 민족에 대한 탄압을 대폭 완화한 정책
③ 소수의 친일파를 양성하고 우리 민족을 이간, 분열시키려는 정책
④ 우리의 민족 문화를 오도하고 말살하려는 정책

01 조선총독부는 1920년대부터 친일파를 양성하려고 획책하였다.

02 다음에 대한 설명으로 옳은 것은?

- 일본 자본이 조선에 자유롭게 들어올 수 있는 길을 열어 주었다.
- 조선 부르주아의 성장에도 다소 영향을 주었다.

① 회사령 철폐
② 관세 철폐
③ 산미 증식 계획
④ 토지 조사 사업

02 1920년 4월 회사령을 철폐하여 일본 자본이 조선에 자유롭게 들어올 수 있는 길을 열어 줬다.

정답 01 ③ 02 ①

제6절 전시하 일제의 수탈과 항일 무장투쟁

1 일제의 전시 체제와 식민지 수탈 정책

(1) **전시 체제의 강화**
  ① 1929년 말부터 세계적인 경제공황으로 미국, 유럽, 일본 등은 큰 어려움에 빠짐
  ② 일본은 경제공황에서 벗어나려고 '대동아 공영'의 실현이라는 미명 아래 침략전쟁을 추진하여 만주, 중국, 미국, 동남아시아와 태평양 연안 곳곳으로 전쟁 확대
  ③ 일제의 침략전쟁 준비로 식민지 조선을 전시 체제, 전쟁을 지원하는 병참 기지로 변함
    ㉠ 군사력과 경찰력을 강화하여 조선에 대한 탄압을 강화
    ㉡ 조선인의 사상마저 철저히 통제
      - 조선 사상범 예방 구금 규칙 : 일제가 항일 독립운동을 할 가능성이 있는 사람에 대하여 예방 구금 제도
      - 시국검찰에 관한 건 : 지방법원 검사들에게 독립군의 활동을 더욱 철저히 봉쇄하도록 지시한 문서

> **체크 포인트**
> **조선에 대한 일본 전시 체제의 내용**
> - 일본군의 증대
> - 경찰기구와 경찰 수의 증대
> - 조선인에 대한 사상 통제

(2) **황국 신민화 정책** : 조선 민족의 민족성 말살 정책 〔중요〕 〔기출〕 23, 21
  ① 전시 체제의 하나로 조선인들을 일제 천황에게 충성하는 황국신민으로 만들고 군수 사업의 노동자나 전쟁의 총알받이로 동원하려는 데 목적
  ② **'내선융화' 강조** : 조선인과 일본인은 형태도 마음도 피도 살도 하나가 되어야 한다는 것
  ③ '황국신민서사'라는 충성맹세문 암기 강요
  ④ **신사참배 강요** : 천황 족속의 귀신을 모시는 신사
  ⑤ 조선어 사용 금지와 조선일보, 동아일보 등 한글을 사용하는 신문과 잡지 폐간
  ⑥ '황국신민학교'라는 뜻의 국민학교제 실시
  ⑦ **창씨개명 강요** : 조선인 고유의 성씨를 폐기시키고 일본식 성씨를 갖도록 하는 것

> **체크 포인트**
> **황국 신민화 정책** : 신사참배, 조선어 사용금지, 한글로 된 신문·잡지 폐간, 국민학교제 실시, 창씨개명

> **더 알아두기**
>
> 일제 말기 식민지 지배에 대한 정책
> - 신사참배 강요에 의한 황국 신민화 정책
> - 국어·국사 금지
> - 징병·징용에 의한 노동력 수탈

(3) 농공병진 정책과 식민지 공업화
① **'농공병진'을 내세워 식민지 공업화 정책 추진**: 조선을 대륙 병참 기지로 만들어 군수산업을 강화, 농산물과 지하자원을 약탈
② '자력갱생'을 주장하며 농촌진흥운동(1932년)을 실시하여 조선 농촌 구석구석까지 감시와 억압의 손길을 뻗침
③ **'남면북양정책'**을 실시하여 남부지방에는 면화 재배를, 북부지방에는 가구당 5마리의 양을 기르도록 요구하여 일본인 방직자본가를 보호
④ 일본 독점자본은 식량, 의복, 병기, 탄약 등의 군수 사업에 집중적으로 진출하여 팽창

(4) 전시수탈과 민중 생활
① **일제는 침략전쟁을 본격화하면서 조선의 인적·물적 자원을 수탈**
  ㉠ 특별지원병제 실시(1938년) : 전쟁인력 보충
  ㉡ 국민징용령 실시(1939년) : 노예적 노동 강요
  ㉢ 학도지원병제(1943년)와 징병제(1944년) 실시 – 전문학교 이상 학생들과 조선 청년을 전쟁터로 강제 연행
  ㉣ 근로보국대와 정신대(여자 정신대 근무령)를 통한 조선인 납치, 연행
  ㉤ 침략전쟁의 확대로 지하자원 수탈, 위문금품과 국방헌금을 강요, 식량공급과 공출제 실시로 군량미 확보 → 조선 민중들은 살기 어려워지자 이농 증가

> **더 알아두기**
>
> 민족 말살 정치 기출 23
> - **병참 기지화**: 만주사변, 중·일 전쟁, 태평양 전쟁 등 침략 정책을 강화하면서 조선을 대륙 침략을 위한 기지로 삼기 위해 인력과 물자 등에 대한 총동원령을 내렸으며, 한반도 북부에는 군수 공장을 설립하였다.
> - **내선일체(內鮮一體)**: '내'는 내지인 일본을, '선'은 조선을 가리킨다. 일본과 조선은 한 몸이라는 뜻으로, 한국인을 일본인으로 동화시키려 했다.
> - **일선동조론**: 일본인과 조선인은 조상이 같다는 이론으로 한국인의 민족의식을 말살하려는 것이었다.

2 민족개량주의 운동의 확산과 친일파의 활동

(1) 민족개량주의 운동의 확산
① 1930년대 일제는 반일운동의 분위기를 완화하기 위해 '지방자치제'를 도입 실시
② 친일세력과 민족개량주의자들의 호응에 힘입어 각종 사회단체를 만들고 민족개량주의 운동을 대중적 운동으로 확산

(2) 친일파의 활동
① 1937년 무렵부터 일부 인사들은 '친일'의 모습을 드러내고 황국 신민화 정책과 전시 물자수탈에 적극적 동조
② 언론기관인 조선일보, 동아일보의 친일성향 사설 발표
③ 친일기업가는 국방헌금이나 무기를 헌납(김연수, 박흥식 등)
④ 대중적 명망이 높던 문인(서정주 등)들은 글과 강연을 통하여 친일활동
⑤ 종교단체들도 조직적으로 나섬
⑥ 교육계에도 학생들에게 일제의 침략전쟁을 옹호하며 협력을 권유(송금선, 김활란 등)
⑦ 그밖에도 사법, 군대, 경찰 등 모든 분야에 걸쳐 친일파가 활동

[일제의 식민지 정치 지배 형태]

시기	정치지배형태
1910년~1919년	무단통치(헌병 경찰 통치)
1919년~1937년	문화통치(보통 경찰 통치)
1937년~1945년	민족 말살 통치(황국 신민화 정치)

3 나라 안의 민족해방운동

(1) 혁명적 노동조합운동과 혁명적 농민조합운동
① 일제의 전시 체제에서 사회주의자들의 일부는 공장, 광산, 농촌으로 들어가 혁명적 노동조합과 농민조합을 활발히 조직
② **혁명적 노동조합운동(비합법적인 비밀결사)**
  ㉠ 대규모 중화학 공장이 들어선 평안도와 함경도에서 주로 발생
  ㉡ 튼튼한 혁명적 노동조합과 농민조합을 만드는 데 역점을 둠 – 태평양 노동조합사건, 적색노동조합활동, 적색노조 원산좌익위원회 결성 등

> **체크 포인트**
>
> **혁명적 노동조합운동**
> - 결성 : 비합법적인 비밀결사
> - 발생지역 : 주로 중화학 공장 지대인 평안도, 함경도
> - 목표 : 전국적 산업별 노동조합의 조직 등 생존권을 넘어서 민족과 계급 해방을 위한 투쟁

③ **혁명적 농민조합운동**
  ㉠ 청년동맹, 여성동맹, 소년동맹 등을 편입하여 결성
  ㉡ 야학과 독서회, 강연회 등을 통해서 농민들의 민족의식과 계급의식 일깨움
  ㉢ 전국 각지에서 활발히 벌어짐(함경북도 명천의 혁명적 농민조합 운동이 대표)
④ 1930년대 말에 일제의 탄압으로 사라져 갔지만 해방 직후 건국운동의 밑거름이 됨

> **체크 포인트**
>
> 비합법적 조합 : 혁명적 노동조합운동과 혁명적 농민조합운동은 해방 직후 건국운동의 밑거름이 되었다.

(2) 국학운동과 건국동맹

① **국학운동** 기출 23
  ㉠ 안재홍, 정인보 등과 함께 정약용의 『여유당전서』 편찬사업을 펼치며 일제의 황국 신민화 정책에 대응
  ㉡ 한글 학자들은 조선어학회를 만들어 우리말을 연구하고 대중에게 보급
  ㉢ 일제는 조선어학회 사건(1942년)을 일으켜 탄압하자 이윤재는 감옥, 박두진은 붓을 꺾고 침묵으로 저항

② **건국동맹**
  ㉠ 여운형을 중심으로 만들어진 비밀조직체로서 해방을 준비
  ㉡ 일제의 패망이 빨리 옴으로써 건국동맹의 계획은 실현되지 못했지만 해방 직후 들어선 건국준비위원회의 대중적 토대가 됨

> **더 알아두기**
>
> **한국사의 연구** 기출 22
>
> | 역사학자 | 민족정신 | 연구활동과 저술 |
> |---|---|---|
> | 신채호 | 낭가 사상 | • "역사란 我와 非我의 투쟁이다"
• 『조선상고사』, 『조선사연구초』 |
> | 박은식 | 혼 | • "나라는 形, 역사는 神이다"
• 『한국통사』, 『한국독립운동지혈사』 |
> | 정인보 | 얼 | 『조선사연구』, 신채호의 민족사관 계승 |

4 항일 무장투쟁

(1) 재만 조선인의 항일 무장투쟁
① 1937~1945년에는 중국과 만주를 중심으로 항일 무장투쟁이 활발
② **조선혁명군(양세봉)** : 중국의용군과 힘을 합해 일본군과 치열한 전투, 영릉가·홍경성 전투에서 승리
③ **한국독립군(지청천)** : 북만주 지역에서 중국군과 연합하여 쌍성보 전투, 대전자령 전투에서 큰 승리
④ 간도의 조선 농민과 사회주의자들이 결합하여 '추수폭등', '춘황투쟁'을 벌임
⑤ 항일유격대는 만주 지역의 유격대를 동북인민혁명군으로 통일하고 8곳에 해방구를 세우고 토지개혁 등 사회개혁 실시(동북인민혁명군은 동북항일연군으로 확대 개편), 보천보 전투 승리

(2) 조선의용대와 조선의용군 (중요)
① 1931년 일제가 만주를 침략하는 사건이 일어나면서 조선인들 사이에는 중국 관내의 모든 항일세력은 통일되어야 한다는 여론이 일기 시작
② **한국대일전선통일동맹 결성(1932년)** : 의열단, 한국독립당, 조선혁명당 등의 연합 → 민족혁명당 결성(1935년)
③ **조선민족전선연맹 결성(1937년)** : 민족혁명당, 조선민족해방운동자동맹, 조선혁명자동맹과 연합 → 조선의용대 창설(1938년)
④ **조선의용대** : 중국 국민당 정부의 지원을 받아 김원봉이 1938년 한커우에서 결성. 중국군과 함께 항일 전쟁에 참전(후방지원 위주) 기출 25
⑤ 조선의용대는 그 일부는 대한민국 임시정부의 한국광복군으로 편입, 일부는 중국 화북 지방에서 '조선의용군'으로 재편되어 중국 공산당과 함께 활동. 조선의용군은 해방 후 북한에서 인민군으로 편입

체크 포인트

대한민국 임시정부가 발표했던 건국강령의 국가건설 방략
- 보통·자유선거에 의한 민주공화국의 수립
- 대토지와 대생산기관의 국유화
- 사회적 평등의 보장

더 알아두기

조선의용대와 조선의용군
- **조선의용대** : 김원봉 중심으로 창설된 단체로, 이 중 일부는 대한민국 임시정부의 한국광복군으로 편입된다.
- **조선의용군** : 초기 조선의용대에서 분화된 조직으로, 중국 화북에서 활동하면서 중국 팔로군과 함께 항일전에 참여한 단체이다.

(3) 중경 임시정부와 한국광복군

① 임시정부는 1932년 윤봉길 의사의 상해 의거로 새로운 활기를 찾기 시작
② 김구, 조소앙 등은 민족혁명당을 탈당하고 한국국민당 조직(1935년 11월)
③ 임시정부는 민족혁명당에서 탈당한 조선혁명당과 한국독립당의 일부 세력과 연합하여 한국광복운동단체연합회 결성(1937년 8월)
④ 중국 관내 항일단체는 조선민족전선연맹(민족혁명당 중심)과 한국광복운동단체연합회(한국국민당 중심)로 양분
⑤ 임시정부는 중경에 자리를 잡고(1940년), 한국국민당·조선혁명당·한국독립당 등 3당은 한국독립당으로 합당(1940년)하여 임시정부(김구가 주석) 강화
⑥ 한국독립당은 일제의 패망에 대비하여 '건국강령' 발표(1941년 11월)
⑦ 김원봉의 조선민족전선연맹이 임시정부에 합류로 중국 관내 독립단체의 통일
⑧ **임시정부의 한국광복군 창설(1940년 9월)** 기출 24, 22
  ⊙ 화북 지방으로 가지 않은 조선의용대 참여와 국민당의 군사원조로 군대 모습을 갖춤
  ⓒ 임시정부가 중국국민당 정부와 맺은 '한국광복군 행동준승 9개항' 때문에 독자적 군사 행동권을 갖지 못함
  ⓒ 일본에게 선전포고(1941년 12월)를 하고 영국군의 요청으로 인도·미얀마 전선에 8명의 공작대를 파견하고 미국과 합동작전도 꾀함
⑨ 일제가 패망하면서 임시정부와 한국광복군은 연합국으로부터 아무런 인정을 받지 못하고 개인 자격으로 조국에 돌아옴

제6절 핵심예제문제

01 다음 중 일제의 황국 신민화 정책의 내용과 거리가 먼 것은?

① 조선어 사용의 금지
② 창씨개명
③ 남면북양
④ 황민화 교육

01 일제는 전시 체제의 하나로 조선 민족의 민족성을 아예 없애버려 조선 민중들을 황국신민으로 만들려는 황국 신민화 정책을 실시했다. 이에는 ①·②·④ 외에 황국신민서사, 신사참배 등이 있다.

02 일제의 민족 말살 정책이 아닌 것은?

① 단군과 함께 일본 천왕의 조상신을 예배하도록 강요
② 우리의 성과 이름을 일본식으로 바꾸는 창씨개명을 단행
③ 일본인과 한국인이 같은 조상에서 나왔다는 일선동조를 강조
④ 교육기관과 관공서에서 우리말 사용 금지

02 단군 숭배는 금지되었다.

정답 01 ③ 02 ①

제3장 실전예상문제

01 흥선대원군의 개혁 정치와 관련이 없는 것은?
① 군역 제도를 호포제로 바꾸어 양반들에게도 군포를 내게 하였다.
② 환곡제를 사창제로 고쳐 합리적 운영을 꾀하였다.
③ 권력 기관인 비변사를 폐지하고 의정부 기능을 부활하였다.
④ 『대전통편』을 편찬하고 시행 세칙, 세목을 모아 『육전조례』를 편찬하였다.

01 『대전통편』은 정조 때 『경국대전』을 원전으로 하여 만든 새 법전이다.

알/파/노/트
흥선대원군의 개혁 정책 목적: 왕권의 강화와 중앙 집권의 확립, 유생세력의 억압과 국가재정의 충실, 국가 통치질서의 개편

02 개항기를 전후한 상황을 바르게 설명한 것은?
① 『조선책략』은 유생들의 척사 운동을 옹호하였다.
② 흥선대원군 집권기에도 개항의 필요성을 내세우는 주장이 있었다.
③ 강화도 조약에서 일본은 조선에 대한 청의 종주권을 인정하였다.
④ 청의 알선으로 러시아에도 문호를 개방하였다.

02 『조선책략』은 연미론을 내세워 개항을 주장한 채이고, 강화도 조약은 청의 종주권 배제를 위해 조선을 자주국으로 인정한 것이며, 청의 알선으로 미국과 조약을 체결했는데 이는 러시아 견제를 위한 것이었다.

03 흥선대원군이 집권하여 추진한 개혁이 아닌 것은?
① 환정을 개혁하여 사창제를 실시하였다.
② 왕권을 강화하고자 경복궁을 다시 세웠다.
③ 의정부를 폐지하고 비변사의 기능을 강화하였다.
④ 호포제를 실시하여 양반에게도 군포를 징수하였다.

03 흥선대원군의 개혁 정치 내용: 의정부와 삼군부의 기능 부활, 법전 간행, 양전의 실시, 세도 정치 타파, 호포제 실시, 서원 철폐, 사창제 실시, 경복궁 중건

정답 01 ④ 02 ② 03 ③

04 위정척사 운동은 정부의 개화 정책 추진에 대해 전통적인 유생층이 성리학적 전통 질서를 지키고 외세를 배척하자는 운동이다.

04 다음에서 설명하는 것은 무엇인가?

> 정학인 성리학과 성리학적 질서는 바른 것이기 때문에 수호하고, 성리학 이외의 모든 종교와 사상은 사악한 것이라고 판단하여 배척하는 운동을 말한다.

① 위정척사 운동
② 동학 농민 운동
③ 물산 장려 운동
④ 국채 보상 운동

05 거문도 사건(1885) → 삼국 간섭(1895.4) → 을미사변(1895.10) → 아관파천(1896.2)

05 다음은 열강의 침략 과정에서 발생한 사건들이다. 시대순으로 맞게 나열된 것은?

> ㉠ 거문도 사건 ㉡ 삼국 간섭
> ㉢ 을미사변   ㉣ 아관파천

① ㉠ → ㉢ → ㉡ → ㉣
② ㉠ → ㉡ → ㉢ → ㉣
③ ㉡ → ㉠ → ㉢ → ㉣
④ ㉡ → ㉢ → ㉠ → ㉣

06 동학 농민 운동은 우리 역사에서 가장 규모가 큰 조직적인 농민 운동으로 탐관오리 축출, 신분 차별 철폐, 노비 문서 소각, 봉건 질서의 붕괴 촉진 등의 반봉건 운동과 반침략·반외세 운동의 성격을 보여준다.

06 동학 농민 운동의 성격을 가장 잘 표현한 것은?

① 조선 봉건사회를 비판하고 외세를 배척한 운동이다.
② 청·일 전쟁에 대항하기 위해서 농민군이 일으킨 운동이다.
③ 양반과 농민들이 근대적 의회민주주의를 표방한 운동이다.
④ 전통적 유교 질서는 고수하면서 서양문물을 수입하자는 운동이다.

정답 04 ① 05 ② 06 ①

07 다음 사건 중에서 가장 먼저 일어난 사건은?

① 지조법 개정, 경찰제 실시를 주장하는 개혁안 발표
② 공사관 보호를 위한 일본 군대 주둔
③ 전국의 황무지 개간권 요구
④ 일본 화폐의 유통과 양곡의 무제한 유출 허용

07 강화도 조약(1876년)
① 갑신정변(1884년)
② 제물포 조약(1882년)
③ 러·일 전쟁 이후(1904~1905년)

08 근대화의 추진 과정으로 바르지 않은 것은?

① 갑신정변의 결과로 개혁 운동의 흐름이 활발히 전개되었다.
② 위정척사 운동은 1890년대 항일 의병운동으로 계승되었다.
③ 갑오개혁은 일본의 압력이 개입되어 비자주적인 면이 있었다.
④ 임오군란은 신식 군대와의 차별에 대한 구식 군대의 반발로 일어났다.

08 갑신정변의 실패로 인하여 김옥균 등은 일본에 망명하였으며, 우리나라에 청나라의 세력만 강화시키는 결과를 낳았다. 그리고 조선과 일본 간에는 정변의 뒤처리를 위한 한성조약이 체결되었으며, 청나라와 일본 간에는 텐진조약이 체결되어 다시 조선은 청나라와 일본의 세력 다툼장이 되었다.

09 다음 내용의 배경이 된 사상은?

- 영선사 파견
- 조사시찰단 파견
- 통리기무아문 설치
- 별기군 창설

① 개화 사상
② 위정척사 사상
③ 동학 사상
④ 척왜양이 사상

09 제시된 내용은 개화 정책을 추진하는 가운데 실시된 것으로 청에 영선사, 일본에 조사시찰단 파견, 근대 문물 수용, 통리기무아문(개화 정책 추진 기구) 설치, 별기군(신식 군대) 설치 등이 있다.

정답 07 ④ 08 ① 09 ①

10
- 위정척사 운동 : 정부의 개화 정책과 외세의 침략에 대한 반발로 전개
- 동학 농민 운동 : 자본주의 열강의 침탈과 지배층의 착취로 인한 농촌 경제의 파탄으로 농민층이 동요되어 민란 형태로 전개되다가 외세의 간섭에 대항하는 농민전쟁 형태로 변화

11 시민 사회로 전환하는 계기는 독립협회의 활동에 관한 내용이다.

알/파/노/트
제시된 내용은 동학 농민 운동 때의 폐정개혁안 12개조 중의 일부이다.

12 갑신정변, 동학 농민 운동, 갑오개혁의 공통점은 민씨 척족에 의해 주도되고 있는 정치 현실에 대한 개혁인 문벌의 타파, 신분제 폐지, 자주적 개혁 등을 들 수 있다.

10 위정척사 운동과 동학 농민 운동의 공통점은?
① 외세의 침략에 저항하였다.
② 전제 왕권을 타도하려 하였다.
③ 봉건 체제를 개혁하려 하였다.
④ 근대 문물의 수용에 앞장섰다.

11 다음의 내용을 통하여 추론할 수 없는 것은?

- 탐관오리는 그 죄상을 조사하여 엄징한다.
- 노비 문서를 소각한다.
- 왜와 통하는 자는 엄징한다.
- 토지는 평균하여 분작한다.

① 봉건 제도의 타파를 부르짖었다.
② 반외세·반침략적 성격을 띤 운동이다.
③ 집강소를 설치하여 그들의 의견이 수렴되게 하였다.
④ 시민 사회로 전환하는 계기가 되었다.

12 갑신정변, 동학 농민 운동, 갑오개혁이 공통으로 추진한 개혁 방안으로 옳은 것은?
① 상공업의 진흥
② 군주제의 폐지
③ 토지제도의 개혁
④ 문벌의 타파와 차별 없는 인재의 등용

정답 10 ① 11 ④ 12 ④

13 동학 농민 운동의 배경으로 가장 거리가 먼 것은?

① 지배층의 수탈 심화
② 일본의 경제적 침투
③ 농민 의식의 성장
④ 전통 질서의 수호

13 전통 질서의 수호는 위정척사 운동에 대한 내용이다.

알/파/노/트
동학 농민 운동은 반봉건적인 성격이다.

14 동학 농민 운동의 전개 순서로 옳은 것은?

① 고부 농민 봉기 → 황토현 전투 → 폐정개혁안 12개조 합의, 집강소 설치 → 우금치 전투 → 일본군에 패배
② 고부 농민 봉기 → 폐정개혁안 12개조 합의, 집강소 설치 → 우금치 전투 → 황토현 전투 → 일본군에 패배
③ 고부 농민 봉기 → 폐정개혁안 12개조 합의, 집강소 설치 → 황토현 전투 → 우금치 전투 → 일본군에 패배
④ 고부 농민 봉기 → 황토현 전투 → 우금치 전투 → 폐정개혁안 12개조 합의, 집강소 설치 → 일본군에 패배

14 동학 농민 운동(1894)의 전개
고부 농민 봉기(보국안민, 제폭구민 주장, 1894.1) → 황토현 전투(전라도 일대 장악, 1894.4) → 정부와 농민군의 폐정개혁안 합의, 집강소 설치(1894.5) → 일본의 간섭 심화(1894.6) → 재봉기 → 우금치 전투 패배(1894.11)

15 대한제국 시기에 실시된 개혁운동이 아닌 것은?

① 방곡령 시행
② 식산흥업 정책 추진
③ 전환국 설치
④ 황실 수입의 국유화

15 일제가 재정고문을 파견하여 황실의 수입을 국유화하고 황실을 무기력하게 하였다.

알/파/노/트
대한제국 시기에는 정부의 식산흥업 노력으로 전환국 설치, 화폐제도 개혁, 중앙은행 설립 추진, 근대적 기업·교육기관 설립, 방곡령 등이 시행되었다.

정답 13 ④ 14 ① 15 ④

16 〈보기〉를 통해 내릴 수 있는 결론은?

> 보기
> - 국채 보상 운동을 활발히 전개하였다.
> - 황해도, 함경도 등지의 지방관들이 방곡령을 선포하였다.
> - 보안회는 황무지 개간권 요구에 대한 반대 운동을 벌였다.
> - 열강의 이권 침탈에 대해 노동자, 농민 등의 저항이 활발하였다.

① 근대적 자본 성장이 이루어졌다.
② 정부 주도의 중상업 진흥책이 실시되었다.
③ 외세 열강의 침략에 대한 위정척사 운동이 일어났다.
④ 외세의 경제적 침략에 대한 경제적 구국 운동이 전개되었다.

16 〈보기〉를 통해 주권 수호 운동의 일환으로 경제적 구국 운동을 펼쳤음을 알 수 있다.

17 다음 중 가장 먼저 일어난 사건은?

① 제2차 영일 동맹
② 간도 참변
③ 한일의정서
④ 간도 협약

17
- 한일의정서(1904년)
- 제2차 영일 동맹(1905년)
- 간도 참변(1920년)
- 간도 협약(1909년)

18 구한말 독립협회의 활동으로 맞는 것은?

① 외세로는 주로 일본을 배척하였다.
② 독립협회는 전제군주제를 지향하였다.
③ 독립협회는 지방에 지회를 두지 않았다.
④ 보부상 단체인 황국협회와는 우호적인 관계였다.

18 독립협회는 수구파들의 비상공세 수단에 대처할 준비가 되어 있지 않았고, 그 활동도 서울에만 한정되어 있었다. 또한 도시와 농촌 간의 사상적 괴리 현상을 극복하지 못함으로써 약 2개월에 걸친 봉건 반동과의 투쟁에서 좌절하고 말았다.

정답 16 ④ 17 ③ 18 ③

19 독립협회의 활동에 관한 설명에서 사실과 다른 것은?

① 자주 독립 운동 - 칭제건원 운동, 중립 외교 주장, 이권 양여 반대, 독립 의식 고취 운동
② 자강 혁신 운동 - 입헌군주제 주장, 신교육 주장, 상공업 발전 주장
③ 자유 민권 운동 - 국민 참정권 주장, 개인의 생명과 재산의 자유권·평등권 주장, 토지개혁 방안 제시
④ 국민 참정권 주장 - 의회 설립 운동 실시

19 독립협회는 자주 독립, 자강 혁신, 자유 민권의 3가지 방향으로 전개하였으나 토지 개혁 방안을 제시하지는 않았다.

알/파/노/트
독립협회의 기본 사상: 자주 국권 사상, 자유 민권 사상, 자강 개혁 사상 → 애국 계몽 운동으로 계승

20 갑신정변, 동학 농민 운동, 갑오개혁에서 공통으로 제기된 것은?

① 사법권의 독립과 경찰제의 실시
② 토지의 균분과 도량형의 통일
③ 행정 기구의 개편과 연좌법의 폐지
④ 신분 질서의 타파와 조세 제도의 개혁

20 [문제 하단의 표 참고]

[구한말 개혁안의 비교]

구분	갑신정변 (14개조)	동학 폐정개혁안 (12개조)	갑오개혁
신분제 폐지	문벌 폐지	• 지벌 타파, 인재 등용 • 노비 문서 소각	• 사노비 해방 • 신분제 폐지 • 청상과부 개가 허용
재정·세제 개혁	• 지조법 개정 • 재정의 일원화 (호조)	• 잡세의 폐지 • 공사채의 무효	• 재정의 일원화 (탁지부) • 조세의 금납화

정답 19 ③ 20 ④

21 조일 통상 장정의 규정(양곡의 무제한 유출을 허용하며, 국내 사정으로 방곡령을 실시할 경우 지방관이 1개월 전에 일본 영사관에 그 사실을 미리 통고해야 함)을 어겼다는 구실로 배상금을 요구하였다.

알/파/노/트
방곡령 : 일본의 약탈적인 곡물 유출에 대항 → 황해도·함경도 지역에 방곡령 실시

21 일본 상인들의 지나친 곡물 반출을 막기 위해 방곡령을 내렸으나 일본 측이 트집을 잡음으로써 외교 문제로 번졌는데, 이때 일본 측이 내건 구실은?

① 조일 통상 장정의 규정
② 강화도 조약의 내용
③ 조미 수호 통상 조약의 최혜국 대우 규정
④ 조청 상민 수륙 무역 장정의 내용

22 헤이그 특사 사건의 결과로 고종 퇴위, 군대 해산, 정미 7조약이 체결되자 의병 운동은 의병전쟁으로 발전하였다.

알/파/노/트
의병 항쟁의 배경과 성격
- 을미의병 : 명성황후 시해, 단발령
- 을사의병 : 을사늑약, 친일 내각 처단, 평민 의병장 등장
- 정미의병 : 고종의 강제 퇴위, 군대 해산, 일제 침략에 대한 가장 적극적인 민족적 저항인 의병 전쟁

22 다음에서 구한말 의병 운동이 의병 전쟁으로 발전하게 된 계기만 고른 것은?

> ㉠ 단발령
> ㉡ 을사늑약
> ㉢ 군대 해산
> ㉣ 고종 황제의 강제 퇴위

① ㉠, ㉡
② ㉠, ㉢
③ ㉡, ㉣
④ ㉢, ㉣

정답 21 ① 22 ④

23 다음 설명에 해당하는 단체는?

- 만민공동회와 관민공동회를 개최하여 '헌의 6조'를 결의하였다.
- 강연회와 토론회를 통해 민중의 근대적 지식과 국권·민권 사상을 고취시켰다.

① 독립협회
② 황국협회
③ 대한협회
④ 조선공산당

24 3·1 운동에 대한 설명으로 틀린 것은?

① 비폭력·무저항주의에서 출발하였다.
② 윌슨의 민족자결주의의 영향을 받았다.
③ 지식인과 학생들 중심으로만 일어난 운동이었다.
④ 중국에서 일어난 5·4 운동에 큰 자극을 주었다.

---

23 ② 황국협회(1898년): 독립협회에 대항하기 위해 보수적 정치인들이 보부상을 중심으로 조직한 단체이다.
③ 대한협회(1907년): 대한자강회를 계승한 단체로서 국가의 부강과 교육·산업의 발달을 추구했으나 일진회와 제휴하면서 친일적인 단체로 변질되었다.
④ 조선공산당(1925년): 서울에서 창당된 공산주의 단체로서 한국에서 결성된 공산당의 기원이라고 볼 수 있다. 정당 내부의 한계와 파벌 대립으로 코민테른에 의해 해체되고, 해방 후 박헌영을 중심으로 조선공산당을 재건하고 정통을 계승하였다.

24 3·1 운동은 지식인과 학생뿐 아니라 노동자, 농민, 상공인 등 각계각층의 민중들이 폭넓게 참여한 최대 규모의 항일운동이다.

알/파/노/트
3·1 운동
- 일제의 폭압적인 식민지 지배에 대한 분노가 원인이 되었다.
- 비폭력·무저항주의에서 폭력투쟁으로 발전하였다.
- 윌슨의 민족자결주의의 영향을 받았다.
- 중국의 5·4 운동, 인도 비폭력·불복종 운동, 이집트의 반영자주운동, 터키의 민족운동 등에 큰 영향을 끼쳤다.

정답 23 ① 24 ③

25 국채 보상 운동은 일제에 의한 차관 도입으로 인한 경제 예속화에 대항했던 거족적인 경제적 구국 운동이었다.

> **알/파/노/트**
> 국채 보상 운동(1907년)의 전개 과정 : 국채를 갚고 국권을 지키려는 운동이 서상돈, 김광제 등에 의해 대구에서 시작되어 국채보상기성회를 중심으로 전국으로 확산

25 국민의 힘으로 일본에서 들여온 차관을 갚고, 국권을 지키기 위해 대구에서 시작되어 전국으로 확산된 운동은?

① 국채 보상 운동
② 상권 수호 운동
③ 물산 장려 운동
④ 민립 대학 설립 운동

26
ⓒ 영국의 거문도 점령 (1885~1887년)
ⓛ 러・일 전쟁(1904~1905년)
㉠ 을사늑약 체결(1905년)
㉢ 안중근의 이토 히로부미 처단 (1909년)

26 다음 사건을 시대순으로 바르게 나열한 것은?

㉠ 을사늑약 체결
ⓛ 러・일 전쟁
ⓒ 영국의 거문도 점령
㉢ 안중근의 이토 히로부미 처단

① ㉠ - ⓒ - ㉢ - ⓛ
② ⓛ - ㉠ - ㉢ - ⓒ
③ ⓒ - ⓛ - ㉠ - ㉢
④ ㉢ - ㉠ - ⓛ - ⓒ

27 당시 토지 신고제가 농민에게 널리 알려지지 않았으며, 신고 기간도 짧고 절차가 복잡하여 신고의 기회를 놓친 사람이 많았다.

> **알/파/노/트**
> 토지 조사 사업 과정 : 토지 조사령 공포(1912년) → 기한부 신고제 → 신고를 기피한 농토와 공공기관 소속의 토지는 총독부에서 몰수(전국 농토의 40% 점탈) → 동양척식주식회사(1908년)에 불하 → 일본인에게 불하

27 일제의 토지 조사 사업에 대한 설명으로 틀린 것은?

① 농민이 지정된 기간 안에 신고해야 소유권을 인정받게 하였다.
② 당시 토지 신고제는 널리 농민에게 알려졌다.
③ 우리 농민은 기한부 계약에 의한 소작농으로 전락하였다.
④ 소작권은 인정되지 않고 지주의 소유권만 인정되어 지주제가 강화되었다.

정답 25 ① 26 ③ 27 ②

28 다음 내용이 실시된 시대순으로 바르게 연결된 것은?

┌─────────────────────────────┐
│ ㉠ 토지 조사령   ㉡ 삼림령   │
│ ㉢ 어업령   ㉣ 회사령   │
│ ㉤ 광업령   │
└─────────────────────────────┘

① ㉠ → ㉡ → ㉢ → ㉣ → ㉤
② ㉤ → ㉣ → ㉢ → ㉡ → ㉠
③ ㉡ → ㉣ → ㉢ → ㉠ → ㉤
④ ㉢ → ㉡ → ㉠ → ㉣ → ㉤

28 삼림령(1908년) → 회사령(1910년) → 어업령(1911년) → 토지 조사령(1912년) → 광업령(1915년)

29 일제의 토지 조사 사업의 결과로 나타난 사실에 해당되지 않는 것은?

① 토지 소유권의 등기
② 반봉건적 지주제의 철폐
③ 지세 수탈의 강화
④ 농촌 사회의 분화

29 일본인 대지주가 등장하고 소수의 양반 지주는 소유권을 취득하고 농민은 기한부 계약에 의한 소작농으로 몰락하였다.

30 〈보기〉의 내용이 설명하는 것은 무엇인가?

┌─ 보기 ──────────────────────────┐
│ 1920년대 일본인 지주에 대항하여 일어난 농민의 생존권 투쟁. 항일 민족 운동의 성격을 띰 → 1930년대 절정을 이룸 │
└────────────────────────────────┘

① 무장투쟁   ② 애국 계몽 운동
③ 소작쟁의   ④ 물산 장려 운동

30 소작쟁의와 노동쟁의 전개
• 소작농들은 일본인 지주와 조선인 지주에 대항하여 소작료 인하와 소작권 박탈 반대 등을 요구 → 생존권 투쟁(항일 민족 운동)
• 소작 농민의 쟁의는 해마다 늘어났으며, 황해도, 평안도, 경상도, 전라도 등 지주제가 상대적으로 발달한 지역에서 많이 일어남(대표적 농민운동은 전라남도 무안군 암태도 소작쟁의)

정답 28 ③ 29 ② 30 ③

31 3·1 운동은 각 농촌으로 확산되면서 폭력적 저항 양상을 나타냈다.

31 다음 중 3·1 운동의 전국적 확산에 따른 폭력적 양상의 중심 계층으로 옳은 것은?

① 학생
② 농민
③ 지식인
④ 승려

32 한반도 중립화론의 대두(독일인 부들러, 유길준)

32 19세기 후반 열강 세력의 침투 속에서 조선의 중립을 제안한 사람은?

① 부들러 – 유길준
② 베델 – 서재필
③ 알렌 – 박영효
④ 베베르 – 민영환

33 일제는 미신고 토지는 물론, 공공기관에 속해 있던 토지, 마을이나 문중의 토지와 산림, 초원, 황무지 등도 모두 조선총독부 소유로 만들었다. 또 토지 조사 사업 이후 많은 농민은 기한부 계약에 의한 소작농으로 전락하여 일본인의 고리대에 시달리게 되었고, 생계유지를 위해 화전민이 되거나 만주·연해주 등지로 이주하기도 하였다.

33 일제의 토지 조사 사업에 대한 설명으로 옳은 것은?

① 근대적 토지 소유권 제도의 확립이 목적이었다.
② 소유권이 불분명한 토지는 조선총독부 소유로 만들었다.
③ 토지 조사 사업 이후 많은 농민은 경영형 부농이 되었다.
④ 토지 조사 사업 이후 많은 양반이 소작농으로 전락하였다.

정답 31 ② 32 ① 33 ②

34 다음과 같은 내용으로 인해 일제가 실시한 경제 수탈 정책은?

> 제1차 세계대전에 참전하여 공업화 정책을 추진한 일제는 우리나라에 대한 경제적 수탈을 보다 강화하였다.

① 산미 증식 계획
② 남면북양 정책
③ 토지 조사 사업
④ 국가총동원령

34 산미 증식 계획(1920~1934년)은 일제가 자본주의 발달을 위한 공업화 추진 과정에서 부족한 식량을 우리나라에서 착취하기 위해 추진한 정책이다.

35 1920년대 전개된 민족운동은 무엇인가?

① 물산 장려 운동
② 국채 보상 운동
③ 산미 증식 계획
④ 방곡령

35 경제적 민족운동인 물산 장려 운동 전개
민족 기업 지원, 민족 경제의 자립 달성 목적 → 일제의 탄압으로 기업정비령을 내려 강제로 청산하거나 일본인 공장에 합병하는 등 민족 기업을 억압

36 일제의 경제 수탈 정책 가운데 가장 늦게 시행된 정책은?

① 회사령 철폐
② 군수 공업 육성을 통한 병참 기지화
③ 독도의 일본 영토 강제 편입
④ 토지조사령 공포

36 병참 기지화 정책은 1930년대 이후 정책이다.
① 1920년
③ 1905년
④ 1912년

정답 34 ① 35 ① 36 ②

37 물산장려운동은 1920년대에 일제의 경제적 수탈정책에 항거하여 벌였던 범국민적 민족경제 자립실천운동으로 평양에서 조만식을 중심으로 한 민족 지도자들과 자작회(自作會)가 주축이 되어 1920년 7월 20일 평양에서 조선물산장려회 발기인대회를 가진 데서 시작되었다고 볼 수 있다.

38 총독에 의한 허가제인 회사령을 실시하여 민족 기업의 성장을 규제하였다. 또한, 총독부가 담배, 인삼, 소금 등을 전매하여 민족 자본은 위축되고 경제 발전의 길이 막히게 되었다.

39 신간회의 강령은 기회주의자 배격 등 비타협인 성향을 보였는데, 일제로부터 공인된 단체이다 보니 활동 면에서는 일부 민중 대회를 추진하기도 하였으나 강경한 무력 투쟁을 통한 민중적 건설에는 한계가 있었다.

알/파/노/트
신간회 운동 배경: 비타협적 민족주의 세력과 사회주의 세력이 민족의 독립을 위해 힘을 합쳐 민족협동전선인 신간회 결성

정답 37 ③ 38 ④ 39 ①

---

37 임시정부의 군자금 수합에 대한 설명으로 틀린 것은?
① 애국공채 발행과 국민의 연금을 통해 자금을 확보했다.
② 연통제, 교통국 조직망을 통해 수합했다.
③ 물산장려회를 통해 토산품 장려운동을 벌였다.
④ 만주의 이륭양행이나 부산의 백산상회를 통해 군자금을 확보하였다.

38 일제가 실시한 다음 정책들의 공통적인 목표는?

- 회사령, 어업령, 광업령 제정
- 전매 제도 실시

① 세계 경제 공황의 타개
② 한국의 자본주의 발전
③ 토지와 임야의 강제 점탈
④ 민족 기업의 성장 억압

39 다음 중 신간회가 주장한 내용이 아닌 것은?
① 무력 투쟁을 통한 민중적 조선 건설
② 조선인에 대한 착취 기관 철폐
③ 일본인의 조선 이민 반대
④ 조선인 본위의 교육 제도 실시

40 다음의 사실들이 실시되었을 때 일본의 정책으로 올바른 것은?

- 식량 배급제
- 공출제
- 황국신민서사 암송, 내선일체, 일선동조론 주장
- 산미 증식 재개

① 우리말과 우리글의 사용 금지
② 회사령의 허가제 실시
③ 토지 조사령 실시
④ 교사에게 칼과 제복 착용

41 일제 강점기인 1920년대에 전개된 경제적 민족 운동으로 옳지 않은 것은?

① 소작료 인하, 소작권 박탈 반대 등을 요구하는 소작쟁의를 벌였다.
② 공업 분야에서는 자동차, 전자 등 중화학 공업을 육성하였다.
③ 민족 경제 자립을 달성하기 위한 물산 장려 운동이 전개되었다.
④ 노동자들은 노동조건 개선, 임금인상 등을 주장하는 노동 운동을 벌였다.

40 민족 말살 통치 시기 때의 사실들로 이 시기에 우리말과 역사를 배우지 못하게 하고 황국신민서사 암송, 궁성 요배, 신사참배 등을 강요하였다.

41 공업 분야에서는 순수 민족 자본에 의하여 평양, 대구, 부산 등 대도시에 경공업 관련 공장들이 세워졌다.

정답 40 ① 41 ②

42 문화통치는 3·1 운동이 배경이 되어 일제가 1920년대에 실시한 통치 형태이다.

알/파/노/트
일제는 3·1 운동을 통해 조선인의 굳센 독립 의지와 민족의 단결력에 놀라 식민지 지배 이데올로기의 선전 강화와 민족분열정책을 더욱 조직적으로 획책했다.

42 일제 강점기에 일제가 다음과 같은 정책을 실시하게 된 배경은?

- 헌병 경찰 제도를 보통 경찰 제도로 전환
- 조선·동아일보 발행 허가
- 교육의 기회를 확대하고, 기본권을 제한적으로 허가

① 3·1 운동
② 소작쟁의
③ 노동쟁의
④ 신간회 운동

43 고부민란과 전주성 점령은 동학 농민 운동에 대한 내용이다.

알/파/노/트
대한민국 임시정부의 성격 : 민주공화정 표방, 대통령 중심제와 내각책임제의 절충, 연통제, 자유와 평등 지향

43 다음 중 대한민국 임시정부의 활동으로 틀린 설명은?

① 군자금 모금 및 정보 수집
② 파리에 김규식을 파견하는 등의 외교활동
③ 독립신문 간행
④ 고부민란을 일으켜 전주를 점령

44 김좌진은 청산리 전투에서 승리를 거두었고, 봉오동 전투는 홍범도가 이끈 대한독립군이 승리하였다.

44 다음 중 항일 운동에 대한 설명으로 틀린 것은?

① 6·10 만세 운동은 순종의 인산일을 기해 일어났다.
② 광주 학생 항일 운동은 3·1 운동 이후 최대의 민족 운동이었다.
③ 3·1 운동을 계기로 민족 지도자들은 조직적인 무장 독립 운동을 전개하였다.
④ 김좌진이 이끈 대한독립군이 봉오동 전투에서 승리하였다.

정답 42 ① 43 ④ 44 ④

45 다음 내용과 관계 깊은 전투는?

> 김좌진이 이끄는 북로군정서군, 대한독립군, 군민회·독립군 등 여러 독립군의 연합 부대는 일본군의 대부대를 맞아 6일간 10여 차례의 전투에서 일본군을 대파하는 빛나는 전과를 올렸다.

① 봉오동 전투
② 동경성 전투
③ 쌍성보 전투
④ 청산리 전투

45 청산리 전투(1920년)에 대한 설명이다.

알/파/노/트
봉오동 전투와 청산리 전투
- 봉오동 전투(1920년 7월): 대한독립군 본영을 기습해 온 일본군 1개 대대 병력을 최진동의 군무도독부, 안무의 대한국민회군과 함께 봉오동으로 유인하여 이를 포위, 공격하여 대승리를 거두었다.
- 청산리 전투(1920년 10월): 북로군정서군을 비롯한 여러 독립군의 연합 부대는 일본군의 대부대를 맞아 6일간 10여 차례의 전투에서 대파하는 빛나는 전과를 올렸다.

46 다음 설명에 해당하는 단체는?

> 1923년 4월 진주에서 백정을 주축으로 한 천민계급이 조직하여 1930년대 중반까지 활동한 단체

① 형평사
② 신민회
③ 대한부인회
④ 근우회

46 ② 1907년에 국내에서 결성된 항일 비밀결사
③ 1946년 9월에 조직된 여성 애국 운동 단체
④ 1927년 5월에 조직된 항일 여성 운동 단체

47 다음 설명에 해당하는 인물은?

> - 역사는 아(我)와 비아(非我)의 투쟁이라고 하였다.
> - 「황성신문」에 논설을 썼다.
> - 「대한매일신보」에 주필로 활약하였다.
> - 『조선상고사』, 『조선상고문화사』, 『조선사연구초』 등의 역사서를 집필하였다.

① 정인보
② 박은식
③ 신채호
④ 안중근

47 ① 정인보: 신채호의 민족주의 사관을 계승하여 '조선얼'을 강조하였다.
② 박은식: 민족정신을 조선 혼(魂)으로 강조하였고 『한국통사』와 『한국독립운동지혈사』 등을 저술하였다.
④ 안중근: 조선 말 독립운동가로 삼흥학교를 세우는 등 인재 양성에 힘썼으며, 침략의 원흉인 이토 히로부미를 처단하였다.

정답 45 ④ 46 ① 47 ③

48 농촌 진흥 운동은 농업공황으로 무너진 농업 경제를 자급자족시킨다고 하였지만 실제로는 농민 수탈과 함께 농민을 통제하려는 정책이었다.

48 일제가 조선 농촌 구석구석까지 감시와 억압의 손길을 뻗칠 수 있었던 정책은?

① 한글 신문의 폐간
② 창씨개명
③ 남면북양 정책
④ 농촌 진흥 운동

49 형평사는 1923년 4월 진주에서 백정을 주축으로 한 천민계급이 조직하여 1930년대 중반까지 활동한 단체
① 1946년 9월에 조직된 여성 애국 운동 단체
③ 1927년 5월에 조직된 항일 여성 운동 단체
④ 1913년 평양에서 조직된 항일 비밀 여성 단체

49 일제 강점기에 조직된 여성운동 단체가 아닌 것은?

① 부인회
② 형평사
③ 근우회
④ 여자청년회

50 건국동맹은 1944년 여운형 등이 다가올 해방의 날을 준비하기 위해 만든 조직이었다.

50 해방 직후 들어선 건국준비위원회의 대중적 토대가 된 조직은?

① 민생단
② 조선의용군
③ 조선광복회
④ 건국동맹

정답 48 ④ 49 ② 50 ④

51 다음 중 대한민국 임시정부에서 설치한 군사조직은?

① 의열단
② 한국광복군
③ 조선의용군
④ 동북항일연군

51 임시정부는 1940년 9월 지청천을 총사령관으로 하는 한국광복군을 창설하였다. 주요 간부 30여 명으로 출발한 광복군은 화북 지방으로 가지 않은 조선의용대가 참여하고 국민당의 군사원조를 받게 되면서 군대로서의 모습을 갖추기 시작하였다.

52 대한민국 임시정부에 대한 설명으로 옳지 않은 것은?

① 외교를 위해 소련에 위원부를 두었다.
② 교통국을 두고 연통제를 실시하였다.
③ 삼균주의에 기초한 건국강령을 발표하였다.
④ 기본이념은 자유주의와 공화주의였다.

52 임시정부는 미국에 구미위원부를 두고 이승만을 중심으로 외교활동을 전개하였다.

53 일제의 식민지 수탈 정책을 시대순으로 바르게 나열한 것은?

㉠ 토지 조사 사업
㉡ 강제징용과 징병
㉢ 병참 기지화 정책
㉣ 산미 증식 계획

① ㉠ - ㉡ - ㉢ - ㉣
② ㉠ - ㉡ - ㉣ - ㉢
③ ㉠ - ㉣ - ㉡ - ㉢
④ ㉠ - ㉣ - ㉢ - ㉡

53 ㉠ 토지 조사 사업(1910~1918년)
㉣ 산미 증식 계획(1920년대)
㉢ 병참 기지화 정책(1930년대)
㉡ 강제징용(1939년, 국민징용령)과 징병(1944년, 징병제)

정답 51 ② 52 ① 53 ④

얼마나 많은 사람들이 책 한 권을 읽음으로써 인생에 새로운 전기를 맞이했던가.

– 헨리 데이비드 소로 –

제4장

현대사회

- **제1절** 해방과 민족의 분단
- **제2절** 분단 체제의 고착화와 4·19 혁명
- **제3절** 군부정권과 산업 근대화
- **제4절** 새로운 국제 질서와 민주주의의 발전
- **제5절** 북한 사회주의 체제의 형성과 변화
- **실전예상문제**

시대별 상황을 한눈에! 연표 길잡이

제 4 장 현대사회

A.D.			
1900			
1945	8·15 광복	1963	박정희 정부 성립
1946	제1차 미·소 공동 위원회 개최, 좌우합작위 출범	1970	새마을 운동 제창, 경부 고속도로 개통
1948	5·10 총선거 실시, 대한민국 정부 수립	1972	7·4 남북 공동 성명, 남북 적십자 회담, 10월 유신
1950	6·25 전쟁	1973	6·23 평화 통일 선언, 제1차 석유파동
1953	휴전 협정조인	1980	5·18 민주화 운동
1960	4·19 혁명, 장면 내각 성립	1981	전두환 정부 성립, 수출 200억 달러 달성
1962	제1차 경제 개발 5개년 계획(~1966)	1987	6월 민주 항쟁
		1988	노태우 정부 성립

보다 깊이 있는 학습을 원하는 수험생들을 위한 시대에듀의 동영상 강의가 준비되어 있습니다.
www.sdedu.co.kr ➜ 회원가입(로그인) ➜ 강의 살펴보기

제 4 장 현대사회

제1절 해방과 민족의 분단

1 해방과 건국준비위원회의 활동

(1) 해방 직후의 움직임
  ① 우리 민족은 연합군이 일본에 대해 승리한 결과로 주어진 불완전한 해방을 맞이함
  ② 총독부가 갑자기 무너지면서 일어날 수 있는 사회혼란을 방지하고 건국의 기틀을 마련하려는 움직임이 활발히 일어남
    ㉠ 노동자들의 활동 : 공장관리운동(일본인들이 시설 파괴와 물자를 빼돌리는 것을 막음), 공장관리운동은 반일민족적 성격을 띠고 자치적 성격을 가짐
    ㉡ 농민들의 활동 : 일본인 소유의 토지를 접수하고 관리하는 활동을 벌임
  ③ 해방 후 우리 민족은 식민지 잔재의 여러 폐단 해결과 친일파 청산이라는 역사적 과제를 해결하려는 운동에 집중

> **체크 포인트**
> 조선총독부의 움직임 : 조선총독부는 해방 후 일본인의 보호를 위해 1945년 8월 14일에 여운형을 만났고, 3개월분의 식량 확보, 정치·경제범의 석방, 조선인의 활동에 대한 불간섭 등을 수락하는 조건으로 여운형은 조선총독부의 제의를 받아들였다.

(2) 건국준비위원회의 조직과 활동
  ① **건국준비위원회 결성(1945. 8. 15)** : 건국동맹을 기반으로 여운형이 주도
    ㉠ 건국치안대 조직 : 치안의 회복과 질서유지를 위해 지역과 직장별로 조직
    ㉡ 식량대책위원회 : 식량조사와 대책을 세움
    ㉢ 지방의 지부조직 확대 : 각 지방의 치안과 행정을 담당
    ㉣ 친일파를 제외한 모든 정치세력의 참여로 내부적으로는 정치적 통일성 확보에 어려움이 있었지만 민중들의 지지를 바탕으로 미군이 오기 전까지 실질적인 행정담당기관의 역할을 함

② 조선인민공화국 선포(1945. 9. 6)
    ⊙ 건준지도부는 연합군의 진주에 앞서 정부를 조직하여 인정받으려고 건준을 해체하고 이승만을 주석, 여운형을 부주석으로 선포
    ⓒ 정강 발표(1945. 9. 14) : 자주독립국가의 건설, 일제 잔재 청산, 대중 생활의 향상, 세계 평화의 확보 등의 주요내용
    ⓒ 지방의 건준지도부는 지방인민위원회로 바뀜

> **더 알아두기**
>
> **건국준비위원회**
> - **치안 유지를 위한 활동** : 지역별·직장별로 건국치안대(치안의 회복과 질서 유지 확립)를 조직하고, 식량대책위원회(식량조사와 대책 마련)를 만들었으며, 지방에 지부조직을 확대하였다.
> - **한계점** : 다양한 사람들의 참여로 정치적 통일성을 갖지 못했다.

2 미·소의 한반도 점령과 정치세력의 동향

(1) 미군정의 정책

① 미국은 공산주의 세력 확대를 막고 자본주의 체제를 자국 중심으로 재편하는 외교정책을 폈는데 이러한 정책은 남한에도 그대로 적용, 총독부 건물을 군정청으로 바꾸고 일장기를 내리는 대신 성조기를 게양

② 군정실시 선포(1945. 9. 8)
    ⊙ 아놀드 군정장관은 조선인민공화국을 부정하고 미군정이 38선 이남의 유일한 합법정부임을 선포
    ⓒ 남한의 행정기능을 마련하기 위해 친일관료들을 임용, 친일경찰을 군정경찰로 충원, 친미적이거나 보수적인 인물들을 행정고문이나 군정관리로 채용
    ⓒ 국공유 재산과 일본인 재산을 접수하고 일본인 재산을 군정청 소유로 접수시켜 관리
    ⓔ 소작료 : 총수확물의 1/3을 넘을 수 없도록 법령을 정함
    ⑩ 신한공사 설치 : 이전에 동양척식주식회사에 소속된 토지를 관리
    ⓑ 토지분배 방식 : 유상몰수·유상분배 방식, 농민과 지주 모두에게 큰 지지를 못 받음
    ⓢ 일본인 재산 불하정책 : 일제 시기의 기업가나 귀속기업체의 관리인들에게 넘어감

③ 미군정 정책은 우리 민족의 이해관계와는 아무런 상관없이 자본주의 체제의 육성만을 염두에 두고 추진되었으며, 친일파들이 해방 뒤에도 다시 일어날 수 있는 터전 마련

> **더 알아두기**
>
> **미국의 현상유지 정책**
> - 부일협력 세력과 보수우익 세력을 군정청에 고용
> - 군정법령으로 국공유 재산과 일본인 재산을 군정청 소유로 귀속
> - 신한공사 설치 : 동양척식주식회사가 토지를 관리하고, 소작료를 군정 경비로 사용

(2) 각 정치세력의 활동 중요

① 해방 직후 주춤했던 우익세력이 미군이 들어오면서 활기
② **한국민주당 결성(1945. 9. 16)** : 건준 및 좌익세력에 반대하여 '임정봉대론'을 내세우며 송진우, 김성수 등이 중심 → 우익 보수 세력 중심
③ **독립촉성중앙협의회 결성(1945. 10. 23)** : 이승만이 자기 중심의 좌우익 정치세력 결성 → 친일 보수세력들이 따름
④ **한국독립당** : 김구 등 임정세력은 임시정부의 법통을 주장하며 해방정국을 주도, 미군정으로부터 승인받지 못한 임시정부는 뒤늦게 개인 자격으로 귀국
⑤ **국민당 결성** : 안재홍 등 좌우합작 운동을 주도, 남한 단독정부 수립에 반대해 단독선거에 불참 → 양심적인 우익 민족주의 세력을 대변, 안재홍은 건준의 부위원장까지 지냈으나 인공(조선인민공화국)이 수립되면서 나옴
⑥ **조선공산당(1945. 9)** : 박헌영의 경성콤(코뮤니스트) 그룹과 좌익세력 중심, 완전한 독립과 토지문제 해결 주장
⑦ **조선인민당 결성** : 건준위원장이었던 여운형 결성
⑧ **남조선신민당 결성(1946. 2)** : 경제사학자인 백남운이 북한의 신민당을 모체로 결성

▶ 여운형과 백남운은 좌익 정치세력 가운데 중도좌파세력

> **체크 포인트**
>
> - 한국민주당 : 반공·친미, 지주층의 이익 옹호, 의회민주주의 표방 등의 이념적 색깔을 갖는다.
> - 미군정 하의 각 정치세력 : 한민당, 독립촉성중앙위원회, 한국독립당, 조선공산당, 국민당, 조선인민당
> - 여운형 : 건국준비위원회를 결성하였고, 그 뒤 좌우대립이 격화되는 가운데 좌우합작 운동을 이끌다가 암살당한 인물이다.

(3) 소련군의 점령정책과 북조선 분국의 결성

① 소련은 한반도를 주요 전략 지역으로 만들 생각보다는 자신에 우호적인 친소정권을 세우려는 입장
② 북한에도 건국준비위원회가 조직되었고 그 뒤 인민위원회로 개편
▶ 조만식이 평남건준위원장을 맡음
③ 소련은 북한에서 군정을 실시하면서 행정권을 인민위원회로 넘겨주면서 민족주의 세력이 제거되고 좌익세력이 정치적 주도권을 잡음
▶ 조만식이 신탁통치를 반대하여 소군정과 대립하면서 민족주의 세력은 약화
④ **조선공산당 북조선분국 결성(1945. 10. 10)** : 소군정의 지원을 받는 김일성을 중심으로 한 세력이 차츰 주도권을 잡음, 1946년 북조선노동당으로 개편

> **체크 포인트**
> 미군과 소련군의 남북한 분할 점령 : 1945년 8월 24일 소련군이 평양에 상륙 → 미국은 1945년 8월 13일에 38선을 경계로 하여 한반도의 분할 점령을 제안·동의 → 남북한의 미군과 소련군에 의한 분할 점령 결정

(4) 북조선 임시인민위원회와 토지개혁

① **북조선 임시인민위원회 결성(1946. 2)**
  ㉠ 위원장 : 김일성
  ㉡ 20개조 정강 발표 : 일제 잔재의 청산, 주요산업의 국유화, 토지개혁의 실시, 8시간 노동제 등
② **토지개혁 실시**
  ㉠ 무상몰수·무상분배의 원칙으로 실행하여 봉건적 지주제도가 청산
  ㉡ 김일성을 중심으로 한 지도부는 농민의 지지를 이끌어내 대중적 권력 기반 강화
  ㉢ 토지개혁에 반발한 지주와 농민은 남쪽으로 내려옴
③ 북한은 토지개혁, 주요산업 국유화 등을 실시하여 사회주의 체제로의 이행 준비

> **체크 포인트**
> 북한의 정당 결성
> • 조선민주당 : 민족주의 우파인 조만식이 결성, 모스크바 삼국 외상 회의 결정의 반대로 소련군에 탄압을 받고 중심세력은 월남
> • 청우당 : 농민 중심의 천도교의 정당
> • 북조선신민당 : 독립동맹이 결성

> **더 알아두기**
> **북조선임시인민위원회**
> - 북한의 임시 중앙권력기관으로 김일성이 위원장, 김두봉이 부위원장으로 선출, 20개조 정강 발표
> - 경제개혁: 무상몰수·무상분배로 토지개혁, 식민지 지주제 청산, 친일파의 회사 및 공장 국유화
> - 김일성이 대중적 권력 기반을 강화할 수 있었음
> - 북조선임시인민위원회는 비록 소련과의 협의를 거쳐야 했지만 모든 법령과 결정의 초안을 북조선임시인민위원회 산하의 각 국이 작성하게 되어 중요한 정치적 결정이 필요한 부분을 제외하고는 실질적인 권한을 확보했던 것으로 보임

3 모스크바 삼국 외상 회의 이후 정치적 분열과 대립

(1) 모스크바 삼국 외상 회의와 반응 중요 기출 21

① **모스크바 삼국 외상 회의 → 해방 이후 최초로 한국 문제를 논의하기 위해 열린 국제회의**
   ㉠ 미국, 영국, 소련 등이 모스크바에서 외상 회의를 열고(1945. 12. 16) 전후 문제를 논의
   ㉡ 소련과 미국의 주장이 절충되어 모스크바 삼국 외상 회의 결정안 만들어짐(1945. 12. 27)

> **더 알아두기**
> **모스크바 삼국 외상 회의 결정사항** 기출 25
> - 민주주의적 원칙 아래 독립 국가를 건설하기 위해 임시정부 수립
> - 임시정부 수립을 원조하기 위해 미·소 공동 위원회를 설치할 것
> - 미·소 공위는 임시정부 수립을 준비하기 위해 민주적 정당, 사회단체와 상담할 것
> - 미·소·영·중이 조선을 5년 동안 공동관리(신탁통치)

② **삼국 외상 회의 결정안의 반응 → 해방 이후 좌·우익은 신탁통치 찬·반탁으로 최초로 대립**
   ㉠ 우익세력: 김구의 임시정부 계열과 이승만과 한민당이 가세하여 비상국민회의를 결성하여 반탁 운동을 벌임
   ㉡ 좌익세력: 모스크바 결정을 지지하는 집회를 여는 한편 민주주의 민족전선(민전)을 만들어 3상 회의 결정안을 지지

(2) 미·소 공동 위원회의 개최 중요
① 제1차 미·소 공동 위원회(1946. 3. 20)가 한국 문제를 해결하기 위해 두 차례 개최되었으나 서로 자국의 우호적인 정부를 수립하려는 이해관계가 달라 결렬됨
② 미·소 공동 위원회가 결렬되면서 이승만은 남한만이라도 단독정부를 세우자고 주장하였지만 좌익은 물론 한독당에서도 반대
③ 제2차 미·소 공동 위원회(1947. 5)도 미국과 소련의 의견 대립으로 실패

(3) 좌우합작 운동의 전개
① 미군정은 미·소 공동 위원회를 둘러싸고 좌우대립이 격화되자 중도우파와 중도좌파를 통합하여 남한에서의 안정적인 정치기반을 조성하기 위해 좌우합작을 구상
② 좌우합작 운동은 미군정의 지지 속에 여운형, 김규식 등을 중심으로 활발하게 추진되었지만 좌우정치세력을 대표하는 모임으로 발전, 좌우합작위원회 설립(1946. 7)
③ **좌우합작 운동의 좌우익 대립**
  ㉠ 좌익세력 : 민전이 좌우합작 5원칙을 발표하고 남한에도 시행할 것을 요구
  ㉡ 우익세력 : 좌우합작 5원칙에 대응하여 합작 8원칙 제시

> **더 알아두기**
>
> 합작 원칙
> - **좌우합작 5원칙** : 무상몰수·무상분배 원칙 아래 토지개혁 실시, 친일파 처단, 정권을 군정에서 인민위원회로 넘길 것
> - **합작 8원칙** : 친일파는 임시정부를 수립한 뒤에 특별법을 만들어 처단, 신탁문제에 유보적인 입장

④ 합작 원칙을 둘러싼 이견이 좁혀지지 않는 가운데 좌우합작 7원칙이 발표되었으나 좌우익 정치세력의 견해를 충분히 반영한 합작 원칙이 아니어서 처음부터 한계에 부딪침

(4) 9월 총파업과 10월 봉기
① **배경**
  ㉠ 해방 뒤 조선의 경제는 생산의 감소와 대량실업, 물가상승으로 커다란 혼란에 빠짐
  ㉡ 미곡정책에 있어서도 배급제로 바꾸고 미곡공출제를 실시하였는데, 이는 노동자와 농민의 생활을 더 어렵게 함
  ㉢ 미군정 정책에 대해 민중의 불만과 시위가 늘어나면서 9월 총파업과 10월 봉기가 일어남
② **9월 총파업**
  ㉠ 철도노동자들이 월급제를 일급제로 바꾸려는 미군정에 맞서 파업이 시작되어 전 노동자로 파급
  ㉡ 파업 초기에는 임금인상, 일급제 폐지와 월급제 실시, 식량 배급 등을 요구하였으나 그 뒤에는 좌익정치범을 석방하라는 등 정치적 요구를 내세움

ⓒ 미군정은 파업을 불법으로 규정하고 진압
ⓔ 대구를 중심으로 민중봉기가 일어나는 계기가 됨
③ **10월 봉기**
　ⓐ 대구역에서 노동자들의 파업을 진압하는 미군정 경찰에 대항하여 시민들이 가두 시위를 벌이고 시위는 인근 도시와 농촌으로 확대
　ⓑ 쌀 배급량 증대, 경찰의 발포금지와 애국자의 석방 등을 요구
　ⓒ 경북, 경남, 전라, 충청, 제주 등 전국적으로 파급
　ⓔ 미군과 경찰에 의해 진압
④ 9월 총파업과 10월 봉기를 겪으면서 좌익세력은 커다란 타격을 입고 우익세력은 정치적으로 주도권을 장악하는 계기가 됨

4 단독정부 수립과 민족의 분단

(1) 단독정부 수립정책과 반대 운동

① **단독정부 수립정책**
　ⓐ 1947년 대소봉쇄를 선언한 트루먼독트린이 발표되고 냉전 시대에 접어들면서 미국은 남한만의 단독정부를 수립하려는 방향으로 한반도 정책을 바꿈
　ⓑ 미국은 한국 문제를 유엔에 넘김, 유엔은 인구비례에 따른 남북한 총선거 실시 결정
　ⓒ 유엔한국임시위원단이 소련과 북한의 반대로 북한에 들어갈 수 없자 가능한 지역에서 선거를 실시하기로 결정 → 남한 단독선거와 단독정부 수립을 인정하는 결과

② **각 정파의 입장**
　ⓐ 한국독립당(김구), 민족자주연맹(김규식), 남로당, 근로인민당 등 여러 정치세력은 단독선거가 민족을 분열시킨다고 반대
　ⓑ 한국민주당(이승만)을 중심으로 한 우익세력은 단독선거와 단독정부 수립을 적극 찬성
　ⓒ 남로당과 조선노동자조합전국평의회(전평) 유엔한국임시위원단이 입국하자 단독선거·단독정부 반대, 미·소 양국 군대의 철수 등을 요구하며 '2·7투쟁'을 벌임

> **더 알아두기**
>
> **단독정부 수립기(1947년 9월~1948년 8월)**
> 한국 문제의 유엔 상정 이후 힘의 투쟁은 단독정부 추진세력과 통일정부 추진세력 간의 투쟁으로 나타났다. 김구와 김규식은 단독정부 수립을 저지하기 위해 남북협상을 추구하였으나, 김일성 세력은 북에서의 국가 선포를 정당화하고 남한 단독선거를 저지하기 위해 김구 등의 지도자를 이용한 것이다. 남로당은 유격전으로 투쟁방식을 바꾸었다.

(2) 제주 4 · 3 사건과 5 · 10 총선거
① 제주 4 · 3 사건
㉠ 단독선거 · 단독정부 반대투쟁이 제주에서 특히 치열하게 전개
㉡ 남로당 세력과 민중들은 4월 3일 새벽, 경찰서와 서북청년단 공격
㉢ 미군 즉시 철수, 단독선거 반대, 투옥 중인 애국자 석방 등 요구
㉣ 무장유격대를 조직하고 한라산을 근거지로 군경과 치열한 전투를 벌여 유일하게 5 · 10 총선거를 치르지 못하고 재선거도 1년이 지난 뒤에 실시
㉤ 미군정은 군경과 우익단체를 동원하여 탄압
② 김구와 김규식 등은 남북협상을 위해 38선을 넘어 평양에서 열린 남북연석회의에도 참석하였는데, 특히 김구는 '삼천만 동포에게 읍고함'이란 성명을 발표하여 단독정부 수립을 끝까지 막으려고 노력하였으나 실패 기출 25, 24
③ 5 · 10 총선거 : 이승만과 한국민주당 세력, 중간파에 속하는 인물들만 참여, 김구와 김규식 등 남북협상파는 선거 불참
④ 남한은 선거에 따라 제헌국회를 구성하여 헌법을 만들고 이승만과 이시영을 초대 대통령과 부통령으로 선출하여 대한민국 정부 수립(1948. 8. 15)
⑤ 북한은 최고인민회의 대의원 선거(1948. 8. 25)를 거쳐 조선민주주의인민공화국 수립(1948. 9. 9)

> **체크 포인트**
>
> - 대한민국 정부 수립 : 단독선거 · 단독정부에 반대하는 제주 4 · 3 사건이 이루어졌으나 5 · 10 총선거에 의해(1948년 8월 15일) 대한민국 정부가 수립되었다.
> - 해방 후 정치적 사건 : 대한민국 수립 → 한국전쟁 → 4 · 19 혁명 → 5 · 16 군사 정변 → 유신헌법 공포

제1절 핵심예제문제

01 미·영·중·소 4개국이 한반도에서 5년간 신탁통치할 것을 결정한 회의는?

① 카이로 회담
② 모스크바 삼국 외상 회의
③ 테헤란 회담
④ 포츠담 회담

01 모스크바 삼국 외상 회의에서는 한국을 최고 5년간 미·영·중·소 4개국이 신탁통치를 할 것을 결의했다.

02 미국과 소련의 한반도 군정 실시에 관한 사항 중 틀린 것은?

① 미군보다 먼저 진주한 소련군은 군정청을 설치하고 북한에서의 정치·경제·언론·교육 등을 총지휘하였다.
② 미국은 38도선을 경계로 한반도 내 일본군의 무장을 해제시킬 것을 제의, 소련이 이를 수락함으로써 38선이 형성되었다.
③ 미군정은 남한에 진주한 후 총독부 체제를 그대로 이용하였다.
④ 미군정은 공산주의 정당을 포함해서 정치 활동의 자유를 보장하였다.

02 소련군이 미군보다 먼저 북한에 진주하였지만, 군정청을 설치한 것이 아니라 행정을 담당할 민정부(民政府)를 설치하였다.

정답 01 ② 02 ①

제2절 분단 체제의 고착화와 4·19 혁명

1 1950년 한국전쟁

(1) **전쟁의 배경** 중요 기출 22
   ① **국제적 냉전** : 미국은 제2차 세계대전 뒤 사회주의 세력의 팽창을 억제하고자 냉전 전략을 강화, 미국의 냉전 전략은 한반도에서 주한미군 철수와 미국의 극동방위선에서 한국을 제외한다는 우려를 낳는 애치슨 선언으로 구체화
   ② **이승만 정권의 정치적 불안** : 소장파 국회의원들은 이승만의 북진 통일 정책과는 다른 외군 철수와 평화통일을 주장, 반민족행위처벌법과 농지개혁법 등을 통해 친일세력과 우익 보수 세력에 정치기반을 둔 이승만 위협, 남로당 무장투쟁 세력이 활동하고 있었음
   ③ **북한의 군사력 강화** : 북한은 1949년 소련과는 경제·문화협정을 맺었으며, 중국과는 군사 비밀협정을 맺어 조선인 동북의용군을 인민군에 편입시킴

(2) **인민군의 남침과 유엔군의 북진** 기출 25
   ① **북한의 남침** : 1950년 6월 25일 남침, 6월 28일 서울 점령
   ② **북한의 점령 지역 정책(위로부터의 강제개혁)**
      ㉠ 토지개혁 : 소작제도를 폐지, 토지를 무상으로 분배
      ㉡ 8시간 노동제 실시 등 노동법령을 공포, 반혁명세력 처단
      ㉢ 사회단체 재조직
   ③ **미국 등의 유엔군 북진** : 미군을 중심으로 16개국 군대로 구성된 유엔군이 한국전쟁에 참전, 9월 15일 인천상륙작전 성공 후 9월 28일 서울을 되찾고 북으로 진격

(3) **중공군의 참전과 휴전협정** 기출 25
   ① **중공군의 참전** : 항미원조 기치 아래 한국전에 참전 기출 24
   ② **휴전협정** : 미국은 한국전쟁이 세계전으로 확대될 것을 우려하여 소련의 휴전제의를 받아들임 기출 22
   ③ **정전협정 체결** : 정전협정은 1953년 7월 27일 체결 → 유엔군, 북한·중국 협정 서명
   ④ **전쟁이 남긴 후유증**
      ㉠ 전쟁의 부도덕성을 상징적으로 보여준 사건
      ㉡ 반공 이데올로기 : 독재 정권을 유지하는 데 이용

> **체크 포인트**
> 한국전쟁의 영향 : 인명피해, 경제적 손실, 반공 이데올로기의 도구화

2 이승만 정권의 독재 강화

(1) 반민특위의 설치와 와해
① **반민법의 제정** : 반민족행위처벌법(반민법)은 친일파 청산의 해결을 위한 법안
② **반민특위 와해** : 이승만 정권이 국회 프락치 사건을 구실로 반민특위 와해

> **더 알아두기**
>
> **반민법과 반민특위**
> - 반민족행위처벌법(반민법) : 친일파를 겨냥한 반민법은 이승만 정권에 위기를 가져왔고, 이승만도 반민법을 반대했으나 국민들의 절대적인 지지로 국회를 통과했다.
> - 반민족행위특별조사위원회(반민특위) 기출 22
>   - 반민족행위처벌법을 집행하기 위해 동법 제8·9조에 의해 1948년 9월 29일에 제헌국회에 설치된 특별기관
>   - 위원장 김상덕, 부위원장 김상돈 및 8명의 위원과 효율적인 업무 수행을 위해 중앙사무국과 각도 조사부를 둠
>   - 반민족행위자에 대한 기소와 재판을 담당하기 위해 특별검찰부와 특별재판부를 둠
>   - 반민특위의 저지 : 친일파가 정권 기반이었던 이승만에 의해 저지됨

(2) 개헌과 독재체제의 강화
① **이승만의 장기집권을 위한 개헌** 중요 기출 21
   ㉠ 발췌 개헌 : 간선제를 통해서는 대통령 선거 재선이 어렵자 경찰과 군으로 국회를 포위한 가운데 강제로 대통령직선제 통과
   ㉡ 사사오입 개헌 : 초대 대통령에 한하여 3선제한을 철폐한다는 내용 제출 → 사사오입하여 개헌안을 통과시킴
② **독제체제의 강화** : 조봉암의 진보당 사건
   ㉠ 조봉암은 이승만의 북진통일론과 반대되는 주장을 하면서 비판세력 형성
   ㉡ 이승만은 진보당의 평화통일론이 국시를 위반하였다는 죄명과 함께 조봉암에 간첩혐의를 두어 사형시킴

> **더 알아두기**
>
> **발췌 개헌과 사사오입 개헌**
> - 발췌 개헌(1952년 7월) : 정권 차원에서 개헌을 통해 직선제를 시행하여 당시 정권을 유지하려고 한 사건이다.
> - 사사오입 개헌(1954년 11월) : 3선 제한 철폐 개헌안을 제출함으로써 이승만의 장기집권을 위한 야심을 드러내었다.

3 농지개혁과 원조경제

(1) 농지개혁

① **농지개혁법(1950년 3월)** 기출 22
  ㉠ 농지 보상액과 상환액을 평년작의 1.5배로 하며 상환 기간을 5년으로 하여 농민들은 1년에 평년작의 30%를 지가로 상환하게 됨
  ㉡ 농지개혁의 문제점 : 유상몰수·유상분배로 지주에게는 유리, 농민에게 불리함, 농지를 분배받은 농민들은 농지가와 세금의 압박으로 농지를 다시 팔고 소작농이 됨

② **농지개혁의 결과**
  ㉠ 봉건주의 해체로 자작농 창출
  ㉡ 자본주의 발전을 촉진
  ㉢ 민족반역행위자의 소유권이 인정

(2) 원조경제

① **배경**
  ㉠ 한국은 남북분단과 전쟁으로 경제가 피폐해져 미국의 경제 원조가 필요해짐
  ㉡ 미국은 한반도의 공산화 방지와 자본주의 경제 체제의 유지를 위해 원조 제공

② **원조방식의 변화** : 처음에는 무상원조 → 유상차관 형식으로 변환(1957년)

③ **원조물자** : 소비재(식료품, 농업용품, 피복, 의료품 등), 소비재산업의 원료(면방직, 제당, 제분 공업 등)

④ **원조경제의 문제점** : 미국에 경제적 종속

> **더 알아두기**
>
> **원조경제의 문제점**
> - 미국의 잉여 농산물은 가격 경쟁력으로 한국 농업을 어렵게 만들었다.
> - 1950년대의 공업을 주도한 삼백공업(섬유, 제당, 제분)도 미국에 대한 의존도가 높았다.
> - 원조물자를 독점한 기업은 정치자금을 제공하며 특혜를 받았다.
> - 한국의 경제사정을 해결하는 데에는 도움을 주었지만 자립적인 민족 경제 형성에 방해가 되었으며 경제 체제를 대외의존적으로 만들었다.

⑤ **원조경제의 영향**
  원조물자 판매대금인 자금은 주로 미국 무기 구입에 사용되어, 경제원조는 경제체제를 대외 의존적으로 만들었다.

(3) 귀속재산의 불하

① 이승만 정권은 귀속재산처리법(1949년 12월) 제정

> **더 알아두기**
>
> **귀속재산처리법(1949년 12월)**
> 귀속재산 불하는 공용성 등의 요건에 따라 국영 또는 공영 기업체로 지정하고 나머지는 모두 매각하는 방식이었고, 15년 동안 분할상환하게 되었다.

② **실제 수혜자**: 주로 일제시기의 관리를 대상
③ **독점자본의 성장**: 귀속기업체들은 독점자본으로 성장하는 계기가 됨

4 4·19 혁명 기출 23

(1) 경제위기의 심화와 3·15 부정선거 기출 25

① **경제위기의 심화**: 한국 경제는 무상원조가 줄고 유상차관으로 바뀌면서 경제불황에 빠져, 실업률이 늘어나고 노동자들의 생활이 어려워지자 노동자의 저항이 생김
② **3·15 부정선거**: 이승만과 자유당은 장기집권을 위해 3·15 정·부통령선거에서 기권자들의 표를 활용, 부정선거를 실시

(2) 4·19 혁명(반독재투쟁) 중요 기출 25

① **4·19 혁명**: 마산에서 3·15 부정선거 규탄 시위로 시작하여 전국으로 확산
② **주장**: 이승만 퇴진, 부정선거 규탄
③ **의의**: 이승만 정권의 독재화 과정에서 형성되어 반민주적 체제에 대한 국민적 항거

(3) 과도정부와 장면 정권

① **과도정부 구성**: 이승만의 하야로 과도정부가 구성되어, 민주당은 내각책임제와 양원제로 개헌하고 7·29 총선을 실시
② **학생의 학원 민주화 운동**: 학원으로 돌아가 학원 민주화 운동을 벌였고, 학생회 구성, 국민 신생활 운동과 국민 계몽 운동을 벌임
③ **장면 정권(제2공화국)**
  ㉠ 내각책임제 실시, 민주당은 선거에서 승리하여 대통령에 윤보선, 국무총리에 장면을 선출하고 제2공화국 출범
  ㉡ 내각책임제의 권력 중심은 총리에게 있었음

④ **장면 내각의 붕괴**: 민주당 내의 분파 → 구파 의원들의 신민당 결성으로 장면 내각의 정치적 기반 약화 → 부정선거자 처벌, 통일 문제 등 사회의 변화 요구에 소극적 대처, 민주화 요구 억압 → 박정희 등 군부 세력이 주도한 5·16 군사 정변으로 붕괴

(4) 총선 후 통일 운동과 민주화 운동의 전개
① **통일 운동**: 장면 정권 등장 뒤에 학생들의 관심은 통일문제로 변화
② **민주화 운동**: 4월 혁명의 열기 속에서 교사, 노동자들의 민주화 운동이 일어났으나 5·16 군사 정변으로 사라짐

제2절 핵심예제문제

01 다음 중 한국전쟁의 배경 및 상황에 대한 설명으로 옳지 <u>않은</u> 것은?

① 이승만 정권에 비판적이었던 소장파 국회의원들이 제거되었다.
② 애치슨 선언에 따라 미국의 극동방위선에서 한국이 제외되었다.
③ 북한은 중국 등과 비밀군사협정을 맺어 인민군을 강화하고 있었다.
④ 38선 부근에서 군사적 충돌없이 비교적 평화스러워서 전쟁을 예견하지 못하였다.

01 당시 북한 지도부는 남한을 공격하면 승산이 있을 것으로 생각하고 있었다. 이러한 상황에서 남북한 사이의 군사적 긴장도 높아졌고 이를 반영하듯 1949년 들어 38선 부근에서 양측간에 874회에 이르는 국지적인 전투가 일어났다.

02 다음 중 1950년 시행된 농지개혁법의 내용으로 옳지 <u>않은</u> 것은?

① 상환기간은 5년으로 한다.
② 농지보상액과 상환액을 평년작의 1.5배로 한다.
③ 농민에게는 불리하고, 지주에게는 유리한 법이다.
④ 귀속농지는 유상매입·유상분배로 한다.

02 농지개혁법에서 귀속농지는 무상몰수·유상분배로, 조선인 지주의 농지는 유상매입·유상분배로 처리했다.

정답 01 ④ 02 ④

제3절 군부정권과 산업 근대화

1 5·16 군사 정변과 박정희의 권력 강화 `기출 23, 21`

(1) 군정 실시
① 쿠데타 세력은 국가재건최고회의를 구성하여 군정 실시 → 중앙정보부 조직
② **혁명공약 선포**: 반공을 국시로 하며 우방과 유대를 강화하고, 자주 경제를 건설한다는 등의 혁명공약을 제시
③ **최고회의의 활동**: 반공법을 만들어 군정에 비판적인 세력과 진보세력을 단속, 사회단체들을 해산, 정치활동 금지
④ **군부세력의 활동**: 농어촌 고리채 정리와 부정축재자 처벌은 후속 조치의 불발로 실패

> **더 알아두기**
> **5·16 군사 정변에 의한 군부세력**
> 반공법, 정당해산, 신문폐간, 부정축재자 처벌, 농어촌 고리채 탕감 등의 조치를 취함

(2) 군정에서 민정으로의 이양 작업
① 중앙정보부는 민주공화당(공화당)을 조직하기 시작
② 정치자금 모금, 대통령 중심제로 헌법 개정
③ **박정희 군사정부의 시대**: 공화당 후보 박정희는 1963년 5대 대통령 선거에서 대통령으로 당선

> **체크 포인트**
> 군부 세력의 정치자금 마련을 위한 사건: 4대 의혹사건과 삼분폭리사건

(3) 한일 국교 정상화와 베트남 파병
① **한일 국교 정상화**: 박정권은 경제개발로 쿠데타의 정당성을 확보하려 했기 때문에 외국자본을 끌어들이는 일이 시급 `기출 23`
② **베트남 파병** `기출 22`
　㉠ 외국차관의 수용을 위해 베트남전에 참전
　㉡ 브라운 각서: 주한미대사 브라운이 파병 대가로 한국군 장비를 현대화, 수출진흥을 위해 기술과 차관을 제공한다는 각서

> **더 알아두기**
> **한일 국교 정상화**
> 미국의 한·미·일 삼각안보체제의 필요성과 일본의 자본투자시장을 위한 한국진출, 박정희 정권의 경제개발을 위한 외국자본도입 등이 맞물려 한일 국교 정상화가 이루어졌다.

(4) 3선 개헌 파동(1969년)
① **경과** : 장기 집권을 위한 3선 개헌을 꾀했으나 야당과 학생·시민들의 반대 투쟁
② **7대 대통령 선거(1971년)** : 박정희 재선 → 영·호남 지역 차이 보임
③ **민심 이탈** : 공화당은 7대 대통령 선거와 8대 국회의원 선거에서 승리하였지만, 민심은 공화당으로부터 멀어짐

2 경제개발정책

(1) 제1·2차 경제개발 5개년 계획 기출 22
① **제1차 경제개발 5개년 계획**
㉠ 목표 : 자립경제의 구축 목표, 에너지확보, 기간산업 및 사회간접자본을 확충, 경공업 육성
㉡ 1962년 통화개혁 : 화폐단위를 1/10로 절하하고 예금을 동결하는 긴급 금융 조치를 단행하였으나 결과적으로 경제활동 위축
㉢ 경제성장률 낮추고 외국에서의 자금조달 계획
② **제2차 경제개발 5개년 계획** : 산업구조를 근대화하고 자립경제확립목표 10.5% 경제성장을 달성, 반면 곡물 수입액은 약 7배 늘어남

(2) 경제 정책과 차관 정책, 수출주도정책
① **정부의 경제개발개입** : 경제기획원 설치(예산과 외자도입 관리), 외국자본을 들여와 기업에 분배, 독점자본을 지원하면서 수출 권장, 조세감면규제법 마련, 사회간접자본 확충
② **외자를 도입하는 정책** : 베트남 참전 외환 수입(경제개발의 중요한 자금), 공공차관 도입하였으나 제2차 계획 동안에는 주로 상업차관 도입, 대외의존도가 높아지면서 무역적자 증가함
③ **수출주도정책**
㉠ 정부 : 정부는 기업에 은행융자의 혜택을 부여, 한국의 수출은 가공무역의 형태
㉡ 은행 : 특정 기업에 저리로 장기대부

(3) 제1·2차 경제개발 5개년 계획의 성과 및 문제점 성과 중요 기출 23
　① **성과**: 경제 발전
　② **수출정책에 따른 문제점**
　　㉠ 한국 경제가 외국자본에 의존하는 계기
　　㉡ 국제수지 악화
　　㉢ 노동자들은 저임금과 장시간 노동을 견딤
　　㉣ 정경유착의 폐단 심화
　　㉤ 외채 증가

> **더 알아두기**
>
> - 제1·2차 경제개발 5개년 계획
>   - 제1차 경제개발 5개년 계획: 자립경제의 구축
>   - 제2차 경제개발 5개년 계획: 산업구조를 근대화하고 자립경제 확립촉진
> - 1960년대의 경제개발정책: 정부의 경제개발 적극 개입, 외자도입정책, 수출주도정책

3 유신체제와 경제 구조의 재편

(1) 유신체제의 등장
　① 1972년 유신헌법이 공포되고 박정희가 8대 대통령에 취임
　② **미·소의 긴장완화정책에 따라 미국은 남북화해 분위기를 조성**
　　㉠ 남북 이산가족찾기, 남북 적십자 회담, '자주, 평화, 민족대단결'을 원칙으로 하는 7·4 남북 공동 성명이 발표

> **더 알아두기**
>
> **7·4 남북 공동 성명** 기출 23, 21
> 2000년 6월 15일 역사적인 남북 정상 공동선언문의 첫 번째 '통일문제를 자주적으로 해결한다'라는 조항은 7·4 남북 공동 성명(1972년)을 계승한 것이다.

　　㉡ 통일 열망의 확산과 보안법·반공법 폐지 의견이 높아짐

③ 유신체제
  ㉠ 박정희 개인의 영구집권을 위한 궁정 쿠데타
  ㉡ 국회와 정당을 해산, 국민투표를 실시 → 대통령 간선제 통과
  ㉢ 1972년 12월 통일주체국민회의에서 8대 대통령으로 선출(제4공화국) 기출 22
  ㉣ 유신체제의 정당화 : 박정희 정권은 '한국적 민주주의가 필요하다'라며 평화통일을 위한 강력한 체제의 요구를 주장
④ **유신체제하의 정부의 통일정책** : 6·23 선언을 통해 남북한의 국제기구 동시 참여와 남북한 유엔 가입 주장(1민족 2국가 체제), 북한의 통일정책은 고려연방제(1민족 1국가 체제)
⑤ 유신헌법의 내용
  ㉠ 대통령의 임기를 6년으로 늘리고 중임제한 규정을 폐지하였으며, 대통령 선거는 간접 선거로 실시
  ㉡ 대통령의 권한 : 국회의원 수의 1/3 추천, 국회해산권, 대법관 임명권
  ㉢ 유신체제에 대한 저항을 '긴급조치 9호'로 억압

(2) 경제개발정책
① **8·3 조치(1972년)의 전면화** : 기업들에게 원금상환과 이자부담에서 벗어날 수 있는 특혜 부여
② **중화학공업 육성** : 경제개발의 역점을 중화학공업에 둠
③ **재벌의 성장과 경제불황** : 중화학공업의 개발은 대규모의 자본과 설비가 필요한 특성 때문에 재벌 중심으로 이루어짐 → 제2차 석유파동(세계 경제불황) → 부채 증가

4 민주화 운동과 유신체제의 붕괴

(1) 노동운동과 농민운동
① **1960년대 노동운동** : 단체협약 체결이 늘고 쟁의 규모 확대, 주로 임금인상이 주요 내용
② **1970년대 노동운동** : 민주적 노조결성운동(생활보장제 요구), 노동 기본권 개선 요구(전태일 분신자살)
③ **농민운동**
  ㉠ 가톨릭농민회(1972년)가 결성되면서 활성화
  ㉡ 주요목표 : 농협의 민주화, 농산물 저가격정책 반대, 수세 과다부과 거부, 농지세 부과방법의 개선
  ㉢ 투쟁방법 : 소극적인 준법투쟁과 피해보상투쟁

(2) 학생층과 재야세력의 반독재 민주화 운동
    ① 1960년대 학생운동 : 개헌의 추진을 반대
    ② 1970년대 학생운동 : 노동야학활동으로 민중과 결합을 시도
    ③ 김지하는 「오적」을 발표 → 사회문제를 풍자

(3) 부마 민주 항쟁과 유신체제의 붕괴
    ① **부마 민주 항쟁** : 부산에서 학생, 노동자, 일반 시민이 유신에 반대시위 → 마산과 창원에 위수령 발령, 군병력을 투입 기출 24
    ② **유신체제의 붕괴** : 중앙정보부장 김재규가 박정희 대통령을 암살

> 체크 포인트
> - 한국적 민주주의의 의미
>   - 민족과 국가관념의 강조 : 애국 명장들의 사당을 성역화, 화랑교육원 설립
>   - 유교의 충효론 : 국가의 지배권과 반공 이데올로기를 정당화하는 역할
> - 유신체제하 민주주의의 특징 : 한국적 민주주의, 획일적 도덕, 지역감정의 조장

제 3 절 핵심예제문제

01 다음 중 5·16 군사 정변 세력의 정책 조치와 관련이 <u>없는</u> 것은?

① 정당과 사회단체의 해산
② 재벌기업의 활성화
③ 농어촌 고리채 탕감
④ 부정축재자 처벌

01 군부세력은 반공법을 만들고, 정당과 사회단체의 해산과 정치활동 금지, 정부에 비판적인 신문·잡지 폐간, 폭력배의 대대적 체포, 농산물가격 안정정책 등의 조치했다.

02 2000년 6월 15일에 발표된 남북 공동 선언의 내용이 <u>아닌</u> 것은?

① 연방제 통일의 추진
② 이산가족 방문단의 교환
③ 통일 문제의 자주적 해결
④ 경제협력을 통한 민족 경제의 균형된 발전

02 2000년 6월 15일 역사적인 남북정상 공동선언문의 첫 번째 '통일문제를 자주적으로 해결한다'라는 조항은 7·4 남북 공동 성명(1972년)을 계승한 것이다.

정답 01 ② 02 ①

제4절 새로운 국제 질서와 민주주의의 발전

1 5·18 민주화 운동과 신군부의 제5·6공화국

(1) 서울의 봄
　① 1980년도 봄의 노동운동은 경쟁투쟁 중심, 학생운동은 계엄철폐, 유신세력의 퇴진 등 요구
　② **재야와 정치세력**: 김영삼, 김대중 두 인물을 중심으로 분열 조짐, 미국의 한국 민주화 지지와 군부의 움직임을 시야에 넣지 못함
　③ **신군부세력(전두환 등)**: 1979년 12·12 사태를 통해 권력 핵심에 직접 개입

(2) 5·18 민주화 운동 중요 기출 22
　① **정부 대응**: 비상계엄 선포지역을 전국으로 확대, 학생운동의 지도부, 김대중을 비롯한 정치권의 주요 인사 구속 기출 24
　② **5·18 광주항쟁이 시초**: 5월 18일 전남대 학생들의 군부 학교 점령 항의시위를 계기로 시위 확산
　③ **발생 배경**
　　㉠ 신군부의 비상계엄선포
　　㉡ 지역편중정책에 따른 피해의식
　　㉢ 민주화에 대한 열망
　④ **신군부의 5·18 민주화 운동 왜곡**: 5·18 민주화 운동을 '불순분자 및 간첩들의 파괴·방화·선동'에 의한 것으로 왜곡
　⑤ **의의**
　　㉠ 신군부의 폭력과 반민주성을 폭로하여 **민주화 운동의 기폭제**가 됨
　　㉡ 5·18 민주화 운동은 깨어 있는 민중이 민주사회 발전의 원동력임을 재확인하는 계기가 됨
　　㉢ 나라의 민주화와 민족의 자주적인 통일, 그리고 평등 세상을 향한 사회 진보 운동의 일대 전환점으로 자리잡음

(3) 제5·6공화국의 등장
　① 신군부의 국가보위비상대책위원회(국보위)를 통한 조치 → 사회정화, 순화 교육 기출 22
　② **전두환의 제5공화국**: 국보위를 중심으로 한 사회통제, 권력형 부정비리사건, 야당과 재야세력의 대통령직선제 개헌 운동, 부천경찰서 성고문 사건, 박종철 고문치사 사건 등으로 정권위기, 6월 민주항쟁에 굴복
　③ **노태우의 제6공화국**: 북방정책(동구권과의 수교, 구소련과의 수교, 남북한 유엔 동시 가입, 중국과의 수교 등), 군부독재와 민주화 운동세력이 충돌하던 정치적 과도기, 한반도 비핵화에 대한 공동선언 합의 기출 23, 22

(4) 한국의 민주화와 평화적 정권교체의 정착 기출 23
① **김영삼 정부** : 민간 정부 등장, 지방자치제 전면 실시, 공직자윤리법과 금융실명제 실시, 임기 말 외환위기를 맞음, 4자 회담 설립(1997. 12)
② **김대중 정부** : 선거를 통한 여야 정권교체 이룩, 국제통화기금 지원금 상환, 분단 이후 처음으로 남북 정상 회담 개최 → 6·15 남북 공동 선언(2000년)
③ **노무현 정부** : 권위주의 청산 추구, 헌정사상 최초로 대통령이 임기 중 국회에서 탄핵 당함, 과거사 진상규명법 제정, 제2차 남북 정상 회담 실시 → 10·4 남북 공동 선언(2007년)

2 세계 경제 체제의 재편과 독점자본의 강화

(1) 세계 경제의 변화와 우루과이 라운드
① **세계 자본주의 체제의 변화** : 미국경제의 주도권 약화, 3국(미국, EC, 일본)으로 집중되었고, 보호무역주의·지역주의 강화, 가트(GATT) 체제 약화
② **우루과이 라운드** : 다자간 무역협상 개시를 위한 각료 선언, 국제 분업구조 개편과 관련되어 진행

> **체크 포인트**
> 세계무역기구(WTO)
> - GATT를 대신하는 세계무역추진과 무역분쟁처리 기구
> - 설립 목적 : 상품, 서비스, 지적 소유권 등의 관세 인하, 비관세를 목적으로 무역자유화 추진과 규제 완화

(2) '3저 호황'과 개방화
① **3저 호황** : '저금리, 저유가, 저달러'의 3저 호황을 맞이하여 자동차, 가전제품, 기계, 철강 등 중화학 부문을 주력산업으로 고도성장 기록
② **한국 경제 침체** : 한국 공업은 조립 가공형 구조를 이루고 있어 생산재에서 대외종속성이 심화되어 그에 따른 무역 불균형도 증가
③ **선진국의 개방 압력에 대한 대처 방안**
  ㉠ 첨단산업화, 자동화와 기술개발투자의 확대를 통한 성장산업에서의 고부가가치화, 쇠퇴산업의 조정, 생산 및 기업경영의 합리화 등
  ㉡ 자본·금융시장의 개방과 상품시장 개방, 농수산물 수입자유 전면화

> **더 알아두기**
>
> **개방화**
> 개방화는 1980년대 후반에 무역 불균형과 선진국의 개방압력으로 인한 새로운 국제분업구조에 대응하기 위해 취해진 조치였다.

(3) 경제 정책의 조정과 독점자본의 지속적 성장
① 전두환 정부의 제5차 경제개발 5개년 계획
② 투자조정업종에 대해서는 신규참여 배제하고 제품을 전문화함, 구조불황업종에 대해서는 자금 지원
③ 독점대기업은 재벌기업으로 성장, 재벌들의 금융부문에 대한 지배력을 높여 나갔고 제2 금융시장을 거의 독점함

3 사회 민주화의 진전과 민중운동의 새 국면

(1) 6월 민주 항쟁 중요
① 배경
  ㉠ 민주화에 대한 국민의 바람은 정권교체를 통한 대통령직선제 개헌 논의로 모아짐
  ㉡ 전두환 정권은 '북한의 금강산댐사건'과 '공안정국'을 조성하여 전쟁 분위기를 이용, 개헌 정국을 벗어나려 함
  ㉢ 박종철 고문치사 사건으로 민중의 분노는 극에 달함
② **결과**: 전두환 정권이 직선제 개헌을 받아들여 6·29 선언을 발표 → 6월 민주 항쟁의 승리

(2) 민중운동의 발전과 민주화의 진전
① **노동운동**: 6월 항쟁 이후 노동운동은 급속히 확산, 1990년 1월 '전국노동조합협의회(전노협)'를 건설
② **학생운동**: 학원 자율화 조치를 계기로 학생회 구성, 전국학생대표자기구회의 결성
③ **재야운동세력**: 6월 항쟁의 추진세력, 12월 대통령 선거에 몰입하여 내부적으로 분열과 무력감이 나타남

(3) 중간층 시민운동의 등장
    ① **신사회 운동** : 도시의 중간층 주민들이 중심이 된 시민운동
    ② **신사회 운동이 다루는 문제**
        ㉠ 환경문제 : 산업화의 공해문제, 핵 공해, 낙동강 페놀 오염사건, 쓰레기 매립장·소각장 건설반대, 산업폐기물 문제
        ㉡ 기타 문제 : 교육, 교통, 여성, 탁아, 경제 정의 실천
    ③ **특징** : 시민의 자발성에 기초
    ④ **장점** : 대중의 소시민적·개인주의적 취향을 공동체적 사회의식으로 발전시키는 데 도움, 우리 사회의 다양한 영역에서 민주주의 문화를 발전시킬 수 있는 가능성을 보여줌
    ⑤ **역기능** : 사회문제의 부분적 해결에 중점을 두거나 사회의 구조적 모순을 등한시하는 소시민적 운동으로 발전할 가능성이 있음, 극단적인 지역이기주의로 변화할 소지도 많음

제4절 핵심예제문제

01 광주와 전남은 1960~1970년대 경제개발과정에서 소외된 지역이었다. 박정권의 지역편중정책 속에서 이 지역 주민들은 정치·경제적으로 피해의식을 지니고 있었다. 이러한 피해의식은 자연히 독재 정권에 대한 불만과 민주화에 대한 강력한 열망으로 나타났다.

01 1980년대 5·18 민주화 운동이 일어난 배경으로 거리가 먼 것은?

① 민주화에 대한 열망
② 지역편중정책에 따른 피해의식
③ 불순분자들의 파괴와 선동
④ 신군부의 비상계엄선포

02 정부 또는 관변단체가 중심이 되어 벌인 관 주도의 운동과는 다르게 시민의 자발성에 기초하고 있다.

02 다음 중 1980년대 후반 신사회 운동인 시민운동에 대한 설명으로 바르지 못한 것은?

① 개인주의적 취향을 공동체적 사회의식으로 발전시키는 데 도움이 된다.
② 사회의 구조적 모순을 등한시하는 소시민적 운동으로 발전할 가능성이 있다.
③ 관변단체가 중심이 되어 벌이고 있다.
④ 도시의 중간층 주민들이 중심이 된 시민운동이다.

정답 01 ③ 02 ③

제5절 북한 사회주의 체제의 형성과 변화

1 전후복구사업과 농업 협동화 실시

(1) 전후복구사업
- ① **전쟁 피해**: 생산시설과 농업부문 파괴, 인명손실에 따른 노동력 부족
- ② **전후복구 3개년 계획(1954~1956년)**
  - ㉠ 자체의 노동력과 사상사업을 앞세운 대중동원 방식과 경제기술원조를 요청하여 사회주의 각국이 발전소와 공업시설 등을 복구
  - ㉡ 정치사업을 내세워 3개년 계획을 앞당기는 생산경쟁운동과 기술혁신 운동을 벌여나감
- ③ 전후복구사업은 농업과 개인 상공업의 사회주의적 개조와 결합되어 북한경제가 사회주의로 이행하는 기초 마련

(2) 농업의 협동화
- ① **농업협동화 운동의 형태**
  - ㉠ 제1형태: 초기의 경험적 단계, 생산수단을 개인소유로, 작업은 공동, 경영은 개인이 관리
  - ㉡ 제2형태: 대중적 발전단계, 토지를 통합하여 공동경영, 출자한 토지의 양과 노동의 크기에 따라 분배, 반사회주의적 형태
  - ㉢ 제3형태: 최종단계, 생산물의 분배는 노동의 양에 따라 이루어지는 완전한 사회주의적 형태
- ② **초기의 농업 협동회**: 자발적인 참여 강조
- ③ **북한의 협동화 정책**: 빈농을 중심으로 중농과 동맹 강화, 부농 제한
- ④ 마을단위 협동조합
- ⑤ **특성**: 농업의 생산발전을 토대로 진행된 것이 아니라 황폐된 농업을 복구시키는 차원이 우선시

(3) 8월 종파 사건 기출 21
- ① **발단**: 전후 경제건설 노선을 둘러싼 대립이 권력투쟁으로 나타난 사건, 반(反)김일성 세력과 당지도부와의 권력투쟁
- ② **경과**: 반김일성 세력은 1956년 8월 전원회의에서 김일성 개인숭배를 직접 비판하고 집단지도체제를 도입하자고 주장하였으나 받아들여지지 않음
- ③ **8월 종파 사건을 통한 김일성의 권력 강화**: 반대세력과 비판세력의 숙청
- ④ **1958년 1차 당대표자회의**: 종파주의가 완전히 종식되었다고 선언
- ⑤ **8월 종파 사건의 의미**: 북한의 정치에서 당내 민주주의가 사라지는 과정, 1960년대부터 김일성 중심으로 유일사상 지도체계 확립

2 경제건설계획과 생산관리방식

(1) **경제건설계획**
① **북한 경제건설 노선**: 자립적 민족 경제 건설을 기본노선으로 자력갱생의 원칙 강조
② **북한의 경제건설방식**: 주로 정치사상 사업을 앞세워 자체의 힘으로 해결하는 방식
③ **1차 5개년 계획(1957~1961년)**: 공업화의 기초를 마련하고 의식주 문제를 해결하는 데 목표
④ **1차 7개년 계획(1961~1970년)**: 중공업발전, 경공업과 농업의 동시발전, 기술혁신, 국민생활 향상 등을 목표로 함, 4대 군사 노선 채택, 국방과 경제건설의 병진 정책 추진
⑤ **6개년 계획(1971~1976년)**
　㉠ 과제: 중공업발전과 기술혁명, 산업설비의 근대화
　㉡ 3대 기술혁명의 제시: 중노동과 경노동, 농업노동과 공업노동의 차이를 줄이며 여성들을 가사노동에서 벗어나게 하는 것
⑥ **2차 7개년 계획(1978~1984년)**: 주체적인 경제건설 강조, 중화학공업 우선 정책보다 경제의 종합적인 발전 꾀함, 경제의 주체화·현대화·과학화를 통해 사회주의 경제토대 강화, 인민 생활 향상시키는 데 목표로 함

(2) **대안의 사업체계**
① **청산리 방법**: 당과 국가의 지도체계를 바꾸는 계기
② **대안의 사업체계**: 경제관리에서 청산리 방법과 대중노선을 구체화한 것으로서 당 위원회의 집단적 지도를 기초로 정치활동을 앞세워 대중을 동원하고, 상부기관이 하부기관을 도와주는 관리방법
③ **한계점**: 대중들의 희생, 공업발전의 다양성을 고려하지 않고 주로 정치사상을 앞세우는 방식

(3) **농업지도체계**
① **개편**: 종래의 농업지도체계(농업성 → 도 인민위원회 → 군 인민위원회 → 협동조합)를 새로운 체계(중앙 농업위원회 → 도 농촌 경리위원회 → 군 협동농장 경영위원회 → 협동농장)로 개편
② **군 협동농장 경영위원회**: 농업행정과 농업기술에 관계된 활동 총괄·지도, 전문적인 농업지도기관, 경영 활동 전반을 기업적 방법으로 지도
③ **지도방식**: 군 협동농장 경영위원회를 기본으로 하는 농업지도체계는 행정적·명령적 지도를 기업적 지도방식으로 바꿈
④ **결과**: 북한은 농업의 공업화가 충분히 마련되지 않은 조건에서 기업적 방법을 적용하였기 때문에 큰 성과를 기대하기 어려웠음

3 중소분쟁과 주체사상의 등장

(1) 중소분쟁과 3대 혁명운동의 전개

① **중소분쟁**: 흐루쇼프 연설에서 시작, 북한의 중립적 입장에서 평양 선언에 의한 소련 비판 → 중국의 베트남 참전 거부에 의한 갈등 → 중국과의 관계 개선 체제로 돌아왔음

> **더 알아두기**
>
> **중소분쟁**
> 1956년 2월 소련공산당 20차 대회의 흐루쇼프 연설에서 시작되었는데, 1960년 4월 중국공산당 기관잡지 「홍기」는 소련을 수정주의라고 비판하였고, 소련 공산당은 중국을 교조주의라고 비난하였다.

② **북한의 자주노선 추구**: 국제적으로 소련·중국의 간섭을 어느 정도 견제할 수 있었으며, 국내적으로 자주노선은 김일성 중심의 권력체제를 유지·정당화하는 이데올로기로도 이용됨
③ **3대 혁명**: 사회주의 사회의 총노선, '사상적 요새와 물질적 요새'를 점령하는 과제로 설정, 3대 혁명 중 주로 기술·문화 혁명이 강조되었다가 1960년대부터는 사상혁명이 더욱 강조됨
④ **3대 혁명과업의 진행**: 정치사상 사업을 우선하는 군중 노선에 따라 수행
  ㉠ 1957년 이후 천리마운동, 1960년대 천리마운동, 청산리 방법, 대안의 사업체계에 의해 진행
  ㉡ 1970년대 3대 혁명: 구체적 실천 운동인 3대 혁명 소조운동과 3대 혁명 붉은 기 쟁취운동으로 전개
    • 3대 혁명 소조운동: 김정일은 이 운동을 지도하면서 후계자로 등장하는 기반 마련, 청년 간부들과 구세대 간부들의 풍부한 경험을 결합시켜 세대교체를 원활히 하려는 목적
    • 3대 혁명 붉은 기 쟁취운동: 천리마운동을 한 단계 더 발전시킨 전 인민적 대중운동

(2) 주체사상의 등장

① **유일사상체계**: 김일성 중심의 권력체제를 뒷받침하는 정권 이데올로기, 인민 대중이 수령의 혁명사상만을 믿고 따르며 학습, 김일성화 보급사업을 벌임(개인숭배 작업)
② **유일지도체계**: 김일성은 국가주석이 되어 당과 정부의 주요권력을 모두 장악하면서 유일지도체계를 제도적으로 확립
③ **주체사상**
  ㉠ 역사발전의 동력을 인간의 의식, 곧 자주성·창조성·의식성에서 찾는 사상
  ㉡ 1970년 조선노동당 5차 대회와 1972년 제정된 사회주의 헌법에서 김일성의 주체사상을 지도지침으로 규정
  ㉢ 주체사상은 북한사회 전체를 지배하는 유일한 지도이념으로 공식화됨

4 사회주의권의 몰락과 개혁·개방정책

(1) 주체사상화 사업과 후계체제 강화
① **사회의 주체사상화** : 주체사상을 지도지침으로 삼아 공산주의를 건설하는 것
② **1980년대 '사회주의 경제건설의 10대 전망 목표'** : 대외무역과 수출, 그리고 인민 생활 향상이 강조, '1980년대 속도창조운동', '숨은 영웅 따라 배우기 운동' 등 노동경쟁운동을 벌임
③ **1980년대 북한의 경제** : 사회주의 성과 과시를 위한 주체사상탑, 개선문 등의 건설은 북한 경제의 부담으로 작용
④ **북한의 후계체제 확립** : 김정일 후계체제의 정치적 기반 강화, 김정일의 개인숭배와 우상화작업
⑤ **북한 경제 발전의 한계 요인** : 사회주의 계획경제의 비효율성, 자립적 민족경제 정책, 정치적 결정을 우선하는 경제관리 방식, 창의력을 고갈시킨 유일 체제, 대중동원방식과 속도전, 사회주의권의 붕괴, 자연재해 등

(2) 경제위기와 개혁정책
① **1980년대 개혁조치**
  ㉠ 물질적 동기유인에 의한 생산능력 방식
  ㉡ 차관과 무역 적극 활용
  ㉢ 기술혁신의 강조, 외국인 투자를 위한 조치(1984년 9월 합영법 제정)

> **더 알아두기**
> **합영법**
> 북한은 1948년 9월에 합영법을 제정하고 다음 해 합영법 시행에 따른 각종 세칙을 제정·공포함으로써 외국인 투자를 유치하기 위한 조건을 제도화하였다.

② **3차 7개년 계획(1987~1993년)** : 인민 경제의 주체화, 현대화, 과학화를 우선 과제로 설정하였지만 기술혁신이 더욱 강조됨
③ **1990년대 개혁조치** : 1992년 헌법 개정 때 외국과 합영·합작을 할 수 있는 근거 마련, 외국인투자법을 기본으로 합작법, 외국인기업법 등 외자 관련 법령 제정, 1993년 자유경제 무역지대법 제정

(3) 북한의 개방정책
① 북한은 당의 주도로 제한적인 개혁·개방을 추구하는 중국에 대해서는 전통적인 우호 관계를 계속 유지
② 북한은 경제적 이해관계를 중심으로 전개되는 국제 질서에 대응하려는 새로운 전략을 모색
③ 서방국가와 남한의 경제지원이 중요해진 상황에서 외교관계의 정상화를 위해 노력

> **더 알아두기**
>
> **선군정치**
> - '군사선행의 원칙에서 혁명과 건설에서 나서는 모든 문제를 풀어나가며 군대를 혁명의 기둥으로 내세워 사회주의 위업 전반을 밀고 나가는 정치방식'으로, '군사선행, 군 중시'의 정치
> - 1995년 초에 처음 논의되었으며, 1998년 김정일의 취임과 함께 북한의 핵심적 통치 방식으로 정착함
> - 군의 영향력을 정치와 경제뿐만 아니라 북한 사회의 전 영역에 투영시키고 있음

제 5 절 핵심예제문제

01 북한의 전후복구사업은 자체의 노동력과 사상사업을 앞세운 대중동원 방식과 사회주의 각국의 경제기술 원조를 통한 방식으로 진행되었다.

01 북한의 전후복구사업에 대한 설명으로 옳지 <u>않은</u> 것은?

① 사회주의국가들의 경제기술 원조
② 중공업 우선 발전과 경공업·농업의 동시발전
③ 남한 경제개발 계획을 모방함
④ 자체의 노동력과 사상사업을 앞세운 대중동원 방식

02 유일사상체계는 유일지도체계와 맞물려 확립해 나갔으며 김일성은 당만이 아니라 중요 권력을 모두 장악하면서 유일지도체계를 제도적으로 확립해 나갔다.

02 북한의 유일사상체계에 대한 설명으로 옳지 <u>않은</u> 것은?

① 김일성화 보급사업을 벌여 개인숭배작업을 하였다.
② 유일지도체계 작업과 다르게 분리해서 주체사상을 확립해 나갔다.
③ 김일성 중심의 권력체계를 뒷받침하는 정권 이데올로기였다.
④ 인민대중이 수령의 혁명사상만을 믿고 따르며 학습하는 것이었다.

정답 01 ③ 02 ②

제 4 장 실전예상문제

01 건국준비위원회에 대한 설명으로 옳지 않은 것은?
① 내부적으로 정치적 통일성을 확보하기 어려웠지만 미군정이 들어서기 전 실질적인 행정담당기관의 역할을 했다.
② 친일파 등 모든 정치세력이 참여한 민족연합전선의 성격을 갖는다.
③ 건국준비위원회의 지방지부는 각 지방의 치안과 행정을 담당했다.
④ 치안유지와 물자확보 등 질서유지를 주요 목적으로 했다.

> **01** 건국준비위원회는 친일파를 제외한 모든 정치세력이 참여한 민족연합전선의 성격을 가지며, 지방 건준에는 독립운동가, 좌익활동가, 언론인, 지식인뿐만 아니라 지방의 유지, 지주까지 참여하였다.

02 다음 결정에 대한 정치세력의 반응으로 옳지 않은 것은?

- 한국을 독립 국가로 발전시키기 위해 한국 민주주의 임시정부를 수립한다.
- 한국 민주주의 임시정부 수립을 원조하기 위해 미·소 공동 위원회를 설치한다.
- 미·영·소·중 4개국 정부가 공동으로 관리하는 최장 5년간의 신탁 통치를 실시한다.

① 이승만은 남한만이라도 단독정부를 수립하고, 북한에서 소련군을 철수시켜야 한다고 주장하였다.
② 한국민주당은 소련이 신탁통치안을 제기했다고 주장하며, 반탁 운동을 반소 운동으로 몰아갔다.
③ 김구는 미·소 양군을 철수시키고, 남북 지도자의 협상에 의해 총선거를 실시하자고 주장하였다.
④ 김규식과 여운형은 남북을 아우르는 좌우합작으로 임시정부를 수립한 뒤, 신탁통치 문제를 해결하자고 주장하였다.

> **02** 총선거 실시는 유엔에서의 결정 사항이며, 김구는 남북 통일정부 수립을 주장하였다.

정답 01 ② 02 ③

03 이승만과 한국민주당을 중심으로 한 우익세력은 단독선거와 단독정부 수립에 적극 찬성하였다.

03 단독선거와 단독정부 수립에 반대했던 정치세력이 아닌 것은?

① 이승만과 한국민주당
② 김구의 한국독립당
③ 김규식의 민족자주연맹
④ 근로인민당

04
- 모스크바 삼국 외상 회의 (1945년 12월)
- 미 · 소 공동 위원회(1946년 1월)
- 이승만의 정읍 발언(1946년 6월)
- 유엔 한국 임시 위원단(1947년)

04 다음 중 가장 먼저 일어난 사건은?

① 이승만의 정읍 발언
② 유엔 한국 임시 위원단
③ 미 · 소 공동 위원회
④ 모스크바 삼국 외상 회의

05 6 · 25 전쟁의 발발 원인
- 남한에서의 미군 철수
- 북한의 공산화
- 북한의 우세한 군사력
- 중국 대륙의 공산화
- 미국의 태평양 지역 방위선에서의 한국 제외(애치슨 선언)

05 한국전쟁의 발발 원인이라 보기 어려운 것은?

① 미국의 태평양 지역 방위선에서의 한국 제외
② 북한에서의 소련군 철수
③ 1949년 남한에서의 미군 철수
④ 급속도로 성장한 북한의 군사력

정답 03 ① 04 ④ 05 ②

06 1945년 12월에 개최된 모스크바 삼국 외상 회의에 대한 설명으로 옳지 <u>않은</u> 것은?

① 회의에서 미국은 한국의 즉시 독립을, 소련은 4개국 신탁 통치를 제안하였다.
② 김구, 이승만 등은 격렬한 신탁 통치 반대 운동을 펼쳤다.
③ 회의의 결정에 따라 미국, 소련 양국군 대표로 구성된 공동 위원회가 개최되었다.
④ 조선공산당은 모스크바 삼국 외상 회의 지지 시위를 벌였다.

06 미국은 한국인 참여가 제한된 5년 동안의 신탁통치안을 핵심으로 한 한국 문제 해결 방안을 제시하였다. 이후 소련이 한국에 독립을 부여하기 위한 민주주의적 임시정부 수립과 신탁통치를 5년 이하로 한정할 것을 핵심으로 한 수정안을 제안하였다. 1945년 12월 28일에 소련 측 수정안에 미국 측이 약간 수정을 가하여 발표한 것이 '모스크바 삼국 외상 회의 결정서'였다.

07 다음 중 광복 이후의 상황들을 시대순으로 바르게 나열한 것은?

㉠ 3국 외상이 모스크바에서 한반도 문제를 논의하였다.
㉡ 김구와 김규식은 통일정부를 수립하기 위한 남북 협상을 추진하였다.
㉢ 한국에 임시 민주 정부를 수립하기 위한 미·소 공동 위원회가 열렸다.
㉣ 유엔은 선거가 가능한 지역에서 총선거 실시를 결정하였다.

① ㉠ → ㉡ → ㉢ → ㉣
② ㉠ → ㉢ → ㉣ → ㉡
③ ㉡ → ㉢ → ㉠ → ㉣
④ ㉡ → ㉢ → ㉣ → ㉠

07 ㉠ 모스크바 삼국 외상 회의(1945년 12월) → ㉢ 제1차 미·소 공동 위원회(1946년 3월) → ㉣ 유엔 소총회(1948년 2월) → ㉡ 남북협상(1948년 4월)

정답 06 ① 07 ②

08 모스크바 삼국 외상 회의는 해방 이후 최초로 한국문제를 논의하기 위해 열린 국제회의이다.

09 조만식은 일제 시대 물산장려회·신간회 결성에 참여하였으며, 해방 이후에는 민족주의자들을 중심으로 평양에 평남 건국준비위원회를 결성하여 중앙 정부의 수립을 기다리며 자치 활동을 벌였다. 그러나 북한에 소련이 진주한 이후에 조선민주당을 조직하였으며, 신탁통치를 반대하다 탄압을 받았다.

10 남북 분단을 우려한 인사들은 남북한 통일 정부를 수립하기 위해 좌우합작 운동을 벌였으나 성과를 이루지 못하였다.

08 한국의 신탁통치를 의결한 회의는?
① 모스크바 삼국 외상 회의
② 포츠담 회의
③ 카이로 회담
④ 남북 협상

09 8·15 광복 이후 평남 건국준비위원회를 결성하여 자치 활동을 전개한 인물은?
① 김일성
② 김규식
③ 조만식
④ 박헌영

10 해방에서 민족의 분단에 이르는 과정에 대해 바르게 설명한 것은?
① 남한에서 군정을 실시한 미군은 임시정부 인사들을 임용하여 정부의 정통성을 계승하고자 하였다.
② 1945년 해방과 동시에 중경의 임시정부 인사들이 귀국하여 건국준비위원회를 결성하고 건국 운동을 주도하였다.
③ 남북 분단을 우려한 인사들은 남북한 통일 정부를 수립하기 위해 좌우합작 운동을 벌였으나 성과를 이루지 못하였다.
④ 1945년 12월에 열린 모스크바 삼국 외상 회의에서는 임시정부를 조직하여 조속한 시일 내에 통일정부를 수립하도록 결의하였다.

정답 08 ① 09 ③ 10 ③

11 해방 이후 신민족주의와 신민주주의 이념의 조화를 내세우고 좌우이념을 통합하고자 했던 당은?

① 한국민주당
② 국민당
③ 조선인민당
④ 한국독립당

11 **알/파/노/트**
국민당 결성: 안재홍 등 좌우합작운동을 주도, 남한 단정에 반대해 단독선거에 불참 → 양심적인 우익 민족주의 세력을 대변, 안재홍은 건준의 부위원장까지 지냈으나 조선인민공화국이 수립되면서 나옴

12 사사오입, 발췌 개헌 등으로 민주주의를 후퇴하게 만든 정당은?

① 공화당
② 자유당
③ 민주당
④ 민자당

12 **알/파/노/트**
이승만의 장기집권을 위한 개헌
• 발췌 개헌: 대통령 선거 재선이 어렵자 경찰과 군으로 국회를 포위한 가운데 강제로 '대통령직선제' 통과
• 사사오입 개헌: 초대 대통령에 한하여 3선 제한을 철폐한다는 내용 제출 → 사사오입하여 개헌안을 통과시킴

13 6·25 전쟁 직전 한반도가 미국의 극동 방위선에서 제외된다고 한 인물은?

① 모택동
② 장개석
③ 애치슨
④ 처칠

13 애치슨 선언은 1949년 주한미군 철수와 함께 미국의 극동방위선에서 한국을 제외한다는 우려를 자아냈다.

정답 11 ② 12 ② 13 ③

14 1950년대 미국 잉여 농산물 원조와 관련하여 발달한 소비재 산업은 밀가루, 설탕, 면화였다.

알/파/노/트
미국 원조 : 식료품, 농업용품, 피복, 의료품 등의 소비재와 면방직, 제당, 제분공업 등 소비재 산업의 원료가 대부분을 차지함

14 해방 후 남한에서는 미국의 원조물자를 가공하는 소비재 산업이 기형적으로 발전, 이른바 삼백 산업에 포함되지 <u>않는</u> 것은?

① 소금
② 설탕
③ 밀가루
④ 면방직

15 반공을 우선시하던 이승만 정부의 소극적인 태도와 미군정 당국의 처벌 반대, 우익 단체의 비협력 등으로 친일파 처벌은 소기의 성과를 거두지 못하였다.

15 반민족행위처벌법에 대한 설명으로 바른 것은?

① 미국의 적극적인 지원으로 친일파를 처단하였다.
② 우익 단체의 지원으로 친일파를 처단하였다.
③ 북한에서도 실시하였다.
④ 이승만 정권의 반공 정책으로 실패하였다.

16 농지 개혁은 농지만을 분배 대상으로 하고, 임야 등 비경작지는 제외되는 등 불완전한 개혁이었다. 이는 유상매입, 유상분배로서 임시정부의 건국강령 등에서 주장된 무상몰수, 무상분배가 이루어지지 않은 지주 입장의 미봉적 개혁에 불과하였다.

16 이승만 정부가 1949년에 시행한 농지 개혁에서 기본으로 하였던 것은?

① 무상매입, 무상분배
② 무상매입, 유상분배
③ 유상매입, 무상분배
④ 유상매입, 유상분배

정답 14① 15④ 16④

17 우리나라 헌정사에 있었던 다음 사실과 관련이 있는 것은?

- 발췌 개헌
- 사사오입 개헌

① 대통령 장기 집권
② 통일 정책
③ 내각책임제로 전환
④ 민주주의의 진전

17 국회에서의 간접선거로는 재집권이 어려움을 예상한 이승만은 자유당을 창당하고 대통령 직선제의 발췌 개헌안(1952년)을 국회에서 강압적인 방법으로 통과시켰다. 이어 초대 대통령에 대하여 중임제한을 폐지하는 사사오입 개헌(1954년)을 단행하였다. 이러한 헌법 개정은 무엇보다도 집권자에게 재집권이나 정권 연장의 법적 기반을 마련해주는 수단이 되었다는 점에서 문제가 된다.

18 38도선에 대한 설명으로 잘못된 것은?

① 카이로 회담 당시 미국과 소련 사이에서 설정된 군사 분계선이다.
② 처음에는 일본군의 무장 해제를 위해 설정되었다.
③ 미·소의 군정이 실시되면서 38도선은 바로 고정화되었다.
④ 자본주의 진영과 공산주의 진영의 대립선이다.

18 얄타 회담에서 한반도에 38선이 설정되었다.

19 자주·평화·민족대단결의 3대 원칙과 관계 있는 것은?

① 1970년 8·15 선언
② 1972년 7·4 남북 공동 성명
③ 1972년 남북 적십자 회담
④ 1973년 6·23 선언

19 1972년 자주·평화·민족대단결을 3대 원칙으로 하는 7·4 남북 공동 성명이 발표되었다.

정답 17 ① 18 ① 19 ②

20 정부는 처음에 공공차관을 도입했으나 제2차 계획 동안에는 주로 상업차관을 들여왔다.

20 박정희 정권의 경제개발 정책으로 옳지 않은 것은?

① 수출지향 정책
② 공공차관의 지속적인 도입 정책
③ 외자도입 정책
④ 정부의 경제개발 개입 정책

21 경제파탄에 따른 국민들의 생존권 확보는 4·19 혁명과 직접적인 관련이 없다.

알/파/노/트
4·19 혁명은 1960년 정·부통령 선거에서 대대적인 부정선거(3·15 부정선거)가 자행되자 학생과 시민이 중심이 되어 독재 정권을 무너뜨리고자 한 민주주의 혁명이었다.

21 1960년에 일어난 4·19 혁명에 대한 설명으로 옳지 않은 것은?

① 이승만과 독재 정권에 대항하는 반독재 민주주의 운동이다.
② 주로 학생과 시민들이 주도하였다.
③ 자유당의 대대적인 부정선거를 계기로 촉발되었다.
④ 경제파탄에 따른 국민들의 생존권 확보를 위한 운동이다.

22 • 7·4 남북 공동 성명(1972)
• 5·18 민주화 운동(1980)
• 4·13 호헌 조치(1987)
• 6·15 남북 정상 회담(2000)

22 다음 중 시기가 가장 빠른 사건은?

① 4·13 호헌 조치
② 7·4 남북 공동 성명
③ 6·15 남북 정상 회담
④ 5·18 민주화 운동

정답 20 ② 21 ④ 22 ②

23 다음 중 유신헌법이 제정되었던 시기의 사건이 아닌 것은?

① 7·4 남북 공동 성명 발표
② 북한의 사회주의 헌법 채택
③ 수출중심의 중화학공업 육성 정책 실시
④ 3선 개헌 반대 투쟁

23 3선 개헌 반대 투쟁은 1969년의 일이다.

알/파/노/트
유신정권(1972~1979년)은 수출 중심의 중화학 공업 육성을 목표로 하였다.

24 유신체제에 대한 설명으로 옳지 않은 것은?

① 5년 단임의 대통령을 선출하는 헌법으로 개정되었다.
② 유신체제의 유지를 위해 긴급조치가 잇따라 발표되었다.
③ 대통령에게 강력한 통치권을 부여하는 권위주의 통치체제였다.
④ 민주적 헌정체계를 부정하였고 장기직인 독재체제를 구축하였다.

24 대통령의 임기는 6년이며, 중임에 제한을 두지 않았다.

25 1991년 12월 서울에서 열린 제5차 남북 고위급 회담에서는 남북 간의 화해와 불가침 및 교류 협회에 관한 기본 합의서가 채택되었다. 이에 대한 설명으로 바르지 않은 것은?

① 남북이 서로 국가로 인정한다.
② 내정에 간섭하지 않는다.
③ 침략하지 않는다.
④ 1972년 7·4 남북 공동 성명 이후 남북 관계가 평화적으로 진전되었다.

25 제5차 남북 고위급 회담에서 채택된 기본 합의서의 내용은 상대방 체제의 존중, 무력 사용의 금지와 무력 침략 포기, 각 분야에서의 교류 협력 등이다.

정답 23 ④ 24 ① 25 ②

26 1985년 12대 국회의원 선거에서 야당인 신민당이 승리하면서 국민들의 대통령 직선제에 대한 요구와 민주화에 대한 기대도 한층 높아져 있었다. 그럼에도 전두환 정권은 4월 13일 호헌선언을 통해 직선제 개정 의사가 없음을 공표하고 대통령 후보로 노태우를 후보직에 올리자 학생과 시민들은 직선제 개선을 강하게 요구했다.

26 1987년 6월 민주 항쟁의 선언문이 등장한 배경은?

① 대통령 간선제를 고수하였기 때문에
② 부통령 선거에서 부정선거가 있었기 때문에
③ 5 · 18 민주화 운동에 대한 탄압 때문에
④ 장기 집권 때문에

정답 26 ①

부록

최종모의고사

- **최종모의고사** 제1회
- **최종모의고사** 제2회
- **정답 및 해설**

지식에 대한 투자가 가장 이윤이 많이 남는 법이다.

– 벤자민 프랭클린 –

제1회 최종모의고사 | 국사

제한시간: 50분 | 시작 ___시 ___분 – 종료 ___시 ___분

정답 및 해설 422p

01 다음과 같은 내용이 일어났을 때의 사회 모습은?

- 태양과 물 숭배
- 곰과 호랑이를 신성시함
- 조상 숭배와 영혼 숭배
- 무당을 섬기고 주술을 믿는 샤머니즘

① 빗살무늬 토기를 만들었다.
② 반달돌칼로 이삭을 잘랐다.
③ 세형 동검, 거푸집 등이 대표적 유물이다.
④ 찍개, 밀개, 주먹도끼와 같은 도구를 사용하였다.

02 다음 설명 중 청동기 시대와 관계된 것으로만 묶인 것은?

㉠ 반달돌칼을 농경에 이용하였다.
㉡ 정착생활과 농경생활이 시작되었다.
㉢ 시체를 가족 공동 무덤에 안치하였다.
㉣ 세력이 강한 자가 주변의 약소 부족을 통합하고 공납을 요구하였다.

① ㉠, ㉡
② ㉡, ㉢
③ ㉡, ㉣
④ ㉠, ㉣

03 고조선의 세력 범위를 알려주는 유물은?

① 널무덤
② 세형 동검
③ 덧띠 토기
④ 비파형 동검

04 삼한 사회의 소도에 관한 설명으로 틀린 것은?

① 정치적 군장이 다스리던 특수 신성 지역이었다.
② 신구 문화의 충돌과 갈등을 완화시켜 주는 역할을 하였다.
③ 제정이 분리되는 단계에서 발생하였다.
④ 큰 나무에 방울과 북을 달아 표시하였다.

05 다음 중 가야에 대한 설명으로 옳지 않은 것은?

① 낙동강 하류의 변한 지역에서 성장하였다.
② 낙랑과 왜의 규슈 지방을 연결하는 중계 무역이 발달하였다.
③ 대가야를 중심으로 전기 가야 연맹이 형성되었다.
④ 가야의 일부 지도층이 신라의 귀족으로 편입되었다.

06 5세기는 고구려가 삼국 항쟁의 주도권을 잡은 전성기였다. 이 시기에 건립된 비석은?

① 창녕비
② 북한산비
③ 단양 적성비
④ 중원 고구려비

07 다음 중 고구려에 대한 설명으로 옳은 것을 모두 고르면?

> ㉠ 법흥왕은 율령을 반포하고 불교를 수용하였다.
> ㉡ 광개토 대왕은 후연을 격파하여 요동 지역까지 영토를 확장하였다.
> ㉢ 고국천왕은 을파소의 건의를 받아들여 진대법을 시행하였다.
> ㉣ 무령왕은 22담로에 왕족을 파견하여 지방 통제를 강화하였다.

① ㉠, ㉡
② ㉠, ㉢
③ ㉡, ㉢
④ ㉢, ㉣

08 다음 활동과 관련이 깊은 사람은?

> • 정토 사상으로 불교의 대중화에 공헌
> • 화쟁 사상을 주장하여 불교의 종파 융합에 기여
> • 『금강삼매경론』을 지어 불교의 이해 기준 확립

① 원효
② 의상
③ 원측
④ 혜초

09 다음 중 고구려와 수·당의 대외관계에 대한 내용으로 옳지 않은 것은?

① 고구려는 안시성에서 수 양제의 공격을 막아냈다.
② 고구려는 천리장성을 쌓아 당의 침략에 대비하였다.
③ 을지문덕은 살수에서 수의 군사를 격파하였다.
④ 수 문제가 30만의 군대로 고구려를 공격하였다.

10 다음 중 발해의 사회구조에 대한 설명으로 옳지 않은 것은?

① 발해의 지배층은 왕족인 대씨와 귀족인 고씨 등의 고구려계 사람들이었다.
② 발해의 주민 구성에서 다수를 차지한 것은 말갈인이었다.
③ 지식인들은 당나라에서 실시하는 빈공과에 응시하기도 하였다.
④ 하층 촌락민도 당의 제도와 문화를 일찍 받아들여 활발히 왕래하였다.

11 통일신라와 관련된 내용으로 옳지 않은 것은?

① 중앙군을 9서당으로 편성하였다.
② 지방 세력을 통제하기 위해 기인 제도를 시행하였다.
③ 수도 금성이 동남쪽에 치우쳐 있는 것을 보완하기 위해 5소경을 설치하였다.
④ 신문왕 때 녹읍을 폐지하고 관료전을 지급하여 귀족 세력을 약화시켰다.

12 고려 태조가 취한 정책으로 옳지 않은 것은?
① 불교를 국교화하고 많은 사원을 창건했다.
② 「훈요십조」와 『계백료서』를 남겼다.
③ 기인 제도를 두어 지방 토호 세력을 억제하고 왕권을 강화했다.
④ 중앙 집권 체제를 강화하기 위하여 과거제를 실시했다.

13 다음 중 고려 광종 때 시행한 정책이 아닌 것은?
① 전시과
② 노비 안섬법
③ 공복 제정
④ 과거 제도

14 고려 시대의 상업 활동에 대한 설명으로 옳은 것은?
① 고려 숙종 때 삼한통보, 해동통보 등이 주조되어 널리 유통되었다.
② 울산항을 중심으로 대외무역이 활발하였다.
③ 송과의 무역을 통해 비단, 약재, 책, 자기 등을 수입하였다.
④ 거란, 여진 등과는 교역을 하지 않았다.

15 고려 시대와 조선 시대의 관청을 연결한 것에서 기능이 다른 것은?
① 안찰사 – 관찰사
② 도병마사 – 의금부
③ 중추원 – 승정원
④ 국자감 – 성균관

16 고려 시대의 불교와 관련된 설명 중 사실과 거리가 먼 것은?
① 태조 – 후손들에게 불교 숭상과 성대한 불교 행사를 당부하였다.
② 광종 – 승과 제도를 실시하여 승려들의 권위를 높여 주었다.
③ 성종 – 국사와 왕사 제도를 두어 왕실의 고문 역할을 담당하게 하였다.
④ 현종 – 거란의 침입을 부처의 힘으로 막고자 대장경을 조판하였다.

17 고려 시대 통치 조직의 정비에 관한 내용으로 틀린 것은?
① 성종은 모든 군·현에 지방관을 파견하였다.
② 중앙의 정치 기구로는 내사문하성과 상서성이 있었다.
③ 속현의 실제 행정은 향리가 담당하였다.
④ 양민의 집단 거주지인 향·소·부곡이 존재하였다.

18 자료의 내용과 관련 있는 사건은?

- 칭제건원, 금국 정벌 주장
- 풍수지리설의 영향을 받음
- 김부식의 관군이 진압함
- 국호를 대위, 연호를 천개로 함

① 이자겸의 난
② 무신 정변
③ 묘청의 서경 천도 운동
④ 조위총의 난

19 다음 중 고려 시대의 사회에 대한 내용으로 틀린 설명은?

① 양민은 일반 양민과 향·소·부곡의 백성을 말한다.
② 특별 행정 구역 거주민은 양민에 비해 무거운 세금을 부담하였다.
③ 신분제 사회지만 계급 간의 합법적인 이동이 가능한 사회였다.
④ 해상 무역이 발달하여 농업보다 상업이 활발하였다.

20 다음과 같은 정책들을 실시한 직접적인 원인은 무엇인가?

- 사병 혁파
- 개국 공신 세력 숙청
- 사간원의 독립
- 도평의사사 폐지

① 유교적 진흥 목적
② 북진 정책
③ 왕권과 신권의 조화
④ 국왕의 정치 주도권 장악

21 조선 세종이 실시한 정책으로 옳은 것은?

① 6조 직계제를 실시하여 왕권을 강화하고자 하였다.
②『경국대전』을 편찬하여 국가의 법체계를 확립하고자 하였다.
③ 홍문관을 설치하여 국왕의 자문을 담당하게 하였다.
④ 정초, 변효문 등이 왕명을 받아 한반도의 풍토에 맞는 농서인『농사직설』을 편찬하였다.

22 조선 시대의 사헌부 기능과 유사한 기능을 수행한 고려의 정치 기구는?

① 중추원
② 식목도감
③ 어사대
④ 도병마사

23 조선 시대에 다음과 같이 토지 제도가 변천하는 과정에서 나타난 특징에 해당하는 것은?

과전법 → 직전법 → 관수 관급제

① 국가의 토지에 대한 지배력 강화
② 균등한 조세 부과와 농민 부담 경감
③ 개간 사업의 장려와 양전 사업의 추진
④ 병작반수제의 방지와 농민 생활의 안정

24 다음 중 조선 시대의 농민에 대한 설명으로 바르지 못한 것은?

① 농민의 대다수는 소작농 또는 자영농이었다.
② 호패법의 실시로 거주 이전의 자유를 보장받았다.
③ 공물, 전세, 역의 의무를 부담하였다.
④ 한 곳에서 대를 이어가며 자급자족적 생활을 하였다.

25 다음 중 조광조가 실시한 개혁 정책으로 옳지 않은 것은?

① 현량과 실시
② 위훈 삭제
③ 향약 보급
④ 소격서 설치

26 다음 중 조선 후기의 수공업에 관한 사항으로 잘못된 설명은?

① 수공업자들은 장인세를 부담하는 납포장으로서, 자유롭게 제품을 생산하였다.
② 민영 수공업과 달리 관영 수공업은 18~19세기까지도 부역제에 의하여 운영되었다.
③ 민영 수공업자들은 공인, 상인 등으로부터 원료와 자금을 선대받아 제품을 생산하였다.
④ 농촌 수공업은 자급자족을 위한 제조였으나, 점차 상품을 생산하는 경우가 많았다.

27 다음 중 대동법에 대한 설명으로 옳지 않은 것은?

① 기존에 토산물을 납부하던 공납을 토지 결수에 따라 쌀, 삼베, 무명 등으로 납부하였다.
② 광해군 때 이원익의 건의로 평안도와 함경도를 제외한 전국에서 시행되었다.
③ 공인이 등장하여 상업 활동이 활발해졌다.
④ 양반 지주의 부담은 늘고 토지를 가진 농민의 부담이 다소 줄어들었다.

28 조선 후기 신분 분화에 관한 설명으로 옳은 것은?

① 중인층이 몰락하면서 상인화되었다.
② 양반의 수가 증가하고, 신분제가 동요되었다.
③ 상민층의 증가를 가져왔다.
④ 사노비가 해방되었다.

29 조선 때 세도 정치기의 모습으로 옳은 것은?

① 의정부와 6조를 중심으로 국정 운영이 이루어졌다.
② 과거제가 문란해지고 관직의 매매가 성행하였다.
③ 법적으로 노비제가 폐지되었다.
④ 조선과 청은 국경을 표시하는 정계비를 세웠다.

30 다음 중 강화도 조약이 불평등 조약임을 알 수 있는 조항은?

> ㉠ 조선국은 자주의 나라이며, 일본국과 평등한 권리를 갖는다.
> ㉡ 조선국은 부산 외에 두 곳을 개항한다.
> ㉢ 조선국은 일본국의 항해자가 자유로이 해안을 측량하도록 허가한다.
> ㉣ 일본국 인민이 조선국 지정의 각 항구에 머무르는 동안 죄를 범한 것이 조선국 인민에게 관계되는 사건일 때에는 모두 일본 관원이 심판한다.

① ㉠, ㉡
② ㉡, ㉢
③ ㉢, ㉣
④ ㉠, ㉣

31 다음 중 열강에 파견한 시찰단으로 옳지 않은 것은?

① 보빙사 – 미국
② 영선사 – 청
③ 수신사 – 일본
④ 조사 시찰단 – 청

32 다음 중 급진 개화파들이 갑신정변을 일으켜 실패한 원인이 아닌 것은?

① 개혁 주체의 세력 기반이 약했다.
② 외세에 의존하면서 정변의 방법으로 권력을 잡으려 하였다.
③ 청의 무력 간섭이 있었다.
④ 정치 개혁 운동을 전개하였다.

33 다음 중 동학의 영향으로 볼 수 없는 것은?

① 구국 의병 투쟁을 활성화시켰다.
② 밖으로는 외세 침략에 반대하였다.
③ 갑신정변에 영향을 미쳤다.
④ 안으로는 봉건적 체제에 반대하였다.

34 다음과 관련이 깊은 단체는?

> • 자주 독립 · 자유 민권 · 자강 개혁 사상
> • 만민공동회 개최
> • 자주 호국 선언
> • 입헌 의회 설치 주장

① 동학
② 독립협회
③ 신민회
④ 광복단

35 다음 중 을사의병에 대한 설명으로 옳은 것은?

① 명성황후 시해와 단발령에 대한 반발로 발생하였다.
② 평민 출신 의병장들의 활약으로 이어졌다.
③ 해산된 군인들의 합류로 전력이 강화되었다.
④ 전국 의병 부대가 연합 전선을 형성하였다.

36 다음은 일본의 경제적 침략과 관련된 내용이다. 이를 통해 일본이 추구한 궁극적인 목적은?

- 토지 조사령 반포
- 기한부 신고제 운영
- 토지 조사 사업

① 토지의 약탈
② 토지의 균등한 분배
③ 개인 재산권 확대
④ 민족 기업의 육성

37 1930년대 일제가 시행한 정책으로 옳지 않은 것은?

① 창씨개명 강요
② 신사 참배 강요
③ 조선어 사용 금지
④ 헌병 경찰제

38 광복 직후의 경제 상황에 대한 설명으로 틀린 것은?

① 북으로부터 전기 공급이 중단되었다.
② 귀속재산을 불하하여 산업 자본의 형성에 기여하였다.
③ 농지개혁법을 제정·시행하여 농촌경제의 안정을 꾀하였다.
④ 농업과 경공업 중심의 경제가 북한에 치우쳐 있는 상황이었다.

39 다음 중 경제개발 5개년 계획에 대한 내용으로 옳은 것은?

① 제1·2차 경제개발 5개년 계획에서는 중공업이 발전하였다.
② 제3·4차 경제개발 5개년 계획에서는 경공업이 발전하였다.
③ 1970년대 이후 노동 운동이 활발해지기 시작하였다.
④ 산업 구조가 중화학 공업에서 경공업 중심으로 바뀌었다.

40 이승만 정부의 부정선거에 항거하여 일어난 사실로 옳은 것은?

① 3·15 마산 의거가 전국적으로 확산되어 학생들의 대규모 시위가 일어났다.
② 박정희 정부는 유신헌법을 발표하여 사태를 수습하였다.
③ 신군부 세력이 이승만 정부를 무너뜨리고 통치권을 장악하였다.
④ 1987년 6월 민주 항쟁으로 대통령을 직접 선출하였다.

제2회 최종모의고사 I 국사

제한시간: 50분 | 시작 ___시 ___분 - 종료 ___시 ___분

정답 및 해설 427p

01 신석기 시대의 거주지에 해당하는 설명으로 바르게 짝지어진 것은?

> ㉠ 집자리 바닥의 형태가 원형이나 모가 둥근 방형이었다.
> ㉡ 중앙에 화덕을 두었다.
> ㉢ 출입문 옆에 저장 구덩이를 두었다.
> ㉣ 배산임수의 취락 여건을 갖추었다.
> ㉤ 따로 저장 구덩이를 설치하거나 한쪽 벽면을 돌출시켜 만들었다.

① ㉠, ㉡, ㉢
② ㉣, ㉤
③ ㉡, ㉢, ㉣
④ ㉢, ㉣, ㉤

02 청동기~초기 철기 시대에 해당하는 역사적 사실이 아닌 것은?

① 청동기가 의기(儀器)화되었고, 세형 동검과 잔무늬 거울 등이 제작되었다.
② 돌도끼, 홈자귀, 반달돌칼 등 간석기가 다수 제작되어 사용되었다.
③ 중국과 교류가 활발해짐에 따라 한반도 남단에까지 한자가 사용되었다.
④ 덧무늬 토기, 이른 민무늬 토기 등 다양한 간토기를 사용하였다.

03 다음 중 삼한과 관련된 설명으로 옳지 않은 것은?

① 삼한 중 변한 지역에서 철 생산이 활발하여 낙랑·왜 등지에 수출하였다.
② 군장이 정치와 제사를 같이 주관하는 제정일치 사회였다.
③ 제사장인 천군이 다스리는 신성 지역인 소도가 있었다.
④ 5월 수릿날, 10월 계절제라는 제천 행사가 있었다.

04 고구려의 5세기 장수왕 재위기의 사실로 맞는 것은?

① 고구려 최대의 영토를 건설하였다.
② 영락이란 연호를 사용하였다.
③ 후연을 정벌하여 요동 지역을 확보하였다.
④ 중국의 남북조와 외교 관계를 맺었다.

05 신라의 골품 제도에 대한 설명으로 잘못된 것은?

① 평민은 두품에서 제외되었다.
② 진골은 한쪽만 왕족인 경우이다.
③ 골과 두품 간에는 차별이 심했다.
④ 두품은 부의 장관이 될 수 없었다.

06 진흥왕의 한강 유역 정복 이후 있었던 역사적 사실이 아닌 것을 고르면?

① 진흥왕은 순수비를 세워 영토 확장을 기념하였다.
② 백제의 성왕이 관산성 전투에서 전사하였다.
③ 백제의 문주왕은 도읍을 웅진으로 천도하였다.
④ 신라와 중국 간의 교역이 더욱 활발해졌다.

07 삼국의 역사서가 바르게 짝지어진 것은?

① 고구려 - 이문진 - 『신집 5권』
② 백제 - 김대문 - 『유기』
③ 신라 - 거칠부 - 『서기』
④ 고구려 - 고흥 - 『국사』

08 통일신라의 경제를 바르게 설명한 것은?

① 민정 문서를 보면 남녀별·연령별로 노동력을 철저히 파악하고 있었다.
② 토지 결 수에 따라 호를 9등급으로 나누어 매년 통계를 내었다.
③ 농민에게도 토지를 주어 경제생활을 평민 중심으로 운영하였다.
④ 당시 대당 수출품은 견직물, 나전칠기, 종이 등이 주가 되었다.

09 발해 문화에 대한 고구려의 영향으로 볼 수 없는 것은?

① 성숙한 한문 교양과 그 문화
② 우수한 제철 기술
③ 불교 유물 및 고분에 나타난 특성
④ 5경 제도 등 기본적 통치 조직의 특징

10 다음 자료에 해당하는 인물은?

- 불교의 사상적 이해 기준을 확립
- 일심 사상을 바탕으로 종파 간의 대립과 분열을 종식시키고 화합을 이루고자 함
- 무애가를 지어 불교의 대중화를 위해 노력함

① 의상   ② 지눌
③ 원효   ④ 의천

11 고대 여러 나라의 경제생활에 관한 설명으로 잘못된 것은?

① 고구려 – 조로 곡식을, 인두세로 베나 곡식을 국가에 바쳤다.
② 신라 – 모든 토지는 왕의 토지라고 하였지만 일반민의 토지 소유도 인정하였다.
③ 통일신라 – 수공업 분야에서 방직 기술과 공예품 제조 기술이 발달하였다.
④ 발해 – 전적으로 밭농사에 의존하며 벼는 생산되지 않았다.

12 다음 자료에 해당하는 인물은?

- 완산주를 도읍으로 건국
- 전라도 · 충청도 지역 장악
- 후당, 오월에 사신 파견
- 신라 금성을 공격하여 경애왕을 자결하게 함

① 궁예
② 양길
③ 왕건
④ 견훤

13 다음 중 광종의 업적이 아닌 것은?

① 주현 공부법을 실시하여 국가 수입을 증대시켰다.
② 과거 제도를 실시하여 신구 세력의 교체를 이룩하였다.
③ 노비안검법을 마련하여 호족의 경제적 · 군사적 기반을 약화시켰다.
④ 친송 정책을 전개하여 중국의 연호를 사용하였다.

14 고려의 지방 행정 조직에 대한 설명으로 옳지 않은 것은?

① 5도, 양계, 경기로 구성하여 5도에는 장관으로 안찰사를 파견하였다.
② 거의 모든 군 · 현에 지방관을 파견하였다.
③ 국경 지대는 동계와 북계인 양계로 편성하고 병마사를 파견하였다.
④ 향 · 부곡 · 소라는 특수 행정 구역이 있었다.

15 고려 시대에 고리대업이 성행하였다는 증거로 가장 적절한 것은?

① 화폐의 주조
② 경시서 설치
③ 상평창의 설치
④ 보의 설치

16 다음은 고려 시대 토지 제도의 변천에 대한 설명이다. 시대순으로 바르게 나열된 것은?

㉠ 공로를 기준으로 한 논공행상적 성격이 강한 토지 제도를 시행하였다.
㉡ 관직과 인품을 병용하여 토지를 지급하는 기준을 마련하였다.
㉢ 관리의 등급을 18과로 나누고 관품에 따라 전 · 현직 관리에게 토지를 지급하였다.
㉣ 공음전이 신설되고, 이어 현직 관리에게만 토지를 지급하였다.

① ㉠ → ㉡ → ㉢ → ㉣
② ㉢ → ㉠ → ㉡ → ㉣
③ ㉠ → ㉢ → ㉣ → ㉡
④ ㉢ → ㉠ → ㉣ → ㉡

17 고려 시대의 생활 모습으로 틀린 설명은?

① 법으로 이자율을 정하여 이자가 빌린 곡식과 같은 액수가 되면 그 이상의 이자를 받지 못하도록 하였다.
② 개경, 서경, 12목에 의창을 두어 물가의 안정을 꾀하였다.
③ 사위와 외손자에게까지 음서의 혜택이 있었다.
④ 공을 세운 사람의 부모는 물론 장인, 장모도 함께 상을 받았다.

18 다음 중 팔만대장경에 대한 설명으로 옳지 않은 것은?

① 몽골의 침입을 불교의 힘으로 물리치기 위해 제작하였다.
② 현존하는 세계 최고의 금속 활자본이다.
③ 최우를 중심으로 한 무신 정권에서 조판 사업을 추진하였다.
④ 현재 합천 해인사에 보관되어 있다.

19 원 간섭기 고려의 상황으로 옳지 않은 것은?

① 귀족층을 중심으로 호복과 변발이 유행하였다.
② 원은 쌍성총관부를 설치하여 철령 이북의 땅을 차지하였다.
③ 원의 일본 원정에 군대가 동원되었다.
④ 중방을 중심으로 국가의 중대사가 결정되었다.

20 다음 자료에서 설명하고 있는 문화유산은?

- 프랑스 파리에서 발견됨
- 고려 우왕(1377년) 때 서원경 부근에서 제작
- 현존하는 세계 최고(最古)의 금속활자본

① 계미자
② 갑인자
③ 무구정광대다라니경
④ 직지심체요절

21 조선 시대의 정치 제도에 대한 설명으로 옳은 것은?

① 한성부는 개성부와 함께 외직에 속했다.
② 3사는 의정부에 예속되어 그 지배를 받았다.
③ 언론을 맡는 3사라 함은 승정원, 사간원, 사헌부를 말한다.
④ 의정부는 3정승의 합의체로서 고려의 도평의사사 제도를 계승한 것이다.

22 조선 시대 토지 제도의 변화와 관련된 다음의 설명을 순서대로 열거할 때 두 번째에 해당하는 것은?

① 현직 관리에게만 토지 지급
② 국가가 관리의 수조권 대행
③ 직전법이 폐지되고 관리에게 오직 녹봉만 지급
④ 유가족에게 수신전, 휼양전 지급

23 다음에 제시된 자료와 관련 있는 사건은?

> 정축년 10월 밀양에서 경산으로 가다가 답계역에서 잠을 잤다. 꿈속에 신선이 나타나서 "나는 초나라 회왕(의제) 손심인데 서초패왕(항우)에게 살해되어 빈 강에 버려졌다."고 말하고 사라졌다. 잠에서 깨어나 생각해보니 회왕은 중국 초나라 사람이고, 나는 동이 사람으로 거리가 매우 떨어져 있는데 꿈에 나타난 징조는 무엇까? 역사를 살펴보면 시신을 강물에 버렸다는 기록이 없으니 아마 항우가 사람을 시켜 회왕을 죽이고 시체를 강물에 버린 것인지 알 수 없는 일이다. 이제야 글을 지어 의제를 조문한다.
> – 「연산군 일기」 4년 7월 17일

① 무오사화
② 기묘사화
③ 갑자사화
④ 을사사화

24 다음 내용에 해당하는 것은?

> 세종 때 설순 등이 왕명을 받아 중국과 우리나라에서 모범이 될 만한 충신, 효자, 열녀의 행적을 그림으로 그리고 설명을 붙인 윤리서를 간행하였다.

① 용비어천가
② 삼강행실도
③ 국조오례의
④ 동국여지승람

25 조선 후기 농촌에 대한 설명으로 옳지 <u>않은</u> 것은?

① 이앙법이 전국적으로 보급되었다.
② 면화, 채소, 인삼, 담배, 고추 등의 상업 작물이 재배되었다.
③ 농업 생산력이 크게 증대되어 농촌 사회의 변화가 이루어졌다.
④ 양반들은 모두 지주이므로 향촌 사회에서 주도권을 계속 행사하였다.

26 다음 중 영조가 실시한 정책으로만 바르게 묶인 것은?

> ㉠ 탕평책 실시
> ㉡ 장용영 설치
> ㉢ 속대전 편찬
> ㉣ 화성 축조
> ㉤ 규장각 설치
> ㉥ 균역법 실시

① ㉠, ㉡, ㉢
② ㉠, ㉢, ㉥
③ ㉡, ㉢, ㉤
④ ㉢, ㉣, ㉥

27 조선 성종 때 국가가 직접 세금을 수취하게 된 이유로 가장 알맞은 것은?

① 수조권을 가진 양반 관료가 이를 남용하여 과다하게 수취했기 때문에
② 토지가 세습되자 새로 관직에 나간 관리에게 줄 토지가 부족했기 때문에
③ 그 해의 생산량을 지방 관청에서 조사하기 위해서
④ 수조권을 가진 양반들의 과다한 업무의 불만을 해결하기 위해서

28 임진왜란 이후의 신분 이동에 관한 설명으로 옳은 것은?

① 사회 변동에도 불구하고 신분적 폐쇄성이 유지되었다.
② 양반은 늘어났고, 상민과 노비는 줄어들었다.
③ 양반이 늘어남에 따라 중인의 위상은 하락하였다.
④ 신분 질서의 동요를 막기 위해 납속책·공명첩을 실시하였다.

29 한말 애국 계몽 운동의 의의와 가장 거리가 먼 것은?

① 양반 유생들이 중심이 되어 국권 회복을 위한 항일 무장투쟁을 주도하였다.
② 근대사의 발전에 합치되는 민족 운동의 이념을 제시하였다.
③ 문화적·경제적·군사적 실력 양성 등의 다양한 전략을 제시하였다.
④ 민족 교육과 산업을 토대로 장기적인 민족 독립운동의 기반을 닦았다.

30 다음 자료에 제시된 사건들의 발생 순서로 옳은 것은?

㉠ 제너럴셔먼호 사건
㉡ 척화비 건립
㉢ 병인박해
㉣ 오페르트 도굴 사건
㉤ 병인양요
㉥ 신미양요

① ㉠-㉡-㉢-㉣-㉤-㉥
② ㉡-㉣-㉢-㉠-㉥-㉤
③ ㉢-㉠-㉤-㉣-㉥-㉡
④ ㉣-㉥-㉤-㉡-㉠-㉢

31 제시된 조항이 포함된 조약으로 옳은 것은?

제1관 조선은 자주국이며 일본과 평등한 권리를 가진다.
제5관 조선 정부는 부산 외에 2개 항구를 개항하고 일본인의 통상을 허가한다.
제7관 조선국 연해의 섬과 암초는 극히 위험하므로 일본국의 항해자가 자유롭게 해안을 측량하도록 허가한다.
제10관 일본국 국민이 조선국 항구에서 죄를 지었거나 조선국 인민에게 관계되는 사건은 모두 일본국 관원이 심판한다.

① 강화도 조약
② 제1차 한일 협약
③ 한일 신협약
④ 제물포 조약

32 3·1 운동의 결과로 국내외에 설치된 임시정부에 해당하지 않는 것은?

① 만주 - 군정부
② 국내 - 한성정부
③ 연해주 - 대한광복군정부
④ 상해 - 대한민국 임시정부

33 다음 중 한인애국단에 대한 설명으로 옳은 것은?

① 이봉창이 일왕에게 폭탄을 투척하였다.
② 신채호의 조선 혁명 선언을 행동 강령으로 하였다.
③ 김상옥이 종로 경찰서에 폭탄을 투척하였다.
④ 나석주가 동양척식주식회사와 식산은행에 폭탄을 투척하였다.

34 1940년대 대한민국 임시정부에 의하여 창설된 독립군 부대는?

① 군무도독부
② 북로군정서
③ 한국광복군
④ 조선의용군

35 다음 중 나열된 내용들의 공통점으로 옳은 것은?

- 동학 농민 운동
- 광주 학생 항일 운동
- 4·19 혁명
- 6월 민주 항쟁

① 주권 재민을 위한 민중 운동이었다.
② 사회주의 혁명을 추진한 운동이다.
③ 권력층의 정권 유지를 위해서 일어났다.
④ 자본주의적 경제를 건설하려는 일련의 움직임이다.

36 열강의 경제적 침탈에 대한 우리 민족의 저항을 짝지어 놓은 것 중 연결이 잘못된 것은?

① 황무지 개척권 요구 철회 - 경강 상인들의 증기선 도입 시도
② 서울의 상권 수호 - 황국중앙총상회 조직
③ 이권 침탈 방지 - 독립협회의 이권 수호 운동
④ 약탈적인 곡물 유출 방지 - 방곡령 시행

37 1949년에 제정된 농지개혁법의 내용으로 바른 것은?

① 5정보를 소유 한도로 유상매수, 유상분배
② 5정보를 소유 한도로 무상매수, 무상분배
③ 3정보를 소유 한도로 유상매수, 유상분배
④ 3정보를 소유 한도로 무상매수, 무상분배

38 다음 중 통일을 위한 남북한의 노력으로 볼 수 <u>없는</u> 것은?

① 7·4 남북 공동 성명
② 이산가족 상봉
③ 남북 정상 회담
④ 6·29 선언

39 자료와 관련된 사건으로 옳은 것은?

- 군부의 비상계엄 확대로 발생하였다.
- 신군부가 공수 부대를 동원하여 무력으로 진압하자 학생과 시민들이 시민군을 결성하여 대항하였다.
- 1980년대 우리나라 민주화 운동의 밑거름이 되었다.
- 관련 기록물이 유네스코 세계기록유산으로 등재되었다.

① 4·19 혁명
② 5·18 민주화 운동
③ 부마 민주 항쟁
④ 6월 민주 항쟁

40 해방 전후 역사적 사건에 대한 설명에서 사실과 <u>다른</u> 것은?

① 카이로 회담 – 한국의 독립을 결의
② 얄타 회담 – 유엔군 파견
③ 포츠담 선언 – 카이로 회담의 결의를 재확인
④ 모스크바 삼국 외상 회의 – 미·소 공동 위원회의 설치 및 신탁통치 결의

제1회 정답 및 해설 | 국사

01	02	03	04	05	06	07	08	09	10	11	12	13	14	15	16	17	18	19	20
①	④	④	①	③	④	③	①	①	④	②	④	①	③	②	③	①	③	④	④
21	22	23	24	25	26	27	28	29	30	31	32	33	34	35	36	37	38	39	40
④	③	①	②	④	②	④	②	②	③	④	④	③	②	②	①	④	④	③	①

01 정답 ①
신석기 시대에는 사람이 죽어도 영혼은 없어지지 않는다고 생각하여 영혼 숭배와 조상 숭배가 나타났고, 영혼이나 하늘을 인간과 연결해 주는 존재인 무당과 그 주술을 믿는 샤머니즘도 있었다.

02 정답 ④
ⓒ은 신석기 시대, ⓒ은 철기 시대의 설명이다.

03 정답 ④
비파형 동검
비파처럼 생긴 청동기 시대의 대표적인 무기 중 하나로 요령식 동검, 만주식 동검 또는 부여식 동검이라고도 했으나, 최근에는 곡인(曲刃) 청동단검이라는 용어를 많이 사용한다. 개천, 평양, 춘천, 고흥, 부여, 무주 등에서 발견된 청동검의 원조로, 만주 지역에서부터 한반도 전역에 걸쳐 분포하는데, 이는 이들 지역이 청동기 시대에 같은 문화권이었음을 의미한다.

04 정답 ①
철기 문화의 보급으로 신지·읍차 등의 정치적 군장의 세력이 커지자 그전부터 있던 제사장인 천군의 지배력이 약화되고 제정이 분리되었고, 정치적 군장의 세력이 미치지 못하는 곳이 소도였다.

05 정답 ③
③ 금관가야를 중심으로 전기 가야 연맹이 형성되었고 금관가야의 세력이 약화된 이후 대가야를 중심으로 후기 가야 연맹이 형성되었다.

06 정답 ④
장수왕 때 고구려의 남진 정책과 주도권 장악을 의미하는 것으로 중원(충주)에 건립된 척경비이다. ①·②·③은 신라 진흥왕 때 건립된 순수비와 적성비이다.

07 정답 ③
ⓒ 고구려의 광개토 대왕은 후연, 선비 등을 격파하여 영토를 크게 확장하였다.
ⓒ 고구려의 고국천왕은 을파소의 건의를 받아들여 빈민 구제책인 진대법을 시행하였다.
㉠ 신라의 법흥왕은 율령을 반포하고 불교를 수용하여 국가의 통치 기반을 확립하였다.
ⓔ 백제의 무령왕은 22담로에 왕족을 파견하여 지방 통제를 강화하였다.

08 정답 ①
원효는 불교의 대중화에 기여하여 서민층의 환영을 받았으며, 불교 이해의 기준을 확립하고 화쟁 사상으로 여러 종파의 융합에 노력하였다.

09 정답 ①
① 당 태종은 연개소문의 정변을 구실로 고구려를 공격하여, 요동성, 백암성을 함락시키고 안시성을 공격하였으나(645) 안시성의 성주 양만춘을 중심으로 항전하여 당군을 몰아낼 수 있었다.

10 정답 ④
발해는 상층 사회를 중심으로 당의 제도와 문화를 받아들이고 있었지만, 하층 촌락민들은 고구려나 말갈 사회의 전통적인 생활 모습을 오랫동안 유지했다.

11 정답 ②
② 신라는 지방 세력을 통제하기 위해 호족들을 일정 기간 수도에 머무르게 하는 상수리 제도를 실시하였다. 상수리 제도는 고려 때 실시한 기인 제도의 기원이 되었다.

12 정답 ④
과거 제도가 처음 시행된 것은 958년 광종 때이다.

13 정답 ①
① 고려의 관리를 대상으로 한 토지제도인 전시과는 관품과 인품을 기준으로 직관, 산관에게 토지를 제공하였으며, 경종 원년 처음 실시되었다(976).

14 정답 ③
③ 고려의 대외무역은 송과의 무역이 큰 비중을 차지하였다. 주로 비단, 약재, 책 등을 수입하고 금, 은, 동, 인삼, 종이, 붓, 먹 등을 수출하였다.

① 고려 숙종 때 삼한통보, 해동통보, 활구(은병) 등이 주조되었으나 크게 유통되지는 못하였다.
② 고려 때는 예성강 하구의 벽란도를 중심으로 대외무역이 활발하였다.
④ 고려는 거란, 여진과의 교역을 통해 은, 모피, 말 등을 수입하였다.

15 정답 ②
도병마사는 중추원의 고관인 재신과 추밀로 구성된 국가 최고 회의 기관이고, 의금부는 귀족·고관·양반의 중죄를 다스리던 기관이다.

16 정답 ③
성종 때에는 유교 정책이 강조되면서, 연등회와 팔관회 등이 일시 폐지되기도 하였다.

17 정답 ①
성종 때 모든 주·군·현에 지방관이 파견된 것은 아니며, 파견되지 않는 현은 주현을 통해 중앙의 지배를 받았다.

18 정답 ③
③ 김부식을 중심으로 한 개경 세력과 묘청, 정지상을 중심으로 한 서경 세력 간의 대립이 발생하자 서경 세력은 서경 천도와 칭제건원, 금국 정벌을 주장하였으나 받아들여지지 않았다. 이에 묘청은 서경에서 반란을 일으켰으나, 김부식의 관군에 의해 진압되었다(1135).
① 이자겸은 자신의 딸들을 왕비로 삼아 권력을 독점하다가 반란의 실패로 몰락하였다(1126).
② 고려 의종 때 문신들을 우대하고 무신들을 천대하여 무신들의 불만이 쌓여가고 있었다.

그러던 중 보현원에서 왕의 명령으로 무신들이 수박희를 하던 중 문신 한뢰가 대장군 이소응의 뺨을 때리는 사건이 발생하였다. 이로 인해 분노가 폭발한 무신들이 무신 정변을 일으켜 의종이 왕위에서 쫓겨나 거제도로 추방되었다(1170).
④ 서경 유수 조위총은 무신 정권에 대항하여 난을 일으켰으나 실패하였다(1174).

19 정답 ④
고려 시대에 해상 무역이 활발하였으나 기본적으로는 농업이 중심을 이루었다.

20 정답 ④
태종은 국왕의 정치 주도권을 회복하기 위해 6조 직계제를 도입, 외척과 종친의 정치 참여 제한, 사간원 독립 등을 실시하였다.

21 정답 ④
① 태종과 세조는 왕권 강화를 위해 국가의 업무를 6조에서 국왕에게 직접 보고하게 하는 6조 직계제를 실시하였다.
② 세조 때 국가의 법체계를 확립하기 위해 『경국대전』의 편찬이 시작되어 성종 때 완성되었다.
③ 성종은 홍문관을 설치하여 국왕의 자문을 담당하게 하고 사헌부, 사간원과 함께 삼사를 구성하였다.

22 정답 ③
사헌부는 언론, 관리 감찰 등을 담당했으며, 고려의 어사대를 계승한 것이었다.

23 정답 ①
국가의 수조권 통제와 관련이 깊다.

24 정답 ②
호패법, 오가작통법 등의 시행은 토지로부터 농민이 이탈하는 것을 방지하고 국방에 필요한 인적 자원을 확보하고자 하는 데 그 목적이 있었으며, 이를 통하여 농민들의 거주 이전을 효율적으로 제한할 수 있었다.

25 정답 ④
④ 조광조를 중심으로 한 사림파는 유교를 중요시 하여 도교의 의식을 행하는 소격서의 폐지를 주장하였다.

26 정답 ②
부역에 의한 관영 수공업 운영도 공장의 부역 거부로 점차 고용제로 전환됨에 따라 민간 수공업자(시장)가 대두되어 관영 수공업이 쇠퇴하고 민영 수공업이 발달하게 되었으며, 18세기 말에는 장인 등록제(공장안)가 폐지되었다.

27 정답 ②
② 대동법은 광해군 때 경기도에서 시범적으로 시행되어 점차 전국으로 확대 실시되었다.

28 정답 ②
기술직을 담당하거나 행정 실무를 맡고 있던 중인층은 사회적으로 역할이 커져 신분 상승을 추구하였으며, 공노비가 해방되고 양반층이 늘어나면서 노비와 상민의 수가 줄어들었다.

29 정답 ②
② 세도 정치기에는 지방에 대한 중앙의 통치가 약화되면서 매관매석이 성행하였다.
① 세도 정치기에는 비변사를 중심으로 국정 운영이 이루어졌다.
③ 갑오개혁 때 법적으로 노비제가 폐지되었다 (1894).
④ 숙종 때 조선과 청은 국경을 표시하는 백두산 정계비를 세웠다(1712).

30 정답 ③
강화도 조약에서 치외법권(일본 영사의 재판권 설정)과 해안 측량권(조선 영해의 자유로운 측량 허용)이 불평등 조약에 해당하는 내용이다.

31 정답 ④
④ 고종은 개화 반대 여론으로 인해 비밀리에 조사 시찰단을 일본에 파견하였다(1881).
① 조미 수호 통상 조약의 체결 이후 사절단으로 미국에 보빙사가 파견되었다(1883).
② 개항 이후 조선에서는 김윤식을 중심으로 하여 영선사를 청으로 보내 톈진 기기국에서 서양의 근대식 무기 제조 기술과 군사 훈련법을 시찰하였다(1881).
③ 강화도 조약 이후 조선에서는 일본에 수신사를 파견하였다(1876).

32 정답 ④
갑신정변은 ①·②·③의 원인으로 실패하였지만, 근대 국가 건설을 목표로 하는 최초의 정치 개혁 운동이라는 점에 그 의의가 있다.

33 정답 ③
동학 농민 운동은 갑오개혁에 영향을 끼쳤다.

34 정답 ②
독립협회와 관련된 내용들이다.

35 정답 ②
을미사변과 단발령으로 인해 전국적인 의병활동이 전개되었다. 유생들이 주도하여 농민들이 가담한 을미의병은 유인석, 이소응 등이 중심이 되었고 아관파천 이후 고종의 해산 권고로 해산하였으나, 을사늑약 이후 을사의병 때는 평민 출신 의병장들의 활약이 이어졌고, 정미의병 때는 한일 신협약으로 해산된 군인들이 합류하여 연합 전선을 형성하였다.

36 정답 ①
- 토지 조사령 반포 : 근대적 소유권이 인정되는 토지 제도를 확립한다고 선전하고 전국적인 토지 조사 실시
- 토지 조사 사업의 의도 : 기한부 신고제 채택, 토지의 총독부 소유화
- 토지의 불하 : 동양척식주식회사 등이 토지 회사와 일본인에게 헐값으로 불하

37 정답 ④
1930년대 민족 말살 통치기에 일제는 내선 일체의 구호를 내세워 한글을 사용하지 못하게 하고, 창씨개명(1939)과 황국 신민 서사 암송(1937), 신사 참배 등을 강요하였다. 국민 징용령(1939)으로 한국인 노동력을 착취하였고, 학도지원병 제도(1943), 징병제도(1944) 등을 실시하여 젊은이들을 전쟁터로 강제 징집하였으며, 여자 정신대 근무령(1944)을 공포하여 젊은 여성들을 일본군 위안부로 삼는 만행을 저질렀다.
④ 헌병 경찰제는 1910년대 무단 통치기에 일제에서 시행하였던 정책이다.

38 정답 ④
지하자원과 중공업 시설이 북한에 치우쳐 있는 상황에서 국토가 분단되어 북으로부터 전기가 중단되자 농업과 경공업 중심의 남한 경제에는 어려움이 가중되었다.

39 정답 ③
제1·2차 경제개발 5개년 계획에서는 경공업이, 제3·4차 경제개발 5개년 계획에서는 중공업이 발전하였으며, 산업구조가 경공업에서 중화학공업으로 바뀌었다.

40 정답 ①
이기붕을 부통령으로 당선시키기 위해서 이승만이 이끄는 자유당은 부정선거를 자행하였고, 이에 항거하여 3월 15일 선거 당일 학생들과 시민들의 마산 의거가 열려 전국적으로 확산되었으며, 4월 19일에는 서울에서 대규모 시위가 일어났다. 이에 이승만 정부는 계엄령을 선포하였지만 결국 붕괴되었다.

제2회 정답 및 해설 | 국사

01	02	03	04	05	06	07	08	09	10	11	12	13	14	15	16	17	18	19	20
①	④	②	④	①	③	①	①	④	③	④	④	④	②	④	①	②	②	④	④
21	22	23	24	25	26	27	28	29	30	31	32	33	34	35	36	37	38	39	40
④	①	①	②	④	②	①	②	①	③	①	③	①	③	①	①	③	④	②	②

01 정답 ①
신석기 시대의 집터는 움집 자리로 원형이나 모서리가 둥근 네모꼴이다. 또 취사와 난방을 위한 화덕을 사용하였고, 출입문 옆에 저장 구덩이를 만들어 식량이나 도구를 저장하였다.

02 정답 ④
덧무늬 토기, 이른 민무늬 토기 등은 신석기 시대의 토기이다.

03 정답 ②
② 삼한은 신지, 읍차가 정치를 맡고 천군이 제사를 맡는 제정 분리 사회였다.

04 정답 ④
①·②·③ 광개토대왕

05 정답 ①
골품제에서 3두품 이하는 평민 신분이 되었다.

06 정답 ③
신라의 진흥왕과 백제의 성왕은 나·제 동맹을 바탕으로 고구려가 차지하고 있던 한강 유역을 차지하였다(551). 신라의 진흥왕이 나·제 동맹을 깨고 백제가 차지한 지역을 점령하자 이에 분노한 성왕은 신라를 공격하였지만, 관산성 전투에서 전사하였다(554).
③ 백제의 개로왕이 고구려 장수왕의 남진 정책에 따른 공격으로 사망하고 한강 유역을 잃게 되면서 문주왕이 웅진으로 도읍을 옮겼다(475).

07 정답 ①
삼국의 역사서
• 고구려 – 이문진 – 『신집 5권』
• 백제 – 고흥 – 『서기』
• 신라 – 거칠부 – 『국사』

08 정답 ①
민정 문서는 3년마다 촌주로 하여금 촌세를 조사하게 한 것으로, 인적 자원 및 징세 자원의 확보를 위해 마련하였다.

09 정답 ④
• 고구려의 영향 : 온돌 장치 또는 와당 불상 등 미술 양식이나 굴식 돌방무덤의 모줄임 천장(정혜공주묘) 등
• 당의 영향 : 상경의 주작대로, 벽돌무덤(정효공주묘), 3성 6부, 유학의 발달 등

10 정답 ③

③ 원효는 대립과 분열을 종식시키고 화합을 이루기 위한 화쟁 사상을 주장하면서 불교적 논리를 집대성한 『십문화쟁론』을 지었다. 또한, 무애가를 바탕으로 불교의 대중화를 위해 노력하였다.

① 신라 시대의 승려인 의상은 당나라에 가서 지엄으로부터 화엄을 공부하고 돌아와 신라에서 화엄 사상을 펼쳤다. 의상은 부석사를 중심으로 수많은 제자를 양성해 화엄교단을 세웠고, 신라의 통일 이후의 사회적 혼란 속에서 불교가 왕권의 안정적 운영과 사회적 통합을 위한 이념적 기반으로서 중요한 역할을 하였다.

② 지눌은 정혜쌍수를 사상적 바탕으로 철저한 수행을 주장하였고, 내가 곧 부처라는 깨달음을 위한 노력과 함께 꾸준한 수행으로 깨달음의 확인을 강조한 돈오점수를 주장하였다. 또한, 불교계의 타락을 비판하고 승려 본연의 자세로 돌아가 독경, 수행, 노동에 힘쓰자는 수선사 결사 운동을 전개하였다.

④ 고려의 왕족 출신인 의천은 교종과 선종의 통합운동을 전개하였다. 흥왕사에서 화엄종을 중심으로 교종을 통합하려 하였으며, 해동 천태종을 창시하였다.

11 정답 ④

발해는 밭농사(조·콩)를 주로 하였지만, 철제 농기구의 사용, 수리 시설의 확보 등을 통해 벼농사가 이루어지기도 하였다.

12 정답 ④

④ 신라의 군인 출신인 견훤은 세력을 키워 완산주에 도읍을 정하고 후백제를 건국하였다(900). 927년에는 신라의 수도인 금성으로 들어가 경애왕을 자결시키고, 경순왕을 왕위에 올렸다.

① 신라 왕족 출신인 궁예는 북원의 양길의 휘하로 들어가 세력을 키워 송악에 도읍을 정하고 후고구려를 세웠다(901). 이후 영토를 확장하여 도읍을 철원으로 옮기고 국호를 마진으로 바꿨다가 다시 태봉으로 바꾸기도 하였다. 그러나 미륵 신앙을 바탕으로 한 전제 정치로 인해 백성과 신하들의 원성을 사게 되어 왕건에 의해 축출되었다.

13 정답 ④

광종은 광덕, 준풍의 자주적 연호를 사용하였다.

14 정답 ②

② 고려 때는 지방관이 파견된 주현보다 지방관이 파견되지 않고 주현에 속한 속현이 더 많았으며 향리들이 실제 업무를 담당하였다.

15 정답 ④

보는 기금을 마련하여 그 이자로 사업 경비를 충당하는 것을 말한다.

16 정답 ①

㉠ 역분전(태조, 940년)
㉡ 시정 전시과(경종, 976년)
㉢ 개정 전시과(목종, 998년)
㉣ 경정 전시과(문종, 1076년)

17 정답 ②

평시에 곡물을 비치하였다가 흉년에 빈민을 구제하는 의창이 있었고, 개경·서경·12목에는 상평창을 두어 물가 안정을 꾀하였다.

18 정답 ②
② 직지심체요절은 현존하는 세계 최고(最古)의 금속 활자본이다.

19 정답 ④
④ 무신 정권이 성립된 후 무신들은 상장군과 대장군의 회의 기구인 중방을 중심으로 권력을 행사하였다.

20 정답 ④
직지심체요절(1377년)은 현존하는 세계 최고(最古)의 금속 활자본이다.

21 정답 ④
한성부는 경직에 속했으며, 3사는 독립된 관부였고, 언론 담당 3사는 사헌부·사간원·홍문관이었다.

22 정답 ①
④ 과전법 → ① 직전법 시행 → ② 관수 관급제 시행 → ③ 직전법 폐지(수조권 지급 자체가 없어짐)

23 정답 ①
① 연산군 때 김일손이 스승인 김종직의 조의제문을 실록에 기록한 것을 유자광, 이극돈 등의 훈구 세력이 사림 세력에 불만을 가지고 있던 연산군에게 알려 무오사화가 발생하였다(1498).
② 중종 때 등용된 조광조가 현량과 실시, 소격서 폐지, 위훈 삭제 등의 급진적 개혁을 실시하자 훈구파 세력들이 주초위왕 사건을 일으켜 기묘사화가 발생하여 조광조를 비롯한 사림들이 피해를 입었다(1519).
③ 연산군의 생모인 폐비 윤씨 사건의 전말을 연산군이 알게 되면서 갑자사화가 발생하였다. 이로 인해 당시 폐비 윤씨 사건에 관련된 사림 세력들과 무오사화 때 피해를 면했던 사림들까지 큰 피해를 입었다(1504).
④ 인종의 뒤를 이어 명종이 어린 나이로 즉위하자, 명종의 어머니 문정 왕후가 수렴청정을 하였다. 인종의 외척인 윤임을 중심으로 한 대윤 세력과 명종의 외척인 윤원형을 중심으로 한 소윤 세력의 대립으로 을사사화가 발생하여 윤임을 비롯한 대윤 세력과 사림들이 큰 피해를 입었다(1545).

24 정답 ②
① 용비어천가 : 세종 때 조선 왕조의 창업을 노래한 서사시
③ 국조오례의 : 조선 초 신숙주, 정척 등의 왕명을 받아 오례의 예법과 절차 등을 그림을 곁들여 편찬한 책
④ 동국여지승람 : 조선 성종 때 노사신 등이 각 도의 지리, 풍속 등을 기록한 지리지

25 정답 ④
조선 후기 양반층의 자기 도태에 의한 계층 분화로 생긴 몰락 양반층(잔반)은 서당의 훈장이나 농업·상공업에 직접 종사하여 생계를 유지하였으며, 사회·경제적 처지가 평민과 거의 다름이 없었다.

26 정답 ②

영조는 당파에 상관없이 능력에 따라 인재를 등용하겠다는 탕평책을 실시하였으며, 백성들의 군역 부담을 줄여 주기 위해 기존 1년에 2필씩 납부하던 군포를 1필로 줄이는 균역법을 실시하였다. 또한, 신문고를 부활시켜 백성들의 억울함을 알릴 수 있도록 하였으며, 『속대전』, 『속오례의』, 『동국문헌비고』 등을 편찬하여 문물제도를 정비하였다.

27 정답 ①

수조권을 가진 양반 관료가 이를 남용하여 과다하게 수취하는 일이 잦았기 때문에 이를 시정하기 위하여 성종 때 지방 관청에서 그 해의 생산량을 조사하여 거두고, 관리에게 나누어 주는 방식으로 바꾸었다.

28 정답 ②

임진왜란 중 노비 문서 소실, 재정난 해결을 위해 납속책·공명첩 시행, 공로자 보상 등으로 인해 양반 수가 증가하고 상민과 노비는 줄어드는 등 신분 변동이 활발하였다. 또한, 조선 후기 중인층은 임진왜란을 계기로 납속책을 통해 관직에 진출하는 등 적극적인 신분 상승을 추구하였다.

29 정답 ①

항일 무장투쟁을 주도한 것은 의병 운동이다.

30 정답 ③

ⓒ 병인박해(1866.3)
㉠ 제너럴셔먼호 사건(1866.8)
㉢ 병인양요(1866.10)
㉣ 오페르트 도굴 사건(1868.5)
ⓗ 신미양요(1871.4)
ⓛ 척화비 건립(1871)

31 정답 ①

① 운요호 사건을 계기로 강화도에서 우리나라 최초의 근대적 조약인 강화도 조약이 체결되었다(1876). 조약 내용 중에 일본인에 대한 치외 법권과, 해안 측량권이 있는 불평등 조약이고 일본의 요구에 따라 부산, 원산, 인천을 개항하였다.

32 정답 ③

③ 1914년 이상설과 이동휘를 정·부통령으로 블라디보스토크에서 수립되어 독립군의 무장 항일 운동의 터전을 마련하였다.

33 정답 ①

김원봉이 1919년에 만주에서 조직한 의열단은 신채호가 1923년에 작성한 조선혁명선언을 지침으로 일제에 대한 암살, 파괴, 테러 등의 직접적인 투쟁방법으로 무장투쟁을 전개하였다. 의열단원인 김상옥은 1923년에 종로 경찰서에 폭탄을 투척하였고, 김익상은 1921년에 조선총독부, 나석주는 1926년에 동양척식주식회사와 식산은행에 폭탄을 투척하였다.
① 김구가 조직한 한인애국단 단원인 이봉창이 일왕에게 폭탄을 투척하였다.

34 정답 ③
임시정부의 김구, 지청천 등은 만주와 시베리아에서 항전하던 신흥 무관 학교 출신의 독립군과 중국 대륙에 산재해 있던 수많은 청년을 모아 충칭에서 한국광복군을 창설(1940년), 조선의용대를 흡수하여 군사력을 증강시켰다.

35 정답 ①
열거된 혁명 등은 밑에서부터 시작된 혁명(개혁) 운동으로 민중이 주도된 운동이었다.

36 정답 ①
경강 상인들은 일본에서 증기선을 도입하여 일본 상인에게 빼앗긴 운송권을 회복하려 하였다.

37 정답 ③
1949년 제정된 농지개혁법에서는 3정보를 초과하는 농가 토지나 부재 지주 토지를 국가가 유상으로 매수하고 지가 증권을 발급하여 연 수확량의 150%를 한도로 5년간 보상하고, 매수한 농지는 영세 농민에게 3정보를 한도로 유상분배하고 그 대가를 5년간에 걸쳐 수확량의 30%씩 상환하도록 하였다.

38 정답 ④
6·29 선언은 6월 민주 항쟁으로 인한 시국 혼란을 수습하기 위해 전두환 정부가 발표한 것이다.

39 정답 ②
② 군부의 비상계엄 확대로 광주에서 일어난 5·18 민주화 운동은 신군부가 공수부대를 동원하여 무력으로 진압하자 학생과 시민들이 시민군을 결성하여 대항하였다. 5·18 민주화 운동은 1980년대 우리나라 민주화 운동의 밑거름이 되었고 2011년에 광주 민주화 운동 관련 기록물이 유네스코 세계기록유산으로 등재되었다.
① 1960년에 이승만과 자유당 정권의 3·15 부정 선거의 대한 항의로 4·19 혁명이 발발하였다. 이승만이 하야하고 수립된 과도 정부는 부정선거를 단행한 자유당 간부들을 구속하였으며, 국회는 내각책임제와 양원제를 골자로 한 개헌안을 통과시켰다.
③ 1979년 8월 YH무역 노동자들의 농성이 신민당사 앞에서 일어나자 박정희 정부는 김영삼을 제명하였다. 이로 인해 김영삼의 정치적 근거지인 부산, 마산에서 유신 정권에 반대하는 시위가 일어났다.
④ 1987년 박종철의 고문 사망 사건과 4·13 호헌 조치로 직선제 개헌과 민주 헌법 제정을 요구하는 시위가 확대되었다. 시위 도중 연세대 재학생 이한열이 사망하자 시위는 더욱 격화되어 전국적으로 확대되었다. 정부는 결국 국민의 민주화 요구를 수용하여 6·29 민주화 선언을 통해 5년 단임의 대통령 직선제를 바탕으로 개헌이 이루어졌다.

40 정답 ②
② 1945년 소련의 얄타에서 미국·영국·소련의 수뇌들이 모여 제2차 세계대전에서의 독일의 패전과 그 관리에 대하여 의견을 나눈 회담이다.

행운이란 100%의 노력 뒤에 남는 것이다.

– 랭스턴 콜먼 –

독학학위제 1단계 교양과정인정시험 답안지(객관식)

독학학위제 1단계 교양과정인정시험 답안지(객관식)

컴퓨터용 사인펜만 사용

★ 수험생은 수험번호와 응시과목 코드번호를 표기(마킹)한 후 일치여부를 반드시 확인할 것.

전공분야

성명

답안지 작성시 유의사항

1. 답안지는 반드시 컴퓨터용 사인펜을 사용하여 다음 보기와 같이 표기할 것.
   보기) 잘 된 표기: ● 잘못된 표기: ⊗ ⊗ ⊙ ◐ ◑ ○
2. 수험번호 (1)에는 아라비아 숫자로 쓰고, (2)에는 "●"와 같이 표기할 것.
3. 과목코드는 뒷면 "과목코드번호"를 보고 해당과목의 코드번호를 찾아 표기하고, 응시과목란에는 응시과목명을 한글로 기재할 것.
4. 교시코드는 문제지 전면 의 교시를 해당란에 "●"와 같이 표기할 것.
5. 한번 표기한 답은 긁거나 수정액 및 스티커 등 어떠한 방법으로도 고쳐서는 아니되고, 고친 문항은 "0"점 처리함.

[이 답안지는 마킹연습용 모의답안지입니다.]

※ 감독관 확인란

관 리 번 호 (연번) (응시자수)

독학학위제 1단계 교양과정인정시험 답안지(객관식)

독학학위제 1단계 교양과정인정시험 답안지(객관식)

경퓨터용 사인펜만 사용

★ 수험생은 수험번호와 응시과목 코드번호를 표기(마킹)한 후 일치여부를 반드시 확인할 것.

전공분야

성명

답안지 작성시 유의사항

답안지는 반드시 컴퓨터용 사인펜을 사용하여 다음 [보기]와 같이 표기할 것.

[보기] 잘 된 표기: ● 잘못된 표기: ⊙ ⊗ ⊙ ○ ○ ◑

1. 수험번호 (1)에는 아라비아 숫자로 쓰고, (2)에는 "●"와 같이 표기할 것.
2. 과목코드는 뒷면 "과목코드번호"를 보고 해당과목의 코드번호를 찾아 표기하고,
   응시과목란에는 응시과목명을 한글로 기재할 것.
3. 교시코드는 문제지 전면의 교시를 해당란에 "●"와 같이 표기할 것.
4. 한번 표기한 답은 긁거나 수정액 및 스티커 등 어떠한 방법으로도 고쳐서는
   아니되고, 고친 문항은 "0"점 처리됨.

[이 답안지는 마킹연습용 모의답안지입니다.]

독학학위제 1단계 교양과정인정시험 답안지(객관식)

성명

전공분야

※ 감독관 확인란

관리번호 (역번)
(응시자수)

컴퓨터용 사인펜만 사용

* 수험생은 수험번호와 응시과목 코드번호를 표기(마킹)한 후 일치여부를 반드시 확인할 것.

답안지 작성시 유의사항

1. 답안지는 반드시 컴퓨터용 사인펜을 사용하여 다음 보기와 같이 표기할 것.
   보기 잘된 표기: ● 잘못된 표기: ⊗ ⊙ ◐ ○○ ●
2. 수험번호 (1)에는 아라비아 숫자로 쓰고, (2)에는 "●"와 같이 표기할 것.
3. 과목코드는 뒷면 "과목코드번호"를 보고 해당과목의 코드번호를 찾아 표기하고, 응시과목란에는 응시과목명을 한글로 기재할 것.
4. 교시코드는 문제지 전면의 교시를 해당란에 "●"와 같이 표기할 것.
5. 한번 표기한 답은 긁거나 수정액 및 스티커 등 어떠한 방법으로도 고쳐서는 아니되고, 고친 문항은 "0"점 처리됨.

[이 답안지는 마킹연습용 모의답안지입니다.]

독학학위제 1단계 교양과정인정시험 답안지(객관식)

2026 시대에듀 A+ 독학사 1단계 교양과정 국사 한권합격

개정18판1쇄 발행	2026년 01월 05일 (인쇄 2025년 08월 27일)
초 판 발 행	2008년 03월 10일 (인쇄 2008년 01월 25일)
발 행 인	박영일
책 임 편 집	이해욱
편 저	독학학위연구소
편 집 진 행	천다솜·김다련
표지디자인	박종우
편집디자인	차성미·고현준
발 행 처	(주)시대고시기획
출 판 등 록	제10-1521호
주 소	서울시 마포구 큰우물로 75 [도화동 538 성지 B/D] 9F
전 화	1600-3600
팩 스	02-701-8823
홈 페 이 지	www.sdedu.co.kr
I S B N	979-11-383-9869-5 (13910)
정 가	26,000원

※ 이 책은 저작권법의 보호를 받는 저작물이므로 동영상 제작 및 무단전재와 배포를 금합니다.
※ 잘못된 책은 구입하신 서점에서 바꾸어 드립니다.

독학사 시험 합격을 위한
최적의 강의 교재!

심리학과 · 경영학과 · 컴퓨터공학과 · 간호학과 · 국어국문학과 · 영어영문학과

심리학과 2·3·4단계

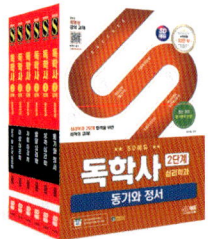

2단계 기본서 [6종]

이상심리학 / 감각 및 지각심리학 /
사회심리학 / 발달심리학 / 성격심리학 /
동기와 정서

2단계 6과목 벼락치기 [1종]

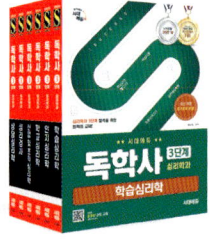

3단계 기본서 [6종]

상담심리학 / 심리검사 / 산업 및 조직심리학 /
학습심리학 / 인지심리학 / 학교심리학

4단계 기본서 [4종]

임상심리학 / 소비자 및 광고심리학 /
심리학연구방법론 / 인지신경과학

경영학과 2·3·4단계

2단계 기본서 [7종]

회계원리 / 인적자원관리 / 마케팅원론 /
조직행동론 / 경영정보론 / 마케팅조사 /
원가관리회계

2단계 6과목 벼락치기 [1종]

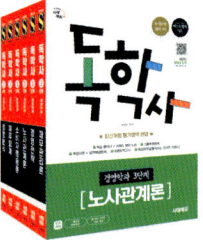

3단계 기본서 [6종]

재무관리론 / 경영전략 / 재무회계 / 경영분석 /
노사관계론 / 소비자행동론

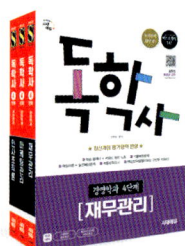

4단계 기본서 [3종]

재무관리 / 마케팅관리 / 인사조직론

※ 4단계 회계학은 2·3단계 교재로 겸용
  2단계 겸용 : 원가관리회계
  3단계 겸용 : 재무회계

컴퓨터공학과 2·3·4단계

2단계 기본서 [6종]
논리회로 / C프로그래밍 / 자료구조 /
컴퓨터구조 / 운영체제 / 이산수학

3단계 기본서 [6종]
인공지능 / 컴퓨터네트워크 / 임베디드시스템 /
소프트웨어공학 / 프로그래밍언어론 / 정보보호

4단계 기본서 [4종]
알고리즘 / 통합컴퓨터시스템 /
통합프로그래밍 / 데이터베이스

2단계 6과목 벼락치기 [1종]

간호학과 4단계

4단계 기본서 [4종]
간호연구방법론 / 간호과정론 / 간호지도자론 /
간호윤리와 법

4단계 적중예상문제집 [1종]

4단계 4과목 벼락치기 [1종]

국어국문학과 2·3·4단계

2단계 기본서 [6종]
국어학개론 / 국문학개론 / 국어사 /
고전소설론 / 한국현대시론 /
한국현대소설론

3단계 기본서 [6종]
국어음운론 / 고전시가론 /
문학비평론 / 국어정서법 /
국어의미론 / 한국문학사

※ 4단계는 2·3단계에서 동일 과목의 교재로 겸용
   2단계 겸용 : 국어학개론, 국문학개론
   3단계 겸용 : 문학비평론, 한국문학사

영어영문학과 2·3·4단계

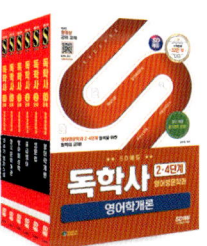
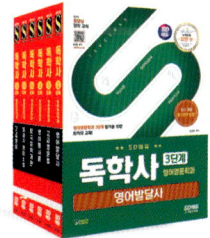

2단계 기본서 [6종]
영어학개론 / 영문법 / 영어음성학 /
영국문학개관 / 중급영어 /
19세기 영미소설

3단계 기본서 [6종]
영어발달사 / 고급영어 / 영어통사론 /
미국문학개관 / 20세기 영미소설 /
고급영문법

※ 4단계는 2·3단계에서 동일 과목의 교재로 겸용
   영미소설(19세기 영미소설+20세기 영미소설), 영미문학개관(영국문학개관+미국문학개관)

※ 본 도서의 이미지 및 구성은 변동될 수 있습니다.

나는 이렇게 합격했다

당신의 합격 스토리를 들려주세요
추첨을 통해 선물을 드립니다

베스트 리뷰
갤럭시탭 / 버즈 2

상/하반기 추천 리뷰
상품권 / 스벅커피

인터뷰 참여
백화점 상품권

이벤트 참여방법

합격수기
- 시대에듀와 함께한 도서 or 강의 선택
- ▶ 나만의 합격 노하우 정성껏 작성
- ▶ 상반기/하반기 추첨을 통해 선물 증정

인터뷰
- 시대에듀와 함께한 강의 선택
- ▶ 합격증명서 or 자격증 사본 첨부, 간단한 소개 작성
- ▶ 인터뷰 완료 후 백화점 상품권 증정

이벤트 참여방법
다음 합격의 주인공은 바로 여러분입니다!

QR코드 스캔하고 ▷ ▷ ▶
이벤트 참여하여 푸짐한 경품받자!

합격의 공식
시대에듀